叢書・ウニベルシタス　870

チュルゴーの失脚・上

1776年５月12日のドラマ

エドガール・フォール
渡辺恭彦 訳

法政大学出版局

今は亡き恩師
大塚金之助先生、坂田太郎先生ならびに上原専禄先生への
追憶を込めて

訳　者

凡例

一、本訳書は、Edgar Faure, *12 Mai 1776　La Disgrâce de Turgot*. Paris, Gallimard, 1961, 610 pages の、「付録」を含む全訳である。
二、フランス人以外の人名およびフランス以外の国名・地名等は、できる限り原語による表記に努めた。
三、脚注の形で置かれている原注は、＊印を付して該当のパラグラフのあとに置いた。
四、訳注は各章末に置いた。なお、訳注の末尾に（E. F.）とあるのは、原著の人名索引における注を示す。ただし本訳書では、原著の索引は省略した。
五、原文における引用文は「　」で示し、原文のイタリック部分には圏点を付した。二重引用は《　》で示した。
六、原著の文中に置かれている肖像画と挿絵画はすべて、その「説明」及び「訳注」とともに下巻の巻末にまとめた。
七、「年表」と「主要参考文献」は、原著のそれをもとに大幅に補充した。
八、〔　〕は、訳者の注記や補記を示す。
九、著者は、アンシアン・レジーム下の貨幣単位「リーヴル」と現代の「フラン」（旧フラン）をしばしば混用しているが、前者を表わす場合には、これをすべて「リーヴル」に統一した。
一〇、著者の明らかな誤記・誤植は、原則として注を付して訂正した。

序文

ジェラール・ワルテール

「〔ジョン・ローの〕体制(1)」が崩壊した。[*1] それは、砂上の楼閣であり、架空の収入にしか依拠していなかった。一七二一年一月二四日に、それの最終的な清算を行なうための摂政会議が開かれた。この会議に出席していたサン゠シモン公爵(2)の言葉を信ずるならば、「そこにいた者全員の驚きは大変なものであった。……国王もしくは個人を、もっと正確に言うならばその両者を破滅させたところの、何百万リーヴルにものぼる作為的収入についての詳報は、すべての者を震撼させた」。議論は白熱した。「こんなローは絞首刑にされてしかるべきだった」、とオルレアン公爵(3)は叫んだ。「だがオルレアン公、あなたはそれを知りながら、どうして彼をみすみす国外に逃亡させたのですか」、とブルボン公爵(4)は彼に向かって指摘した。「ブルボン公、あなたこそ彼に旅券を送って、その体制のための方便を彼に提供したのですぞ」、と摂政はなじるように反論した。これに対してブルボン公はつぎのように答えただけであった。「その通り、摂政。けれども、旅券を彼に送るよう私に手渡したのはあなたですぞ」。

＊1　この叢書の第一五巻〔エドガール・フォール著〕『ローの破産――一七二〇年七月一七日』を見よ。

二日後、査証を発給する裁決が出された。手ごわい財政専門家のパリ゠デュヴェルネ[*2](5)が追放から呼び戻されて、金融業務を管理する任務を引き受けることになった。彼は、いささかの手加減もせず、容赦なく病根にメスを入れることによってこの仕事を遂行した。「体制」の庇護のもとに出された証券や紙幣はすべて、来る三月二〇日までに財務総監府の窓口に提出しなければならないことになった。

　＊2　ローの不倶戴天の敵（右記著作の原注1を見よ）。

八〇〇人の財務職員がルーヴル宮殿に寝泊まりし、紙幣持参者の行列が始まった。現われた人の数は、五一万一〇〇〇人と見積られている。二カ月の猶予期間の延長を認めなければならなかった。ついに、八月一〇日以降になっても提出されない紙幣はすべての権利を失う旨の声明が出されるであろうとの通告が出された。

　認証を受けた手形の額は二四億七二〇〇万リーヴル[6]に上った。流通していた手形の総額は三二億リーヴルであったので、七億二八〇〇万リーヴルが「またのよき日」を空頼みして手形所持者の金庫に仕舞い込まれた、と結論しても差し支えないだろう。

　パリ＝デュヴェルネが九月一四日に摂政会議に提出した計画によれば、認証を受けた有価証券の全体は、その種類に応じて減額される必要があった。それらは五種類に分けられた。減額の最も少ないものでも六分の一〔約一七％〕を失ったが、九五％削減されたものもあった。実際に行なわれた削減額の総額は約一〇億リーヴルになった。保全された一五億リーヴルの一部は二・五％利付き永久国債に、また一部は、四％の終身年金に変換された。そのあと、「成金ども」が、言い換えれば、証券取引によって財を成した相場師たちが、問題にされた。一七二二年九月一五日の国務会議裁決によって、彼らに臨時人頭税が課され、その結果、国庫に一億八八〇〇万リーヴルがもたらされた。多くの相場師のなかから、世論が彼らこそ証券投機によって財を成したものとみなした一八〇人が選び出され、彼らには有無を言わさず独断的に課税された。ある者は八〇〇万リーヴルもの税金を支払った。一カ月後、清算されたすべての証券は、鉄の籠に詰め込まれて公衆の面前で焼却された。
「証券を巻き上げられた者」の大部分は、新しい状況にきわめて機敏に適応し、穀物投機を始めることによって新たな活動分野を見いだすことができた。もっと正確に言えば、彼らは、一世紀以上も前から続けられてきた伝統を復活させたにすぎなかった。「ローの蜃気楼」から生まれた幻想が、この伝統を一時的に忘れさせていたのである。

ここで少し時代を遡ることが必要であるように思われる。人為的飢饉というひどく不愉快な手口が、一六六〇年から、すなわちルイ一四世親政の初年から大々的に使われ始めたが、しかし、当初それはたんなる偶然の一致にすぎないように見えた。私ははっきり言う、それは人為的飢饉であった、と。なぜなら当時は、実際の飢饉は、言い換えれば王国の全土におよぶ穀物の「実際の」不足は、決してなかったし、また、将来も起こりえなかったからである。

ところで、一六六〇年の初めには、いくつかの州で小麦が黒穂病にかかっていることがわかった。そのこと自体の重要性はまったく二次的なものであった。なぜなら、この自然災害によって引き起こされた被害は、前年に行なわれていた備蓄を引き出すことによって容易に埋め合わせることができたからである。だから、黒穂病はまったく穀物商事件[*3]の真の原因ではなかった。穀物商たちが、小麦が手に入るところならどこからでも大量に買い付けることによって買い溜めを始めたのである。この小麦は、少量ずつしかパリに運ばれなかった。そうすることによって、彼らは、パリにいわば永続的な小麦不足の状態を作り出して、彼らの都合のいいように小麦の値段をつりあげることができたのである。このようにして、一六六〇年六月に一スチエ[(7)]当たり一三リーヴル一〇ソルしかしなかった小麦は、七月には三四リーヴルにまで値上がりした。

＊3　この商売は、フランスでは宗教戦争〔一五六二―九八年〕の間に盛んになった（拙著『フランス農民史』第八章を見よ）。

ルイ一四世時代の「辣腕家」コルベール[8]は、国務会議のメンバーになったばかりであった。彼はこの悪習をやめさせたいと思った。シャトレ裁判所[9]の係官たちは、パリの秘密の小麦貯蔵所を探し出し、それを開放させよとの命令を受け取った。不正取引業者たちは、すぐさまこの捜索の裏をかいた。彼らは、ストックされた小麦を地方に送り、必要なときに川を利用してパリに小麦を送ることができるように川岸に倉庫を建てたのであった。シャトレ裁判所の係官たちは新たな捜索を開始した。特にモーの近くで、九四五〇ミュイ[10]の小麦を見つけ出して押収した。その一部の三六〇〇ミュイがパリに運ばれ、それが到着すると小麦の値段は一スチエ二三リーヴルに下がった。しかしその値段でも、数週間前まで人々が支払っていた値段を考えると法外なものであった。とはいえ、押収された小麦の大部分すなわち五八五〇ミュイは、おそらく「輸送のための船と人手がなかったため」と思われるが、パリに送られなかった。この小麦がどうなったかは誰も知らない。たぶんそれは、当局者との馴れ合いを利用して隠匿用倉庫の場所を変えただけだろう。[*4] 出頭を命じる令状が出された。狙われた不正取引業者のうちひとりだけが出頭した。彼は逮捕された。わざわざ足を運ぶには及ばないと考えたその他の不正取引業者たちは、誰もあとあとまでしつこく追及されるとは思っていなかった。さらに、多くの商人たちは、小麦を倉庫に貯蔵するための合法的な口実を作るために、偽の債権者にそれを押収させたのであった。[*5]

＊4　ラ・マール[11]がその『パリ警察論』の第二巻に公刊した係官の調書は、そのことをはっきりと述べている。

＊5　同書、第二巻、三七六頁。

押収された小麦の一部が到着したことによってきわめてわずかながらも小麦が値下がりしたことは、不正取引業者の間に不安をまき散らした。彼らは、パリの市長や参事官たちを動かした。裁判権論争が、シャトレ裁判所とパリ市を訴訟合戦に巻き込んだ。パリ市は、穀物取引の権限はパリ地域の河川にも同様に及ぶと主張した。パリの役人たちが勝訴した。その結果、小麦の値段は一スチエ当たり三八リーヴルに値上がりした。小麦不足がひどくなった。値段も、一スチエ当たり三八リーヴルから五〇リーヴルに上がった。王国政府は成り行きに任せたが、なんらかの手を打たねばならなかったので、外国から小麦を買い付けることにした。この小麦を人々は六カ月間待った。それが到着すると小麦は少し安くなった。すなわち、一スチエ当たり四〇リーヴルに下がった。けれども、小麦をこの値段で売るよりも手持ちの小麦を腐らせるのを選んだ連中がいたのである。

一六九二年の食糧不足も、初めは同じであったが、その推移がいちじるしく激しいものとなることによって、結果はより重大なものとなったのである。この食糧不足も同じような形で始まった。すなわち、この年の春、いくつかの州で小麦が黒穂病にかかったという噂が広まった。すぐさま穀物商人たちが値段を釣り上げ、密偵の地方への派遣、秘密の買い付け、気がかりな噂の流布といった常套手段を用いる者が見られた。そして、首都はまたしてもパン不足に陥った。しかし、今度は民衆が反発した。爆発的に暴動が起きた。モベール広場でパン屋が襲われ、売られていたパンが強奪された。戸口が破られ、陳列棚が壊された。軍隊に助けを求めねばならなかった。二人のリーダーが逮捕されて、絞首刑になった。その他のリーダーは、漕役刑〔櫂と帆で走る軍艦や商船を囚人に漕がせる刑。一七九一年廃止〕や鞭打ち刑や首枷の刑〔罪人を晒し者にするために鉄の首枷を付ける刑〕に処せられた。街頭の物乞いにまで零落した失業者たちは、パリを出て田舎に戻るよう命じられた。暴動を目的として蝟《い》集することも、パン屋にいかなる暴力を振るうことも、「死刑をもって」禁止された。今度もまたシャトレ裁判所の係官たちが、隠匿小麦の摘発によって首都の食糧供給を確保する任務を任された。彼らはあちこちで、すなわち、農家や金持ちのブルジョワの家や質素な小売商の家で、実際にかなりの量の小麦を見つけ出した。要するに、みんなが買い占め人になっていたのである。彼らの逮捕が始まった。警視のラマールの言を信ずるならば、発せられた逮捕命令は、「彼らを恐怖のどん底に突き落とし、彼らは常態に復さざるをえなかった」。

五年後に、彼らはまたも始めた。手口はいつも同じであった。小麦が黒穂病にかかった現象を利用して、飢餓の心理状態を作り出すのである。小麦が市場から消えるや否や、値段が上がり、シャトレ裁判所の係官たちが隠匿された小麦の摘発に出かけた。彼らのひとりのラマールは、その『パリ警察論』のなかでつぎのように語っている。「納屋や穀物倉はすべて小麦で一杯であったが、農夫自身か、その小麦を買ってそこにしまっておいた高利貸しの手で鍵がかけられていた」と。ある者の家では、小麦がさらに値上がりするのを期待して一スチエ当たり五〇リーヴルでも売ろうとしなかったため、五年前の腐った古い小麦が発見されたのであった。

つぎの八年間は、収穫は良好であった。納屋や穀物倉は、ギシギシ音を立てるほど小麦で一杯であった。しかし、一七〇八年の秋は雨が非常に多かった。一月には、極端に厳しい寒さのため一五日間氷点下の気温が続いた。すべての小麦が枯死した。今こそ、貯蔵小麦を一杯に詰め込んだ無数の穀物倉の両開き扉を全開させるときであった。小麦を有利な値段で売るチャンスが訪れたにもかかわらず、わずかな量を売りに出すために、扉はわずかに開かれただけであった。政府は介入しなければならないと考えた。

ルイ一四世は一通の声明に署名したが、そこにはつぎのように書かれていた。「われわれはあらゆる方面からの情報によって、小麦の値段がかなり値上がりしていることを知っている。この急激な値上がりの原因を穀物の不足のせいにしてはならないことも、われわれはよく知っている。穀物が王国内にきわめて大量に存在していることは、疑いのない事実である。われわれは、その原因が、大衆の窮乏につけ込んで丹念に小麦を集め、見せかけの不足のために小麦が今よりもさらに値上がりするのを待ち望んでいる人間たちの貪欲であることをよく知っている」[*6]、と。貯蔵小麦の所有者には、当局にそれを申告するよう命令が出され、穀物取引の悪用や瀆職行為によって罪を犯した者に対する訴訟を裁くための「特別法廷」が設置された。問題は、政府当局者の善意を示すこれらの措置がどのように実施されたかを知ることである。

＊6　一七〇九年四月二七日付の国王声明。

ここで、前もって当時の王国の状態を若干思い起こしておくのがよいように思う。破滅的な戦争によって疲弊したフランスでは、近くに見えた平和の希望が遠のいていくように見えた。財政は破綻寸前であった。軍隊と軍需品納入業者には四億九四〇〇万リーヴルが支払われていた。一七〇八年の歳入八二〇〇万リーヴルから、一七〇六年と一七〇七年の支出を埋め合わせるために五五〇〇万リーヴルが前もって差し引かれた。したがって、当年度の支出には全部で二七〇〇万リーヴルしか充てることができなかった。財務総監のデマレ(12)は、一七〇九年一一月の国王宛の「意見書」のなかで、「ひそかに平和を望んでいた」大衆が陥った「悲嘆」にルイ一四世は注意を向けるべきだと述べていた。彼によれば、その結果「不信感が生じ、そのため、すべての金持ちたちは金を隠し、地中に埋めてしまった」[*7]。では、金のなかった連中は？　彼らはどうなっただろうか？　彼らはどうしただろうか？

＊7　A・ドゥ・ボワリール(13)刊『財務総監と州地方長官との間の書簡集』第三巻に公刊されている。

人々はすっかり飢えていた。小麦は見つからなかった。しかし人々は、小麦があること、それが隠されていること、国王が買い占め人に吐き出させればみんなのものになることを知っていた。そのとき、パリの食糧調達に必要な小麦を買い付けるために、国王の係官がすべての地方に派遣されたことがわかった。

民衆は、失望し、怒り、疑い深くなって、自分たちを完全に破滅させるための新しい手口をそこに見ただけであった。

「多くの人々は、財政当局のお歴々がこの機に乗じて小麦を独占し、……俺たちの利益などは忘れて、国王の利益のためにあとからそれを意のままの値段で売ろうとしたのだと思った」と、サン゠シモンは書いている。さらに悪いことに、国王が国民をもっと飢えさせるために小麦の買い溜めを命じた、という噂が広がった。この噂の原因は、国王の係官たちが買ってロワール川の船に倉入れしておいた大量の小麦が腐り、水中に捨てなければならなくなったという事実にあったようである。サン゠シモンが語っているこの遺憾な事件のなかに、人々が「飢餓協約」(le pacte de famine) なる将来の伝説の種を見たとしても、もっともであっただろう。

ルイ一四世が大変尊敬していた国王の主席侍医のかの有名なジョルジュ・マレシャールは、国王自身について流されていた悪意に満ちた噂を包み隠そうともせずに、人民の極度の困窮について彼に語った。国王はもっぱら臣民の苦しみに同情を示したが、ただそれだけであった。ところがこの臣民の苦しみは、計り知れないほど大きなものとなっていたのである。それを証言するすべての証拠を再現しようとすれば、一冊の書物全体をもってしても足りないであろう。私はここにそのなかからひとつだけを選んだが、その理由は、それが最も衝撃的な証言であるからではなく——そのような証言はほかにもたくさんある——、王家自身の一員の手に成るものだからである。その人の名はオルレアン公爵夫人、別名パラチナ大公妃(14)である。一七〇九年三月二日に彼女の父の二番目の妻に宛てた手紙のなかに、つぎのように記されている。

「昨日、市場のパン屋さんからパンを盗んだかわいそうな女の人の悲しいお話を聞きました。パン屋さんがその女の人を追いかけて行くと、彼女は泣き出してつぎのように言いました。《わたしの家の貧しさがわかったらこのパンは取り返せないはずです。わたしには三人の子供がいますが、何ひとつ着るものもなく、暖炉の火もパンもありません。子供たちはそれを欲しがって泣いています。わたしはもう我慢できなくてこれを盗んだのです》。警部さんは、連れてこられた彼女を前にしてつぎのように言いました。《お前の言っていることによく注意しなさい。これからあんたを家へ連れていくよ》。彼は彼女の家へ行きました。部屋に入ると、三人の子供が古いぼろ切れをまとってはいましたが、まる裸のまま部屋の片隅に座っているのが見えました。子供たちは、熱病にかかったときのように寒さで震えていました。警部さんがいちばん上の子に《お父さんはどこにいるの》と尋ねると、《戸のうしろにいるよ》とその子は答えました。父親が戸のうしろで何をしているのかと見てみると、彼は絶望のあまり首をくくって死んでいたのでした」。[*8]

＊8　A・ドゥ・ボワリール『書簡集』第二巻、一六―一七頁。

ついにパリの高等法院が動き始めた。五月一三日の会議で、小麦を捜索し、現行犯で逮捕した買い占め人を処罰する任務を帯びた評定官を、自前で地方に行かせることを国王に進言するために、高等法院長を中心とした代表団を国王の許に派遣することが決定された。ルイ一四世は高等法院長の話を聞いて激怒した。彼は直ちに高等法院を厳しく叱責し、小麦について口出しすることを厳禁しようとした。大法官のポンシャルトラン⒂が、やっとの思いで国王を宥めることに成功した。国王は、高等法院の叱責は諦めたが、穀物取引への介入は一切禁止すると高等法院に警告すべきであると断固主張した。

ブルゴーニュの高等法院がパリの高等法院と同じやり方を試みたが、結果は同じであった。国王の叱責を免れたという違いがあっただけであった。そのほかの高等法院は、この二つの先例に学んでおそるおそる地方長官を前面に押し出そうとしたが、この「ひそかな企て」（これはサン゠シモンの言葉からの借用である）も、国王の密偵の知るところとなった。つぎに引用する文章は、こうしたやり方についての老公爵の考え方を示している。

「誰がそうしたことを企て、誰がそれから利益を得たかについてはこれ以上はっきり言うことはできないが、おそらくこの世紀ほど、恒常的で、確実で、残忍な抑圧が、陰険で、大胆で、巧妙な陰謀の形で仕組まれた世紀はほとんどなかったと言ってよいであろう。この世紀が生み出したものの数は計り知れないが、実際に文字通りの飢えで死んだ民衆の数もまた、計り知れないのである」。

窮乏のぎりぎりの限界まで追いつめられた民衆が暴動を起こす機は熟していた。暴動はまもなく起きた。それは民衆街での騒然とした暴民の蝟集で始まり、そこでは女性たちが主導権を握った。なぜだかわからないが、王太子(16)の力にすがろうという考えが生まれた。多数の群衆が王太子の行く先に立ち塞がった。王太子はちょうどそのとき、一夕オペラを楽しむためにヴェルサイユからパリにやってきたところであった。「パンだ！　パンをよこせ！」とあらん限りの声で叫ぶ女たちに襲われて、王位継承者は不安を覚え、ボディーガードに周りを固めさせた。彼らは武力を使ってデモ隊を追い払うことはしなかった。王太子は群衆に向かって数個の硬貨を投げ、国王に取り次ぐことを約束して窮地を脱した。彼の約束はなんの結果も生まなかったので、以後、彼はパリに来るのを差し控えた。

ルイ一四世も寛大には扱われなかった。彼は、ヴェルサイユの民衆が宮殿の前でデモを行なうときに彼に向かって浴びせる侮辱的な言葉を、居室の窓越しにはっきりと聞くことができた。彼は、パリの城門や教会や公の広場に貼られているビラを知らないわけではなかった。それらのビラは、ブルートゥス(17)やラヴァイヤック(18)を称え、国王の首に民衆の制裁を求めていた。彼の銅像には夜の間にいっぱい侮辱的な落書きが書かれ、警察はいつも日の出から消しにかかったが、完全に消すことはできなかった。[*9]

*9　国王自身を笑い物にし、「主の祈り」(19)をパロディ化して楽しんでいる風刺詩もたくさんあった。そこでは人々は国王につぎのように嘆願していた。「わたしたちにパンをお与え下さい。パンはどこでも不足しております。わたしたちを打ち負かした敵どもはお許しなさいませ。けれど、敵どもにやすやすと打ち負かされた陛下の将軍たちはお許しなさいませぬように」（『史学雑誌』一九〇三年、第七三巻、五〇三頁にA・ドゥ・ボワリールが引用）。

四月の初めから、パリの暴徒はその数を増した。六日、モベール広場で、中央市場の一〇〇人あまりの女たちがひとりの警官を殺したのち、*10 警察長官のダルジャンソン(20)をばらすぞと脅した。当のダルジャンソンは、市場やパン屋や穀物倉庫や小麦粉貯蔵所の略奪に対処できるようにと、一二中隊のフランス近衛部隊と一大隊全部のスイス人近衛部隊の緊急出動を要請し、彼らを配下に置いた。五月四日、船頭の一隊が女房どもを引き連れ、斧や棍棒で武装して、アベイ通りの近くに止めてあった小麦を積んだ荷車を略奪しにやってきた。修道士たちは食糧のことだけを心配して軍隊に助けを求め、民衆に向かって発砲させた。本当の戦闘が始まった。負傷者が出た。死者が出たかどうかはわからない。一五日、ボワロー(21)は、リヨンの友人ブロセット(22)に宛てて、「市《いち》の立つ日で、パンの高値のためになんらかの暴動が起こらない日は一日もない」と書き送った。

*10　一七〇三年四月七日付のハノーヴァー公爵夫人宛のオルレアン公爵夫人の手紙（前掲『書簡集』第二巻、一八頁）を見よ。

失業者と物乞いの数が驚くほど増大した。持てる人々にとっては大きな不安の種であった。四月一九日、「貧しい者でも働ける者はすべての機会を逃さず働くべし」との高等法院令が出された。「仕事があって生活の糧を十分稼げるときに」、彼らにいっさい食糧を与えてはならないとの禁止令が出された。

続く八月六日、将来の慈善作業場の原形となる公共作業場の開設を認める国王の宣言が出された。貧乏人たちを土方仕事に使用することが決まった。パリ市では、二五〇〇人の労働者のための道具の調達とパンの支給のために、ひとつの市場が充てられた。ところが、グレーヴ広場での仕事始めの日には、二〇〇人分の道具とパンしかなかった。道具とパンを手にすることができなかった連中は、激しい言葉で怒りをぶちまけ、街中に広がりながら、パン屋や金持ちの家を略奪した。途中警察長官の幌つきの四輪馬車に出会い、これを止めようとした。ダルジャンソン氏は民衆の激昂を巧くかわすことができた。暴徒は彼を邸宅まで追いかけた。民衆が彼の家に押し入り始めたとき、急いで駆けつけた巡査が武器を使用した。何人もの民衆が殺された。民衆は散り散りになって逃げた。だが、それでも静穏が取り戻されたわけではなかった。それから一週間、警備兵の一隊が市庁舎の前に常駐した。*11

＊11　われわれはこの暴動についての生の証言を持っている。それは、セブヴィル伯爵夫人が同じ日に財務総監のデマレに書き送ったつぎのような手紙である。「私にはあなた様に手紙をお書きする気力がございません。私は半ば死んだも同然でございます。私は暴動のとき街におりました。それはまことに恐ろしいものでございました。……あなた様にすべてを申し上げようとは思いません。けれども、事態がもとの静けさを取り戻すことだけをひたすら願っております私といたしましては、貧しい人々に仕事とパンを与えると約束した人たちに、その約束を守るよう命じていただきたいとお願いする次第でございます。これらの不幸な人々は、当局は彼らに約束したにもかかわらず約束を守らなかったと街頭で叫んでおります。どなたがこうした仕事を行なうのか存じませんが、これらの仕事は十分うまく行なわれておりませんし、もしあなた様が事態を収めて下さらなければ、ここにしっかりと安全を保つことはできません。最後に申し上げますが、私が見聞きいたしましたことをあなた様がご覧になりましたならば、きっと私と同様、気分がすぐれなくなることでございましょう」（A・ドゥ・ボワリール刊前掲『書簡集』第三巻、五二二番、注）。

今度は田舎の状態を一瞥してみよう。すでに二月の末から（パリで連続して暴動が起きたのは四月になってからだと言われている）、田舎の状況は非常に緊張していた。二月二四日、パリ高等法院主席検事ダゲッソー(23)は、財務総監に宛ててつぎのような警告を送った。「この冬の異常な厳しさ、パンの高騰、多くの小麦が霜害にやられたという真偽不明の噂――その噂は、農民たちによって念を入れて流布され、民衆によってあまりにも軽々しく信じられているようです――が、民衆を非常に大きな不安に陥れ、小麦商人たちの貪欲を大いに刺激していますので、私があらゆる方面から入手している情報によりますと、小麦が極端に値上がりしていて、現状ではどんな結果になるか予測できないような民衆の騒擾が起きる恐れがあると思われます*12」。

デマレが三日後にモントーバンの地方長官から受け取った手紙も、同じような調子を帯びていた。すなわち、つぎのように述べていた。「民衆にとって今年が非常にきびしい年であることは、疑いのないところであります。すでにあちこちの農村で、小麦の搬出を阻止しようとして住民たちが結集しています。私はこうした小さなすべての嵐を可能な限り鎮静させましたが、これからも同様な嵐が起きるのではないかと心配しています」。

＊12　A・ドゥ・ボワリール刊前掲『書簡集』第三巻、三一三番。

実際、田舎での暴動は都市とは違った形で深刻な性格を帯びていた。都市の暴動は、おおむね、市場での喧嘩騒ぎ、パン屋の略奪、そして、特に憎まれたいくつかの邸宅の略奪の形でしか現われなかった。農村での行動はもっと大規模であった。というのは、農民たちは、小麦こそ、それを発芽させ実らせた土地のすべてであるという牢固とした信念を身につけていたので、それが外部に持ち出されることを許さなかったからである。彼らの目には、彼らのものである土地を犠牲にし、暴利の対象にし、おまけに飢えと値上がりを招くような行為は、冒瀆行為とは言わないまでも、少なくとも窃盗行為と映ったのである。だから彼らは、幹線道路の警備を彼ら自身で始め、その行き先がどこであれ、小麦を積んだ荷車は一切通させなかった。[*13] 男女が一団となり、長柄の鎌や棍棒や矛《ほこ》で武装して道端を見張り、荷車を止めさせ、その荷車引きに小麦の入った袋を無理やりに下ろさせたのである。

＊13　財務総監が地方長官に発した命令は、三月一一日以降、「昼夜に限らず、また、都市であれ農村であれ、貧者が徒党を組み、物乞いに名を借りて小麦の運搬人を止め、彼らに穀物を与えることを拒否するにもかかわらず積み荷を強奪する場合には、それを阻止するために」あらゆる措置を講ずるよう指示した。

リヨンでは市長が、「いたる所で非常に大きな混乱が起きていて、……もはや安全に通行することはできない」と不安の声を上げた。彼は、「国家の敵に対する戦争よりもはるかに恐るべき王国内の戦争」を予想していた。[*14] この徴税管区の地方長官ドルレアンは、財務総監㉔につぎのように書き送った。「私の耳に入る徴税管区のあらゆる方面からの情報によりますと、聖堂区の住民たちは小麦を外部に持ち出させようとしないだけでなく、小麦があると思われる家へ行って妥当と判断する値段で売らせるようなことさえ行なっております。なかには、小麦をただで持って行ったり、拒否されると火をつけるぞと脅すようなならず者もおります。……私はすべての騎兵隊将校に命令を出しましたが、無法はあらゆるところに広がっており、騎兵隊の数も非常にわずかですので、たいして力にはなっておりません」。[*15]

＊14　A・ドゥ・ボワリール刊前掲『書簡集』第三巻、三三八番。
＊15　一七〇九年四月一〇日付の書簡（ボワリール刊前掲『書簡集』）。

「高貴なお方たち」は、そのような状況にすっかり腹を立てる。フレシエ猊下㉕は、その司教教書のなかでつぎのように憤激する。「突如として残忍さが人々の心をとらえた。……人々はなんの疾しさも感じることなく他人の物をわが物としている。人々は正義も権威も認めず、言ってみれば、パンを互いに奪い合っているのだ」。マントゥノン夫人[26]は、四月二九日に、茫然自失の体でマルリからユルザン大公妃[27]に宛ててつぎのように書く。「この心地よい土地でも、もう困窮の話しか聞きません。……今では市《いち》の立つ日で暴動のない日はございません」。続く七月一四日にはつぎのように書く。「小麦の高騰のためにいたる所で暴動が発生しています。ルーアンの暴動は治まりましたが、クレルモンやバイヨンヌで別の暴動が発生しています。ラングドックの暴動はまもなく治まるでしょうが、やはりまた別の暴動が始まります。パリではパンが日を追って値上がりしますので、暴動を抑えるのが非常に難しくなっています。人々は必死になってその対策を考えていますが、これまでにとられた対策は、すべて事態を悪化させてしまいました」。

　王国政府はこうした事態に直面してもまったく驚くほどの消極性と放任ぶりを発揮するだけであったので、状況は危険なほど悪化した。人々はその状況を、政府のおぞましい企てのせいよりも、むしろ政府の無為無策と奇妙な親切心のせいにした。小麦の不正取引業者たちがその状態を利用して利益を得ていたために、平穏を乱し、政府の善意を疑わせることになったのである。四月二四日に主席検事ダゲッソーがデマレに書いたつぎの手紙を読めばわかる。「小麦を現在の法外な値段のままにしておき、小麦の取引を現在のような無秩序と混乱のうちに放置しておくことほど恐ろしいことはありません」。

　人々は大衆の窮乏に乗じて一斉に投機を始めた。社会のあらゆる階層で、人々は他人を犠牲にして自分だけが金持ちになろうとした。いたのは蓄財家だけであった。小物たちも彼らの分け前にあずかろうとした。小麦がすべての人々の投機の対象となった。われもわれもと小麦を買い、売り、再販売し、再々販売した。皆が「小麦投機商」(blatier)になった。「奥様、あなたはこの blatier という下品な言葉をご存じかどうかわかりませんが、当地ではこれ以外の言葉を聞くことはできません。それは、私のためにパンを焼いてくれるパン屋さんを見つけることもできないほどでした。……小麦を買いに出かける人たちは皆、少し離れた所で、買った値段の一〇倍でそれを転売するのです[*16]」と、アルクール大公妃は、マントゥノン夫人に宛ててノルマンディーの所領から書いている。

＊16　一七〇九年八月一九日付の書簡。ラ・ボメール刊『マントゥノン夫人の回想録および書簡』一七八九年版、第八巻、一九〇−九四頁を見よ。すべての書簡が注目に値する。これらの書簡は、地方の小さな小麦市場や小麦投機商たちの手口を詳細に描いていて示唆に富んでいる。

その一方で、サロンの華やかで心地よい生活は続いていた。「社交界の人々を超満員になるほど集めて行なわれるオペラが三回開かれないような週はありません。けれども、娯楽や散歩や余興はそれほど多くはありませんでした[*17]」と、一七〇九年五月にボワローは書いている。

＊17　先に引用したプロセット宛の彼の書簡を見よ。

時代を一五年先に進めよう。

一七二四年冬と初春はすばらしい収穫を約束していた。ところが、五月から突然天候が変わった。何週間にもわたって雨が止まなかった。人々は不安な気持ちにとらわれた。人々は天にすがった。パリの聖堂区では何度も厳かな行列が行なわれた。サント＝ジュヌヴィエーヴ教会(28)の聖遺物匣(29)がいとも荘重に首都を練り歩いた。天は心を動かされなかった。

このようなひどい不幸は、民衆の想像を掻き立てずにはおかなかった。老王ルイ一四世の死は、心の底からほっとした気分で迎えられた。代わって王位を継いだ心優しい幼王は非常に好ましい人物のように見えた！……しかし、失望はすぐに、しかも突然にやって来た。パリ＝デュヴェルネは、王国内の食糧調達問題に全面的に着手した。民衆の間にはいろいろな暗い噂が流れていた。彼が仲介業者にその年のすべての収穫を買い付けさせてイギリス領のジャージー島とガーンジー島[30]に送り、そこから再びフランスに輸入して法外な値段で売り捌くことにした、と噂されていた。また、つぎのような噂も流れていた。オルレアン公のあとを継いで政府の首班となったブルボン公が愛人のプリ夫人[31]を通じて自ら小麦の投機を行なっている、という噂であった。

内に秘められていた大衆の不満は、まもなくパリで暴動となって現われた。*18 それは、サン゠アントワーヌ街でのつぎのようなちょっとした偶発事件から始まった。あるパン屋が、つい二、三時間前に三〇スーで売っていたパンを三四スーで売ろうとした。買い手の女が叫び出し、民衆に助けを求めた。たちまち、二〇〇〇人あまりの群衆が彼女の叫び声に応えて自然に集まってきた。パン屋の店は襲撃され、略奪によって徹底的に破壊された。店にあったパンは、略奪されるか窓の外に投げ捨てられた。その場に警備隊が到着するや、彼らをめがけて石つぶてが投げられた。警備隊は退却しなければならなかった。騎馬監視隊が救援に駆けつけ、群衆に向かって発砲した。群衆は散り散りになって逃げた。八人の暴徒が逮捕された。三日後に、サン゠アントワーヌ街の大通りで二人が絞首刑になった。

＊18　一七二五年七月一四日。

さらに一五年先に時代を進めよう。一七四〇年。すなわち、この年は大飢饉の新年であり、一七〇九年の完全な再現であった。三〇年前にフランスの民衆が蒙った耐え難い試練からは、なんの教訓も引き出されていなかった。同じ犯罪的怠慢、国民の食糧の需要に対する同じような無視、為政者たちのあいも変わらずの無能ぶり。「王国を徐々に蝕み、その破滅を招かずにおかない真の悪は、ヴェルサイユの人々が地方の荒廃にあまりにも無関心なことである。……今では人々は、窮乏は王国全土で前代未聞の程度に達したと確信している。わたしが今これを書いているとき、まったく平和であり、収穫は豊作とは言えないまでも少なくともかなりの作柄のように見えるが、われわれの周りでは、人々は貧しさのあまり草を食いながら蝿のように死んでいくのだ」と、一七三九年一〇月にダルジャンソン伯爵[*19]は書いていた。

＊19　先に述べた警察長官の息子。

ヴェルサイユに近い環境にいて警告を発していたのは、ダルジャンソン伯爵だけではなかった。有力行政官や著名な高位聖職者たち、彼らはまったくの善意の持ち主であり、なぜか彼らにはわずかながら反抗的な気分が見られたのであるが、その彼らが、彼と同じ激しい不安を抱き、それを国王に知らせようとしていたのである。だが、彼らの努力は無駄骨であった。およそ三〇歳に達していたルイ一五世は、ますます旺盛になった肉欲を満たすことと、ますます莫大な金がかかるようになった豪勢な気まぐれを満足させることしか考えていなかった。一七三九年六月三日、イギリスとの講和を機に全宮廷人が国王を祝福するためにヴェルサイユに赴いたが、そのとき、租税法院長のル・カミュは、国王への挨拶のなかで、民衆について、すなわち、「徴税請負人や相場師たちの度を越した贅沢が相変わらず大衆の不幸を鼻先で笑っているように見えるときに、パンも金もなく貧困のなかで悲嘆に暮れ、畑の家畜と食糧を奪い合わなければならないあの民衆」について、語った。なんの効果もなかった。ある日国務会議の席で、オルレアン公爵は国王の机の上にわらびで作ったひと切れのパンを置いて、「陛下、これが陛下の臣民の食べ物でございます」と言った。なんの効果もなかった。シャルトルの司教が王妃の晩餐会に招かれ、国王から彼の司教区の状態について尋ねられたとき、飢えと死がいたる所に見られ[(32)]、人々は羊のように草を食べておりますと答えた。なんの効果もなかった。ラ・ロシュフーコー公爵は、もはやなす術もなく、勇を鼓して国王につぎのように言った。「陛下はおそらく、地方がどんな状態であったかをご存じなかったでありましょう。

また、その状態はあらゆる想像を越えていたことを、ここではすべてが糊塗され、大臣は国民の不幸を隠すことに汲々とし、パリでの豊かさを装っていたことを、しかし、昨年あれほど窮乏を味わった地方では今年はその倍も悲惨であったことを、おそらくご存じなかったでありましょう」[*20]と。今度はルイ一五世が口を開いた。そんなことは百も承知で、臣民の数はこの一年間で六分の一も減ったよ、と言うためであった。そう言って、彼は話題を逸らせてしまった。……

*20　ダルジャンソン伯爵がその『回想録』第四巻で語った言葉。

民衆は、彼らが依然として耐えなければならなかったさまざまな苦しみによって、国王は彼らの不幸などには関心を持っていないことを知った。その結果、庶民層のなかに国王に対する敵意が増大していった。一七三九年九月、ルイ一五世がパリへ行く途中サン＝ヴィクトール街を通らねばならなかったとき、集まった群衆が叫んだのは、もはや「国王万歳！」ではなく、「一文なしだ！　食うものがない！　パンをよこせ！」という叫びであった。

同時に、不信の念が増大した。不安を与えるあまりにも多くの徴候が疑念を呼び覚まし、その疑念は確信へと変わった。ルイ一五世が穀物の投機を行なっているという噂が広まった。ダルジャンソン伯爵は、一七五二年一〇月三日にその『回想録』のなかで、「パリでは国王が小麦で儲けているという噂が広まっている」と書いている。折悪しく行なわれた取引（ほとんど必要がないときに行なわれた国王のための小麦の大量買い付け）――それは何人かの怪しげな小麦仲買業者の懐を肥やしただけであった――の結果、国王の命令によって始められた備蓄が終わらない間の個人による小麦の販売が禁止された。「これが発端となって民衆が叫び始めた」と、ダルジャンソンは断言している。[*21]一七五三年一月、国王の命令によって再び小麦の大量買い付けが行なわれた。そして、当のダルジャンソンは、「この市場操作によって陛下の懐に一日に一〇〇万リーヴルが転がりこんでいるという噂が大衆の間に大々的に広まっている」と、書きとめている。

＊21　ジャネ編『回想録』第四巻、一〇一頁。

また、王党派的な考えを述べることなどほとんど考えられなかった歴史家のレオン・カーンは、「飢餓協約[33]」に関する研究[＊22]のなかで、「宮廷も国王も、この種の投機に首をつっこんでも罪になるとはまったく考えなかった」と書いている。これは一九二六年に言われた言葉である。ルイ一五世の同時代者たちは、彼と同じ考えではなかったようである。ここで私が、いわゆる「飢餓協約」なるあの事実無根の問題に、それはあまりにも多くの無駄なインクを流させたのであったが、その問題の議論に加わる意図はまったくない。その問題について記憶にとどめておかなければならないすべてのことは、何千という臣民の命を犠牲にした幾度にもわたる穀物投機のおかげで、国王は実質的な利益を現実に手にすることができたということである。確かに、いかなる種類の「協約」もなかった。だが、多くの人々が餓死したのである。そして、重要で、言っておかなければならないことは、そのことだけである。

＊22　『史学雑誌』第一五二巻。

以上で私の序文を終わる。私は、心が奪われるほど美しいヴェルサイユの植え込みのなかから、人々の苦しみと悲嘆の叫び声をあえて呼び覚ましたのだ。さあいよいよ、これらの苦しみと悲嘆の声を押し黙らせて、卓越した政治家のエドガール・フォール氏に席を譲るときである。この方が、この叢書の読者の皆さんに、フランスを破滅の瀬戸際に立たせたところの、今われわれが思い起こしたばかりのさまざまな忌まわしい策謀のどうにも避けられない結末となった、あの一七七六年五月一二日のドラマを、描いて下さるだろう。

〔訳注〕

1　ジョン・ロー（John Law = John de Lauriston　一六七一年エディンバラに生まれ、一七二九年ヴェネチアで死亡）は、スコットランド生まれの銀行家で、フランスの財務総監（一七二〇年一月）。銀行家で金銀細工師の息子として生まれ、早くから計算の才能を示した。エディンバラで学び、ロンドンに住んだ。そこで決闘を行なったため、最初死刑を宣告され、ついで終身刑に減刑されたが、脱走に成功した。イギリスで銀行制度を研究し、アムステルダム、ジェノヴァ、ヴェネチア、フィレンツェで研究を続けた。二つの『試論』（*Essais*）のなかで銀行プランを展開し、エディンバラで公刊した（一七〇一－〇九年）。一七〇八年の最初のパリ滞在中には、賭博好きとして有名になった。フランスから追放されたのち再び来仏し、オルレアン公爵に認められ、彼が摂政になったときパリに「一般銀行」（Banque générale）を設立する許可を得た。彼は外国の銀行を高く評価していたし、金属貨幣に対する紙幣の優越性に確信を抱いていた。彼はまた、通貨の増加は一国の経済価値の増加に対応すると考えていた。彼の試みは成功し、彼の銀行券はあらゆる経済活動の決済に用いられた。彼はアメリカのルイジアナ州での営業許可を得て、一七一七年「西欧会社」（Compagnie d'Occident）を設立し、二五年間の北アメリカでの貿易独占権を獲得した。一七一八年、「一般銀行」は「王立銀行」（Banque royale）となった。ローは、彼の「西欧会社」のなかにセネガル会社、西インド会社、シナ会社を設立し、一七一九年には、「西欧会社」は「両インド永久会社」（Compagnie perpétuelle des Indes）に改められた。また彼は、造幣権と徴税請負権を買い取った。これが「ローの体制」（le système de Law）と呼ばれるものである。これらの発展の各段階で、株式の新たな発行が行なわれた。一七二〇年、ローは国家債務を清算することを約束して財務総監に任命された。しかし、過度な相場操作により株式数が過大となって株価の暴落を招いた。植民地からの収益も当初の予想をはるかに下回った。銀行券の強制通用も破局を食い止めることはできなかった。暴動がパリに起こり、ローはベルギーに逃亡し、そこからデンマーク、イギリスへ、最後はイタリアへ逃れた。ローは、自分自身が破産しても、依然として自分の考えがすぐれていることを確信していた。*Larousse de XXe siècle*〔以下、たんに *Larousse* と記す〕, T.IVe, p. 371.

2

サン＝シモン公爵（Louis de Rouvroy, duc de Saint-Simon　一六七五－一七五五年）は、シャルルマーニュ（カール大帝、フランク王、西ローマ帝国皇帝、七四二－八一四年）にまで遡る家系を非常に誇りにしていた父（Claude de Rouvroy, duc de Saint-Simon　一六〇七－九三年、フランスの将軍）からルイ一三世崇拝を教えられた。また彼は、当時としては珍しく、ラテン語とともにドイツ語を教えられ、歴史に熱中した。彼は、「宮廷の仕組み」や「上席権論争」などの上級政治に過度の興味を示したが、それにもかかわらず彼は、「市民的貴族」であった。ブルゴーニュ公に献身的に仕え、王太子の死後、未来の国王（王太孫）としての彼のために『統治草案』（*Projet de gouvernement*）を書いた。これは、フェヌロンによれば、貴族の権力と責任を同時に増大させるものであった。ブルゴーニュ公の死は彼を非常に落胆させ、オルレアン公との交友にいくらかの慰めを見いだした。しかし彼は、歴史の舞台の俳優としてよりもむしろ観客として振る舞い、オルレアン公が摂政となってもその交友を利用することはほとんどなかった。いろいろな地位が彼に提供されたが、彼は最もつまらないポストのひとつであった摂政会議のメンバーになっただけであった。摂政の死後は政治を捨てて歴史を取った。一七四三年の妻の死、二人の息子の凡庸さ、手元の不如意が、彼の老年を辛いものにした。遺言に従って彼の棺はラ・フェルテ教会の妻の棺と釘付けにされたが、大革命は二人の墓を破壊した。

『回想録』（*Mémoires*）――サン＝シモンは宮廷人や政治家である以上に文筆家であった。この天分を証明するものが彼の『回想録』であり、それは二〇歳になる前から全生涯にわたって書かれた作品である。一六九九年、彼はその見本を一部ランセに送り、ランセはそれを『回想録』に編纂したが、それは、リュイーヌ公爵がダンジョーの『日記』（*le Journal de Dangeau*）を彼に見せたあとのことであったようである。他方ランセは、ドゥルー公爵や儀典長サンクトーの記録およびトルシーの秘密文書を参照した。サン＝シモンの『回想録』に付け加えられたこれらの調査は、その『回想録』（一六九一年から一七二三年に及ぶ）に真の資料的価値を与えている。そのうえサン＝シモンは、人物描写と風景描写に優れていた。たとえば彼のスペイン旅行の話は、感情がこもっており、ときには詩情を帯びている。歴史家としての彼は、一般的な理念の意味に小さな重要な事実を付け加える趣味を持っていた。彼の誠実さと公平さは自明のものであった。彼はそれを自認していたが、それに押しつぶされることはなかった。彼は、統辞法と語彙を一新させているその文体の奔流に流されることなく、その証言を抑制している。一七三帖から成るその手稿は、ショワズールの命令で外務省の文書室に納められ、まもなくその抜粋が出版された。完全版は、サン＝シモン将軍（一八三〇年）、ジュリュエル（一八五六年）、ボワリールおよびその後継者たち（一八六五年以降）によって出版された。*Larousse*, T. VIe, p. 145.

3　オルレアン公爵（Philippe, duc d'Orleans　一六七四―一七二三年）。ルイ一四世の遺言を破棄させて、一七一五年フランスの摂政に指名された。ルイ一四世時代の厳格主義の風潮に対する反動として、「摂政時代の気風」（l'esprit Régence　優雅・退廃の気風）の開花に率先して努めた。デュボワ枢機卿の支持を受けてルイ一四世の対外政策とは逆の対外政策を進めた結果、スペインのフェリペ五世と深刻に対立した。内政面では、「多元評議会制」（la polysynodie　大臣の代わりにそれぞれの評議会を置く制度）を採用し、ローによる財政改革を試みたが、いずれも失敗に終わった。

4　ブルボン公爵（Louis Henri, duc de Bourbon　一六九二―一七四〇年）。父の死後コンデ大公となった。「公爵殿」（Monsieur le duc）の名で広く知られた。摂政のオルレアン公爵から摂政評議会議長ならびに国王教育監督官に任命されたが、その地位を利用してローの相場操作から暴利を得、世の顰蹙を買った。一七二三年から二六年にかけて首相を務めたが、無能ぶりを示した。プリ侯爵夫人との情事は非難の的となった。フルーリ枢機卿が権力の座についたとき、所領に追放された（一七二〇年）。

5　パリ＝デュヴェルネ（Jean Paris, dit Duverney　一六八四―一七七〇年）。パリ四人兄弟の三男。摂政時代の初め、パリ兄弟は徴税請負契約を結び、デュヴェルネはこの仲間のリーダー格となった。ローがフランスにやって来たとき、ノアーイユ公爵を助けて財政の混乱の収拾と収支の均衡の回復に努力した。彼はローと精力的に闘ったが、ローはパリ兄弟四人をドフィネに追放した（一七二〇年）。ローの体制の崩壊後、パリ兄弟はその清算の仕事に当たった。一七二〇年マルセイユにペストが発生したとき、公正な救護体制を組織して有名になった。ブルボン公の内閣のとき（一七二三―二六年）、デュヴェルネはプリ公爵夫人の支持を受けて、大きな影響力を行使した。フルーリ内閣の初め、パリ兄弟は小麦の買い占めの責任により追放され、デュヴェルネはバスチーユに一七カ月間収監された。一七二九年許されてパリに戻り、パリ兄弟は再び財政に関与し、フルーリの死後一層その影響力を増大させた。オーストリア王位継承戦争（一七四〇―四八年）および七年戦争（一七五六―六三年）の間、デュヴェルネは軍糧食総管理者となった。一七五一年、ルイ一五世からパリ陸軍士官学校の創設を任され、初代校長となった。*Larousse*, T. V^{e}, pp. 381-82.

6　リーヴル（livre）。一七九三年以前のフランスの貨幣単位。一九六〇年のデノミネーション以前の旧フラン（ancien franc ou franc léger）に当たる。大別して、パリ系リーヴル（livre parisis）とトゥール系リーヴル（livre tournois）に分かれ、前者は一リーヴル＝二五スー、後者は同二〇スーであった。一スー（sou）（またはその古形ソル（sol））は、五サンチーム（centime）。その後も一九六〇年頃までは、俗称として、二〇スー（＝一フラン）、一〇〇スー（＝五フラン）などが用いられた。重量単位としても用いられ、一リーヴルは、地方により、三八〇―五五〇グラムであった。

7　スチエ（setier）。昔の量目。穀物の場合は、一スチエ＝約一五〇ないし三〇〇リットル。

8　コルベール（Jean Baptiste Colbert　一六一九―八三年）。ルイ一四世の腹心であったマザランによって国王に推挙されて政治家となり、公金横領容疑のフケーの失脚に貢献。建設総監（一六六四年）、財務総監（一六六五年）、宮内大臣（一六六八年）、海軍大臣（一六六九年）となった。国家行政のすべての分野において着実にその活動を行ない、保護主義的政策と重商主義の理論に依拠して産業と貿易を奨励し、多数の外国人技術者をフランスに招き、国立マニュファクチュールを創設した。そのほか、財政、司法、海軍を再編成し、海軍籍登録制度や傷痍軍人基金を作った。さらに、多くの植民地王立会社（東インド会社および西インド会社（一六六四年）、レヴァント会社（一六七〇年）、セネガル会社（一六七三年））を創立し、カナダの「移民集団」を保護した。フランス・アカデミー会員としては、一六六三年、碑文アカデミーの核となった「評議会」を作り、科学アカデミー（一六六六年）、天文台（一六六七年）を創設し、画家ル・ブランを庇護した。絶対王制の中央集権化のために、法律制度の統一化と合理化をめざして一連の政令を発令した。一六七一年以降国家財政再建のために努力したが、ルヴォワの影響力に押されて次第に力を失った。

9　シャトレ裁判所（le Châtelet）。昔の二つの城塞の名前で、大シャトレ城（le Grand Châtelet）と小シャトレ城（le Petit Châtelet）があった。前者は、セーヌ川右岸ポン＝ト＝シャンジュ（Pont-au-Change）の前にあって、パリ子爵領およびプレヴォ裁判管区の裁判所であった。一八〇二年に取り壊された。後者は、セーヌ川左岸プチ＝ポン

(Petit-Pont) の前にあって、監獄として使われていた。一七八二年に取り壊された。

10 ミュイ (muid)。昔の容量単位。地方によって異なっていたが、パリでは、小麦や塩の場合には、一ミュイ＝約一八七〇リットル。

11 ラ・マール (Nicolas de La Mare　一六三九－一七二八年)。シャトレ裁判所所属警視として、ルイ一四世のもとで、穀物飢饉に見舞われた諸州でさまざまな任務についた。『パリの歴史および地図付き……警察論』(*Traité de la police... avec une description historique et topographique de Paris...*, 1707-38) は、資料的に重要で貴重な著作であり、彼はそれによって名声を博した。*Larousse*, T. VIe, p. 309.

12 デマレ (Nicolas Desmarets ou Des Marets, seigneur de Maillebois　一六四八－一七二一年)。コルベールの甥で財務総監 (一七〇八－一五年)。スペイン王位継承戦争 (一七〇一－一四年) によって荒廃した困難な状況に直面し、国債の強制、一〇分の一税の新設 (一七一〇年)、諸税の厳格な徴収など、専制権を行使した。一七一五年、ローの体制の破産を勧告し、ルイ一四世の死後、摂政により失脚させられた。*Larousse*, T. IVe, p. 677.

13 ボワリール (Arthur Michel de Boislisle　一八三五－九八年)。フランスの歴史家。『パリ会計法院』(*Chanbre des comptes de Paris*, 1873) の著者で、碑文・文学アカデミーはこの著書に対してゴベール大賞を与えた。その『サン＝シモンの回想録』(*Mémoires de Saint-Simon*) は記念碑的出版である。碑文・文学アカデミー自由会員 (一八八四年)。*Larousse*, T. Ier, p. 753.

14 パラチナ〔ファルツ〕大公妃 (la princesse de la Palatine)。摂政フィリップ・ドルレアンの妻であったバヴァリア〔バイエルン〕のシャルロット＝エリザベート (Charlotte-Elisabeth de Bavière) の尊称。

15 ポンシャルトラン (Louis Phélypeau, comte de Ponchartrain　一六四三－一七二七年)。パリ高等法院評定官 (一六六一年)、財務長官 (一六八七年)、財務総監 (一六八九年)、海軍大臣、宮内大臣 (一六九〇年) を経たのち、一六九九年大法官となる。アウグスブルク同盟戦争 (＝ファルツ継承戦争、一六八九－九七年) の戦費調達に腐心。大法官のとき、フランス教会の特権を擁護した。一七一四年辞任。モルパの祖父。*Larousse*, T. Ve, p. 707.

16 王太子 (dauphin)。フランス王位の推定継承者 (一般には国王の長子) を指す呼称。普通は大文字で Dauphin と書く。le Grand Dauphin はルイ一四世の王太子 (ルイ・ドーファン) を指す。また、le Petit Dauphin はルイ一四世の王太孫を指す。

17 ブルートゥス（Marcus Junius Brutus　前八五－前四二年）。ローマの政治家。カシウスとともにカエサル暗殺の陰謀に加担。アントニウスとオクタヴィアヌスに敗北して自殺した。

18 ラヴァイヤック（François Ravaillac　一五七八－一六一〇年）。狂信的なカトリック平修道士となった下男。アンリ四世の暗殺者として四つ裂きの刑に処せられた。

19 「主の祈り」（Pater）。ラテン語では「Pater noster」で始まる主禱文。マタイの書からの借用文。イエスがパリサイ人の虚飾と異教徒の迷信を非難した祈禱の手本。キリスト教徒の最も日常的な祈り。

20 警察長官ダルジャンソン（Marc-Pierre, comte d'Argenson　一六九六－一七六四年）。ダルジャンソン侯爵（René-Louis, marquis d'Argenson　一六九四－一七五七年）の弟。警察長官のあと、国務会議評定官（一七二四年）、陸軍大臣（一七四三年）となった。国王の信任厚く、ポンパドゥール夫人に対しては常に独立性を保っていた。オーストリア王位継承戦争および七年戦争で活躍。一七五一年パリ陸軍士官学校を創設。兄と同様足繁くサロンに出入りし、ディドロとダランベールは彼に『百科全書』を献呈した。*Larousse*, T. Ier, p. 327.

21 ボワロー（Nicoles Boileau, dit Boileau-Despreaux　一六三六－一七一一年）。フランスの文学者・詩人。風刺詩（『風刺』（*Satires*, 1666-68））あるいは道徳詩（『書簡詩』（*Épîtres*, 1669-95））ではホラチウスを模倣した。「古代人・現代人論争」では古代人派の旗頭となり、「古典主義」の文学的理想を定着させるのに貢献した。フランス・アカデミー会員。

22 ブロセット（Claude Brosette　一六七一－一七四三年）。リヨンの弁護士。ボアローの友情を得、ボアローは彼に人生上の助言や著述上の助言を与えた。『歴史注釈付きボワロー著作集』（*Œuvres de Boileau, avec des éclaircissements historiques*, 1716）の出版で有名となった。一七七〇年には、『ボワロー・ブロセット友情書簡集』（*Lettres familières de Boileau et Brosette*）が刊行された。一七二四年、リヨン・アカデミーを創設。*Larousse*, T. Ier, p. 883.

23 ダゲッソー（Henri-François d'Aguesseau　一六六八－一七五一年）。一六九一年、非常に若くしてパリ高等法院次席検事となり、一七〇〇年には首席検事となった。刑事訴訟手続きについてきわめて的確な指揮を行なった。雄弁と精神の高揚を示した。フランス教会の自由の擁護者として、ウニゲニトゥス教書（la bulle Unigenitus　一七一三年ローマ教皇クレメンス一一世がジャンセニスムの神学者ケネルの教説を異端として非難した教書）に対して強力に反対した。一七一七年摂政により大法官に任命されたが、ローの体制に反対したため翌年罷免され、一七二〇年になって再度登用された。一七二二年デュボワ枢機卿により追放されたが、二七年再び大法官に任命された。しかし、今度は印璽を持っていただけであった。彼は、法律制度の完成、訴訟指揮、法改革において手腕を発揮し、一七五〇年に大法官を辞任するまでの長い経歴において、廉直さと公共の利益への絶対的献身を示した。彼は、第一級の行政官であり、雄弁家であり、法律家であり、さらに多様な深い学識を持っていた。追放中『わが子供たちへの教え』(*Instructions à mes enfants*) と題する法律教育の講義を出版した。貴族であったが、Daguesseau とだけ署名した。*Larousse*, T. Ier, p. 100.

24　聖堂区 (paroisse)。「司教区」(diocèse) の小区分で、昔の最小行政区画。

25　フレシエ猊下 (Mgr. Esprit Fléchier　一六三二—一七一〇年)。修道院長で、『オーベルニュの栄光の日々の回想』(*Mémoires sur les Grands Jours d'Auvergne*) の著者。フランス・アカデミー会員。「猊下」(Monseigneur) は、枢機卿、大司教、司教などへの尊称。

26　マントゥノン夫人 (François d'Aubigné, marquise de Maintenon　一六三五—一七一九年)。アグリッパ・ドビニェの孫娘。カルヴィニストとして育ったが、カトリックに改宗して、一六五二年詩人のスカロンと結婚。寡婦となってルイ一四世とモンテスパン夫人の子供たちの教育係を務め、王妃マリー＝テレーズ・ドートリッシュの死（一六八三年）後国王と結婚した（一六八三年）。国王に対して、特に宗教面においていちじるしい影響を与えた。ナントの勅令の廃止（一六八五年）は、彼女の強い影響によるものと言われている。国王の死後は、貴族と貧民の若い娘たちの教育のために建てたサン＝シール邸に引退した。

27　ユルザン大公妃 (Marie-Anne de La Trémoille, princesse des Ursins　一六四二—一七二二年)。アンジュー公爵がスペイン王となったとき、王妃の主席侍女となり、王妃とともにスペインを支配した。そのため、ルイ一四世にとって危険な人物とみなされ、デストレ枢機卿によりヴェルサイユに呼び戻されたが、再びマドリッドに戻り、スペインの危機に際して政治家としての手腕を発揮した。しかし、王妃の死により、一七一四年、エリザベート・ファルネーゼにより突然追放された。追放後は、ローマに引退した。*Larousse*, T. VIe, p. 877.

28　サント＝ジュヌヴィエーヴ教会 (l'église de Sainte-Geneviève)。六世紀に建てられたパリの古い元修道院（一二—一七世紀に再建）。一八〇二年、修道院の建物はリセ・ナポレオンとなり、現在はリセ・アンリ四世となっている。元修道院の建物の他の部分に、一八五〇年ラプルストによりサント＝ジュヌヴィエーヴ公共図書館が建てられ、多くの手稿本、インキュナービュラ版、および現代文学のジャック・ドゥセコレクションが収められている。

29　聖遺物匣（la châsse）。聖人の遺体、遺物などを納めた箱。

30　ジャージー島（île de Jersey）、ガーンジー島（île de Guernesey）。前者はイギリス海峡にある英国領の島で、観光地。日常はフランス語が使用される。後者はブルターニュ半島の北方のイギリス海峡にある英国領の島。ヴィクトール・ユゴーの亡命地（一八五五－七一年）。

31　プリ夫人（Jeanne-Agnès Berthelot de Preneuf, marquise de Prie　一六六八－一七二七年）。一五歳ですぐれた家系のプリ侯爵（トリノ大使）と結婚、フランスに帰国後、野心と金銭欲から公然とブルボン公爵の愛人となり、絶対的権力を揮った（一七二三－二六年）。パリ・デュヴェルネを主たる助言者としていた。彼女の第一の目的は、フーケの孫のル・ブランとベリールに復讐することであり、彼らをバスチーユに投獄させ、公金横領の罪で訴訟を起こすことであった。一七二六年、穀物価格の急激な高騰の結果、彼女は買い占めの罪で告発された。彼女の「宮廷の貴婦人」としての人気のもとは、イギリスとの和解を画策したことであり、ルイ一五世の婚約者のスペイン王女を断念させて、ポーランドのマリー＝レチンスカを指名したことであった。彼女は、国王の師傅であったフルーリ大司教の影響力を断とうとしたが、逆に国王は、ブルボン公爵をシャンチイに、彼女をクルベピーヌの所領に追放した（一七二六年）。翌年、彼女は毒を仰いで自殺した。*Larousse*, T. V^{e}, p. 786.

32　ラ・ロシュフーコー公爵（François VIII, duc de La Rochefoucauld　一六六三－一七二八年）のことか。ラ・ロシュ＝ギヨン公爵（duc de La Roche-Guyon）およびリアンクール侯爵（marquis de Liancourt）。オランダで功績を立て（一六九〇－九三年）、少将となったのち、父の後を継いで国王付き衣裳長官となった。完全な宮廷人。*Larousse*, T. IVe, p. 347.

33　飢餓協約（le Pacte de Famine）。ルイ一五世の時代に小麦の値段を吊り上げようとしたとして、政府当局者や大臣たちの責任に民衆が帰した策謀に対して、「同族協約」（le pacte de famille　一七六一年ショワズールによりフランスとスペインのブルボン王家の間でイギリスに対抗して結ばれた同盟）との類推によってつけられた名称。ジェラール・ワルテールはこの協約を「事実無根」と否定しているが、*Larousse* にもつぎのように記されている（T. IIIᵉ, pp. 405-06）。

一六世紀以来公設の穀物倉庫が作られ、一八世紀における王権の大きな関心事は、いかにして小麦をパリに供給して食糧を確保するかにあった。しかし人々は、王権はこの仕事によって利益を上げていると言って非難していた。飢餓協約が本当に問題になったのはラヴェルディが財務総監であったとき〔一七六三―六八年〕であって、徴税請負人の集団と国王自身の間でこのような協約が結ばれたと思われたのである。その経緯はこうである。ラヴェルディは常に四〇〇万スチエの小麦を行政の手で処理できるようにしておこうとしたが、過剰な備蓄を避けるために、マリッセなる人物に自己の全責任で備蓄を更新するよう任せた。つまり、契約が締結されたのである。マリッセは一二年間に確実に三万リーヴルの報酬を受け取ることができると思った（一七六五年）。そして彼は、保証人たちと報酬の分割証書に調印した。その書類がル・プレヴォ・ドゥ・ボーモンなる人物の手に入ったとき、彼はそれを見て、財務総監と卑劣な相場師との間で「飢餓協約」が結ばれたと思った。ル・プレヴォは、政府を誹謗するためにそれを公表しようとしているとして逮捕された。彼は、国王に手紙を書いて、ショワズールのような大臣や財務総監たちの悪事を告発した。実際には、マリッセもその仲間たちも儲け仕事をしたわけではなかった。

一七八九年に釈放されたとき、ル・プレヴォは再びいわゆる「協約」を告発し、革命裁判所に再度ラヴェルディを告訴した。このときラヴェルディが召喚された。下級の職員たちによっていろいろな汚職が行なわれたかもしれないが、しかし、「飢餓協約」なるものは民衆が作り出したひとつの伝説にすぎない。

まえがき

チュルゴーの財務総監時代の実験は、本質的に経済政策の実験であって、この意味のおいてそれは、わが国の歴史のなかでひとつの例外をなしている。今日のわれわれは、大蔵大臣を、傾向として、あるいは多くの場合必要にかられて、経済学者であるよりも財政専門家であると言ってしばしば非難する。しかし、チュルゴーは逆に、財政専門家である以上に経済学者であった。しかも、傾向においてと同時に可能性においてそうであった、と言うことができる。というのは、彼の二〇カ月にわたる行政期間の間には、国の財政状態は本当の意味で彼の心配の種とはならなかったからである。財務総監は、予算や租税や信用やすべての財政本来の問題に無関心ではなかったが、おそらく彼は、それらの問題を経済全体の視点から考えたのである。つまり、予算の健全化、租税改革、公的信用の回復といった問題は、財務総監にとっては、経済の発展という目的のための手段とみなされたのである。この経済の発展においては、農業の発展が、排他的な役割ではないとしても主要な役割を演じ、そして農業の発展においては、穀物の分野が、同様に排他的な役割ではないとしても主要な役割を演じたのである。すべての財政危機のときを除けば、勝負がなされ、そしてその勝負に敗れたのは経済問題の領域であった。しかも、その勝負は二度とも敗北に終わったのである。すなわち、最初の半分以上は一七七五年五月の小麦粉戦争(1)という出来事のときであり、つぎは、六つの勅令問題のあとの一七七六年三月であった。しかしチュルゴーは、前者の試練からも後者の試練からも勝者として脱出したのである。だが、それらの勝利はピュロスの勝利[2]であった。第二の試練のあとのチュルゴーは、明らかにそれ以降きわめて些細な事件に翻弄されたが、しかし、最初の試練のあとの実験は、その判決が前もって下されていたような運命的な実験であった。

だからこの二〇カ月の時期、その時期はルイ一六世の治世が始まり、もっぱらこの事実によって決定的となり、さらには改革的意志によって、そして言わば新大臣の「プランナー的」意志によって一層決定的となったのであるが、この時期は、小麦粉戦争を頂点とするひとつの放物線によって描くことができるであろう。それまでのカーブは上昇傾向を示していた。おそらく反対派は存在しただろうが、それらは、信心家の仲間やショワズール派[3]や高等法院集団や特権者たちや徴税請負人たちのなかに、いずれかと言えば、不安や反感のような漠然とした行動にまでは現われない形で存在していたのである。しかし、教養のある人々の意見はチュルゴーの実験を支持していたし、一般世論もまた大臣を支持していた。チュルゴーは国王の信任を確信していたし、王妃自身も彼にきわめて好意的であった。だから、いずれわかるように、チュルゴーの内閣時代を、ひとりの厳格な大臣と軽薄で金使いの荒いひとりの王妃との間の絶えざる闘争と考えることほど間違った考えはないのである。「彼女はチュルゴー氏を好んでいたし、好むのを止めたのちも彼を常に尊敬していた」と、ヴェリ非聖職禄司祭[4]は書きとめている。[*1] 彼女が黒幕となって、大臣に有利な不思議な決定が下されたのである。大使のメルシ＝アルジャントー[5]は、「私は、財務総監が運よく手にしている支配権につきましては、大きな疑念を抱いております」と、マリア＝テレジア[6]に書いている。同時にまた、おそらくこうした状況からであろうが、チュルゴーは、自己の直接の権限に属する問題だけでなく、人間関係や政治一般の諸問題においても慎重かつ巧妙に事を進めたのである。彼は、慎重な足取りによって、彼が自ら描いた道を一歩一歩前進した。彼の内閣は前途洋々たる実り多き内閣であることを、すべてが示しているように見えた。

＊1 『日記』第一巻、一二三頁。つぎの文章を見よ。「私は彼女がチュルゴー氏に心酔しているのを見た。そしてまた、人々が彼を攻撃し始めたのも彼女のせいであった」(同、四一七頁)。

一七七五年五月の暴動ののちは、曲線は、初めは低迷しているように見えたが、その後は方向を変えて下降運動を加速し、ついには垂直に落下した。今日のわれわれから見れば、洞察力の鋭い観察者なら容易にこの運命の急変を見抜けただろうと思われる。チュルゴーはおそらく勝利したのだろう。彼は国王の信任を獲得し、暴動を鎮圧したからである。それは、大蔵大臣としての成功ではなく、内務大臣としての成功であった。――と言うのは、チュルゴーはその経済改革よりもむしろそのエネルギッシュな能力によってアンシアン・レジームの幸運の象徴となりえた、と主張できなくもないからである。[*2] 人々はきっと、彼がその根性によって秩序を回復したことに感謝するよりも、彼がその政策によって秩序を乱したことを非難するだろう。「コレノ後ニ、故ニコレガタメニ」[(7)]である。不満が改革のあとに起きるということは、不満が改革から発生するということではないだろうか。だから、いずれにしても不満は改革を非とするのである。

＊2 シュムペーター『経済分析の歴史』、ニューヨーク、一九五四年、二四七頁〔東畑精一訳『経済分析の歴史』二、岩波書店、一九五六年、五一四―一五頁〕。

このような物事の単純化的な見方には一分の真理が含まれていないだろうか。複雑きわまりない伝統的規制措置、ルーティン化した警察の行動、それらは、「ドゥラマール主義」[*3][(8)]と呼んだり、不条理で有害なものだと簡単に言うことができるだろうが、そうしたものは、自己保存の本能という深い知恵に起因するものではなかっただろうか。「首都への利己主義的な食糧供給」、パリの安寧、たとえ心理的な鎮静化にすぎなかったとしても大都市の下層民たちの鎮静化、こうしたことのために良識までも犠牲にすることは、それほど馬鹿げたことであっただろうか。それは、老朽化しつつあった体制の永遠のドラマであり、解答不可能な問題であった。体制の原構造が崩壊し、その事実上の支持者たちが引退するときの体制にとっての最悪の政治は、「調子を狂わせる」政治である。消滅するように運命づけられた社会体制にとってまだしも耐えやすいものは、最後の痙攣よりも断末魔の苦しみであるようだ。保守主義によって致命的結末を回避することはできないが、このうえなく寛大な行動も致命的結末の到来を早めるようである。だから人々は、破局のときには常に改革者たちになんらかの責任を負わせるのである。とはいえ、彼ら改革者だけが、たとえそれがほんのかすかなチャンスであるにしても、その破局を回避するチャンスを握っているのである。

＊3　ドゥラマール（Delamare）〔正確には、de La Mare〕の名前に由来する言葉で、彼は、その『パリ警察論』のなかで完全な統制経済論者の立場を示している。

チュルゴーは、一部の世論の支持を失ったとき、ルイ一六世の支持も事実上失った。そして、このことの方が一層重大であった。国王は彼に従ったが、彼を疑っていた。そして、この疑いは消えることはなかった。国王は彼の持ち前の軟弱さと怠惰から抜け出してはいたが、彼は、彼にこの努力を求め、彼にこの仕事を課し、たとえ彼のためであっても彼本来の性格に背くように仕向けた者に対して、ひそかな恨みを持たないでいることはできなかったのである。最後に、付随的な歴史のさまざまな状況が、いくつかの徒党の陰謀や個人同士の争いが、短期間王妃との間で不和を引き起こした。けれども、おそらく大臣の立場の弱体化が、まさにこの王妃との決裂の原因のひとつ、あるいは少なくともその条件のひとつであった。

なぜならチュルゴーは、この王妃との決裂のゆえに陰謀家たちの戦略の標的にされたし、また、彼の彼らに対する反応も、彼らの戦略の裏をかいたりそれを遅らせたりするよう十分計算することができなかったからである。

しかも、彼の信用が衰退すると同時に、あたかも時計のような正確さで計算された並行運動によるかのように、彼の慎重さや巧妙さが減退し、冷静さが変化するのが見られた。危機を克服すると、彼は計画の変更を迫られた。彼は、失われた時間を取り戻そうとし、逃げ去った権威を回復しようとして、さらに多くの時間と権威を失う危険を犯した。それは、彼が失脚に抵抗する過程であり、同時にまた、彼を失脚に導く過程でもあった。反対者たちがより強く脅威を感じるにつれて、反対派はますます強固になり、団結した。チュルゴーは、抵抗が一層強くなるにしたがい、それに対抗して一層露骨な襲撃を敢行した。彼が脆い橋の上に立たされたときには、改革のペースは鈍った。彼が六つの勅令によって攻撃を仕掛けたときに彼の友人たちが言ったあの「公益への渇望」は、改革を急ごうとしたものであり、彼の計画を可及的速やかに終わらせ、彼自身が破滅に引きずり込まれないうちに仕事から解放されるための狂おしいまでの努力にほかならなかった。そして、今度もまた彼は勝利した。勅令が姿を現わした。けれども、マルゼルブ[9]は彼を見捨て、ヴェリは背を向け、モルパ[10]は裏切り、たとえてみれば、チュルゴーは、あたかもリチャード王[11]のように戦場で孤立し、装備〔＝馬〕を奪われたのである。このリチャード王は、運命に嘲弄されながらも勝利を手中に収めたかに見えたが、王国を犠牲にしてももはや馬一頭見つけることができなかったのである。

このように、チュルゴーの財務総監時代の二つの局面は、力の向かう方向が逆向きであっただけでなく、大臣としての行動の四囲の状況においても方法においても、非常に異なっていたように見える。第一の局面においては、専門行政上の問題が主軸となって、彼は思慮に富んだ政治家として、それのみか機略に富んだ政治家として振る舞い、自分の性格の危険な傾向をうまく制御したり抑制したりした。第二の局面においては、逆に、人間の問題が前面に出てきて、内政のなかにも外交政策のなかにさえも、人間の問題が政策運営と改革の問題とともに絶えず入り込んできた。だからチュルゴーは、いきおい露骨な駆け引きを行なうことになったが、その駆け引きは、彼が生まれながらにして持っていた厳格で幾何学的ないくつかの性質を持ちつづけさせることによって、彼の人間像を、同時代者たちに対して――と同時に伝説に対しても――、しっかりと定着させるのに成功したのである。

最後の数週間には、チュルゴーの不器用な駆け引きは挑発的なものになり、ぶしつけとも言えるものになった。大きな政治的挫折のなかには、ほとんど常に、なにか自殺に似たものが存在するのである。

〔訳注〕

1　小麦粉戦争（la Guerre des Farines）。（これに対する著者の見解は本書の第二部に詳しく述べられているが、とりあえずこの用語について説明しておく。）王国内穀物取引の自由に関するチュルゴーの勅令（一七七四年九月一三日）がきっかけとなって引き起こされた民衆の暴動につけられた名称。一七七四年の収穫は普通であったにもかかわらず、パン一リーヴル〔約五〇〇グラム〕の値段が一二スーに上がったため、人々は非常に心配し、独占や買い占めが行なわれていると言って非難した。一七七五年四月末にディジョンで暴動が起こり、ついで五月にはポントワーズやイール＝ドゥ＝フランスで発生した。飢えた農民や小麦の不正取引業者や盗賊などからなる暴徒が、セーヌ川に浮かべてあった小麦を積んだ舟を沈没させ、ヴェルサイユの小麦貯蔵庫を略奪し、宮廷の中庭に乱入した。暴動はパリに広がったが、警察は放置していた。このときチュルゴーは断固たる行動に出た。すなわち彼は、責任者を解任し、二万五〇〇〇人を動員してパリの道路や要所を固めさせ、何人かの暴民を逮捕して、穀物の流通を確保した。犯罪者を裁くために、信用できない高等法院に代わって臨時即決裁判所が設置された。チュルゴーの改革の反対者たちが陰で助けている〔と思われた〕暴動を鎮圧するためには、彼の精力的な行動が不可欠であった。この事件に関する文書は湮滅されているので、その真相ははっきりしないままである。*Larousse*, T. IIIe, p. 413.

2　ピュロスの勝利（victoires à la Pyrrhos）。引き合わない勝利のこと。ピュロス（Pyrrhos　前三一八頃－前二七二年）すなわちエペイロス王（在位、前二九五－前二七二年）は、しばしばローマ軍と戦い、多大の犠牲を払って勝利した。

3　ショワズール（Etienne François, duc de Choiseul　一七一九－八五年）。ポンパドゥール夫人の庇護によりローマ大使となり、ついでウィーン大使となった。外務（一七五八－六一年、一七六六－七〇年）、陸軍（一七六一－七〇年）、および海軍（一七六一－六六年）担当の国務大臣となり、オーストリアとの友好同盟を強化して七年戦争の戦禍を復興させた。「同族協定」（le pacte de famille　一七六一年にイギリスに対抗してフランスとスペインのブルボン王家の間で結ばれた同盟）、ロレーヌの獲得（一七六六年）、コルシカの併合（一七六八年）などの功績をあげた。百科全書派の友として、一七六四年、イエズス会を解散させた。反デュ・バリ派の頭目。

4　ヴェリ非聖職祿司祭（abbé de Véri. Joseph Alphonse de Véri, abbé de Saint-Satur en Berri）。ソルボンヌ神学校時代のチュルゴーの同級生で友人。ブールジュの大司教で枢機卿のラ・ロシュフーコーの司教総代理を務めた。もっぱらモルパやチュルゴーの助言者として、また、時代の記録者・証言者として活躍した陰の大物のひとり。その『日記』は、当時の時代を知るうえでの貴重な資料となっている。以下、abbé de Véri はたんに「ヴェリ師」と訳す。なお、abbé は聖職祿を受けていない司祭を、curé は受けている司祭を指す。

5　メルシ＝アルジャントー（François, comte de Mercy-Argenteau　一七二七－九四年）。オーストリアの外交官。メルシ伯爵クロード・フロリモン将軍と養子縁組した。カウニッツ首相（Wenzel Anton, comte, puis prince von Kaunitz-Rietberg　一七一一－九四年。フランスとの同盟およびマリア＝テレジア、ヨーゼフ二世の中央集権政策を支持）の気に入りの弟子としてトリノ公使、ペテルブルグ公使となり、ついで一七六七年にパリ大使となった。マリア＝テレジア女帝の信任を得てマリー＝アントワネットの気に入られ、大革命の初期、彼女を助けようと努力した。一八七四年にマリア＝テレジアとの間の、また、一八八九年にはヨーゼフ二世との間の、彼の『自筆書簡集』（*Correspondence écrite*）が公刊された。*Larousse*, T. IVe, p. 813.

6 マリア＝テレジア（Maria Theresia, Marie-Thérèse　一七一七－八〇年）。オーストリアの女帝（在位一七四〇－四五年）。ハンガリア女王（一七四一－八〇年）およびボヘミア女王（一七四三－八〇年）を兼ねた。神聖ローマ皇帝カール六世の長女で、国事詔書によりハプスブルク家の所領のすべてを継承したが、イギリスと同盟して、フランス、スペイン、プロイセン、バイエルンおよびザクセンとオーストリア王位継承戦争（一七四〇－四八年）を行なわねばならなかった（その結果シュレージェンを失った）。一七四五年、夫のフランツ一世（一七三六年結婚）をドイツ皇帝に選出させ、以後も事実上のオーストリア女帝として君臨した。プロイセンのフリードリヒ二世と七年戦争（一七五六－六三年）を戦ったが、シュレージェンを取り戻すことはできなかった。幾多の重要な中央集権的改革を行ない、重商主義政策を推進した。一七六五年以降、女帝として息子のヨーゼフ二世を政権に協力させた。ルイ一六世の妃のマリー＝アントワネットは、彼女の一〇人の子供のひとり。

7 「コレノ後ニ、故ニコレガタメニ」（Post hoc, ergo propter hoc. = À la suite de cela, donc à cause de cela.）。「これが先に行なわれた（あった）のだから、これが原因だ」という意味。時間的にひとつの「前件」（un antécédent）にすぎないものを、すなわち、「……ならば……」という推断命題の条件部分にすぎないものを、原因とすることの誤りを示すために、スコラ哲学において用いられていた常套句。

8 ドゥラマール主義（delamarisme）。「序文」の訳注11および「まえがき」の原注＊3を見よ。

9 マルゼルブ（Chrétien Guillaume de Lamoignon de Malesherbes　一七二一－九四年）。大法官ギヨーム・ドゥ・ラモワニョンの息子で、パリ高等法院評定官、パリ租税法院長（一七五〇年）となり、同時に出版監督も務めた（一七五〇－六三年）。出版については非常に寛容な態度をとり、『百科全書』（*Encyclopédie*）の出版を援助した。また、新税〔地租〕の設定について国王に建言した。しかし、モプー（René Nicolas de Mopeou　一七一四－九二年）の司法改革運動（一七六八年、大法官モプーはテレーおよびエギヨン公爵と反高等法院三頭政治を展開し、一七七一年にはパリの高等法院を追放した）には反対した（一七七一年）。パリから一時退けられたが、まもなく呼び戻されて宮内大臣に任命された（一七七五年）。封印状（lettre de cachet　裁判抜きで逮捕・投獄を命じる国王の封印を押した令状）や宮廷人の浪費に反対したが、宮廷やそのとりまきとの闘いに敗れて辞職した（一七七六年）。スイス、ドイツ、オランダを旅行。一七八七年再び国務大臣に登用されたが、一七八八年の全国三部会の召集――彼によれば時宜にかなっていなかった――を前にして辞任した。一七九二年みたび国務大臣に任命され、国民公会を前にして国王を擁護した。一一カ月後、容疑者逮捕令（loi des suspects 一七九三年）によって逮捕され、ギロチンにかけられた。著書に、『ルイ一六世のための回想』（*Mémoires pour Louis XVI*, 1794）、『ビュフォンおよびドーバントンの博物史に関する考察』（*Observations sur l'histoire naturelle de Buffon et de Daubenton*, 1796）、『出版業と出版の自由に関する意見書』（*Mémoires sur la librairie et la liberté de la presse*, 1809）などがある。科学アカデミー会員（一七五〇年）、碑文・文芸アカデミー会員（一七五九年）、フランス・アカデミー会員（一七七五年）。*Larousse*, T. IVe, p. 624.

10 モルパ（Jean-Frédéric Phélypeau, comte de Maurepas 一七〇一―八一年）。一七一五年王室秘書官の資格で父ジェローム・ポンシャルトランの後を継ぎ、一七二三年海軍省に入り、一七三八年海軍担当国務大臣に昇進。軽薄で移り気であったが繊細で鋭い知性を持っていて、海軍のために尽力した。海軍省に天文学者や幾何学者を集め、赤道や極地に科学探険隊を派遣し、同時に二度毎の子午線を測定させ、新しい地図を作製させた。ポンパドゥール夫人を批判した風刺詩を書いたため嫌われて失脚（一七四九年）、プールジュへ、ついでポンシャルトランへ追放された。ルイ一六世の即位とともに国務大臣と財政評議会議長の資格で政務に就き、チュルゴーやネッケルのような改革的大臣とともに仕事をしたが、まもなく彼らに対する国王の信任を妬み、彼らを解任させた。*Larousse*, T. IVe, p. 748.

11 リチャード王（roi Richard）。シェイクスピアの歴史劇『リチャード三世』（*Richard III* 一五九三年頃初演）第五幕第四場のリチャード王は、戦場で乗馬を刺され、徒《かち》のままリッチモンドの姿を尋ね回ってこう叫ぶ。「馬を持て馬を！　馬を馬を！　此国でも何でも代りに與《や》る！」（A horse! a horse! my kingdom for a horse!　坪内逍遥訳13、中央公論社、一九三四年、三〇七頁）。なお、小田島雄志訳では、「馬をくれ、馬を！　馬のかわりにわが王国をくれてやる！」となっている（白水Uブックス四、一九八三年、一二四二頁）。

上巻＊目次

下巻✲目　次

第一部　希望

第一章　シャントルーとポンシャルトラン

長い治世は、ときとして民衆の倦怠と不正に終わる。旧高等法院の追放、モプーの高等法院の設立、テレー氏によって行なわれた部分的破産、租税の継続、そして、公的債務の増大、国王の寵臣たちによる浪費、何人かの寵妃の昇進、とりわけ最悪の寵妃の出世は、民衆に新しい治世に対して多くの幸福を期待させ、前の治世に対して厳しい評価を下させた。

モルレ(1)『回想録』

一七七四年五月一〇日、五九年間にわたる治世を終えて突然死んだルイ一五世は、孫の王太子ルイ＝オーギュストに、――遺言書での自己批判的な告白（「余は統治も政治もまずかったが、それは余の能力が足りなかったからであり、補佐がまずかったからである」という告白）とともに――彼個人の内帑金《ないど》*1であった五万リーヴルの「財宝」（人々はそこに四億あるのではないかと血眼になって調べた！）と一緒に、ヨーロッパで最も人口が多く最も不満に満ちた人民を統治する重い任務を残した。

＊1　オーストリアの女帝マリア＝テレジアは、彼女が「シャトゥーイユ」（chatouille）と呼んでいた国王のあの有名な内帑金のことを気遣っていた。彼女は四〇〇〇万フランあるのではないかと言っていた。スウェーデンの大臣ク

ロイツ伯爵は、三億六〇〇〇万フランはあると言い、その宮廷に、「もしそうならば、フランスの財力はそのすべての敵にとって脅威となるだろう」と深刻な態で報告していた。ヴェリ師は、彼よりももっと懐疑的であったが、それでも、一二〇〇万か一五〇〇万フランはあると思っていた。封印を解いて財産目録を作ってみたら、せいぜい五万フランくらいであった。しかし、ルイ一五世は、二〇〇万フランの手形を実際にエギヨン公爵に預けていて、公爵は辞職するとき（後述参照）それを国王に返し、五〇万リーヴルを受け取った。そして、カンパン夫人によると、国王はいくつかの金融会社からあがる利益を自由に使っていたが、やがてルイ一六世は、御寝《ぎょしん》の間の筆頭執事のチエーリ・ドゥ・ヴィルダヴレにその利益をそっくり贈与してしまう（『回想録』第二巻、一〇八頁）。この記述は、徴税請負制度からの分配益のことを言っているように思われる。メルシ＝アルジャントー『書簡集』第二巻、一二八、一八一および一八二頁、ならびにヴェリ『日記』第一巻、一〇八頁を見よ。

フランスの王政はまだ救われる可能性があっただろうか。それまでのきわめて保守的な政治はまだ救済の可能性を持ち続けていたのだろうか。それとも、一貫してリベラルであった政治はその終焉のときを迎えていたのだろうか。

今日のわれわれには、この決定的な行政運営の初期においては、肯定的資料と否定的資料はかなりよく釣り合っており、フランスの王政が生き残る可能性と滅びる危険性は、ある意味で均衡点にあったように見える。

「この宮廷とこの王政の全体は、善においても悪においても非常に多様な様相を呈している」と、メルシ＝アルジャントーは書きとめている。

死んだ国王の不人気がフランスの制度そのものの信用を根底から揺るがしたことは確かである。しかし、不滅の王政的感情の新たな燃え上がりを介して制度の信用のほどを判断することは困難である。「平等」、「共和制」という新しい言葉が広まっていると、ヴェリ師はそれについて証言している。[*2] しかしそれらの言葉も、古くからの王政に対する崇敬の念を消し去ってはいなかった。今日でも、「体制」(régime) と「制度」(système) を区別する果てしなく微妙な点はまだ決着がついていない。王政は「古き人を捨てさる」ことはできる。だからこそ人々は、新王ルイ一六世の「新しい心情」に期待するのだ。ルイ一六世をとりまく好意的な予断が、彼のすべての事業を容易にするだろう。しかしそのことは、助けにはなるが恐ろしい助けである。なぜなら、希望を奮い立たせるものはすべて、焦燥をも増大させ、失望をきわめて急速に激化させるからである。

*2 「平等と共和制の理念がひそかに人々の頭のなかで醗酵している」(『日記』第一巻、一二三八頁)。この記事は翌年(一七七五年六月)のものである。

若き国王は、豊かな国土のなかに貧しい国家を見いだした。この状況は、フランスの歴史のなかでこのときだけのものではなかった。財政は破綻状態であったが、過去にもそうであったし、将来は今以上にそうなるだろう。だからと言ってどうだというのだ？ ひとつの政体が純粋に財政上ならびに税制上の理由で滅びたことがかつてあっただろうか？ 経済というものは、いくつかの繁栄の徴候があれば、イギリスの産業革命の、今日の用語で言えば「成長」の、影響下にありさえすれば、逞しいものなのである。

多くの悪弊が存在する。しかし、マリア＝テレジアが言うように、直接悪弊の廃止をめざす方策を考えないにしても、困難を切り抜けるための手立てもたくさんあるのだ。そして、なによりも平和があり、それがありさえすれば、この国ではすべてが可能なのだ。

当時の多くの人たちはそう考えていたのだが、今日では、この時代がさまざまな理念と利害の抗しがたい変化によって特徴づけられていたことは容易に認めることができる。このような変化の圧力は、王政の暴力革命による消滅か、いくつかの平和的で全体的な改革かの、いずれかに導くに違いないと思われた。

革命と改革とでは雲泥の相違である。

しかしそれは、たぶん、不正確ではないにしても不完全な見方である。一八世紀末のアンシアン・レジームの奥底に潜んでいた禍は、活力にあふれたさまざまな運動の対立（une contrariété de dynamisme）ということであった。ただひとつの方向だけの運動と向き合うだけの場合には、対立したり、譲歩したり、速度を緩めたり、方向を変えたり、あるいは迂回したりと、さまざまに選択することができる。しかし、ここでのわれわれは、向かう方向が互いに対立しあういくつもの活力にあふれた運動と向き合うのである。

新しい思想の発展は、特権の虚栄と不正をあらわにする。問題は、特権が存在することでも、あるいは、特権が非常に愚かな形で抵抗を行なうこと――それはごく普通なことである――でもなく、特権が新たな活力にあふれた運動によって生気を与えられることである。そのとき、特権は失地を回復し、新しい地歩を獲得するのである。

さらにもっと決定的なものに見える経済の次元においては、全般的な繁栄の増大は逆に購買力の減少を伴う。（少なくとも最低賃金生活者にとっては）現実の賃金と物価との比率は低下する。国の富の増大は貧者をますます貧しくする。このような問題の解決策は、挿話的な歴史や現象的な歴史からは、見つけ出すことができない。調子の狂ったさまざまな制度の全体を、再びひとつにつなぎ合わせなければならないのである。このような仕事には、まさにチュルゴーが持っていたような種類の才能が必要であった。彼の才能は、長期にわたる能率的な行政的準備と理論的準備に支えられ、また、決して確かなものではなかったかも知れないが、その時代の分析手段によって可能な限度にまで行なわれた経済現象の分析によって支えられていて、「現在を予測する」というきわめて巧みな表現によってその名声を高めたのであった。[*3]

＊3　「したがって、われわれが現実の事態の進展を知るのはいつも遅すぎるのであって、政治には常に、言うなれば、

現在を予測することが必要なのだ」。

「全宮廷が、どの派がルイ一六世の心を捉えるかと、心配まじりに心をうち震わせながら待っていた。そして、このときの若き国王は、のちに王国中で最も不幸な人となったように、おそらく王国中で最も困惑した人であっただろう。……」と、モンバレ大公[2]は書いている[*4]。

*4 『回想録』第二巻、九一頁。

この困惑は、彼の人柄からも政治状況からも理解することができる。ヴェリ師の表現によれば、「ルイ一六世は齢二〇歳の幼王であって、彼にはまだいかなる統治能力も認められなかった」。それは、言葉で表わしうる最も控え目な評価である。「彼は、少しばかり粗野な外見のもとに、率直さ、気骨、礼儀正しさ、できる限り善行をなそうとする性向を示している」と、メルシ＝アルジャントーは書きとめている。これは、最も楽観的な評価である。

ただひとり愛していた父を早くから亡くし、尊敬できないいやな師傅に育てられ、彼よりもできのよい兄弟たちからは嫉まれ、敵意に満ちた堕落した宮廷のなかで孤立し、四歳の時からまだ妻とはなれない幼女と結婚していた彼は、こちこちの信心家でやかまし屋の三人の老嬢、すなわち「伯母さんたち[*5]」と一緒にいるときにしか、活気と慰めを与えてくれる仲間を見いだせないでいた。こうしたことは、彼が権力の絶頂にあったときに、当時はまだ劣等感とは呼ばれていなかったものを醸成してあまりあるものであった。

*5 ヴィクトワール、ソフィーおよびアデライードの三人の夫人。四人目のルイーズ夫人は、カルメル会修道女であったが、その生活から想像されるほど世間から隔絶した生活はしていなかった。

ルイ一六世の教養と知識に欠けていたものが何であったにせよ、彼は、人々が彼の先祖についてどのように考え、人々が彼に何を期待しているかを知らないわけではなかった。

いずれにしても、彼はひとつの国を治めなければならなかった。彼は何をすべきであったか。何から始めるべきであったか。

彼が最初になすべきことは、まず現職の大臣たちの意見を聞くことであっただろう。しかし大臣たちは、〔天然痘で〕死んだ先王に病気の間に接見したために一種の隔離状態に置かれていたのである。おまけに、隔離期間は、〔通常は四〇日であったが〕わずか九日間だけであった。ルイ一六世は、警察長官のサルチーヌにしか会うことができなかった。しかも、数分間だけであった。

おまけに、新王が真っ先に決定すべき問題は、まさしく統治組織の問題であった。大臣たちを留任させるべきかそれとも彼らを更迭するべきか、あるいは、どの大臣を留任させどの大臣を更迭するべきか。

大臣を罷免するのに必要な論拠は、彼らが極度に不人気であるということであった。大臣を留任させるのに必要な論拠は、彼らが政務に精通していることと彼らが非常に有能であるということであった。これらの点をどうバランスよく考えるかということに加えて、もうひとつ悩ましい問題があった。すなわち、大臣を入れ替える問題であった。

首相が置かれていなかったので、当時の閣僚グループのトップはエギヨン公爵(3)であって、その彼は外務省と陸軍省を兼務していた。そのほかの大物大臣は、国璽尚書であった大法官のモプーと財務総監のテレー師であった。彼らの同僚であったベルタン(4)、ラ・ヴリイエール公爵(5)、ボワーヌは、程度の差はあれ軽蔑されたり嫌われたりしていて、国の行政運営においても大衆の不満においても、二流の役割しか演じていなかった。

ブロス高等法院長(6)の表現によると、この「三頭政治(7)」は、三人それぞれに対する敬意の程度は微妙に異なっていたけれども、国民全体の憎しみをその上に集中させていた。これらの三頭政治の担い手たちは、現「制度」の創始者ではなく、おそらく意識の上でもその支持者ではなかったにもかかわらず、世の人々は、現制度のすべての悪弊とすべての不都合を彼らのせいにしていたのである。

彼らはまず第一に、ルイ一五世の寵姫デュ・バリ伯爵夫人[8]の庇護者であり共謀者であるといって非難されていた。その証拠に、ブザンヴァール[9]は、彼らの名前とデュ・バリを同義語化して、「バリ派」とか「エギヨン派」とかと言っていた。[*6]

*6　ブザンバール『回想録』第一巻、二九一頁。エギヨン公爵はこの寵姫と本当に情交を結んでいるとみなされていた。「世間では、エギヨン氏は、女性との間で必ず用いられる手段によってデュ・バリ夫人を完全に虜にしたと言われている」(同書、三六八頁)。モンチヨンによれば、デュ・バリ夫人は、大法官のモプーに対しても同様に恋の気まぐれを許していたという(一五二頁)。テレーについては、放蕩者とみなされていたにもかかわらず、同様な噂は何もなかった。

人々はまた、彼らに対してあまり正当とは思えない非難を浴びせていた。人々は彼らの職務行為を許さなかったのだ。彼らの果たすべき職務行為とは、国民の生活の絶対的必要性に応えることであり、あるいは、国民全体の利益に奉仕することであり、そして、専門領域での成果だけではなく政治的な成果を生み出すことであったのである。

これらの三人は、身体的な外見においてさえ共通の特徴を持っていた。彼らは、ドゥ・ラ・トゥール[10]の絵のように、弱々しい光のなかで、黒ずんだ絵具で描かれているのを見ているようであった。ヴェリ師によれば、エギヨン公爵は、「黄ばんだ」顔をし、「スパイ活動でもしそうな冷淡な性格」[11]を持っていたが、それにもかかわらずヴェリ師は、どちらかといえば彼に好意的であった。大法官のモプーは、「濃い眉の黒ずんだ小男」で、彼もまた胆汁質の黄色い顔色をし、頭のすれすれの所に大きな目があって、[*7]「唾でも吐いてやりたくなりそうな、このうえなく感じの悪い顔」をしていた。[12]テレー師は、逆に、背が高く――しかし腰が曲がっていた――、赤ら顔であった。「陰気で、見る人をぞっとさせるような暗い顔つきと凶暴な目つき」をし、「ほら、テレー師が笑っているよ、誰かに不幸でもあったのかな?」[*8]と言ってやりたくなるような男であった。

＊7　モプー『モプー家』八三頁。
＊8　モンチヨン『財務総監委細』一五五頁。

彼らのうち誰ひとりとして、生きる喜びに満ち、心が開かれ、人間的な共感を与える才能を持っている者はいなかった。しかし三人とも、疲れを知らずに仕事をし、長く運営に携わっていた部署においては、驚くほど経験に富み――内閣が安定しているということはどんな体制においてもよいことである――、確実に訓練されており、冷酷なまでに有能であった。

エギヨン公爵は、国家の矜持と彼自身の威信を犠牲にしてまで戦争を避けた。テレー師は、公衆の信頼や彼自身の名声など眼中に置かず、財政的破綻を巧みに避けた。大法官モプーは、彼自身の属する貴族社会全体の反感を買いながら、高等法院の反乱を鎮めた。歴史は彼らの管理運営の功績を認めたし、良心的な著述家たちは、ルイ一五世最後のこの政府がアンシアン・レジームを二〇年延命させたことを認めている。[*9]ルイ一六世自身には、彼らの奉公を終わらせることを決断する前にそれを高く評価するだけの時間があった。彼はエギヨンとテレーについて、「うまくやっていることはよくわかっている。だが……」という表現を何度も使った。

＊9　「もしテレーがいなかったならば、旧い体制は、一七八九年に瓦壊しなければならなかったように、そのときす

ぐにも生きる力を失って息絶えていたことは疑いない」（マリオン『財政史』第一巻、二四七頁）。

こうした高い評価を得ていたにもかかわらず、これらの三人の大臣は、多かれ少なかれ短期間のうちに終わる運命にあった。エギヨンは、デュ・バリ夫人とのあまりにも悪名高い関係のゆえに。国王にとっては、さらにそれ以上にマリー＝アントワネットにとっては、エギヨンの名前は恥辱の思い出であり、憎悪の象徴にほかならなかったのである。モプーは、ルイ一六世の個人的共感を得ていなかったゆえに。そしてテレーは、不誠実との評判のゆえに。

ところが、後任を誰にするかを考えずに彼らの解任を考えるわけにはいかなかった。そしてここに、人間の問題が党派の問題と絡み合ってきたのである。

ある党派が権力に就くと、必ずそれに反対するある党派があった。

反対派の頭目は、〔外務大臣と陸軍大臣の〕二つのポストを占めていたエギヨン公爵の前任者であったショワズール公爵であった。この男は、一二年以上もの間（一七五七年から一七七〇年まで）政府を管理運営したことがあって、政務に復帰することを熱望していたのである。

彼は、私生活においては厚かましいまでに軽薄で浮ついており、陰謀においては破廉恥なまでに悪辣であったが、政治家としての大きな力量に加えて、党派の領袖としての影響力を持ち合わせていて、この二つの事実の当然の結果として、彼はその時代の政治生活を牛耳っていた。色事と権力問題、この二つは彼の経歴を通してずっと複雑に絡みあっていたが、それらにおける道徳的意識の欠如も、彼の幾人もの政敵たちとは違って、政務について真剣で独自の考えを持つことを妨げなかった。彼は宗教色がなくしかも自由主義的であったが――彼はイギリスの制度の崇拝者であった――、非常な熱意をもって国家の改革計画に加わったようには見えない。もっとも、彼はその必要は感じていたようである。彼の得意な分野は外交政策であって、そこでは彼は、フランス国家の誇りとフランスの「リーダーシップ」についての、厳格ではあるが決して無分別でも不毛でもない見解の具現者となっていた。彼は、「ヨーロッパの御者」の称号をカウニッツ(13)と競っていた。ヴェリ師は、彼がアヴィニョンとコルシカ島を奪い取ったことをこっぴどく非難したが、われわれならば、こうした非難に比べてもっと寛大な態度をとるだろう。

政治家が何人かの不遇な同志を抱えていることは珍しいことではない。新しい同志を集めることさえある。ショワズールはこの点では模範的な成功者であった。

「シャントルーへ追放されたショワズール公爵は、そこでフランス中を牛耳っていた」と、一七七三年に――この時点ではルイ一五世の間近な死を予測することはできなかった――モルレ師は書きとめていた。華美と豪奢を好んでいた彼は、自分の庭園に七層の塔《パゴダ》を建てさせ、隠棲中の彼を訪ねてきた二一〇人の高位顕官の名前をその塔に刻ませた。彼の忠実な信奉者としての資格は、出自だけによるのではなかった。彼の主な手先どもは、彼と同じように陰謀の才を持ち、さらにそのうえ、彼自身の性格にはなかった忍耐力や激しい敵意や執拗さを備えていた。ショワズール自身の性格には、尊大な厚かましさや多少諦め顔の無頓着さがあり、それに一抹の宮廷的克己心が加わっていた。

ショワズールが、彼の名で仕組まれたすべての陰謀を実際に教唆したかどうかは確かではない。それに、陰謀はどれひとつとして成功しなかったので、それらの陰謀を正当と認めさせる機会は彼にはいちども訪れなかったのである。

そのことは別にしても、彼の仲間はいずれも狭い保守的な考えの持ち主であった。半ば信念により、半ば戦術によって、彼らは絶えずあらゆる改革と闘い、これを妨害した。ショワズールは、反動的な一味の自由主義的な首領であった。このような例は、幾世紀を通じてほかにもいくつも挙げることができる。

「ショワズール派」のこのような特徴は、新しい治世の最初の時期に決定的な結果をもたらした。この点こそ、付随的な歴史が本質的な歴史のなかに浸透し、そしてそれが歴史の深層から発するもろもろの流れに作用することができた、いくつかの点のひとつであった。

さしあたり見たところは、ショワズールの政権への復帰に有利であった。しかし、それは外見だけであった。ルイ一五世の死とデュ・バリ夫人の追放は、ショワズールの復帰への主な障害を取り除いてくれた。体制の転換期には、常に、誰か手の空いている大物が、まれには複数の大物が、見いだされるものである。彼の同時代者の誰ひとりとして、彼ほどの経験と能力と声望という財産を持つ者はいなかった。彼の隠棲は、血筋のよい貴族の忠誠心を温存していたので、より質実な階級のなかにも人気を博していた。彼の支持者たちは勇気づけられていたし、日和見主義者たちは結集する用意ができていた。シャントルーの中央の小径は、すでに、権力の輝しい街道へと延びているように見えた。

そのうえショワズールは、オーストリアとの同盟の立役者であり、国王の結婚のお膳立て役であった。マリー＝アントワネット[14]を介したマリア＝テレジアの影響力が、彼に有利に働いていたのではないだろうか。この推測は、あとでわかるように、根拠のないものであった。女帝マリア＝テレジアは政治の頂点に立つ人である。彼女は、ショワズールの復帰などまったく望んでいなかったし、人々がショワズールを彼女の意中の人と考えることも望んでいなかった。彼女は、オーストリアとの同盟の敵対者でアンチ・ショワズールであったエギヨンとも完全に調子を合わせていた。その理由は、彼女はエギヨンを、「才能と能力に乏しい、信用のない、しかも、分派活動のために絶えず苛立っている」[*10]人間であり、自分自身が困惑するあまり他人をも困惑させる人間だとみなしていたからにほかならない。彼女は、彼がおよそ重大な政治には向いていないことを知っていた。しかし彼女は、ポーランド分割のときの彼の控え目な行動は高く

はいたが、その政権への復帰は望んでいなかった。「正直言って、私は彼が心配なのです……」[*11]。

＊10　メルシ゠アンジャントー『書簡集』第二巻、一五頁。
＊11　同、一五頁および一五三頁。

評価していた。彼女は、ショワズールに対しては、彼の追放の解除を望むぐらいの感謝の気持ちを抱いて

マリー゠アントワネットについて言えば、彼女はショワズールに対してはマリア゠テレジアほど打算的ではない友情を感じていて、彼の復帰を心から望んでいた。彼女の取り巻きの圧力が彼女のこの傾向を強めたのである。われわれは、彼女が自尊心を満足させるために、すなわち、ショワズールの自尊心とそれ以上に自分自身の自尊心を満足させるために、多くの巧妙な手腕を発揮するのを見るだろう。われわれは、彼女が、巧妙に仕組まれた、禍多き陰謀に手を貸すのを見るだろう。しかし彼女が、母親の意思に逆らい夫の反感を押しのけてまでショワズールの復帰を押し通そうと考えていたとは思えない。なぜなら、まさにそこに問題の核心があったからである。ルイ一六世は、シャントルーに追放されたショワズールを非常に嫌っていたのである。

彼はショワズールを許していなかった。彼は、密かに企てられ、イエズス会修道士たちを巻き込んだある陰謀事件のときに、ショワズールが元の王太子であった彼の父〔ルイ〕と激しく対立したことを決して許していなかったのである[*12]。一七六五年にルイ王太子が死んだとき、ある者はショワズールが王太子を毒殺させたという噂を流した。こうした滑稽な当てこすりが、当時世間に流布していた一般の意見であった。感情が強くなるほど、判断は鈍るものである。あるひとつの死になんらかの疑いがかけられないためには、それは十分明白に偶発的なものでなければならない。おそらくルイ一六世は、毒殺の作り話をまじめに受け取ることはなかっただろう。しかし彼は、父に加えられた侮辱をしっかりと覚えていたし、ショワズー

ルに対する確固たる偏見を彼に抱かせるには、それだけで十分であった。

＊12　ショワズールがつぎのような有名な返答を行なったのはこのときであった。「陛下、どうか私を罷免なさって下さいませ。さらに私は、不幸にも陛下の臣下となりましょうとも、決して陛下の従僕とはなりませんと申し上げねばなりません」。ショワズールのこの言葉は、もしルイ王太子がかつて彼に背を向けたことがなかったならば、とんでもない無礼となっただろう。

このように、ショワズール派の陰謀は、そもそもの出発点から克服しがたい障害に突き当たっていた。なぜならその陰謀は、決定を下す人〔国王〕の心理に因《よ》るところ大であったからである。国王はいつも大変苦労して自分の意見を作り上げていたが、ショワズール派の陰謀に関してはひとつの意見を持っていた。いつかその軟弱さのために有名になるこの人物は、このときばかりは、ひとつの確固たる信念を、すなわち、父の思い出に対する崇拝という信念を持っていたのである。

今日のわれわれは、彼がどんなことがあってもショワズールを追放から呼び戻すまいと心に誓っていたことを知っている。したがって彼は、当たり障りのない外見を装いながらも、彼が非とする方向に自分を導くような決定はすべて、本能的な不信感をつのらせながら検討したのである。三頭政治の弱体化は、シーソーゲームの原理によって、ショワズール派の立場を強化せずにはおかなかった。ルイ一六世にとっては、まさにそのことが、逡巡と時間稼ぎのもうひとつの理由であった。

ショワズール派が、もし最初から（あるいは、最初の失望を味わってからであっても）彼らの計画が不可能であることを知っていたならば、その後の事態の推移がどうなったかを考えてみよう。どれほど駆け引きや策謀や陰謀を行なわずに済んだだろうか。そしてたぶん、王妃によって救われたチュルゴーのあの実験も行なわずに済んだだろう。あるいは、もし逆に国王が実際に持っていたほどの恨みを持っておらず、マリー＝アントワネットが実際以上の精神力を持っており、そしてまた、マリア＝テレジアが実際ほどの陰険な用心深さを持っていなかったならば、どうなっていただろうか？　もしショワズール派が成功していたらどうなっていただろうか？

彼ならば、確実に他の誰よりも力強くかつ華々しく政治を行なっただろう。彼は国家の最上層部にある種の自由主義的要素をもたらしたかも知れないが、それはおそらく、決して建設的な自由主義ではなかっただろう。おそらく、実際に改革する必要があった経済や社会の諸問題が彼の注意を引くことはほとんどなかっただろう。ショワズールの政権復帰は、チュルゴーのような人物の登用との組み合わせでなければ、すなわち、彼らのように見事に補完的な才能を持った人物同士の組み合わせでなければ、考えられないだろう。彼の徒党のなかでただひとりショワズールだけが、チュルゴーの並みはずれて偉大な思想を認めていた。すなわち、穀物取引の自由や宣誓同職組合の廃止といった思想をである。しかし彼は、チュルゴーという人物は大して評価していなかった。彼はかつてチュルゴーを入閣候補者からはずしたことがあった。ショワズールの心情からすれば、理想の財務総監はチュルゴーではなくテレーであって、彼はテレーについてつぎのように言っていた。「もしわたしが国王の立場にいたら、彼を財務総監に留めておいて、彼の執務机の上に枢機卿の帽子と絞首台を置かせたであろう。⒂彼ならその二つの間にあって巧くやっただろうとわたしは確信している」と。ショワズールなら、「失敗したらつぎは地方長官に格下げだ」と簡単に言ってのけたと思われる。

われわれは、優れた政治家を、（中間の微妙ないろいろなタイプの違いはあるものの）対照的な二つのタイプに分けることができる。すなわち、運命的な大事件に向いた性格と戦争や外交や国家統治のような権力問題に向いた才能とを合わせ持った、救世主的あるいはマキアヴェリ的タイプと、着実な発展を志向し、経済や財政や社会生活の動態的な諸問題に関心をよせる、現実的で論理的思考家タイプの二つである。歴史はこれらの二つのタイプが出会うのは稀であることを示している。それらの二つのタイプは決して相容れることはないのだ。

ルイ一六世は、配下の大臣たちに会うことはできなかったけれども、伯母たちに会う手立ては持っていた。しかしこの伯母たちも、病気中〔天然痘罹病中〕のルイ一五世のそばに行ったことがあったため、大臣たちと同様、隔離状態におかれていた。だから最初から、彼女たちがもしトリアノン(16)に行けば、そこで彼女たちも病気に感染することが予想されていた。彼女たちは、治療方法に対する懸念から、あるいは、最初の日にためらいを見せて自分たちに対する信頼を確かなものにしようとして、ルイ一六世との面会の計画は断念した。彼女たちは、マリー＝アントワネットにいろいろご機嫌取りを行なって、彼女の新居のそばで国王の若所帯と隣り合わせで住む許可を得、ショワジーの小さな城館に身を落ち着けた。

しかし、医学は復讐を行なった。と言うのは、隔離中であった大臣たちはまったく元気であったのに、彼女たちは三人とも重病になってしまったのだ。

けれども、彼女たちには歴史上の役割を演じるだけの時間はあった。予想されていたことが起きた。「高貴なるルイ一六世夫妻は、誰にもその心配を打ち明けられなかったため、助言をお願いするためにアデライード夫人(17)の腕にすがる決心をした」*13。ルイ一五世の死の翌々日の五月一二日に起きるこの場面は、多くの物語の題材になっているが、いずれも細かな点ではいくぶん異なっている。

*13　モンバレ『回想録』第二巻、九一頁。

その場に三人の伯母がいたのかそれともアデライード夫人だけであったのか、また、マリー＝アントワネットは夫と一緒であったのかそれとも夫はいなかったのかは、知る由もない。いろいろな情報源[*14]にもとづいてセギュール氏[(18)]が再現したジグソーパズルによれば、伯母たちは、彼女たちの兄が〔亡きルイ〕王太子に代わって作成した一通の書類を持っていて、それにはその兄が信頼するに足ると判断した政府の要人たちの名前が書かれていたという。[*15]もしこの言葉が正確ならば、墓の向こうからのこの推薦状は、ルイ一六世にとっては拒みがたい効力を持っていたわけである。このリストにエギヨンの名前が載っていた。この名前は、その間に起きた諸事件を理由に抹消された。詩人で枢機卿であったベルニス[(19)]の名前は、軽薄の評判のゆえに除かれた。マショーとモルパの名が残った。この二人はいくつもの点で類似点を持っていた。すなわち、二人とも同じように高齢であり（彼らはちょうど同年で、七四歳であった）、二人とも大臣を務めたことがあり、二人とも追放されて長いこと宮廷から遠ざけられていたのである。

＊14　『王政の黄昏に――ルイ一六世とチュルゴー』三六頁以下。主な出所はスラヴィ（『ルイ一六世の治世についての歴史的・政治的回想録』）第二巻、一四三頁）である。彼はいろいろな打ち明け話を集めたと言っているが、それらの話自体はたいてい間接的な口伝えに属するものである。

＊15　スラヴィは、王太子の見解と称する論評の付いたかなり長いリストを公表した。第一巻、二八二頁。

新しい政治を行なおうと言うのに、年寄りのなかからしか抜擢しないのは、意外に見えるかも知れない。しかし、そのようなことは世の中ではごく普通のことである。長い間隠棲していた者だけが、ルイ一五世治世末期の伝染病に感染しておらず、党派の抗争にも無縁であるという二重の強みを見せることができたのである。

人々は、きょうの政府の指導者（エギヨン）もきのうの政府の指導者（ショワズール）も信用していなかったので、おとといの政府の指導者たちに頼らなければならなかったのだ。

ショワズール主義の亡霊どもは、それよりもっと以前に失脚していた超亡霊どもによってしか追い払うことができなかったのである。

カンパン夫人の話(20)——この話は彼女の夫の個人的な回想にもとづいたものであるが、オジャール(21)はその話に異を唱えている[*16]——によれば、ルイ一六世は最初、かつて財務総監府において改革的な見解と「磨かれた鋼」[*17]と呼ばれた気骨を示したことのあるマショーを選ぶことに決めたという。国王が「余は国王であり……、余は二〇歳にすぎない……」[*18]と自らの手で自らの文体によって——それには美質が見られなくもない——かの有名な短い手紙を書いたのは、自らの意思によるものであったようである。

＊16　カンパン夫人『回想録』八〇頁、八一頁および注。オジャールの『回想秘話』の七七七頁にはつぎのように書かれている。「伯母たちのあいだでたとえそのこと〔人事〕が問題にされていたとしても、彼女たちはいちどもそのことを甥たちに話したことはなかった。それは、王妃がわたしに言ったことであり、何度も繰り返しわたしに語ったことである」。

＊17　最も一般的な見解とは逆に、ショワズールはマショーを、「あまり才気のない、頑固で、軽薄で、無愛想で、堅苦しく、脳味噌の足りない男」として描いている。『回想録』一三九頁。

＊18　ヴェリの証言は常に信頼に値するものであるが、彼はこの手紙についてつぎのように述べている。「世間は、他人が国王にこの手紙を書かせたのだと言い、しかもそれはある陰謀の結果書かれたのであると長い間言ってきたが、この手紙は国王ただひとりの意思で書かれたものである」（『日記』第一巻、九四頁）。

最後の土壇場におけるひとつの陰謀が(22)、指名される者の名前を変えさせた。アデライード夫人は、エギヨン（モルパはブルターニュ風に言ってその伯父に当たっていた）のために動いていたナルボンヌ伯爵夫人の影響や[*19]、国王の元の師傅でマショーについては聖職者として不信感を表明していたラドンヴィレール師[*20](23)（マショーはかつて聖職者に二〇分の一税を課そうとしたことがあった(24)）の影響を受けて、ルイ一六世のかたわらにあって電撃的で勝利の確実な攻撃を開始しようとしたようである。彼女は、以前から手紙を託していた飛脚に加筆させた。手紙の表書にマショーの名前の代わりにモルパの名前を書くだけでよかった。[*21]

＊19 メトラ『書簡集』一七七四年七月一五日。
＊20 スラヴィ『ルイ一六世の治世についての回想録』第二巻、一四五―四六頁。
＊21 最新の詳報によるとつぎのようである。すなわち、この飛脚は拍車を無くしたために到着が遅れたようである（セギュール、四四頁。マショーの一番年下の孫のヴォゲ侯爵が語った口伝えの話による）。

その話の細かい点がどうであれ、また、たとえそれが作り話であったとしても、ひとつのことだけは確かである。すなわち、アデライード夫人――良識が彼女の主要な徳性であるようには見えなかった――と若き国王――彼は未熟で天真爛漫であった――は、きわめて微妙な政治問題にひとつの解決策を見いだしたのである。つまり、先の書類には書かれていなかった「非候補者」のなかから一種の大臣兼助言者を選び出すことによって、いわば危機を「先延ばし」することができた。こうして、現職の閣僚を罷免することを避けることができただけでなく、現職の閣僚を強化することも避けることができたのである。

いったんこの方針が確認されると、問題状況に見事に応えるかたちで人選が行なわれた。

これ以降人々は、マショーの方がモルパよりも資質に恵まれているのではないかと考えた。注記＊21の拍車の事故は、王政にとって致命的なものであっただろうか。明らかに、そうとは言えない。ルイ一六世の治世の初頭の状況においては、モルパは最有力の候補者とみなされて当然であったかも知れない。彼は、その競争相手のマショーよりもずっと前から政権から遠ざけられていたからである。「彼は、もし一緒にやっていたら愚痴をこぼさなければならなかったかも知れないすべての人物が、宮廷から消え去って行くのを眺めていた」[*22]。そこには、敵も、知った仲間もいなかった。そのことは、彼にとっても、またそれ以上に彼の主人の国王にとっても、大きな利点であった。

＊22　モンバレ、第二巻、九三頁。モルパの失脚は一七四〇年からであり、マショーの失脚は一七五七年からであった。

マショーは気骨のある人物として通っていた（さらに彼は、気骨の折れる財務総監を辞めてそれよりも居心地のよい海軍大臣のポストに就いたことを人々から非難されていた）が、同時にまた、素っ気ない人物としても通っていた。彼の名は、重要な部門には向かないものと偏見を持って見られていた。モルパは逆に、非常に洞察力に富んでいた。将来を見据えなければならない危険に満ちた状況にあって、モルパを登用するためのこれ以上の好機があっただろうか。

洞察力と軟弱さ、すなわち、豊かな知性とまったくと言っていいほどの根性のなさ、これが普通モルパに下されていた判断である。同時代者相互の間で、歴史家同士の間で、そして両者がともに、これほど簡単にまったく同じ意見に達したことは稀である。自己本位と老練さという個人方程式(25)で彼を定義する方が、われわれにはより正確であるように見える。彼は、フランソワ・モリアック(26)がその作品のなかの主人公のひとりにふさわしいとしているつぎのような標語によって、すなわち、「ほかの人には重大なことは何も起こらなかった」という標語によって、自己紹介を行なうことができただろう。

彼の容姿については、「かなりありふれた、あまり印象に残らない顔つきで、飾り気のない態度の」男として、ひと言でいえば「中背よりも背の低い」男として描かれている。彼のような立場にある人間にしばしば見られるように、とりわけ、その人間が政治を職業とする場合にしばしば見られるように、彼は、このちょっとした欠点を、念入りに凝らした外見や、ぎこちない気取りや、「物腰相応の重々しさ」[*23]で、埋め合わせようとしていた。彼はからかい趣味を最高度に持っていた。すなわち、冷たい威厳のあるその顔つきは、彼独特の一層鋭い皮肉を表わしていた、と言われている。「それは意地悪と言われるようなものではなかった。彼からは嫌みやからかいを受けなければならなかったが、いつもそれだけで済んだ[*24]」と、彼をあまり好んでいなかったブザンヴァールは記している。だから、彼の少しばかり意地悪な言葉の犠牲となった無数の人たちは彼に恨みを抱かなかったし、彼自身その個人的行動において、自分が簡明直截に述べた容赦ない判断をことさら重視することもなかった。

＊23 レヴィ公爵『回想と人物描写』四九頁。
＊24 ブザンヴァール、三九頁および三八三頁。

しかし、このような冗談好きでからかい好きな性癖は、彼を私的な会話の無類の巧者としていた快活で愉快な精神の、さまざまな側面のひとつにすぎなかった。彼は深い教養は持っていなかったが、驚くほどの記憶力に恵まれていた。「彼の頭はまるで辞書のようだ[*25]」、とヴェリ師は記しており、彼はモルパとの対談を日記に載せることができなかったことを残念がっていた。人間と物事についての彼の直感的な判断が狂うことは稀であったが、ときにはその判断に従わないことがあった。彼は考えを忌憚なく述べたが、決して論争をすることはなかった。感情に忠実ではあったが、感情に弄ばれることはなかった。

＊25 『日記』第一巻、四頁。

以上のような人物上の特徴は、彼がなぜ権力の座にいるときよりも隠棲中により輝かしい成功を収めることができたかを示している。彼が大人になってからこのときまでの生活は、ほぼこの二つの境遇に等分されていたのである。

モルパ伯爵は大臣候補者を出す名門の家系に属していた。その家系は、九人の国務大臣を出したことを誇りにしていた。彼自身は、国務大臣在任の長さの記録を熱望するよりも前に、国務大臣就任の若さの記録を破っていたのである。

彼は、一四歳半ばで、父のジェローム・ドゥ・ポンシャルトラン(27)に代わって海軍担当国務大臣に任命された。父は彼のために辞任させられたのであった。サン＝シモンが、好ましからざる人物を厄介払いするこの手際のよい方法を摂政にこっそり教えたのである。[*26] そしてラ・ヴリイエール公爵が、海軍省の運営と彼の女婿となった若き大臣を教育する任務を引き受けた。

＊26　セギュール、前掲書、四五頁および引用文。

実際に自分で職務を行なうようになったとき、モルパは、自分の才能と性格を利用して、政務にあきあきしていた国王の気にいられようと努めた。このことは別にしても、また、サン＝シモンやショワズールが彼に与えている賛辞にもかかわらず、彼はごく平凡な大臣のひとりであった。彼の長い経歴のなかで知られているスキャンダルは、寵姫たちとのいざこざのスキャンダルだけである。これも、ルイ一六世を不快にさせるほどのものではなかった。[*27]

＊27　「彼は退屈な政務を楽しいものにする術を知っていた。政務の細々したことは、情念の滾《たぎ》りたつ年齢にいた国王を必然的に疲れさせずにはおかなかったからである」(モンバレ、第一巻、二九〇頁)。

最初の事件はシャトールー夫人(28)の事件であった。モルパは彼女を嫌っていたし、彼女の方でも同じであった。彼女は彼をファキネ伯爵と呼んでいた。[*28] ルイ一五世は、メッスでの病気を契機に急に道徳心に取り憑かれて、この寵姫にいったん暇を出した。病気が治ってほっとするや、彼は彼女を再び呼び戻した。彼女に国王の手紙を届ける任務がモルパに委ねられた。それは、この仕事がパリ県を担当する大臣としての彼の権限に属していたからであり、あるいはそれ以上にありそうなことであったが、伯爵夫人が自分の自尊心の修復手段として彼を名指したからであった。[*29]彼女は二、三日後には彼を帰らせるつもりでいた。しかし、彼女にはその余裕がなかった。手紙を受け取るや、あるいはその翌日に、彼女は病気になり、まもなく死んでしまったからだ。当時の流行《はやり》に従って、人々は毒殺の噂をした。つまり、モルパは手紙のなかにそっと毒殺用の粉を忍び込ませることはできなかっただろうか、と。

＊28 セナック・ドゥ・メラン(29)『政体、風俗および世情……』、モルパの人物描写。

＊29 ショワズール『回想録』二二三頁。

世間は大臣の性格をよく知っていたので、この嫌疑はまじめに受け取られなかった。「神のおかげで毒殺はわが国の風習にならなかったうえに、このような策略を行なうにはあまりにも軽薄すぎたモルパの性格には、毒殺の考えなどなおさらありえないことであった[*30]」と、ブザンヴァールは言っている。

＊30 〔『回想録』〕第一巻、三九頁。

モルパとポンパドゥール侯爵夫人(30)との仲は、シャトールー夫人との仲以上によかったわけではない。この場合には、彼の冗談好きの才は、彼女に対して切り札として役立つどころか、自らの破滅を招く原因となった。彼は、この寵姫を非難するためにばらまかれていた誹謗文書のことを聞いたり、繰り返し話したりするのが好きであった。彼は、それらの誹謗文書を追跡調査する権限を持っていたので、人々からは、追及の手ぬるさと事件創作の共謀の両面において非難されていた。一層はっきりしているのは、チュルゴーの友人のボン師(31)が作った小詩の場合であった。この詩は、ルイ一六世下の未来の二人の大臣を結びつける最初の、しかしなおまだきわめて細い、絆となった。チュルゴーが、その詩をそらんじて書き取らせてその流布を確実なものにしたのである。モルパは潔白であった。少なくともこの事件についてはそうであった。

この場合にもいくつかの犯罪的な陰謀が噂された。悪ふざけの好きな連中やモルパの政敵までもが、寵姫の評判を失墜させようとして、爆発物が仕掛けてはあったが実際には爆発しない箱を彼女に送った、と言われている。そのときポンパドゥール夫人は、シャトールー夫人の最後を思い出した。[*31]

＊31　ショワズール、前掲書、五九頁。

今度は、大臣モルパが真っ先にパリを去った。

モルパ夫妻は、最初パリから四〇リュー〔＝里〕のところに追放され、ブールジュに居を定めた。そこの大司教で枢機卿のラ・ロシュフーコー猊下は彼らのいとこであった。夫妻はそこでヴェリ師と親交を結んだが、ヴェリ師は、同じ頃にこの高位聖職者の司教総代理としてそこにやってきたのであった。彼らはブールジュに七年間いて、ついでポンシャルトランの館に居を構えたが、それ以後の追放生活は宮廷への出入りの禁止に限られたため、彼らはパリとこの田舎に半々に住んだ。

追放中の大臣モルパの境遇は、彼がその多彩な能力を存分に発揮できるような境遇であった。彼はそこで長く輝かしい経歴を送った。不遇のなかでの陽気な振る舞い（その振る舞いはたった一日で好奇心をそそられたという）が際立った対照をなしていて、人々を大きく魅了したのである。[*32] 人間は気晴らしをしながら同情することを好むものである。十分な財産に恵まれていたモルパ夫妻は、多くの親戚や新旧の無数の友人たちを快く率直に迎え入れた。すでにブールジュ時代に彼らに会いに行くのがはやりとなっていて、彼らはむしろ、彼に忠実な客たちの熱心さから身を守らねばならなかった。「夏のポンシャルトランの彼らの家は、客で一杯にならない日はなかった」。

＊32　ヴェリ師によれば、一二万リーヴルの収入、すなわち、われわれの換算指数によれば二億四〇〇〇万リーヴルの

収入があった。後述参照。モルパは常に完全な無私無欲さを示した。

モルパは話し好きであり、相手の言葉に耳を傾けることができ、助言をしたり手紙を書いたりするのが好きであった。彼は、行政官や政治家だけでなく、学者や文人たちとも交わった。「この種の人々にとっては、彼の書斎は、彼らが熱心に彼のお墨つきを求める裁きの庭であった」。現職の大臣たちが彼に意見書を送って彼の意見を求めた。「宮廷やパリにおいても、彼に知らせないような、あるいは、彼の意見を求めないような結婚や重要な行事はほとんどなかった」[*33]。

*33　モンバレ、第一巻、二九三頁および三一九頁。

モルパ夫人は、やすやすと家の切り盛りをしていただけでなく、夫をいとも簡単に牛耳っていた。彼女は彼に対して絶対的な影響力を持っていたが、それは、全然彼女のセンスの魅力によるものではなかった。モルパは、彼女のセンスの魅力についてはもともと何も感じない人として通っていた[*34]。モルパ夫人は、トランプ遊びやロト〔数合わせゲーム〕が好きで、夫と同様、会話をしたり手紙を書いたりすることが好きであった。彼女自身は、身近な人たちの、たとえばいとこのモンバレ夫人や彼女の大事な友人であったヴェリ師の影響を受けていた。彼女のいとこのミロメニル(32)は、彼がいた〔ルーアン〕の高等法院から追放されていて、彼女の庇護のもとに生活していた。

*34　「世間の噂を信ずるならば、彼らの間には、普段の関係と睦まじい関係以外のものはなかったし、また、ありえなかった」（レヴィ『回想録』四頁）。モンバレはつぎのように述べている。「世間の意地の悪い噂は、彼の体力は、年相応のものでも、彼の持っている欲望を満足させる手段に応えるものでもない、と言い触らしていた！」（第一巻、二九〇頁）。

モルパの追放は、ショワズールの追放とは非常に異なっていた。ショワズールは失脚中に人間が変わることはなかったが、モルパは失脚中に人間が成熟した。ショワズールの家に見られたのは大貴族の暮らしにすぎなかったが、モルパの家に見られたのはよきブルジョワの暮らしであった。モルパの隠棲地のポンシャルトランは、ショワズールの隠棲地のシャントルーとは違っていた。そこでは、陰謀はあからさまには行なわれなかった。それは、ヴェルサイユからわずか四リューのところにある知性に溢れた書斎であり、県道の交差点に位置した紳士的感情の中継地であり、あるときには、神学にも禁欲にも関係のない上流社会の世捨人たちのためのポール＝ロワヤル(33)であった。一七七四年五月一二日に国王のメッセージが届いたのは、ポンシャルトランのモルパ伯爵のもとにであった。彼の友人たちの説明によれば、彼は最大の驚きと困惑の疑念さえも交えてそのメッセージを受け取ったという。

モルパ夫妻に関してはすべて感動をもって語っているモンバレ大公の言葉を信じるならば、フィレモンとバウキス(34)（彼らはこう呼ばれていた）の最初の動きは、国王の寵愛が急に戻ってきたことから身を避けることであったという。経験からして、彼らは国王の寵愛が不確かなものだとわかっていたからである。高齢であることと痛風であることとがよい口実となった。彼らを決心させるためにはアデライード夫人からの第二信が必要であった。

いずれにしても、休息を求める欲望は、栄光を求める欲望に長くは打ち勝たなかった。

翌日にはもう、モルパは国王の許に出向いた。しかし、国王は彼と面識がなかったし、彼自身も、国王は一度だけ遠くから「窓越しに」、たまたま散歩中に（たぶんそう仕組まれたのだろう）、見ただけであった。国王は魅力的な人物であった。つまり、国王がモルパを魅了したのである。この最初の会見は七五分間続き、アデライード夫人の部屋で行なわれた。こうしたやり方は秘密を守るための大の口実であり、伯母たちにとってはとりわけ勝利に向けての新たな門出であった。それは一瞬のことであったし、しかも最後の瞬間となるだろう。国王の謁見が行なわれ、ついで王妃の謁見を受けたのち、七〇歳代の「売出し中の男」(coming man)は国王のお気に入りの女性たちと会うのを忘れなかった。それが済むと伯母たちは政治の大舞台から消えてゆき、再びそこに現われることはなかった。彼女たちは、舞台裏で気難しくなり、どうしようもないほど意地悪くなった。彼女たちは、王妃に敵対する陰謀に加わったり、さまざまな金銭的要求を行なうことによって、小さな歴史に参加しただけであった。モルパは彼女たちに多くの借りがあったが、あるいはもっと正確に言えばまさしくそのことのために、彼は、彼女たちに再び影響力をふるうどんな小さな機会も与えないよう用心に用心を重ねた。一七七四年五月一三日金曜日からのモルパ自身とマリー＝アントワネットの行動は、国王に戸惑いを抱かせるのに十分であった。

おそらくこの最初の謁見のあとに、モルパを国務大臣にすることが決定されたようである。なぜなら、その決定の情報はそれから四八時間後に公表されたからである。国王は、彼のために、自分の部屋の上に室内階段によって直接連絡のとれる小部屋を改造して用意させた。それはデュ・バリ夫人の元の部屋であった。寵姫の敵に対するなんという復讐であっただろうか！

シャンフォール[35]の話によれば、モルパはその大臣のポストを「掠め取った」という。「国王は彼と話したかっただけ」であり、モルパは大胆にも会談の終わりに、「私の考えは国務会議で詳しく申し上げるつもりでございます」と言ったという。この面白い解釈はモルパの心理と一致してはいるが、国王の短信のなかの言葉そのものによって否定される。なぜなら、このような重大な状況のもとでは、「そちの助言と識見によって余を助けてほしい」という言葉は、とりとめのない会話とはほとんど考えられないからである。*35

＊35 カンパン夫人引用のシャンフォールの話。第一巻、八一頁、注。

逆に人々は、モルパが首相の肩書きを要求しなかったばかりか、ぜひともと強く求めなかったことに不満を抱いた。しかし、その肩書きは彼に与えられなかった。確かに、その肩書きは彼に与えられなかったのである。メルシ＝アルジャントーとマリア＝テレジアは、別の機会にこの問題についてマリー＝アントワネットをしかるべく諭したことがあった。「首相の問題で、首相と同等のほかの人たちや国民はあまりにも多くの苦労を重ねてきました」と、女帝は娘にこの問題について書いていた。また彼女は、大使のメルシ＝アルジャントーには、「フランスの首相の仕事は、常に王妃たちの信用を間に立って奪い、台無しにすることでした」と、もっと率直な言葉を用いていた。[*36]

＊36　メルシ＝アルジャントー、前掲『書簡集』第二巻、一五五頁および一四七頁。

われわれは、ヴェリ師によってモルパと国王の会話の主要部分を知っている。モルパはフルーリ枢機卿(36)の時代を巧みに称賛した。フルーリは、正式の肩書きをもった彼の時代最後の「首相」であったのである。これはかなり見えすいた誘いであった。彼はそれに続いて国王に、自分が国王の本来の首相になるのを手助けしてほしいと申し出た。しかしモルパは、「もし陛下が自ら首相になることをお望みにならないか、あるいはおなりになることができなければ、陛下は必ずや首相をお選びにならねばならなくなりましょう」と言った。「ご推察の通りだ、余が貴殿に望んだのはまさにそのことだよ[*37]」と、国王は彼に言った。

＊37　ヴェリ、第一巻、九六頁。

モルパはある時点ではもっとはっきりした野心を抱いていたかも知れないが、彼は首相にはなれなかった。ルイ一六世はこのポストを設けることに同意しなかったからである。だがモルパは、首相の肩書きこそ持たなかったけれども、その代わりに、国務会議で上席権〔地位や年齢による特権〕を得た。実際、年功序列の慣習は廃れていなかった。[*38]モルパがその前に六〇歳で国務大臣に任命されたときにも、彼はいかなるライバルも恐れる必要はなかったのである。

＊38　モンバレ、第二巻、一一七頁。

上席権のあるなしにかかわらず、無任所大臣の資格は、体制のいかんを問わずきわめて多様な現実を掌握することができる。モルパの年齢、文芸愛好の評判、政治教育者というかなり漠然とした役割を演じたいという彼の執着、彼の奇怪な容貌と三頭政治の大臣たちの強い個性とのコントラスト、こういったことが大衆の一部をごく普通の解釈へ向かわせた。彼はマントール（Mentor）[37]として立ち現われたのである（そして、官辺筋で作られた詩はルイ一六世をテレマコスに見立てた）。人々はもっと下品に「相続人不在財産〔＝首相ポスト〕管理人」と呼んだ。『歴史新聞』は、「彼は木でできた人間で、これから形を与えてやる必要がある。しかも、その名をもってすれば彼はなんにでもなるだろうが、ひとかどのものにはなるまい」と書いた。[*39]

＊39　一七七六年六月九日。第六巻、五三頁。

人々は、彼が持っていると思われ国王と共通していると思われた欠点について、彼を意地悪く茶化した。[*40] 人々は、彼がエギヨン公爵やラ・ヴリイエール公爵と血縁関係にあることを不安に思った。

＊40

「モルパが意気揚々と戻ってくるぞ。
ほら、あんな無能な奴が、呆れたものだ。
王様がキスをしながら彼に言う――
似た者同士は
一緒に住まねばならぬ、と。……」
（メトラ『書簡集』一七七四年六月四日、第一巻、四頁）。

ほどなく、彼の門閥意識が彼の心のうちで狂信化するのが見られた。軽博さと達観の二つの外見が彼の権力への極度の執念を覆い隠していることを知るには、もっと多くの時間を必要とした。「モルパ伯爵は、就任した最初の瞬間から、あたかもそれまでいちども離れたことがなかったポストに就いているような顔をしていた」[*41]と、モンバレは言っている。

＊41　モンバレ、第二巻、九五頁。

その通りだ。つまり彼は、その瞬間からこのポストを決して手放すまいと決心したのだ。われわれは、彼がこのポストを死ぬまで手放さなかったことを知っている。それ以後の彼のすべての行動は、この中心的な考えによって決定されるだろう。軟弱で軽率だとの噂についてはどうであったか？ ほかのすべての噂については本当であったかも知れないが、その噂に関しては本当ではなかった。彼はいちどとして感情に引きずられたようには見えなかった。なぜなら、彼に取り憑いていたのはただひとつの感情だけであったからである。彼はすべてのことに譲歩しても、肝心なことには決して譲歩しなかったのだ。

彼は、自分の感情の熱意が許すほどほどの程度に、若き国王を誠実に愛しているように見えたし（「私は彼を好きになり始めた」）、いずれにしても、そもそもの出発時からいくつかの破局を抱えていること——破局に比べればすべてに譲歩したほうがましである——を心から確信していたので、王国の諸問題と王政の運命についての彼の現実の心遣いは、野望に満ちた老境にあって権力の座に就いたという利己的な喜びと完全に一体化していた。歴史は、このような性向を持った政治家の実例をさまざまな形で示している。

おそらく彼は、最初の追放のときには、権力の剝奪に容易に耐えることができただろう。この達観した態度にいささかの見せかけもなかったことも、彼が心の内にひそかな恨みを溜め込まなかったことも認めてやろう。政治家が、最初の隠退をありがたく思っても、二度目の隠退をありがたく思わないことはよくあることである。

権力とは、いちど以上の断絶を許さない情熱のことである。

モルパの場合には、それに加えて、彼が非常に若くして異常な出世を遂げたことを考慮しなければならない。従来の彼の伝記作者たちは、彼の非常に類稀れな経験の、心理学的もしくは精神分析学的とも言える影響力を過小評価してきた。政権に就いた人間としての彼の新しい役回りが幾層もの最も古い記憶と結びついて、生命の奔流が人格の深奥に向かって再び流れ出したのである。それ以後は、彼から権力を奪うことは彼から魂を奪うに等しいものとなるだろう。


モルパは、最初から、ルイ一五世時代の大臣たちの辞任を前提にしていなかっただろうか。それは非常に真実に近いことであったと思われる。彼らは、彼にとってライバルであり脅威であったからである。

しかしながら、エギヨン公爵の場合は疑わしい。モルパ夫人はその甥が無性に好きであったからである。モルパは、国王との最初の会談の際に、「やんわりと」この大臣の実力をほめようとしたようである。しかし、そのあとでモルパは彼を支持しないことにした。なぜなら、「彼はエギヨンを一緒に仕事をするには向かない人物と考えたから」、別の言い方をすれば、彼のそばで脇役としてチームプレイをすることのできない人物と考えたからである。

モルパは、自分の感情的な好みをそれ以上犠牲にする必要はなかった。彼の消極的な態度からすれば、エギヨンを失って当然であった。王妃がその作戦を引き受けてくれた。彼女は、エギヨン公爵については憎むべきデュ・バリ夫人との関係を許していなかったし、彼女が非難していたいくつかの彼の無礼な行為をそれ以上に許していなかったからである。エギヨンは王妃を「浮気女」扱いし、彼女を「赤毛の小娘」

と呼んでいたという。これ以降、マリー＝アントワネットの政治的性格が、すなわち、細かいことにしか気を止めず自尊心によってしか行動しない政治的性格が、将来常にそうなるように、はっきりと現われてくる。彼女は、あらゆることに口を出し、すべてのことで最後の切札を握ろうとするのである。政治のことで彼女が理解できたのは、恩恵のことと失脚のことと出費のことだけであった。彼女は、国王に外務大臣エギヨンを生贄にさせるために、彼の留任を望んでいた彼女の母親には慎重に本心を隠していた。その後彼女は、その結果についてはまったく関心を失ってしまった。マリア＝テレジアとメルシはそのことを残念に思った。というのは彼らは、エギヨンが去ったあとはブルトゥーイユ(38)が外務大臣になることを望んでいたようであったが、「王妃に知らされず、また王妃もそれにまったく関心を持つことなく、ヴェルジェンヌ勲功爵(39)が任命された」からであった。

エギヨン公爵は、正確に言えば解任されたのではなかった。彼は、モルパから前もって知らされ、おそらくモルパの助言を得て、[*42]〔一七七四年〕六月二日に辞表を持参することによってかろうじて面目を保ったのである（彼はのちに、モルパとテレーが彼よりもあとまで大臣でいるのを見て、この性急な行為を後悔した）。

＊42　他方モルパは、エギヨンに、彼自身は国王に対してなんの影響力も持っていないことを納得させた。「モルパ氏でさえ、他の人たちと同様、国王に耳を貸してもらえない」と、エギヨンはモローに言った（モロー『回想録』第二巻、一〇頁）。

国王はこれを契機に、大臣の追放(40)という奇妙な慣習（フランスとトルコでしか行なわれていない、とマリア＝テレジアは書いている）をやめたいという意向を表明した。エギヨン公爵は軽騎兵大佐の職についた。こうして彼は、こぞって節約を願う世論に強い感動を与えた功績として、年金と五〇万フランの下賜金を受け取った。*43

*43　しかし、この下賜金には特別な説明が付けられていた。後述参照。

王妃が自分の復讐に満足して復讐を怠っていたときには、モルパは自ら始めるしかなかった。後継者を、しかも二人までも選ばなければならなかった。なぜなら、エギヨン公爵は外務大臣と陸軍大臣の二つのポストを兼務していたからである。ヴェリはモルパに自ら外務大臣になるよう提案したが、この提案は聞き入れられなかった。国王の助言者モルパは、こまごました行政の仕事が好きではなかったのである。彼はブルトゥーイユ男爵を考えた（彼はオーストリア大使の候補者になっていたらしい）。ヴェリはまたもや口を出し、ヴェルジェンヌを外務大臣に選ばせた。ヴェリはモルパに必要な人間であった。というのは、当時言われていたように、彼は「取り巻きのいない」人間であったからである。ほかに庇護者がいなかったため彼は全面的にモルパに従うようになったので、彼がモルパに一貫して忠実である可能性はいくらかあったのである。取るに足らない家柄の出で風采も普通で地味であったヴェルジェンヌは、天分の豊かな人間と言うよりはむしろ努力家として通っていて、ヴェリは彼を推薦したけれども彼を高く評価していたわけではなかった（その点では、彼はたぶん間違っていたと思われる）。おまけに彼は、トルコ女性——昔は女奴隷であったと毒舌家どもには言われていたが、実際にはペラの外科医の寡婦であった——との結婚で、経歴に少しばかり疵《きず》があった。

陸軍相には、モルパは、ヴェルジェンヌほどの能力はなかったが、なんとか我慢でき国王が気に入っていたひとりの人物を候補者に選んだ。すなわちデュ・ミュイ伯爵(41)で、彼は、反動的で視野の狭い男であったが、義務を重んじる、謀《はかりごと》のない男で、ルイ王太子の元のお相手役であった。彼は、王太子には非常に愛情を抱いていたので、サンスの元の主人の足下に埋葬してほしいと頼んでいた。そして、この願いは翌年かなえられた。「デュ・ミュイが任命される内閣は、正確に言えば、偏見の危険が最も少ない内閣である」と、当時チュルゴーは書いていた。

モルパは、エギヨン事件〔デュ・バリ夫人との恋愛事件〕のときには多少の気兼ねを感じることもあったが、モプーとテレーからはいかなる掣肘も受けなかった。しかし彼は、すべてに慎重であろうと考えた。第一に、性急な言動は彼の性に合わなかったからである。第二に、いたずらに敵を作りたくなかったからである。そして、彼は国王の性格を見事に理解していたからである。国王は、自ら決断することは好まなかったが、自ら決定を下すことは好きであった。ドゥ・ゴール将軍(42)の非常に巧みな表現をここで再び用いるならば、ルイ一六世は、権力に対する情熱は持っていなかったが、決定に対する強い愛着は持っていたのである。

だから、彼が自ら決定を下しているかのような幻想を作り出すことによってルイ一六世を鼓舞する必要があった。要するに、アデライード夫人が五月一二日の決定的な日に行なったのはこのようなことであった。それは、モルパが国王に対する彼自身の半ば教育者的な活動に自ら命じていたところのソクラテス的な原則であった。

それゆえ彼は、最初のうちは自らこの役割を演じようと努めた。彼は国王に、(最高)国務会議や外交会議――モルパは財政会議を復活させることも決定した――といったさまざまな会議にきちんと出席する習慣を身につけさせようとした。彼は、国王が大臣たちとじかに話し合い、省間で一連の小会議を開くよう勧めた。

「彼らをご自分の部屋にお入れなさいませ。そして、退屈しましたら部屋を出て、しばらくしてお戻りなさいませ」と、彼は国王に言った。

エギヨンが辞職したあとの六月には、いろいろな種類のいくつかの事件があった。一二日、ショワズールが宮廷に再び姿を現わした。国王は、マリー＝アントワネットのエギヨン罷免の切願に対してはこのようにして彼女の自尊心を満足させたが、その罷免の日は、巧妙にもヴェルジェンヌの任命の日のあとにされた。ヴェルジェンヌの任命は、シャントルーの一派〔ショワズール派〕にとっては失望であった。そして、帰り咲きを望むショワズール自身に対しては、ルイ一六世は、そのうえたび重なる行きすぎた行動に憤慨していたので、このうえなく無愛想に応待した。[*44] ショワズールは、それにはこだわらず、翌日の六時半にトゥーレーヌの道を引き返した。

＊44 下賤な女たちがショワズールの前に進み出た。彼の幌付きの四輪馬車のなかに、花や詩が投げ入れられた。国王は彼に、「ショワズール殿、大分髪が薄くなりましたな」、と言っただけであった（モロー、第二巻、一七頁、メトラ、一七七四年一月一五日、第一巻、四八頁を見よ）。

そのすぐあとに、別の事件が人々の注意を釘づけにし、国家を身動きできなくさせた。国王とその兄弟たちに種痘を行なうことが決定され、準備作業とこの処置のために約二週間の公的生活が費やされた。ヴォルテール(43)は、王室がこうした近代的科学技術を容認したことを大いに喜んだ。寓意的な髪型が流行っていたので、「種痘風の」髪型さえ作られた。それは、蛇と先の太い棒と太陽とオリーブの木がシンボルになっていて、見ただけではわかりにくい髪型であった。[*45]

＊45 メルシ＝アルジャントー、第二巻、二九八頁の注記。

この間モルパとテレーは驚いて神妙にしていたが、だんだんその状況に慣れていった。人々は、彼らが互いに相手に対して陰謀をめぐらしているのではないかと疑った。財務総監の仕事に手を焼いていたテレーは、自分が高等法院の出身であるのを思い出して、ともすれば国璽尚書にでもなったような気分でいた。

モプーはモプーで、テレーを更迭することは考えていなかったが、テレーが去るのを見ても別段残念に思わなかっただろう。なぜなら、彼はその後継者にチュルゴーを考えていたからであって、おそらく、彼がチュルゴーの名を持ち出した最初の人間であっただろう。

老獪な戦略家のモルパが、主要な砦に責任をとらせる前に、二級のポストから手をつけるという好判断を示した。

ブルジョワ・ドゥ・ボワーヌは、彼の古巣の海軍省の正規の大臣であったが、三頭政治の手先となって、同僚の大物たちほどの強い個性も彼らほどの能力の評判もないままに、彼らの不人気を共有していた。人々は、彼がその行政府を破壊してしまったと言っていたし、彼はまた、証拠もないままに、公金費消の罪までも着せられていた。しかし、ボワーヌには能力がなかったわけではない。たとえばスラヴィは、彼を、「有能で、学識があり、勉強家であって、訴訟に関しては国じゅうの第一級の政治家である」と考えている。[*46] ブザンヴァールもそれと同じようなことを伝えている。すなわち、高等法院の代わりに大評定院を設けることを考え、モプーにその改革の手がかりを与えたのはたぶんボワーヌであっただろう、と言っている。[*47] おそらく、思慮に富んだこの法学者は、海軍などには興味を持っていなかっただろう。彼はちょっとした偶然によってこのポストに就いただけである。ここでもスラヴィによるが、エギヨンは、モプーが戦線を離脱した場合に備えて代わりの大法官を手許に用意しておき、そのうえで、彼がかけがえのない人物ではないことをこの男に悟らせるやり方を、悪いやり方だとは思っていなかったようである。

＊46　スラヴィ、第二巻、二三一頁。
＊47　ブザンヴァール、第一巻、三七三頁。

おそらくボワーヌもまた――人々は彼を、太った、大のビール好きの、根がちょっと非社交的な人間として描いている――、執務室で仕事をしているときよりも口で議論しているときの方が気詰まりを感じたと思われる。いずれにしても彼は、会議では目立った存在ではなかった。ところが、彼が新しくそこで出くわした二人すなわちモルパとルイ一六世は、彼には運悪く、いずれも航海のことについて並々ならぬ興味を持っていることを誇りにしていた。モルパは海軍省で長い間行政に携わった思い出をそこに見いだしたし、ルイ一六世は気晴らしに機械をいじるという高尚な趣味をそこに見いだしたのである。ボワーヌの解任は、実質的にはすでに七月の初めに決定されていた。しかし国王は、この最初の問題以来、彼の生来の優柔不断をむき出しにした。「彼はボワーヌを解任したがっていたが、決着をつけなかった」。(44)後継者も選ばなければならなかった。モルパは最初、港湾および植民地担当の海軍長官をしていたクリュニを提案した。クリュニはのちにチュルゴーの後継者として財務総監になったが、その彼は、幸運にもモルパの隠棲中に、いくつかの技術論文について彼の意見を聞こうとして彼の許に伺候したことがあったのである。しかし国王は、モプー＝エギヨン事件〔パリ高等法院追放事件〕のときのクリュニの二股膏薬的な態度を人々が非難していたので、この候補者を退けた。そのとき、チュルゴーにチャンスが開けたのである。

チュルゴーの名は、やがて空く大臣のいくつかのポストのひとつに当てようとごく自然に考えられていた名前のひとつであった。

彼は、その知識と経験のゆえに最も責任の重いポストに任命されるべき少数の有力行政官のひとりであった。

彼は、すでにショワズールのときに大臣として名が挙げられたことがあった。

そのうえ、彼の名は、ヴェリ師とアンヴィル公爵夫人からモルパ夫妻の許に「推挙」されていた。人々はチュルゴーはむしろ財務総監に向いていると思っていたが、ヴェリ師は国璽尚書として彼を前面に押し出そうとを考えていた。[*48] ヴェリが伝えている国王とモルパの対話によって判断するならば、国王はこの臣下に非常に好意を持っていたようである。国王はつぎのように言ったという。「貴殿は余にチュルゴー氏のことを褒めたね。貴殿はまだテレー師の処遇については何も決めていないのだから、彼を海軍大臣に取り立ててやりなさい」[*49] と。

＊48 ヴェリ、第一巻、一二八頁。

＊49 スラヴィの話（第三巻、一三四頁）によれば、ルイ一六世は、チュルゴーが台閣に連なる前に彼に会う機会を持ちたいと考えていたようである。チュルゴーはそのときひとりの地方長官〔リムーザン州の地方長官〕にすぎなかったが、テレ師の指示を実行することはおそらく拒否したであろう。「彼は国王に別れの挨拶をし、そして彼にテレ師の解任を要求した。国王はひとことも言わなかったが、彼を海軍大臣に任命したとき、ほどなくしてそのことを思い出した」。この逸話は、他の著者によっても繰り返し語られているが、確かな証拠は何もなく、事実とは思えない。確かにチュルゴーなら、当時の彼の書簡——それはかなりたくさんある——のなかで、同じくらい注目すべきひとつの出来事として必ずそのことに遠回しにでも触れただろうと思われるし、他方また、国王による地方長官の召喚がその治世の当初から行なわれていたならば、そうした召喚についてのなんらかの形跡を見いだすことができるだろうと思われるからである。

〔一七七四年〕七月一九日火曜日。

国王は、いつもの通り、何も答えない。(45) 夕方、散歩から戻った国王は、ボワーヌ氏に辞職を要求するよう、そして直ちにチュルゴー氏をマルリーに連れてくるようラ・ヴリイエール氏に手紙を書いた、とヴェリは語っている。翌日の朝になって初めて、国王はモルパに、「余は貴殿が言ったとおりにしたよ」と言った。

国王は、統治を開始して初めて、「自ら」決定を下したのである。

当然同時代者たちは（そして何人かの歴史家たちも）、格別適任とは思われなかった専門的なポストへのチュルゴーの任命を好意をまじえて皮肉った。「私は、彼が私よりも海が好きだとは思いません。けれども、彼は世にもすばらしい男のように私には見えました」と、ヴォルテールはデュ・デファン夫人[46]に書いた。また、メルシ＝アルジャントーはつぎのように書いている。「この抜擢は広く人々の支持を得ています。それは、チュルゴー氏が海軍に適した逸材だと思われているからではなく、彼が誠実と公正という立派な資質を備えた人として認められているからであります*50」。

*50　いつも秩序立った考え方をしていた彼は、つぎのように付け加えた。「ヴェルジェンヌ伯爵も新しい海軍大臣もともに、王妃から好意をもって遇されていました。私は、陛下は彼らをご任命になる前に彼らの人選について知らされていたことを、そして、陛下はしっかりとそれをご承認になったことを、彼らに納得させようといくつかの間接的な方法を用いました」。

彼らのこの皮肉は見当違いであった。なぜなら、専門的大臣という迷信はいかなる体制のもとにおいても根拠のあるものではないし、それだけではなく、とりわけ当時の海軍省は予算面においても経済面においても非常に重要な省であったからである。現在のわれわれの考えでそれを判断したり、あるいは、「あなたは海軍と農業のどちらが好きですか」といったロベール・ドゥ・フレールの芝居のおどけた見方から判断することは軽率であろう。一八世紀の海軍大臣は、植民地と海上貿易を管理運営していた。彼は、計上された活動予算を執行するだけでなく、主要な、というよりはむしろ唯一の投資予算を、管理運用していたのである。

工業がまだ芽ばえたばかりの状態で、運送は馬車に頼っていて、武器には比較的軽い素材しか使われなかった時代にあって、船の建造は、公的ならびに私的な経済全体のなかで最も重要な資本支出を意味していたのである。海軍は、チュルゴーの時代には、一五〇〇万リーヴルに相当する勘定のほかに、伝統的に国庫資金を自由に使っていた。そしてそのことから、サルチーヌ(47)が解任されるきっかけとなった現実の不祥事が発生したのである。

この種の出来事において重要なことは、大衆にとっては、誰が姿を現わすかということよりはむしろ誰が姿を消すかということである。登場する新人に対する人気は、とりわけ、辞めて去る人に対する憎しみによって作られるのである。特に一八カ月も賃金の支払いが遅れていたブレストの労働者の間では、ボワーヌが辞めたことが喜ばれた。彼らは、大臣に扮したひとりの砲兵を野次を浴びせながら引っ張り回した。しかし、海軍工廠の仲間以外のところでは、ボワーヌが辞任するのを見た喜びは、彼よりもはるかに有名でかつ憎まれていたテレーが辞任するのを見ない不安で弱められた。ボードー師(48)は、その日記のなかで七月二二日につぎのように記している。「大衆のなかの教養があり善意に満ちた人たちは、善良なチュルゴーが海軍大臣になったのを見て不満の声を洩らしている。彼らは彼が財務総監になることを望んでいたのである。テレー師がそのポストに居座るのではないかという恐れが皆を震え上がらせている。……ほかの人たちは、海軍省は最初の一歩であって、そのつぎは財務総監府だろうと考えている」。

チュルゴーの友人のフィロゾーフ〔啓蒙哲学者〕だけが、この出来事の政治的影響力を予測し、問題は、ひとりの使い古された人間をひとりの新しい人間と取り替え、愚かとは言わないまでも軽薄なひとりの大臣をまじめで廉直なひとりの大臣と取り替えたことだけではない、と見抜いた。ヴォルテールは、チュルゴーがその熱狂を鎮めてくれるよう頼まなければならないほどの感激を表明する。彼はつぎのように書く。

「わたしは低い声で自分のために《深き淵より》[49]を歌い、あなたのために《神なる汝をわれらは讃えまつる》[50]を歌います」と。友情の熱意をこめてつぎのようなきわめて適切な意味の言葉を述べるのはコンドルセ[51]である。すなわち、「この出来事があって以来、私はイギリスのすべての法で保護されているかのように安らかに眠り、そして目覚めている」と。それは確かに、イギリス流の自由主義的な考え方にとってはひとつの成功であった。それは、今日ならば、多数派の勢力拡大と呼びうるような現象であった。それは、体制と制度との間のわずかな隙間の現象であった。けれども、ルイ一六世もモルパも、彼ら自身がその人選を行なったときには、それほど先まで読んでいたわけではなかった。

〔訳注〕

1　モルレ（André Morellet　一七二七—一八一八年）。リヨンのイエズス会の学校で教育を受け、ソルボンヌで神学を学んだ。ディドロの『百科全書』のためにいくつかの記事を書いた。ジョフラン夫人のサロンに出入りした。政治経済学にも関心を寄せた。一七八五年、フランス・アカデミー会員。初め革命思想に好意を寄せたが、突然反動派に転じた。一七九二年にアカデミーが解散されたとき、アカデミーの記録簿と『百科全書』の手稿を一八〇三年まで自宅に保管した。一八〇七年立法府議員。『一八世紀の文学および哲学覚書』（*Mémoires de littérature et de philosophie au XVIIIe siècle*, 1918）、『一八世紀および大革命についての回想録』（*Mémoires sur le XVIIIe siècle et la Révolution*, 1821）を公刊。モルレは、鋭く博い知性と、自由闊達で優美な文体と、他人の思想の真価を引き出す大きな能力を持っていた。*Larousse*, T. IVe, p. 985.

2　モンバレ大公（Alexandre-Marie-Léon de Saint-Mauris, comte puis prince de Montbarey ou Montbarrey　一七三二—一七九六年）。軍人として一七六一年少将となり、コルバッハの戦いで名を挙げた。一七七一年プロヴァンス伯爵のスイス傭兵連隊大佐、一七七六年サン＝ジェルマン伯爵付き閣外相、一七七七年陸軍相。貴族の反動を支持し、一七八〇年陸軍相を辞任。大革命中（一七九一年）スイスのヌシャテルに亡命。興味ある回想録を残した。*Larousse*, T. IVe, p.

959.

3 エギヨン公爵（Emmanuel-Armand Vignerot du Plessis de Richelieu, duc d'Aiguillon 一七二〇―八〇年）。リシュリュー枢機卿の甥の孫として軍隊で功績を挙げ、一七四八年少将となる。七年戦争の間の一七五八年、サン＝カストにおいてイギリス軍の侵攻から州を救った。後年このときの彼の軍事的行動に対して行なわれた告発は、無罪証明がなされていない。イエズス会修道士の裁判に関しては中立の立場をとり、この事件で論告求刑したレンヌ高等法院首席検事のラ・シャロテとの間で紛争を起こした。その結果、独立主義的傾向の強かったレンヌ地方で、ラ・シャロテの独裁的司法に対して強い抗議が起こったが、近年の歴史家はこの抗議は根拠のないものであることを証明した。ルイ一五世は、レンヌの高等法院を辞職した翌日にラ・シャロテを投獄させた（一七六四年）。百科全書家たちによって反エギヨンの世論が引き起こされ、彼に対して訴訟が起こされたが、これは一七七〇年にルイ一五世によってもみ消された。要するに、エギヨンは高等法院勢力の犠牲者であった。一七七〇年、モプー内閣に加わり、悪名高き無能の評判にもかかわらず、外務大臣と陸軍相を兼任した。「三頭政治」の不人気なメンバーとして、入閣早々、東欧問題で困難な立場に立たされ、一七七二年のポーランドの分割を阻止することができなかった。彼は、ヴェルジェンヌと協力してスウェーデンの国内情勢の再建に貢献したが、内政面では、デュ・バリ夫人の支持を得て反モプーの陰謀を企てた。ルイ一五世が死に瀕していたとき、デュ・バリ夫人はエギヨン公爵夫人の所に逃げ込んだ。ルイ一六世の即位とともに失脚し、追放された。モルパの義理の甥に当たる。*Larousse*, T. Ier, p. 106. なおフォールは、Aiguillon または d'Aiguillon と記しているが、訳文では「エギヨン」に統一した。

4 ベルタン（Henri-Léonard-Jean-Baptiste Bertin 一七二〇―九二年）。シャトレ裁判所評定官およびリヨン地方長官ならびにパリ警察長官（一七五七年）を経て財務総監となり、穀物取引の自由化などの自由主義的経済政策を推進したが、高等法院の強い抵抗に遭った（一七五九―六三年）。セーヴルの磁器マニュファクチュールの発展、リヨン獣医学校の創設、「古文書室」（le cabinet des chartes）の創設は彼の功績。一七九一年亡命。*Larousse*, Ier, p. 674.

5 ラ・ヴリイエール公爵（Louis, duc de La Vrillière 一七〇五―七七年）。長い間父の行政上の仕事を手伝っていたが、勲章局長官（一七三六年）、宮内大臣（一七四九年）となった。最初伯爵であったが、サン＝フロランタン公爵家を創設した。封印状を乱用し、ルイ一六世により失脚させられた。若き日のモルパの庇護役となった。*Larousse*, T.

IVe, p. 371.

6　ブロス高等法院長（président Charles de Brosses　一七〇九―七七年）。司法官、学者、著述家。ビュフォンやディドロと親交を結んだ。ディドロはブロスを「陽気で皮肉好きでサテュロス的なおばかさん」と評した。その『イタリア書簡』（*Lettres sur l'Italie*）は好評を博した。一七四〇年ディジョン高等法院長。この時期ヴォルテールと論争、長期にわたるその論争において彼は誠意と才気においてヴォルテールに勝っていたが、ヴォルテールは彼を許さず、フランス・アカデミーへの彼の立候補を失敗に終わらせた。モプーの高等法院のとき、その独立不羈の行動のゆえに追放され、一七七五年ルイ一六世に呼び戻されて、パリ高等法院長に任命された。*Larousse*, T. Ier, p. 883.

7　三頭政治（le triumvirat）。三人の野心的な政治家による政権の独占体制のこと。フランスでは、一七七〇―七四年のモプー、エギヨンおよびテレーによる政治体制を指す。

8　デュ・バリ伯爵夫人（Jeanne Bécu, comtesse du Barry　一七四三―九三年）。カンティニことアンヌ・ベキュの私生児。尼僧院で育てられ。婦人服飾品販売商の店員となった。この店でガスコーニュ出身の貴族ジャン・デュ・バリと知り合い、彼の愛人となってサロンを開き、そこで貴族や金融業者ら多くの愛人を持った。ジャン・デュ・バリは、王妃の死後（一七六八年）、ルイ一五世に彼女を紹介した。ついで彼は、彼女を自分の弟のギヨームと結婚させた。青い目とブロンドの髪を持った美女であり、愚かではなかった。彼女はルイ一五世を楽しませたが、政治に口出しすることはなかった。彼女が寵姫となるや、ショワズールはルイ一五世の妹たちや王太子の支持を得て彼女を失脚させようとしたが、失脚したのは彼の方であった。ルイ一五世の晩年には、彼女は女王のように振る舞った。多くの大使が訪れ、宮廷では多くの貴婦人たちを友とした。ボルドー市は新造の軍艦に彼女の名前をつけた。国王は一時危うく彼女と結婚するところであった。彼女は、毎月三〇万リーヴルを受け取り、マルリの近くのルヴシェンヌに豪奢な城館を持ち、ヴェルサイユにはイタリア風の別荘を持っていた。彼女は、パリと全ヨーロッパにその名をとどろかせ、マルモンテルやダランベールのような文人を庇護し、ヴォルテールには媚態を示した。ほとんど意識することなく強い影響力を持ち、ショワズールの旧党と闘い、三頭政治を支持した。宮廷では彼女のために繰り返し宴会が開かれ、マリー＝アントワネットは彼女に近づいて直接声をかけた。ルイ一五世は、死の直前彼女に暇を出し、彼女はエギヨン夫人の許に身を引いた。彼女はしばらくモーの近くのポン・ト・デーム修道院に追放されたのち、愛人のブリッサ公爵とルヴシェンヌで暮らす許可を得た。一七九二年、革命を恐れて彼女はイギリスに亡命したが、再びフランスに戻った。「元高級娼婦」デュ・バリ伯爵夫人は、革命裁判所に引き渡され、死刑を宣告され、一七九三年一二月八日に処刑された。*Larousse*, T. Ier, p. 575.

9 ブザンヴァール（Pierre-Victor, baronn de Besanval　一七二一－九一年）。フランス軍スイス人部隊将校であった父の跡をついでスイス人近衛隊を指揮。一七八九年七月、ルイ一六世により民衆運動を抑えるためパリ周辺の軍隊の隊長に任命された。革命政府により逮捕されたが、シャトレ裁判所の法廷は彼に無罪の判決を下した。彼の興味深い『回想録』（*Mémoires*）は、彼の死後一八〇八年に公刊された。*Larousse*, T. Ier, p. 678.

10 ドゥ・ラ・トゥール（Maurice Quentin de La Tour　一七〇四－八八年）。パステル画家。その最初の作品の発表以来フランスの宮廷の熱中するところとなった。彼の瑞々しく生き生きしたパステル画は、生命を際立たせており、自然の真実を伝えている。一七四六年、絵画アカデミーに迎えられ、一七五〇年国王付き画家となった。彼の最も美しい肖像画としては、マリー＝レチンスカ、ザクセン女王、フェル嬢、ディドロ、クレビヨン、ヴォルテール、パロセル、レストゥ、ダランベールらの肖像画があり、自画像がある。晩年故郷にデッサン学校を創設し、多額の遺産を寄贈した。故郷のカンタン市には、彼のパステル画の大部分が保存されている。*Larousse*, T. IVe, p. 359.

11 モプー（René Nicolas de Maupeou　一七一四－九二年）。一七六八年大法官となり、テレーおよびエギヨンと反高等法院の三頭政治を展開した。レンヌのラ・シャロテ事件（訳注3を見よ）のときに、一三〇人の評定官とパリの高等法院を追放し（一七七一年）、その権限を手中に収めて司法改革と政治改革を推し進めた（「モプーの高等法院」（Parlement de Maupeou）と呼ばれる）が、世論の厳しい批判にさらされた。一七七四年、ルイ一六世は高等法院を呼び戻し、モプーの計画を粉砕した。

12 テレー師（l'abbé Joseph Marie Terray　一七一五－七八年）。聖職者で政治家。一七六九－七四年財務総監を務め、モプーおよびエギヨンと三頭政治を行なったが、強引な財政政策（未償還国債の償還停止、借入金返済の引き延ばし、トンチン式年金の終身年金への転換、塩税の増税など）のために不評を買った。穀物取引をきわめて厳格に規制したが、「飢餓協約」（pacte de famine）は断じて締結しなかった。一七七六年に弁護士ポクローを著者とする『回想録』を自分の名前で出したが、これは、自分の内閣時代の主たる政策に対する誹謗文書にほかならない。

13　カウニッツ（Wenzel Anton, comte, puis prince de Kaunitz-Rietberg　一七一一―七四年）は、オーストリアの政治家。首相（一七五三―九二年）としてフランスとの同盟を推進し、マリア＝テレジアとヨーゼフ二世の中央集権化政策を支持した。ショワズールのライバル。

14　マリー＝アントワネット（Marie-Antoinette　一七五五―九三年）。神聖ローマ皇帝フランツ一世とマリア＝テレジアの娘。一七七〇年、のちにルイ一六世となるルイ王太子と結婚。無思慮で浪費癖があり、あらゆる醜聞（たとえば一七八五―八六年の首飾り事件）の元凶となり、チュルゴーのようなすべての改革者に敵対した。ルイ一六世をしてフランス革命に抵抗させた。外国勢力と結び、最悪の政治を行なわせた。一七九二年八月一〇日以降タンプルに、ついで国王の処刑後はコンシェルジュリ（パリ裁判所付属監獄＝大革命時の死刑囚収容所）に拘置され、一七九三年一〇月一六日ギロチンにかけられた。

15　「机の上に枢機卿の帽子と絞首台を置かせる」とは、成功した時には「褒賞」（枢機卿の帽子＝教皇につぐ高位聖職者の地位）を与え、失敗した時には「罰」（絞首台）を与えよう、ということではないかと思われる。ちなみに、テレーは聖職者であり、「テレー師」（abbé Terray）と呼ばれていた。

16　トリアノン（Trianon）。ヴェルサイユ庭園に建てられた二つの城館（châteaux）の名前で、大トリアノン（le Grand Trianon）と小トリアノン（Le Petit Trianon）があった。前者は一六八七年にマンサールにより、後者は一七六二年にガブリエルによって建てられた。

17　アデライード夫人（Adélaïde (Madame) de France　一七三二―一八〇〇年）。ルイ一五世と王妃マリー＝レチンスカの三女。父は彼女を「トルション」（薄汚い女）と呼んでいた。それほど彼女は身形に構わなかった。ルイ一五世下の信心仲間を庇護し、リベラルなショワズールと闘った。ルイ一六世の助言者となり、ブリエンヌと敵対した。一七九一年に妹のヴィクトワール夫人とともに亡命し、トリエステで死んだ。ルイ一六世の「伯母さんたち」のひとり。*Larousse*, T.Ier, p.60.

18　セギュール（Pierre, marquis de Ségur　一八五三―一九一六年）。歴史家。多くの著書で名声を高め、しばしばフランス・アカデミーから賞を得た。一九〇七年、フランス・アカデミー会員に選ばれた。著書には、『リュクサンブール元帥の青年時代』（*La jeunesse du maréchal Luxembourg*, 1900）、『ジョフラン夫人とその娘』（*Mme Geoffrin et sa fille,*

1877)、『ジュリー・ドゥ・レピナス』(*Julie de Lespinasse*, 1905)『王政の黄昏に――ルイ一六世とチュルゴー』(*Au couchant de la monarchie. Louis XVI et Tugot*, 1910)『王政の黄昏に――ルイ一六世とネッケル』(*Au couchant de la monarchie. Louis XVI et Necker*, 1913) などがある。*Larousse*, T. IVe, p. 276.

19 ベルニス (François-Joachim de Pierre de Bernis 一七一五－九四年)。詩人、政治家、外交官、聖職者。ポンパドゥール夫人に目をかけられ、チュイルリー宮殿内に住まいと年金を与えられた。多くの貴婦人に愛された『短詩集』は「詩のブケー」と呼ばれ、「花売り娘のババ」(Babet la Bouquetière) のニックネームがつけられた。一七四四年、二九歳でフランス・アカデミーに迎えられた。その後、スペイン大使（一七五六年）、外務大臣（一七五七年）、枢機卿（一七五八年）、アルビ大司教（一七六四年）、ローマ大使（一七六八－九一年）として多面的に活躍。ヴォルテールの擁護者のひとりであったが、大革命には反対し、一七九〇年の聖職者世俗法を拒否した。興味深い『書簡集』と『回想録』を残した。*Larousse*, T. Ier, p. 668.

20 カンパン夫人 (Jeanne-Louise-Henriette Genet, Mme Campan 一七五二－一八二二年)。ルイ一五世の娘の「奥方たち」(Mesdames)〔ルイ一六世の「伯母さんたち」〕は、一七六七年頃、カンパン夫人を自分たちの読書係にし、三年後、マリー＝アントワネットの第一小間使にした。ルイ一六世は、彼女を皇太后マリー＝レチンスカの秘書の息子と結婚させて、マリー＝アントワネットの個人秘書にした。彼女は、マリー＝アントワネットに最後の日まで忠実に仕えた。『マリー＝アントワネットの私生活についての回想録』(*Mémoires sur la vie privée de Marie-Antoinette*)、『女子教育論』(*De l'éducation des femmes*) などを残した。

21 オジャール (Jacques-Mathieu Augeard 一七三一－一八〇五年)。徴税請負人であった彼は、誹謗文書によってモプー、チュルゴー、ネッケルおよびカロンヌと闘った。一七九〇年、国王を逃亡させた廉で告発されたが、無罪放免となり、ブリュッセルに亡命、執政政府（一七九九－一八〇四年）のときに帰国。きわめて興味深い『回想秘録』(*Mémoires secrets*) などを残した。*Larousse*, T. Ier, p. 435.

22 「ブルターニュ風に言って」(à la mode de Bretagne)。遠縁の者を近親者名で呼ぶこと、たとえば、「またいとこ」や「はとこ」までも「いとこ」と呼ぶことを意味する。なお、原文では「甥」(neveu) となっているが、「伯父」(oncle)（実際には「義理の伯父」(bel-oncle)）の誤りであろう。

23 ラドンヴィレール師（Claude-François Lysarde de Radonvillers 一七〇九―八九年）。イエズス会経営のコレージュの教師からラ・ロシュフーコー枢機卿の秘書となり、駐ローマフランス大使、ルイ一五世の子供たちの次席師傅（一七五五年）を経て、国務会議評定官となった。マリヴォーの後を継いでフランス・アカデミーの会員となった（一七六三年）。とりわけ文法学者として知られ、『言語習得の方法』(*De la manière d'apprendre les lanbues*, 1768) を著した。

24 マショー（Machault d'Arnouville 一七〇一―九四年）は、一七四九年五月、財務総監として、一〇分の一税に代わって、特権・非特権の別なくすべての収入に対して課税される二〇分の一税を導入して「租税の前の平等の原則」を打ち立てようとしたが、特権階級（貴族および聖職者）の激しい抵抗（これは「租税戦争」(la guerre de l'impôt) と呼ばれている）に遭って、徒労に終わった。

25 個人方程式（équation personelle）。心理学の用語。観察に際しての個人方程式のことで、転じて、個人差、個人的可能性を表わす。

26 フランソワ・モリアック（François Mauriac 一八八五―一九七〇年）。フランスの作家でジャーナリスト。田舎の生活に題材をとった小説を書き、そのなかで肉と信仰の闘いに言及した。他に、劇作、評論、思い出集などがある。フランス・アカデミー会員。一九五二年にノーベル文学賞受賞。

27 ジェローム・ドゥ・ポンシャルトラン（Jérôme, comte de Pontchartrain 一六七四―一七四七年）。パリ高等法院評定官（一六九一年）を経て、父の襲職権により国務大臣に任命され（一六九三年）、一六九九年に職務についた。彼の行政手腕は嘆かわしいものであった。ルイ一四世の死後、息子のモルパのために辞職させられた（一七一五年）。*Larousse*, T. V^{e}, p. 707.

28 シャトールー夫人（Marie-Anne de Noailly-Nesle, marquise de La Tournelle, duchesse de Châteauroux 一七一七―四四年）。二五歳でラ・トゥルネル侯爵未亡人となり、まもなくルイ一五世の目にとまり、寵姫としての地位を確保した。彼女の知恵と政治力については過大評価の傾向がある。大臣たちを支持したり失脚させたりしようとして彼女が企んだ陰謀には、モルパに対する憎しみやタンサン夫人の教唆によって加わったにすぎなかった。一七七四年国王がメッスで重病に陥ったとき彼女は遠ざけられ、回復後国王は王妃の許に戻ったが、突然国王の気が変わってシャトールー夫人を宮廷に迎え入れた。その後、彼女は敵対者を追放させ、二七歳で死んだときには以前よりも一層強力になっていた。*Larousse*, T. IIe, pp. 171-72.

29 セナック・ドゥ・メラン（Gabriel Sénac de Meilhan　一七三六－一八〇三年）。文士、政治論客。オニ州、プロヴァンス州、エノー州の地方長官を務めた。才気煥発で、野心的で、愛想がよかったために多くの庇護者を得、なかでもポンパドゥール夫人の手厚い庇護を得た。大革命中、エクス・ラ・シャペル、ブランシュヴィック、ロシアに亡命、エカテリーナ二世から年金を受けた。その後ロシアを離れウィーンに落ち着いた。著書に、『パラチナ大公妃アンヌ・ドゥ・ゴンザーグ』（*Anne de Gonzague, princesse palatine*, 1786 et 1789）、『奢侈と富についての考察』（*Considérations sur le luxe et les richesse*, 1787. ネッケルを批判）、『大革命の原理と原因について』（*Des principes et des causes de la Révolution*, 1790）、『某夫人への書簡』（*Lettre à M*^{me} *de****, 1792）、『大革命以前のフランスの政体、風俗、状況について』（*Du gouvernement, des mœurs, des conditions en France avant la Révolution*, 1797）、『一七世紀末の著名人の人物像および性格』（*Portraits et caractères des personnages distingués à la fin du XVII*^{e} *siècle*, 1813）などがある。*Larousse*, T. IVe, p. 292.

30 ポンパドゥール侯爵夫人（Jeanne-Antoinette Poisson, marquise de Pompadour　一七二一－六四年）。ルイ一五世の寵姫。徴税請負人の妻。シャトールー夫人の死後国王の公然の愛人となり（一七四五－五〇年）、いわゆる「ペチコートの支配」（le règne de cotillon　フリードリヒ二世の言葉）を築き、政治面にも大きな影響力をふるった。彼女は、ベルニス、ダルジャンソン、マショーといった「子分」しか国王に近づけさせなかった（ショワズールだけは例外で、彼を強く支持して出世させた）し、マリア＝テレジアやカウニッツのお世辞に乗せられてオーストリアとの同盟を国王に受け入れさせた。また、文学、芸術、学術の庇護者として、セーヴルの磁器マニュファクチュールを創設し、ファン・ルー、マルモンテル、クレビヨン、エルヴェシウス、デュクロ、ケネー、ヴォルテールらを庇護した。彼女は、王政の信用を失墜させる大きな原因となった。*Larousse*, T. V^{e}, p. 696.

31 ボン師（abbé Bon）。チュルゴーの若き日の学友。サント＝バルブ地区の牧師。ショーヌ侯爵の子供たちの教師（E. F.）。

32 ミロメニル（Armand-Thomas Hue de Miromesnil　一七二三－九六年）。ルーアン高等法院長のとき（一七五七年）、彼が院長を務めていた高等法院の評定官たちとともに大法官モプーによって追放された。一七七四年国璽尚書に任命され、チュルゴーやネッケルの政策と激しく敵対した。一七八七年ラモワニョンによって解任された。

33 ポール＝ロワヤル（Port-Royal）。一二〇四年にパリ南郊のシュブルーズに創設されたシトー会女子修道院。一七世紀、院長アルノー（Jacqueline Marie Angélique Arnauld　一五九一－一六六一年）の改革を経て、サン＝シラン（Du Vergier de Hauranne, dit Saint-Cyran　一五八一－一六四三年）の指導のもとにジャンセニスムの中心となった。ここでは、世捨て人的文人の集いの場、程度の意味。

34 フィレモンとバウキス（Philémon et Baucis）。ギリシア神話のなかのフリギア人の貧しい夫婦で、旅路のゼウスをこの二人だけが歓待し、その報いによって長寿を保ったという。仲睦まじい夫婦の象徴。

35 シャンフォール（Nicolas-Sébastien Roch, dit de Chamfort　一七四一－九四年）。平民出の著述家。彼は、一八世紀後半のフランスでは知性があれば十分財をなすことができることを示した。パリのグラサン・コレージュで勉学ののち、教師、秘書を経て、『モリエール頌』（*Éloge de Molière*, 1762）、『ラ・フォンテーヌ頌』（*Éloge de La Fontaine*, 1774）を著し、フランス・アカデミーから受賞した。一七八一年、アカデミー会員となった。彼の作品は、ときに凡庸で皮相的であったが、その処世術と才気と著作とによって成功を収めた。彼の鋭い観察力と懐疑主義と風刺は、彼を恐るべき風刺作家に作り上げた。それは、彼の死後に出版された『箴言、人物、逸話』（*Maximes, Caractères, et Anécdotes*）のなかにも見られる。大革命を信じてミラボーに協力したが、ジャコバン派とは闘った。恐怖政治下で追及を受け、自殺した。*Larousse*, T. IIᵉ, p. 116.

36 フルーリ枢機卿（André, Hercule, cardinal de Fleury　一六五三－一七四三年）。ルイ一五世の師傅（一七一六年）などを経て、国務大臣となり（一七二六年）、同年枢機卿となった。権威ある統治を行ない、財政を立て直し、ジャンセニスト（一七、一八世紀、オランダの神学者ヤンセン（Cornelius Jansen　一五八五－一六三八年）を始祖としてポール＝ロワヤル修道院を中心に展開された宗教運動の信奉者で、神の恩寵の絶対性を信じ、イエズス会と激しく対立した）との紛争を鎮めたが、ポーランド王位継承戦争（一七三三－三五年）およびオーストリア王位継承戦争（一七四〇－四八年）に巻き込まれた。

37 マントール（Mentor）。よき助言者の意。『オデュッセイア』のなかの登場人物で、テレマコスの助言者。

38 ブルトゥーイユ（Louis-Auguste Le Tonnelier, baron de Breteuil　一七三〇－一八〇七年）。最初軍籍に入り、ついでルイ一五世下で移動大使としてウィーン、ナポリなどで活躍し、秘密外交に手腕を発揮した。ルイ一六世下では宮内大臣を務めた（一七八三－八八年）。一七五八年、地方長官に宛てて「封印状制度」に実質的に終止符を打つ重要な通達を出し、ヴァンセンヌ監獄を閉鎖した。その後、カロンヌと対立し、封権的・絶対主義的抵抗の中心となった。一七八九年七月一二日に再び大臣となったが、彼の解任は、バスチーユ奪取にいたる民衆運動を引き起こす原因のひとつとなった。スイスに亡命し、ハンブルクを経て一八〇二年に帰国したが、もはや政治には関与しなかった。*Larousse*, T. Ier, p. 859.

39 ヴェルジェンヌ勲功爵（le chevalier de Vergennes, Charles Gravier, comte de Vergennes　一七一九－八七年）。外交官としてコンスタンチノープル大使などを務めていたが、ショワズールによって失脚させられた（一七六八年）。ショワズール失脚後スウェーデン大使となり、グスタフ三世のクーデタに関与した（一七七二年八月一二日）。一七七四年ルイ一六世により外務大臣に登用され、アメリカの独立戦争を準備する外交交渉とその帰結であるヴェルサイユ条約（一七八三年）の締結に貢献した。さらに、ソルール条約によるスイス諸州との同盟（一七七七年）、テシエン条約による反オーストリアヨーロッパ平和条約（一七七九年）、イギリスとの通商条約（一七八六年）は、彼の外交的成果。*Larousse*, T. VIe, p. 950.

40 大臣の追放（l'exil des ministres）。特に、宮廷、都市などからの大臣の追放刑を指す。

41 デュ・ミュイ伯爵（Louis-Nicolas-Victor de Félix, comte Du Muy　一七一一－七五年）。一七四八年、王国総代官（緊急時に国王に代わって統帥権を持つ）に任命された。軍人として七年戦争で名声を高めた。ショワズールが解任されたとき（一七七〇年）、ルイ一五世はデュ・ミュイに陸軍相のポストを提供したが彼はこれを拒否し、一七七四年にルイ一六世によって提供されたときには受諾した。行政官としては凡庸であったが、一七七五年元帥に任命された。*Larousse*, T. V^{e}, p. 1057.

42 ドゥ・ゴール将軍（général Charles de Gaulle　一八九〇－一九七〇年）。第一次大戦中は士官として活躍し、政治や軍事についての多くの著書を公刊した。一九四〇年五月のフランス戦線の旅団長、レノー内閣の国防次官として休戦を拒否してロンドンから抵抗を呼びかけた。自由フランスのリーダーとして、のちにフランス共和国臨時政府となった国民解放フランス委員会をアルジェに創設し、一九四四年八月議長となった。大統領制の支持者として、「政党ゲーム」を批判して一九四六年一月辞任。一九四七－五三年、フランス人民連合（R.P.F.）議長。その後政界から引退して『第二次大戦回顧録』(*Mémoires de gurre*, 1945-59) を書いた。一九五八年五月のアルジェリアの危機に際し再び政権に就き、新憲法を制定し、一九五九年に第五共和制を創設した。アルジェリア戦争を終結させて、一九六二年の総選挙で大統領に選出され、一九六五年再選。外交を重視し、核保有を含むフランス国家の独立強化をめざした。一九六八年五月の危機に際しては、地方分権化計画および上院の改革をめざしたが、国民投票に敗れて、一九六九年四月二八日辞任した。なお、著者エドガール・フォールとドゥ・ゴールとの関係については、本書の「訳者あとがき」を参照されたい。

43　ヴォルテール (François Marie Arouet, dit Voltaire　一六九四－一七七八年)。彼の文学によるデビュー(摂政に対する風刺詩)は、権力との闘いでもあった(彼はのちにバスチーユに投獄される)。イギリスへの三年間の追放ののち、シレー、シャトレー夫人、プロイセンのフリードリヒ二世(一七五〇－五三年)、さらに「至福の地」(一七五五年)、フェルネ(一七五九年)へと、点々と安全を求めて住居を変えねばならなかった。一七世紀を賛美し、叙事詩で古典作家と比肩することをめざした(『ラ・アンリヤード』(*La Henriade*, 1728))。詩(『リスボンの災害についての詩』(*Poème sur la désastre de Lisbonne*, 1756))、コント(『ザディーグ』(*Zadig*, 1747)、『カンディード』(*Candide*, 1759))、歴史(『ルイ一四世の世紀』(*Le Siècle de Louis XIV*, 1751))、宗教的不寛容による冤罪事件(カラス、シルヴァン、ラリ＝トランデール事件)の名誉回復運動等において、ヴォルテールは、啓蒙的哲学思想を広め、全ヨーロッパに「精神界の君主」としての名声を高めた。また、自由主義的・反教権的市民階級のアイドルとなった。

44　クリュニ (Jean-Etienne-Bernard Clugny de Nuys　一七二九－七六年)。ルシヨンの地方長官から、一七七六年チュルゴーの後任として財務総監となった。宣誓同職組合の廃止や道路夫役の廃止に関するチュルゴーの勅令を破毀し、富くじ制度を作った。財務総監就任後まもなく死去した。なお、フォールは de Clugny と書いているが、de は不要。

45　マルリ (Marly)。イヴリーヌ県の県都マルリ・ル・ロワ (Marly-le-Roi) のことで、国王の別荘地。パリ西郊、セーヌ左岸の町。ルイ一四世は、マンサールに一二の小館を持つ城館を建てさせたが、大革命のときに破壊された。かつての城館の装飾「マルリの馬」の像(リヨン出身の彫刻家ギヨーム・クストゥーの作)は、現在はコンコルド広場に置かれている。

46　デュ・デファン夫人 (Marie de Vichy-Charmand, marquise du Deffand　一六九七－一七八〇年)。二二歳でデュ・デ

ファン侯爵と結婚したが、彼を愛していなかったので放蕩と色事の生活にのめり込んだ。しかし、彼女は才気があり驚くほど聡明であったので、彼女が出入りしていたサロンで当代のすべての文人や哲学者と親交を持つことができた。一七四七年僧院の一室に身を引き、そこでサロンを開いたが、これは、ランベール夫人やタンサン夫人の後を継ぐものであり、ジョフラン夫人のサロンと比肩するものであった。そこには早くから、あらゆる有名なフランス人や外国人が訪れた。一七五三年盲目となったため、レピナス嬢が常連の一部を引き連れてサロンを独立させた。しかし、デュ・デファン夫人は、その才気と知性のゆえにサロンに君臨し続けた。一七六五年、彼女は、二〇歳も年下のウォルポールに熱烈な恋の友情を抱いた（その書簡は完全に保存されている）。彼女とヴォルテールやショワズールらとの多くの書簡も残されている。*Larousse*, T. IIe, p. 725.

47 サルチーヌ（Antoine de Sartine, comte d'Alby　一七二九－一八〇一年）。警察長官（一七五九－七四年）としてパリの治安を改善し、ついで、海軍大臣（一七七四－八〇年）として対イギリス戦に備えて艦隊を組織替えしたが、そのために計上予算を超えて支出したとして失脚させられた。一七九一年亡命。*Larousse*, T. VIe, p. 200.

48 ボードー師（abbé Nicolas Baudeau　一七三〇－九二年）。ケネーの重農主義学説の熱心な普及者であり、チュルゴーの支持者。一七六五年『市民の暦』（*Ephémérides du citoyen*）を創刊し、自ら主筆として経済問題を論じた。最初は重商主義的見地から重農主義に反対したが、ミラボーの『農業哲学』（*Philosophie rurale*, 1763-64）を読み、彼の『人間の友』（*L'ami des hommes*, 1756-60, 7 vols.）の学徒となった。著書には、『奢侈と奢侈取締り法について』（*Du luxe et des lois somptuaires: Ephémérides du citoyen*, 1767, I.）などがある。小林昇編『経済学小辞典』学生社、一九六三年、一六二－三頁を見よ。

49 《深き淵より》（De profundis）。詩篇一三〇番の冒頭の二語。死者への祈りを表わす哀悼歌。

50 《神なる汝をわれらは讃えまつる》（Te Deum laudamus）。この言葉で始まる聖歌。朝課・戴冠・祝勝などに際して歌われる賛美・感謝の歌。

51 コンドルセ（Marie Jean Antoine Caritat, marquis de Condorcet　一七四三－九四年）。数学者、啓蒙哲学者、重農主義者、政治家。フランス・アカデミー会員。チュルゴーの熱烈な支持者としてその活動に協力した。立法議会（一七九一年）、ついで国民公会（一七九二年）の議員となり、壮大な公教育プランを議会に提出した。ジロンド派の一員として告発され、八カ月身を隠し、その間に、『人間精神進歩の歴史的素描』（*Esquisse d'un tableau hisorique des progrès de l'esprit humain*）を著した。ジャコバン政府に反対したため恐怖政治期に逮捕され、獄中で服毒自殺を遂げた。その遺灰は、一九八九年にパンテオンに移された。

第二章　大臣たちの聖バルテルミー[1]

国王たるもの、過度な慎しみは余計なことだ。
ガリアーニ師[2]

〔一七七四年〕八月二四日の日記に、ヴェリ師はつぎのように記している。すなわち、「待ち望まれた政変が今朝起きた」と。大法官〔ならびに国璽尚書〕モプーと、〔財務総監〕テレー師の辞任のことである。国璽尚書に代わってミロメニルが、テレー師に代わって、すでに予想されていたように、チュルゴーが就任するであろう。

八月二四日は聖バルテルミーの祝日に当たっていたので、その状況はきわめて心地よいものに見えた。スペイン大使アランダ伯爵[3]は、「これは大臣たちの一種の聖バルテルミーである」と書いたが、「それは無実な人たちの虐殺ではない」とつけ加えた。翌日の八月二五日は、国王の守護聖人祭の聖ルイの日でもあったので、パリの民衆は、この日は彼らが期待していた政変にまことにうってつけの日だと思った。「若き国王は、《その日に花を添えるために》、財務総監と大法官をプレゼントすることを思いついたのだ」。のちに見るように、この期待は裏切られなかった。そして、八月二八日の日曜日の楽しい夜には、下層民たちは、蠟作りの顔かたちをつけた二体の藁人形を、一体には大法官の長衣が着せてあり、もう一体にはカトリック神父の平常衣《スターン》が着せてあったが、その二体の人形を持って練り歩きながら内閣の改造を祝った。二体とも車輪で轢き殺されたのち、財務総監テレーの人形には火が掛けられ、国璽尚書モプーの人形は、厄介者の象徴としてサント゠ジュヌヴィエーヴ裁判所の舗道の上に吊るされた。そうした風習は、少なくとも一見したところでは、われわれにとってはどれほど時代おくれに見えることか！「世の人々は民衆のこのようなぶしつけな振る舞いを抑えられなかったことをきっとのちに後悔するだろう、と賢明な人たちは信じている」[*1]。

＊1 『秘密書簡集』第七四番（ゴメル[4]『フランス革命の財政的原因』第一巻、五三頁に引用）。

ヴェリ師は、この記念すべき日の予期せぬ出来事をわれわれに詳しく伝えるのに都合のよい立場にいた。当時の聴き役[5]は、芝居の舞台と同じように政治の舞台においてもおなじみの役柄であって、その役割は、一般に、芝居の舞台でよりも政治の舞台でのほうが一段と決定的であった。しかもこの脇役は、何人もの主役たちのかたわらで、しかも同じように忠実に、その役割を演ずるのである。彼はしばしば「調停者」の役目を果たすだろう。ヴェリ師の個人としての性格には、暈翳《うんえい》がなかったわけではなく、謎めいたところさえなかったわけではない。そのことはあとでよくわかるだろう。王弟殿下のプロヴァンス伯爵[6]は、『モルパの夢』[*2]という匿名のパンフレットのなかでヴェリ師を描写している。このパンフレットは、軽快な人物描写であって、ヴェリ師の人柄についてはきわめて不当な悪意をもって描いているが、彼がその影響力と考える点についてはそれほど誇張して描いてはいない。「専横的で、下品で、尊大で、地下工作の好きなこの野心に満ちた下役は、徳によって聖職者の位階についているわけでもなく、肩書きによって宮廷に出入りしているわけでもなく、才能によってもろもろの問題にかかわっているわけでもなく、それらのすべてに代えて横柄と策謀を事としている。そして、この哀れむべきムッラー[7]（ヴェリ師）が帝国の運命を決定していたのだ。……」。しかし今日のわれわれには、ヴェリ師は、年代記作者としてのこのうえなく貴重な功績は別にしても、彼の世紀の最も思慮に富んだ観察者のひとりであり、最も頭脳明晰な精神の持ち主のひとりであったように見えるのである。

＊2　このパンフレットの著者をプロヴァンス伯とすることには異論の余地がある。

宮廷は彼の住まいをコンピエーニュ(8)の城館に限定した。そこでは人々はもっぱら、スペイン大使アランダ伯爵が催す派手な祝宴にうつつをぬかしていた。しかし、われわれに関係する主人公たちは、もうひとつ別の種類の余興《ディヴェルティスマン》を演じた。それは、四景からなる一篇の戯曲を想像させるものであった。

まず、幕はヴェリ師の執務室で上がる。この家の主人公のヴェリ師は、チュルゴーともうひとりの黒幕でそれも相当の大物のヴェルモン師と会談中である。ショワズールは、かつて彼を、ウィーンの大公女マリー＝アントワネットのもとに、一種の師傅として派遣したことがあった。今日の彼は、王妃のご進講役である。(9) モルレ師を「実際のミサのことは本当に多くを語らない正直な坊さん」と紹介しているフリードリヒ二世の言い方にならうならば、ヴェルモン師(10)はさほどご進講を行なわないご進講役と言うことができるだろう。なぜなら、王妃はこの暇つぶしのご進講があまり好きではなかったからである。けれども彼女は、常に彼に寵愛を抱き続けるのである。彼は、彼女に決まって朝一時間と、さらに午後少しの時間会うことになっていた。同じ頃、メルシ＝アルジャントー自身も毎日三〇分彼女と会うようにしていたが、それは、ばかといえるほど軽薄な一九歳の王妃のためにたっぷりと政治の授業を行なうためであった。このように王妃マリー＝アントワネットは、一種の三角形状の影響力を受けていて、その三つの頂点には、女帝マリア＝テレジア、大使メルシ＝アルジャントーと、ご進講役のヴェルモン師がいたのである。この三角形の高い方の頂点におり遠くオーストリアにいるマリア＝テレジアが、情報を受け取り、王妃への入れ知恵について承認を与え、命令を発する。底辺のメルシとヴェルモンは、交互に王妃のところに現われ、一方が不在になったり姿を消したりする場合には、他の者がその者と交代する。彼らはしばしば、王妃が言うべき言葉を、あらかじめ可能な限りいろいろな形で王妃に繰り返させる。ヴェルモンはメルシに報告し、ときにはマリア゠テレジアに直接手紙を書く。メルシは、公式の報告以外に、郵便の検閲を受けることなくそして首相のカウニッツには内緒と称して、たくさんの秘密の手紙を女帝に宛てて書く。その間に彼は、カウニッツに対して、いわば二番せんじの別の秘密の手紙の形で、女帝宛の手紙の要約を書くのである。

この長期にわたる辛抱強い奸計は、ルイ一五世が死ぬ前から、明らかにメルシの発案によって行なわれてきたものである。すなわち、「王太子殿下にはまだ自ら統治する力量も意思もございません。もし大公女殿下〔オーストリアの皇女マリー゠アントワネット〕が自らご統治なさらなければ、王太子殿下は他の人々によって支配されることになりましょう」、と言うのである。しかしこの奸計は、ときにはルイ一六世のオーストリアに対するある種の不信感のために、より一般的にはマリー゠アントワネットの教化しがたい性格のために、ほんのわずかな成功を収めただけであった。さらに言えば、ヴェルモン師は正直で真面目な人であり、常に彼女のために最善を尽くそうと考えていた(そして、たいていの場合最善を尽くした)ので、彼はときには、間違ってオーストリアのスパイとみなされることがあった。

ヴェリ、ヴェルモン、チュルゴー。

ここに集まったこの三人は、互いに長年の知り合いである。そのうちの二人は聖職者の衣服をまとっており、もうひとりは若い頃纏《まと》ったことがあった。(11) 彼らは若い頃の勉学仲間であって、彼らの友情は変わることがなかったし、こうした事情は、チュルゴーの新しい運命の展開と無縁ではなかったのである。われわれも知るように、モルパ夫妻への影響力を利用してチュルゴーの抜擢を決定したのはヴェリ師であり、同様に、外務大臣のポストについてブルトゥーイユ男爵を犠牲にしてヴェルジュンヌの抜擢を有望にしたのもヴェリ師であった。ヴェルモン師も同じ方向で王妃に働きかけたと主張する人もいるが、この推測は支持することができない。[*3] というのは、彼が王妃との会話のなかで、しかしその成功率は小さかったが、新大臣に対する王妃の気持ちを好意的なものに仕向けようと努力したのは、それよりもあとのことにすぎなかったからである。

*3　メルシ＝アルジャントー『書簡集』第二巻、四〇二頁。ヴェルモンが王妃に働きかけたという推測の元は、この場合、王妃が彼らの昇進に無縁ではないことを二人の新大臣に信じさせようとしたメルシの巧みな画策にあったように思われる（前章参照）。ヴェルモンがそのような動きをしたといういかなる形跡もないし、ブリエンヌ(12)任命の噂があったことを考えると、そのような行動は彼の性格にはほとんど合わないように思われる。というのは、チュルゴーがヴェルモンの友人であったのと同じ資格と理由によって、ブリエンヌもまた彼の友人であったからである。メルシは、このことについてつぎのように書いている（そしてわれわれは、ここにも彼の手口を見いだすことができる）(13)。「私は、トゥールーズの大司教〔ブリエンヌ〕がもっぱら陛下に対してその地位にもとづく義務を果たすことができるように行動してほしい、と王妃に懇請しました。そして王妃は、有難いことに、この意見を聞き入れて下さいました。この大司教はヴェルモン師の親友ではありますが、ヴェルモン師は、なんらかの偏見の疑いがあると思われる人物については、決して王妃に話さないよう常に気遣っています」。

三人の友人たちは、差し迫った出来事について話し合っている。チュルゴーに財務総監の職が与えられようとしている。彼はそれを受け入れるべきか？　あるいはもっと正確に言うならば、彼はどのような条件のもとにそれを受け入れるべきか？　というのはチュルゴーは、仮にもそれを断わることなどまじめに考えてはいなかったからである。

彼の代わりに別の人がそのポストを示されたら、おそらくその人は尻込みしただろう。チュルゴーは今、海軍大臣というより平穏な要職を占めており、その地位は文句なしに財務総監よりも上であった（財務総監は国務大臣ではなかったので、彼がその位を保つためには彼を国務大臣に任命しなければならなかった）。われわれが今いる時代は、国家財政の運営の仕事がさほど多くの使命感を引き起こさなかった時代のひとつである。思慮深い政治家たちは財務総監を避けた。彼らは、財務総監の評判を落とさせるために、ある策を弄して、彼に対してライバルを押し立てようとしたことさえあった。モンチヨン[14]の話、[*4] それはしかし留保を要するのであるが、その話によれば、大物の大臣候補者たちが、まるでミスチグリのゲーム[15]でもするかのように、何度も王国財務府に立ち寄るのが見られた。如才なくて凡庸なベルタン、現に彼はチュルゴーの同僚であり、チュルゴーだけでなく他の多くの大臣たちよりも長く大臣を務め、終身大臣でありかつ相互に入れ替え可能な大臣であり、あらゆる職務の代理執行とすべての夫役についての専門家[16]であったが、そのベルタン自身が、一七五九年に、独創的な発想と特別の条件のもとに財務総監の職を引き受けた。そのときフランスは七年戦争の戦争状態にあり、このようなときにはあらゆるやりくり算段が許されるので、戦時の方が平時よりも財政はやりやすいと彼は考えたのである。しかし彼は、平和になったら財務総監を辞職すると国王ルイ一五世に予告し、実際にそうした。彼は、財務総監の職を自分向きの一風変わった国務大臣の職に変えて、農業、種馬牧場[17]、古文書室、富くじ、いくつかの州行政ならびに国王の特別資金の仕事を一手に集めて行なった。ベルタンのあとにはラヴェルディ[18]が財務総監になったが解任され、メノン・ダンヴォー[19]は辞職し、最後に、トランプのばばは思いがけなくもテレー師にまで回って行き、ついには、三頭政治の手の込んだ陰謀となった。ショワズール公爵は、彼が密かに失脚を企てていた大法官モプーに財務総監のポストを割り振ろうと思った。当の大法官は、窮余の策として、当時高等法院の評定官であったテレー師を呼び出そうと思い、彼につぎのような言葉を述べたという。「師よ、財務総監のポストが空いているよ。それは金になるポストだ。あんたにそのポストが行くようにしたいと思っている」と。おそらく若干の偏見を交えてこの逸話を伝えていると思われるモンチヨンは、「その交渉は長くかからなかった。話は説得力のあるものであった。提案は受け入れられた」と、その逸話を結んでいる。

＊4 『一六六〇年以降のフランスの大蔵大臣委細ならびに所見』〔パリ、一八一二年〕。

チュルゴーには、テレーの冷笑的な態度も、ベルタンの小狡さもない。彼にとっては、問題は非常に違ったものであった。財務総監の職はチュルゴー氏の目的因[20]であった、と言えるだろう。すなわち、彼の若い頃からの好奇心、彼の主要な研究、彼の長年にわたる著作活動、彼の実際経験が彼をそのポストに向かわせただけではなく、彼の信念そのものが彼を強いてそのポストに向かわせたのであり、さらにまた、このポストが国家統治の重要な槓杆《てこ》となっていたからである。それは、彼の生涯の終局の場であっただけでなく、真に彼の天命の実現の場であり、政治社会のすべての問題に関する彼の遠大な計画を実施するチャンスでもあったのである。財務総監の職務は、実質的にすべての大臣の職務を支配していた。「彼の影響力は最果ての地にまでも及んでいる。すべての内政は彼の腕にかかっており、すべての外交は彼の肩にかかっている。彼が反対する時、いかなる省も動くことができない。通商も、農業も、技芸も、彼の権限に属している……」[*5]。

＊5 ヴェリ『日記』第一巻、一五七頁。

だから、危険を拒むことなど考えられなかった。問題は、どれほどの危険があるかを計算することであった。チュルゴーは、出だしの最善の足がかりがどこにあるかを見きわめようと思っていた。ヴェリとヴェルモンの会談は特に予算問題について行なわれた。とはいえ、そこではチュルゴーの仕事のいくつかの側面のひとつについてしか話されなかったし、彼の計画のいくつかの点のひとつしか問題にされなかった。しかし、肝心なのはさし迫った問題であって、彼が窮地に陥るのではないかと最も恐れていたのはその問題であった。彼は予算節約の必要性を確信していた。当時は「節減」と呼ばれていた。抽象的な論理的思考の持ち主として通っていたこの男は、出来の悪い心理学者であるはずはなかった。三五日も経てば彼はもう国王の極度の軟弱さを経験することができたし、他方では、王妃の浪費癖と強情さを心配していた。ヴェルモン師は、つぎのような助言を彼に与えた。すなわち、「私は、国王の取り巻きたちの執拗な懇請に対する国王の弱腰を止めることができる掣肘は、ひとつしか知りません。それは彼の約束を取りつけることです。……ですからチュルゴー殿、もしあなたが財務総監になられる場合には、すべての重要な問題についてあらかじめ国王の約束を取りつけておきなさい」と。

財務総監を引き受ける前に国王と会談したいという希望をチュルゴーがモルパに伝えたのは、(彼がその前に自分で思いついたのでなければ)、おそらくこの助言の結果であった。チュルゴーがこの会談の過程で国王からのポストの提供を断ろうと考えることはありえないことであった。しかし彼は、できる限り正式な形で、のちのち利用できるようないくつかの約束を手に入れておきたいと考えたのである。[*6]

＊6　このような配慮や用心は共和制の下でも廃れていない。今日でも、大蔵大臣に予定された人が、国民議会での深夜におよぶ組閣の信任投票に疲れ果てた明け方に、内々に就任交渉を受けた議会の議長に予算上の協力についての最終的な口約束を求めてやってくることは、ほとんど慣習となっている。

第二景、午前二時。場面は国王の執務室に移る。美しくひげを剃り、たっぷりと髪粉を振りかけ、権力を得たことによって若やいで見え、いつものように威厳があって重々しい様子のモルパがそこにいる。その日は水曜日。国務会議の日でもなく、最近になって国王の助言者モルパが高貴なる生徒国王に仕事をさせるために定めた二日（火曜日と金曜日）のうちの一日でもない。彼は手に大臣用の書類入れを持っていないので、国王は、大したこともなくすぐに終わるだろうと思う、あるいは、思う振りをする。彼は、念のために、自分に期待されていることに気づいていないような振りをする。「書類入れを持っていないね、たぶん大したことはないのだろうね？」と彼は言う。「恐れながら、陛下、私がこれから申し上げる事柄は書類を必要といたしません。ですが、それは同じようにこのうえなく重要な事柄でございます……」と、モルパは答える。

実を言えば、国王は何が問題なのか完全に知っていたので、彼は、当然のように、この瞬間に決定を下すことにした、あるいはむしろ仕方なく決定を下すことにした、と考えた。彼は最初、コンピエーニュへの旅行の日までに決定を行なうだろうと約束していたが、この約束の期限が終わりに近づいていたのである。彼は、（前日の）火曜日に決定を下すことを約束していたし、その午前中にチュルゴーに接見したので、人々はてっきりそれは財務総監の件を片づけるためであると早合点したのである。しかし今日のわれわれは、彼が八月二三日の午後に進行していた内閣改造について、長時間にわたってマリー＝アントワネットの意見を聞いたことをメルシ＝アルジャントーを介して知っている。王妃は、例外的にいちど だけ後見人たちの指示に従った。「王妃はすべてに耳を傾けてくれましたが、ひとことも意見をお述べになりませんでした」[*7]。

＊7　メルシ＝アルジャントー、第二巻、二三七頁。しかし彼女は、サルチーヌが海軍大臣ではなくむしろ宮内大臣に任命されることを望んでいたという。彼女はメルシにそう胸の内を打ち明けたようである。

事態は大きく進行していたが、国王はその間に、例の一日延ばしの流儀によって、新たに「最後の引き延ばし」を行なおうと試みた。

「急送公文書の助言を見たうえで土曜日までに決めたいと思う」と。

しかしモルパは、いつもよりも激しい調子でねばった。彼は怒っているようにさえ見え、真っ先にそれを詫びた。おそらく彼は、決着は手の届くところまできていると感じていたであろう。彼の気分の昂揚は、そのせいであった。彼はそれまで百回も繰り返してきた忠告を、くどくどと繰り返した。さまざまな問題に取り組むためには、まず人事問題にけりをつけなければならなかったからである。国璽尚書がいなくてどのようにして高等法院問題を解決するのか。財務総監なしにどのようにして財政問題を解決するのか。大臣を留任させるかしないか、どっちかにしなければならない。そして、留任させる場合には、彼らに再び必要な権限を与えて彼らの職務を確認しなければならないし、更迭する場合には、直ちにそれを行なって後任を任命しなければならないのだ。

「時間というものは財産でありまして、陛下の気紛れで失ってよいものではございません。……もろもろの計画が不確かなものになりますと、問題の処理に苦労いたしますし、さまざまな陰謀を生じさせもいたします……」。

こうした高飛車な言葉は、それがもう何度も繰り返し言われながら大して効果がなかったことを同じ情報筋によって知っていなければ、われわれをもっとびっくりさせるだろう。

実際、この対話だけでなくそれより前に行なわれた対話によって判断すると、二つのポストをめぐる状況は少しばかり異なっていたように見える。二人を比較してみると、大法官の場合に重要であったのは解任ではなく後任の人選であり、財務総監の場合には、後任の人選ではなくテレー師の解任であったのである。

国王は、大法官のモプーが去って行くのを見てもなんの痛痒も感じなかっただろう。彼はモプーが好きではなかったし、彼を尊大だと思っていたからである(「彼はようやく余に会う光栄を得ても、喜んで余に話しかけようとしない……」)。けれども、彼を誰と入れ替えるかは難しい問題であった。一般の声はマルゼルブ氏を推していたし、モルパも、ごく最初の頃は、最も可能に見えたこの人選を支持していた。これに反して国王は、マルゼルブに対しては、彼が持っているといわれていた「哲学的」精神のゆえに反感を抱いていた。彼は、出版監督長官として、自由主義思想の疑いをかけられていたのである[21]。他方、マルゼルブは細心周到な人であって、大臣職は彼にとっては魅力がなかった。しかも彼は、意見書をモルパに送って、もしそのポストが彼に提供されるようなことがあっても辞退したい旨の理由を前もって説明したばかりであった。

だからモルパは、元のルーアン高等法院長で命令反抗的な裁判官であったミロメニルを、候補者に推すことに決めた。ミロメニルは、モルパのちょっとした親戚筋に当たり、モルパ夫妻とは家族同様に親しくしており、彼の食客であり、食事たかりともいえる人間であった。というのは、彼は零落していたからである。辛辣なブザンヴァールの言うように、彼は「上流夫人に愛想がよく」、サロンの馬鹿騒ぎのなかで見事に成功したのであった。この生き方は、当時は普通の生き方にすぎないように見えたが、のちに、唾棄すべきものであったことが明らかになるだろう。ミロメニルは、あらゆる偏見や特権にしがみついた偏狭で反動的なタイプの人間[22]であり、おまけにどんな悪賢いこともできる人間であって、いったんあるポストに任命されると、その地位を保つためにどんな陋劣なことも平気でやってのけるだろう。のちにブザンヴァールは、ヴェルサイユでのいまわの際に、医師や近親者の諫言にもかかわらずその床のなかで印璽を抱いていたミロメニルを、生き生きとした情景のもとにわれわれに描いて見せてくれるのである。

財務総監については、チュルゴーの抜擢はもはや異論の余地があるようには見えなかった。それにもかかわらずわれわれは、オジャールの『回想秘録』によって、モルパはその間にオルレアン公爵の尚書であったベリール氏を考え、オジャール自身を介してその意向を探らせていたらしいことを知るのである。他方、国王は国王で、それ以前に、「彼は大の体系的精神の持主で、百科全書家たちと繫りがある」[*8]と、いくらか留保的な言葉を述べていたという。

＊8　ヴェリ、第一巻、一六〇頁。

モルパはチュルゴーを擁護しなければならなかった。ヴェリ師は、国王のこの懸念は、たまたまこのときに外部からの手紙を盗み見することによって助長されたと考えている。「この人の海軍大臣への抜擢が信心家仲間に前もって知られていたら、彼らはきっとその抜擢を妨害するような密告を国王に行なっただろう」。それはともかくとして、国王は、チュルゴーは大の体系的精神の持主で百科全書家たちと繫りがあるという偏見にこだわらなかったが、そのことは例外的に彼の抜擢を有利にした。しかし彼は、最後までテレー師を手放すことに躊躇した。[*9]彼を解任したとき、国王はまたもやそのことをひどく心配しているように見えたし、すでにもう後悔しているように見えた。テレー師の問題とは奇妙な問題であった。テレーほど、広範囲にわたり長い間大衆から憎まれていた大臣はなかった。その代わり彼は、彼に近づくすべての人に、ともかくも、ある種の畏敬の念を起こさせたのである。国王は、彼の魅力の虜となっていたかあるいは少なくとも彼の影響力に支配されていたが、おそらくその影響力は、彼とは正反対の人物たちの魅力にあふれた資質によって強化されていたのである。

＊9　「彼がよくやっていることはわかっている、余は彼を留任させたい。だが、彼は大したならず者だ……」と、彼は溜息をついた。

テレーの魅力とは、何よりも、その時代の人々が「断定的性格」と呼んでいたものであった。彼は自分の省の専門情報に通じており、明晰で鋼のような精神と、密告屋の才能を持っていた。彼はお世辞も言わず、弁解もしなかった。彼は過度に逆らうこともしなかった。彼に問題を出すと、機械のように几帳面に解答を出してくれた。一種の冷たい磁気がこの知的磁極から発していたのである。

そうこうするうちに、問題に決着をつけるときがやってきた。テレー師は、おそらく計算済みのことであったと思われるが、サン゠ゴバンのガラスマニュファクチュール[23]用の地下運河を訪ねるために、ピカルディ[24]へ軽率にも二日間の旅に出かけた。こうしてパリから離れたことが、もはや避け難いと思われていた彼の失脚の噂を何倍も信用度の高いものにした。さらに彼は、国王に自分の仕事に満足しているかと尋ねることによって、もうひとつの軽率な行為を犯した、さもなければ、たぶんもうひとつの計略を試みた。国王はすぐには何も答えなかった。「余はあえて答えなかったのだ」。そのときモルパは、思いきって国王を叱りつけ、個人的な不満まで述べた。

「テレー師は、彼の不安な気持ちと陛下のご沈黙について私に報告にきました。私自身は困惑しておりました。私は毎日陛下の起き抜けにやってきました。なんといたしましても陛下のお言葉をいただかねばなりません。……陛下は二人の大臣を取り替えたいとお思いですか、それともそうしたくないとお思いですか、と彼は言った。――その通り、余はそうしたいと思う。――では、今からやりましょう」。

国王は、いつもと違って、結論を出すためにその場を離れ、独りになってすでに確定的となっていた決定を下す必要は感じなかった。彼は会話の流れのなかで発言したのである。

これは非常に興味をそそる場面であって、この決定的な会話がどんなものであったかを想像してみよう。すなわち、ともにその軟弱さで有名であった二人の間の力のぶつかり合いを想像してみよう。決して急いだことのない大臣が、決して身のこなしの軽くない君主を急き立てたのである。あの無防備な砦が、パンチ力のない襲撃者によって攻略されたのである。この勝利は、「時間潰し」(lanternage)*10に対する「時間稼ぎ」(temporisation)の勝利であって、モルパの方が優勢であった。彼はこの瞬間に、一〇〇日間にわたる周到な熟慮と忍耐と老獪さの成果を収めた。彼は、国王にすべての決定の責任を取らせることによって、国王の猜疑にみちた自尊心を傷つけないように配慮したのである。だが彼は、個人的には、まさにそうすることによって、失脚させられた者たち〔モプーとテレー〕の恨みを避けることができたのである(すでに見たように、テレー師は世間知らずであるどころか、モルパに助言を求め、ある意味で彼の好意を期待していたのだ)。過去三カ月の間に彼はすべての「エギヨン派」を追い払うことに成功したが、だからと言って、「ショワズール派」にいささかも譲歩したわけではなかった。しかも幸いなことに、どちらの派にも敵をつくらなかった。以後、内閣の要《かなめ》のポストは、モルパの親族の凡庸な人間(彼の義兄弟のラ・ヴリイエールや彼のいとこのミロメニル)か、彼が見つけ出してきた並みはずれてすぐれた人間(ヴェルジェンヌやチュルゴー)のいずれかの手に握られることになった。彼は自分の任務を果たすためのすべての手段を手に入れた。彼に欠けていたのは、おそらく、それらの手段を信用することだけであった。

*10 この言葉は、ヴェリ、第一巻、二四四頁の言葉である。

当面、解決すべきこととして残されたのは、最後のひとつの形式的な手続き、すなわち、細心周到なチュルゴーが要求した国王の謁見だけであった。人は、すべての人間をそれぞれの性格に応じて判断しなければならない。国王についても財務総監についてもそうである。疲れ果てることが予想されるこの駄目押し的な謁見の仕事を、国王がなんの感激もなく受け入れるのではないかと皆が心配していた!

「それで、余は彼に彼の考えをよく説明させたよ。海軍の話はほとんど何も出なかったのでね。財務総監のことについては彼によく話しておいた。余は、彼が余と話をしはじめるのを待っていたのだ」と、国王は再び話し始めた。――「彼の方が陛下よりも待っていたと思いますよ。彼が口を開きましたのは、陛下が口をお開きになったからにほかなりません」。

こうして、チュルゴーと国王は、間際になって「二人のはにかみ屋」(25)を演じ始めた。彼らはまもなくその場面を再演できるようになるだろう。

国王のもとを辞したモルパは、きわめて当然のことながらチュルゴーの家に行った。そしてチュルゴーの家には、これまた当然のようにヴェリ師がいた。国王の助言者はたった今起きたばかりのことを話し、ヴェリ師はわれらが最大の成果としてそのことを日記に書き留めた。そのあと、チュルゴーは国王のもとに参上し、モルパはテレー師の家に行った。サルチーヌとミロメニルに伝令を出し、ラ・ヴリイエール公爵がモプーのところに印璽を返してもらいに行くとき、モルパは自らこの最後の手続きを引き受けた。彼にとってこれは辛い仕事であっただろうか? むしろ彼は、その仕事に、運命的な復讐の醍醐味と権力にともなう無数の小さな喜びのひとつを見いだしたのではないか、とわれわれは推測するのである。

〔訳注〕

1 聖バルテルミー(la Saint-Barthélemy)。一五七二年八月二四日の聖バルテルミーの祝日に、アンリ・ドゥ・ナヴァール(のちのアンリ四世)とシャルル九世の末娘のマルグリット・ドゥ・ヴァロワの結婚式が行なわれ、そのときカトリック勢力によるプロテスタント(ユグノー)の大量虐殺事件が起き、フランスの宗教戦争(一五六二―九八年)は一層悪化した。ここでは、一七七四年八月二四日の聖バルテルミーの祝日における、ルイ一六世による大臣たちの更迭と抜擢をめぐる虚々実々の人間ドラマを指している。

2 ガリアーニ師(l'abbé Ferdinand Galiani 一七二八―八七年)。イタリア人外交官、文学者、経済学者。早くから、経済学、古銭学、歴史の研究に没頭し、その才気と道化師的陽気さで知られるようになった。一七四九年『貨幣論』

(*Della moneta*)を出版し、財貨の価値の本質について分析し、労働と時間の稀少価値、効用、量、質について論じ、自由主義的経済思想を展開した。『穀物の完全な保存方法について』(*De la parfaite conservation du grain*, 1753)、『教皇ブノワ一四世頌』(*Éloge du pape Benoit XIV*, 1758)、『小麦取引についての対話』(*Dialogues sur le commerce des blés*, 1770)などの著書がある。彼は、重農主義者たちのあまりに一面的で断定的な理論に反対し、経済制度の相対性を強調し、時と所と文化の条件に合った経済制度を採用する必要性を説いた。一七五九年、パリ大使館秘書となり、その鋭く豊かな才気によってパリの文学サロンで大きな成功を収め、啓蒙哲学者たちやジョフラン夫人、エピネ夫人らと親交を結んだ。イタリアに戻ってからは、エピネ夫人とエスプリに富んだ書簡を交わした。ナポリに召還されて、高い地位と聖職禄を受けた(しかし彼は、実際には聖職者ではなかった)。*Larousse*, T. IIIe, p. 688.

3 スペイン大使アランダ伯爵(Pedro Pablo Abarca y Bolea, comte d'Aranda 一七一九−九八年)。スペインの将軍で政治家。オーギュスト三世下のポーランド大使、カスティリア評議会議長(一七六六−七三年)。カルロス三世の行政改革を積極的に助け、スペインのイエズス会修道士を追放した(一七六七年)。フランス大使に任命されたとき、イギリスとの戦争を終結するパリ条約にスペインの名で署名し、合衆国の独立を承認した(一七八八年)。一七九二年、数カ月間政権に復帰した。*Larousse*, T. Ier, p. 302.

4 ゴメル(Charles Gomel 一八四八−一九一〇年)。フランスの経済学者。『フランスの経済学者』(*Économistes français*)、『雑誌・経済学者』(*Journal des économistes*)、レオン・セイの『経済学辞典』(*Dictionnaire d'économoie politique*)、イーヴ・ギヨーの『商業辞典』(*Dictionnaire du commerce*)などに寄稿。著書に、『フランス革命の財政的原因——チュルゴーとネッケルの内閣』(*Les Causes financières de la Révolution française.Les Ministères de Turgot et de Necker*, 1892)、『憲法制定議会の財政史』(*Histoire financière de l'Assemblée constituante*, 1896-97)、『立法議会および国民公会の財政史』(*Histoire financière de l'Assemblée législative et de la Convention*, 1902-05)がある。*Larousse*, T. IIIe, p. 819.

5 聴き役(le confident)。古典劇で主役の話の聴き相手となる脇役のこと。

6 プロヴァンス伯爵(comte de Provence)。ルイ一八世(ルイ一五世の孫、ルイ一六世の弟、一七五五−一八二四年。フランス国王一八一四−一五年、一八一五−二四年)の即位前の呼称。ルイ一七世(一七八五−九五年)の形式上の摂政を経て即位。ナポレオンの百日天下後に復位、王政復古に努めた。

7 ムッラー（mollah）。イスラム教国の律法学者（聖職者）の呼称で、宗教法の権威者を意味する。

8 コンピエーニュ（Compiègne）。パリ北東方オワーズ川沿いの郡庁所在地。

9 フリードリヒ二世〔大王〕（Frédéric II [le Grand]　一七一二―八六年）。プロイセン王（一七四〇―八六年）。二回にわたるシュレージェン戦争（一七四〇―四二年、一七四四―四五年）ののち、七年戦争（一七五六―六三年）の敗北にもかかわらず同地方の保持に成功した。第一回ポーランド分割（一七七二年）のとき西部ポーランドを取得。行政の近代化（三部会の再編）、入植地の経営、軍隊の強化に努め、その軍隊はヨーロッパ最強といわれた。文人を友とし、フランス美術を蒐集。『反マキアヴェッリ』（*Anti-Machiavel*, 1739）を著し、サン＝スーシー（Sans-Souci）の館にはヴォルテールをはじめ多くのフランスの学者・知識人を招き、「啓蒙専制君主」のモデルとなった。

10 ヴェルモン〔師〕（[abbé] Mathieu-Jacques de Vermond　一七三五―九七年）。ソルボンヌで神学を学び、コレージュ・マザランの司書となる。王太子妃マリー＝アントワネットの信仰指導者およびご進講係として彼女に信仰への興味を持たせようと試みたが徒労に終わった。一七七九年、ポリニャック大公妃のスキャンダルのとき、宮廷を辞してマリア＝テレジアのウィーンに赴いた。王妃に呼び戻されてフランスに帰ったが、そのときの弟子に対する影響力は以前よりも大きかった。マリー＝アントワネットが国王に「首飾り事件」（一七八四年、「王妃の首飾り」をめぐってルイ・ドゥ・ローアン枢機卿とラ・モット夫人の間で起きたスキャンダル。その裁判は世論を二分し、王妃の人気を失墜させ、ゲーテによれば、「フランス革命の序章」となった）を暴露したのは、ヴェルモンの助言によるものであったと言われる。大革命が始まると、ヴェルモンは、王妃に新体制に背を向けさせる役割を果たした。一七八九年、宮廷を去り、ノール県のヴァランシエンヌへ、ついで、ドイツのコブレンツへ亡命した。*Larousse*, T. VIe, p. 954.

11 チュルゴーは若い頃、コレージュ・ルイ・ル・グラン、コレージュ・デュプレッシで学んだのち、聖職者になるため、サン＝シュルピス神学校に入り、さらに一七四九年、ソルボンヌ（la Sorbonne　一二五七年から一七九二年までのパリ大学神学部）に進み、そこで小修道院長（prieur）に選ばれた。彼はその間、聖職者の衣服を纏っていた。しかし彼は、一七五一年の一―二月頃、父の死を契機として、聖職者になることに疑問を感じて聖職者の身分を捨てることを決心したという（*Œuvres de Turgot.* Éd. Schelle, T. Ier, p. 35.）。

12 ブリエンヌ (Etienne de Loménie de Brienne　一七二七―九四年)。早くから聖職者の道を歩み、コレージュ・ダルクールおよびソルボンヌで学んだ。開明的な高位聖職者で、啓蒙哲学者や重農主義者たちを友とした（若い頃のチュルゴーの学友でもあった）。トゥールーズの大司教およびラングドックの地方三部会のメンバーとして大きな仕事をした。ガロンヌ川と南仏運河との間の「ブリエンヌ運河」と呼ばれる運河を造ったほか、工業、商業、教育において積極的に公的事業を行なった。カロンヌの失脚後財政評議会の議長となり（一七八七年）、名士会から八〇〇〇万リーヴルの借入権を獲得した。一七八七年八月首相になったとき、高等法院をトロワに追放してその反対を防ぎ、高等法院に代わって法令登録権を持つ「列公会議」(une cour plénière) を創設した。しかし、高等法院評定官たちはその人気を利用して抵抗したので、彼らをパリに帰還させた。一七八七年一一月一九日、混乱のうちに勅令の登記が行なわれたため、彼らに逮捕令状が出された。さまざまな勅令により司法制度ならびに政治制度の変更が行なわれ、全国三部会の召集が決定された。世論の圧力を背景にした高等法院評定官たちの激しい抵抗のため、ブリエンヌは一七八八年八月二四日失脚した。同年一二月、サンスの大司教および枢機卿となった。一七九三年サンスで逮捕され一旦釈放されたが、一七九四年再び逮捕され、謎の死を遂げた。*Larousse*, T. IVe, p. 507.

13 前章の原注＊49を見よ。

14 モンチヨン (Jean-Baptiste-Antoine, baron de Montyon (ou Monthyon)　一七三三―一八二〇年)。一七五五年シャトレ裁判所付き弁護士となり、ついで大評定院のメンバー、オーベルニュ州地方長官、プロヴァンス州地方長官などを務めた後、国務会議評定官（一七七五年）、王弟書記官（一七八〇年）となった。巨万の富を利用していくつかの学会に賞を設けた。大革命と同時に亡命し、一八一四年に帰国。遺書により、フランス学士院に莫大な基金が寄贈され、三つの賞が設けられた。そのひとつに、最も高潔な行為を行なった貧しいフランス人に与えられる「美徳の賞」(Prix de vertu) と呼ばれるものがあった。『アメリカの発見がヨーロッパにもたらした諸結果』(*Conséquences pour Europe, de la découverte de l'Amérique*, 1792)、『一八世紀における啓蒙の進歩』(*Progrès des Lumières au XVIIIe siècle*, 1801)、『一六六〇年以降の大蔵大臣委細ならびに所見』(*Particularités et observations sur les ministres des finances depuis 1660*, 1812) などの著書がある。*Larousse*, T. IVe, p. 975.

15 ミスチグリのゲーム (jeu du mistigri)。クラブのジャックを最強とするトランプゲーム。一種のばば抜きゲームか。

16 夫役についての専門家。チュルゴーは、リモージュ財務管区地方長官時代における道路夫役の廃止ないし道路税創設の一連の努力の過程で、ベルタンの夫役についての考えから大きな示唆を受けた。拙稿「チュルゴーと道路夫役廃止令」(拙著『一八世紀フランスにおけるアンシアン・レジーム批判と変革の試み――エコノミストたちの試み』、東京、八朔社、二〇〇六年、一六三―一六九頁)を見よ。

17 種馬牧場(haras)。haras の原義は、「交配のために集められた馬の群れ」。国立種馬牧場(haras national)は、一七世紀以来種馬の改良に成功していた。

18 ラヴェルディ(Clément-Charles-François de L'Averdy 一七二三―九三年)。パリ高等法院評定官に続いて、ポンパドゥール夫人の肝入りで財務総監となり(一七六三―六八年)、穀物取引の自由を復活させた。また、一七六六年一月には、当時リモージュ財務管区地方長官であったチュルゴーの道路夫役代替税課税の実施を承認する国務会議裁決を発令した(前掲拙著二四四頁を見よ)。大革命中の恐怖政治下で逮捕され、買い占めの容疑で断頭台にかけられた。多くの著書がある。

19 メノン・ダンヴォー(Maynon d'Invault 一七二一―一八〇一年)。フォールの著書では、綴りが d'Invau となっている。大評定院部長評定官(一七五〇年)、アミアン地方長官(一七五四年)などを経て、一七六八年一〇月一日から一七六九年一二月二二日までラヴェルディのあとを受けて財務総監となった。アベイユ、デュ・ポン・ドゥ・ヌムール、モルレらの重農主義者と親交を結び、『百科全書』を読むことと、かつらの手入れに余念がなかったと言われる。

20 目的因(la cause finale)。哲学用語で、究極因とも言う。終極目的からとらえられた原因のこと。

21 マルゼルブは、一七五〇年に出版監督長官になったが、そのとき、検閲制度を緩和し、『百科全書』の出版を陰で支援した。彼は、その問題に関しては、『出版業と出版の自由に関する意見書』(*Mémoires sur la librairie et la liberté de la presse*, 1809. Slatkine Riprints, Genève, 1969)などの著書を書いた。

22 ミロメニルは、一七七四―一七六年のチュルゴーの諸改革案、とりわけ、道路夫役廃止案に頑強に反対した。前掲拙著一八七―二三一頁を見よ。

23 サン゠ゴバンのガラスマニュファクチュール(la manufacture des glaces de Saint-Gobain)。サン゠ゴバンはランス北西方の町。「サン＝ゴバン会社」(La Compagnie de Saint-Gobain) は、現在まで続くガラス製造会社で、その起源はルイ一二世の時代（一四九八－一五一五年）に設立されたガラス工場に遡る。ルイ一四世の時代（一六四三－一七一五年）の一六九二年に王立マニュファクチュールとなった。一九世紀に化学会社を吸収し、一九七〇年にはポン＝タ＝ムソン会社（Compagnie de Pont-à-Mousson）と合併。現在では、フランスにおける世界的規模のステンドグラス、ガラス製小瓶、鋳造ガラス管、遊離化学製品、建設資材などの製造会社となっている。*Larousse*, T.IVe, p. 130.

24　ピカルディ（Picardie）。北仏、エーヌ、オワーズ、ソンムの三県からなる広域行政圏で、中心都市はアミアン。旧州としては、エーヌ県南部、オワーズ県を含まず、パ＝ドゥ＝カレ県西部を含む。フランス有数の穀倉地帯。

25　「二人のはにかみ屋」(*Les Deux Timides*)。これは、フヌイヨー・ドゥ・ファルベールの歌詞とグレトリの音楽による二幕物のコメディ「二人のけちん坊」(*Les Deux Avares*, 1770)、あるいは、ジュール・モワノーの歌詞とジャック・オッフェンバックの音楽による一幕物の笑劇「二人の盲人」(*Les Deux Aveugles*, 1855) のいずれかに（たぶん前者に）ちなんで、フォールがつけた架空の戯曲名と思われる。

第三章　二人のはにかみ屋

ルイ一六世は二〇歳。鼠色の朝衣を着ると、五ピエ[1]――モンバレによると三ないし五ピエ六プース[2]――の中背であるが、「すっかり成人し」、すでに肥満気味である。「彼の内面では、優しさと温情のある人柄が、彼の年齢では精神の明敏さを示す快活さに代わって成熟していた」と、この伝記作者は非常な好感をもってつけ加えている。[*1] 実際この表現は、どちらかと言えば面白味のない表現である。なぜなら、ルイ一六世の日常生活は、礼儀正しい威厳よりもむしろ、その態度物腰においては人が無愛想と呼ぶものに、また、その冗談話においては人が下品な悪ふざけと呼ぶものに、向かいがちであったからである。[*2] 彼はゆっくりと歩き、じっとしているときには足を支えにして「体を左右に揺さぶる」。丸顔で、大きな鷲鼻で、血色が良く、唇は分厚く、歯並びが悪い。「近眼のぼんやりとした彼の目には柔和さが見られなくもなかった」[*3]が、彼は人を正視するのを好まなかった。彼の内面には何かうかがい知れないものがあり、それは、「何か大きな隠しごとか、あるいは大きなはにかみからきているのかも知れない」とメルシ＝アルジャントーは記している。[*4] 彼は実に恐ろしい馬の乗り方をし、[*5] 夢中になって狩りをする。彼は、きわめて気骨の折れる手仕事を好み、建築大工と一緒に仕事をするのが好きである。マリー＝アントワネットは、彼女のいとこのローゼンベルク宛の有名な手紙のなかで、彼の機械いじりの趣味をからかったことがあった（「私が鍛冶屋のそばにいるなんて、ずいぶんおかしなことだということをわかって下さいませ」)。けれども、この機械いじりという言葉でも、なお十分高尚な気晴らしを連想させてくれる。今日日曜大工と呼ばれているような錠前仕事や家具作りが、彼の気晴らしの最も上品な部分を占めていた。彼は、釘を打ったり、抜いたり、掃除をしたりする最も下品な仕事に喜んで打ち込むのである。荒々しい狩りをする若き国王の姿に気品があったにしても、彼はまた、夜ヴェルサイユ宮殿のテラスに出て、「一息入れる」、いやむしろヴェリ氏の寛大な言い方をもってすれば、「そこで猫狩りをする」ことをつけ加えておかなければならない。その証拠に彼は、ある日モルパ夫人の愛猫を殺してしまったのである。彼はその異常な行為を心から詫びたが、腹の虫のおさまらないモルパは、その出来事についてずいぶん意地悪な詩を作ったという。[*6]

＊1　モンバレ、前掲書、第二巻、二一八頁。
＊2　ヴェリ、第一巻、二〇五頁。
＊3　セギュール、前掲書、一三頁。
＊4　前掲書、第二巻、二〇〇頁。
＊5　メルシ＝アルジャントー、前掲書、第二巻、三三三頁。
＊6　レヴィ公爵『回想と人物描写』一八頁。

最も正統的な歴史家たちは、[*7]運動と手仕事のこの趣味を、ルイ一六世が遺伝的に恐れていて、それの最初の個人的兆候と感じていた肥満と闘うための気遣いだとして、かなり奇妙な形で説明している。もし本当にそうであったら、暴食といえるほどのすさまじい食欲を抑制することの方が、若き王子〔王太子〕にとってはおそらくもっと簡単であっただろうと思われる。メルシ＝アルジャントーは、一七七〇年八月四日の手紙のなかで、つぎのような逸話を語っている。「数日前、王子はケーキを食べすぎて腹具合を悪くしました。晩餐のとき王太子妃様は、彼の机の上にあったケーキの皿を取り上げて、改めて命じるまでもう当分ケーキは出さないで下さいと言われました」。

＊7　特に、ラヴィッス(3)の『フランス史』第一八巻、第一部におけるカレの記述。

ルイ一六世が統治を開始したときには、精神の活力はまだ彼の内部でまどろんでいるように見えた。彼は、会話においても手紙においても、打ちとけていなかった。「彼はつまらない話をして私の気分を損なうようなことはいたしません」と、マリー＝アントワネットは母親に宛てて書いている。彼は、気のきいた表現ができなくはないように見えた。あたかも敵愾心と嫉妬だけが彼を精神のまどろみから抜け出させることができるかのように、彼に気のきいた表規を教えてやるのはたいていの場合弟のプロヴァンス伯爵であった。たとえば、田舎者の代表の「とんま」〔弟のプロヴァンス伯〕に対する〔兄の〕ルイ一六世の返事は、弟の才気についてつぎのようにお世辞たらたらであった。「伯爵、わたしはあんたに大いに感謝しているよ。けれども、あんたは勘違いしている。才気があるのは兄のわたしではなく、弟のプロヴァンス伯の方だよ」。そして、タルチュフ(4)――その役はまさにプロヴァンス伯によって演じられた――の上演のあとの感想はつぎのようであった。「あの演技は見事だった。劇中の人物は皆、迫真の演技だったよ」。

ルイ一六世がマリア＝テレジアに書く手紙の書き方から見ると、彼の文章の自在さと才気についてはさほど高く評価することはできない。彼は、マリー＝アントワネットの手紙に、彼女の文章をまねてつぎのような数行を書き加えた。「私は、あなた様をお喜ばせできますならば、そしてまたそうすることによって、私のあなた様への愛情のすべてとあなた様が娘ごを私にお与え下さったことへの感謝とをあなた様にお示しできますならば、非常に嬉しゅうございます。私は、あなた様の娘ごにこのうえなく満足しております」。

なかには、若き国王の肩をもって、きちんと整頓したり、筋道を立てて考えたり、規則正しく行動したりする彼の性格を挙げている者もいる。メルシは、彼はまた宮廷のなかで決して大臣たちに対して口出ししないただひとりの人物である、と記している。[*8]

*8　メルシ＝アルジャントー、第二巻、八〇頁。

人々はたいてい、彼に節約の好み（彼は台所の手帖に自分独自の勘定をつけていた）――不幸にも彼はそれを一貫させなかった――と人民の幸福を確かなものにしようとする真摯な願いがあったことを認める。彼は、モルパの指導のもとに一生懸命国事の見習いに専念したようである。それにもかかわらず彼は、国務会議の席であくびをしたり、不意に席を立ってしまうことがあった。けれども、彼の弁護のために言えば、どんな制度のもとでも、大臣たちの議論はたいていの場合非常に退屈なものであることを認めなければならない。ヴェルジェンヌは、国務会議で、新聞から知りうる以上のことは何も知りえないような急送公文書を、きわめて単調な形で、際限なく読み上げたという（フランス外交当局の上層部には、前々からこのような伝統ができていたようである）。「ヴェルジェンヌ氏やラ・ヴリイエール氏の報告の単調でだらだらした調子は、ほかの大臣にさえも眠気を催させる」と、ヴェリ師は記している。サルチーヌ氏は、非常に面白そうな問題について会議を開くことによって国王の「目を覚まさせる」ようにしなければならないと考えた。だが彼は、ほとんど幻想を抱かなかった。

彼はつぎのように言っている。「わたしは、彼に決済用の書類を回すことによって彼がそれに興味を持つよう習慣づけようと思った。彼はそれに的確に答えたが、彼の興味がそれ以上に及んだことは聞いたことがなかった」と。

国王がもともと関心を持っていて、容易に彼の興味を刺激することができた領域は、ひとつしかなかった。われわれは、大いに心配であったこの行為――心配なというのは、この行為が彼の生まれつきの性格に属していたことによって心配であっただけでなく、同時にまた、それが将来生み出す恐れがある結果によっても心配であったのである——についてはすでに述べた。彼を国王としての仕事に熱中させるものは、陰口であり、信書の秘密の漏洩であり、密告であり、中傷であった。彼は、〔リゴレ・〕ドワニ氏がきまって毎日曜日に、ときには例外的にほかの日に彼にもたらす盗み見された郵便物を読んで、大いに快感を味わうのである。国王をこの習慣——われわれはそこに彼の陋劣さと危険を見てむなしい思いがする——から遠ざけることができたものは何もなかっただろう。言うまでもなく、郵便物を選り分けたり、郵便物を偽造したりすることほど容易なことはない。卑劣な陰謀家たちは（ドワニの場合がまさにそうであった）、こうして世論についての歪められた考えを国王に吹き込むことに成功したのである。チュルゴーの失脚は、将来この種の陰謀によって引き起こされるか、あるいは少なくとも加速されるだろう。国王がその関心の対象を国事に関するすべてに限定することなど決してありえないことであった。「郵便という手段によっては、もはや家族の秘密も友情の秘密も確保することはできない」。

しかし国王は、ドワニが彼にもたらす、ただでさえ余るほどたくさん手に入る、多少なりとも公式な情報だけでは満足しなかった。彼は内々の情報提供者を持っていた。「世間の噂のすべてを彼に書いて知らせる陰の人間がいることは周知のことである」。最も熱心であったのが、モンバレ夫人が親しくしていたへぼ詩人で軽薄才士のプゼ氏(5)であった。このプゼは、故王ルイ一五世とずっと手紙を交わしてきたことを誇りに思っていた。他方このプゼは、そのほかの多くの君主たちに、特にフリードリヒ二世に情報を提供したことがあったが、けんもほろろに扱われただけであった。ルイ一六世とはもっと多くのチャンスがあった。「プゼ氏は国王の弱みにつけ込んだ。彼は何人もの人たちの悪口を言い始めた」と、ブザンヴァールは書いている。

かくしてフランス国王は、この哀れむべき陰謀家の手紙を読むだけでなく、その手紙に自分の意見を添えてプゼに送り返したり、さらには、自分の方からプゼに手紙を書くようになった。モルパは、策を弄してこの二つのきわめて貴重な情報源を我が物にした。プゼは、同じような方法でボーマルシェなるもうひとりの別のもっと有名な陰謀家を獲得するとともに、同時に他方で、実際の政治的影響力をも確保するにいたった。チュルゴーが失脚数カ月後につぎのように書いたのは、こうした事実によるものであった。

「ボーマルシェとプゼは内閣の二本の腕であって、それはある意味で聖オヴィディウスの聖遺物に似ていたと言えるでしょう。その聖遺物は、あなたもご存知のように、二本のゆがんだ腕を持っていたからです。[特にボーマルシェは、今では名声の絶頂にいます]」。[*9]

*9 シェル版『チュルゴー著作集』第五巻、五〇四頁〔一七七六年九月一五日付デュ・ポン宛書簡〕を見よ〔この手紙は、国王と彼らとの結託を、特にボーマルシェとの結託を非難している〕。

このようにしてルイ一六世は、プゼやドワニやそのライバルたちによって政治的な面での気晴らしを手に入れることができたのであるが、その気晴らしは、彼にとっては、もう一方での、孤独な、今日ならば「ストレス解消」[(7)]と呼ばれるような種類の楽しみであった、日曜大工やテラスでの猫狩りに匹敵するものであった。

確かに、ルイ一六世の全人格像を彼の内面生活のドラマのフロイト的分析によって説明することはきわめて魅力的なことであり、もちろん、この精神分析学的側面は見逃すことができない。激しい肉体運動による陶酔は、彼の生殖器官の欠陥に対するある種の代償をもたらしてはいなかっただろうか。国王という身分にあってはどのみち卑しく見えるような仕事に対する彼の好みや、他人の行動をどこまでも悪意をもって解釈しようとする穿鑿心もまた、彼の結婚生活における絶えざる欲求不満による深い屈辱感によって説明できないだろうか。サント゠ブーヴ[(8)]は、『新月曜』の有名な一節において、因果関係よりもむしろ一致性を強調している（もちろん、彼が書いているのはフロイトよりも以前である）。「人間はどもりだからと言って啞にはならないが、それと同じように、ルイ一六世も性的不能者ではなかった。夫としても国王としても、彼は同じ人間であった。彼は、不器用で、はにかみ屋で、当惑していたにすぎない」。ルイ一六世の症例は、当時にあっては、医者にしか科学的研究の対象でなかった。同時代者たちがそこに見たものは、逸話であり、下品なあけすけ話にすぎなかった。今日ならば、彼は歴史そのものにとって科学的研究の対象となりうるのである。ひとつの帝国のもろもろの運命を支配しているこの二〇歳の男は、四年間、彼が熱愛する女性に対して滑稽な立場にあった。彼は、マリー＝アントワネットが、マリア＝テレジアの執拗な穿鑿に対して、「はっきり申し上げますが、私としましては決して呑気にしているわけではございません」と答えなければならなかったことを知らなかったわけではない。たぶん彼は、彼女自身がそのことについてブザンヴァール男爵にも打ち明けているのではないかと疑っていただろう。このような彼の不幸は、大使の間に、特にオーストリア王家の大使とサルデニャ王家(10)の大使との間に、深刻な関係を生み出した。彼らは、両王家間の相対立するいくつかの理由から、彼の不幸に等しく関心を抱いていたのである。彼らの間の深刻な関係は、宮廷内の多くの風説のなかに現われたり、ルイ一六世について書かれる誹謗文書のなかに現われたりした。彼は、その不幸から抜け出すために、一七七七年五月に義兄のヨーゼフ二世がフランスに旅行したときにその助言を仰がねばならなかった。そのときヨーゼフ二世は、首席侍医に会って彼の方から相談する役割をじきじき引き受けたのである。「国王は、威厳に満ちた義兄に対しては、その持ち前の無口と内気な性格にもかかわらず、それから想像しうる以上に胸の内を打ち明けた」[*10]と、メルシ＝アルジャントーは記している。国王からの皇帝に対するこうした心の秘密の告白と皇帝の国王に対するこうした尽力が、結果的に国王にもたらした屈辱がどれほどのものであったかは、容易に想像することができる。外科手術が行なわれたかどうかはわからないが（この点ははっきりと確認されていない）、結婚が前夜完成されたという噂――その噂はモルパとヴェルジェンヌによって確かめられた――が宮廷に広まったのは、一七七七年の聖ルイの日の八月二五日であった。それは、大臣たちの聖バルテルミー〔一七七四年八月二四日〕の三年後のよりにもよって同じ日であった。この二つの守護聖人祭は、ルイ一六世の人生において決定的に重要な日となったのである。

＊10　メルシ＝アルジャントー、前掲書、第二巻、三三五頁。

王妃が初めて妊娠したとき、人々は国王が前よりも自信のある口調になっていることに気づいた。サント＝ブーヴよりももっとフロイト的であったヴェリ師は、このことについて、「自然は、自分の務めを果たすことができないすべての夫に羞恥心とはにかみを大量に植え付けた。……国王はこの不安な気持ちのなかで何年も過ごしたのだ。……」と、記している。

このような試練がルイ一六世の気持ちと行動になんらかの影響を及ぼしたことは疑いないとしても、それにもかかわらず、彼の主な性格的特徴は始めからの生まれつきのものであったことを強調しておかなければならない。それらの性格的特徴は、祖父と孫との間の例外的に強い遺伝的影響を留めているのである。彼に顕著に見られる軟弱さと猜疑心はすでにルイ一五世に見られたのであり、しかも、同じような言葉によって説明されていたのである。孫のルイ一六世は、祖父のルイ一五世と同様、「余は名状しがたい人間だ」[＊11]、と言うことができるだろう。こういうわけで、ルイ一五世はすでに、ときに沈黙でしか答えない習慣を持っていたのである。ショワズールの失脚のときに見られたのはルイ一五世の沈黙であった。そして、やがてチュルゴーを失脚させるのもルイ一六世の沈黙である。同様にルイ一六世が、自分の周りに悪しか見ない習慣とともに、秘密の通信を行なう趣味を祖父から受け継いだことは異論の余地がない。この秘密の通信の趣味は、ルイ一五世においてもルイ一六世においても、この軟弱で猜疑心に満ちた性向を強化し正当化こそしたが、それを生み出したのではなかったのである。このような性向がルイ一六世においてはっきり現われてきたのは、彼の治世の最初の数カ月からであった。「モルパ氏は、若き君主が人々について持っている認識と、彼が人々について与えられる誤った情報を知って、この二カ月来驚き呆れている」と、ヴェリ師は一七七四年七月に書いている。そしてその少しあとで彼は、「人々は、この若き君主のなかに、彼の祖父に見られたものを、すなわち、すべての人々についての誤った認識と、したがってまた全般的な猜疑の精神を見いだした」[*12]と書いている。

＊11　ショワズール『回想録』一七四頁。彼の側近たちは、ルイ一六世のことを、「説明不可能な人物」とか「不可解な人物」と言っていた。
＊12　ヴェリ、前掲書、第一巻、一二六頁および一四九頁。

アンヌ・ロベール・ジャック・チュルゴーは今や四七歳。働き盛りであり、とりわけ、典型的な大臣年齢である。

彼は「背が高くよく均整がとれている」が、「いかなる気取りをも嫌って、体をしゃんとまっすぐにしていなかった」(彼もまたそのようにできなかったのだ)[*13]。均整のとれた長身の彼に、肥満の傾向が見られなかったわけではない。彼もまた太りやすい体質であったが、彼の方が背が高く、年齢も上であったので、国王の場合ほどびっくりするような太り方ではなかった。けれども、彼の友人のファルジェス師がチュルゴーに「太っちょの師よ」[*14(11)]と書いたときには、彼はまだ二二歳にすぎなかった。彼の内閣のときには、ある未知の風刺作家は、「太って、脂ぎって、頸のがっしりした大臣云々」と韻を踏んだ詩を作る。その少しあとに、モルレ師はシェルバーン卿(12)に宛ててつぎのように書く。「わが財務総監殿は非常にお元気です。あの方もまた太っておられますので、それは人民の膏血によるものだと私は申し上げております*15」と。チュルゴーがその失脚に先立ってさまざまな試練や苦労のために疲労困憊していたとき、いいかげんな情報しか知らされていなかったこのときの大衆は、この優男に贅肉がついて動きが鈍くなっているのを見て、そこに彼の肉体的・精神的持久力の力強い徴候を実際に感じ取ることができると思った。ところが、われわれならばそこに、もっと正確に、過労の結果と危機的な健康の徴候を見て取るだろう。彼の容貌については、肖像画やさまざまな記述は、整った目鼻立ち、それらの調和のとれた大きさ、常に現われている穏やかな威厳と気品をわれわれに伝えている。澄んだ青い目、丸く気高い額、「赤くあどけない口もと」、「白く並びのよい歯」。「髪は褐色で、ふさふさしていて、このうえなく美しかった」。同時代者たちは、誹謗者たちも友人たちも同じように、つぎのように言っている。「チュルゴー氏の顔は、美しく、堂々としていて、古代の頭像に見られるあのすばらしい威厳に似た何かを持っていた」と、彼に好意を持っていなかったモンチヨンさえ言っている。しかし、実際には彼はそのすぐあとに、「にもかかわらず、彼の顔つきは、柔和でも感じのよいものでもなく、決然たる表情に欠けていて、何か気の迷いのようなものが感じられた*16」とつけ加えている。ブザンヴァール男爵は、チュルゴーが好きではなく、彼の政策についても人物についてもまったく何も理解していなかったが（男爵に繊細さが全然なかったわけでないこと、また、彼の専門であった陰謀のほかに政治や行政に関する多くの微妙に異なる意見をしっかり持っていたことを考えると、これはかなり驚くべきことである）、その彼は、「チュルゴー氏はエコノミスト派の頭目となった。彼は、この役割を、美貌と簡潔な文章と、確固とした応答と極度の自尊心によって、非常に巧くこなした*17……」と、チュルゴーが美貌の持ち主でもあったことを認めている。モンチヨンが決断力の欠如と書き、ブザンヴァールが極度の自尊心と書いているものは、おそらく、デュ・ポンとモルレ師の一層精彩に富んだ記述を通してわれわれが知っている内気の証にほかならないだろう。彼らはつぎのように書いている、「彼は、非常に蒼白な顔色の上に潑剌とした様相を浮かべていた。そしてその様相は、はからずも、彼の心のどんな小さな動きも暴き出していた」。「彼の内気と控え目な態度は少女そっくりであった」。「ある話題についてほんの少しでも不得要領な言い方をしようものなら、必ず目まで真っ赤にさせ、彼を極度に困惑させた」と。しかし彼は、陰気でもいかめしいわけでもなかった。「この控え目な態度も、子供のように率直であどけない快活さを持ち、ちょっとした冗談や辛辣な言葉やばかげた言葉にも大笑いするのを妨げなかった」と、モルレも言っている。それは正確に言えばユーモアというものであって、彼の私信のなかにはそうしたユーモアのある多くの言葉を見いだすことができる。彼の性格の根底には合理的な楽観主義があり、彼はそれによって失脚や病気に耐えたのである。と言うのもわれわれは、彼の死の近くの一七八〇年六月二二日にも、つぎのような、賢明で明晰な、そして、まさにユーモアに欠けていない彼自身の言葉を読むことができるからである。彼は言っている、「すべてを考え合わせてみると、人生には悪よりも善のほうがはるかに多い。しかし、個人と個人を互いにこの二つの中身の程度に照らして比較してみると、人生というものは、人の心の内と同じように測りがたいものである」と(13)。だから、おそらくわれわれは、この「気高く思いやりのある」顔の上に、上記のすべてのものとともに、習慣化した痛風による肉体的苦痛や、タイミングを見計る意識や、まったく思わぬ形で訪れる結末についての理性的な予感といったものが彼に与えた独特の表情を、読み取ることができるであろう。「私の家系では人は五〇歳で死ぬ」と、彼はよく言っていた。彼は、すでに一七六〇年以来、家系の病である痛風の発作に襲われ、それが、大臣期間中の彼をひどく苦しませた(彼は、二〇カ月の大臣就任期間のうち五ないし七カ月に相当する期間、本当の廃疾状態にあったと見られている)。今日では良性とみられているこの病気は、決定的な日々の間彼を病床に釘付けにした。彼は肘掛け椅子に座ったまま若き国王の部屋に運ばれ、国王と差し向かいで、三時間ぶっ通しに仕事をした。引退してからは、苦痛のあまりもはやチェスができなくなり、ベルリン馬車[14]に寝たままで旅行するようになる。彼が死ぬのは五〇歳ではなく五四歳の一七八一年であり、痛風のためではなく胆石のためであった。彼がもしそれ以上長生きしたとしても、ネッケル[15]が呼び戻されたように彼が呼び戻されてすべてが再び変わるようなことは、まったくありえなかったのではないだろうか。もしチュルゴーが、一七七四年八月二四日の朝に自分に残された人生の時間を予知することができたならば(そのようなことはほとんどありえなかった。なぜなら、非合理の世界は彼には無縁であったからだ)、彼はそのことによって、自然は彼に、彼の主要な改革を実現しその最初の成果を摘み取るのに必要なだけの、つまり、その仕事を完成するのに必要なだけの歳月という資本を、正確に与えていると結論することができただろう。それからの七年、それは少なすぎも多すぎもしなかった。一七七五年九月四日には、モルレはシェルバーン卿に宛ててつぎのように書く。「いずれにしても私たちはよい方向に向かって進んでいます。そして、この政治がせめてあと五、六年も続けば、事態はもう続けるしかないほど進んでいるでしょう……」と。モルレの計算は、われわれの計算と一致している。一七七五年からの五、六年、それはチュルゴーの生涯に残されていた時間であった。だが、人々は事態を別の方向に決めた。とりわけ、そこにいてその手で彼の手をやさしく握りしめたあの非常に若い男が、そうしたのである。

＊13　デュ・ポン・ドゥ・ヌムール『チュルゴーの生涯、行政および著作に関する覚書』四一九頁。出典の指示のない引用は、この著者かあるいはモルレ師の『回想録』から引用したものである。

＊14　シェル『チュルゴー著作集』第一巻、一五三頁。

＊15 モルレ『シェルバーン卿宛書簡集』九五頁。
＊16 この描写はほかのどの観察者によっても行なわれていないので、最初われわれはそれをモンチヨンの悪意のせいにしようとした。しかしこの描写は、本当は、視力の弱さによって説明しなければならないようである。チュルゴーは、非常に若い頃から視力が弱く、そのために講義の筆記を彼に免除しなければならなかった（シェル、第一巻）。その特徴はたぶんルイ一六世の近視に近いものであって、視力をほとんど矯正しなかった時代にあっては、それは、彼らに共通に見られたはにかみに対して大きな役割を果たしていたかも知れない。モンチヨン、前掲書、一七五頁を見よ。
＊17 ブザンヴァール、前掲書、第一巻、三二七頁。

二〇歳の国王ルイ一六世が性生活の特徴によってしか注目されなかったとすれば、四七歳のチュルゴーは、二〇歳のチュルゴーと同様、もっぱら知的生活のさまざまな特徴によって人々の目をひいた。彼が猫狩りをしたり大工仕事をしたりするようなところは、一度たりとも見られなかった。

国王の今の年齢と同じ年齢の一七四九年（一〇月）には、チュルゴーは、ソルボンヌ（パリ大学神学部）附属修道院の小修道院長(16)になったばかりであった。小修道院長というのは、高等師範学校(17)の同期入学者のなかの首席合格者のようなものであった。彼は、聖女ウルスラ(18)を讃える説教をラテン語で行なうことができたが、さらに彼は、同年、同僚のシセ師宛の書簡でロー(19)の体制の批判を展開して、紙幣流通の原理を分析した。以来彼は、絶えず知識を豊かにし、適性に比較的自信のなかった分野（モルレによれば数学の分野）にまでその才能を伸ばしていったが、同時に、高等法院での職歴とそれに続く一三年間のリモージュ地方長官としての行政運営が、彼を現実に親しませ、彼に行動の習慣と経験を与えた。

このようなすべての天与の才能と、習得された研究と経験の全体をもってしても、チュルゴーは、それでもなおひとつの欠点に苦しんだ。すなわち、彼は決して雄弁ではなく、彼の説得の才能はごく普通のものでしかなかったのである。彼の表現力はその理念の高さにふさわしいものではなかった。彼は、理念のすぐれた宣伝家でも、政論家でもなかった。かなりたくさんある彼の著作は今日でも読まれており、いったんそれに没頭すると興味は尽きない。ネッケルの我慢のならないわかりにくい文章と共通するものは何もない。しかし、それらの著作には激しさがなく（ただし手紙の場合は別である）、熱っぽさに欠け、明晰さのダイナミックな形態（forme）に欠けている。それは、尖塔も尖頂もない、地味ではあるが重苦しい感じの建築物であり、詞藻が湧き出ていない大理石である。[*18] それでも彼は、ヴィグルー氏[(20)]が指摘したように、イマージュ（心象）を描く好みを持っていた。しかし、彼がそれに熱中するのは、とりわけ正規の仕事以外のときであった。それでも、いくつかの文章はある種の雄弁さでわれわれを驚かせるが、しかしその雄弁さは、その文章とは関係のない雄弁さである。なぜなら、それは事実そのものが持つ雄弁さであるからである。今日のわれわれならば、動いてやまない事実と動かないように見える思考との驚くべき一致を、おそらく当時よりも十分に評価することができるだろう。〔一七七四年〕八月二四日の手紙と、失脚に先立って書かれたいくつかの予言的な手紙の場合がそうである。しかし、チュルゴーがこれらの確固とした重苦しい文章にたどりついたのは、仕事の上で多くの綿密な努力を重ねたのちのことにほかならない。彼は、次から次へと下書きをして「想を練り」、じっくりと最善の言い回しを考え、何度もペン先を削り、そのために人からは「怠け者」と言われたりした。なぜなら、彼の仕事に進捗が見られなかったからである。しかし、こうしたすべての留保条件をつけたとしても、チュルゴーがそれでも最も得意としたことは書くことであった。彼が口頭で述べることにはあまり説得力がなかった。「明晰さは彼の長所ではなかった」と、チュルゴーを非常に好んでいたモルレは言っている。「彼は話しながら議論するのは巧くない」と、彼の友人のヴェリ師ははっきり言っている。また、チュルゴーを好んでいなかったモンチヨンは、「彼の話し方は、聞きづらく、漠然としていて、わかりにくかった」と述べている。彼の話は冗慢ではなく、その逆であった。高等法院で彼が報告したとき、ほかの人よりも長く話したのに、聞いていた人たちはほかの人よりも短いと感じた。なぜなら彼は、ほかの人よりも聴衆に聴かせるのに成功したからである。「大いに書きなさい。あなたの書き方はまったくすばらしい。けれどもあなたは、同じように大きな声で議論してはいけません」と、ヴェリ師は彼に忠告している。

＊18　この点、チュルゴーの著作集のなかに「調停者」と題した文章(21)——それがチュルゴーによって書かれたものかブリエンヌによって書かれたものかははっきりしていない——が見られることは注目に値する。文章の基本内容はチュルゴーのものであったかもしれない。しかし、文章の形態はそれ以前およびそれ以後の文章と非常に大きな対照をなしており、また、非常にすぐれていると言わざるをえないので、検討の結果は明白である。もちろん、だからと言って、チュルゴーが偉大な大臣であり、ブリエンヌが将来唾棄すべき大臣になることに変わりはない。

しかしながら、話し相手の前で感じる気詰りや、書いて表現することへのこの際立った好みや、また、「自分を師として他人の著作を判断しようとするかに見える」あの断定的すぎる調子を説明するには、弁舌の好みの欠如と弁舌の才の欠如を挙げるだけでは十分ではない。それを説明するためには、意地の悪い妖精的才能や性格の名状しがたい要因、すなわち、はにかみをも挙げなければならない。彼の確信は、得体の知れないものではなく、論理的推理の完全さの意識と道義的目的の正しさの意識にもとづいたものである。国民全体の幸福への一途な思いに触発され、あらゆる与件を綿密に検討することによってもろもろの決定を準備し、さらに、反対意見を分析しそして論駁する彼は、彼の目の前に提示された明白な事実を他人が認めないことを許すことができないのである。彼は、反駁できないようなことに人が逆らうことは理解できないのである。このような矛盾に遭遇するとき、彼の心の内では、自惚れや軽蔑による反発ではなく、むしろ、驚きと困惑と一種の抑制[22]が引き起こされるのである。「彼は論証によって人を支配したいと思っていた」。

おそらく彼については、ジュリアン・ソレルを描いたスタンダール[23]と同じように、「人々に多くの才能を期待しすぎるあまり、凡人に誤って期待をかけた」、と言えるかも知れない。

チュルゴーの内面生活には、ルイ一六世の場合とは異なって、そこに因果関係や一致の関係を求めうるような精神分析学的な要素はあまり見られない。彼の内面生活は、今日まで、「ほとんど完全に神秘の内に封印されている」。人々は、彼のような性格の人が結婚もせず家庭も築かなかったことにただただ驚いたし、今日でも驚いている。

「むろん、彼にも性への興味や執着がなかったわけではないだろう。だが、彼の愛人関係の話は所詮推測の域を出ない」と、モンチヨンは言っている。

もしそこにルイ一六世のコンプレックスと比べられるものが何もないとすれば、独身を守り通した彼の生き方のなかには、生きることに対する一種のためらいと懸念があったのではないかと推測しないわけにはいかない。いずれにしても、事情の違いがなんであれ、大臣と国王の二人の男がいずれも正常で均衡のとれた性生活の条件を奪われていたことは、まさに注目に値するひとつの事実である。

モルパの場合の既得の形質と言えるものを考えると、いっときひとつの王国の運命を左右したこれら三人の人物については、このような先天的形質に関する考察が有効であることがわかる。歴史の隠れた原動力は、必ずしもそのすべてが経済のグラフのなかに隠されているわけでないのである。

二〇歳の国王と四七歳の大臣の間には、すなわち、多くの点で非常に対照的なこれら二つの個性の間には、すでに見たように、いくつかの肉体的な類似点がある。太る傾向、近眼、そしてとりわけひとつの大きな精神的類似点、すなわち、はにかみ屋という類似点がある。国王についても大臣についても、人々はさまざまな状況のなかでの彼らの困惑やぎこちなさを描いてきた。「困惑は彼の性格の一部をなしている」と、ヴェリ師は言っている。この二人が、そしてときにはこの二人が互いの間で、自分の言いたいことをよりはっきりと説明し、自分の気持ちを相手に理解させ、人間的な意思の疎通を行なうことに困難を感じるのが見られるのである。しかし、この二人のはにかみは同じ種類のものではない。国王のそれは、疑い深く、猜疑心が強く、虚偽的で、悪意に満ちている。チュルゴーにはこのようなところは何もない。彼は他人に不当な疑いを抱くようなことはしないし、証拠もなしに他人を非難することもない。彼は他人の受けを気にするような男ではないし、他人の手紙や不名誉な「個人情報」をこっそり盗み見するような男では断じてない。

国王の劣弱コンプレックスを彼の性格のせいにし、チュルゴーの優越コンプレックス(24)を彼の性格のせいにすることは、しごく当たり前のことのように見えるかも知れない。しかし国王は、自分のひどい無知と凡庸な才能を知らなかったわけではないし、おそらくチュルゴーもまた、自分自身のきわめて広汎な知識と自分の知的機制のきわめてすぐれた働きを自覚していなかったわけではない。

ところが、実際は逆であった。国王は自惚れを持っていて、自分の欠点はすべて若さのせいだと言う。彼がしきりに自分の若さを思い出させようとし、ときにはいじらしいまでに見えたのは、便利な逃げ口上の行使にすぎず、自己満足の行為にすぎなかったのである。

国王は他人を軽蔑し、そしてチュルゴーは、逆説的ではあるが、自分自身を軽蔑していた。もちろん、自分の信念や理由や動機を軽蔑していたのではない。自分の弁舌の才の弱さでもなく──なぜなら、ここにあるものは結果であって原因ではないからである──、自分の深層の自我（moi）を、彼の精神分析学的「エゴ」（ego）[25]を軽蔑していたのである。それは、慎み深さと本当は「羞恥心」とからくる一種の臆病さであり、その特徴は、チュルゴーの感情生活を支配していたのと同じく知的生活をも支配していたのである。

一切の自己宣伝に対する彼の嫌悪感も、今日「パブリック・リレーションズ」[26]と呼ばれているものに対する無関心も、そしてまた、チュルゴーの人気はおそらくネッケルの人気よりもはるかに合理的な理由に支えられていたにもかかわらず、彼の人気をネッケルのそれにまったく近づけさせなかったものについての彼の無関心も、その特徴によって説明することができる。彼の実際の性格はまったくそうでなかったにもかかわらず、冷淡だとか、感受性が鈍いといった不当な評判を生じさせたものは、結局のところ、彼の感情表現におけるこの抑制であったのである。

彼の本当の性格が確実な形で開花するのは交友関係のなかであって、われわれは、彼の手紙や生活のこまごましたことのうちに彼の魅力に溢れた心細やかな多くの表現を知ることができる。チュルゴーの心のなかのこうした「隠れた力」は、個人的な関係の働きが及ぶ範囲の外にまで達していた。彼には人間的な共感と友情の息吹が感じられた。彼がその息吹を感情的な形で表わすことはめったになかったが、（驚きの形で表わすように）たまたまそれを表わしたときには、心の奥深くに隠された彼の誠実さを疑うことはできなかった。たとえば、デュ・ボン宛の手紙にはつぎのような言葉が見られる。「心が互いに語り合い、人間が互いに愛着を覚えるのは、決して外に張り出した寄生植物といってもよいような枝によってではありません。人間が人間としてまた兄弟としてお互いを認め合うのは、心を動かすもの、幸や不幸を作り出すものを介してなのです」と。またチュルゴーが、冷たい論理家や思慮深い行政運営者の外見のもとに、自分の政務に対して献身的な情熱のすべてのほとばしりをぶっつけていたことも確かである。「まあ！　この人たちは皆情熱が好きではないらしいわ！」と、レピナス嬢(27)はチュルゴーの政敵たちに触れながら書いている。彼の政敵たちが「気違いじみた情熱」と呼び、また、彼の友人たち自身が「公益に対する狂おしいまでの欲求」[*19]と呼ぶものをチュルゴーに吹き込んだものは、まさにこの内なる情熱であって、断じて、学者的な片意地や行政的な「権力への意志」ではなかったのである。

＊19　あいつは咬みつき、後脚で蹴り、頭から突進し、ぶっ壊す。
あれは騾馬か？　それとも馬か？……

目は猛々しく、毛は逆立っている。

あいつのやり方はぎこちなく、あいつの情熱は気違いじみている。

（シェル、第四巻、二一七頁参照）

「あなたは公益への愛を思い描いておられる。――いや、全然違う！　あなたは公益に対する狂おしいまでの欲求に駆られておられるのだ」（ヴェリ、第一巻、四四九頁）。


けれども、まさにこうしたすべての点において、ルイ一六世との一致点を見いだせるのではないだろうか。おそらくそうである。なぜなら国王は、たとえ疑い深く悪意のある人間であったとしても、本来質《たち》の悪い人間でも意地の悪い人間でもなかったからである。われわれは、彼の心根のよさを示すいくつかの行動を挙げることができる。非常に多くの批評家たちが、彼は人民の幸福を誠実に願っていたと一致して考えている。もっともこの願いは、公衆の人気と喝采を得たいという願いと区別しがたいものであった。そして、ある状況のなかでその二人を最も確実な形で近づけたのもこの願いであったのである。

国王には、すべての知性が欠けていたわけではなかったのと同様、すべての感情機能が欠けていたわけではなかった。しかし彼は、あるものに激しい情熱を示したほどには他のものにはほとんど情熱を示さなかった。メルシ＝アルジャントーは、そのきめ細かな心理描写のなかで、この二種類の欠点の間の因果関係をつぎのように見事に明らかにしている。

「他人に対して深い尊敬の念を持てると思えるほどに成熟した確固たる性格や固い友情を、国王が持っているとは想像できないだろう。これらの感情は、国王に認めうるよりももっと多くの感受性と想像力と思考力を必要とするのだ」。

問題の核心はこうである。すなわち、精神の持続的な努力も実際の国事への精励も国王には不可能であったということである。内気の霧も、彼の場合には、きわめて貧弱な心象しか隠さなかったのである。ショワズールは、以前に国王についてつぎのように言ったことがあった。「彼のおずおずした態度は彼が馬鹿だということから大いにきている」[*20]と。チュルゴーは、善の存在を信ずる人間を信じる傾向や国王の威厳から受ける印象のために、あるいはもっと正確に言えば、ルイ一六世を自分自身によって判断したために、彼について誤った判断をしたのである。

＊20　ショワズール『回想録』二二〇頁。

国王にもチュルゴーにも、おずおずした態度やぎこちなさは見られただろう。しかし、後者の場合は、自分の気持ちを表わし伝えようとして意思の疎通のまずさに苦しむ、豊かで心の広い性格によるものであり、前者の場合は、自分の気持ちを伝えようと努力しないばかりか、人と会うのを差し控えようとする、心の貧しい疑い深い性格によるものであった。

きょうは、彼らに共通の自在さの欠如が――それに加えて、ある共通の基本的資質、ある義務感、国民全体の幸福に対する願いが――、彼らの間できさくな心の交流を強める。

言葉による表現の困難さが、自由を奪われた動作に感動の重みを与える。――そして、ルイ一六世は言う。「余は貴殿が内気なことはわかっているよ」と。

しかしあすは、依然として両者の対話の困難さは続き、きのうの感動はもう忘れ去られる。それぞれが自分流に解釈し、自分流に錯覚する。チュルゴーは善意により、国王は不信により、一方は説得できるとあまりにも簡単に信じるがゆえに、他方は説得されることを好まないがゆえに。チュルゴーは相手が拒むとは思わないがゆえに与え、ルイ一六世は何よりも騙されたくないと思うがゆえに受け入れる。前者は巧く話せないがゆえに話し、後者はその沈黙が純枠でも単純でもないがゆえに沈黙する。チュルゴーは国王の無言を同意の印と解釈する。「マルゼルブ氏やモルパ氏なら、チュルゴー氏のように彼の沈黙を説得の結果とは考えずに、困惑の結果と考えただろう」(28)と、ヴェリ氏は溜息まじりに言っている。

そして国王は、一種の分裂病的な人格感の排出を恐れる。彼は言う、「チュルゴー氏は余になりたいと望むが、余は彼が余になることは望まない」[*21]と。

だが、われわれはそうまでは断定しない。今日ではすべてがまだ可能性のなかにあり、しかも今日ではすべてがもう解明困難である。思いがけない幸運が訪れるときには、長く続く誤解が生ずるものである。[*22]

＊21　ヴェリ、四四八頁。

＊22　われわれは、同じ日の同じ朝にチュルゴーと国王の間で行なわれた会見について対話形式で書かれた二つの話を取り出してみた。ひとつはヴェリ氏によるものであり、もうひとつはレピナス嬢によるものであるが、それらは主要な点においては一致しており、両方ともチュルゴー自身からじかに情報を得て書かれたものである。

ヴェリ、一八七頁による。　　ジュリー・ドゥ・レピナスによる。モルレ、第二巻、三〇五頁（書簡四八番、一七七四年八月二九日）。

チュルゴー　私はまだ心を取り乱しておりますので、私が陛下に申し上げていますことはいささか混乱しております。

ルイ一六世　余は貴殿が内気なことはわかっているよ。けれども、貴殿はまた毅然とした正直な人であり、貴殿以上の人を抜擢できないこともわかっている。貴殿がどんなお人かを知るために貴殿を一時海軍大臣に任命したのだよ。

チュルゴー　陛下、私の全般的な考えと、あえて申しますならば、陛下が私の行政につきましてお助け下さる方法についての私の希望条件を、文書の形でご提出いたしますことをお許し下さいませ。と申しますのは、正直申しまして、この行政につきましては私は通り一遍の知識しか持ち合わせておりませんので、私の行政に混乱を招くおそれがあるからであります。

ルイ一六世　わかった、わかった、お好きなようになさるがよい。余は、貴殿のすべてのお考えをきちんと知り、貴殿が行なう勇気ある計画を常に支持することを、前もって貴殿にお約束するよ。

ご存知のように、チュルゴー氏が財務総監ですよ。けれども、あなたはあの方がこの件について国王とどんな会話を交わしたかはご存知ありませんわ。モルパ氏が国王から彼に総監職を提示させたとき、彼は引き受けるのをいくぶんためらいました。彼が国王に感謝しようとしたとき、「では、総監になるのは望まないのかね」と、国王は彼に言いました。「陛下、陛下に誓って申し上げますが、私ならば海軍大臣の職を選んだでありましょう。と申しますのは、そちらの方がより確かなポストでありますし、そこならば、一層確実に善政を行なうことができると思うからであります。ですが、その際に私がこの身を捧げますのは、国王に対してではなく、誠意のある人間に対してであります」と、チュルゴー氏は国王に言いました。

国王は、彼の両手を取って彼につぎのように言いました。「間違いなく貴殿にお約束するよ」。チュルゴー氏はつぎのようにつけ加えました。「陛下、私は陛下に節約の必要なこと、そして、陛下が真っ先にそのお手本をお示しにならねばならないことを申し述べておかなければなりません。そのことにつきましては、おそらくテレー師殿がすでに陛下に申し上げたことと存じます」。「その通り、彼は余にそのことを話した。でも彼は、貴殿のようには言わなかったよ」と、国王は答えました。

〔訳注〕

1 一ピエ（pied）は約三二センチメートル。

2 一プース（pouce）は一二分の一ピエ、約二・七センチメートル。

3 ラヴィッス（Ernest Lavisse　一八四二－一九二二年）。高等師範学校卒業後、アンリ四世高等学校（リセー）教授（一八六八年）、高等師範学校助教授（一八七八年）、パリ大学文学部歴史学助教授（一八八三年）、同正教授（一八八八年）を経て、フランス・アカデミー会員となった。一九〇四年、高等師範学校教授。歴史学者としてのラヴィッスは、特に、プロイセンの歴史の起源について研究を行なった。主著に、『プロイセン史研究』（*Étude sur l'histoire de Prusse*, 1879）、『ドイツの三人の皇帝——ヴィルヘルム一世、フリードリヒ三世、ヴィルヘルム二世』（*Trois empereurs de l'Allemagne: Guillaume Ier, Frédéric, III, Guillaume II*, 1888）、『フリードリヒ大王の青年時代』（*La Jeunesse du Grand Frédéric*, 1891）などがある。『パリ雑誌』（*Revue de Paris*）の創刊者のひとりとなり、長期にわたってその編集長を務めた。また、アルフレッド・ランボーとともに、『四世紀から今日までの歴史』（*Histoire générale, du IVe siècle jusqu'à nos jours*, 1893-1900）、『フランス史』（*Histoire de France*. 9 vols., 1900-12）、『フランス現代史』（*Histoire contemporaine de la France*, 10 vols., 1919）を著した。明晰・明敏な精神の持ち主であり、教育者、教授として青年たちを活気づけ、高等教育における歴史学研究の刷新に大きく貢献した。*Larousse*, T. IVe, p. 371.

4 タルチュフ（Tartuffe）。モリエール（Jean-Baptiste Paquelin, dit Molière　一六二二－七三年）の五幕物の韻文喜劇（一六四四年）の主人公で、教会聖職者の腐敗を鋭く突いた。そこから「タルチュフ」は、「偽善者」、「えせ信心家」を示す言葉として用いられるようになった。

5 プゼ（Alexandre-Frédéric-Jacques Masson, marquis de Pezay　一七四一－七七年）。ドラ（Claude-Joseph Dorat　一七三四－八〇年。劇作家、詩人、寓話作家。多くの作品があるが、概して凡庸。*Larousse*, T. IIe, p. 934）のライバル。軽薄才士、おどけ小韻文詩作者。ルイ一六世以降、策略のために王太子の師傅となり、その結果、竜騎兵隊長、陸軍参謀騎兵将校、沿岸総監察官となった。作品に、『ヘルヴェチア〔現在のスイス〕、アルザスおよびフランシュ・コンテの夕べ』（*Soirées helvétiennes, alsaciennes et franc-comtoises*, 1771）、『サランシーのばら冠の乙女』（*Rosière de Salency*, 1773. グレトリの音楽によるオペラがある）、『一七四五年および一七四六年のイタリア・マイユボア地方の物語』（*Histoire des campagnes de Maillebois en Italie, en 1745 et 1746*, 1775）などがある。*Larousse*, T. V^{e}, p. 520.

6 聖オヴィディウス（saint Ovide. Publius Ovidius Naso 前四三—後一七／一八年）。古代ローマの詩人。作品に、『恋の歌』（*Amours*）や神話に取材した『転身物語』（*Les Métamorphoses*）などがある。ローマ帝国により追放されたが、その詳しい原因はわかっていない。Cf. *Larousse*, T. V^{e}, p. 291.

7 ストレス解消（défoulement）。精神分析学の用語で、脱抑圧、抑圧解放などとも訳される。一般には鬱憤晴らし。抑圧された無意識の欲望や観念などを意識化することによって抑圧から解放すること。「抑圧」（refoulement ある欲動と結びついた記憶や思考を無意識のなかに押し戻し、意識から遠ざける精神作用）の対。

8 サント・ブーヴ（Charles Augustin Sainte-Beuve 一八〇四—六九年）。最初はロマン派のセナークル（結社、クラブ）に属し、詩集（『ジョゼフ・デロルムの生涯、詩および思想』（*Vie, poésies et pensées de Joseph Délorme*, 1829））および小説（『悦楽』（*Voluptés*, 1834））を出版。ついで文芸評論ならびに文学史に献身し、幾多の作家を、その伝記的、歴史的、社会的環境のなかで把握しようと努め、『ポール＝ロワヤル』（*Port-Royal*, 1840-59）、『文学的肖像』（*Portraits littéraires*, 1836-39）、『月曜閑談』（*Causeries du lundi*）（最初『立憲派』紙（*Le constitutionnel*）に投稿、ついで、『モニトゥール』紙（*Le Moniteur*）および『タン』紙（*Le Temps*）に発表された。二八巻に及ぶ。最初の一五巻は『月曜閑題』（一八四九—六一年）と題され、残りの一三巻は『新月曜』（*Nouveaux Lundis*, 1861-66）と題された）、『シャトーブリアンとその文学者グループ』（*Chateaubriand et son groupe littéraire*, 1860）、『プルードン』（*P.-J. Proudhon*, 1872）、『書簡集』（*Correspondance*, 1877-80）など、多数の作品を残した。Cf. *Larousse*, T. IVe, p. 123.

9 因果関係（causalité）、一致性（concordance）。前者は人間の性格に対する環境の影響の関係を、後者は遺伝的素因との一致性の関係を指していると思われる。

10 サルデニャ王家（La Maison de Sardaigne）。イタリアのサルデニャ（Sardegna）王家の家系。サヴォイア（フランス語ではサヴォワ）、ピエモンテ、サルデニャを領有し、首府はトリノ。フランス、スペインの強国に絶えず侵略されたが、ヴィットリオ・アメデオ二世（一六七五―一七三〇年）がフランスに対して善戦して失地を回復し、スペイン王位継承戦争（一七〇一―一四年）の結果ミラノの一部とシチリアを領有し、シチリア王国と称した。しかしのちにシチリアをオーストリアに譲り、代償としてサルデニャを得て、サルデニャ王国として成立。ナポレオンにサルデニャを除く全領土を占領されたが、彼の没落後ヴィットリオ・エマヌエレ一世が旧領を回復し、さらにジェノヴァをも併合した（一八一五年）。当時のリソルジメント（Risorgimento　一九世紀におけるイタリア国家統一運動）の機運のなかで、その中核と目されたカルロ・アルベルト王は、内政改革を進めたのちオーストリアと戦って敗れ退任したが、ヴィットリオ・エマヌエレ二世がサルデニャ王国を中心とするイタリア統一の偉業を達成した（『西洋史辞典』創元社、一九七三年、二六七頁）。このようにサルデニャ王家は、フランスに絶えず脅威を感じながら、オーストリア王家とも常に対立関係にあった。サルデニャ王は、一八六〇年、中部イタリア合併承認の代償として、サヴォイアをフランスに割譲した。

11　「太っちょの師よ」（Mon gros abbé）。第二章の訳注11で述べたように、チュルゴーは、一七五一年（二四歳）まで聖職者の身分にあって、「チュルゴー師」（abbé Turgot）と呼ばれていた。

12　シェルバーン卿（Lord Shelburne. Sir William Petty, 2nd Earl of Shelburne　一七三五―一八〇五年）。オックスフォード大学を中退して軍隊に入り、一七六〇年下院議員、翌年父の死を継いで貴族院議員、六三年商務長官。六四年アメリカ植民地の印紙条例に反対し、六六年ピット内閣の国務大臣に就任。自ら印紙条例に反対する議会の旗頭となり、タウンゼント、ノースなどのアメリカ植民地弾圧政策に反対して緩和政策を推進したが、容れられなかった。八二年ロッキンガム内閣の内相として彼のアメリカ独立承認を助け、首相急死後内閣を受け継ぎ、八三年パリ条約を結んでアメリカの独立を承認したが、反対派のノース、フォックス連立内閣によって下野した。八四年ランズダウン侯爵に推された。大ピット（William Pitt the elder, 1st Earl of Chatham　一七〇八―七八年）につぐホイッグ党の巨頭。前掲『西洋史辞典』二八一頁。

13　デュ・ポン（Du pont (ou Dupont) de Nemours　一七三九―一八一七年）。ケネーの忠実な弟子で、重農主義理論の宣伝普及者。チュルゴーの終生の支持者であり協力者でもあったが、チュルゴーの著作を改竄して衝突したこともあった。アンシアン・レジーム末期にはアメリカ合衆国の独立のために尽力した。立憲議会では八月一〇日の政変に協力し、立法議会では主要な財政改革を提案した。国民公会で告発され、一七九二年アメリカ合衆国に亡命、ナポレオン帝政下に帰国して、パリ商業会議所会頭に選出された。一八一四年、臨時政府書記となったが、百日天下のときに追放されて合衆国に戻り、そこで没した。『重農主義』（*Physiocratie*, 1768）、『穀物取引の自由の効果についての所見』（*Observations sur les effets de la liberté du commerce des grains*, 1770）、『チュルゴーの生涯および著作についての回想録』（*Mémoires sur la vie et les ouvrages de Turgot*, Philadelphie, 1782）、『チュルゴー著作集』（*Œuvres de Turgot*, 9 vols., Paris, 1808-11）などの著作がある。Cf. *Larousse*, T. IIe, p. 1003. 著作内容については、前掲『経済学小辞典』一一二―一一三頁を見よ。

14　ベルリン馬車（une berline）。御者席が客座の外にあり、対面式座席の四人乗り四輪箱型馬車。ドイツのベルリンで初めて製造され、一六七〇年頃流行したことからこの名がついた。

15　ネッケル（Jacques Necker　一七三二―一八〇四年）。一七六二年パリで銀行家となり、一七七七年財務総監となった。彼は、租税の設定権を持つ地方議会を創設し、さらに財政赤字を埋めるため借入れ〔国債発行〕に訴えたために、高等法院と宮廷の反対を招いた。国家債務と特権階級への支出がいかに大きいかを暴露することによって第三身分の人気を博したが、辞任に追い込まれた。一七八八年呼び戻されて再び財務総監となったが、財政の再建は不可能と知り、全国三部会の召集を決断させた。一七八九年七月一一日の彼の解任は、七月一四日の騒乱の口火となった。七月一六日にみたび登用されたが、もはや事態を鎮めることができず、権力の座を去った（一七九〇年九月）。フランスロマン主義の先駆的作家スタール夫人（Germaine Necker, baronne de Staël-Holstein, dit Madame Staël　一七六六―一八一七年）は彼の娘。

16　ソルボンヌ〔パリ大学神学部〕附属修道院の小修道院長（prieur de la Maison de Sorbonne）。一年間ソルボンヌ附属修道院の諸集会の議長を務める修道院長。ソルボンヌ入学者のなかの成績最優秀者が選ばれる。二三歳のチュルゴーは、ソルボンヌ神学士第三審査（les Sorbonniques）の開会（一七五〇年七月三日）と閉会（一七五〇年一二月一一日）の席で、prieur として、「キリスト教の確立が人類にもたらした利益についての講演」（Discours sur les avantages que l'établissement du christianisme a procurés au genre humain）および「人間精神の連続的進歩の哲学的描写」（Tableau philosophique des progrès successifs de l'esprit humain）と題する護教論的な色彩の濃い歴史哲学的な演説をラテン語で行なった。

17　高等師範学校（école normale supérieure）。中等教育教員および若干の高等教育教員ならびに研究員を養成する国立の高等教育機関。大学（universités）とは別個の高等教育機関グランド・ゼコール（grandes écoles　入学試験による選抜を特徴とする）のひとつ。

18　聖女ウルスラ（sainte Ursule）。三世紀頃のキリスト教の伝説的聖女。ブリタニアの王女で、キリスト教への改宗と一万一〇〇〇人の侍女を従えて三〇年間ローマへ巡礼することを条件として異教の王子と結婚するが、ローマからの帰途ケルン付近でフン族に襲われて殉教したとされる。一六世紀に、聖女ウルスラに因んで、特に女子教育に献身するカトリック修道会ウルスラ会が成立した。

19　「序文」の訳注1を見よ。

20　ヴィグルー（Pierre Vigreux）。トゥールーズ大学法学部教授（一九七四年現在）。「チュルゴーの資本形成論」（La formation du capital selon Turgot. *Revue historique, économique et sociale*, 1939）、『チュルゴー（一七二七―八一年）――著作選集および序文』（*Turgot (1727-1781). Textes choisis et préface.* Paris, Librairie Dalloz, 1947）のほか、財政、経済、金融等に関する多くの論文や著作がある。

21　「調停者」と題した文章。シェル版『チュルゴー著作集』第一巻三九三―四二五頁に、「調停者、または、現下の諸問題に関するある聖職者のある裁判官宛の書簡（ロメニ・ドゥ・ブリエンヌ）」（*Le Conciliateur ou Lettres d'un ecclésiatique à un magistrat sur les affaires présentes.* (Par Loménie de Bienne)）として収録されている。この文章は、「一七五四年五月一日」と「一七五四年五月八日」の日付を持つ二通の書簡と「司教総代理への第二書簡」（Deuxieme lettre à un grand vicaire）と題した一通の書簡からなるもので、当時問題となっていたジャンセニストやプロテスタントに対する処遇の問題を論じており、全体に宗教的寛容の精神が強くうかがわれる。シェルは、基本的な考えはチュルゴーのものであり、文章は彼の学友のロメニ・ドゥ・ブリエンヌのものであると考えており（同巻、五二一―五五五頁および三九一―九二頁）、フォールの考えもこれに沿うものである。

22　抑制（inhibition）。心理学の用語。精神的・生理的な機能が他の機能にブレーキをかけ、その実現を妨げること。「制止」、「禁止」とも言われる。「条件反射の抑制」と「精神病者の抑制」（「運動の抑制」、「思考の抑制」、「行動・思考の阻害」など）と言われるものがある。宮城音弥編『岩波小辞典　心理学』岩波書店、一九五六年、一八七―八八頁。

23 スタンダール（Henri Beyle, dit Stendhal　一七八三―一八四二年）。竜騎兵将校から大革命および帝政時の戦争で主計官となる。イタリアを「発見」し、イタリアは彼の感受性に深い影響を与えた。帝政没落後はミラノに住み、音楽、絵画について論文を発表。旅行記『ローマ、ナポリおよびフィレンツェ』（*Rome, Naples et Florence*, 1817-26）に初めて「スタンダール」の名を用いた。『愛について』（*De l'amor*, 1821）、『ラシーヌとシェイクスピア』（*Racine et Shakespeare*, 1823-25）、『イタリア通信』（*Les Chroniques italiennes*, 1839）およびその他の遺作は、彼の名声を決定的なものにした。なお、「ジュリアン・ソレル」（Julien Sorel）は、彼の小説『赤と黒』（*Le Rouge et le Noir*, 1830）、『パルムの僧院』（*La Chartreuse de Parme*, 1839）の、感傷におぼれぬ野望と活力に満ちた主人公で、しばしば手段を選ばぬ出世主義者の代名詞とされる。

24 劣弱コンプレックス（le complexe d'infériorité）、優越コンプレックス（le complexe de supériorité）。「コンプレックス」とは、心のなかのシコリのことで、ユングの言葉。精神分析理論では「感情を担った表象の複合」と定義され、一般には抑圧されて無意識のうちにあるものを言う。「劣弱コンプレックス」（アドラーの言葉）は、劣等感を逃れようとする心のなかのシコリで、無意識的に「代償」、「攻撃」、「防衛」などの行動を起こさせる。それはしばしば劣等感とまったく同じ意味に用いられる。「優越コンプレックス」は、自分は他人よりも優れている、優越しているという感情で、しばしば劣等感の代償として生じると解されている。前掲『岩波小辞典　心理学』五九―六〇、一九五、一八四頁。

25 自我（moi）、エゴ（ego）。オーストリアの精神分析学者フロイト（Sigmund Freud　一八五六―一九三九年）の理論で人格を構成するとされる心の三つの領域のひとつ。フロイトは、メタサイコロジー（メタ心理学と訳される。意識を扱うサイコロジーに対して、無意識を扱う理論心理学として彼が創唱した精神分析理論）において、意識と前意識と無意識の局在論、自我、エス（ラテン語ではイド＝本能的エネルギーの源泉）、超自我の構造論、心的葛藤の無意識的動機とその防衛機制に関する力動論などを展開した。彼はまた、抑圧された無意識の心的内容を、自由連想、遊戯療法などにより意識化する精神療法を提唱した。

26 パブリック・リレーションズ（public relations）。広報、すなわち、会社・官庁などがその企業の社会性などを説明し、それに対する社会の理解と興味を喚起しようとする社会教育的目的を持った一種の宣伝活動のこと。ここでは、「大げさな自己宣伝」ぐらいの意味。

27 レピナス嬢（Julie-Jeanne-Eléonore de Lespinasse, dit Mlle de Lespinasse　一七三二―七六年）。アルボン伯爵夫人の私生児。姉のヴィシー侯爵夫人のもとで五年間屈辱的な生活を送ったのち、すでに盲目となっていたデファン夫人のもとで一〇年間を過ごした（一七五四―六四年）。彼女は無聊を慰めるために、デファン夫人に知らせることなく彼女の個人的な友人を自宅に招き、そのために二人の間に決定的な亀裂が生じた。エノー高等法院部長評定官、チュルゴー、マルモンテル、ダランベールなどの友人がサン＝ドミニーク街の彼女のサロンを訪れた。ジョフラン夫人が彼女に年金を与えた。晩年に彼女は二つの恋をした。一七六七年頃、彼女はモラ侯爵ピニャッテルリを愛し、ついでギベール伯爵を愛した。後者に宛てた一七七四―七六年の彼女の書簡（一八〇九年出版）には、彼女の同時代者たち、とりわけ、チュルゴーについての詳報が含まれていて非常に興味深い。彼女はギベール公爵にも捨てられ、傷心と肺病に心身をすり減らして世を去った。Cf. *Larousse*, T. V[e], p. 417.

28 人格感の排出（expulsion de *sa* personnalité）。ここでは、心理学で dépersonnalisation と呼ばれる現象、すなわち、「人格感喪失」、「自我感喪失」あるいは「離人」と言われる現象（「この考えは自分ではない」と感じ、「ひとりでに自分の行動が起きる」と意識する精神分裂病的現象）のことかと思われる。前掲『岩波小辞典　心理学』六六頁を見よ。なお、今日では精神分裂病は統合失調症と呼ばれる。

第四章　財務総監就任

かくしてここにチュルゴーは、財務総監府で仕事にとりかかった。彼はかつてこの財務総監府を冗談にバスチーユ監獄になぞらえたことがあった。[*1] 彼の辞令は一七七四年八月二四日にルイ一六世によって署名された。ルイ一六世は、同日付のコンピエーニュ発の手紙でチュルゴーの任命を地方長官たちに通告した。[*2] 二六日、国王は彼を国務大臣に任命した。なぜなら、財務総監はその資格だけでは最高国務会議への出席権がなかったからである。チュルゴーは、二六日にはさらに、国璽尚書ミロメニルの手に手を重ねて宣誓を行なった。三一日には彼の職務委任状が会計法院によって登録され、そして、慣例により彼はこの裁判所によって最終的に任命され、そこで会計法院長のニコライと若干の言葉を交わした。[*3]『歴史新聞』の記者は、チュルゴーは大きな拍手をもって迎えられたが、会計法院長はそれ以上にセンセーションを巻き起こしたと記している。というのは、「会計法院長は、新大臣に向かって百科全書的体系の精神が財務行政においていかに危険であるかを婉曲に述べた」[*4] からである。このときの彼の演説が少しあとになって同じ新聞に再録されたが、「これらのすべての政策において安易な手段を用いる」という言葉のなかにその意図がきわめて巧妙に隠されていたのでなければ、その再録文は、この演説の意味をはっきりと理解していたようには思えない。だがその言葉は、最悪の場合でも、計量経済学を利用しようとする試みに対しては非常に正しい警告として通用するかも知れない。彼の演説が再録文通りであったとしても、あるいは最初の記事が不正確なものであったり、あるいはまた、再録文から不穏当な箇所が削除されたのだとしても、この逸話はわれわれにとっては非常に興味深いものに思われる。なぜならその逸話は、待ちに待ったチュルゴーがやっと登場してきたという人々の幸福感のなかで、言い換えれば、「金融業者たちが急に財務総監に熱を上げ出した」状態のなかで、人々が新大臣のなかに鵜の目鷹の目で探し出そうとしていた欠点を示しているからである。

＊1　「人の噂では、ジェニー・ドゥ・ブロショ氏なる人物が財政改革案を作って財務総監のポストを得ようとしたために、バスチーユ監獄に投獄されたそうです。私はそのことをL氏〔ルイ一六世？〕のために残念に思っています。と言いますのは、もし私がブロショ氏に同情を感じましたら、バスチーユ監獄にいる彼も、彼が熱心に望んでいたポストにいる彼も、同じくらい好きになったでしょうから」（アンヴィル夫人宛の手紙、一七六九年九月二九日）。

＊2　ノイマルク、第二巻、三八四頁のシャンパーニュ地方長官宛の書簡を見よ。

＊3　この裁判官はチュルゴーの考えに好意を持っていなかった。フォンサン、七七頁および引用文。

＊4　一七七四年九月三日付の『歴史新聞』を見よ。

実際、われわれが知るこれらの二つの言葉についてのさまざまな報道は、肝心なただひとつの点では一致していることを示している。すなわちそれらの報道では、倹約、予算の均衡、減税といった肝心な点は、正確に取り扱われているのである。(1)

チュルゴーは、自分の立場を明確にさせようとして、直ちに公平無私の証拠と節約の模範を示した。財務総監の俸給は全部で一四万二〇〇〇リーヴルであったが、それを八万リーヴルと定め、就任費用は辞退した。その就任費用は、ほかの大臣の場合には、最もつつましい場合（モルパ）の六万フランから、最も金がかかった場合（サン＝ジェルマン）[2]の三四万四〇〇〇フランまでまちまちであった。同様にチュルゴーは、徴税請負人から請負契約毎に、ときには契約の署名に対する一〇万エキュを贈与の形で、またときには（契約期間中）年六回それぞれ五万フランを支払う形で、財務総監に支払われることになっていたご祝儀を受け取ることを辞退した。だが、このような慣行は、その当時の考え方に従えば不正とも不道徳ともみなされておらず、ヴェリの話によれば、テレー師は、ご祝儀に対する自分の権利を、正当性と財産の名目で弁明したという。当時は、高額の報酬に対する決まった規則はなかったし、公権力の財産と君主自身の世襲財産の区別もまだ不明確であった。しかも君主は、さまざまな恩典を与えると同時にいろいろな官職も与えたので、その両者から最大限の利益を得ようとすることもまた当たり前のことと思われていたようである。大臣の仕事も宮廷人の閑仕事も、利益を無限に引き出す合法的なチャンスとみなされていたようである。金銭に対する度を越した欲望も、不正取引を行なったり隠し立てをしない限り、それ自体ではスキャンダルの対象にはならなかった。その一方で大臣たちは、こうした微妙なことのわからない大衆からは、容易にスキャンダルを疑われたのである。テレー師の場合がそうであった。もっとも彼の場合には、スキャンダルの証拠は、思いやりなどそっちのけにこっぴどく言いふらされたのであった。ボワーヌの場合も確かにそうであったが、彼の場合には、その嫌疑は実際に捏造されたものであったようである。

このような精神状況と慣習状況においては、国務大臣の任命だけでなくその解任もまたある種の合意の上での取引の対象となっていて、彼らが失脚するときにも財を成すのが見られたのである。特に典型的な胸算用の例は、モンバレ大公が——同じような状況のなかで——普通の自己満足感をもって行なった（だから、ここでは完全に正当化されているように見える）計算である。すなわち彼は、年金、俸給および特別贈与金の家族合算所得は、広壮な住まいの永年使用権を計算に入れなくても、年一〇万フランを超えると計算したのである。[*5]

＊5　私は、ルイ一五世から、一七七三年にリールで行なわれた軍法会議ののち、毎月三〇〇〇フランの俸給を与えられていた。その年額は……………………………………三万六〇〇〇フラン

サン＝ジェルマン伯爵殿の内閣のときの総監察官の地位改革の際に、各総監察官につぎの額の俸給が渡された。……………………………………八〇〇〇フラン

国務大臣の年金……………………………………二万　フラン

騎士団シュヴァリエ年金……………………………………三〇〇〇フラン

〔計〕六万七〇〇〇フラン

私は、さらに、アルスナールに広壮な庭付きの非常に大きくて非常に美しい住まいを持っていた。これらのすべての使用権は、私のあとは、モンバレ夫人と私の子供たちに与えられることが約束されていた。だから、私がそれを手放さない限り、それは真の財産である。したがって、私はこの住まいを、私や私の妻や子供、それにわれわれの周りにいなければならないすべての人々のために、少しばかり華美で、何よりも精一杯便利なようにした。モンバレ夫人が、アデライード夫人の所へ移ったとき、彼女はこの家の手当を引き続き受け取った。……………………………………四〇〇〇フラン

彼女は、結婚して年金を得た。その年金……………………………………二〇〇〇フラン

そのうえ、彼女の父の死亡によって、別の年金を得た。その年金……………………………………二〇〇〇フラン

〔計〕八〇〇〇フラン

私の息子のサン＝モリ氏は、王弟殿下から、彼のスイス人近衛隊大佐指揮官の任務——それは許可を得て彼のために私が辞めたものであった——を与えられた。その俸給……………………………………一万六〇〇〇フラン

別の所からの俸給……………………………………一万六〇〇〇フラン

彼はルイ一五世からブザンソンのグラン・バイイ(3)の職を与えられた。その俸給……………………………………三〇〇〇フラン

さらに、ヴァルブおよびロード伯爵領のセネシャル職の俸給……………………………………四〇〇〇フラン

〔計〕三万九〇〇〇フラン
［総計一一万四〇〇〇フラン］

しかし、この金銭の問題を一面的な形で考えるのは間違いであろう。官職には欲望次第でさまざまな利益が伴うが、その人の気前のよさ次第ではさまざまな出費も伴うのであり、いずれにしても、最小限の削ることのできない経費と交際費が伴うのである。だから、チュルゴーが失脚したあとで、ネッケルが財務総監府に呼び出されすべての俸給を辞退する行動に出たとき——この行動はいずれにしても、非常に特殊な事情によって、すなわち、ジュネーヴ生まれの外国人としての彼の身分、彼の個人的財産、銀行家としての彼の活動によって、説明できるものであった——、チュルゴーは、そのときネッケルに対してはいくぶん偏った見方をしていたと思われるが、ネッケルのこの無私な行動はどちらかと言えば倹約の精神によるものであることを示そうとしたのである。[*6]

＊6　一七七四年七月三日付アンヴィル夫人宛の手紙。

話を元に戻すならば、役得に対するチュルゴーのこの辞退がどのような事情のもとで行なわれたかをわれわれは正確な形で明らかにすることはできない。ある人々は、徴税請負契約（ダヴィッド契約）(4)がつい最近テレーの肝煎りで締結されたときテレーはすでにもうご祝儀を受け取っていて、それを彼が吐き出させられたからだと言い、また他の人々は、テレーはまだ何も受け取っておらず彼が厚かましくも要求したからだと言っている。[*7]

＊7　まえの解釈は、メトラの『書簡集』（一一月九日）とレピナス嬢一一三頁（九月三〇日付の手紙）によって行なわれている。あとの解釈はヴェリ師（第一巻、二七二頁）によるもので、より詳しいその話の方が最も信用に値するように思われる。

しかし、この契約の署名に対する贈与一〇万エキュ(5)の辞退によって徴税請負人たちに余計な利益を得させるのを黙って見ている理由はまったくなかったので、その金は国庫に入れられて、貧しい人たちのための製糸工場を造るためにパリの聖堂区の主任司祭たちに配られた。*8

*8 ヴェリ、上記引用文。デュ・ポン『覚書』一七七頁。

この話の詳細がどうであれ、テレーだけでなく他の財務総監たちが世間のごくあたりまえなものとして受け取った、もしくは受け取ったと思われるものを、チュルゴーが辞退したことは確かな事実であって、彼のこの行為は、彼が自分の俸給をどの程度に評価していたかということのほかに、彼がこうした点においてもどの程度時代に先んじていたかを示しており、そしてまた、彼の方がわれわれの今日の考え方により近い所にいたことを示しているのである。

われわれは、チュルゴーの所得相当額を基準として、当時の大臣の経済状態が今日のどれぐらいの額になるかを考えてみたい好奇心にかられる。このような考えは無鉄砲な考えにすぎないかもしれない。しかし同じような問題は、この研究の過程で、もっと重要な資料に関してとりわけ予算について提起されると思われるので、われわれはこの最初の機会を利用して、必要な留保を行ないながらあえていくつかの参考指数を示すことにしたい。

まず始めに、物価変動の指数を考えなければならない。統計的な研究はいくつかの数値化された結論を引き出すことができるが、その数値には明らかに多くの恣意的な判断が含まれている。実際には、ある生産物は増加するが他の生産物は減少する、あるいはまた、ある生産物やサーヴィスが経済生活の場から姿を消すときには、他方で他の生産物やサーヴィスがそこに姿を現わすのである。われわれは、非常に大ざつぽにつぎのように考えることができる。すなわち、たとえば一九五八年と一七八九年について違った加重方式を用いると、二つの時点における物価の固有の動きは相殺され、現実の消費生活における新しい生産物の出現が古い生産物の部分的ないし全面的消失を相殺し、こうして得られた平均値が示すものはほとんど貨幣的な関係だけである、と。こうした基本的な考えに従うと、指数は二〇五と二二〇の間に落ち着く。この指数をチュルゴーの俸給の八万リーヴルに当てはめると、一六四〇万から一七六〇万フラン相当の収入になる。しかしこの計算は、比較的価値をまったく考慮に入れていない。実際それは、約一七〇〇万フランの収入をもってすれば、他の条件においてすべて等しければ、チュルゴーが八万リーヴルをもって手にすることができたのと等量の財とサーヴィスをわれわれが今日手にすることができることを意味しているにすぎない。しかしここでは、生活水準や国民所得や一七八九年と一九五八年との間に生じた購買上のいちじるしい向上はまったく考慮されていないのである。仮にある人がこの二つの時期にわたって生きることができたとしたら、その人は、大革命前の相対的に非常に低かった生活様式からするのとまったく同じものを今日購入したり消費したりするだけであろう。なぜなら、彼は、仮定によって、約一七五年間にフランス社会が獲得した全般的な富裕化の恩恵の圏外に置かれるであろうから。

それゆえ、可能な限り有効な比較を可能にするためには、物価指数を表わす第一次指数に、生活の全般的向上指数を表わす第二次指数を、あるいは同じことであるが、フランス人の一人当たりの所得の平均的向上指数を加えなければならないのである。

この計算は一八世紀のフランスにおける国民所得を想定しているが、その問題を追究するだけでも長期の研究を必要とするであろう。モリニエ氏[*9(6)]が収集した基本データと彼の記述によれば、われわれは、当時の国民所得について、五五億リーヴルという比較的高い数字を得ることができるように思われる。この数字には、一七八九年と一九五八年の二つの時点で、概算で一〇億以上の誤差があるようには見えない。もちろん、今考察されている二つの時期における人口の差を考慮すると、住民一人当たりの所得の増加指数はおよそ九となる。それゆえ、合成指数は〔二三〇×九で〕約二〇〇〇である。

＊9　「一八五〇年以前のフランスの集計値計算」、『経済学雑誌』一九五七年、八七五頁。

言い換えれば、個人の平均所得は一七八九年以前には二一〇リーヴルであり、（こちらのデータの方が明らかにずっと真実性があるから）それは、今日では四〇万五〇〇〇フランであると言える。補正平均値では、ルイ一六世のときに二一〇リーヴルの所得があった人は、今日では四〇万五〇〇〇フランの所得があることになるだろう。したがって、八万リーヴル受け取っていた大臣はおそらく約一五二万フラン受け取るだろう。

以上の計算からわれわれは、財務総監職は、ご祝儀を除いても、非常に高い収入であったと結論したくなるであろう。しかし、その職責は今日よりもはるかに重かったのである。

財務総監府は、ヌーヴ＝デ＝プチ＝シャン通りのマザラン宮殿、現在の国立図書館の附属建物に置かれていた。われわれはそれを、今日の概念に従って文字通り庁舎の形をなしていたと考えてはならない。行政の業務は、今日の業務よりもずっと発達していなかったうえに、ひとりの手に集中していたのではなく、六人の財務監督官[*10]の手に分散されていて、しかもそれぞれの財務監督官は、ブロンニュを除いて、自宅で仕事をしていたのである。この財務監督官自身は、事務室を持たず、ひとりの秘書とひとりの職員を手元に置いていただけである。配下の事務長はそれぞれの自宅に省の小さな部局を置いていた。今日ならば「大臣官房」を構成することになる個人的協力者、顧問、事務監督官ですら、必ずしも全員が大臣のそばにいたわけではない。大臣は、すぐに使える形で、総監用の邸宅に、首席秘書官——次官と官房長官の中間の職——と四人の職員（五番目の職員はヴェルサイユに住んでいた）によって運営される首席秘書官事務局、公文書局（ブロエ）、国債局（デュピュイ）、および、デトゥーシュのあとラクロワによって運営された合同事務局を持っていた。たいていの役人は馬でパリやヴェルサイユへ通勤し（ヴィリエ、バルベ）、他の役人は、財務総監の宮廷の通常の勤務場所、つまり国務会議の場所となっていたヴェルサイユにいた（メナール・ドゥ・コニシャール）。

＊10　オルメッソン、モロー・ドゥ・ボーモン[7]、トリュデーヌ[8]、ブロンニュ、アムロ、ブラン。職務分担の詳細については、フォンサン（第三章以下）とシェル（第四巻、二一頁および一二〇頁）の非常に申し分のない説明を参照されたい。権限は、一七七四年の王国年鑑につぎのように定められている。すなわち、「王室金庫、臨時収入、すべての徴税請負契約の全般的管理、聖職者、国内交易、陸上対外貿易、臨時戦費、砲兵隊および工兵隊、糧食用パンおよび食糧、糧秣庫、王室用建造物ならびに王宮、国債、ペイ・デタ（州三部会設置州）、通貨、高等法院ならびに上級裁判所、土木、堤防および防波堤、パリの堰堤および舗道、マニュファクチュール（手工業）、入市関税、市町村債、スイス人傭兵同盟、二〇分の一税、一リーヴル当たり四ソルの第一種二〇分の一税（動産二〇分の一税）、債務・債券の償還ならびに所定期日支払い資金、国内河川航行税、運河通行税」。

財務総監は、さらに、五人の通商監督官[*11]を配下に置いていたが、彼らもまた財務監督官と同様に、あちこちに分散して配置されていた。最後に、彼は全州の地方長官[10]（州知事）を支配し、ペイ・デレクシオン[9]については彼らを任命する権限を持っていた（ペイ・デタの地方長官の任命は陸軍相の管轄であった）ことを記憶に留めておこう。このように彼は、国家行政の指揮活動網の中心に置かれていたのであって、われわれはこのことから、彼の権限が今日の大蔵大臣の権限よりもどの点でまさっていたかを知ることができる。彼の権限とその付属業務は以下の通りであった。「土木」（彼は、フランス土木総監督官、パリ堰堤

・舗道維持総監督官、堤防・防波堤・王立苗床および商業港総監督官の肩書きを持っていた）、「通商ならびにマニュファクチュール」。もっとも、これらの行政の「細部」についてはトリュデーヌが担当していた。だからこの財務総監の地位は、今日ならば、大蔵大臣に公共事業・産業および通商担当閣外相を合わせたような地位である。念のためにその担当職務を列挙するならば、「市庁債支払い官」、「造幣局」、国庫金出納官の管理下に置かれていた「王室金庫」、タイユ税および二〇分の一税徴収官、徴税請負契約のための行政、財務総監と「常にかつ必然的に関連する限りでの特殊諸職務」[*12]である。

＊11　ブラ・ドゥ・カンシー、モンタラン、コット、ブロシェ・ドゥ・サン＝プレスト、ヴィルヴォー。

＊12　フォンサン(11)、七六頁。

この行政の全体は、ひとつの整然とした行政計画から生じたのではなく、一連の制度的工夫と手直しの結果として生じたのであるが、その全体は、ひとつの複雑な行政機構となっており、しかもその機構は、任務とする仕事の、たいていの場合実際的なというよりも理論的な仕組みによって、ますます動きの鈍いものになっていたのである。大臣の決定は、財政評議会もしくは通商評議会のような諸評議会において行なわれた。しかしこれらの評議会はそれらの決定を形式的に承認するだけであって、租税法院のいくつかの有名な建言書が詳しく述べているように、評議会の承認が財務監督官の単独裁量に委ねられない場合には、たいてい最終的には財務総監と財務監督官だけとの話し合いに委ねられたのである[*13]。こうした仕事の段取りそのものは、四つの常設委員会と一一の臨時委員会もしくは事務局によって準備された。それぞれの委員会もしくは事務局には一五ないし二〇人の委員がおり、全体で約六〇人いた国務評定官あるいは請願審理官──彼らも同じく脇役であって、相互に入れ替えられた──のなかから補充された。つまりそれは一種の多元評議会制(12)であったが、それは、ほとんど名目上の任務とつまらない仕事を正当化するために維持されていたにすぎなかった。

＊13　チュルゴーの任命の直前に、モルパによって財政評議会が効果的に運営されるような決定が出された。しかしその決定は、モルパがあとになって再び自分の利益のために利用することになるひとつの政治的策略にすぎなかった。チュルゴーのもとでは、このやり方は訴訟事件に関してのみ行なわれた。財政評議会には、財務総監以外に、国璽尚書、ベルタン、財務監督官のオルメッソン、モロー・ドゥ・ボーモン、トリュデーヌ、ブロンニュおよび国務評定官のフェドー・ドゥ・マルヴィルが加わった。シェル、第四巻、一六頁を見よ。

人々が最初に新大臣の動静を窺うのは、人事の問題に関してである。ましてや革新的な大臣の場合にはそうである。人々は、チュルゴーがテレー師のもとで働いていた参謀格の人間を一掃することを期待した。しかし実際には、チュルゴーは公平で控え目に事を進めた。彼は、実際にとかくの噂のある人間や、疑われても仕方のない人間、あるいは肉体的に働けない人間だけをはずした。彼らの更迭はまったく問題にならなかった。チュルゴーがマザラン宮殿にやってきたとき、彼は経験と計画を持ってきただけでなく、ひとつのチームを連れてきた。すなわち、たまたまそれまでに見つけ出すことができ、試す機会があり、育成する価値のあった助言者と協力者のチームを連れてきたのである。しかし彼は、お気に入りの者に「地位を与えてやる」ために空きポストを作るようなことはしなかった。必要な場合には、空きを待つか、さもなければ、新しい職務をつくるやり方を選んだ。しかし、こうした周到な配慮すら彼を批判に曝さずにはおかなかった。

まず最初に解決しなければならなかった問題は、いうまでもなく、首席秘書官の問題であった。大臣がこのようなポストに全幅の信頼のおける人物を望むのは当然のことである。おまけに、そのときの首席秘書官のルデュック〔ルクレール〕は、ことのほか疑わしい人物であった。だからチュルゴーは、彼をヴェーヌと入れ替えた。

当時の逸話的文学世界のなかでこの二人の人物を対比すると、あたかも敬虔な宗教的ミニアチュール（彩飾挿絵）が醸し出すような教訓的輝きを作り出すのである。一方のルクレールは、テレーの手下であり、その主人を映し出す鏡であった。すなわち、「彼の途方もない贅沢は大衆を憤慨させていた」。彼は年金も与えられずに解任されたが、「彼には金がありすぎたのに国は借金だらけであった」。彼の補佐役をしていた彼の息子は、父のポストの襲職権も自分のポストの襲職権も持っていなかった。つまり、「彼には悪しき道徳感があまりにも深く滲み込んでいたので、彼にそのポストを続けさせるわけにはいかなかった」[*14]が、彼は年金を受け取った。他方のジャン・ドゥ・ヴェーヌ（Jean de Vaines）[(13)]――生まれたときの名はドゥヴェーヌ（Devaines）――は、リモージュの領地の元の管理人であり、チュルゴーがリモージュで首席秘書官を探していたときに見つけ出した逸材であり、その後一七七一年にテレー師の世話でブルターニュの領地の管理人になった。彼は、テレー師と接触があったにもかかわらず生活は華美でなく、「遊びもせず、召使いも置かず、まったく人目につかなかった」。「彼が信奉していた哲学が、彼を御しやすく、謙虚にした」[*15]。彼は「道徳心に溢れていた」にもかかわらず、つまらない仕事に就いていた。「仕事に忙殺されたため、視力が衰えた」。彼はやせ細ったが、睡眠が彼をもたせた。彼の仕事の能力については、チュルゴーが確信をもって行なった抜擢を信用するしかない。チュルゴーは、常に愛情をもって彼を見守り、大臣の政敵たちが百戦錬磨の戦術を使い、彼の最も親しい協力者まで使って彼に打撃を与えようとしたとき、全力を挙げて彼を擁護した[(14)]。彼らの親密な関係は、金銭上のやりくり算段に限られなかった。ラントゥーイユ〔邸〕の古文書のなかにあるヴェーヌとチュルゴーとの間で交わされた書簡は、文学や演劇や芸術の現状に関する情報の一種の定期的な報告書となっている。それを読むと、われわれはそこにいくぶんの見せかけ的なわざとらしさを感じたくなる。実際それほどまでに、おべっか使いたちが千年の歳月を経て獲得した知恵が、偉い人を喜ばせるためにはその専門の仕事よりもむしろアマチュア趣味を褒めよ、と勧めているのである。だがヴェーヌには、領地の管理人としての資格とともに、文人としての資格をも要求する権利があった。彼は、正当にも、『凡庸の礼讃』という本を書かなかっただろうか。このタイトルは、人々にあてつけと受け取られたかも知れない。だが、たとえその本の成功が中くらいのものであったとしても、彼の一生にも彼の性格にも一風変わった特徴が見られないわけではないのだ。

＊14　テレー師の『回想録』二三二頁。
＊15　バショーモン(15)『回想秘録』第七巻、二一一頁、一七七四年九月六日。

われわれの物語のなかに、チュルゴーがなめた辛酸と密接な関係がありしかもいくつかの事件の発端にいたひとりの人物〔ヴェーヌ〕が登場するとき、われわれはその人物についてもう少し子細に考えてみたくなる。

この捉えどころのない人物は、その伝記がよく物語っている。彼は、人々が言っているほど低い身分の出（風刺作家たちは従僕の息子だと言っていた）ではなかったにしても、庶民の出ではあった。彼には波乱に富んだ青春時代があったと人々は言っていた。彼は、シャラントンにいて、喜劇役者の仲間と芝居をしていたようである。彼は、裕福な結婚によって素行が収まり、出世をした。彼は貴族になったが、それは、ディドロが彼について「まるで上流社会から手に入れたような軽快ですばらしい調子」と書くことができたほどの、一足飛びの出世であった。

われわれはヴェーヌを、ジュリー・ドゥ・レピナスの言葉を信じて、会話が地味で、生活規律の厳しい人間であったと考えてはならない。彼は、毎週火曜日には文人たちを夕食に招いていたし、ラヴァール夫人やボヴェ大公妃の熱烈な友人でもあった。大パトロンとそのお気に入りの協力者との間によく見られる際立った対照の法則通りに、彼は柔軟で、話がわかり、いつでも事をまるく収めることができた。彼の敵方は、彼はときとして事をまるく収めすぎると言っていたが、証拠があったわけではない。彼の友人たちでさえ、彼が必ずしも柔軟性のない人間とは思っていなかった。コンドルセは、王立運輸会社事件(16)に関連して、彼についてつぎのように書いている。「私は、ヴェーヌ氏が無一物であることに本当にほっとしています。彼はその事件でなくした財産以上の名誉を得ているからです。また、彼の行動上の欠点にすぎなかったものは、もし彼が成功していたら人々の目には卑屈と映ったことでしょう」。

ヴェーヌは、ネッケルの内閣の全期間ずっと主席秘書官の職に留まりながら、まったく自在に振る舞った。しかしだからと言って、チュルゴーに対する忠誠心に欠けるような印象を与えることもなかった。今度もまた、度しがたいコンドルセだけが懸念を表明した。彼はつぎのように述べた。「誠実に仕事をすることができないようなポストがネッケル氏のもとでヴェーヌに用意されるのではないかと、私も彼のために心配しています」[*16]と。

*16 コンドルセの『書簡集』の二九一頁を見よ。

ネッケルの失脚後、ヴェーヌは、(テレーを入れて)三人を超える主人に仕えることは難しいと考えて、カーンの儲けの多い徴税請負事務所に豪華な隠居場所を手に入れた。

彼は大革命のためにひと肌脱ごうとしてそこを出て、やがて大革命の試練を受けることになった。彼は監獄に拘置されたが、彼のように逮捕された徴税請負人や収税吏のなかではほとんどただひとり生きのびた。やる気のある人間と能力のある人間をあちこちで探していたボナパルトが、彼を参事院に登用した。

彼はそれに失望した。「ボナパルトはもはやわたしに赤い椅子しかくれない」と、彼は言っていた。彼の生涯にはもうひとつの椅子があった。すなわちアカデミーの椅子であって、彼は晩年の一八〇三年にそれに就いた。彼は、七六歳で、ロマンチックな解釈を生むような、非常に用心深く生きた人生からは容易に想像できないような、いささか不可思議な死に方をしたのであった。[*17]

*17 彼は恋のために、しかもその恋の情熱は成就したにもかかわらず自殺したのだ、と人々は言い張った。なぜなら、彼の年齢は、彼の幸福にふさわしい形で応える能力をもはや彼に与えていなかったからである。ヴェーヌについては、マッソンの研究、「革命暦第一一年のあるアカデミー会員」、『週刊評論』一九〇六年一〇月二七日、四八六頁、およびセギュール、三一二頁以下（彼は、ヴェーヌに対しては、それほど反感を持っていたわけではなかった）を見よ。

首席秘書官のヴェーヌは、自分が辞めるとき財務総監府事務局の二人の主任を道連れにした。ひとりは、「テレー師の執事で、彼の元の秘密の聴き役であり、彼の陰険な計画の立案者」[*18]であったデトゥーシュであり、もうひとりはデュピュイであった。デュピュイについては、テレー師と親戚関係にあった[*19]――だから彼は、辞めるとき他の者よりも「丁重な挨拶」を受けた――というもともとの欠点を除けばなんら非難されるべきところはなかった、とテレーの回想録の編者はわれわれに伝えている（しかし、編者のこの言い方はデュピュイに対しては明らかに寛大すぎる）。これらの二人の事務局主任は、ルズールとラクロワに入れ替えられた。後者はリモージュ時代のチュルゴーの元の私設秘書官であった。

*18 テレー、前掲書、二一〇頁。
*19 しかし、チュルゴーがこれだけの理由で解任を決めたとはとうてい思えない。それに彼は、のちに、テレー自身

の甥で、しかも同名の甥を、モントーバンの地方長官に任命するのである。

ほかに四人の正規の書記官がいた。[*20] そのうちのひとりのメナール・ドゥ・コニシャールは、チュルゴーの個人的信任を得ていたようであり、チュルゴーは、〔一七七六年五月の辞任のとき〕ルイ一六世への最後の手紙を彼に清書させて持って行かせたという。[*21]

＊20　ブロエ、デトゥーシュ、ヴィリエ（弟のヴィリエ・デュ・テラージュの手助けを受けていた）、バルベ。

＊21　シェル、第四巻、四一七頁、注。

チュルゴーは、六人の財務監督官のうち二人しか解任しなかった。しかし彼は、直ちに、ボードーの言葉によれば「しかも、間髪を入れずに」、彼らを解任した。それは、テレーの手下で二人の弥次喜多コンビのフロンとコシャン、「大物のフロンと小物のコシャン」であった。前者のフロンは、ソミュール出の小ブルジョワで、陸軍省主計官の公職を利用して悪銭をため込んでいた。「大金を持ち歩き、怒りっぽく、小利口で、大胆な」彼は、その好運を三つの光栄ある偶然に負うていた。つまり彼は、つぎつぎに三人のパトロンと出会ったのである。彼らは、――それが自分たちの利益のために利用できる限り――他人の策謀や悪辣な手管を進んで高く買うという精神に溢れていて、彼ら自身その資質をたっぷりと備えていたのである。この三人とは、ベリール将軍、(17) ショワズール公爵、そしてテレー師で、フロンを「非情な人間」として高く評価していた最後のテレー師は、彼を自分の推定相続人にしたのであった。

逆にコシャンは、まったくの小物で、偏屈な人間であった。つまり、「まぬけのブルジョワ、つまらない偏見の塊、どうしようもないえせ税務官、いつも動きまわって気をもんでいるお人好しの下僕」[*22]であり、他方から見れば、その相棒のフロンよりはましな出自の男であって、彼はラヴェルディのいとこで、高等法院派であった。彼がフロンには与えられなかった陸軍関係の栄職を得てそのポストを去ったのは、おそらくこうしことが関係していたと思われる。二人とも手数料を取ってその職務を行なっていたので、もしかしたらそのため辞職させられたのかも知れない。だがコシャンは、前もって抜け目なく自分の職を国王に売っていた。ところが、国王はコシャンがその職務を続けている間にそれを廃止してしまった。彼は、解任されたのちに国王への貸付金〔職を売っておいた代金〕を受け取り、さらに終身年金にまでもありついたのであった。ボードー[18]はこの件について、「サン＝ドゥニ街のあの小ブルジョワどものお見事な公金私消」と言っている。ブルジョワにはブルジョワが、騙《かた》りには騙りが味方する。田舎出よりもパリ出の方が、税務の出身よりも法廷の出身の方が、おそらくましである。「騙り」(friponnerie)、「闇取引」(tripotage)、「泥まみれになる」(patrouillage) あるいは「裏工作」(patricotage)。こう言った言葉が、当時の逸話好きな歴史家たちがフロンやコシャンについて語るときの常套語であった。それに彼らは、明らかに悪意でこうした言葉を用いていたのである。ところが、実際にいろいろな物語や資料に当たってみても、税務に対する熱意によって破綻に瀕した国庫を豊かにしようとする彌縫策も、個人的利益を狙った不正取引も、彼らの巧妙な活動全体のなかに加えることは困難である。

＊22　これらのいろいろな批評は、ボードーかあるいはテレーの回想録から借用したものである。ただし、引用されている文章は原文の通りではない。

フロンとコシャンの二人だけに限ったこの機敏な追放は、「宮廷での大きな噂と動揺」を引き起こさずにはいなかった。けれども、テレーの手下を快く思っていなかった世論は、回想録作家やゴシップ記者たちの記事よってわかるように、文句なしにその追放を喜んだのである。

フロンとコシャンの後任の問題ついてチュルゴーがとった解決策は簡明さを欠いていたが、そのことは、別の観点からすれば、きちんとした全体的観点から処理せず、一連の彌縫策と手直しによって事を処理してきたこの内閣のあまり論理に合わない性格によって説明することができる。大改革者のチュルゴーといえども、その点では伝統を断ち切れなかったのである。彼は、フロンの権限のいくつかを取り上げて、それをすでに職務に就いていた財務監督官のブロンニュに移管した。そのほかの権限は、新任の財務監督官のブタンに移管された。彼は国務評定官であったが、すでに以前に財務監督官を務めたことがあり、またチュルゴーの友人であったが、その能力についてはとかくの評判があり、目立たない役割しか演じてこなかったようである。『歴史新聞』(20)は、「両インド会社(19)の解体にこのうえなく貢献したのはひとりの知能の劣った男であって、ロラゲ氏はこの男に打ち消しがたいひどい嘲笑を浴びせた」、と書いている。事実ロラゲの敵意は、チュルゴーの目には、強い忠告としての意味を持っているように見えた。ブタンに対する攻撃がモルレ師に関わるような問題の場合には、とりわけそのように見えた。[*23] したがってチュルゴーは、ブタンの態度を厳しく評価した。人の噂では、彼の態度には、「ネッケルが両インド会社問題で画策するのを見、かつまたそれを暴露しておきながら、そのネッケルに対して(何かを)ねだるような卑屈さがあった」[*24]からである。

＊23　ロラゲ伯爵は、モルレとブタンを批判して匿名のパンフレット(21)を書き、ついで、(某L伯爵と)半分だけ名前を出した著書を書いた。モルレはこの著書に対して、世にも無礼な形でつぎのように応じた。「匿名の著者であっても、世の人々の心になんらかの感銘を与えた著書に対してならおそらく私は答えもしただろうが、私にとって幸いなことに、この本の著者はもう自ら名前を名のっていたのだ……」と。

＊24　一七七七年七月二四日の手紙。シェル、第五巻、五二六頁。バショーモン、前掲書、第一九巻、一七五頁および一七六頁。
　同じバショーモン(一九頁、一一〇頁)によれば、「両インド会社の株主たちが一堂に会したところを描いた」版画のパンフレットが作られた。そこには、財務総監のチュルゴーが左側のブタンと一緒にいるところが描かれて

いた。「ブタンは両インド会社を自分の所管に置いていたにもかかわらず、その解体に最も熱心であって、しかもその足もとでは、大きなブルドッグが目をらんらんと輝かせ、歯をむき出し、毛を逆立て、猛烈に吠え立てていて」、その犬をその主人が「奴らに嚙みつけ」〔モール・レ〕と言ってけしかけていた。これは、両インド会社の特権を攻撃した意見書の著者の名前、すなわちモルレに対する、同情すべき、仮借なき当てつけであった。

さらに、フロンの職務の残りの部分は新しい権利継承者の手に移された。独立部局の形で運営され、国務会議臨時委員会によって元のボルドーの地方長官ファルジェスの手に委ねられていた造幣局が問題であった。しかしこのファルジェスは、財務監督官の肩書きを持っていたわけではなかったので、その肩書きの代わりに、あとなって通商監督官の肩書きをもらうことになった。[*25] これはチュルゴーが熟慮の末に行なった抜擢であって、彼はファルジェスを食糧担当のアルベールの後任として難しい穀物問題を取り扱うポストに据えたのである。ファルジェスは、ボルドーの地方長官のときテレー師によって運悪く解任されたのである。そのときからチュルゴーの腹は決まっていた。それに彼は、エコノミストの説を深く信奉しているとみられていたのである。「あなたは、ご自分の説と同じ人しか用いないと世間から言われるでしょう」。[*26] おそらくこのためと思われるが、彼の昇進はさまざまに評価された。

＊25　トリュデーヌ宛の手紙、一七七五年三月二七日。シェル、第四巻、二九五頁。
＊26　『書簡集』一七七四年、一九六頁（日付なし）。

ファルジェスの昇進は、テレーの回想録の編者とメトラの書簡からは歓迎されたが、『歴史新聞』は彼の昇進に対してつぎのように留保をつけた。「この男はチュルゴー氏と同じ信条を持っているらしいが、おそらくチュルゴー氏は、その体系的精神のゆえに彼を自分の内閣の一員に加えたのだと思われる。それは節約にも何もなっていない。なぜなら、財務監督官のフロンがひとりで行なっていた仕事に対して、ブロンニュのほかにもうひとり余計に給料を支払わねばならなくなったからである」。この批判は、フロンの辞任によって空いた財務監督官のポストがその後使われないままになっていただけに、一層的はずれな批判であった。

しかしその六カ月後に、不承不承ではあったがモルパにせがまれて、彼の親戚で彼のお気に入りであったブルゴーニュ州の地方長官アムロー・ドゥ・シャイユーのために、財務監督官のポストがチュルゴーによって復活された。[*27] もしチュルゴーがもう少し先を読むことができたら、モルパを自慢させた[*28]この不穏当な温情策はおそらく断固拒否されただろう。なぜなら、のちにチュルゴーの意に反して宮内大臣となり、その結果二人の大臣〔チュルゴーとモルパ〕の対立の決定的な原因となり、しかも、破局的な危機〔失脚〕のとどのつまりの要の人物となったのは、このモルパが推した当のアムローであったからである。些細な歴史を彩るこのアムローなる人物は、「世間の人々はわたしがこの男をその才気を見込んで拾い上げたなどとは言わないだろう」[*29]と言ったその庇護者の、気の利いた冗談によって有名になったのであった。

＊27　いくつかの風説によれば、アムローはモルパの私生児であったという。同じように悪意に満ちた、しかし矛盾だらけのいくつかの別の噂は、この男を先天的に不能な男として描いている。
＊28　オジャール、前掲書、八五頁。
＊29　コンドルセの異文はつぎのように言っている。「この男にありあまる才能があるとは、少なくとも世間の人々は言わないだろう」(『書簡集』三〇三頁)。

小物のコシャンが残したものの方がもっと処理しやすかった。その実質部分をなしていた彼の専門分野は、彼の肝心な問題であった個人的評判の問題とともに、もうひとりの現職の財務監督官のモロー・ドゥ

・ボーモン――彼はすぐれた行政官で、その『租税論』で有名であった――の手に委ねられた。五人の通商監督官のうちの二人の解任についてもここに記しておく。その二人とは、ヴィルルヴォーという名の無名の通商監督官（彼は若干の時間のずれはあったがファルジェスと入れ替えられた）と、とりわけ、一七七〇年にテレーがチュルゴーの友人で自由主義的なアルベールに代えて食糧担当に任命したブロシェ・ドゥ・サン＝プレスト[*30]である。

＊30　当時はとやかく言われていたけれども、この人選が食糧の密売を有利にするためにテレーによって決定されたことを示す証拠は何もない。しかし、テレーが一七七〇年一二月の裁定によって〔自由な穀物取引から穀物取引の規制へと〕政策復帰を行なおうとしていたときに、世間で非難されていたような考えや打ち切る必要のあった実験〔自由主義的な考えや施策〕に熱中していた人間〔アルベール〕を、彼がこの仕事の責任ある協力者に留めておかなかったのは当然のことであった。

ブロシェを選んだ張本人のテレーとブロシェの権限の対象〔穀物〕そのものの二つが、たとえブロシェ自身は非常に清廉な人間であったとしても、大衆の非難にさらされる原因となった。おまけに、事態は決してそのままにしておけるような状態ではなかったのである[*31]。

＊31　チュルゴーは、おそらく非常に急いでブロシェの解任とアルベールの再任を決定したと思われる。チュルゴーのそばにいてその情報を手に入れていたレピナス嬢と相手側〔ブロシェ側〕のことを述べているデュ・デファン夫人の両方にそのことを示す証拠が見られる（レピナス嬢『書簡集』第四巻、一九四頁、八月二七日。デュ・デファン夫人『書簡集』第二巻、四二九頁）。

しかしながら、チュルゴーがブロシェの解任を要請する趣旨の国王への意見書――それにはルイ一六世自身の手による注がついている――を送付したのは、〔一七七四年〕一〇月一六日のことにすぎなかった[*32]。

おそらく、実際にはブロシェはそれ以前に辞職するよう求められていたが、調査を待ってはじめて彼の行政的立場が決定されたものと思われる。サン＝プレストの辞職は、当時の有名な寸鉄紙のひとつによって敬意を表された。彼はその購入を非難されていたすばらしい邸宅を賃貸していたので、冗談好きな書き手は広告面に大きな文字で「小麦粉邸」と書き入れたのであった。[*33]

＊32　メトラ『書簡集』第一巻、八四頁および一〇二頁。
＊33　『歴史新聞』第六巻、一六二頁。

人々が最も大きな変化を期待していたのは地方行政であったが、そこでは最も変化が少なく、現実にはなんの変化も起こらなかった。ボードー師は、〔一七七四年八月二四日の〕大臣たちの聖バルテルミー〔大臣の全面的更迭〕のあと、熱情にかられて――彼はのちにその熱情のきわめて恐ろしい実例を示すことになる――地方長官たちの聖バルテルミーを予言した。[*34] 大衆は更迭される地方長官を名指しした。その名(二一人のベルチエ、フレッセル、[(22)] カロンヌ、[(23)] テレー)が挙げられ、人数が数えられた。「一七日までに」と、『歴史新聞』は「あたかも情報をスクープしたかのように」はっきりと書いた。[*35] この記事を見れば、国の食糧調達についてのいろいろな作り話がどれくらいばかばかしいほど世論を毒していたかがわかるだろう。地方長官たちは、自分たちには手の届かない、結局は損をしかねないような、中央の取引の段階でしか不正やごまかしの機会のない穀物投機に、どのようにしてかかわり合うことができたというのか。穀物取引の同業組合はほとんど腐敗しているようには見えなかったし、地方長官からの手紙で判断するかぎり、それほどまぬけてもいなかったのである。チュルゴーはそれを知っていたし、彼は冷静であった。罷免も新たな任命も行なわなかった。彼は自分自身の後継問題に対処するだけでよかった。というのは、真っ先に任命されたルノワール[(24)]が、チュルゴーがパリへの旅立ちの時間をとる前に警察長官になったところであったからである。チュルゴーに代わってリモージュ徴税管区に赴任することになったのは、バイヨンヌ徴税管区のエーヌであった。そして、バイヨンヌはと言えば、この徴税管区はやがてオーシュ徴税管区にまったく無条件的に併合されることになる。だから、オーシュ徴税管区から〔エーヌの後任として〕バイヨンヌ徴税管区の地方長官になるジュルネは、悲劇的な運命〔自殺〕にいたる途中で、〔また元のオーシュ徴税管区に戻ることになるので〕中途半端な昇進を味わうことになるのである。

＊34　ボードー『日記』四一〇―一一頁。
＊35　『歴史新聞』一七七四年九月一九日号。

さらにチュルゴーは、私的な協力者たちを自分のチームに入れずにおくわけにはいかなかった。彼は、自分の傍らにデュ・ポン・ドゥ・ヌムールとコンドルセとモルレを呼び寄せた。最初の二人は、彼の親友であり、腹心であり、熱心な文通相手であった。三番目のモルレは旧友であり、チュルゴーは彼の才気と気立てのよさを買っていたが、彼とは信条と思想の上での本当の親密さはなかった。デュ・ポンは、エコノミストたちの祝福の地であるポーランドにいた。彼は、経済ジャーナリズムのひどく疲れる困難な仕事に、とくに、雑誌の刊行期日の心配のためにへとへとになっていたが、ツァルトリースキー皇太子(25)とは黄金の固い絆で結ばれていた。チュルゴーは、彼を九月一九日の王命によって呼び寄せ、最初は特別秘書として自分のそばに置き、ついで通商ならびにマニュファクチュール総監督官に任命した。その結果フランス政府は、補償金としてポーランドの皇太子に二万一八一六リーヴルを支払わなければならなかった。デュ・ポン自身は、この召喚によって高額な俸給とちょっとした幸運の約束を失ったが、少しもためらわなかったし、不平も言わなかった。[*36]

＊36　年俸三〇〇〇デュカ（三万三〇〇〇リーヴル）と特別手当としての住宅手当一一万デュカ（一二一万リーヴル）。シェルは、デュ・ポンの金銭上の喪失額を、三八万リーヴル、すなわち、われわれの基準換算指数〔約二〇〇〇〕によれば約七億五〇〇〇万フラン、と見積っている。

フランスにいたコンドルセは、ファルジェスの昇進後に造幣局長になったが、その前に、デュ・ポンと同じく通商総監督官に任命された。しかし彼は、科学アカデミーの書記官でもあったので、チュルゴーは、彼に対しても、一種の一括見積り予算の形でもっと高額な二〇〇〇エキュの報酬を自分の権限で保証しようとした。そのため、果てしない、うんざりさせられるようなもめ事が起こった。こうしたさまざまな人事上の調整や、さらには、彼の元の哲学の先生の不幸なシゴルニュ師に与えられた年金に見られるようないくつかの個人的恩恵のため、その個人的公平さについては疑う余地のなかったチュルゴーに対しても、自分の友人たちに対してあまりにも公金を気前よく使いすぎるといったきわめて極端な非難が起きた。彼は他人に対しては自分自身に対してほど厳しくなかったが、だからと言ってそのためにもろもろの悪習を許したわけではないことは言うまでもない。コンドルセは、このような噂に対して、見方を変えれば彼自身の傍観者的態度を示すような言葉で、つぎのようにチュルゴーに注意を促したのであった。「あなたが友人の世話をされる場合、あなたは金に糸目をつけないと世間では言われています。私自身がこうしたばかげた中傷を少しでも根拠のあるものに思わせているとすれば、私は非常に残念でなりません」[＊37]。

＊37　『書簡集』一九九頁。

デュ・ポンとコンドルセは、チュルゴーとは切っても切れない関係にあり、また歴史のなかで互いに切り離せない関係にあったし、感情と学説の同じ狭い回路のなかでチュルゴーの傍らにいながら、彼らがもたらす献身と彼らが受け取る信頼感において同等であったが、この二人は、われわれの目には、互いに補完的であり、対照的な人物であったように見える。デュ・ポンの役割の方がおそらくより重要であり、彼の協力の方が、より恒常的であり、より直接的に必要であった。二人ともチュルゴーに惚れ込んでいた。けれども、デュ・ポンの熱意はどちらかと言えばチュルゴーに対する称賛と熱狂の形で表わされ、コンドルセのそれは、「お人好しのコンドルセ」と呼ばれていた外見上の穏やかさにもかかわらず、忠告と義憤の形で表わされた。そのとき人々は彼を、「怒れる羊」とか「一見お人好し風のコンドルセ」と呼んだ。

　デュ・ポンは、コンドルセよりもありふれた容貌であり、後者よりも使いやすい人物であった。それに対してコンドルセは、デュ・ポンよりも人目をひく容貌であり、性格はむしろ風変わりと言ってもよいほどであり、気難しく移り気であったが、デュ・ポンよりも直感に富んでいた。デュ・ポンは本質的にチュルゴーの弟子であり、またときとして正確さを欠いたり（彼はよく手紙に日付を入れるのを忘れた）、節度に欠けたりしたが、決して情熱や信義に欠けることはなかったし、主人がいったんこうだと言ったら、少しもそれに逆らうような態度は示さなかった。

　コンドルセはむしろ忠告好きな人間であった。われわれは彼を助言者とは言わない。なぜなら彼は、やたらと忠告を行ない、忠告に（たいてい他人への）絶え間ない口出しと注文を交じえ、問題の核心についての彼の意見は多くの場合一貫していなかったからである。残念ながらその通りであった。というのは、彼については、彼を美化するような、しかも本当らしく見えるような多くの人物描写が残されているが、この男は、とりわけ今日のわれわれの目には、これまで誰も指摘していなかったただひとつの資質において、すなわち政治的心理についての大きな洞察力という資質において、注目されていたにすぎなかったからである。彼は、外見によってまず同時代者たちを欺いたとすれば、その伝説によってもっと長期にわたって後世を欺いてきたように見えるのである。

われわれがまず最初に彼から想像するのは、一種のコサイン（余弦）学者（savant Cosinus）――彼の社交界への紹介者で女友達のラ・フェルテ＝アンボー夫人の言う積分さん[26]――であり、猫背で、「才気よりも穏やかさ」を表わす容貌を持ち、レピナス嬢の言葉によれば、うっかりミスはやるが文体の簡潔さを誇るコサイン学者である。それは、常に計算術と統計表を研究している科学者であり、チュルゴーが熱中しチュルゴーを熱中させている度量衡の単純化の仕事に個人的な情熱を燃やし、最も実際的な問題から最も抽象的な問題にいたるさまざまな科学上の諸問題について、すなわち、木材の輸入一覧表、ぶどう酒の計量器の改良、オイラー[27]の翻訳、ボシュ師[28]の河川の流量係数について、さらには、胃下垂に関する国王の侍医ゴーチエ氏の治療法や、リヨンからパリを経由してル・アーヴルにいたる通行を可能にするロンパンデュ運河の図面計画について情熱を燃やし、そしてのちには、チュルゴーの近くにいて星のスペクトル分析を行ないながら、その失脚の興奮させるような最初の瞬間を味わうのである。*38

＊38　一七七六年五月―一〇月。シェル、第五巻、四八四頁。

だからと言って、彼を無味乾燥な人間であったと思うのは間違いだろう。なぜなら、彼の家では、社会生活や感情生活や物質生活さえもがスピードアップされていたからである。彼は一日に一〇時間働き、二〇人の文通相手と一〇人の親友がいて、しかもそのだれもが、彼から真っ先に気を配ってもらえると自惚れなしに信ずることができただろう。「人のいいコンドルセは、毎日自分の家に、ポトフ[29]とコートレット[30]と、彼らを迎えに行き彼らを乗せてやるための幌付き馬車を用意しておかなければならない」。それは一向に性癖を改めようとしない高麗鼠《こまねずみ》であった。――少なくとも他人の目にはそう映った。彼は、ほとんど疲れを知らない人間のように疲れることを恐れなかったし、ときには、働きすぎの大臣に対して自分の能力以上に気を遣っていると思われることがあった。彼は、活動的人間であり、「渉外活動」にふさわしい人間であった。

しかし、彼は政治的人間でもあった。社会面においては、コンドルセは人道主義に心を引かれており、経済問題よりも法律問題に関心を持っていた。彼には小麦に関する小論があったが、彼は経済学者というよりもそれ以上に百科全書家であった。彼は、個人的利益の動機よりも人間の普遍的権利の問題に熱心であり、商人の活動に対する規制よりも罪人の尊厳に加えられる侵害に対してすぐに義憤を覚える質であった。彼は「イギリスの法律」を称賛していたが、彼の詳しい説明を聞くと、特に不法監禁を禁止する人身保護令や刑事訴訟手続きの保障が問題にされているのであって、民法も政治制度さえも問題にされていないことがわかる。[*39] 彼はやはり同じ人道主義の立場から、植民地問題に関しては、チュルゴーが海軍省の改革計画の形で提出する予定でいたつぎのような命題、すなわち、「アジアを荒廃させることによってヨーロッパの名誉を傷つけかつヨーロッパを堕落させている専制的貪欲を根絶し、わが植民地を自由で強力なものにし、その弱さと必要性によってではなく、利益と感謝の気持ちによって植民地をその母国に結びつける」という命題を支持していた。

*39　コンドルセ『チュルゴーの生涯』二八三頁および二八四頁、注。

彼はすべての専制を憎んでいた。すなわち、人間による専制だけでなく、高等法院のような司法集団による専制をも憎んでいた。彼は、チュルゴーが当時の経済面での典型的な自由主義者であったのと同じく、政治面での典型的な自由主義者であった。そのため、そしておそらくはまた彼が反教権主義の最先端にいたために、急進派と言われた人たちは、彼を自分たちの先駆者だと主張していた。

政治形態に関しては、彼は漠然と共和的理念に惹かれていると考えられていた。「共和制はすべての政治制度のなかで最善である」。しかし彼は、チュルゴー自身と同様、彼が他方で表明していた思想、すなわち、「立法権を行使する権利は人間の権利のひとつである」という思想を徹底させることには躊躇していた。二人とも、その思想を実際に適用することの斬新さの前に尻込みしていたのである。（社会主義国家に関するルナン(32)の論調にも似た形で）「わたしはいまだかつて共和制を経験したことがない」と、彼はチュルゴーに言わせている。それに、この時代の民主主義者たちは、世論や民衆の偏見に不信感を抱いていたのである。「逆に君主なら、開明的な人々の意見に従って行動することができるので、彼らの意見が一般の人々の意見を教化し終わるのを待つ必要はない*40」と、彼は言っていた。これはまさに啓蒙的専制主義であって、だからこの点についてのコンドルセの考えは、決して独創的なものではなかったのである。彼において独創的であったと思われる点は、自己の信念の政治への応用の分野であった。

＊40　コンドルセ、前掲書、二九一頁、および、彼の『書簡集』二一頁の先に引用した文章。

対数に関する情熱や自然権に対する崇敬と同じく、人間についての彼の判断は、機敏であり、鋭敏であり、冷厳なまでに明断であった。彼は、デュ・ミュイに対しては厳しく、おそらくあまりにも厳しすぎたと言えるであろう。「王国中の最もばかで最もくだらない人間のうちのひとりだ」。それにしてもチュルゴーは、デュ・ミュイに寛大すぎるのではないか。一体彼は、このような陸軍大臣と一緒にやって何が実現できるというのか。われわれはすでに、ファルジェスやヴェーヌの任用について、彼らの任用が時機を得ていたかどうかというコンドルセの懐疑心を見てきた。彼は、本当にあなた自身も懐疑主義者かと問われた場合には、ヴェリに見られる陽気な懐疑主義が自分にもあることをはっきりと認めるだろう。「彼〔ヴェリ〕は、他人がわたしに与えたがっている嫌悪感を非常に面白がっています。……彼はこのことについて、そんなことをしてもなんにもならないと思われるほど熱心に、私に代わってチュルゴーに話しました」。そして、マルゼルブの徹底した脆弱さについても。ところがチュルゴーは、マルゼルブの脆弱さについては、まったく情けなくなるほどの幻想を抱くのである。コンドルセは、チュルゴーが入閣した最初の日から、さらにはそれ以前から、モルパの本質を暴いていたただひとりの人間であった。「私は、この男の小さな偏狂な精神があなたを大いに苦しめはしないかと心配しています[*41]」。

＊41　コンドルセは、それにもかかわらず、アカデミーでモルパの賛辞を読むことを引き受けた。しかし彼は、モルパの最近の政治活動に言及することは一切差し控え、陸軍大臣のポストにいた昔のモルパに触れただけであった。「私が今の時代の大臣の行ないについて意見を述べることができるほどの知識を持ち合わせていると、一体誰が思うでしょうか」。それに反し彼は、ラ・ヴリイエールの賞賛演説を行なうことは常に拒否した。そのため、彼自身のアカデミー入会選挙が遅れた。コンドルセの『モルパ賛辞』を見よ。

彼の洞察力は、人物だけに限定されず、集団の反応や事件にまで及んでいる。チュルゴーの内閣が衰退しつつあった時期に彼が公衆の声（la voix du *public*）と大衆の声（la voix *publique*）[*42]の区別について強調したことは、その背後で、世論が〔投票の形で〕制度的に表明されない現実の体制における世論現象についての、非常にきめ細かな分析がなされていたことを想定させるものである。

穀物政策に関しては、彼は、トラブル発生の危険と取締官の無為無策と無理解について、チュルゴーに的確に注告した[*43]。そして特に彼は、高等法院復帰の危険について死物狂いで警告した。

＊42　これは実は、サン＝ランベール『書簡集』二六五頁からの引用による。

＊43　「民衆が民家を略奪するのではないかと恐れていた私の心配について申し上げましたことを、あなたに思い出させるのを忘れていました。……」。日付のない一七七五年のこの手紙は、小麦粉戦争と同じ時期に書かれたもののようであるが、「彼ら（取締官ら）は、小麦の公定価格を定めなかったので、自分たちは完全に法律を守ったと信じています」と、彼がそれ以前に行なった忠告に言及している（コンドルセ『書簡集』二一四頁および二一二頁）。

コンドルセは、一般には、チュルゴーの取り巻きのなかでは「性急派」の傾向を代表していると考えられていたので（その逆はデュ・ポンであって、彼のモットーは「性急は失敗のもと、着実は成功のもと」[33]であった）、もしチュルゴーが彼の助言に従っていたら、彼が自分のペースで行なってきた彼にとっては死活の大事業であった改革計画を、まずい形で性急に扱ってしまっただろうと、考えられている。大臣の沈着冷静と節度を示す証拠としてコンドルセ宛のチュルゴーの返事がよく引用されるが、これは、しばしばチュルゴーに向けられていた乱暴にやりすぎるという非難を打ち消そうとするものである。その有名な一文に描かれたチュルゴーの考え方とは、つぎのようなものであった。「コンドルセさん、わたしはあなたの気違いじみた言葉のすべてにいちいちお答えしようとは思いません。……多くの点であなたは釈迦に説法をしていますし、他の点ではあなたは、状況次第で可能になることについての臨機応変の判断ができていません。何よりもあなたは性急すぎますよ」*44。ここでは、各人の人柄が各人の役割の論理的経緯のなかで姿を現わしているのである。すなわち、科学者で幾何学的精神の持ち主で偶然的なものを無視していたコンドルセは、理想によってしばしば非常識で大胆な考えに導かれるが、行政官で観察と経験を常に重視していたチュルゴーは、望ましいことと可能なことをなんとか織り混ぜようと努力するのである。

*44　しかしこの手紙は、チュルゴーが財務総監に就任する以前のものである（一七七四年）八月一七日、『書簡集』一九二頁）。これは夫役について書かれていて、二人の人間のそれぞれの立場の違いをはっきりと示している。シェル、第四巻、八六頁。

われわれが、最も重要な問題についてのコンドルセの見解の正当性をその後に起きた事件に照らして判断するとき、またわれわれが、チュルゴーが最初の頃に思いついた時間稼ぎの策が彼を苦境からも性急との非難からも免れさせなかったことをその後に起きた事件に照らして確認するとき、われわれは、おそらく理想主義者のコンドルセの方が正しかったし、また、時代の大きな転換期にしばしば見られるように、真の現実主義を生み出すものは、性急さであり、激しい欲求であり、状況の苛酷さであると考えたくなる。大臣がきわめて大胆に事を行なうことができるのは、ごく初めの時期である。改革者は常に攻勢であることに関心を抱くのであり、攻撃は敵の不意を突き、敵をすみやかに既成事実に従わせるのである。陣地戦で勝利を収めるのは保守主義である〔ところが機動戦ではそうではない〕。コンドルセがすぐさま自分の本来の任務に戻り、急いで夫役の問題に取り組むようチュルゴーを急がせたとき、[*45]またしても正しいのは彼の方ではなかっただろうか。だからチュルゴーは、もしコンドルセの忠告に従っていたら、一七七六年の運命的な事態の推移を前もってくい止めることに成功したのではないだろうか。今日のわれわれなら、コンドルセの忠告を、当時のチュルゴーが読み解いたと思われる以上に、深く読み解くことができるだろう。けれども、本当はわれわれは、コンドルセの忠告をあまり評価してはいないのである。

＊45　一七七四年九月二三日。『書簡集』二〇〇頁。

デュ・ポンと比較し、コンドルセと比較してみると、モルレの個性はかなり影が薄いように見える。彼は、最も辛辣な精神の持ち主であったにもかかわらず、知力において彼らに匹敵せず、多くのやさしい心遣いにあふれた行為にもかかわらず、チュルゴーに対する献身の一貫性において彼らに及ばなかった。彼は、チュルゴーのチームのなかでは端役を務め、ときには、ドラマのもつ雰囲気を和らげるにふさわしいひょうきん者の役割を演じた。彼は公文書局の専門職員であったが、慣例に従って自宅で仕事をしており、何よりも、しつこい嘆願者たちの「すばやい処理」(dispatching) を行なっていた。「わたしはあらゆる方面から小包や手紙を受け取っていた。以前には閑古鳥が鳴いていたわたしの事務室には、朝からたくさんのお客や訪問者がやってきた」[*46]。このような仕事はわれわれの知る彼の性格に驚くほど合っていたけれども、また、その仕事は彼が「大臣の仕事をフォローし」「大臣の栄光に関わる」ことを可能にしたけれども、さらにまたその仕事は、なんとかガリアーニに対する反論を出版し――この反論はテレーの内閣の間じゅう隠し通された――、おもねるほど多くの人にそれを配ることによって（チュルゴーはそれを広く地方長官たちに配り、国王自身も多くの部数を受け取った）[*47]ひどい遅れを取り戻すチャンスを彼に与えたけれども、モルレ師は、この著書の成り行きに満足しているようには見えなかったし、彼の大著『商業辞典』――それはとうとう日の目を見なかった[34]――を犠牲にして貴重な時間を失わなければならないことを嘆いていた。その結果、彼の回想録のなかの、高等法院の解体やショワズールの失脚、ルイ一五世の死、モルパとチュルゴーの大臣就任のような重要な事件を魅力ある要約の形で描いていた章は、「だから、わたしの大仕事は進捗しなかった」と言って、不意に悟ったような形で結ばれたのである。おそらくチュルゴーにとっては、『商業辞典』が大いに進捗していた方がよかったし、モルレがもう少し内閣のことに関わらない方がよかったかも知れない。なぜなら、モルレの熱意は、ときとして言葉のすべての意味において差出がましいものであったからである。[*48]

＊46　彼の『回想録』第一巻、二二五頁を見よ。
＊47　シェル、第四巻、二二八頁。
＊48　たとえば彼は、ボードーと一緒になって早くから宣誓同職組合の廃止を主張していたが、それは時期尚早であった。デュ・ポンは、その主張が、一七七五年五月の民衆暴動を招いたと思われるある陰謀の元になったと考えている。あとでわかるように、小麦粉戦争についてのこの小説風の解釈〔陰謀説〕は、考慮する必要はないように思われる。シェル、第四巻、五三頁、注。

ボードー師という名の、もっと恐るべきもうひとりのへま男がチュルゴーのチームに加わっていたが、彼は行政とは関係のない所にいた。彼は最初、奇しくもデュ・ポンよりも先に（のちに重農学派の機関誌となった）『市民の暦』の編集に当たっていたが、その後ポーランドに派遣され、ヴィルナの司教ミュッサルスキー大公の庇護のおかげで、出版の仕事からヴィドシニスキーの司教冠修道院長に戻った。チュルゴーは、彼を再び『暦』の責任者に据え、『新版市民の暦』のタイトルで彼に出版を再開させ、ボードー自身を一種の出版責任者にした。この二重の活動は、全体としてはあまりうまくいかなかったようである。なぜなら、「重農主義機関誌」は、釈迦に説法をすることしか、すなわち、すでに重農主義に改宗している人をさらに説得することしかできなかったし、他の仲間内では、理論家としての名声という最も肝心な点で、ますますチュルゴーに対する疑念を募らせたからである。ボードー師自身に関して言えば、彼は、驚くべき会計上の乱脈ぶりによってその最初の運営能力を示し、ポーランド旅行からはいくつかの突飛な外交理論を持ち帰ったが、高位聖職者らしい円熟さも身につけていなかった。彼は、チュルゴーに迎えられて感激のあまり狂い死しそうであった。驚くべきことにチュルゴーは、このような間抜け者を政府の補佐役に用いることによって起こりうる危険を予知できなかったようである。だがボードーは、妙案を書き連ねるのが巧かった。そして、チュルゴーが学術文献を極端に重視していたこと、また、自分の所説を著書にして宣伝しあとになってその宣伝行為によって自分の所説の評判を落とすような人間を誰よりも信用していたことは、おそらく彼の弱点のひとつであっただろう。*49 チュルゴーは、肝心なことは人を説得することであり、それは論証的方法によってはじめて可能である、と考えていたのである。(35) われわれは、チュルゴーがパリにきてモルレ師の文献を広める前に、彼がリモージュからル・トローヌの重農主義的文献を広めていたことを知っている。ボードーはチュルゴーの神聖な軍団の一員であった。また、チュルゴーの最も親密な四人の協力者であったデュ・ポン、コンドルセ、モルレおよびボードーの全員が、小麦取引に関する著作を書いたことを指摘しておかなければならない。それはまるで、改革のための十字軍の出発に当たって行なわれた騎士道精神のテストのようなものであった。ボードー師の能力はルボー師の協力によって二倍に強化されたが、それと同時に、ボードー師の『暦』の影響力も、ルボー師の『商業新聞』によってある意味で二倍に強化されたのであった。(36)

最後にわれわれは、心情的な親密さの点においては彼らよりも薄く、またその協力の点においても彼らほど頻繁ではなかったが、さらに二人の行政上の人物を、チュルゴーのチームの一員としての資格を与えられた者とみなすことができる。そのひとりはアンジヴィリエ・ドゥ・ラ・ビラルドゥリ伯爵(37)で、彼は、「才気と知識に加えて非常に誠実な心情を持った男」[*50]であった。彼は重要な専門的ポストを占めていた。すなわち、王室建造物総支配人（総監督官とも言われた）であった。彼は、大臣たちの聖バルテルミーと同じ日に、チュルゴーが財務総監に昇進するのと同時にそのポストに就いたところであった。というのは、チュルゴーはテレー師のポストを引き継いだのであるが、そのテレー師はこのポストを財務総監職と兼務していたので、彼はそのポストを二分する形で財務総監のポストに就いたのである。

＊49　バショーモン『回想秘話』第三四巻、一七〇頁。
＊50　シェル、第三巻、五六頁。

しかし、アンジヴィリエは重農主義的傾向を持っていたとはいえ、この二人の任命は互いに無関係であったと思われる。なぜなら、彼の引き立ては、彼が「お相手役」を務めていたルイ一六世の好意によって十分説明することができるからである。彼はまた、マルシェ夫人の二番目の夫であったが、このマルシェ夫人は重農主義理論の熱狂的な支持者であり、レヴィ公爵が残した生彩に富んだ人物描写[*51]によれば、「滑稽な外見をしたすぐれた才人」であった。チュルゴーの敵の手で書かれた「三人のマリ」というタイトルの、スラヴィが引用している誹謗文書によれば、彼女はブロンデル夫人やアンヴィル公爵夫人とともにチュルゴーの親しい女友達のひとりと思われていたようであるが、しかし、コンドルセの漠然とした話以外には、この点についての判断の手がかりはない。[*52]

＊51 「彼女はもう年もとっていて、その身形《みなり》は異様であった。彼女には、地上までとどいていた髪の毛以外には美しいところはまったくなかった。実際、その髪の毛はやすやすと地上にとどいていた。なぜなら、彼女は極端に背が低かったからである。彼女はその髪をいつも花や羽飾りで飾っていたが、それらはますます彼女の顔から皺を浮き立たせていた。彼女の物腰は、彼女の装いと同じように一見して気取って見えた。彼女は度外れにお世辞がうまかった。しかも、彼女はずっと以前から最高位の宮廷人たちを招いていたが、大貴族の方々に対する彼女の儀礼にはどことなく下卑たところがあった。彼女は国王の御寝の間の最上位の家令のひとりの妻であった」。「彼女はこのようなおかしな外見をしていたが、人々は彼女のうちに、すぐれた才人を、健全で敏捷な判断を、熱狂しない情熱を、とげとげしさのない面白味を、博識ぶらない知識を、そして、分け隔てのない一貫した親切心を見いだしていた」（レヴィ公爵、前掲書、八九頁）。この人物描写は一七八七年に書かれたものである。

＊52 「私は、今日はまだ私たちの三人のご婦人たちのご健康について知らせを受け取っていませんが、アンヴィル夫人がいつも決まってそれについて知らせて下さることになっています」（［コンドルセ］『書簡集』一七七頁および注）。アンヴィル夫人の名前は別の所に挙げられており、彼女は三人組のマリーのひとりではないので、この三人とは、レピナス嬢、ブロンデル夫人およびマルシェ夫人のことであると思われる。シェルは、三人目のマリーという伝説を生んだのは、チュルゴーとアンジヴィリエとの友情であったと推測している。しかしながら、そのアンジヴィリエとマルシェ夫人との結婚は、チュルゴーの内閣のあとのことであった。

アンジヴィリエは、そのポストにおいては、特に経済問題に関するチュルゴーの考えを補佐する何度かの機会を持つことができたし、実際に持った。彼はいくつかの逸話の主人公でもあった。『身ぐるみ剝ぎ取られたスパイ』[*53]によれば、アンジヴィリエは、リモージュのチュルゴーの官房にあった架空の蔵書にならって、国王の官房の扉に、貧民の救済、土地単一税、無制限の自由といった教訓的テーマを書いた絵入りのパネルを掲げることを思いついた。「けれども、これらのパネルはあまり高い所に掲げてあったので、近眼の国王には読めなかったようである」[*54]。この最初の話は一般には冗談とみなされているが、同じ出所の、もっと信用できるもうひとつの話がある。それによるとアンジヴィリエは、小麦粉戦争の時期にチュルゴーと国王との文通の仲介役を務めていたようである[*55]。いずれにしても、彼がチュルゴーの失脚のときにこの役目を務めたことは確かである。なぜならチュルゴーは、その信憑性の確かな彼の最後の手紙のなかでそのことにはっきりと言及しているからである。最後に、つぎのことを記しておこう。すなわち、アンジヴィリエは、その個人的忠誠心と重農主義的信念にもかかわらず、チュルゴーと対立する種を持っていたということ、しかし、アンジヴィリエもチュルゴーもそのために苦い思いはしなかった、ということである。つまり、王室建造物総支配人のアンジヴィリエは、その職務上の債務を清算するために富くじに頼ろうと考えたのである。彼の提案はきっぱりと拒否された。チュルゴーは、このような彌縫策が彼の前に持ち出される否や、顔を真っ赤にして怒ってつぎのように言ったからである[*56]。「そんなことをすれば、市民の末端にまでギャンブルの悪趣味を広げることになる。そんなやり方は、まるで君主が、ファロ賭博[(38)]かいつまでも続くビリビ賭博[(39)]を、すべての街角に開帳するようなものだ」と。

*53　シェルは、この出版物はミラボーの筆になるものだと言っている。しかし、別のいくつかの資料によれば、請願審理官のボドゥアン・ドゥ・ゲマドゥックによって書かれたもののようである（デストレおよびガレ『エギヨン公爵夫人』二〇四頁）。
*54　シェル、第二巻、七二頁。
*55　シェル、第四巻、四一七頁。第五巻、四四三頁をも見よ。
*56　シェル、第五巻、二三二頁。

チュルゴーはまた、その当時ロンドン大使館の公使であった友人のバターイユ・ドゥ・フランセス＝ダヴィルという名の外交官を私的外交顧問として使っていた。彼は、チュルゴーの年上の女友達のひとりであったブロンデル夫人――その夫も弁護士になる前に外交官の経歴があった――の兄であった（彼は、ロンドンに勤務していたときに、女帝マリア＝テレジアがマリー＝アントワネットに推薦した人物のリストにその名が挙げられたことがあった）[*57]。彼はヴェリとマルゼルブの友人でもあった。チュルゴーは、すでにリモージュにいたときから、フランセスを、ヒューム[(40)]との文通や、穀物の国際流通に関する情報入手のために利用していた。彼はフランセスを全面的に信頼していて、彼を入閣させようと試みた[*58]。

＊57　ヴェリ、第一巻、四三七頁。
＊58　下記、第三部第一章を見よ。

さて最後に――最後に述べるが、この人物は決して小物ではない――、サン＝サチュール・アン・ベッリの非聖職禄司祭ジョゼフ・アルフォンス・ドゥ・ヴェリを取り上げよう。彼に触れずしてどうしてチュルゴーのチームを描くことができるだろうか。しかし、どうすれば彼を最も巧くそのチームに加えることができるだろうか。彼がそのチームを支配していたと言うのは、正確ではないだろう。彼はチュルゴーの助言者であり、モルパの助言者でもあった。彼がもしその内閣にいたら、彼は彼らと対等の人物でありえただろう。彼は、チュルゴーとモルパの仲の「とりなし役」であったが、とりなすことが何もないときには、彼らのそれぞれの部局において同じように彼らに忠実に振る舞った。彼は権力の雰囲気のなかで生きていたが、ひとかけらの権力も手に入れようとしなかったにもかかわらず、政治の槓杆《てこ》は、彼がそれに手を触れなくても、心理的な制御によって彼の意のままに動いたのである。彼なくしては何事も行なわれなかったが、しかしやがてわかるように、もし彼がいなかったならば、すべてがもっと簡単に崩壊したかもしれないのだ。彼は、われわれの目には、戯曲の流れに影響を及ぼす聴き役としての並外れてすぐれた役割を演じていて、まるでファイドラ(41)の乳母とイフィゲネイア(42)の異母姉妹のように映るのである。その時代の出来事と人間についての比類のない観察者であり、このうえない貴重な証言者であった。彼は、他人についてはわれわれにすべてを知らせてくれたが、自分自身については、おそらくすべてを語ってくれなかったようである。なぜなら彼は、自分の草稿を入念に練り直したとき、自分の人物像についても一部創作することを思いついたからである。彼には、実際に外に現われていた以上に、しかも全体としては見かけ以上に、野心的な心があったと思わせるようないくつかの証拠がある。チュルゴーが彼に入閣を提案したとき彼が入閣に無関心であるかのように見えたのは、その計画が成功しそうもないことを彼はその時期にちゃんと知っていたからである。だがしかし、彼は言っている、「もしわたしがマルゼルブ氏と同じように入閣を求められたら、わたしは嫌とは言わなかっただろう」と。彼は、モルパとチュルゴーの仲を保つのは自分にしかできないことを知っていたにもかかわらず、決定的瞬間には背を向け、「幸福で平穏な時間」を、すなわちサン＝サチュールの保養地を、犠牲にすることを拒否した。なぜなら、「非常につまらない役回り」をそれ以上演じる気持ちにはなれなかったからである。「地位相応の肩書きを持たずに大臣たちの間にいることは、下っ端の陰謀家かおべっか使いの見せかけだけの役回りである……」「しばらくの間その役回りにわたしを耐えさせていた友情は、忍耐の限界に達した」。あまり本心を見せない男の割にはこれだけでも言葉が多すぎる。どうしてチュルゴーは、めったに心の動きを見せない裏表のあるこの男の防衛機制をもっと早く見抜いて、自分はゲームをしないで他人のカードばかりを非常によく読んでいたこの男を、政治のゲームに参加させなかったのだろうか。

チュルゴーのこの参謀本部において、さまざまな男性や女性が——この種の事柄で女性は無視できない

——たびたび関わりを持ち、彼らが外部からそれを助け、それに情報をもたらし、それに助言を与え、それを守り、最初の頃には宣伝戦の熱狂的な高まりを確実なものにし、最後の頃には可能な限り長く世論の熱が冷めないように奮闘した。しかし、そこには真の協力関係は見られなかった。そこには「支持者たち」がいただけであり、統率のとれていない、しかも絶えず流動する軍団があっただけである。だが、その軍団には、すべての百科全書家たちやすべてのエコノミストたちが、さらには、あらゆる種類の世話好きと理論も学説も持たない幾人かの善意の人々が、レピナス嬢やジョフラン夫人、(43) そして、ブロンデル夫人やアンヴィル公爵夫人のような哲学的サロンの女主人公から、成功の絶頂にあったダランベール(44)や亡命中のヴォルテールにいたる人々までもが、動員されたのである。そしてその軍団に対しては、変節者たちの加勢や日和見主義者たちの決断によって膨れ上がった敵対的な軍団が乱戦を挑んだ。ボードーに対してはランゲ(45)が戦いを挑み、ヴォルテールが押しとどめたにもかかわらずデュ・デファン夫人が、世の顰蹙を買っていた信心家たちや物笑いの種となっていた高等法院評定官たち、軽蔑の的となっていた宮廷人たち、失意のショワズール派、不安に駆られた徴税請負人たち、苛立ったネッケル派、頑迷固陋な統制主義者たち、さらには脅威を感じた特権者たちの途方もない結合集団が、その軍団に向かって戦いを挑んだ。そして、その決戦の帰趨は、社会の上層部においては、何人かの隠密の人間の長期にわたる策謀にかかっていたし、社会の下層部においては、コンドルセの哲学をすんなりと受け容れるような気まぐれな群衆の騒々しい合唱にかかっていたのである。「人間というものは、悪には静かにわが身を委ねます。けれども、誰かが彼らのために善をなそうとすると、彼らは反抗し、それは《改革》だと言って騒ぎ立てるのです*59」。それはともかく、周知のようにチュルゴー側の闘将たちは、そのあとに続く戦闘の間中ずっと姿をさらけ出して公然と戦いを進めた。それに対して反対派の動きは、およそ公然とは言えない戦略・戦術によって行なわれた。すなわち、モルパとミロメニルは内閣において、ブザンヴァールは閨房において、ドワニはその信書検閲局において、ボーマルシェとプゼはこのうえなく得体の知れない黒幕の形で。そして、おそらくは他の連中もまたそうであった。けれども、逸話的歴史によっては、ここにその全貌を暴き出すことも、そのすべての謎を解き明かすこともできないのである。

＊59 『書簡集』二一頁。

〔訳注〕

1 チュルゴーは、一七七四年八月二四日財務総監に就任するや、間髪を入れず国王に意見書を送って、「破産を避けよ」(Point de banqueroute)、「増税をするな」(Point d'augmentation d'impositions)、「公債を発行するな」(Point d'emprunts) の三点を強調した。Cf. Lettre au Roi en prenant possession de la charge de Contrôleur général (*Œuvres de Turgot*. Éd. Schelle, T. IVe, pp. 109-110).

2 サン゠ジェルマン (Claude-Louis, comte de Saint-Germain 一七〇七―七八年)。軍人を志し、各地で軍務についたのち、一七六〇年にデンマークで軍務についたが、フレデリック五世死後引退し、回想録を出版した。そのなかで彼は、フランス軍の欠陥を指摘し、軍制の改革を提案した。一七七五年、ルイ一六世により陸軍大臣に登用された。彼は、軍務の怠慢を厳しく追及し、宮廷貴族によって意のままに支配されていた小貴族を擁護した。一方で脱走による死刑を廃止したが、他方で軍人の実員数を増やし、とりわけ、近衛騎兵にプロイセン式訓練法と体罰方式を導入して大きな反発を招き、一七七七年陸軍大臣を辞任した。*Larousse*, T. IVe, p. 129.

3 グラン・バイイ (grand-bailli)。バイイ (bailli) は、近世では、北フランスの領主裁判所であるバイイ裁判所 (Bailliage) の長官を指す。これは、南フランスの同じく領主裁判所であるセネシャル裁判所 (sénéchaussée) の長官・セネシャル (sénéchal) に相当する。

4 ダヴィッド契約 (bail [Laurant] David)。一七七四年に結ばれた徴税請負契約の名称で、その総額は一億五二〇〇万リーヴル。Cf. Marcel Marion, *Dictionnaire des institutions de la France aux XVIIe et XVIIIe siècles*, Paris, 1923, Réimpression, 1968, p. 234.

5　エキュ（écu）。フランスの古い通貨の名称。①エキュ金貨（écu d'or）は聖王ルイ九世により初めて鋳造され、一六四〇年まで使われた。フランスの紋章が刻印されている。②エキュ銀貨（écu d'argent）または白エキュ（écu blanc）は、一六四一年から大革命まで使用され、一般には、三ないし六リーヴルに相当した。③共和国〔第II年〕エキュ（écu républicain [de l'An II]）は銀貨で、最後のエキュ貨。ここでは②を指す。

6　モリニエ氏（Jean Molinier　一九二三年―　）。フランスの経済学者。パリ応用経済学研究所、国立科学研究所、財務省経済財政研究所（国民会計学の研究）、国立外国貿易センター研究部（外国市場問題の研究）などに勤務。「国民所得」を中心に研究を行なう。原注9に引用の論文のほかに、「フランソワ・ケネーにおける国民所得計算法」（Le système de comptabilité nationale de François Quesnay　国立人口問題研究所編『フランソワ・ケネーと重農主義』（*François Quesnay et la Physiocratie*）第二巻、一九五八年、所収）、『フランス経済理論の発展――ボワギュベール、ケネー、セーの国民所得論』（*Les Métamorphoses d'une théorie économique. Le revenu national chez Boisguilbert, Quesnay et J.-B. Say*. Librairie Armand Colin, Paris, 1958（坂本慶一訳、未来社、一九六二年）などの論文・著書がある。

7　モロー・ドゥ・ボーモン（Jean-Louis Moreau de Beaumont　生没年不詳）。財務監督官、国務評定官。税制についてまとめた専門書『ヨーロッパの税制についての覚書……』（*Mémoires concernant les droits et impositions en Europe...*, Paris, 1787-89, 5 vols., in-4º）がある。

8　トリュデーヌ（Jean-Claude-Philibert Trudaine, dit Trudaine de Montigny　一七三三―一七七七年）。父のトリュデーヌ（Daniel-Claude-Philibert Trudaine　一七〇三―六九年。国務評定官（一七三七年）、土木経理財務長官（一七四三―六九年）などを務めた開明的な経済学者で、チュルゴーが尊敬していた人物のひとり）が財務監督官を引退したときに、正式の財務監督官となった（一七六九年）。一七七七年の同官職廃止のとき、財務総監への就任を辞退した。

9　ペイ・デレクシオン（pays d'élection）。直接徴税区州、すなわち、政府直轄の「直接徴税区」（élection）となっていた州を指す。ここでの徴税は、エリュ（élu）と呼ばれる収税吏によって行なわれた。

10　ペイ・デタ（pays d'États）。地方三部会設置州、すなわち、古い伝統を持つ「地方三部会」（États provinciaux）が置かれていた州を指す。ここでの徴税は、地方三部会によって行なわれた。

11 フォンサン（Pierre Foncinn　一八四一―一九一六年）。ボルドー大学文学部地理学講座を担当し（一八七六年）、ついでドゥエ大学区総長（一八七九年）、公教育省中等教育局長（一八八一年）、中等教育視学総監（一八八二年）となった。地理学の普及のための地方協会やフランス語普及のための民間の学院アリアンス・フランセーズ（Alliance française）を設立し（一八八三年）、後者の事務総長となり、ついで学院長となった。『チュルゴー内閣についての試論』（*Essai sur le ministère de Turgot*, 1877）、『歴史地図』（*Atlas historique*, 1888）、『フランスの諸地方』（*Pays de France*, 1898）などの著書がある。*Larousse*, T. IIIe, p. 545.

12 多元評議会制（polysynodie）。歴史的には、オルレアン公フィリップの摂政時代（一七一五―二三年）に設けられた政治制度（一七一五―一八年）を指す。行政機能の公正化と効率化のために各大臣に代わっていくつかの評議会（conseils）が設けられた。

13 著者は常に de Vaines と表記するが、当訳では、たんに「ヴェーヌ」と表記する。

14 ラントゥーイユ〔邸〕の古文書（les archives [du château] de Lantheuil）。ラントゥーイユ邸は、現在のミディ・ピレネ地域圏内のジェール県サン＝クレール（Saint-Clair）にあるチュルゴー家の元の住まい。現在もチュルゴーに関する多くの貴重な文書・資料が保管されている。Cf. Éd. Schelle, T. Ier, p. 6.

15 バショーモン（Louis Petit de Bachaumont　一六九〇―一七七一年）。文学者。その『文壇史のための回想秘録』（*Mémoires secrts pour servir à l'histoire de la république des lettres.*　しばしば『バショーモン回想録』（*Mémoires de Bachaumont*）の名で呼ばれる）は、一七六二年に始められ、ピダンサ・ドゥ・メロベールおよびムッフル・ダンジェルヴィルによって書き継がれたものであるが、それは、ルイ一五世時代の思想史のための第一級の資料を提供している。好奇心と懐疑的精神と享楽趣味を持っていたバショーモンは、四〇年間パリの第一級のサロンであったドゥブレ夫人のサロンの常連として、この『回想録』のなかに、政治、芸術、文学、演劇、パリの町などに関するあらゆることを書き留めた。*Larousse*, T. Ier, p. 498.

16 王立運輸会社事件（l'affaire des messageries royales）。詳しいことはわからないが、王立運輸会社が持っていた独占権をめぐるトラブルではないかと思われる。ちなみにフランスでは、一六七六年に、それまであった個々の運輸会社はすべて「王立運輸会社」に統合され、一六七八年にその会社に独占権（郵便と囚人輸送業務）が与えられた。その後ルイ一六世の時代になって、一七七五年八月二日の国務会議裁決によってそれまで統合されていた郵便物運送業務が貨物運送業務から切り離され、さらに後者は駅馬車運送業務と国営事業の形で統合されて、フランスの運輸業務は大いに改善された、という。Cf. *Larousse*, T. IVe, p. 827. M. Marion, *op. cit.*, p. 373.

17　ベリール将軍（Charles Fouquet, comte puis duc de Belle-Isle　一六八四－一七六一年）。ニコラ・フーケ（Fouquet ou Fouquet Nicolas, vicomte de Vaux　一六一五－八〇年）の孫。オーストリアと戦い、元帥、陸軍大臣（一七五八－一七六一年）となった。フランス・アカデミー会員。

18　ボードー〔師〕([abbé] Nicolas Baudeau　一七三〇－九二年)。初めシャランスラード大修道院で神学の教授をしていたが、一七五六年頃パリに来て『市民の暦』（*Ephémérides du citoyen*）を創刊した。当初彼はケネーの重農主義理論を批判していたが、その一〇カ月足らず前にル・トローヌとの論争を機にそれに転向したところであった。彼の転向にともない、『暦』は重農学派の機関誌となった。チュルゴーの内閣の成立とともに、その新しい行政の最も熱心な支持者となった。『経済哲学初歩入門、または、文明国分析』（*Première introduction à la philosophie économique ou Analyse des États policés*, Paris, 1771）ほか著書多数。*Larousse*, T. Ier, p. 602. 第一章訳注48をも見よ。

19　両インド会社（la Compagnie des Indes）。ジョン・ローは、一七一七年「西欧会社」を設立してルイジアナを中心とする北アメリカにおける貿易独占権を獲得したのち、それを拡大する形で東インド会社、西インド会社およびシナ会社を吸収して、一七一九年「両インド永久会社」を設立した。これは、保護と特権を中心とした重商主義的見地にもとづいて設立されたものであったので、内外における自由交易市場の確立を標榜する重農学派からは、当然批判と憎悪の対象となった。モルレは、『両インド会社の現状に関する論文』（*Mémoires sur la situation actuelle de la Compagnie des Indes*, 1769）で、この会社の独占的特権を攻撃した。なお、本章原注＊24をも見よ。

20　ロラゲ氏（M. de Lauraguais. Louis-Léon -Félicité, comte de Lauraguais, fils duc de Villars-Brancas　一七三三－一八二四年）。最初軍籍に入ったが、その後それを捨てて文学と哲学に献身。コメディ・フランセーズに大挙して押しかける王侯貴族を批判して、ヴォルテールから『スコットランドの女性』（*L'Ecossaise*）なる作品を贈られた。戯曲のほか、医師、裁判所、高等法院を批判する風刺詩を書いて、幾度も逮捕された。科学アカデミー会員。*Larousse*, T. Ier, pp. 842-843.

21 Mémoire sur la Compagnie des Indes, dans lequel on établit les droits et les intérêts des actionnaires, en réponse aux compilations de M. l'abbé Morellet, (s. l.) 1770.

22 フレッセル（Jacques de Flesselles　一七三〇―八九年）。請願審理官、ムラン地方長官（一七六二年）およびブルターニュ地方長官（一七六五年、この時彼はラ・シャロテ事件に対してきわめて厳しい態度をとった）、リヨン地方長官（一七六七年）を経て、大革命が始まる数週間前にパリ市長に任命された。逮捕を逃れようと懸命に画策したが、バスチーユに捕らえられ、七月一四日、市庁舎広場の群衆の前で処刑された。*Larousse*, T. IIIe, p. 518.

23 カロンヌ（Charles-Alexandre de Calonne　一七三四―一八〇二年）。最初アルトワ伯の評議会で次席検事を務め、ついでドゥエ高等法院の首席検事となり、若くして有名となった。メッスおよびリールの地方長官を経て、ラ・シャロテを裁く委員会の首席検事となったが、その態度には少しも曖昧なところがなかった。一七八三年、危機的な財政状況のなかで財務総監に任命された。彼は、反ネッケルを掲げて、公的資金の運営と課税方式の改革によって均衡予算の確立に努力したが、名士会によってその計画が拒否され、失脚した（一七八七年）。

24 ルノワール（Jean-Charles-Pierre Lenoir　一七三二―一八〇七年）。シャトレ裁判所評定官（一七五二年）、刑事代官（一七五九年）、請願審理官（一七六五年）を経て、一七七四年警察長官となった。チュルゴーとの対立から一七七六年一時その職を失ったが、チュルゴー失脚後一七八五年までその職を務めた。公営質屋を創設。女帝マリア＝テレジアのために、パリ市の治安の観点から、『パリ市の若干の施設の詳解』（*Détail de quelques établissements de la ville de Paris*, 1780）なる論文を書いて献呈した。最後は国王の文庫番となったが、大革命中は亡命し、一八〇三年にフランスに戻った。*Larousse*, T. IVe, p. 401.

25 ツァルトリースキー皇太子（prince Adam-Casimir Czartoryski　一七三四―一八二三年）。ポーランドの王族。当時の選挙王制のもとで立候補し、アウグスト三世の後継者を選出する議会の議長に選出されたが、後継者には選出されなかった。彼は王政の世襲を望む一派を代表していたのである。また、ポーランド問題へのロシアの干渉を容認した。『箴言集』（*Lettres de Doswiadczynski*）を出版した（一七八三年）。*Larousse*, T. IIe, p. 401.

26 積分さん（Monsieur intégral）。コンドルセは、一六歳のとき、数学者のダランベール（Jean Le Roland d'Alembert 一七一七―八三年。『百科全書』の強力な協力者であり、剛体の運動論で知られる）、同じくクレロー（Alexis

Clairaut 一七一三―六三年。微分方程式論などで知られる）および幾何学者のフォンテーヌ（Alexis Fontaine 一七〇四―七一年。等時性の理論で知られる）の前で数学（積分）の論文の公開審査に臨み、大きな成功を収め、その後も多くの数学の論文を発表し、科学アカデミーに迎えられた（一七六九年）。

27 オイラー（Leonhard Euler 一七〇七―八三年）。スイスの数学者。力学、天文学を含む数学のあらゆる分野に膨大な研究を残した。特に、一八世紀における解析学の発展に大きく貢献した。

28 ボシュ師（abbé Charles Bossut 一七三〇―一八一四年）。数学者。パリに赴き、そこで早熟の才能を見いだされ、クレローおよびダランベールの庇護を受けた。一七五二年には、マジエール工学学校の数学教師となった。一七六八年科学アカデミー会員。理工科学校の試験委員。『力学概論』(*Mécanique en général*, 1775)、『数学講義全課程』(*Cours complet de mathématiques*, 1795)、『航行、天文、物理および歴史に関する論文』(*Mémoires concernat la navigation, l'astronomie, la physique et l'histoire*, 1812) などの著書がある。*Larousse*, T. Ier, p. 786.

29 ポトフ（pot-au-feu）。牛肉と野菜を煮込んだ汁の多い家庭料理。

30 コートレット（côtelettes）。羊・仔牛・豚などの骨付きあばら肉。

31 人身保護令（habeas corpus）。人身保護の目的で、拘禁の事実・理由などを聴取し、拘禁の当不当を調べるため被拘禁者を出廷させる、英米法における命令書。ラテン語 habeas corpus ad subjiciendum（法廷に出頭すべし）の略。

32 ルナン（Joseph Ernest-Renan 一八二三―九二年）。歴史家、哲学者、言語学者、モラリスト。セム語（アラビア語、ヘブライ語など）と地方史の研究のために聖職を捨てた。古文書・法令などについての彼の解釈学的研究は、合理主義的観点を如実に示しており、その観点はまた、『科学の未来』(*l'Avenir de la science*, 1890) および『キリスト教の起源の歴史』(*l'Historie des origines du chritianisme*, 1863-81. その第一巻『キリストの生涯』(*Vie de Jésus*) は大きな反響を呼んだ）に現われている。『幼児期および青年時代の思い出』(*Souvenirs d'enfance et de jeunesse*, 1883. そのなかの『アクロポリスでの祈り』(*Prière sur l'Acropole*) は最も有名）は、彼に信仰を捨てさせた事情を物語っている。フランス・アカデミー会員。著書厖大。

33 「性急は失敗のもと、着実は成功のもと」(Rien par choc, tout par ondulations)。原意は、急いで一挙にやっては何の成果も得られないが、波紋が伝わるように徐々にゆっくりやれば完全な成果を得ることができる、との意。

34 モルレは、この辞典の趣意書（『新商業辞典刊行趣意書』（*Prospectus d'un nouveau dictionnaire de commerce*））を、すでに一七六九年にパリで出版していた。

35 ル・トローヌ（Guillaume François Le Trosne　一七二八―八〇年）。ケネーの忠実な弟子のひとりで、重農主義理論の普及者。当初法学を学んだが、一七六四年以降ケネーの学説の信奉者となり、経済問題を論ずるようになった。著書に、『社会秩序について』（*De l'ordre social*, 2vols. Paris, 1777. 重農主義理論の最良の解説書のひとつ）、『価値、流通、産業および内外交易と関連した社会的利益について』（*De l'intérêt social, par rapport à la valeur, à la circulation, à l'industrie et au commerce intérieur et extérieur*. Paris, 1777）などがある。前掲『経済学小辞典』二一二―一三頁を見よ。

36 ルボー師（Pierre Joseph André, abbé Roubaud　一七三〇―八九年あるいは九二年）。ケネーの忠実な弟子のひとり。早くからケネーの重農主義理論を支持し、重農学派の機関誌『商業雑誌』（*Journal du commerce*）、『農業、商業および財政雑誌』（*Journal de l'agriculture, du commerce et des finamnces*）、『商業新聞』（*Gazette du commerce*）などの編集者として腕を揮った。『経済学閑話休題』（*Récréations économiques*. Amsterdam et Paris, 1770）では、ガリアーニ師の『小麦取引に関する対話』（*Dialogues sur le commerce des bleds*, Londers, 1770, 2e éd., 2 vols., Berlin, 1795）を批判した。前掲『経済学小辞典』二一三頁を見よ。

37 アンジヴィリエ・ドゥ・ラ・ビラルドゥリ伯爵（Charles Claude de La Billarderie, comte d'Angivillier　一七三〇―一八〇九年）。ルイ一六世下の王室建造物・庭園総支配人（一七七四年）。科学・絵画・彫刻アカデミー会員。芸術家、学者、文人たちの最も開明的な庇護者のひとり。大革命下に亡命。*Larousse*, T.Ier, p. 228.

38 ファロ賭博（jeu de pharaon）。一八世紀に大流行した、親が銀行（バンコ）役を務める賭けトランプ。

39 ビリビ賭博（jeu de biribi）。イタリアで生まれたロト（番号合わせゲーム）の一種で、一から七〇までの数を記したゲーム盤を使い、袋に入れた球を取って数合わせをするギャンブル。

40 ヒューム（David Hume　一七一一―七六年）。一八世紀のイギリスの経済的自由主義と啓蒙哲学の代表的思想家のひとりで、スコットランド歴史学派の先駆け。古典経済学への道を切り開いたアダム・スミス（Adam Smith　一七二三―九〇年）と親交があり、その死に際しては、スミスから「追悼の辞」が贈られた。名誉革命以来の貴族的特権と制限選挙制を支持し、外交官としてパリに滞在したこともあった。チュルゴーの最も信頼する友人のひとり。

『政治論集』(*Political Discourses.* Edinburgh, 1752) などの著作がある。

41 ファイドラ (Phèdre)。ギリシア神話に登場するクレタ王ミノスとパシフェアの子で、テセウスの妻。義理の息子ヒッポリュトスを愛し、自殺する。ラシーヌら多くの作家の題材となった。

42 イフィゲネイア (Iphigénie)。ギリシア神話のなかのミュケナイ王アガメムノンの娘。女神アルテミスの怒りを鎮めるために父の命で人身御供となるが、女神が彼女を救う。

43 ジョフラン夫人 (Marie-Thérèse Rodet, Mme Geoffrin 一六九九―一七七七年)。フランスの女性文芸庇護者。芸術家、哲学者、大貴族たちに開放したそのサロンで有名。とりわけ、百科全書家たちを庇護した。また、絵画のコレクションでも有名。

44 ダランベール (Jean Le Rond d'Alembert 一七一七―八三年)。数学者で哲学者。宗教と哲学においては懐疑主義の立場を取り、宗教的寛容を擁護した。その『百科全書序説』(*Discours préliminaire de l'Encyclopédie*, 1751) では、『百科全書』(*L'Encyclopédie, ou Dictinnaire raisonné des sciences, des arts et des métiers*, 1751-80, 35 vols.) の基本理念である自然哲学と科学的精神を説明した。物理数学の研究(三体問題、分点歳差、振動弦)から、微分方程式と偏導関数の研究に至った。主著の『力学論』(*Traité de dynamique*, 1743) では、「ダランベールの原理」として知られる定理を述べた。『百科全書』への弾圧がひどくなったときその仕事から身を引いたが、エカテリーナ二世やフリードリヒ二世からの名誉ある招請を拒絶した。彼は、友人たちを、とりわけレピナス嬢を、毅然とした公平無私の精神で遇した。科学アカデミーおよびフランス・アカデミー会員(一七五四年選出、一七七二年終身会員)。*Larousse*, T. Ier, p. 132.

45 ランゲ (Simon-Nicolas-Henri Linguet 一七三六―九四年)。弁護士でジャーナリスト。ドゥ・ポン公爵の秘書としてポーランドに赴いた。モランジェス伯爵のために書いた訴訟準備書面(一七七二年)は、法廷での弁護士としての雄弁を示している。一七七五年、同業者とのいさかいおよび反ローマ法の立場のため弁護士会を除名された。アカデミーとの紛争のため、パリおよびフランスから立ち去った。一七八〇年帰国したが、デュラ元帥を激しく攻撃したため、バスチーユ監獄に投獄された(一七八二年出獄)。一七八三年、『バスチーユ監獄についての回想録』(*Mémoires sur la Bastille*) を出版(文体は精彩に富んでいるが、内容はきわめて不正確)。大革命を避けるためブリュッセルに行き、一七九一年帰国。恐怖政治のときマルヌに身を潜めたが、発見され、死刑を宣告されて、処刑された。著書に、『政治・文学日記』(*Journal politique et littéraire*, 1774-76)、『政治・文学年報』(*Annales politiques et littéraires*, 1777-92) がある。重農学派に対しては終始批判的な立場をとった。*Larousse*, T. IVᵉ, p. 466.

第五章　専門行政概観

この最初の一歩を踏み出すと、アリ・べは王国の国内経済の問題に取りかかった。周知のように、その問題は完全にあの帝国大財務官の自家薬籠中のものである。彼はいつのときも王様であり、彼の考えは最高の権威を持っていて、すべての市民に強烈な印象を与えるのである。だから、彼が逆の印象を与えるときは、王国の機械の動きが異常なときか、狂っているときにほかならない。

『操り人形』（伝プロヴァンス伯作）

「上記の大臣は自分の仕事の厖大さに少々辟易しているように見えますが、大いにもっともなことです」と、メルシ＝アルジャントーは〔一七七四年〕九月二八日に書いている。ここでオーストリアの大使[*1]が〔国内経済の問題と言って〕特に婉曲に触れているのは、チュルゴーの改革案のことであり、門外漢たちが「節約問題」と言っていた主要問題のことである。財務総監は、予算節約の問題や彼がもくろんでいるもろもろの大改革や、大臣として関わらなければならない――しかも、彼の事業の命運のいくぶんかはそれに懸っている――政治全般の諸問題のほかに、非常に広範な日常の行政上の必要事項や、緊急の、通常の、あるいは、積もりつもった諸問題や、小さな結果やわずかな結果しかもたらさないか、ときには重大な結果さえもたらす、無数の問題に直面しなければならないが、しかしそれらも、彼の専門の行政運営の範囲を越えるものではないのである。

＊1 ネニ男爵宛の手紙。『書簡集』第二巻、二四二頁、注。

財務総監の公的権限の一覧表を見れば、また、チュルゴーがかつて手にしていた評判を考えるならば、彼が抱えきれないほどの仕事に取り組み始めたこと、そして、彼はその仕事に少しも手加減を加えなかったことは、疑問の余地がない。

この推測が正しいことは、刊行されたもろもろの裁決や手紙のリストや国立文書館[(1)]にある彼の行政書簡の登録簿を見ることによって、容易に確認することができる。[*2]

＊2 フォンサン『チュルゴーの内閣についての試論』一二一頁。シェル、第四巻、二八頁。

彼は行政書簡の慣行をいつも通りきちんと行なった。[*3] 彼はいかなる点においてもその職務上の権限を放棄しようとしなかった。[*4] あれほど錯綜していた行政運営について、関係分野ごとに重要性の度合に応じて扱い方を変えることは、非常に難しいことなのである。

＊3 シャンパーニュ地方長官宛の書簡、一七七四年一一月二三日。ノイマルク『チュルゴー』三八五頁。一通の書簡でひとつの事柄しか扱わないとか、各頁に半分の余白を空けて書くことなど。

＊4 高等法院の要求条件に反して建物を壊す際の、道路に関する財務局の権限を認める国務会議裁決。一七七五年七月一三日および二六日。シェル、第四巻、六五一頁。

物事を分類しようとするすべての試みには、最もすぐれた著者でさえ必ずしも避けることのできない危険が伴う。すなわち、非常に規模の異なる政策を同一のレベルに置く危険や、つまらない施策を「改革」だと言って過大視する危険や、チュルゴーの内閣に対してあとから全面的な「計画化」といった行きすぎた外観を与えるような危険が伴うのである。歴史上の見方のなかには、ブザンヴァールのような何人かの同時代者たちが、逆の間違った見方から計画の欠如と「いくつかの二次的な事業」[*5]しか見なかったところに、事前の十分な計画の立案と計画の進展を無理やり読み取ろうとする傾向が見られる。それにまたブザンヴァールには、われわれが意図しているようなチュルゴー内閣の施策の詳細な研究を行なう気持ちはまったくなかったのであって、こうした研究は、チュルゴー内閣の政策の分析を目的とした主要な著作のなかで、完璧な形で続けられてきたのである。ここでのわれわれは、一七七四年八月に始まる第一期について――われわれはその時期を、穀物戦争のすぐあとの国王の聖別式の日[*6]、すなわち六月の初めの時期で終える――、自由に一瞥したいだけである。その際われわれは、たとえ真の改革が問題となっている場合にも、専門的な行政運営に属するすべての事柄を、経済政策あるいは政治政策全体の観点から考えられた重要問題と区別して考えるよう努力するつもりである。すなわち、われわれが今考えている時期に関しては、専門的な行政運営に属する事柄を、穀物問題、予算政策ならびに高等法院の復帰の問題――これらの問題は以下の三つの章の主題となる――と区別して考えるよう努力するつもりである。

*5　ブザンヴァール『回想録』第一巻、三二八頁。
*6　それにもかかわらずわれわれは、テーマの必要性に応じてこの年代上の境界線からはみ出すかも知れない。

チュルゴーの行政運営の最初の時期は、コメディー＝フランセーズ事件[(2)]、グラニエール事件、砕氷船事件といった少しばかり目につく一連の事件を、たまたま時期を同じくした形でわれわれに示している。チュルゴーは、九月一八日から、第二のコメディー＝フランセーズの建築問題に取り組んだ。それはおそらく、演劇上あるいは建築技術上の観点からではなく、費用の観点からであったと思われる。そのとき、ホールについて二つの案が競合していた。ひとつはモローという男の案で、彼はコンデ邸の状況がよくわかっていて、その案が勝利したように見えた。すでに着工されていたし、費用も計上されていた。もうひとつはリエジョンという男の手になるもので、負けたようには思われていなかったし、彼の案の方がはるかに安上がりであったので、リエジョンは、――チュルゴーの協力者〔私設秘書官〕のラクロワの介入のおかげで――、改めてその問題を検討にかけるためモローの案を中断させた。チュルゴーはこの問題を成り行きにまかせた。それほどまでに経費の節約が至上命令であったし、少なくとも当時はそうであった。*7

*7　バショーモン、一七七四年九月一八日、第八巻、二一四頁。のちに、しかし建築場所を変更して、モローの案が再び取り上げられた。こうして、一七八二年にオデオン座(3)が誕生した。フォンサン、九七頁。ラクロワの公平さは必ずしも疑う余地のないものではなかった。第三部第七章を見よ。

この事件の直後に、バショーモンの新聞が別の二つの事件を持ち出した。二つとも文字通り奇妙奇天烈なものであったが、第一の事件は、その主人公の人物そのものについて言えば、リシャール・ドゥ・グラニエール(4)という名の半狂人であり、『節約的課税ならびに財務行政案』という本を書いてチュルゴーに献呈した人物であった。チュルゴーは、彼に、大衆がこの本の価値の判定者となるようそれを印刷すればよいと言った。ボードー(5)によれば、彼は、「なぜなら、わたしは大衆以外に判定者は認めないから」とつけ加えたようである。*8 われわれは、この事件のなかにも、チュルゴーの考えの二つの特徴を見いだすことができる。すなわち、ひとつは自由主義（この場合は思想表現および思想の枠組みとしての自由主義）であり、もうひとつは大衆主義と呼べるものである。われわれは、この大衆主義という考え方のなかに、大衆への信頼感と、いろいろな著作を自由に読ませることによってこの大衆に経済情報を得させようとする願いと、そしてまた、計画を秘密裡に行なおうとしているという噂を避けたいとする配慮を、同時に読み取ることができるのである。累積的にますます顕著になっていったこうした配慮を実際に言い表わすときには、俗語の「用心」(gaffe) という言葉に言い換えられた。事実チュルゴーは、口で言うだけでは満足しないで、著者に、その著書を流布する完全な自由を持っていることを示す念書を書いたのである。グラニエールはこの念書を自分の本の冒頭に印刷させた。その結果、この念書はその本にいかなる支持も与えていなかったにもかかわらず、大臣の署名は推薦文のような印象を与えた。おまけにこの手紙は、まえがきと一体の形で印刷されていたため、「まえがきを読むと、この大臣に捧げられたその案は、大臣の支持を得ており、大臣によって認められているかのように見えた……」。大衆は、まだ自由主義の慣習も経済についての知識も身につけていなかったし、おまけに、国王の刊行允許と念書とまえがきだけを見ていたので、彼らはそこからいろいろな憶測をせずにはいなかった。

＊8　バショーモン、第七巻、二二一頁参照。ボードー『日記』四〇六頁。バショーモンの話は、グラニエール氏の名前を出しており、それとなく九月一三日の手紙に言及している。ボードーの話は、九月一日にチュルゴーに引見されたある訪問者に言及しているが、その名前は出していない。その二つの出来事がよく似ていることから、話の食い違いは若干の思い違いによって説明されるにせよ、あるいはまた、陳情者のグラニエールが訪問したり、手紙を出したりしたにせよ――この方が、彼としてはきわめて自然であったように見える――、われわれとしては、証拠はないが、問題にされているのはひとりの同一人物であると考えたい。フォンサンの解釈もこれと同じである。前掲書、九八頁。

著者のグラニエールは、対物タイユ税と王国の全住民に課税される人頭税を推奨していた。彼は、人頭税を、牽引動物〔車、橇、鋤などを引く動物〕の牛や羊にも広く課税しようとしていたので、人頭税という語に最も広い意味を与えていた。さらにこの著者は、人頭税をめぐって大臣に対していくらかの悪感情を抱いていた――らしい――徴税請負人を攻撃していた。この著書が契機となって、おびただしい文献が出版された。『メルキュール・ドゥ・フランス』誌によって建設的な批評がなされたのち、ボードー師は一種の議論の整理を行なったが、そこでの平均的な意見は、徹底的した批判よりはむしろ、あくまでも批判を交えた承認を行なおうとしていた。[*9] それにもかかわらず、リシャール・ドゥ・グラニエールの著書は突然姿を消した。すなわち、「それは秘密裏にしか売られなくなり、そのため、値段が高騰した」[*10]。チュルゴーの伝記作者のある者は、自由主義的なチュルゴーの知らないあいだに、政府の命令によって販売が差し止められていたのだと想像した。しかし、それはまったく正確ではない。[*11] 実際は、チュルゴーの念書とグラニエールのまえがきを削除した『案』の再版を出すために、出版が一時中断されたにすぎなかった。[*12]

＊9　バショーモン、一七七四年一一月二日、第七巻、二三一頁。グラニエールは、これらの批判の全体に対して、『わが節約的課税案に対する現在および将来の批判への全面的反論』なる著作（6）で応えた。「正直言って、彼は当意即妙の反論が巧くない」（バショーモン、一七七五年三月五日）。
＊10　『歴史新聞』一〇月一七日号、第六巻、二二一頁。
＊11　フォンサン、九九頁。
＊12　『歴史新聞』一〇月一八日、第六巻、二二四頁。バショーモンによれば、チュルゴーの念書の原文はつぎのとおりである。「わたしがあなたにその案を印刷しなさいと言っているのは、大衆がそれを判定できるようにするためです。ですからわたしは、あなたが何部出版されようと反対する気持ちは毛頭ありません。敬具」（九月一三日の書簡。バショーモン、一〇月一二日）。チュルゴーの念書とグラニエールのまえがきの両方が載っている版は見つからなかった。

以上のすべてのことを考えると、いろいろと好奇心が刺激されても不思議ではない。まず、グラニエールとは一体どんな人物であったか知りたいと思う。ペンによって世間を大いに騒がせたこの男は、人柄の点では、非常に控えめな男であった。それにもかかわらず、彼はちゃんと存在していて、「仕事に就いていた」と言われるが、落ちめで、当世風に言うならば、「金に不自由」していた。彼は、自分の案を熱心に弁護したが、一向に説得力がなく、たんなる名貸人にすぎないのではないかと推測されたほどであった。……今日では、彼の論文の非常識な部分から判断して、チュルゴーは彼からなんのヒントも得なかったこと、また、彼がたんに自由主義的な反射神経に任せて念書を書いただけであったことは、きわめて確かなことであるように思われる。彼はできればそのような念書は書かなくて済んだだろうが、自分の念書がどんな不都合をもたらすか予想もしなかったのである。その事件の影響は、パリの周辺では大したことはなかったが、逆に地方では、その出版はばかげた噂を巻き起こし、税金不払い運動を引き起こすのに役立ったようである。だからチュルゴーは、『案』の再版から彼の念書を削除させただけでなく、何人かの地方長官に対して――特に〔ボルドーの地方長官〕エスマンガールに対して――、「税の徴収にとって害のある噂」や確実にこの事件に起因すると思われる噂を警戒するように手紙を書かなければならなかった。「国王陛下が、有益なことを言いたいと思っている者に、印刷という手段によってそれを大衆の目に触れさせることをお妨げにならないのは、臣下の者が可能な限り自分の真の利益を知ることができるよう望んでおられるからである……」。「陛下は常に、……租税の配分額と形態を定める法律を支持されるだろう」。

われわれが、このとるに足らない小冊子に、この実体のはっきりしない幻のような著者に、このちょっとした困り者に、少々面白がって言及したのは、このまったく小さな事件のなかに、やがてわれわれがチュルゴーの内閣の最大の山場に見るものをそこに見いだすからである。すなわち、われわれはそこに、世論に対するチュルゴーのある種の無防備を、世論に情報を知らせあるいは世論から情報を得たいと思うあまりの性急さを、そして、自分の判断と自分の反応についてのあまりにも楽観的な態度を見るのである。それは二つの軽信の激しい衝突である。つまり、大臣の軽信は論理的理性に対する軽信であり、大衆の軽信は作り話の魔力に魅せられた軽信である。だからわれわれとしては、その問題は当時もその後も議論の的になるにはなったが、チュルゴーはわざとばかさわぎを起こさなかったのであり、いろいろな案の作成者たちに彼が与えた自由は、彼にとってはいささかも奨励的な意味を持っていなかった、と考えたいのである。[*13]

*13 フォンサン、九九頁。シェル、第四巻、六四頁および二七三頁。メトラの『書簡集』は、チュルゴーは真面目な案を自分のためにとっておいて、グラニエールとそのライバルたちのつまらない案を印刷させたという推測を述べている。一五七頁。

つぎに述べる事件は、予算問題や租税問題からかなり離れて、財務総監の権限——しかしそれは非常に広い範囲に及んでいた——の周辺領域にわれわれをもたらす。その事件は、おそらくわれわれを彼の権限の外に連れ出し、さらには、われわれに重大な疑念を抱かせるだろう。

パルシューなる人物が、数年前に、その当時としては非常にすばらしい発明を——周知のように、それは砕氷船の発明であった——思いついた（しかも彼は、それを科学アカデミーに提出した）。しかし、パルシュー氏の砕氷船は、動かない、しかも決定的な砕氷船という触れ込みの特殊なものであった。それは、鎖で係留され、刃のついた木片でできた「浮き桟橋」であって、セーヌ川を経てパリまで流れてきて首都への物資の補給に深刻な被害をもたらしていた氷の動きを止めるためのものであった。

バショーモンによれば、チュルゴーはこの問題に興味を持ち、この砕氷船をパリ市の助役たちに勧めて、科学アカデミーの専門家たちの監督のもとにマルヌ川で実験させた。最初の実験では、ひとつの桁が折れた。そのすぐあとの、一七七四年の同じ冬に行なわれた二回目の実験は、原因は明らかにされていないが、失敗であった。「この機械には、氷が引き起こすすべての難点よりももっと大きな欠陥があることがすぐにわかった」。薬の方が病気よりも悪かったのだ。正直に言ってそのことは、改革の政策にとっては残念な前兆であり、よくない兆候であった。この機械を断念することが正式に決定されたにもかかわらず、大臣は尻込みをしなかった。そして彼は、翌年の冬の、十分結氷して前年よりももっと条件のよい時期にその実験を再び行なった。今度は惨憺たる結果に終わった。「氷塊の力がたちまち機械を破壊し、その残骸はまるで水車を粉々にしたようであった」。このとき初めて、チュルゴーの砕氷船と呼ばれた！　この事件を見るとき、内閣のすべての足場が、積み重ねられてきた特権という恐ろしい氷の圧力によって木っ端微塵に飛び散るのを、ひとつの象徴的な前兆を通して見る思いがしないだろうか。しかしながらこの事件は、バショーモンだけが五回もいろいろな形で繰り返し語っているのであって、そのうち三回もチュルゴーの名前を出している。[*14]われわれにとって驚くべきことと思われるのは、他のいかなる新聞報道にも、他のいかなる資料にも、さらには、いつも自分たちの関心事や科学的計画と密接に関連させて書かれていたチュルゴーとコンドルセとの間の書簡にも、その痕跡が見られないことである。友人たちの沈黙が特筆すべきことであるとすれば、政敵たちの沈黙は文字通り仰天すべきことであるように思われる。とりわけ、大臣が四方八方から小刻みに攻撃され皮肉られていた時期に（今話題にしているのは一七七六年一月である）、誰がなんと言い繕おうと実際に無駄な出費をもたらしたひとつの実験の失敗を（バショーモンは二万リーヴルの無駄な出費があったと言い、「科学の進歩を目指すすべての実験を必ずしも無駄なものとみなすことはできない」と冷静につけ加えている）、どうして彼の政敵たちは誰も書き立てようと思わなかったのだろうか。いくつかの勅令が盛んに発せられていた時期のさなかにあり、危機の前夜にあって、それは、「体系の精神」を非難したり、それと同じくらいばかげた企てを始めたりするための、夢にまで見た好機ではなかっただろうか。そこには小さな謎が潜んでいるように思われる。[*15]最後に言えば、バショーモンの話は、まったく迂闊にも権限の問題を見逃している。というのはこの実験は、その費用を支出する自治体〔パリ市〕の権限に属していたからである。

＊14　バショーモン、一七七四年一〇月八日、第一巻、第七章、二二六頁（チュルゴーの名前が見られる）。一七七四年一〇月一三日、第一巻、第七章、二二二頁（同）。一七七四年一二月二九日、第七章、二五八頁（チュルゴーの名前は見られない）。一七七五年一月六日、第七章、二五九頁（同）。一七七六年一月三〇日、第九巻、三二頁（チュルゴーの砕氷船という言葉が見られる）。

＊15　チュルゴーの後世の主な伝記作者たち、特にフォンサン（一一七頁）とシェル（第四章、二三六頁）は、この事件をバショーモンの話にもとづいて取り上げるにとどめている。コンドルセもデュ・ポンもそれにはまったく触れていないが、そのことはもしかしたら、チュルゴーを擁護しようとする彼らの好意的な考えによって説明できるかも知れない。

その話の信憑性のために言うと、チュルゴーの砕氷船がパルシューの砕氷船と同じくらい突飛なものであったとしても、それは、何はともあれチュルゴーの機械に対する関心を、すなわち、ラヴォワジエ(7)とコンドルセが研究した海水を真水化する機械[*16]や、科学アカデミーに提出された一日に三六〇キログラムのパンの製造を可能にする製粉機[*17]や、牧草地灌漑用揚水機[*18]等々に対する関心を示していたと言えるだろう。だがそうは言うものの、これらのいずれについても、彼の関心の痕跡をその書簡のなかに見いだすことはできないのである。

＊16　コンドルセ『書簡集』一八七頁および一九二頁。

＊17　ロゲル、シュミットおよびプファイターによる発明。フォンサンが一八四頁に引用している一七七五年五月二八日の手紙。

＊18　フォンサンが二三六頁に引用している一七七五年五月一二日の手紙。

この挿話がどうであったにせよ、科学的応用の問題が話題になったときには、それがビュフォンの火床《ほど》で鉄を鋼へ変換する話であれ（一〇月六日の陸軍兵器廠総監デュアメル宛の手紙）[8]、あるいは、流水もしくは滞水における麻の浸水精練のそれぞれの功罪の話であれ（一一月二九日の科学アカデミー終身書記グランジャン・ドゥ・フシー宛の手紙）[9][*19]、チュルゴーの科学への関心は常に目覚めていたのである。

*19　シェル、第四章、二四〇頁。フォンサン、一一七頁。

砕氷船の話は、流体力学上の一層重要な問題をわれわれに提起し、そしてその問題そのものは、アマチュア的科学趣味から経済成長論へと関心の転換をもたらしたのである。水路の開発は、当時の交通体系においては、特に穀物の交易にとっては、言うまでもなく最重要の課題であった。しかしチュルゴーは、この問題についてては準備的な程度にしか手をつけることができなかった。伝えられるところによれば、一七七五年五月七日、財務総監は王命によって、ダランベール、コンドルセおよびボシュー師に、航行に関する総合的調査を委任した。彼らはこの任務を無償で行なうよう望んだにもかかわらず、巷間では、彼らは六〇〇〇リーヴル受け取ったという噂が流れた。[*20] コンドルセによれば、チュルゴーは航路の改善に八〇万リーヴルの予算を当てる計画であった。[*21] この調査期間が終わると、チュルゴーは、ボシュー師に流体力学の講座を引き受けさせたり[*22]、オイラーの著書の再版の出版や翻訳を行なわせたり[*23]、コンドルセには、さまざまな運河計画についての旅行や査定を自由に行なわせたりした。

*20　バショーモン、一七七五年三月七日、第七巻、三〇五頁。『歴史新聞』第七巻、一五一頁。
*21　コンドルセ『チュルゴーの生涯』一〇六頁。
*22　バショーモン、一七七五年一一月二二日、第八巻、二六二頁。一七七五年一一月二六日の記事はつぎのように書

かれている。「ひとりの大臣がこれほどまで細かいことに立ち入り、しかも、きわめて難解な科学上の問題についてこれほどまで正確に物を言うのは珍しいことだ」。

＊23　コンドルセ『書簡集』二四四頁以下。

話を〔一七七四年〕九月に戻すと、貨幣の鋳造に関するあまり面白くもない措置[*24]が講じられたのち、われわれは、ありふれた事件ではあるが同時に行政的管理の新しい傾向の糸口となったひとつの重要な事件に遭遇するが、それは、王領地の徴税請負契約の問題であった。財務総監は、テレー師が導入した新しい制度についてのさまざまな苦情に悩まされていたし、しかもその制度はいくつかの重大な弊害を招いていた。チュルゴーは、この点について前任者の仕事の改革に努力し、その機会を利用して、民間請負事業の国営事業化政策を始めようとしたのである。われわれはのちに、抵当税、火薬事業および運輸事業についてのこの改革の実例を見るつもりである。チュルゴーは、これら四つの改革を通じてひとつの共通の方向づけのための理念を追求したが、その政策素材は同一ではなく、理念の構想は全体としては似ていたけれども、その中身は同じではなかった。民間請負事業の国営事業化政策は、原則としてより多くの収入を保証するはずであったし、しかも、実際にそのような結果を生み出したのである。抵当税の問題がその典型的な例である。しかしそこにはまた、大衆にとっての弊害や大衆いじめを避けようとする苦心も見られた――王領地税および火薬事業の場合がその典型的な例である――。あるいは、経済面での成果を得ようとする苦心も見られた――火薬事業の場合がそうであり、運輸事業に関しては言うまでもないことであった――。そして、今日のわれわれには、特定の民間請負事業に向けられたこれらの国営事業化政策は、徴税請負制度[(10)]に対して大々的な攻撃を行なうまえの、予備的な前哨戦であったことがはっきりわかる。「国家の六〇本の柱」のような請負契約団体を攻撃するよりも、ソスレやルッセルのような個々の請負契約者を攻撃する方が比較にならないほどやりやすかったのである。しかも、いったんすべての国営事業が軌道に乗ってそれらが順調な収支の結果を示せば、そのときには、徴税請負制度が時代錯誤なものであり民衆にとって重荷であることを世論の助けを借りて示すことは、さらに容易であったのではないだろうか。(穀物に関する勅令が出されたすぐ翌日の)九月一四日以降、チュルゴーは、きわめて慎重なやり方によってではあるが、徴税請負制度の改革問題に取り組んだ。[*25]

*24 テレー師のとった措置を撤回する九月一八日の国王宣言。その宣言は、金貨と銀貨の肖像が同じであることから生ずると懸念されていた不正を防止するためのものであった。同時にそれはまた、貨幣の裏側の三一の新しい刻印打ちを省略するためのものであった。同じような問題については、補助貨幣に関する一二月一一日の国務会議裁決を挙げることができる。それは主として、国外で作られた贋金が国内に持ち込まれるのを防ぐことと、非常に高額な支払いに使われる結果補助貨幣が不足するのを防ぐことを問題としていた。

*25 第七章の「予算政策」を見よ。

王領地の場合には、新しい制度はまだ実施されていなかったし、世間の人たちはすでにこぞってそれについて不平をもらしていただけに、しかも彼らは解任された不人気な大臣テレー師に批判の的をしぼっていただけに、その改革にとっては好機であった。

テレー師は、現有王領地(国有財産)の管理を、伝統的にその管理を任されていた徴税請負制度からはずす考えであった。彼はこの変更を、全国契約(ダヴィッド契約)の更新のときにすでになんの抵抗にも遭わずに行なっていた。というのは、これから得られる収入は少なかったし、この種の仕事のための徴税請負制度はそれほど十分に整備されていなかったからである。だから彼は、特別契約を結び――その契約は徴税管区[(11)]と同じ数の小徴税請負契約に細分された――、その契約金は一七七四年一〇月一日に国庫に支払われ、特別契約は翌年一月一日に発効することになっていた。したがって、その年の末までに決断することによってその特別契約を破棄するだけの時間的余裕はあった。テレーのやり方は、技術的に見て国庫にとって有利であった。というのは、国庫はこのやり方によって一年に一五六万四〇〇〇リーヴルという予想外の収入を得ていたからである。では、このやり方の不都合とはどんな点であったか。それは、この場合、予算の次元の問題ではなく、倫理的ならびに社会的次元の問題であった。王領地の末端の請負人たちはそれぞれの地方においてどんなことを行なっていたか。彼らは、それぞれの請負地に帰って、件《くだん》の土地から最大限の収入を引き出そうと気遣いながら、たえずすべての王領地の調査を行ない、王領地を耕作する人たちのことを、すなわち「契約農民[12]」のことを気遣いながら、彼らから搾り取っていたのである。彼らは、既知の調査済みの土地からの収入を最大限にすることだけでは満足せず、その土地を増やそうと努力し、そこここで開墾された土地や近隣の農民たちが万一の場合に備えて開拓した土地は王権に所属することになるので、その土地に対する農民の所有権の根拠は一夜にして消滅する、と主張していた――彼らは、王権のこの明白な権利は王領地の賃貸借契約から生ずるとしていた――。そのため、いろいろな悶着や訴訟が起きる恐れが生じ、それに乗じて――さらに――さまざまな狡猾な策謀の影が姿を現わしたのである。人々は大胆にも、その策謀の張本人は地方長官のコシャンであると考えたし、また、その悪名のゆえにテレー師自身であると考えた。あまり楽しくない色調で描かれたこうした描写は、客観性の確かでないボードーだけではなく、ボードーよりももっと冷静な観察者であったヴェリ師によってもわれわれに伝えられている。[*26]チュルゴーが財務総監に任命されるよりも前に書かれたヴェリ師の記述によれば、徴税請負契約の発効日として定められた期日のずっと前に、国王が現実に徴収しているかもしくは徴収すると主張していた王領地税をめぐって、大々的な投機活動が始まっていたようである。「闇の利権漁りたち」が、最高位の行政官たちとまで手を結んで、徴税請負の利権をなんとしても手に入れようとしたのである。その証拠に、ドフィネ州では、「収奪された群衆が一斉に抗議の叫び声を上げる」のを見て、この権利の行使を延期しなければならなかった。おまけに、この州は内陸部に位置していた。しかしコシャンは、天才まがいの発想で、ボードーが「泥まみれになる」(patrouillage) とか「不正工作」(patricotage) と呼んでいた行為に、沿岸地域の空間に匹敵する無限ともいえる規模を与えた。すなわち、利権獲得者たちは、王領地の譲渡不可能性と海の境界設定の不可能性に名を借りて、遠い昔からの平和な土地占有者に対して、満潮が大西洋岸から達しうるすべての土地に対して利権を要求しようと考えたのである。「少なくともひとつの州に匹敵するほどの土地」とヴェリは算定している。同じヴェリによれば、この事件はモルパと国王自身の怒りを買ったため、テレー解任の直接の原因のひとつとなったという。[*27] しかし、王領地問題におけるテレー師の態度を説明するには、彼の個人的貪欲にもとづいた下心を挙げる必要などまったくない。「税金取り立ての貪欲」を挙げるだけで十分である。

*26 ボードー、四一一頁。ヴェリ、一三六頁。なお、フォンサン、一〇八頁、および、シェル、第四巻、一七三頁以下を見よ。

*27 この記述は一七七四年七月一四日のものである。それよりも少し前に、ヴェリはつぎのような耳目をひく表現を用いている。「彼〔テレー〕を極悪人と思わない人間が(彼の共謀者と直接の手下を除いて)フランス中に二人いるなら彼を財務総監に留任させてもよいかも知れないと、わたしはモルパ氏に言った」(一二九頁)。しかし、頑固であるだけでなく懐疑的精神にも富んでいたヴェリは、「誠実さは非常に望ましい資質ではあるが、必要な唯一の資質ではない」とさえ言っている。けれども彼は、テレーには大蔵大臣の才はないと考えていた。彼にはせいぜい出納長ぐらいの才しかなかったのだ。国王自身が、「こうしたことはすべて、彼はよい宮内庁長官ではあるがよい大臣ではないことをはっきり示している」と言ったのは、必ずしも当たっていなかったわけではないように思われる。

こうしたことのすべてが、大臣としての最初の全試練のひとつにおいてチュルゴーを有利な立場に立たせた。彼はその試験にやすやすと超人的才能をもって合格し、かくして彼は、専門の行政運営の面において前任者のテレーにまったくひけをとらないことを証明した。

先にテレーによって締結されていた王領地における徴税請負契約は、九月二五日の国務会議裁決によって取り消された。

保証制度のついた特別の国営事業が、ジャン・ベルトーの手に委ねられた。この国営事業は、国庫に対して六〇〇万リーヴルの前納を保証していたし、事業のための経費を六・六六％に制限していた。新しい国営事業は、国王の支配権の及ぶ土地（分封土）に対する封建的租税ならびに臨時領主税の徴収と小規模な特殊請負契約に拡大された。四〇〇万リーヴル程度の徴収見込み額が把捉されたようであるが、この徴収見込み額は、テレーが先に徴税を請け負わせた一八〇〇万リーヴルの現有王領地からの徴収額に相当するものであったことは注目すべきことである。いずれにしてもこの新しい制度は、少なくとも前任者のテレーが努力すれば徴収できたと思われる収入を、なんのトラブルもなんの苦情も引き起こすことなく国庫にもたらしたのである。[*28]

＊28　この徴収額の算定をその後の会計のなかでフォローすることは困難である。というのは、この徴収額は、そのほかの国営事業とは異なり、個別的に算定されなくなってしまったからである。ネッケルは、一七八四年には、王領地からの徴収額の総額を、木材収入、不動産収入および領主税収入を合わせて、一一〇〇万ないし一二〇〇万リーヴルと見込んでいた。このうち木材収入は約六〇〇万リーヴルであったから、このことから、国営事業の対象として登録されていたものからの徴収額は、おそらく若干見込み額を上回った状態が続いていたと考えることができる。〔ネッケル〕『財務行政論』第一巻、一七頁。

この最初の成功に勇気を得たチュルゴーは、ピロドーの名で抵当税(13)と付帯税の徴収のための国営事業を創設し、ルッセル契約に決着をつけた。このルッセル契約は、一七八一年七月の期限に近づくほど国にとってはますます不利になるような形で締結されていたからである。その仕組みは巧妙に作られていた。すなわち、徴税請負人は前納分の利息を徴収し、その前納分は段階的に償還される。利息は時が経過し元本が少なくなるにつれて減少する。それはまったく当然のことである。ところが徴税請負人は、利息のほかに、参加報酬（droits de présence）と呼ばれるものを、すなわち、実際には最初に出資した資金にもとづいて計算され（この場合は六％で）、しかも、時の経過とともに減少しない追加利息なるものを受け取っていたのだ。この負担は、契約がその期限に近づくほどますます自動的に重くなるので、最後の四半期全体を通じては九三％もの利息に達したのである！　新しいやり方のために国庫は四〇〇万リーヴルの追加支出[*29]を必要としたが、しかし同時にまたそのやり方は、疑わしい形で取り立てられていたいくつかの利息を終わらせることができたようである。というのは、徴税請負契約が行なわれるあらゆる所で、かの有名な「利益分与(14)」が、すなわち、徴税請負人の出資分担金に対する多かれ少なかれ内密な形の利益配分が行なわれていたからである。徴税請負の仕事は、資金の採算がなかば幾何級数的な形で保証されていたため、多額の謝礼を払ったり、人の協力に対して多額の報酬を払うことを可能にしたのである。「チュルゴー氏は、特別な利益につられてこの仕事に携わっていた多くの人間の利益分与を、適確な判断と公正さによって改革した[*30]」。

＊29　フォンサン、二一八頁およびシェル、第四巻、一七七頁を見よ。
＊30　『歴史新聞』一七七一年九月九日号。

それにしてもチュルゴーは、王領地税や抵当税のための前払い資金をどんなやり方でかくもたやすく見つけたのだろうか。一面的な見方を避けるために、先走りを恐れずここで少し詳しく説明しておく必要がある。つまり、腹黒いテレーが不正な利益を何倍にも増やすために問題を複雑にしたのであり、善良なチュルゴーが魔法の杖でそれを一掃したのである。

金を手に入れるためには、誰でも同じように、金を集めてそれを投資することを仕事とする人々に、すなわち、貯蓄のために金を集めてそれを国に投資することを仕事とするあらゆる種類の人々に目を向ける。人々は彼らを「金融業者」と総称する。これらの金融業者は、ただの個人であったり、商人や銀行家や「実業家」であったり、あるいは正規の収税吏であったりする。金融市場が「職人的な」組織であったことと、すでにイギリスやオランダにあった大金融機関に匹敵しうるものがなかったことは、この当時のフランス経済の際立った特徴のひとつであった。これらの金融業者のなかには、多少なりとも誠実な人間や、多少なりとも良心的な人間が何人かはいた。この点に関しては、チュルゴーはテレーよりも運がよかったようである。いずれにしても彼は、停止国債の支払い対象者や王領地税収税吏や森林税収税吏のような、前任者のテレーが冷遇した人たちにむしろ目を向けた。テレー師に最も冷遇された二〇分の一税収税吏長のサン＝ヴァスト氏が、王領地管理のトップに据えられた。

人選の問題がすべてではなかった。非常に信頼できる人間と非常に疑わしい人間が、金融市場や公的信用全体の状況次第に左右されるさまざまな手段を意のままに操っていた。この観点からチュルゴーは、のちに見るように、特に有利な、しかも個人的信用条件だけには左右されない市場条件を巧みに利用した。すなわち、チュルゴーの行政運営とテレーのそれとの間には、才能や綿密さや理論に違いがあっただけでなく、とりわけ、金融市場全体の状況に大きな違いがあったことを忘れてはならないのである。

つぎにわれわれは、オーソドックスな点と面白味のなさの点で同じように特徴のある一連のすべての施策を取り上げなくてはならない。これらの施策にはリモージュの地方長官時代の考えが適用されており、それらは、たいていの場合一体のものとして捉えられているよく知られた二つのテーマ、すなわち、税負担の軽減と経済的自由というテーマ――それらのテーマは生産と諸事業の発展を同時に考えるという点で互いに密接に結びついていた――に関連させて整理することができる。

税負担の軽減についての最初の決定は、〔一七七四年〕九月一五日に遡る。すなわち、テレー師が始めた税の追加負担（一リーヴルにつき八ソル）は撤回されたが、その撤回は、追加負担が個別的に課徴される税の範囲内にのみ限られた。

これらの個別的課徴金は、小額の、面倒で雑多な税からなっていて、いわば封建的特別課徴金とも言うべきものであった。チュルゴーならそれを廃止したいと思うのは当然であって、実際に彼は、いつかそれを廃止したいと思っていたのである。だが、それを廃止することは当面の問題ではなかった。しかし、国にとってなんの利益にもならない以上、少なくともそれを増やすことは避けなければならなかった。問題の課徴金とは、通行税、敷石税、通過税、船体税、堰堤税、浮橋税、物品税[15]、露店税、レード税[16]、酒販売税[17]、分銅税、オーヌ税[18]、商標税、舟のロープ曳き税、ぶどう酒鑑定税、渡し舟税――これらの税は、領主としてのもしくは私人としての、血族の大公に属していた[*31]――であり、さらにこれらに、ぶどう酒へのアルコール添加税、市場《いちば》税[19]、赤ぶどう酒税（rouge）、屠殺場税、バンガヤージュ税（droit de bangayage）〔内容不明〕、度量衡検定税、トラバース測量税（droit de cheminage）、クルバージュ税（droit de courbage）〔内容不明〕、水門税、叢林税までも加えることができた。われわれは、これらの奇妙な税が食糧品とりわけ穀物に課税されることによってその流通を混乱させ価格に影響を与えているのを見て、チュルゴーがどれほどぐずぐずしていられない気持ちになったか想像することができる。

*31　一七七二年一一月の諸勅令を変更する〔一七七四年〕九月一五日の国務会議裁決。シェル、第四巻、一六五頁。デュ・ポン、一五二頁。さらに地方長官への通達を見よ。買い戻しの名目で国王から領主に「譲渡された」税で「付与税」(droits engagés) と考えられていた諸税および官職に関連した諸税ならびに公共団体の徴収する諸税には、従来通り付帯税が課税される。シェルが引用している補足説明文を、特にラシャ服地と布地についての臨検税、商標税および管理税に対する(八リーヴル当たりに代わる)一リーヴル当たり三ソルの免除に関する補足説明文を見よ。

ここでチュルゴーとともに物品入市税に目を向けてみよう。ここでも、それを廃止することは問題ではなかった。なぜなら、それは自治体が徴収する税であったからである。けれどもチュルゴーは、それに対して重農主義者と地方長官が下した原則有罪の判決を忘れてはいなかった。この物品入市税というのは、都市の住民に支払わせるものだと人々は思っていたが、実際には田舎の人たちに支払わせるものであった。なぜなら、その税が課される食糧品を生産するのは田舎の人たちであるからである(ここでわれわれは、都市の住民のエゴイズム——デュ・ポンはそこにためらうことなく忌まわしい統制主義[*32]の原因のひとつを見ていた——に対する重農主義者たちの全般的な不信感に再び出会うのである)。チュルゴーは、仕方なく九月二八日に地方長官に通達を出して自分の不満を述べた。入市税率を改正できるはずだし、また、入市税の流用も避けることができるはずだと述べたのである。本文には明確に述べられていないが、今度の場合は行政的な発言というよりも純理論的な発言であったように思われる。のちに自治体に関する草案を書く人から述べられたこの厳密な農民保護論は、現実には確かな成果は何も生まなかったように見える。[*33][(20)]数日後(一〇月二日)財務総監府事務局の移転の際に採られた実際的措置は、都市のブルジョワたちが行なっているいくつかの違法行為に対する財務総監府の監視を、さらに厳しくすることを可能にしたように思われる。事実彼らは、自分たちの家庭で消費するためと称して田舎の所有地から持ってこさせた食糧品に対しては、入市税を免除されていたのである。つまりこうした違法行為は、農業生産者を犠牲にした新たな不平等と不正の原因となっていたのである。しかし、すでに容認されていたこのような行為を処罰することはできなかったので、何がこうした行為を正当化しているか、どうすれば入市税に対する頻繁な侵害を終わらせることができるかについて、とにかくもっと詳しく調査してみようということになった。[*34]

＊32　シェル、第二巻、二二九頁におけるチュルゴーの『覚書草案』。デュ・ポン、バーデン辺境伯宛の手紙。
＊33　ジョベ、一六七頁。シェル、第四巻、一七九頁。
＊34　フォンサン、一一五頁。

この問題の流れは、もう少し先の一七七五年二月一五日の行政命令にまでいたる。この行政命令は、慣行化していた例外措置を廃止し、「陛下の装備であれ、王妃の装備であれ、由緒正しき大公・大公妃の装備であれ」、すべての荷車を例外なくパリの入市税取立所で臨検することにしたのである。おおむね人々は、勇敢さの見られなくはないこうした措置によってチュルゴーを評価してるが、実際この措置は、さまざまな形で評価されたのである。また、その措置は、財務総監よりも警察長官にふさわしい措置であったように思われる。それに、この行政命令は、やたらと何度も出されたため、チュルゴーの性格にはふさわしくない一種不遜な民衆煽動的な色合を示したのであった。だからおそらくそれは、財政的な観点以外の観点から思いつかれたものであったように思われる。われわれのこのような推測は、地下出版物の流布と闘わねばならなかったその当時に、すでに見られたのである。[*35]

＊35　「この新しい厳しい措置は、農民を保護しようとする大臣の願いよりもむしろ、すべての地下出版物の流布を阻

止しようとする意図によるものだと考えられている」(『歴史新聞』一七七五年三月一四日)。

㉑パリの入市税の問題から首都の食糧調達の問題に移ろう。チュルゴーがこの問題に取り組んだのは、四旬節に備えてのことであった。一二月二五日の国王声明[*36]は、パリの市立病院だけがこの期間に肉を売る独占権を持つという奇妙な状態(この事実の元を糺せば、病人だけが肉を食べるものとみなされていたことによる)を廃止した。これについてのヴェリ師の言葉を信じなければならないとすれば、この独占権はわれわれが考える以上に不都合なものであったのであり[*37]、また、コンドルセの言葉を信じなければならないとすれば、この措置は一見そう見えるほど無害なものではなかった。コンドルセにとっては、まさに「教会権力の越権行為のひとつを破壊すること」が問題であったのだ。けれども、この問題は実際にはいたって簡単な問題であり、その問題に反教権的意図が隠されていたようには見えない。その当時にそんなことをしようとするのは、きわめて時機が悪かったと思われるからである。この小さな奇妙な独占権は、利用者の病人にとって不都合であったけれども、その保護者に当たる病院にとっても同じように不都合であったのである。病院には、商人の資格を持つ職員などひとりもいなかったからである。結局、私的な商売を優先させることについての自由主義的命題が改めて確認されただけであった。それにまた、パリ市立病院は、この独占権をある俗人の農民に五万リーヴルで譲渡しようと考えた[*38]。チュルゴーはすばやくこの機会をとらえたが、彼はむしろ、獣肉の販売権に対する少額の補償金の支払いを約束することによって、パリ市立病院に国からの補償を受けさせようと考えた。だから、関係者の皆が得をしたこのタイミングのよい自由主義政策には、教会権力に対する造反の痕跡など微塵もなかったのである。いずれにせよ、教会当局はこの販売権を手放したのだ。

*36 シェル、第四巻、一八四頁。

*37 「四旬節中の肉について実現した自由価格を味わって、この四〇年間パリ市立病院の職員たちがその販売について行使していた独占権の不都合さが感じられたに違いない」(ヴェリ、第一巻、一二三二頁)。
*38 四旬節中にソーの市場で販売される家畜に対して一リーヴル〔約〇・五キログラム〕当たり一ソルの課税を決定する一月三一日の国務会議裁決。シェル、第四巻、一八四頁。

首都の食糧の調達ならびに四旬節中の肉の販売に関しては、常に経済面を考慮して、暗黙裡に、ある程度実際に税の軽減が行なわれていた。塩漬けの魚に対する税の廃止、鮮魚税の半減(一月八日)、その後恒常的な形で継続されたいくつかの措置(四月一三日)[*39]がそれである。コンドルセの(物は豊富で安くあってほしいという)期待と熱心な意見表明とは裏腹に、物価はそれでも下がらなかった。チュルゴーもまた、いつもの綿密な配慮のもとに警察長官のルノワールに対して、「メルリューシュ」と呼ばれるすっかり下ごしらえされた干し鱈の供給について検討するよう指示した。重要閣僚からのこのような細々した指示は、われわれにとって理解できないものではない。その上、この小さな出来事は、当然、政策立案の細部にまでわれわれの関心を導くのである。実際チュルゴーは、いくつかの政策動機のなかで、漁業奨励の問題に心を砕いていた。だから、彼の考えのなかでは常に「生産」の視点が支配していたのである。

*39 シェル、第四巻、三二八頁以下。

今漁業に触れたので、ついでに、鱈漁船の舟主に対するポルトガルおよびスペインからの塩漬け用塩の輸入(ただしフランス船のみによる)の許可(一七七四年一一月)(これは自由主義経済と物価の引き下げを狙ったものであった)と、それに近い分野の、ブルターニュの住民に対する海藻販売の黙認の確認(この問題をめぐっては彼らと紛争が起きていた)(一一月一二日)を挙げておきたい。

チュルゴーは、税制上の規制措置に関連して、四旬節中の肉の販売問題以上に直接的に聖職者に関係のある問題を取り上げた。それは封地取得税(22)の問題であって、この問題は、貴族の土地を所有している平民を犠牲にすることによって、階級間の不平等を永続させていたのである。一七七〇年以来、聖職者たちは、貴族でない聖職者であっても、「神聖な聖職者身分への昇進は平民身分の染みを消すので」この税を支払う必要はないと主張していた。それまでは、聖職者たちの主張は、毎年更新される臨時の免税措置によって認められていたのである。チュルゴーは、それまでとまったく同じ政策を行なった。彼は問題を一刀両断に解決しないで免税を更新した。しかし、このやり方は彼の学者的精神に微妙な問題を投げかけた。なぜならそれは、特権の維持を意味していたからである。他方、封地取得税そのものは封建的遺制であった。だから、それを拡大することは理に適うことであっただろうか。しかし、チュルゴーは駆け引きのできる人間であった。こんな些細なことで争いを引き起こしたとてなんの役に立つだろうか。だから彼は、事を処するに当たって常に細心の注意を払った。それゆえ、その措置は既得権のみに限定された。それと同時に彼は、財産永代所有権取得税*40(23)をめぐって法廷で争われていたすべての訴訟事件を、中庸の精神をもって解決したのであった。

*40　ここで問題になっているのは、「死手人」〔訳注23参照〕が個人に対して同意した所有地の賃貸料である。税務当局は、これらの財産は売買されるので、いわゆる財産永代所有権取得税を支払うべきだと主張していた。これに対してチュルゴーは、その土地の用途および目的が「当初のそれから変更されて永久に歪められない」限り引き続き「特典として」免除を認めたが、契約期間中は後得財産税（droit de nouvel acquêt）を課した（一一月二七日）。デール、第二巻、三八八頁。フォンサン、一二〇頁。新開地一〇分の一税（dîmes novales）と引き替えの形で行なわれた一〇分の一税の譲渡のような非常に特殊な性格をもった契約行為に対しては、二年間同じく財産永代所有権取得税が免除された。その期限は、開墾されてから四〇年以上経っていない土地や非常に分散していてしかも係争中であった土地にも適用された。聖堂区の主任司祭たちは、この新開地一〇分の一税を、それを放棄して代わりに聖職者一

〇分の一税の一部を得る形で、大ディームの徴収者たち（彼らには封建的租税として大ディーム(24)の徴収が国王から認められていた）に好んで譲渡した。シェル、第四巻、一七〇頁。

特権をめぐって紛争が引き起こされる実際例のひとつとして、塩の問題に立ち戻ることにしたい。塩税の徴税請負契約の入札の落札者は、リオンとオービュッソンの貯蔵庫に塩を納入する独占権を手に入れていた。他方、オーヴェルニュ州とリムーザン州は金を払って塩税を免れていた。これは、ひとりの塩の独占的納入業者に課税することによって、この両州に一種の間接的塩税を課税することを意味していたのではないだろうか。それゆえチュルゴーは、税負担の軽減と経済的自由主義という二つの命題に従ってこの問題に決着をつけようと考えた。かくして彼は、入札の落札者の独占的特権よりも州の税制上の特権の方を優先させたのである（一〇月一四日）[*41]。

＊41　一七七三年一〇月三日の先の裁決を破毀する一七七四年一〇月一四日の国務会議裁決。シェル、第四巻、一五九頁。

つぎは、自由主義的な解決、もしくはいろいろな形の権力の介入による解決の別の実例である。実際にはオリーヴ油だと偽って売られていた「ウイエット」という油、すなわち芥子《けし》の油の販売に与えられた自由（一一月二八日）[*42]。そして、コンデ大公に対する製鉄工場建設のための財産接収権の拒否。すなわち、財産接収権は公共の利益にかかわるものに対してのみ認められたのである。したがって、接収権が個人の建物のために行使された場合には、「一種の強奪」とみなされたのである（一一月二九日）[*43]。アランソン州の地方長官は、畑に犂を置いておくことを禁止するという過ちを犯した。「農業には、商業と同様、何よりも自由が必要である」。この過ちによって罰金を科された違反者には、それを返済すべきである[*44]。国璽尚書に代わって、ドフイネ州の地方長官パジョー・ドゥ・マルシュヴァール（リモージュでのチュルゴーの前任者)[*45]に対して、たとえわずかであっても予定された市《いち》に税金をかけてはならないとの通達が出された。そのようなことをすれば、「商品の値段を高くし」、「買い手に嫌気を起こさせる」だろう(一一月二二日)。フランドル州、アルトワ州およびエノー州に対しては、官職世襲の廃止(確認、一一月三一日)。コルシカ島でのタバコ栽培の奨励(一一月一日)、ピカルディー地方での製鋼工場建設の抑制(一二月一三日)。つぎは、(象徴的な)税負担の軽減および(知的な)自由主義の実例である。返済猶予令状、減刑令状、赦免令状、[(25)]ならびに、マニュファクチュールの設立、機械製品販売、市債、教団債、修道院債およびその他の死手人債、定期市ならびに市場《いちば》の設置、徒弟期間免除、印刷の許可および印刷業者の刊行允許を認可する公的書状に対する一マール金貨徴収の免除(一二月六日)。この最後の条項は、外国書籍に対する関税免除の許可——その理由は、「書籍の取引は特別の保護に値するから」であった——の補足によって完全なものにされた(一七七五年四月二三日)。外国人死亡時財産没収権相互免除国際協定の、二三の神聖ローマ帝国直轄都市との間の締結(一一月三日)。この措置は、重農主義者たちが常々主張していた学説や、チュルゴーがかつて訳したことのあるジョサイア・タッカー[(26)]の主張と矛盾するものであったが、その措置には、格別の規模の大きさも斬新さのメリットも認められなかった。[*46]

＊42　シェル、第四巻、二三九頁。デュ・ポン、二六〇頁。フォンサン、一二〇頁。
＊43　シェル、第四巻、二四一頁。
＊44　シェル、第四巻、二四二—四三頁。
＊45　同、第四巻、二三八頁。同じ趣旨で、ブルゴーニュ州(一七七五年五月一二日)およびオルレアン公爵に対して(一七七五年八月二二日)。シェル、第四巻、六三九頁。
＊46　フランスとヌシャテル公国との間の一七七四年二月一八日の協定、フランスとチュートン騎士団[(27)]総会長との間の、およびフランスとナッサウ＝ザールブリュッケン大公との間の、四月二七日の協定を見よ。『歴史新聞』第

六巻、一三四頁。

ここに有名な鎖の問題が再び登場したが[*47]、それは緩和された形においてであった。チュルゴーは、彼がテレー師に言っていた原則を適用することは考えなかった。彼は鎖の登録商標税も輸入税も廃止しなかったが、しかし、それらの税を簡素化し、統一した（一〇月二三日）。

＊47　拙著『チュルゴーの経済政策の経験的ならびに学説的基礎』を見よ。

それでは、負担の軽減という項目に分類できるもっと重要な問題はどうなったか。

夫役[(28)]については、われわれは参考までに触れるにとどめる。その理由は、ひとつには、夫役の特別課徴金的側面は、予算の対象となる全国的整備計画の問題としては二次的なものであったからであり、二つには、コンドルセの急ぐようにとの懇請にもかかわらず、この問題はまだ準備段階にとどまっていたからである。

軍隊の装備の運搬・宿泊のための夫役に関しては、リモージュ財務管区でとられた方式がじわじわと広がっていたが、一七七六年一月一日の実施を見越してフランス全体についての決定が下されたのは、（一七七五年）八月二九日のことにすぎなかった。それ以後は、軍隊のための夫役の提供は、タイユ税付加税によって代替されることになり、軍隊へのサービスの提供は、すでに九つの財務管区で行なわれていたように、宿営地総括請負人によって確保されることになった[*48]。

＊48　フォンサン、一四二頁以下。

民兵の問題はもっと微妙であった。著者のなかには、一二月一日にこの件について出された行政命令をチュルゴーの活動の功績と考えている者がいるが[*49]、この見方は支持できない。なぜならチュルゴーは、この行政命令からはほんのわずかな満足しか得ていなかったからである。すなわち、民兵になる者は自分に代わって誰かを「代位させる」（subroger）ことが認められていたからである。この許容条項は現実にその規則を混乱させる結果になったが、人々はすでにもうその「代位」を行なっていたのである。チュルゴーは、彼が求めていた真の改革である志願兵制度を実現することはできなかった。ヴェリの話によれば、この問題は、政府側の戦略におけるチュルゴーのまぎれもない敗北を示すものであった。そして、世論の感情は少なくともつぎのようなものであった。「大衆は、よく調べもせずに、《誰それが勝ち、誰それが負けた》と言っていた」。

＊49　ヴェリ、第一巻、二二七頁。

この問題のために行なわれた省間連絡会議の話は、いつの時代にも見られるような大袈裟な政治喜劇であった。一方からはチュルゴー、モルパおよびベルタンの三人の文民、他方からはデュ・ミュイ、スピーズ元帥[29]（最高国務会議で終身ポストを認められていた唯一の無任所大臣）および監察官エロンヴィル氏の三人の軍人。文民側は結束してチュルゴーの考えを支持した。他方、軍人側は「断定的な調子で」国防の要請を持ち出した。「三人の軍人は、軍隊はもはや補充できない、軍は打ち負かされる、戦争が起きても敵と向き合うことができない、と大胆に断言した。チュルゴー氏は、彼らのように自らの経験を持ち出すことはできなかった」。地方の、戦闘を目的としないこの補助部隊では、士気の低い新兵の代わりに士気の高い元気な志願兵を採用すべきであるとか、フランスの命運は士気の低い新兵によって危うくされるだろうといった主張は、確かに支持できるものではなかった。けれども、それゆえにそれらの主張は反駁できるものでもなかった。このような場合には、国家元首〔国王〕が仲裁の判断を下すのが慣例であった。国王は、財務総監には自らの信念を表明し、軍人たちには自らの決定を伝えた。「それはしばらく成り行きに任せよう。あとでもう一度その問題を取り上げることにしよう」と、国王は達観したように言った。

最後になったが、チュルゴーが一点を、あるいは一・五点と言えるかも知れないが、点を挙げた分野があった。それは農業税制の分野である。チュルゴーは、一期間の農業契約が二九年を超えない場合についていくつかの租税（火葬税、一分《いちぶ》税、貴族封地取得税）を免除した（一月二日）[*50]。同様な措置は一七六二年にベルタンによって行なわれたが、開墾もしくは改良された土地についてしか行なわれず、しかもその措置は一七七二年に撤回されていたのである。デュ・ポンによれば、賃貸料の免除は、「金持ちたちの資本と産業を」農村へ引き寄せるはずであった。われわれも知るように、チュルゴーは実際にリムーザン州での農業資本主義の不在を嘆いていたし、この不在がフランスの他の多くの地域にも広がりつつあるのを疑っていなかった[*51]。しかしわれわれは、チュルゴーの主たる意図は、折半小作の定額小作への転換を助長することであったことを忘れてはならない。賃貸料の免除は、この助長政策のひとつにほかならなかったのである。

＊50　シェル、第四巻、三五八頁。フォンサン、一五七頁。

＊51　「中世末期から一八世紀の中葉にいたるまで、フランスの指導階級が、富裕なブルジョワ階級までも含めて、農業振興の精神を持って投資したことはきわめて稀なことにすぎなかった。この点についてようやく目立った変化が現われてきたのは、ルイ一五世とルイ一六世の時代のことにすぎない」（ムヴレ『ヨーロッパの農業』。ローマ会議報告書、一九五六年、第四巻、一六四頁）。

チュルゴーのもっと重要な改革は、租税徴収の際の連帯執行の廃止であった。彼はこの決定を、リモージュ時代以来のおなじみの説明と議論を述べた『意見書』に続いて、一月三日の国王声明によって行なわせた。彼はつぎのように述べて一般原則を喚起した。「自治体のすべての納税者は、その納税額について、自治体が納税者に責任を負うのと同様に、納税者相互に対してならびに自治体に対して責任を負う連帯債務者とみなされる」と。

この原則自体は単純なものであったが、とくに対人タイユ税[30]の地域のおいては、さまざまな重大な不都合をもたらしていた。そして、ここに改めて、割当＝収税吏――いわゆる巾着収税吏（*collecteur porte-bourse*）――、すなわち、租税の割当と徴収を行ない、すべての租税徴収の対象となる個人資産について責任を負い、自分のまわりに最も富裕であり明らかに最も担税能力があると思われる者や、不動産所有者や、最も近代的な耕作器具の利用者を探しまわっていた人間――彼は、それらの人々に最大限の課税を行なうことによってはじめて心の安らぎを獲得できた――の運命の帰趨が思い起こされるのである。その結果はつぎのようであった。「農民は皆自分の暮らしのゆとりを隠すことだけに汲々とし、仕事に精を出すことを嫌い、新たな事業や土地の開拓は一切避けた……」。しかしチュルゴーは、この一般的な情景から一般的な結論を引き出すことはしなかった。論理的には、収税制度の廃止が提案されるものと期待された。しかし、この場合はそうではなかった。よく考えてみると、このような一刀両断的な改革は、すぐ先の未来にとってはきわめてふさわしくなかったことがよくわかるのである。だからチュルゴーは、連帯執行の廃止という、重要ではあるが限定された、特殊な解決策しか提案しなかったのである。

そうは言っても、この連帯責任というのは実際にはどんな役割を果たしていたのだろうか、また、その改革はどのように実施されようとしていたのだろうか。誰が税の支払いを免除されるかを知るためには、誰が、そしてどのような場合に、税を支払わなければならないかを知る必要があった。全住民による連帯責任が一般原則とされたのだろうか。その通りである。しかし、収税吏は租税の徴収に責任を持つのであるから――この気持ちは常に変わらない――、その収税吏が自分の収税の職責を果たすことができない場合にのみ、したがって、この下っ端の収税吏が支払い不能に陥った場合――あるいは義務違反を行なった場合――にのみ、連帯責任が求められたのである。こう仮定した場合、訴追を受けるのは誰か。すでに見たように、一般原則は聖堂区の住民の誰に対しても適用可能であったが、その理由は容易にわかるように、実際に適用できたのは、若干の住民、すなわち、収税の要求に応えるのに最も適した立場にあった最も富裕な住民だけであった。彼らこそ最もゆとりのある支払い能力者であり――彼らはしばしば聖堂区の雄鶏と呼ばれた[*52]――、さらに言えば、最も訴追の危険にさらされた人たちであった。すでに見たように、収税吏は彼らに税金を過剰に課す傾向があった。だから彼らは、自分自身の過剰な税金のほかに、全体の管理責任者がいない場合には、他人の税金をも余計に支払わされたのである。最も近年の規定では、四人の最高額納税者がこの義務を果たすことになっていた。この場合の危険は生半可なものではなかった。なぜなら、訴追は場合によっては投獄にまで及んだからである。しかし、この連帯責任の強制は、結果的には、不足額を彼らに前払いさせただけであった。というのは、彼らはいったん前払いすると、この額の限度まで聖堂区に再課税することを地方長官に要求する権利を獲得し、そしてこの額は、いつもの割合に応じて、全納税者に（そのなかには彼ら自身も含まれる）再び割り当てられたからである。したがって、四大有力者に対する訴追は一種の中間策にすぎなかったようである。チュルゴーは「訴追の忌まわしき中間策」と言っている。しかしこの策は、体制という建造物にとっては本質的な部分ではなかったので、体制全体を崩壊させることなくそれを取り除くことが可能であった。したがって、それ以後は、収税吏が支払い不能に陥った場合にその税金を聖堂区全体に再度割り当てるだけですんだのである。

*52　ベニエ『フランスの財政制度』、パリ大学法学部講義、一九五二―五三年、一八八頁。

要するにこの改革は、ゆとりのある農民にすなわち企業的精神を育成したいと思う農民に安心という利益をもたらしはしたが、体制のもろもろの根深い悪弊を存続させた。すなわち、

——東ローマ帝国の最古の民会クリアの構成員の境遇にも等しい、不幸な割当＝収税吏の惨めな境遇を存続させた。[31]

——明らかに最も支払い能力のある納税者に過剰に課税する傾向を助長し、その結果、生産性を高めようとするあらゆる努力に打撃をもたらした。

最後に、納税の連帯責任制の廃止（より正確に言えば限定）は、多くの土地保有農民を常に脅威にさらし、彼らの領主への精神的依存を持続させていた、領主貢租の連帯性（もしくは堅固性）をまったくそのまま存続させた。すでに見たように、チュルゴーはこの有害な制度を改革する必要性を強く感じていたが、そのためには民法それ自体の修正が必要であった。しかし、彼にはその改革を行なう気持ちはなかった。

チュルゴーは、やがてわれわれが見るように、租税制度を一挙に根底から変えないで、より有利な状況を待ちながら、行政的手段によって、行政が行ないうるすべての改善を行なおうと心血を注ぐ。かくして彼は、地方長官のベルチエ・ドゥ・ソーヴィニ[32]が綿密かつ妥当な形で作成し、タイユ税の法制化と合理化を同時に実現した方式を、そっくりそのままの形で、重要なパリ財務管区に対して、国王の名において承認させた。[*53] チュルゴーが他の財務管区に対しても——少なくともタイユ税が対人的であった財務管区に対して——この模範的な規制措置を適用させる気にならなかったことについてはいささか驚かされる。しかし彼は、国王声明のなかで国王につぎのように言わせている。「われわれは、租税の割当について、まもなくわれわれの考えをもっと詳しく説明できることを望んでいる……」と。——しかし、この説明は結局

行なわれなかった。チュルゴーは、リモージュでの改革の試みののちには、もはやタイユ税には関心を示さなかった。最初タイユ税「税率」の改善問題に情熱の炎を燃やしたのちは、彼は、このタイユ税が是正不可能なことを知ってすっかりうんざりし、また、その起源、その名称そのもの、そのきわめて長い伝統のゆえに、それを特権階級に拡大することは決してできないことを知ったのである。彼の全体の計画は、徐々にそれをなくすことを想定していた。だからむしろ彼は、彼のお得意の、封建制度に由来する欠陥を持たない、地租になる前の蛹の、二〇分の一税の方に目を向けたのである。彼は、一七七四年一〇月一八日から、きたるべき一七七六年の実施の際に利用できるようにするために、この二〇分の一税の納税者名簿作成のための訓令を地方長官たちに発した。彼が彼らに指示した目標は、あくまでより公平な割当を確実に行なうことであって、このために、徴収額全体の水準を引き上げようとする考えをすべて放棄させることであった。*54「決して増税を考えてはならない」、「国王は国民のためにこの増税を犠牲にされた*55」。われわれがデュ・ポンを介して知っているように、チュルゴーは、その租税改革全体計画の枠組みのなかで、当時徴収されていた二種類の一リーヴル当たり四ソル付加二〇分の一税の、収入比例地租への転換(33)を準備したのである。*56

*53 この方法は、タイユ税吏が査定と申告の手続きを組み合わせた形で行なうことを想定していた。一方、タイユ税のそれぞれの割当額には、対物タイユ税の一部と対人タイユ税の一部が含まれていた。対物タイユ税のなかに算入される収入はそれぞれの聖堂区率で課税され、そして、対人タイユ税のなかに算入される収入は一リーヴル当たり一ソルの割合で課税された。また、仕事のための労働は、その対価の一〇分の一で評価されることになっていた。他方、対物タイユ税のなかに算入される「家屋の占有」は、同様に、一リーヴル当たり一ソルの割合か、地方によっては、家賃または家賃相当評価額の一リーヴル当たり六ドゥニエ〔一ドゥニエ＝一二分の六ソル＝〇・五ソル〕の割合で課税された。その開封勅書の登録は若干の物議をかもした。シェル、第四巻、三三四頁。

＊54　エスマンガール宛の手紙、シェル、第四巻、三五一頁。
＊55　これに似た言葉は、すでにテレーが述べていた。第七章を見よ。
＊56　デュ・ポン・トゥ・ヌムール、前掲書、一九四頁。

一月三日以降および連帯執行の廃止以降の一七七五年の最初の五カ月間については、二次的なものも含めて重要な決定はほとんど何も見られない。かろうじて例外的に、茜《あかね》の栽培に関する決定が見られるだけである。これは、すでにリモージュでチュルゴーの特に好きな話題となっていたものであって、四月二八日に、取引税の廃止という自由主義的な側面と、外国産の茜に対する二五スーの輸入税の課税という反自由主義的な側面の両面から規制の対象となった。本当に重要であったのは、茜の新たな生産の奨励であった。

多少なりとも重要な事柄は何も挙げることができないだけでなく、ごく小さな施策さえたまにしか見られない。（すでに前に述べた決定のほかに）挙げることができるのは、協力者の死によって一時経済的困難に陥ったリモージュの磁器製造会社のための利子補給の問題である（チュルゴーはまたしてもここで、資金貸付の方法よりもこの利子補給の方法を選んだ）（一七七五年二月二〇日）。ルーヴィエ協同組合会社に対抗する形で新しい敷布製造業者の工場設置を許可したエヴルーの地方長官に対する承認の付与（二月三日）。新しく免許を受けた親方の無能を嘆くランスの刃物製造業者への、「判断するのは大衆である」という素っ気ない返事（二月一〇日）（これらの短い手紙は、宣誓同職組合廃止令の文章の先駆けとなっている）。パリ市当局がすでに決定していたパリでの間接税率の軽減を確認する国務会議裁決（三月二四日）[＊57]。王立ラ・フレーシュ学院(34)の図書館のための規則（三月二五日）。コルシカ島でのタバコ栽培の奨励（五月一五日）。[58] チュルゴーの伝記作者たちは、火薬および硝石の国営事業の問題が現われる五月末（五月二八―三〇日）までは、こうした二番煎じの政策で満足しなければならなかった。この国営事業の問題は、主に専門的行政運営に当てられたこの期間にふさわしい賢明な解決策を生み出した。それはすぐれた行政改革の見本であった。その証拠に、ネッケルはのちに自らそれを模範として挙げるのである。[59] それは、特殊請負契約（一七七二年六月一六日にテレーが向こう六年間について結んだアレクシス・デュモン契約）に代わる国営事業（ジャン＝バチスト・ベルゴーに委ねられたこの国営事業の運営者のなかには、ラヴォワジエを含む何人かの学者がいた）の新しい実例であった。その場合には、抵当税の場合と同じように、しかし王領地税の場合とは異なって、現行契約の破毀が行なわれたので、「国王と特別に交わされた契約に対して行なわれたこの侵害は、徴税請負人たちを震え上がらせている」と言ったいくらかの噂が立った。[60] この記事が書かれたのは、わずかの日数の違いがあったけれども穀物戦争のあとであったことを指摘しておくことは、無関係なことではないだろう。大蔵大臣が穀物戦争という大きな苦い試練を味わったあとであっただけに、徴税請負人たちは一層耳が鋭くなっていたようである。この改革は、それ以前に行なわれた改革と同様、三〇万リーヴルの理論的利益（それは、それよりもずっと少ない五万ないし六万リーヴルの現実的利益に相当した）に代わる八〇万リーヴルという大きな財政的利益を国にもたらすはずであったし、実際にもたらしたのであった。と同時にその改革は、過大で法外な利益（三〇％の実質利益）と、請負契約と火薬総取締官とのあいだのさまざまな利害の錯綜を終わらせたのであった。[61] しかしそのことは、今度もまた問題の主要な側面ではなかった。それ以上に重要であったことは、王領地税の場合にそうであったように、またより一般的にもそうであるように、大衆に屈辱感を味わわせなかったということである。何にも増して重要であったことは、そして、まさにそこに新しい国営事業の独創性が見られたのであるが、経済目的を追求していたことである。

＊57　「特定税」（Droits réservés）と呼ばれていたこの税は、国庫への都市の貢献を助長することを目的としていた。しかし現行の税率では、予定最低額に比べて収入超過になっていたようである。しかも国庫は、この超過分をあくまで要求しようとしていたようである。これに対してチュルゴーは、むしろ、要求額を確保するのに十分な税率にまで税を引き下げた税務署長と市参事官の措置を適切な措置と認めた。フォンサン、一八三頁。

＊58　フォンサン、一八三頁、一九五頁。シェル、第四巻、三二五頁。

＊59　国王への報告書（『フランスの財務行政について』）の二〇頁は、国営による運営収益を八〇万リーヴルと見積っている。

＊60　バショーモン、一七七五年五月二六日、第八巻、四七頁。この民心の動揺もまた、誤った人心操作と早まった宣伝のせいであったかも知れない。メトラの『書簡集』によれば、チュルゴーからその計画を知らされたオルメッソンは、その計画に賛同せず、「火薬会社の社長で中心人物のクルブトン氏」に故意にその件を知らせたようである。そのとき「徴税官たち」は自己防衛のための同盟を組んだようであり、そのことは、その決定とのちの国務会議裁決との関係を説明しているように思われる。いずれにしても、メトラの記事は四月九日（第一巻、三〇四頁）であり、実際の国務会議裁決は五月二八日のことにすぎない。メトラの話は、オルメッソンの性格にもチュルゴーの行動にも似つかわしくないように見える。なぜなら、チュルゴーならば、この財務監督官〔オルメッソン〕がそのような二面性を示した場合には、必ず彼に制裁を加えたと思われるからである。もしその話が正しいとすれば、たぶん、誰かが「へま」をしたことになるだろう。バショーモンは、まったく違った話を伝えている（一七七五年五月三〇日、第六巻、三二五頁）。チュルゴーは、「陰謀家」のル・ホックなる人物とサチ師の手になるあまり真面目でない案の採用を、すなわち、海水で硝石を作ろうという案の採用を推奨したようであり、陸軍相はそれに反対したようである。その話の細かい点は真実らしくないが、軍側からの妨害があったのではないかという推測は、ほかにも例があっただけに、改革が遅れた理由の本当の説明になっているように思われる。

＊61　国は硝石を一リーヴル〔〇・五キログラム〕当たり七ないし八ソルでしか売らなかったので、硝石業者に支払うための追加支出として、五万ないし六万リーヴルを国庫から引き出さねばならなかった。火薬会社(35)は、国に一

〇〇万リーヴル〔五〇〇トン〕の火薬を（原価の）一二ソルではなく六ソルで（そして大衆には転売価格の三二ソルで）売っていたので、それによって三〇万リーヴルの利益をあげることができたと思われる。しかし、普段はその半分の利益しか得られなかったので、利益は一五万リーヴルであった。だがデュ・ポンは、そこから硝石製造工の特別手当と「火災と硝石挽き水車の落下」に備えた二万七〇〇〇リーヴルの保険契約金を差し引き、さらに、雑費一万リーヴルを控除している。かくして彼は、利益は五万三〇〇〇ないし六万三〇〇〇リーヴルが正しいと述べている。ここでもデュ・ポンによるが、火薬会社は四〇〇万リーヴルしか投資しなかったので、会社は投下資本に対して三〇％〔一・三二五％ないし一・五七五％の誤り？〕の利息を引き出したことになる。

硝石採掘の請負契約制度の仕組みそれ自体は複雑であって、あらゆる種類の悪弊をそのうちに含み、それを深刻化させていた。いくつかの外国の場合とは異なって、フランスにはまだ人工硝石工場はなかった。だから人々は、ここぞと思うすべての所を探し回り、見つかったすべての所で硝石を採掘した。硝石採掘業者は、採掘のために住宅を入念に調べる権利を持っていた。当時の慣習では、そのためにどんな行き過ぎが生じたかは容易に推測がつくであろう。ある硝石採掘業者は、住宅のなかにまで樽や桶を置いたり、金を払っただけで家を立ち退かせたり、自治体を使って住まいや木材を提供させたりした。おまけに、「国王の硝石採掘業者」に金を払い、こうして集められたすべての硝石を元値を切って火薬会社に転売していたのは、行政自身であった。その代わり火薬会社は、武器用に、戦時には足りず平時には余る一〇〇万リーヴル〔五〇〇トン〕の一定量の火薬を、損をして、国に供給することを約束していた。[*62] 大衆が硝石採掘業者たちの悪習について不平や不満をもらしていた一方で、業者は業者で、会社のずるいやり方に不満をもらしていたのである。[*62]

＊62 「彼らは、火薬総取締官であり、硝石採掘業者であり、まったく同時に会社の一使用人の名目で火薬調達請負人を務めている社長のジャン・ヴィヴァン・ミコー・ドゥ・クルブトンが長い間彼らに味わわせている屈辱に、抗議

しなければならないと主張している」(『歴史新聞』一七七四年九月二一日、第六巻、一九〇頁)。

以来、会社の運営がより有利でより適正な財政的基盤のうえに置かれただけでなく、(一七七八年一月一日以降は)規則により、合意のうえの取り決めがある場合を除いて、個人の家での採掘が禁止され、硝石採掘業者は、通常の条件で自ら木材と住まいを調達しなければならなくなった。だからその改革は、言葉のすべての意味において、すなわち、経済的自由主義と個人の自由の尊重という意味において、自由主義的であったのである。しかしチュルゴーは、彼の科学的熱意を駆り立てるにふさわしいもっと遠大な目標を、すなわち、硝石の人工的製造技術の開発という目標を追求していたので、それ以後研究者たちは、科学アカデミーからの奨励金貸与によって奨励されることになった。

動物の流行病すなわち獣疫が、チュルゴーの内閣の成立とほとんど同時に大流行した。それはおそらく〔一七七五年〕一月三日から五月二八日までの、つまり、聖堂区の雄鶏すなわち有力者に対する納税の連帯責任の免除から硝石採掘業者に対する硝石採掘についての規律順守の説得にいたる間のこの種の行政空白期間には、さらに、獣疫、痛風、大改革の準備といったいくつもの説明すべき事項が見いだされる。バスク地方を経てスペインから入ってきたものであって(チュルゴーによれば、海上からバイヨンヌにもたらされた動物の皮によるものであった)、一七七一年と一七七四年五月―六月には目立ったが、当時はまだポーとバイヨンヌ財務管区内にくい止められていた。ある意味で行政側からの行動を示していると言える最初の書簡は、大臣たちの聖バルテルミーの前日の八月二三日付でオーシュの地方長官のジュルネの手で出された。その書簡も彼のオーシュ地方長官辞任とほぼ同時に終わり、最後の書簡は一七七六年四月三〇日付となっている。確かに獣疫は、チュルゴーを苦境に陥らせた原因の一端をなしていた。なぜなら、獣疫のためにチュルゴーは、「不規則で地味な闘い*63」に多くの時間とエネルギーを割かなければならなかったからである。

＊63　フォンサン、三二六頁。

当時はまだワクチン接種という方法はなかったが、ボニオール[36]という獣医師がそれに代わる接種方法を提案した──「その方法は危険でしかも効果が不確かである」（五月一二日の手紙）──。しかも、すでに伝染病が蔓延しつつあるときにはその効果は疑わしいものであった。この災害と闘うために、相互に補完し合う大胆な二つの方法が用いられた。すなわち、汚染地域を隔離することと、何よりも疫病に罹った家畜を直ちに屠殺することの二つの方法で、後者は今日でも「stamping out」（根絶法）という英語で呼ばれて実施されている。チュルゴーがこの点で、医学アカデミー──彼は賢明にもすでにその援助を要請していた──の理事のひとりに任命されていた若くてずば抜けて優秀な獣医師ヴィック゠ダジール[37]の意見を採用し支持したことは、称賛に値することであった。もしチュルゴーが、この獣疫対策の件についてこの獣医師の功績に報いなかったならば、彼はおそらく大臣としての自らの評判を落としただろう。おまけに「根絶法」は、門外漢のボルドーの地方長官エスマンガールによってすでに推奨されていたのである。＊64だから、もしチュルゴーがすぐにも納得しなかったならば、世間の人々は、これほど切羽詰まって予防措置が必要とされているにもかかわらず大蔵大臣は黙って見過ごしていると思っただろう。大臣が行動を起こすためには、多額の出費を覚悟しなければならなかったのである。補償もしないで家畜を屠殺したら、どう農民を説得したらよいか。最初チュルゴーは、一二月一八日の最初の国務会議裁決で、それぞれの地域で初めて獣疫に罹った一〇頭分の屠殺を命ずることで満足した。＊65屠殺された家畜は、皮をつけたまま地中に埋められ、その価格の三分の一に限って補償されることになった（一二月一八日）。しかし彼は、一月の一連の書簡と通達のなかで、屠殺される家畜の数を限定的に考えてはならないと指示し、地域の責任者に全面的な判断の自由を与えた。「病気に罹って伝染させる恐れのある家畜を殺し、……いかなる伝染もすべて完全に絶つこと、それが唯一の方法である」と、彼は述べた。そして一月三一日からは、数に関係なく病気に罹った家畜は全部殺し、焼くか、角と切り取った皮と一緒に生石灰で消毒した深い穴に埋める、という一般的な規則が採られた。何よりも、急いで行なうこと、無駄な形式を避けること、文書の作成にこだわることなく直ちに補償金を支払うことが必要であった。チュルゴーは、二ソルの加算手当を受け取る軍の部隊を大いに頼りにしたが、彼の同僚で心配性の陸軍大臣デュ・ミュイからは、卓抜な指令が出されれる心地よさを味わうことはできなかった。汚染地域を大まかに隔離させ、同時に屠殺命令を確実に実施させるために、別働隊が移動隊の形で派遣された。財務総監の介入は、財政的側面もしくは経済的側面と原則的決定に限定されなかった。農業担当の大臣（ベルタン）がいたにもかかわらず、チュルゴー自身が屠殺実施の全面的監視を行ない、迅速に訓令を繰り返し出し——それは必ずしも守られなかった——、やむをえない場合には戦術を変更した。こうして一七七五年一一月には、アジュノワ、ペリゴールおよびケルシーからなる地域のみを隔離することが決定された。彼はまた、高等法院の妨害に備えなければならなかった。高等法院も、当然規制命令を出していたからである。彼はさらに、違反の処罰と不正の防止を命令したり、同一行動をとるために外務大臣を通じてスペイン当局に警戒態勢を取らせたりしなければならなかった。かくして、獣疫に関する書簡が、行政書簡の整理簿の大部分を占めることになった。

＊64　最初の警告の際に出された一七七一年一月三一日の国務会議裁決は、感染が報告された家畜のうちの最初の頭数分の補償を、統計を用いて明確な形で述べていた。その本文の全体については、シェル、第四巻、二四六頁以下、第五巻、三四頁以下を見よ。

＊65　屠殺を想定したエスマンガールの国務会議裁決案は、一一月五日にベルタンに送られた。それに対して、ヴィッ

ク＝ダジールが任命されたのはそれよりもあとのことであり、彼がボルドーに向けて出発したのは一二月二日のことにすぎなかった。それより前に、医師でボルドーの住民の首席代表であったドアザンによって科学的鑑定が行なわれたが、彼は、家畜の隔離しか勧告しなかったので、鑑定の取り下げといういくらかの苦渋を味わわねばならなかった。フォンサン、一三四頁以下。

もっと細かないろいろな点についての財務総監の考えを見てみよう。初めのうちは、彼はまだ自分の自由主義的先入観にとらわれていた。だから彼は、違反者の逮捕を行き過ぎだと言って非難し（一〇月二五日）[*66]、それゆえにまた、「防腐水」という名のいんちき薬の販売を許可した。〔チュルゴーは学者のブルジュラの批判に答えてつぎのように述べた[(38)]〕「この薬は、役に立たないにしても大して害にはなるまい」[*67]と。しかし、被害のひどさと抗議の反発を見て彼の態度が変わった。下品な言葉でくどくどと行政に文句を言ったという理由でひとりの神父とひとりの弁護士が追放されたとき[*68]、チュルゴーは、文句があるなら前もって自筆の科学的報告書によって自分の意見を提示するよう要求した[*69]。彼はダックスにおける獣疫に関する論文の出版を禁止し[*70]、見せしめのための、しかも体罰的な、刑罰さえも要求した[*71]。彼は、補足的な経済政策の名目で、獣疫に罹りにくい馬と騾馬《らば》の罹災地への輸入を奨励金を出して奨励したが、まもなく、不正な業者が奨励金を受け取るために家畜を免税で税関を通過させ、その後その家畜をスペインへ送り返していたことを知った。にもかかわらず彼は、輸出の禁止を嫌った。彼はこう言っていた、「そんなことをすれば自由の原則を侵害することになるだろう」と。獣疫の被害に遭った地方での家畜の値段の騰貴は、家畜をその地方にとどめておくに十分なはずであったにもかかわらず、同じ自由の原則によって、羊の輸出禁止はまったく行なわれなかった。もうひとつ別の細かい経済問題を見てみよう。荷車や鋤などの牽引動物として耕作に必要なため、牝牛や子牛よりもむしろ牡牛の繁殖の奨励が必要であった。そのため、それぞれの補償率を修正するようにとの提案が出されたが、それは非常に特殊な種類の問題であった。[*72] 最後に、四〇〇樽のぼろ切れの輸出と引き替えの形で二〇〇頭の牡羊を輸入する案は許可されなかった。このような形の貿易は、今日ならば、「バーター貿易」と呼ばれるだろう。[*73]

＊66　サンテスプリ村の貿易商ラフィットの件。デーヌ宛の手紙、一〇月二五日。シェル、第四巻、二四六頁。

＊67　フォール・ドゥ・ボフォールなる人物の件。フォンサン、一四一頁に引用のブルジュラ宛一二月二八日付の手紙。シェル、第四巻、二五六頁の注。

＊68　オヴィヤール村のエラール師および弁護士ベラールの件。ベルタン宛一七七五年九月二九日付の手紙。シェル、第五巻、七一頁。

＊69　ラ・ベーグ・ドゥ・プレール宛の九月一二日付の手紙。シェル、第五巻、七〇頁。

＊70　フォンサン、三三二頁。

＊71　「獣疫の疑いのある家畜を獣疫に汚染されていない地方に持ち込ませる者、あるいは、禁止命令にもかかわらず罹患していない家畜を勝手に罹患した家畜と一緒にしておく者に対して」。九月二八日の通達。シェル、第四巻、七八頁。

＊72　ロンスレなる者による提案。一七七五年九月一二日。フォンサン、三一八頁。

＊73　この提案は、実際にジュルネ宛の書簡のなかで行なわれている（五月二四日、シェル、第五巻、六五頁）。というのは、ジュルネの財務管区〔オーシュ〕のある地方では、獣疫による家畜の死亡頭数と家畜の値段のそれぞれの割合はまったく尋常ではなかったからである。けれども、のちに見るように、ジュルネの行政運営の方法はまったく支離滅裂で、彼の統計数字は、のちのちまでその影響を与えることになる。

獣疫のためにチュルゴーが経験した心配と苦労は、その絶頂において人間として耐えがたい逸話を作り出しても当然であった。オーシュとバイヨンヌが統合された財務管区の地方長官であったジュルネの行政手腕はひどく嘆かわしいもので、その経理はまったく支離滅裂であり、それはただただ彼が無能であり文芸にあまりにも熱を入れすぎたせいであったようであるが、そのジュルネは、辞任し、クリュニに臨時にその職務を代行させるよう求められた。彼は承諾したくない様子であったので、チュルゴーは、ある手紙のなかで——それは、丁重ではあったが、容赦ない、きわめて正当な厳しさを包み隠してはいなかった——、明確に指摘してやらねばならなかった。「毅然としていてしかも優しい」と、ヴェリ師はこの手紙を評している。それだけではなく、この手紙は状況の範囲を越えるような性質のものであったし、かなり似てはいるがもっと深刻な状況のなかでルノワールに宛てて書かれた手紙を想起させるものであった。彼は、当時の行政の最も難しい点をつぎのような精彩に富んだ文章で要約している。「私は、……あなたが手を抜くことも労を惜しむこともなかったと心から信じています。……しかし、国家の安全が危険にさらされ、時間と状況が命じ、訓令がくるのが常に遅すぎるためなんの役にも立たず、ほんの小さな失敗も明らかに不幸をつぎつぎに引き起こす重要な事柄においては、われわれは、戦争の場合と同じやり方で臨機応変に行動しなければなりません。われわれは、へまな将軍が間違いを犯したかどうかは調べません。しかしわれわれは、へまな将軍に軍隊の指揮を任せることをやめる不当を、断じて恐れません。それを行なうのは、国家の安全が至上の法となるときです」。これらの金言も、敗軍の将にはまったく励ましを与えなかった。彼は自ら喉をかき切った。しかも人々は、使用人を逮捕することによってこの自殺を偽装する過ちを犯した。当然これらの使用人は釈放されたが、この事件はチュルゴーの過度の厳しさのせいにされた。ところで、われわれは大いに先走りすぎた。それに、われわれは今や一七七五年一二月二八日の時点にいるのであり、チュルゴーの内閣の下降曲線のど真ん中に立っているのである。[*74]

＊74　上記の多くの事件（牡牛と牝牛の割合の問題や檄文的な言葉の事件）が生じたのは、ジュルネの財務管区においてであった。四月以降チュルゴーは、規則を守っていた多くの家畜の所有者たちが何も受け取っていないことを確

認した。この不満の声は九月に再び起きたが、逆に、報告を行なわなかった罪で罰せられるはずであった家畜の所有者に補償金の支払いが行なわれた（カディニャン宛の手紙、一一月一日）。同時にチュルゴーは、ジュルネからの報告書のなかに、「多くの不当な費用、特に、異常な数の財務官と職員の給料」を見つけた。こうして、四一万五九〇〇リーヴルがなんの正当な理由もなく支払われたのである（一〇月六日）。もっと被害が甚大であったボルドー財務管区で三三万五〇〇〇リーヴルしか支払われなかったのに対して、同じ日に、オーシュ財務管区では一〇〇万リーヴルが支払われた（フォンサン、三二一頁を見よ）。結局、支払額は二〇〇万リーヴルにのぼり、さらに、支出見込額は五〇〇万リーヴルにものぼった（シェル、第五巻、九〇頁、注）。

この獣疫事件は、その物的影響や官僚側からの予算要求の点では重要な事件であったが、経済政策全体の理念の観点から見ると、大して興味深い事件ではなかったように思われる。だからわれわれは、その事件を論じるにしても、簡潔な形でしかもいちどだけにしようと思った。シェルによれば、チュルゴーはこれを機に、「災害時における国家の介入の原則」を提起した。それは確かに一般的な意味においては正しいが、彼はすでにいくつかの前例を――とくに一七七一年に同じ分野で――示していたし、慈善作業場の問題では、もっと大規模な原則のもとに示していたのである。しかしわれわれはそこに、公的災害に対する補償の考えを見ることはできないだろう。なぜなら、屠殺を理由に農民に何がしかが支払われるにしても、それは権利概念にもとづいたものではなかったからである。補償金が支払われるのは、そうしないと農民が屠殺を行なわないからにすぎない。しかしチュルゴーは、この問題についてはかなり精緻な法律的分析を行なっている。彼の考えでは、家畜の所有者たちは家畜の病気を治す希望をずっと持ち続けているので、国王が彼らにその希望を失わせるときには、国王は彼らに実質的な弁償を行なう責任があるのである。だから、彼らに行なわれる一括補償の根拠となっているものは、国王の権威〔善意〕による命令であって、災害自体ではないのである。チュルゴーは、このような災害による損害状況と家畜のたんなる死亡から生ずる損害状況とを注意深く区別している。後者の場合には、家畜の喪失に耐えられない人々すなわち貧しい人々のための人道上の援助が、つまり通常「税の軽減」[*75]の形をとる援助が、考えられるだけである。チュルゴーは、他の文章で補償金の計算の根拠を示す詳しい補足説明を行なっている。「仮に家畜の所有者が三頭に一頭の割合で家畜を救う希望を持つことができる場合には、彼は、補償金の三分の一を受け取ることによって正確に補償されるであろう」。しかし、この希望は夢のようなものであるので（なぜなら、家畜の所有者は、正確に言えば、ほとんど二〇頭に一頭か五〇頭に一頭よりも多く救うことはできなかったから）、「臣民に対する国王の純粋な慈善の行為」[*76]が行なわれるのである。

*75　一七七五年七月四日。シェル、第五巻、八三頁。
*76　シェル、第五巻、五五頁。

獣疫のための身体の酷使は、チュルゴーにとっては、痛風の発作の試練と時期が一致していた。その発作は一七七五年一月三日に起きたが、非常に激しいものであった。われわれは、レピナス嬢の有名な手紙によって最初の発作を知っている。「私にとっては、二日前から、彼はもう財務総監ではありません。そこにいるのはチュルゴー氏です。そのチュルゴー氏と私は一七年来親交があり、その関係のもとでチュルゴー氏は私の心をゆり動かし、私の心を悩ませております」[*77]。彼が仕事ができない状態に陥ったのは三－四日だけであったが、「不眠症になって体が蝕まれるほど」国家に尽くしたために、四カ月寝たきりであった。咳のため体を揺さぶられ、食欲がなくなっていた。人々は万一の用心のために彼を更迭すべきではないかと噂した。デュ・ポンは、レピナス嬢の手紙と同じくらい有名な手紙の一節で、床のなかで獣疫についての意見書を書くチュルゴーをつぎのように描いている。「彼は、一枚を書き上げるとすぐにそれを印刷所に回した。……彼は、口述を続け、校正刷りを持ってこさせ、それを直した。……この頑張りが胸に痛風を招いた。フランスは、あわや彼を失うところであった」と。この猛烈な気力にもかかわらず、これら二つの政治的災害――レピナス嬢の言葉(「痛風は政治的災害である」)を借りるならば――の同時発生は、彼の仕事量に対してではなかったにしても、少なくとも彼の仕事のリズムに対して少なからぬ影響を与えずにはおかなかった。おそらく彼は、国王と向かい合って話すことはできただろう。「彼は椅子に座ったまま陛下の部屋に連れてこられ、その部屋で、陛下と差し向かいで、三時間ぶっ続けに仕事をしている」[*78]。しかしときには、大臣としての活動を行なう彼にとっては都合の悪い、重要な場面があった。それは国務会議の場であった。彼は、ときにはそんな姿で国務会議に出たことがあったけれども、そのために、白熱した議論や長時間の議論や仲裁を要する決定はすべてあと回しにしなければならなかった。われわれは、彼がつぎつぎに大計画を作りあげる元となったいくつもの作品を知っており、それらのうちのあるもの、たとえば自治体論は、もっと練り上げる必要があったかも知れない。しかし、他の作品は、なにはともあれ夫役に関する作品は、完成したも同然の作品である。だが、いずれにしても、それらの作品はそれほど早くは日の目を見ないだろう。チュルゴーは、反乱の噂を聞いて初めて病床を離れるだろう。

*77　ヴェーヌ宛の手紙、一七七五年一月五日。
*78　メトラ『書簡集』一七七五年三月一五日。

まさにこの時期に、チュルゴー内閣の第一期が完了する。われわれはこの時期を上昇期と呼んできたし、またそれを特定分野専門期と呼ぶこともできるが、今日のわれわれは、この時期を、その全体の広がりのなかで、またもしこういう言い方が許されるならば、いくつかのなだらかな起伏で区切られ、いくつかの小さな森で生気を与えられた単調さのなかで、一望することができる。しかしわれわれは、ここでついに〔下降に向かう〕断崖のふもとにやってきたのである。だがわれわれは、まず少し時代を遡って、その出発点におけるいくつかの大きな政治的選択の方へ、すなわち、高等法院の問題、予算の問題、穀物の問題の方へ立ち戻らなければならない。第一の選択は、今度こそ決定的な形で行なわれる政府の行動である。第二の選択は、不動の路線のなかで決定されるひとつの全体計画であるが、その実施には、長期にわたる成功と、時間をかけた慎重な心配りが見られる。第三の選択は、前々から自分自身に対して行なわれていた約束の実行であり、人と物に対する賭であり、運命に向かって投げかけられた信頼の問題でもある。

〔訳注〕

1 国立文書館（Les Archives Nationales）。フランスの歴史に関する文書や資料を集中的に保存・管理する目的で、共和暦第二年収穫月七日（一七九四年六月二五日）の法律によって作られた。共和暦第五年霧月五月（一七九六年一〇月二六日）の法律によって作られた各県のすべての文書館を統括している。一八一〇年以降、パリのスビーズ邸に置かれている。

2 コメディー＝フランセーズ（La Comédie-Française）。一六八〇年にルイ一四世の命令で、モリエール一座とマレー座およびオテル・ドゥ・ブルゴーニュ座の合併によって誕生した。一七九二年に解散されたが、一八〇四年に再建され、一八一二年に組織が整備された。以来、リシュリュー街のパレ＝ロワヤルの附属建物内にある。国家からの助成を得て、フランスの国立劇場として、何よりも古典劇の上演に貢献している。

3 オデオン座（L'Odéon）。建物は、シャルル・ドゥ・ワイイおよびマリ・ジョゼフ・ペールの二人の建築家によって建てられ、一七八二年に完成。オデオン劇場は一七九七年にその建物のなかに創設された。二度火事に遭って再建され、一八四一年、第二国立劇場となった。一九四六年「リュクサンブール・ホール」の名でコメディー＝フランセーズに付設され、一九五九年に「フランス劇場」の名で独立。一九七一年、「オデオン国立劇場」と改称し、一九七八－八三年および一九八六－九〇年の間再びコメディ＝フランセーズの管轄下に置かれた。一九九〇年からは、「オデオン・ヨーロッパ劇場」として、外国演劇の上演場となっている。

4 グラニエール。フォールは、Richard de Glanières と書いているが、正しくは Richard des Glanières、または、たんに Des Glanières のようである。しかし、ここではフォールに従っておく。

5 正式のタイトルはつぎのようである。*Plan d'imposition économique et d'administration des finances, présenté à Turgot, Ministre et contrôleur général des finances, par Des Glanières. . . .* Paris, impr. de Simon, 1774, in-4°, 35 p. et tableaux. なお、グラニエールには、本書のほかにつぎのような著書がある。① *Développement du plan intitulé «Richesse de l'Etat», par le même auteur.* (s.l.n.d.) in-8°, 24 p. ② *Réplique générale, pour le présent et l'avenir. . . aux observations faites et à faire sur son «Plan d'imposition économique».* Paris, impr. de P.-G. Simon, 1775, in-4°, 27 p. ③ *La Dixme royale de M. le Maréchal de Vauban, composée avec le Plan d'imposition de M..R..D..G.. (Des Glanieres).* Amsterdam; et Paris, Pissot, 1776, in-8°, 164 p. Cf. L'INED, *Bibliographie générale commentée.* PUF, 1956, pp. 173-74.

6 訳注5の②。

7 ラヴォワジエ（Antoine Laurent de Lavoisier　一七四三－九四年）。フランスの化学者で、近代化学の創始者のひとり。化学用語の作成、空気と水の組成の解明、燃焼と動物の呼吸における酸素の役割の発見、質量および元素保存の法則の発見はラヴォワジエの功績。物理学の分野では、熱量測定器を考案。また、メートル法制定委員会の補充委員として活躍した。恐怖政治下で徴税請負人のひとりとして処刑された。

8 ビュフォン（Georges Louis Leclerc, comte de Buffon　一七〇七－八八年）。フランスの博物学者で、『博物誌』（*Histoire naturelle*, 1749-1804. 約四〇巻）の著者。パリの植物園の創設者であり、華麗な文体で大いに人気を博した。

9 グランジャン・ドゥ・フシー（Jean Paul Grandjean de Fouchy　一七〇七－八八年）。フランスの天文学者。一七三一年科学アカデミー会員となり、一七四三年同終身書記となった。新しい便利な天文図の考案、水星の軌道の新しい観測方法の提唱（一七三七年）、子午線の新しい考え方、一七四四年以降の死亡科学アカデミー会員の『賛辞』（*Eloges*, 1761）などの功績を残した。*Larousse,* T. IIIe, p. 856.

10 徴税請負制度（La Ferme générale）。アンシアン・レジーム下において、全国からの王税の徴収を民間の業者に請け負わせていた制度。国家の徴税機構の未発達による徴税の困難さと収入の不確実性のためにこのような制度が行なわれていたのであるが、徴税請負人（彼らは、fermiers（契約請負人）、traitants（税金取扱人）、partisants（税金ピンはね人）などの名称で呼ばれていた）の存在は、その恣意的な行為のため、政府にとっても、人民にとっても、きわめて忌まわしいものであった。最初は、税金の種類（塩税（gabelle）、補助税（aides　消費物資にかけられた間接税）、輸入税（entrée）など）によって、さまざまな種類の徴税請負人に分かれていたが、次第に統合されるようになり、真の全国的徴税請負制度は、一六八〇年の「フォコンネ契約」(bail Fauconnet)（総額五六六七万リーヴル、その他の特殊契約および地方契約を入れると六三三九万四〇〇〇リーヴル）から始まったと言われている。詳しくは、M. Marion, *Dictionnaire des institutions de la France aux XVIIe et XVIIIe siècles.* Paris, 1923. Réimpression, 1968, pp. 232-35を見よ。

11　徴税管区（généralites）。もとは全国的徴税請負制度のために定められた徴税区域。一六世紀半ば頃からフランス全国に設置され始め、一六八〇年頃からは、行政区としても機能するようになり、徴税管区毎に地方長官（inlendant）が置かれるようになった。

12　契約農民（enagistes）。王領地のある部分を一定の条件のもとに一定年数所有している農民をいう。

13　抵当税（hypothèques）。抵当物件の売却の際に課された税。テレーが財務総監のとき（一七七一年六月の勅令）、抵当物件の公示と保全のための改革が行なわれ、それによって抵当不動産の売却が容易となり、抵当税は二倍になったという。Cf. Marion, M., *op. cit.*, pp. 280-81.

14　利益分与（croupes）。徴収を委ねられた王税のための資金を前払いの形で分担して提供した者に対して、徴税請負人たちが行なった徴税請負利益の配分のこと。

15　物品税（droit de coutume）。封建領主がぶどう酒や小麦などの売買に課した税。

16　レード税（droit de leyde）。市（foires）あるいは市場（marchés）に搬入される商品に課された領主税の一種。穀物に課された「大レード税」とその他の陳列商品に課された「小レード税」があり、その率、徴税方法はまちまちであった。Marion, M., *op. cit.*, p. 331.

17　酒販売税（droit d'afforage）。酒の販売権を得るために領主に納めた貢租。

18　オーヌ税（droit d'aune）。オーヌは、主に布地計測用の単位で、地方によって異なり、パリでは約一・一八八メートル。この単位は、一八三七年に廃止された。ここでは、オーヌ尺という物差しにかけられた税のことと思われる。

19　市場《いちば》税（droit de tonlieu）。領主が商品の市場に占める面積に応じて課した税。同種のものに、所場税（droit de plaçage）があった。

20　自治体に関する草案（projets de municipalités）。これは、シェル版『チュルゴー著作集』第四巻の一七七五年のところに収録されている«Mémoire sur les municipalités»（pp. 574-621）を指すと思われる。この草案については、前掲拙著六〇－一〇八頁を参照されたい。

21　四旬節（carême）。キリストが荒野で四〇日間断食したことを記念する大斎と悔悛の期間で、灰の水曜日（le mercredi des Cendres）から復活祭（Pâques）の前日までの、日曜日を除く四〇日間を指す。この間は、断食または節食が奨励される。

22　封地取得税（droit de franc-fief）。平民が貴族の封地を取得したときに課される王税。

23　財産永代所有権取得税（droit d'amortissement）。M・マリオンはつぎのように説明している。「amortissement とは、死手人（les gens de mainmorte）〔死後または解散後に財産を遺贈できない個人または団体のこと。個人の場合には、農奴が死亡したときその財産は遺贈できず、領主に帰属し、領主はいわゆる《死手権》（droit de mainmorte）を持っていた。マンモルターブル（mainmortable）とも言った〕〔が団体の場合〕、たとえば同業組合（corporations）、会社（sociétés）、修院共住団（communautés）のような団体がなんらかの不動産を取得したとき、領主ならびに国王に対して、財産移転権の喪失によって生じた損失を償うために支払われる特別な封建的賦課租（redevance féodale spéciale）。直接領主に支払われるものを indemnité（補償税）、国王に支払われるものを amortissement と言った。後者は、一七二四年一一月二日の国王声明によって、貴族財産についてはその財産価値の五分の一、平民財産については六分の一と定められた……」。Cf. M. Marion, *op. cit.*, p. 18 et suiv.

24　ディーム（dîme）は、聖職者があらゆる土地のすべての生産物から現物で徴収した一〇分の一税のことで、彼らの主要な収入源となっていた。穀類、ぶどう酒などを対象とした大ディームと、野菜、果物などを対象とした小ディームとがあった。

25 これらの令状は、いずれも国王が発した。

26 ジョサイア・タッカー（Josiah Tucker　一七一三―九九年）。イギリス国教会牧師。政治・経済・宗教に関する著作が多く、経済学史上は、重商主義解体期におけるアダム・スミスの最も重要な直接的先駆者とみなされている。①『貿易要論』（*A brief essay on the advantages and disadvantages which respectively attend France and Great Britain with regard to trade*. London, 1749）。②『商業要論』（*The elements of commerce and theory of taxes*. Private edition, 1755）。③『市民政府論』（*A treatise concerning civil government*. London, 1781）。④『外国人プロテスタント帰化法の利点についての考察』（*Reflections on the expediency of a law for the naturalization of foreign protestants: in two parts: the first being hitorical remarks on the late naturalization bill; the second, queries occasioned by the same*. London, 1751-52）などの著作がある。チュルゴーは、タッカーの宗教的寛容論と自由主義的貿易論に共鳴して、一七五五年に④を自由訳した。彼はそれ以外にもタッカーの著作を翻訳したといわれるが、原稿は発見されていない。Cf. G. Schelle, *Œuvres de Turgot*. . . , Tome Premier, pp. 442-71.

27 チュートン騎士団（l'Ordre Teutonique）。テンプル騎士団およびマルタ騎士団とならぶヨーロッパ中世の三大騎士修道会のひとつ。当初聖地エルサレムの防衛を任務としたが、一二二六年、アゾビア公に招かれてバルト海沿岸に移り、マルボルク城を拠点として東プロイセン地方の開拓に当たった。ドイツ騎士団とも言う。

28 夫役（賦役　corvée）。領主や国が道路の建設や軍隊へのサービスなどのために平民（特に農民）に課した無償の強制労役。これについては、前掲拙著一六三―一六九頁を参照されたい。

29 スビーズ元帥（Charles de Rohan, prince de Soubise　一七一五―八七年）。ルイ一五世の腹心およびシャトールー夫人の太鼓持ちとして、ポンパドゥール侯爵夫人とデュ・バリ夫人に庇護された。ロスバッハでフリードリヒ二世に敗れ（一七五七年）、ゾンデーハウゼンおよびルッツェルベルクで再び勝利した（一七五八年）。この功績により、元帥の地位と終身国務大臣としての最高国務会議入りを認められた。ルイ一六世は、親戚のローアン枢機卿の裁判〔首飾り事件〕のときまで彼を国務会議にとどめた。彼は、才気はあったがモラルに欠け、まったく元帥としての器ではなかった。当時の俗謡でさんざんからかわれた。*Larousse*, T. VIe, p. 417.

30 タイユ税（la taille）。王税のなかの最も代表的な直接税で、不動産を対象とした対物タイユ税（taille réelle）、個人の所得を対象とした対人タイユ税（taille personnelle）、新開地を対象とした開拓地タイユ税（taille d'exploitation）などがあった。その査定・割当は、いちじるしく不正確で不公平であったため、民衆の怨嗟の的となっていた。Cf. Marion, *op.cit.*, pp.526-32.

31 クリアの構成員（curiales）。クリア（ラテン語 curia）とは、古代ローマの三段階に分けられた部族制社会組織の中間単位。ひとつのトリブス（ラテン語 tribus 部族）は、一〇のクリアに分けられていた。

32 ベルチエ・ドゥ・ソーヴィニ（Louis Bénigne-François Bertier de Sauvigny 一七三七－八九年）。請願審理官についで一七六八年パリ財務管区長官となり、とりわけ財政的観点から多くの改革を行なった。一七八九年の飢饉のときには、自己の財務管区および首都への食糧確保のために青田を刈らせたとして政敵から非難された。陸軍相補であった舅が逮捕されたとき、ベルチエもコンピエーニュで逮捕され、首都に連れてこられて、七月二二日に市庁舎前で民衆に虐殺された。*Larousse*, T.Ier, p.674.

33 二〇分の一税の収入比例地租への転換（la conversion des. . . vingtièmes. . , en une imposition territoriale proportionnelle aux revenus）。チュルゴーは、リモージュ時代、道路夫役代替税としての道路税を、最初はタイユ税比例課税の形で実現しようとして納税者名簿の整備に向けて努力したが、非常な困難を感じてそれを断念し、結局、当時最も公平と考えられていた不動産二〇分の一税を基礎とした比例税の形で課税しようと考えた。そしてさらに彼は、それを土地収入比例税、すなわち比例地租に転換して、特権階級を含む全土地収入取得者に例外なく課税しようとした。チュルゴーが財務総監になっていち早く打ち出した道路夫役の廃止とそれに代わる道路税導入の改革案は、リモージュでのこの経験にもとづくものであった。訳注28に示した拙著の二三一頁以下を見よ。

34 王立ラ・フレーシュ学院（collège royale de La Flèche）。ル・マン南西ロワール川沿いの郡庁所在地ラ・フレーシュに、アンリ四世が創設したイエズス会の学校。若き日のデカルトはここで学んだ。一八〇八年からは陸軍幼年学校（Prytanée militaire）となっている。

35 火薬会社（La Compagnie des poudres）。「硝石工廠」（salpêtrière）と呼ばれた黒色火薬製造のための火薬工場を経営する会社。一七世紀に建てられたこの建物の跡は、現在は精神・神経科を中心とする大学病院センターとなっている。

36 ボニオール（Antoine Boniol）。獣医師。獣疫とその抑制についての『論文』（Dissertations）がある（E.F.）。

37 ヴィック＝ダジール（Félix Vicq-d'Azyr　一七四八－九四年）。医者で解剖学者。博物学者のドーバントン（Louis Daubenton　一七一六－一八〇〇年。ビュフォンの『博物誌』の協力者）の後援により、比較解剖学の研究に従事。一七七四年科学アカデミー会員となり、一七七六年王立医学協会を設立し、その終身書記となった。一七八八年、フランス・アカデミーでビュフォンの後任となった。彼の仕事は、医学、獣医学、人体解剖学ならびに比較解剖学の広い領域に及んでいた。多くの論文および多くの医者についての『頌辞』（*Eloges*）のほかに、『有角動物の医学』（*Médecine des bêtes à cornes*, 1781）、『解剖学および生理学概論』（*Traité d'anatomie et de physiologie*, 1786）、『四足獣の解剖学的組成』（*Système anatomique des quadrupèdes*, 1792）などの著書があり、その『全集』（*Œuvres complètes*）は、一八〇五年に出版された。*Larousse*, T. VIe, p. 977.

38 その経緯はつぎのようである。ボルドーの医師ドアザンは、フォール・ドゥ・ボフォールなる者が獣疫に関するばかげた著書を出版し、同時にパリで「防腐水」（l'eau antiputride）と称する絶対に効かないいんちき薬を売り出したことを、ボルドーの地方長官エスマンガールに訴えた。また、学者のブルジュラは、ドアザンの訴えに便乗して、財務総監の権威を持ち出してフォール・ドゥ・ボフォールを批判した。このときチュルゴーは、「この医師がいんちき医師として通っていることは事実だが、彼が処方している予防薬と防腐剤は大して害があるとは思えないし、それらの薬は、役に立たないにしても大して害にはなるまい」と、彼に答えたという。Foncin, P., *Essai sur le ministère de Turgot*. Paris, 1877. Slatkine reprint, 1976, p.141.

第六章　高等法院(1)の復帰[*1]

然り、正義はわが右腕にある。だが、壊疽が右腕を冒さば、左腕がそれを切り落とさねばならぬ。

アンリ四世(2)（エストワール(3)の『日誌』）

一八世紀における高等院による反抗の現象は、体制崩壊の主たる原因（事実だけから見た表面的原因）のひとつであったので、それについてじっくりと歴史的検討を行なう必要がある。

＊1　出典が示されていない説明と引用の典拠は、考察の対象となっている時期の『歴史新聞』である。

われわれは権力の分立に慣れており、司法権はその固有の使命に献身するものであると理解しており、また、国民代表制の考えは、われわれにとっては民主的選出の確かな形態であるように見えるので、王国の主要裁判所——高等法院——が政治団体として存在しようとし、しかも一八(4)の高等法院だけで、国王の決定を覆すほどの合法的手段を与えられた不可分の政治団体さえも形成しようとするその主張を理解するためには、われわれの多大の努力が必要である。この考え方においては、司法権は、立法府と行政府の権限を侵害するだけでなく、その両者に対して絶対的優位を保つことになる。なぜなら、それは両者を麻痺させることができるからである。

人民の代表と自称するこれらの人々は、人民によって選ばれないだけでなく人民の階級からも出ないこと、彼らは特権階級に属していること、また、彼らは最も時代遅れの制度のもとで貪欲に自らの特権階級としての利己的利益を擁護することをわれわれは知っているので、世論の支持なるものは、こうした彼らの主張に対して、それがなければそれらの主張がいつでもガラスのように壊れてしまうひとつの粘り気を与えているにすぎないのを見て、われわれは驚くのである。

われわれは、王権を行政府に支えられた王政の絶対的形態と考える傾向があるので、高等法院が、世論の一部にまで支持されながら、行政府の絶対的権力に常に執拗に抵抗し、行政府に繰り返し危険な闘争を強い、ついには、最後の勝利——それは共倒れに終わった——を収めることができたことを認めるためには、とにかくもいささか苦労するのである。

しかしながら、これらの見かけ上の逆説のそれぞれに対してはきわめて根拠のある説明を与えることができる。しかもこれらの三つの逆説に対する説明は、以下に述べる決定的諸事件を理解するためにも、知っていて無駄ではないように思われる。

高等法院の敵たちは皆、高等法院の政治的主張は、法的権限の混同の結果生じたものであり、この混同は、紛れもなく独りよがりの行為によるものであると一致して考えていた。問題は高等法院への登録である。なぜ高等法院は、勅令や開封勅書(5)のような君主の最も重要な法令の登録を求められるのか。それは、それらの法令の物的証拠を保全しなければならないからであり、王国全体を通じての法解釈の統一性を確実なものにしなければならないからである。このためには、さまざまな地方の上級裁判所が同一の資料を参照できることがどうしても必要なのである（このことは、高等法院自身についてだけでなく、租税法院(6)

についても言えることであった。なぜなら、それらはそれぞれ固有の裁判権を持っていたからである）。だから高等法院は、ブザンヴァールの辛辣な表現によれば、文書保管所であり、この文書保管所が、モンバレの表現によれば、陰謀企画室となるのである。その理由はまったく単純であって、高等法院がたんに収集し、照合し、保管する任務しか持たなかったものを、検証し、点検する権利を、それのみか、拒否する権利を、まったくなんの権利もなく僭取したからにほかならない。

高等法院評定官はもともとは法律家にすぎなかったが、彼らの役割は領主たちの無知のために生じたのであり、訴訟の増大によってますます大きくなり、そして、官職の売買という金銭的手段によってますます堅固なものになっていったのである。「法律家たちは、議決権は一切持たず、一段下手《しもて》の椅子に座っていて、求められたときにしか発言しなかった。まもなく彼らは、自らを必要な存在たらしめるためにわざと問題を紛糾させた。……だが彼らは、常に団結してひとつの仲間を形成し、……やがて自己の強大化や自己の権力しか考えなくなり、……辛抱強く事件を待ち、的確に事件を捉え、大衆煽動と多数票を駆使して、政府と対立し常に最大多数を形成していたすべての人々を、やすやすと確実に味方につけたのである」[*2]。

＊2　ブザンヴァール、第二巻、三四四頁以下。しかし、ブザンヴァールは高等法院の絶対的敵対者ではない。それは、彼の「ショワズール主義」と両立しない。彼は、高等法院が国王の絶対権力の影響力と聖職者の陰謀を抑えることができる点でその利点を認めている。彼は、イギリス風の「〔権力〕均衡」制度と対抗勢力を推奨している。すなわち、彼はつぎのように述べている。「高等法院の主張と不遜な態度を抑制できるような君主と同時に、君主の行動を一層緩和できるような高等法院が必要であろう」と。冒険好きなこの人物は、政治的英知を持っていたのである。

〔最も重要な法令の〕登録についてのこの公証人風の説明は、歴史的に見て正確ではなく、あるいは少なくとも、歴史的に見て完全ではない。登録は確かに筆記による公示のひとつの手続きであり、法院の前で声高らかに読み上げることによっていわゆる公示を行なう方法――それは政府の命令に執行力を与えるために必要な手続きであった――に代わってかなり早くから行なわれていたけれども、しかし登録という方法は、もともとは、登記の純粋に物理的な行為として行なわれていたわけではない。高等法院や租税法院のような最高諸法院はすべて国王に対する助言機関であって、王国政府は、主としてこの助言にもとづいた決定に従って事を進めてきたのである。たいていの場合国王は、高等法院に対して、用意された法律等の成文について審議するよう要求した。国王はその手続きを省くことができた。「だがそれにもかかわらず、そのとき高等法院には自己の見解を述べる権利と義務があり」、「そのとき高等法院は苦情と建言を述べたが、それは、高等法院が事後的に助言を与えたからである」[*3]。もちろん、国王は常に自分の決定を強制することができた。だが、助言そのものは――したがって、建言すなわち事前に行なわれるのではない助言は――、決して王権を侵害する越権行為ではなく、最高諸法院の正常な任務であったのである。そして、助言がそのような形で行なわれたのは、租税問題についてだけではなかった。事実、高等法院への最初の登録の拒否が行なわれたのは一四〇七年の宗教的問題のときであったし、ナントの勅令の登録は、多くの物議をかもし、多くの政治的折衝を引き起こしたのである。しかも最初のうちは、高等法院の権限は、本来の意味での租税問題についてはは行使されず、たんに財政問題と王領地問題についてのみ行使されたのである。というのは、租税問題についての権限は全国三部会の手に付与されていたからである。

*3　ベニエ、前掲書、八一頁。

助言権が現われたときには、おそらくその権限自体には拒否権は全然含まれていなかったと思われる。「事前の助言」の、最初の審議の省略を穴埋めする形で行なわれる「建言」への移行は、容易であった。また、登録の中断を意味する建言と、所詮は一時的なものでしかありえない登録の拒否――この拒否は、その最初の形では、国王に建言を検討する時間を与えるという理由で正当化された――とを分かつ境界は微妙であった。制度化された団体が徐々にその特権を拡大し、「自己の立場を堅固にしようとする」のは、自然なことであった。今やわれわれは、政治力学の基本問題と向き合っているのである。評議機関としての審議は、往々にして決定機関としての審議に変貌しがちである。この政治的力学は、目前にひとつの空白――この場合は全国三部会が姿を消したことによって残された空白――が存在する場合には一層容易に行なわれるのである。

事実、政治団体としての高等法院の確立は、二つの系統の力が交叉するところで行なわれた。第一の力は彼らの最初の助言的役割から生じた。第二の力は間接的であった。――この第二の力は、最初は一四八四年に、そのあと一六世紀全体を通じて全国三部会の利益に沿う形で課税された、同意税（impôt consenti）の理論のなかにその起源を持っていた。その後の世紀においては、おそらく王権の理論の方が優位に立っていただろうが、しかし、同意税の考えは依然として広く行なわれていた。すなわちその考えは、革命的主張のために自由に行使できるようになるまでの間、高等法院の権利要求のために自由に行使できたのである。しかしフランスの王政は、〔一六一四年以来〕全国三部会を召集しないままにしていたが、その勅令を高等法院によって登録させることについては不満に思っていなかった。王政は、一方では自分に免罪符を与えておき〔つまり、全国三部会を召集しないままにしておき〕、他方で高等法院には〔法令登録権について〕白紙委任状を与えていたのである。「大臣たちは、この方法こそ王国の同意〔全国三部会の同意〕に代わりうる方法であり、国王は、ばらばらな一八の団体〔高等法院〕による方が、帝国全域の代表の集会〔全国三部会〕に頼らねばならない場合よりも勅令の登録を一層確実なものにしうると考えた」[*4]のである。

*4　モンバレ、第二巻、四四頁。

高等法院固有の助言に由来する特権の知らぬまの拡大、全国三部会の機能停止によって生じた空席の占拠、王権側の黙認、それのみか、見て見ぬふりの態度。これらは高等法院の主張を説明して余りあるものであったが、しかしそれらもおそらく、彼らの主張を純法律的に正当化するには不十分であっただろう。高等法院評定官やその支持者たちは、職業柄、法律的形式に気を配り、法律上のつながりという制度的セメントで建物を強化することに懸命であった。ブザンヴァールの別の言葉によれば、「もともとフランスでは何も書き残されていないので、何も確かではない」だけに、彼らは、「基本法の神聖な名前」をきわめて安易な形で持ち出してきたのである。弁護士のル・プレージュは、もっと正確につぎのように述べている。すなわち、高等法院と全国三部会は、おそらく両方とも、古い集会所、すなわち、いくつかの文書が「パルレメントゥム」(parlementum) という言葉で一括して呼んでいるカロリング王朝期の意見開陳所(*placitum*) と中世の国王裁判所 (*curia-regis*) の遺産を相続したため、高等法院は全国三部会の権限と密接に関係した権限を巧みに利用しているのだ、と。この主張は、今日のわれわれには捏造されたものであるように思われるが、その当時は論証することも反論することも容易ではなかったのである。人々のなかにはまた、一五七六年の全国三部会の建白書のなかのある条項の解釈の結果として、全国三部会の権限の明示的委任という命題を持ち出し、その委任のゆえに、「自らを小型版で要約版の全国三部会とみなすことが許される」と主張する者もいた。

この条項は、緊急必要な場合には、全国三部会そのものが勅令の適否を判定することができるとしていたのである。「全国三部会は、国王借款と租税に関するすべての場合を緊急必要な場合とみなした」。[*5]

高等法院は、こうしたさまざまな論拠に依拠しさらにはそれらを逸脱して自らの名前をうまく利用して

*5　オジャール『回想録』四〇頁以下に引用されているマルゼルブの言葉。

きたのであり、さらにまた、中世の典拠による以上に、イギリスの制度の、類似の、現実的で、評判の高い手本によって自らを補強し、かくしてやすやすと自らに自由主義的色彩を与えたのである。事実、高等法院を好んでローマの元老院になぞらえる者もいたのである。[*6]

＊6　『歴史新聞』一月一四日および一六日。ここに取り上げられているのは、『一一月二八日の月曜日に、トゥールの市庁舎の大ホールで読み上げられた、高位顕官の方々についての、すなわち、存命中にフランス高等評議会に席を占めておられたお偉方たちについての追悼演説』と題する小冊子である。〔これについては、『歴史新聞』はつぎのように言っている。〕
「この小冊子は、その標題の割には非常にまじめな作品であるが、高等法院を褒めすぎており、著者はわけもなく高等法院を古代ローマの元老院にたとえていて、他の面ではよく書かれているこの著書を台なしにしている」。

ひとつの国家が、ある一定の時期に、最小限の代表制度の存在を含むすべての条件を統合しようとしても、これらの条件がまだ存在していないときには、そのことによって社会組織のなかに一種の混乱が引き起こされる。このようなときには、たとえこの統合の仕事に直接向いていなくても、いくつかの機関が、不完全で不正確な形においてであれ、この仕事を引き受けようとするものである。フランスでは、これまで考察してきた時期に、世論の気づかないうちに人心が活気づいていた。ルイ一四世の治世の末期から、社会的束縛にある程度の緩みが見られるようになり、ルイ一五世の治世の末期からは、社会的不満が増大し、啓蒙思想の流布、造反の精神――そこでは国民的性格として辛辣な皮肉が好まれた――、さらにはイギリスの手本も手伝って、批判によって政府に圧力を加えるという状態が作り出された。[11] ひとつの制度的機構、つまり、「政治的安全弁」が必要になったが、チュルゴーが推奨した自治体組織となるような新しい組織を作り出す能力には欠けていたため、多少なりともこの役に適したものだけが利用された。高等法院集団は、特権階級に属していたけれども、裁判所の臨時職員や下級職員や訴訟人とのつながりを通して、あるいは日常の訴訟や公の討論——それは、抽象的で高尚なテーマの雄弁術の格好の実践の場であった——を通じて、パリのみならず地方においても、社会的・職業的に世論と接触していた。世論の動きは実際にはそうした討論とは無縁であったが、高等法院集団は何よりもそこに自己の役割を誇示する利益を見いだしたので、いかにして彼らは、そうした人心の動きを自らも表現せずにいられただろうか。おまけに、世論自体も高等法院以外にまったく代弁者を持っていなかったので、また、それらの代弁者は噂にいろいろな理性の衣を着せたりさまざまな権威の属性を与えたりすることができたので、さらには、彼らは専制者から——権力という現実のもしくは仮想の専制者から——市民を守る者とみなされていたので、そして、いずれにしてもほかに誰もそれをなしうる者がいなかったので、どうして世論は、これらの代弁者に理性的にも本能的にも好意を寄せないでいられただろうか。その結果、代理人のいない一般大衆と代理権のないこの代表との間にある種の一時的な契約が結ばれたが、その契約においては、双方とも半分だけ欺され、しかも、その契約からは実質的なものは何も生み出されなかったのだ。かくして、一時的には混乱の契約が、最後的には革命の契約が結ばれたのである。

それゆえ、今やわれわれは、「世論はどうして高等法院の主張を支持しえたか」という第二の逆説を問題にしなければならない。なぜなら、世論は実際に高等法院の主張を支持していたからである。おそらく、高等法院にはさまざまな敵がいた。まず信心家のすべての仲間が、ついで大部分の啓蒙思想家たちと重農主義者たちがいたが、その彼らが世論の力を代表しえたのは、彼らが多数派の流れのなかにいたときだけであった。そのとき彼らは、その流れに刺激を与え、それを誘導することはできたが、その流れに逆らうことはできなかった。逆に高等法院は、愛国者の仲間と呼ばれる徒党、絶対主義の敵対者、教権主義の敵対者、裁判の仕事に携わるさまざまな社会的・職業的階層の人たち、ショワズール派のグループ、そしてとりわけ、大多数の不満分子や反政府分子を味方につけていた。したがって高等法院は、理論的に権力の集中を非難し東洋流の専制政治を恐れていたエリートのかなりの部分を、大多数の不満分子を、気分的なもしくは場当たり的な反政府分子の徒党を、「事態が変わる」ことを望み変化を望む願いを（別の願いもあった）、その時代の最も視野が狭く最も利己的で最も反動的なグループに託していたすべての人たちを、味方につけていたのである。第二の逆説が生じた理由は以上の説明でよく理解できるが、その逆説がまたそれほど長続きした理由は、この逆説が生じた理由以上に意外に思われるかも知れない。実際、高等法院は、大衆の真の利益や労働者階級の利益に沿った態度を取ったことは、いわんや社会全体の利益と一致した態度を取ったことは、いかなる場合にもなかった。それは、常に特権を支持してきたし、常に改革と闘い、改革を妨害してきたのだ。「これらの団体が、どのような合理的で明確な目的を持ちえたかについて述べることは難しいだろう。彼らは国家にはまったく関係のないくだらないことに熱中してきた。――彼らは、租税や国民の権利や市民の幸福についての沈黙を法廷での彼らの売り物にしてきたのだ。にもかかわらず彼らは、団体の特権や身勝手な裁判権や個別的な憎しみをめぐるすべての抵抗運動においては、公共の利益の名をかたることを知っていた……」[*7]と、ヴェリ師は記している。歴史家たちは、おおざっぱに言ってこのような評価を行なってきた。きょうは一分税、二分税、五分税に反対し、あすは夫役の廃止に反対し、あさっては印紙税に反対したことは、高等法院の精神をよく物語っている。にもかかわらず、その反対は世論を高等法院から離反させなかったのである。それはなぜであったか。

*7 ヴェリ、第一巻、六四頁。

まず重視しなければならないことは、高等法院はその権限が主として拒否的であったことから大きな力を引き出してきたということである。世論の人気を傷つけないよう気を配り、さまざまな理由をつけ、本心をいつわって拒否を装うことは、常に容易なことであったのである。

第二に、高等法院は、然るべき形で提示された真の公共の利益をともなった現実の問題に立ち向かうことなどありえなかったので、常に、偽りの利益や偽りの問題や偽りの陳述に知略を尽くして逃げ込もうとした。高等法院が、世論の求める有用なものや合理的なものを世論とともに追求することなどありえなかったが、しかし、世論の求める不条理なもののすべてについて先導役を務めることは、高等法院にとっては容易なことであったのである。そうすることは、高等法院の成功の秘訣であったし、成功のためのドラマでもあった。民主制度における正常な議会にとってはひとつの誘惑にすぎないデマゴギー（民衆煽動）は、ここでは必要事であった。高等法院評定官は、ときとしてデマゴーグ（民衆煽動者）になるような民主主義者ではなかった。彼らは、常にそしてもっぱら、デマゴーグでなければならなかった。だから、穀物取引の規制に関して大衆がしびれを切らして新しい自由主義制度を試みることを求めたり、あるいは再び昔の強権的な体制に戻ることに郷愁を感じたりするたびに、彼らの大半がその問題についてつぎつぎに矛盾した態度を取るのが見られたのである。

拒否主義と大衆煽動が、税金の拒否という、彼らに共通の、しかも決して偶然とは言えない方策を生み出した。モプーの高等法院の改革が全体として不人気であったのは、新しい高等法院が、税に関するすべての施策をいとも簡単に登録し、承認したからである。そのことからまた、〔国王が臨席し、その玉座から勅令の登録を高等法院に強制する〕親裁座についての全般的な不信感が生じた。つまり、親裁座とは増税を意味したのである。「死んだ国王は、その足あとの上に恐怖をまき散らした。彼が高等法院から出てきたとき、国の税金は、またそれだけ増えていた……」[*8]。

*8　メトラ『書簡集』（一七七四年九月二日、第一巻、六九頁）。

さらに、絶対的とみなされていた国家権力が、このような悪弊にどのようにして順応しえたかを知る必要がある。答は簡単である。フランスにおける権力が絶対的であったのは、若干の期間にすぎなかったからである。法的な問題は別として、大臣の軟弱さあるいは国内の騒乱が、国家権力に対するさまざまな侵害を助長したのである。アンシアン・レジームの大部分の間、高等法院は、王権の外であるいは王権に抵抗する形で、絶えず最も効果的な役割のひとつを演じてきた。われわれはそれを、つぎのようなヴォルテールの要約のなかに明確に読み取ることができる。「わたしは、国王の後見人であった昔の高等法院が、シャルル七世⑫の王国からその被後見未成年のひとりを追放したこと、アンクル元帥夫人⑬を魔女に仕立ててグレーヴ広場で火刑に処させたこと、宰相であった枢機卿⑭の首に五万エキュの金を賭けたこと、キュレ、グラン、マルトマン、クレパン、キャトルスー、キャトロームといった連中⑮が、彼らの被後見未成年のルイ一四世とその弟と彼らの哀れな母を二度までもパリから追い払ったことを、よく知っていました。わたしがこうした事実のいくつかを『ルイ一四世の世紀』〔一七五一年刊〕のなかで語ったために、彼らがわたしを縛り首にさせようとしたことまでも、わたしはちゃんと知っていました……」[*9]。

*9　モンゾン地区竜騎兵隊長リール氏宛のヴォルテール氏の手紙。メトラ『書簡集』第一巻、九〇頁。

ブーツを履き手に鞭を持って親裁座を開催しているルイ一四世の有名なフレスコ画⑯は、紛れもなく絶対王政の開始を告げるものであった。勅令の登録のあとで国王に建言書を出す羽目に追い込まれた結果、高等法院は、嘴と爪をかじり取られることになった。[*10] もし摂政のルイ・フィリップが、ルイ一四世の遺言の取り消しについて高等法院と取引しようなどという気を起こさなければ、たぶん事態は最終的には丸く収まっていたであろう。高等法院はそのとき自信を取り戻した。高等法院は、新事態〔ロー体制の崩壊〕に対する恐怖のお陰でたまたま財政的叡知に富んだいくつかの結論を見つけ出すことができたので、その自信を利用してローの制度を糾弾した。高等法院は何度か前哨戦を試みた。しかし、建言権の八日間への短縮、ボントワーズ(17)への旅〔追放〕、親裁座の開催、懲罰勅令の発令、[*11](18)そして何よりも、成年〔二一歳〕に達したのちに強固になり治世の初期のあいだ維持された国王の信用が、一八世紀の四半期のあいだ高等法院をおとなしくさせた。高等法院は一七五〇年頃に再び好戦的態度に出たが、それはおそらく、租税政策のなかに好機を見いだしたためであった。八日のあいだに建言を行なうという規則は空文化し、さらに悪いことに、かつては秘密裏に行なわれていた建言が公然と行なわれるようになったのである。財政問題についての高等法院の抵抗は次第に激しくなり、ついには支出状況について報告を要求したり、実質的な財政的管理権を要求したりするようになったが、[*12] それでも克服しがたい対立にまではいたらなかった。高等法院は、力試しには自信がなかったし、財政問題それ自体にはさほど興味がなく、おまけに政府は、「投票を買収したりあるいは操作したりする」[*13] ために利用可能なすべての手段を巧みに利用したからである。租税問題以外でも、高等法院は一種の全面的なゲリラ戦に突入した。なかでも、イエズス会修道士(19)の追放は、そうしたゲリラ戦の最も驚くべき挿話を作り出し、エギヨン゠ラ・シャロテのブルターニュ事件(20)は、いつまでも興味の尽きない「サスペンス事件」となった。これらは、鎖のようにつながった一連の反動的事件である。高等法院の反対勢力は、王権の無力に力を得て、今度はこの無力をさらに大きくさせた。これらの反対勢力は、はっきりしたその影響力によるよりも、むしろそれらの勢力がつくり出す雰囲気によって、行政府の信用に打撃を与えたのである。「私はその当時外国に住んでいたが、わが国の政府が外国に抱かせる軽蔑の念を知るたびに、恥かしい思いをした」[*14]。しかし高等法院は、勝負をしていくつかの得はしたものの、勝負そのものには勝てなかった。それどころではなかったのだ！　もし高等法院が己の蒙ったさまざまな危険を正確に評価していたら、おそらくその戦術は慎重さを強いられただろう。現実の国王はもはやルイ一四世ではなかったが、まだルイ一六世でもなかった。ルイ一五世は、無気力というよりも堕落していたし、活力を失っていた以上に権威を失墜していた。しかも活力について言えば、ルイ一五世治世末期の主な大臣たちは、とても尋常とは言えない手段を用いた。ショワズールは、豪放な性格であったにもかかわらず高等法院を慎重に扱って――彼はそこで大きな信用を得ていた――、これを小手先で操ることにした。彼の辞任後はこのやり方が変わった。外科医たちの内閣が誕生した。すなわち、大法官モプーは、類似治療法的煎じ薬[21]よりも外科手術的方法の方を好んだ。そのうえ、エギヨン――テレー――モプー――の三頭政治は結束してこの行動をとった。三頭政治の法的権限は、四人目の相棒のボワーヌによって考え出されたものであった。高等法院に代わって大評定院[22]をつくることを考えたのは、おそらく彼であった。なぜなら、問題はルイ一四世の華々しい行動を再開することだけではなかったからである。相手〔高等法院〕はびっくり仰天したままではいないだろう。相手を除去すること〔解体すること〕を予定し、その準備をしておかなければならない。高等法院は政府が仕掛けた罠にはまった。一七七〇年一二月七日の勅令は、高等法院をその本来の仕事に立ち戻らせ、以後、単一性とか普遍性とか階級とかいう言葉を用いることを禁じたが、その勅令に対して、高等法院は裁判のストライキをもって応じたのである。これに対して政府は、登録命令書[23]を発し、ついで、封印状[24]を発して応戦した。高等法院評定官は、大部分がその領地へ、首謀者たちは僻地へ追放され、官職は没収され、辞任が受け入れられた。そして、一七七一年二月二三日の勅令によって——それは、裁判官に贈答品を贈る悪習やパリの大裁判管区における高い裁判費用や裁判の遅延に言及し、官職の売買を糾弾した——、高等評定院(25)が創設され、そのメンバーは、国王によって任命され、国王から俸給が支払われ、国王によって解任される、と定められた。租税法院、シャトレ裁判所およびいくつもの地方の高等法院が、騒乱のなかに突き落とされた。高等法院固有の特権と法令登録権は、これを機に最高諸法院(26)のひとつとして改組された大評定院の手に委ねられた。

*10　一六七七年の政府命令。一六七三年の国王声明。
*11　紛争が起きた場合には、高等法院評定官たちをポントワーズに追放するのが慣例となっていた。懲罰勅令は、一〇年の実習を終えた司法官だけが、法令の登録を行なうために開催される法廷での審議に参加できると定めていた。事実、最も若い評定官たちが最も行動的であった。ベニエ、前掲書、八三頁を見よ。
*12　ヴェリ、第一巻、七一頁。
*13　同頁。
*14　同、七二頁。

われわれも知るように、チュルゴーは同僚に対して皮肉を込めた軽蔑の念を抱いていて、現職の大臣たちをほとんど評価していなかったが、その彼は、地方長官を務めていたリモージュの奥から形勢を観望していた。デュ・ポンに宛てて書かれたいくつもの手紙、たとえば、一月一五日、二月一四日、三月一三日の手紙は、深い懐疑心を表明している。彼は常に高等法院の主張や拒否主義を非難し、「彼らが政治体制のなかでわがもの顔で行使しようとしていた絶対的拒否の態度や官職の売買を」非難する。「彼らは民衆の利益が問題になっていないときにはいつでも買収されます」と、彼は言っている。そしてチュルゴーは、その当然の報いとして彼らの命運が尽きる日がやってくることを予想する。大臣たちは、「善意を持ってすらできなかったことを、悪意をもって企てたのです」。しかしこれらの手紙は、高等法院の追放と改革というくつかの事件の最中か直後に書かれたものである。逆に五月一〇日の未刊の書簡は、いくぶんの嘲笑を込めてではあるが、つぎのような肯定的な結論を書き留めている。「この仕事〔モプーの司法改革〕は、大法官殿がよくよく決意を固めて始められたことであるように私には思われます。大きな成功は、大きな人物を作り出します」[*15]と。チュルゴーのこれらの反応は、そこに高等法院と政府の両当事者に対する嫌悪感が同様に見られることを考えると、彼の真意を測る試金石として役に立つかも知れない。

＊15　アンヴィル夫人宛の手紙。

おそらくこの事件は、フランス中を一種騒然とした状態に陥れただろう。なぜなら、高等法院評定官、法曹界の人たち、弁護士および検事、裁判所を取り巻くあらゆる種類の書記官や事務職員、家族、友人たちが、社会のさまざまな分野でそれぞれの職務に従事していたからである。しかし、いちじるしく腹立たしくさせるような個人的措置を通告することによって、とりわけ「寂れた不健康な土地」への追放の決定を通告することによって、また、あの手この手の策略を用いて逃れようとしていた金銭的利害関係の清算や費用の返済のお膳立てをしてやることによって、この騒然とした状態を鎮静化することは比較的容易であっただろう。[*16]

＊16　「法秩序の全面的破壊は、すべての地方に人心の動揺と末代までの不和の種を作り出した。しかも、すべての州のほとんどすべての家庭に、とさえ言ってもよいだろう」（モンバレ、前掲書、第二巻、九八頁）。

ところが三年後、ルイ一五世が死んだときにも改革はまだ続いていて、新しい評定院が裁判を行ない、さまざまな勅令が、なかでも二〇分の一税の更新に関する勅令が、なんのトラブルもなく登録された。

モプーが改革を行なったおかげで、テレー師の財政運営が非常にやりやすかったことは確かであった。当時の最もすぐれた観察者や歴史家の見解によれば、ルイ一六世の即位時においては、高等法院の大きな問題はほとんど皆王政に有利な形で解決された。必要なのは、いま少しの時間的猶予と最後のひと押しだけであった。

人身と財産のための鎮静措置は、新裁判所の業務に代わって旧裁判所のいくつかの機能を取り入れることを容易にし――その機能を選別して取り入れることさえできた――、こうして、裁判官の交代要員の募集に関する新制度の主要な欠点をなんとか凌ぐことができたようである。

「確かに現在の高等法院は構成が非常に悪い。けれども、その構成が悪いのは、その存在が一時的なものとみなされているからにほかならない。ルイ一六世が即位し、そのルイ一六世に必要な安定性が与えられれば、法服の最も名門の方々でさえ急いで新高等法院に戻ってこられるだろう」[*17]とメトラの書簡集は書いて、良識のあるところを見せている。

＊17　メトラの『書簡集』一七七四年九月一二日。

高等法院評定官たちは追放中無聊に苦しんでいた。彼らは手元不如意のため怒りっぽくなっていた。弁護士たちの意気は阻喪し、「すでに彼らは、彼らの意欲を損なっている事務所を閉鎖して、休業している」。オジャールによれば、ラモワニョン部長評定官は、自分の官職の清算について何度も前言をひるがえしたのち、ルイ一五世が死ぬ前から、八〇人の反抗的な彼の仲間と一緒に高等法院に戻る計画を立てていた。[*18]

＊18　オジャール、前掲書、六〇頁および七六頁。

すでにルイ一五世の治世の末頃から考えられていた解決策は、新しい治世の初め頃には、一層やりやすくなっていたと思われる。

だからルイ一六世は、すべての障害が取り除かれた権力を相続できる可能性があったのである。ルイ一六世は、ルイ一五世が死んだ一七七四年五月一〇日と大臣たちの聖バルテルミー〔同年八月二四日〕との間の七四日を費やして、改革のための選択肢を、王権の強化を、そしておそらくは、自分の治世の救済のことを考えただろう。

ところが逆に、モプーが去ってから勝負が行なわれたのだ！　それでは遅すぎた！

この最初の期間、大衆は不安のなかで過ごした。人々は、最も些細なことまであれこれと解釈しようと試みた。[*19]

＊19　『歴史新聞』からは、いろいろな小さな事件を拾い上げることができる。とくにつぎのような事件――サン＝ドゥニ教会から柩台〔ルイ一五世の棺を載せた台〕が戻る途中、裁判官たちに罵声が浴びせられた。「やじった者のなかには、非常にお偉い方たちもいた」。

その間、新しい裁判所は仕事に取りかかる準備を続けた。新しい裁判所は提出されたいくつかの勅令を登録した。その主なものは、国王即位記念税と王妃の腹帯記念税の国王による免除と、古くからのさまざまな財務条項に関するものであった。[*20]

＊20　これが、人気取りのためにテレーが考え出したささやかな手口であった。彼は、キリストの聖体の大祝日にお偉方たちが徒歩で行列に加わるパッシーの教会に、手に勅令を持って「国王万歳！」と叫ぶための金で雇われたさくらを配置した、と言われている（一七七四年六月一日）。マリア＝テレジアは、それを聞いて大いに感激した（メルシ＝アルジャントー『書簡集』第二巻、一七九頁）。

話題になっていたのは税の免除であって新たな税の負担ではなかったにもかかわらず、新裁判官たちは彼らの誹謗者たちから好意を持って迎えられなかった。それどころか逆に、税免除の勅令を登録することによってかえってこの税が法的に存在することを間接的に公認したと言って、彼らに激しい不満がぶつけられた。この税は、法律に則って徴収されたことはいちどもなかった。したがって、徴収されないことがまさに法律に適っていることであって、その存在を公認したことは、国民に対して取り返しのつかない誤りを犯したことになるのである。このようなわけで新高等法院は、「いかさま師どものたまり場」[*21](tripot)として慇懃無礼に取り扱われただけであった。

*21 いずれにせよこの税は、徴収されたとしても大したことはなかったと思われる。しかもこの税は、ほとんど裕福な人以外には課税されたことがなかった。第七章を見よ。

われわれには、国王の気持ちも首相〔格、=モルパ〕の気持ちも正確にはわからない。だが、いくつかの仮説を立てたり、あるいは、いくつかのぶしつけな言葉を集めたりすることはできる。たとえば、『歴史新聞』の編集者は、問題全体の鍵となる二つの噂を掲載した。五月二七日の記事はつぎのように言っている。「ある人が高等法院についての国王の考えを探ってみた。そうしたら、自分の権威に恋々とし、現在の高等法院を軽蔑し、昔の高等法院を恐れているひとりの若い君主であることがわかった。……フランス王太子はモプー氏の仕事は好きだがモプー氏個人は好きではないといつも噂されていた」。

また、六月二一日の記事はつぎのように書いている。「噂ではまた、国王がこの件についてモルパ氏に相談したところ、この大臣は国王に、この件は熟慮を要することでありますと言い、裁判所〔モプーの高等法院〕をお創りになりました陛下の祖父〔ルイ一五世〕は然るべき行動をとるよう陛下に命じておられるように思われますが、それは、陛下の祖父の御業《みわざ》に対するこれまでの無関心と軽蔑の念を持ち続け、そ

の御業をいささかも堅固にすることなく、大公と大貴族を常に反抗状態にしておくことによってでありま
す、と教示したという」。それゆえ国王は、この高等法院の問題については、「態度を硬化させながら」、「自
己の血縁の大公に対して厳しい姿勢を示すことによって治世を開始する」こととなった。しかし、「この
ようなやり方は、国王が多大の称賛を受けながらこれまで行なってきた善行とはうまく調和しないだろ
う」。

そして、その逸話好きの『歴史新聞』は、この見事な説明から、「人々はこのような場合には（国王の）
気まぐれと無為に多くを期待するものである」と結論した。

これらの何行かの文章にはすべてのことが言われている。

国王は、生まれながらの職務意識により、たぶん本能的に、昔の高等法院のことは思い出さないように
した。けれども彼は、じっくり考えてみるべきいくつものことを敏感に感じとった。それはつぎのような
ことであった。

——モプーに対する自分の反感。

——新高等法院を取り巻いている軽蔑。

——大公たちの地位。

——世論。国王は人々から「称賛」されることを強く望んでいた。

そのうえ、国王は気まぐれと無為に陥りがちであった。

モルパはと言えば、彼は国王に面と向かうと、猛烈に高等法院の復活に熱意を示した。彼は、自分の関
心をひかない問題については好事家的な態度しか示さなかった。それ以外の問題の場合には、彼の気まぐ
れと鷹揚さは駆け引きのための戦術でしかなかった。しかし、こと高等法院の問題に関しては、彼は自ら

積極的に関与したのである。
彼は、その出自も家族も婚姻関係も（彼の妻はフェリポー家(27)の出であった）、そして交友関係も、高等法院集団に属していた。彼は、自分が追放中に体験したすべての印象を非常に大切にしていた。したがって、「彼は、彼に傾倒していたパリ高等法院のメンバーのなかに自分への大きな忠誠心を見いだしていた」[*22]。

*22 モンバレ、前掲書、第一巻、一〇一頁。

モルパの心のうちでは、感謝の気持ちよりも憎悪の念の方が強かった。彼は、彼を失脚させ彼を遠ざけた国王と取り巻き連中と政敵たちの仕業であったすべてのものを、憎悪全体のなかにひっくるめていた。「彼は復讐心の強い男であったし、彼の性格は、彼が憎んでいるときにのみ一徹であった」[*23]。彼抜きで行なわれたことは彼の意に反して行なわれたことであり、ぶち壊さねばならなかった。

*23 セナック・ドゥ・メラン『政体、習俗および状況……』におけるモルパについての人物描写。

急いで事を行なうことはモルパの流儀に合わなかっただろう。けれども彼は、国王にこまごましたことを約束させることによって「心の準備をさせる」だけでは満足しなかった。彼はひとつの巧妙な陰謀を企てて始めた。われわれはそれについてはオジャールが伝えている話を介して知っているが、それによれば、オジャールはその陰謀へのモルパの加担を確実に取りつけたのである。

オジャールは、まず初めにモルパに「信念の告白」を行なった。「高等法院なくしては断じて王政はありません。それが、〔あなたの祖父の〕ポンシャルトラン大法官から私が学びました原則でございます」と。けれども、「国王は高等法院が大嫌いです。国王は高等法院に対してかたくなになっておられます。……私は、国王に胸襟を開かせる役を引き受ける気にはなれません」。そこでモルパは、先の会話のなかですでにオジャールが非常に暗示に富んだ形で言及していた血縁関係を利用しようと考えた。彼は、オジャールに、オルレアン公爵(28)を彼の賭に引き込むよう命じた。*24

*24　オジャール、前掲書、七七頁以下。

ひとつの計画が決まった。オルレアン公爵は、その目的を説明することなく、国王に謁見を求めることになった。国王はモルパに相談し、モルパは、「お血筋筆頭の大公であり、特に、歳が倍もあるお方のご意見をお聞きにならないのは礼儀に適っているとは申せません」と言って謁見を許すよう国王に助言したが、しかし同時に、彼に約束をしないことと、彼自筆の意見書を要求することを国王に助言した。事はその通りに運んだ。他方、『諸大公の意見書』*25という作品が存在するという噂が流れた。オルレアン公爵が書いて渡したのは、序文と呼ばれている最初の部分だけであった。彼はそれに続いて、相ついで別の二つの部分を書いて渡すことになっていた。だが、彼にはその暇がなかった。シナリオでは、国王がモルパに相談することになっていた。モルパは、この最初の時点では、のちに公平なふりをして一層容易に大法官モプーと闘うことができるようにするために、オルレアン公爵に全面的に肩入れしないで、大法官の肩をもっているようなふりをした。

*25　『歴史新聞』一七七四年六月二三日。

しかしその件は、オルレアン公爵の失言のために世間に漏れてしまった。彼が切っても切れない仲のモンテッソン侯爵夫人(29)に喋り、彼女が秘密を守らなかったからである。

われわれが老練な大臣モルパの策略を褒めることができるのは、まさにこの点である。どうすべきか。唯一の方法は、公爵を追放することであった。もちろん、彼の同意を得てである。「彼がこれに同意するかどうか聞いてみなさい。さもなければ、わたしはもうどんなことにも口出ししないよ」と、彼はオジャールに言った。オルレアン公爵は、この取引とこの見せかけの追放に同意した。

われわれは最初の方の挿話をオジャールを介して知っているが、彼はその続きを伝えていない。われわれはその続きをヴェリを介して知っているが、ヴェリは最初の方の挿話を知らなかった。*26 この二つの話の端と端をつなぎ合わせれば、簡単にジグソーパズルを復元することができる。

＊26 第一巻、一四四頁以下。

たとえ内密の共謀によるものであったとしても、オルレアン公爵とその息子のシャルトル公爵のような二人の大物の追放を決めさせるためには、実際にはなんらかの口実が必要であった。オルレアン公爵は、ルイ一六世に故王の葬儀に出席する意向を伝えていたが、このとき新高等法院に敬意を表することに同意するかどうかを――まさにこの点がしごく厄介な点であった――明らかにしていないことがわかった。人々はもっぱら、彼は協調的な態度を示すだろうと思っていた。というのは、すでに述べたように、国王はオルレアン公爵に、彼が書くべき意見書についてよく検討しておくよう特別に恩情を与えていたからである。

だから、そこにうまい逃げ道があった。オルレアン公爵は、その意見書についてよく考えた末、意見を変えたようなふりをした。彼は、どう考えてみましても、「私の信念と私の名誉は私が先にお約束しました通りに故王のご葬儀に参列することを許しません」と、国王に書いた。

この手紙は、オルレアン公爵の書記官のベリール氏――このベリール氏はかつて財務総監と目されたことがあった――を介して(30)モルパに手渡された。事の結末はまったく疑いの余地がなかった。「これで、ヴィレール・コットレ行きだな」と、大臣は言った。「まことにその通りと存じます」と、使者はうなずいて同意した。しかし、国王の反応は必要以上に早く、彼はオルレアン公爵に自ら気乗りのしない手紙を書こうと考えた。モルパにとっては新たな悩みの種が生じた。つまり、オルレアン公爵は賭けには同意したが、そのことで彼自身が傷つくことは避けねばならなかったのだ。国王の助言者モルパは、国王の心理について自分の知るところにもう一度訴えた。彼は以下のことを国王に説得するのに成功した。

一、国王が自らの名で言うべきことを彼モルパに任せること。モルパは国王に言った、「陛下がお手紙のなかでお話しになりたいことはすべて、いえ、それ以上のことまでも、オルレアン公爵に申し上げるつもりでございます……」と。

二、追放の場所をはっきり決めないこと。「宮廷への出入りを禁じるだけで効果は十分でございます」。「諸公の追放は公衆の間に無数の憶測を呼び起こした。新高等法院に賛成し旧高等法院に反対することは、はたしてよい考えだろうか」と、ヴェリ師はつけ加えている。いずれにしても、モプーの罷免は決まったも同然である、と彼は結論した。

かくしてモルパは、巻き添えになることを避け、すべての信用を保ちつつ、再びその長い道程を歩み続けることができた。常に重要であったことは、決定が実際に国王自身の手で行なわれるような印象を与えてやりながら、適切な方向に決断するよう彼を導いてやることであった。モルパは一時高等法院の問題を放棄した。彼は旗幟を鮮明にすることを差し控えた。彼は、大法官モプーに対する国王の反感に賭けた。彼自身は、さらに議論が必要であると考えていたようである。なぜなら、ヴェリ師の考えの元はと言えばモルパであったからである。ヴェリ師の考えによれば、新高等法院を維持しようとするならば、ともかくもその構成を改善しなければならないが、それは現実の大法官モプーにはできないことであった。それを行なうためには、大法官は、逆のやり方を試みるのではなく、改革者の態度を貫いて改革を達成しなければならないのである。われわれがすでに見てきたように、モプーは、高等法院の問題を解決するためには

――しかし彼は、その解決の方向を示さなかった――大法官が存在する必要があり、それはちょうど財政問題を解決するために財務総監が存在する必要があるのと同じである、と国王に説明していた。そんな言い方は、まったく幼稚な言い方であったように思われる。モプーは、大法官と財務総監の二つの立場を隔てる大きな違いを明らかにすることを怠っていたのである。

テレーの辞任は、予算政策を確かなものにしたわけではない。逆に、大法官モプーの辞任は、高等法院が選択すべき方向を実質的に決定した。公衆にとっても、二人の陣営の当事者にとっても、人間の断罪は、その人間が自己を一体化させていた事業の断罪をも結果としてもたらしたのである。

モプーは、内閣のなかにあって、モルパのひそかな陰謀のほかに、サルチーヌのあからさまな反感とも向き合わねばならなかった。当時のゴシップ欄担当記者の言を信ずるならば、この二人は、互いに策略をめぐらしながら人生を送るのである。しかしモプーは、信心家として知られ、それゆえに反高等法院論者として知られていたデュ・ミュイのほかに、特に、八月一二日の評定院で断固たる態度を示したヴェルジェンヌを味方につけていた。

われわれは、今度もまた、モルパがこの機に戦場でうまく立ち回るのを見ることになる。彼にとっては、ヴェルジェンヌの激しやすい熱情を抑えることはおそらくやさしいことであった。モルパに全面的に借りがあった外務大臣ヴェルジェンヌは、もしモルパの計画を知っていたら、それを邪魔するようなことはあえてしなかったと思われる。それにわれわれは、ヴェルジェンヌがそれ以降もはや以前ほど高等法院の問題に口を出さなくなり、限定委員会のメンバーではなくなり、決定的な会議では注目されなくなったことを知っている。それゆえ、最初華々しく振る舞ったのちのこの控え目な態度は、おそらくモルパの圧力によってしか説明できないだろう。[*27]

*27 ジョベ、一七六頁を見よ。

しかし、慎重な助言者モルパは、当面自分の正体を明かすつもりはなかった。彼がオルレアン公爵とシャルトル公爵の追放に取りかかったその見せかけの精神には、ヴェルジェンヌの感情の激発すらおそらく好都合なものに映っただろう。彼にとって常に重要であったことは、国王を引きずりまわすのではなく、事態の趨勢に翻弄されないように彼を守り、彼が自分の考えと信ずることを決定するのを助け、彼が自分の意思による決定と信ずるものを決定するのを助ける、公平な助言者、ソクラテス的教師として国王に対して振る舞うことであった。大衆にとっても国王にとっても、すなわち、国王が存在するがゆえに大衆にとって、秤の皿が一時的にであれ相手方の主張に有利な方向に傾くことはまったく好ましいことなのである。ヴェルジェンヌは、次の三つの点を骨子とした演説を用意した。

一、旧高等法院はその懲罰に値したか。

二、国王は旧高等法院をぶち壊すことができたか。

三、いずれにせよ、旧高等法院を復活させることの方が新高等法院を存続させることよりも危険ではないだろうか。

「大臣は、……すべての反論を取り除くために、第一と第三の論点についての彼の考えを支持した」。しかしモルパは、考えた末に、第二の論点だけについて彼に述べさせることにした。この第二の論点は、われわれから見れば政治家にとっては非常に無益な議論のように見えるが、しかしモルパにとっては、そうした議論によって敵を困惑させ、議論を難解な法律論議のなかにどっぷりと漬からせ、この種の議論に耳を傾ける気持ちが十分ある国王の関心をそそり、「国王が自己の統治の基本にしようとしている」公正に対して国王の注意を喚起し、さらには、こうした時間稼ぎのための先延ばし的決定のひとつにもっともしい口実を与えることを可能にしたのである。そのお蔭で国王は、「重要な説明」を待たなくてはならないと言っては引き延ばしていた生まれつきの性質を無理やり持ち出す必要はなかった。
一二日後モルパは、テレーの辞任の知らせと時を同じくして、モプーの辞任の知らせを受け取った。彼は勝負に勝ったも同然であった。

パリの善良な人々が、聖バルテルミーの夜に形代《かたしろ》をこしらえて、失脚させられた悪党どもをどのように処刑したかはすでに述べた。大法官は、続く数日の間、別のいくつかの仮装行列のモデルにされないわけにはいかなかった。「一〇種類もの刑罰が加えられた。最も面白かったのは、大法官の首を四頭のろばに引かせていたスコラ学者たちの仮装行列であった」。新高等法院のお歴々は、最初の八月二七日に、仮装行列のなかで「ばか騒ぎ」の引き立て役をさせられたが、ひどく意地悪く扱われたわけではなかった。その騒ぎのなかで真っ先に出てきた会計法院長ニコライ氏は、非常に無礼にではあったが、「しかし笑いながら」、野次られた。彼は、髪の毛を「撫でられる」ことに不当に腹を立てていたからである。そのほかの部長評定官たちは、皮肉たっぷりにうやうやしくお辞儀をされたり、さよならを言われたりするだけで済んだ。その夜パリ裁判所で行なわれた打ち上げ花火によって、事態は悪化した。数人のけが人と、ひとりの死者まで出た。死者は、かわいそうにも、ブテイユ〔瓶〕という名の短衣を着た騎馬警察隊長であった。ひとりのひょうきん者が、「割っちまえ」と示唆するだけで十分だった。警察長官は二つの策を講じた。そのひとつは巧妙で有効な策であって、花火師に対して行なわれた火薬販売の禁止であった。それ以上に議論を呼んだもうひとつの策は、パリ裁判所周辺の徒歩と馬による見張りのためのパトロールであった。「聖墓[31]の墓守たちがキリストの復活を待っているのだ」と、おどけ者たちは言った。そして、ゴシップ欄の記者たちが、「サツ（警察）と下種野郎どもが笑いながら一緒に酒を飲んでいた」ことを確認した。「それは都会の紳士諸君にとっては世にも珍しい眺めであった」。パリでは、秩序はいとも簡単に乱れた。ただの浮かれ騒ぎによってさえも。しかも、すでに見たように、パリの警察力は貧弱で当てにならなかった。ひとりが逮捕されたのに続いて、頭をかっかとさせた猪武者のヴァリクールという男が八〇〇人を引き連れて、高等法院長の邸宅を包囲した。その場を救うためには一計が必要であった。*28

*28　高等法院長は、逮捕者の釈放を約束するように見せかけた。するとリーダーは、コンシエルジュリ〔パリ裁判所附属監獄〕へ行って、釈放命令書を要求した。彼がもとの場所に戻ってきてみると、もちろん、番兵がしっかりと配置されていた。『歴史新聞』九月四日。

社会のもっと教養のある階級においては、デモは別の性格を帯び、彼らの想像力をかきたてる芝居となった。ドラ(32)なる人物の作品『アデライード』が思いがけない成功を収めたが、それは、その作者がつぎのような二行詩を「差し挟むことをうまい具合に思いついた」からであった。

《わたしは不和の女神(33)を裁判所の足もとに鎖でつなぎ、
かくして裁判において崇高なるその職務を果たす……》

そこへ検閲官が悪乗りして、「鎖でつなぐ」を「置き去りにする」に、「果たす」を「続ける」に表現を修正し、結局は最初の台詞を再び許可したが、それが復活したのは、高等法院そのものの復活のほんの少し前のことであった。オペラ座での騒ぎはつぎのようなものであった。そこへは「お忍びで」(incognito)しか行くまいと誓いを立てていたコンチ大公(34)が、追放処分が解けたと考えて、「盛装して」(in fiocchi) 現われた。彼はそれまであまり人気がなかったけれども、観客は彼を歓呼して迎えた。「彼の支持者は首都にはあまりいない。彼は意地悪で残忍な性格の持ち主だと非難されているが、彼が深く首を突っ込んでいる悪党どもでさえ、彼の評判を完全に失わせてはいない[*29]」と、少し前にメトラの『書簡集』は書いていた。しかしここでの彼は、高等法院復活の最も強固で熱烈な支持者であるというだけの理由で、栄光への途上にあったのだ。

＊29　七月二一日、第一巻、三四頁。

しかしながら、新高等法院のこれらのお歴々は、旧高等法院解体という最初の衝撃でびっくり仰天したが、その後は落ち着きを取り戻し、このような場合に許されるようにまずはひと息入れて、自己の運命の移ろいやすさを甘受することとなった。彼らは常に現場にいたので、彼ら自身が原因になった混乱について自ら報告しなければならなかった。ほかに書記局はなかったので、彼ら自身が税に関する勅令の登録事務を行なった。ほかに高等法院はなかったので、彼ら自身がノートルダム寺院の儀式への儀礼招待を受けた。また、彼らはビロン元帥(35)に守られていたおかげで、今度はまったく危害を加えられなかった。「わたしの連隊は高等法院の秩序維持に当たっています」と、元帥自ら高等法院長の席で参謀部に報告した。高等法院長はヴェルサイユに伺候し、それほどしょげた様子もなくヴェルサイユから戻ってきた(36)。それにもかかわらず、彼が自分の邸宅の家具を取り払わせているという噂が流れた。しかし、臨時法廷そのものは活発に仕事を行なった。人々は、リシュリュー元帥(37)が強請《ゆす》ったという手形についての華々しい裁判がそこで行なわれるのを待ち受けていた。一〇月六日、臨時法廷は、聖マルタンの翌日に改めて前記の登録を行なうことを条件としてとの明確な文言を入れる配慮をしたうえで、ある徴税事件[*30]に関する開封状を登録した。

＊30　皮革税およびその他の税の直接徴収にかかわるJ・B・ファーシュの所有財産押収事件。『歴史新聞』一〇月一八日。

その間政府は、モルパが敷いた道をゆっくりと急がずに進んだ。モルパ、ミロメニル、サルチーヌ、チュルゴーで構成された（ヴェルジェンヌが加わっていなかったことが注目される）限定委員会もしくは秘密委員会が、国王と一緒に事態を検討するために召集された。[*31] その一方で、国王はこれに強い関心を示し、その関心のゆえに彼が政《まつりごと》が好きになるのではないかと（誤って）期待がかけられた。[*32] 今日のわれわれは、これらの委員会は大衆のための騙し絵というよりもむしろ国王のための騙し絵にすぎなかったことを、ヴェリの話を通して知っている。しかし、大衆を騙さずしてどうして国王を騙すことができただろうか。おそらくモルパは、彼が予想していた以上に国王がこの問題について強硬であることに気づいただろう。なぜなら、国王は権威が好きであったし、ショワズール派を疑っていて、それに、彼自身は信心家ではなかったけれども、われわれも知るように、イエズス会修道士の友人で、彼らの敵〔高等法院〕の不倶戴天の敵であった父・王太子の思い出が彼の心のなかで圧倒的な影響力を持ち続けていたからである。だから、それらの委員会の目的は、旧高等法院の復活の方針に裁断を下すことではなかった。というのは、その方針はすでに採択されていたからである。またその目的は、そのことから容易にわかるように、復活の条件を決めることでもなかった。その条件はもうすでに決まっていたからである。したがってその目的は、決定はすべて国王自身の手で行なわれることを、決定をやめたり決定を強行したりするのは国王自身であることを、国王に納得させることだけであった。その結果、人々が彼に演じさせるように装い、そして幸いにも彼が非常に快く引き受けた、あの積極的役割が生じたのである。「若き国王が、かくも広汎でかくも複雑な問題について納得のゆくまで理解し、全体を深く検討したのちに自分の確固たる意見を持ちうるとは誰も想像することはできない、とわたしは思っている。彼は、他人の意見に頼り、他人の決定に従うことしかできないのだ[*33]」と、〔駐仏英大使〕ストーモント卿は書いている。しかし、ヴェリの証言にはいささかの曖昧さも見られない。彼はつぎのように証言している。「この方法は、すでに決定された計画を彼自身の計画と思わせ、そして、公衆のなかにも同じ見方を広めるという望み通りの効果を果たした」と（しかし国王は、特に調停の方法を研究することによっていくつかの自分独自の考えを編み出した）。この計画はまったく動かしがたいものであったので、当のヴェリ師はそれについて、すでに八月の記述のなかで、それはマルゼルブ氏によって考え出されたものであると実際に説明していた。その計画の根本の考え方は、高等法院が再び反乱を起こした場合に備えて、あらかじめある種の安全策を講じておくことであった。その場合には、高等法院に対して容赦ない制裁を加えねばならないが、その制裁は職権乱用となるかも知れない。また特に、前回の危機のときにそうしたように、すぐにも機能できる代替機関としての大評定院を支配下に治めねばならないだろう。再び手探り状態に陥ることを避けるためには、高等法院の再建を謳う勅令のなかに、大評定院のこの補助的権限をあらかじめはっきりと準備しておくだけで十分である。高等法院と大評定院の相互代替性をあらかじめ規定しておくことだって可能である！

＊31　この委員会の存在については、ヴェリ師が証言している。第一巻、二〇二頁。
＊32　ヴェリが引用しているサルチーヌの考え。第一巻、二四四頁。
＊33　ストーモント卿、八月一〇日付の急送公文書。

委員会の仕事は、その慣習はすでになくなっていたにもかかわらず、秘密裏に続けられた。ついに一〇月の半ば頃、いろいろな噂がときを同じくして堰を切ったように流れた。封印状が撤回され、追放されていた連中が戻ってきて（自発的に見合わせた者もいた）、彼らは国璽尚書の謁見に法服姿で臨んだ。[*34] 円い縁なし帽をかぶった部長評定官たちが、その配下の者たちに服喪を命じた。高等法院長のアリーグル[(38)]と「本物の主席検事」のフルーリが、新裁判所の「反逆児」であった書記官たち——そのリーダーはデボネール〔お人好し〕という渾名の持ち主であった――を新たに募集し、新裁判所が近い将来なくなることを声高に宣言した。負け組はその最後の蓄えを使い果たした。

＊34　故王〔ルイ一五世〕の服喪のこと。彼らは、正式にその職務を行なっていないとの理由で、それまではそれを行なうことができなかった。彼らは、「黒衣をまとう」(39)ことを許されなかった。

モプー自身がその追放地のロシュロールから送ったと思われる証拠書類によれば、人が味方につけようとして失敗した王弟殿下が『わが意見』[＊35]と題した論文を作成し、そしてコンチ大公の息子のラ・マルシュ伯爵も――彼はコンチ大公とは正反対の人物で、大公の政略の反対者であった――、同様に論文を書いた。[＊36]熱があると口実をつくって会うのを敬遠していたルイ一六世の伯母たちが、〔国王に会うために〕遅まきながらもフォンテーヌブローへの旅行を試みた。新高等法院のお歴々は一〇月一八日に告示を出してそのなかで自分たちの立場について弁明したが、人々はそのなかに昔の高等法院が用いていた言葉がまたしても使われているのを見て面白がった。[＊37]けれども、これほど突飛な文書を国王に届けに行くというやり甲斐のない任務を喜んで引き受ける者は誰もいなかった。国王裁判所部長評定官のラ・ブルドネは拒絶し、主席検事〔フルーリ〕は逃げを打った。しかし、皆が彼に無理やりその任務を押しつけたため、彼は、その日のためにわざわざ領地から連れてこられた不運な次席検事ひとりだけを伴って、国王の従臣たちによる代表団を作った。

＊35　一一月六日の『歴史新聞』のなかの文章を見よ。
それは、プロヴァンス伯の経理担当官のクロモーとプロヴァンス伯の書記官のフォンテットによって書かれたと言われている。それは、フォンテーヌブローへの旅行の直前に国王に手渡されたという。そのとき国王は、「弟よ、余にはもっとよい考えがあるよ」と言ったようである。

＊36 ラ・マルシュ伯爵は、新高等法院を承認したただひとりの血縁の大公である。「彼は、その見通しがしっかりしており、約束を忠実に守り、家計が整っており、彼と関係のある人々に対して公平である。……彼の条理は、彼個人の重みによる影響力とは関係なく重用されるだろう」（ヴェリ、第一巻、一五五頁）。この大公は、デュ・バリ夫人の仲間といくぶん関わりを持っていたようである。

＊37 一〇月三一日の『歴史新聞』の文章を見よ。

ついに一〇月二三日の日曜日に、主席検事がフォンテーヌブローで謁見を許された。国王の謁見は素っ気ないものであった。彼はつぎのように言った、「臨時法廷が巷間の噂にもとづいて余に意見をするとは驚きだ。余の考えはいずれ貴殿にお伝えするつもりだ」と。国璽尚書が彼を夕食の席に引き止めたが、彼が話すのは彼に出された料理のことばかりであったし、さもなければ、彼をつとめて「フルーリ殿」と呼ぼうとした。その翌々日、新高等法院の守衛が、四年前に守衛棒を壊してしまったと言い訳をしながら、彼が持っていた鍵のひとつで裁判所の公示板をたたいて裁判官たちを愚弄した。そして、彼の身柄拘束令が発せられたとき、同僚たちが彼を逃亡させた。もうあとへは引けなかった。最終決定は、おそらく主席検事に嘲弄的な謁見が行なわれたちょうど前日の二二日土曜日に、内政評議会(40)で行なわれたようである。史家の伝えているところによれば、ただひとりモルパを除いて、全閣僚が旧高等法院の復帰に反対の意見を述べたという。しかし、この情報は意外である。なぜなら、少なくとも国璽尚書で大法官のミロメニルだけは賛成したと考えなければならないし、またほかの大臣にしても、その問題にどう対処すべきかという心の準備の点では、国家と宗教を裏切ったと言ってモルパを非難していたデュ・ミュイ伯爵の場合はおそらく例外であったとしても、原則留保の態度をとっていただけかも知れないからである。国王自身は、つぎのように述べたと言われている。すなわち、「数年前に余が余の祖父の親裁座を受け継いだとき、余が今から開催する親催座を将来も余が開催するだろうと、一体誰が余に言ったであろうか[*38]」と。とりわけ二つの理由が、彼に旧高等法院の復帰を決断させた。ひとつは、「余は愛されたい」という彼の一般的な願望である。なぜなら彼は、自分の評判にこだわっていたからである。もうひとつは、強力な政府が存在するときには高等法院は恐ろしいものではないという理由である。その言葉のもつ皮肉な意味については、のちに述べることにしたい。

＊38　ヴェリ、上記引用文。

それ以後、準備作業は加速した。封印状によって、新旧の高等法院評定官に対して一一月九日に向けて準備を整えておくよう通知が出された。フルーリ主席検事（本物と同じ名前であるが、これは替玉）がモブージュへ追放され、そして、その書記官がバスチーユへ投獄された。その理由はどちらも、個人的なものであったようである。モルパが、「彼によって追放された」シャルトル公爵[41]の合図で――と言われている――、オペラ座で拍手を送られた。彼は、その拍手に驚いたふりをした[*39]。しかし、親裁座が実現するのは聖マルタンの日の一一月一一日ではなく聖ルネの日の一二日であって、人々はそこに面白い符合を見いだすことになる。なぜなら、こうして、元の大法官モプーの守護聖人の日と彼が行なった仕事〔新高等法院の設立〕の崩壊の日が一致することになるからである。国王は、一〇日にヴェルサイユに、一一日はミュエットに泊まった。彼は、自分の儀装馬車に兄弟の大公たちを乗せ、護衛のためのすべての別動隊に守られて七時にそこを出発した。親衛隊、マスケット銃士隊[42]、憲兵隊[43]、軽騎兵隊、フランス人近衛部隊[44]およびスイス人近衛部隊が護衛の垣根を作ってパリに入った。会談門のところでパリ市長が国王の称揚演説[46]を行なった。ルーヴル宮殿[45]に到着したとき、民衆が彼を歓呼して迎えた。サント＝シャペル礼拝堂の階段の下で、大公たちが彼を出迎えた。コンチ大公、オルレアン公爵、シャルトル公爵といった遠ざけられていた人たちや追放されていた人たちも招かれていて、そこに姿を見せていた。ミサのあと、ルイ一六世の治世最初の大政治セレモニーが始まった。

*39 『歴史新聞』一一月六日。ヴェリはつぎのように述べている。「一階の観客が、二階の桟敷席に彼がいるのを見て拍手をした。彼は、その拍手が誰か男優か女優に向けられているのかと思って、その拍手の先をまじめくさって探した。視線が自分に向けられているのを知って、まもなく疑いが晴れた。彼はおしとやかに頭を下げた」（第一巻、二〇三頁）。

初めて親裁座に就くルイ一六世は、その後に行なわれる親裁座における彼と同様、立派に務めを果たす。この若き国王は、面と向かって会談するときには非常にぎこちなく困惑した様子を見せるが、この場のように多くの公衆を前にし厳粛な場に臨むと、その場にふさわしい物腰とそれにかなった口調を示すことができるのである。「ちぐはぐは人間の本性にもとづくものである」と、ヴェリ師は記している。今日のわれわれならば、内気にもいろいろと微妙な差があり、コンプレックスにも非常にいろいろな種類があることを知っている。たくさんの人間を前にすると、人はとたんに別人格になるものである。彼をとりまく大がかりな装置は、国王にふさわしい威厳についての先天的もしくは後天的な意識を彼の内部で目覚めさせ、それを一段と高めるのである。彼が発した主要な言葉は（彼は親裁座の開会と閉会に際していくつかの言葉を言わなければならなかった）、よく聞き取れなかったが、おおむね高く評価された。というのは、彼は話し始めるのが早すぎたため、高等法院評定官たちが半数も入室しないうちに話が終わってしまったからである。それに続いて、アリーグル高等法院長の弱々しい演説と、セギエ次席検事のもっとしっかりしてはいたが例によって長すぎたもうひとつの演説——しかし、注意深い国王はそのなかに法律上の誤りが(47)*40

あるのに気づいた——が行なわれたのち、（全部で九つの）勅令が相ついで上程された。それらの勅令の狙いは、若干の細部の違いを除けば、主として高等法院の旧状を回復することにあった。懲罰勅令と五番目の勅令が読み上げられている最中に衝撃的な興奮が巻き起こった。この二つの法令を組み合わせて考えてみると、マルゼルブが考えた制度の全体を知ることができる。一方では、旧高等法院による度重なる職務の中断は、中世フランスの列公会議の召集を正当化しうるような反逆罪を構成するだろう。他方では、再建され、したがって職務が再編された新高等法院の元のメンバーで構成される大評定院が、新しくなる旧高等法院が職責不履行のときには、即座にそれに取って代わることができるだろう。これはよく工夫された無理のない緊急避難措置であったが、この措置は発動されることがあってはならないだろう。また、よしんば発動されたとしても、結局は、政治色化した高等法院が何度も周期的に解体されるだけであろう。そんなことをすれば、なんらかの非難を受けずにはおかないだろう。ミロメニルが、評定官たちの席に近寄って、必要なら懲罰勅令に対して建言を行なうことができることを知らせた。次席検事セギエは、五番目の勅令の登録については結論を下すことを差し控えた。シャルトル公爵は、国璽尚書の発言に対して、手厳しいが控え目な非難を浴びせた。親裁座は五時に閉廷した。ある人物の出席がセンセーションを引き起こした。貴族の席へのエギヨン公爵の出席であって、彼は虚勢を張って自分の方からどうしても出席したいと言い出したか、公の筋から暗に出席するよう勧められて承諾したかのいずれかであった。[*41] もうひとりの人物の出席は、それとは逆にまったく控え目な形で行なわれた。[48] それは、官位は並ではなかったが親裁座の儀式には列席を予定されていなかった人物であって、忍びの間で、「お忍びで」出席したのであった。彼は、最古参のダゲッソーに、冗談めかして、わたしはただの「暇つぶし」のために来ただけだと言った。人目につかず親裁座を楽しんでいたこの人物こそ、その日の真の勝利者であり、その日まで実際に暇をつぶしながら常に勝負に勝ってきた政治的戦略家であった。その人物とはそれまでの政治的事業の主人公であり、それはモルパであった。

＊40 「パリの真の法廷はパリ高等法院の議場にある」と、次席検事は述べた。それに対して国王は、「それは正しくない。パリの法廷は余が法廷を開催するすべての所にあるのだ。あの言葉を彼の演説から削除しなければならない」と指摘した（ヴェリ、第一巻、二一〇頁）。

＊41 デストレおよびガレ『エギヨン公爵夫人』二三三頁および注を見よ。この同じ観点で、『エギヨン内閣回想録』三三三頁を見よ（ヴェリ、第一巻、二〇八頁）。

その間、新裁判所の評定官諸氏は、同じ日の朝に、大評定院の間となっているルーヴル宮殿のライン翼館に召集された。彼らは群衆に野次られながら一〇時にそこに集合した。彼らは、親裁座が終わって王弟殿下[49]が彼らの命運を決めにやってくるのを待っていなければならなかった。彼の仕事は、権限なき裁判所に彼らを任命することであった。彼らは、その日とその後の数日間ずっと集まったままでいて、辞職について話し、討議し、議論を戦わせ、王弟殿下に代表を派遣し、手紙を書き、ミロメニルとしつこく議論をし、何度も辞職について話し、結局辞職することを断念した。事態は一応落ち着いたが、今にもまた混乱を引き起こしそうな状態であった。

パリ高等法院の復活と同じ日に、アルトワ伯爵[50]によって租税法院が再建された。大評定院と租税法院への王弟の出席は新しい改革であったが、それはしごく厄介な形式上の問題を投げかけることとなった。国王の弟たちには「猊下」（Monseigneur）の敬称が与えられることになったが、玉座用の天蓋は取りつけられなかった。

首都に喜びが広がった。パリの下賤な女たちが、自分たちの生来の考えが勝利したことを疲れも知らずに祝った。彼女たちは、真っ先に高等法院評定官ひとりひとりの家へ行って、その場その場の歌に合わせて踊りながら祝辞を述べ、そして、高等法院の初会合の日に合わせて行なわれる赤ミサ[51]の日には、万歳を唱えながら高等法院長の頭上に花の冠を捧げた。こうした喜びの物語のなかで、ひとつだけちょっとした期待はずれがあった。伝統にならってアリーグル氏が催した晩餐会は、「その日の壮麗さにふさわしいものではなかった」のだ。仕事が再開され、審理が始まった。権利などの返還請求の審理が始まった。一二月三日から、高等法院は、親裁座そのもの――それが開催されなかったなら高等法院は召集されなかっただろう――の違法性について討議するために集まり、ごく最近取り戻されたばかりの権限に加えられた制限について、あれこれと心配した。しかし高等法院は、血縁の大公たちには、自分たちと一緒に協議しにくるよう招請するだけにとどめた。

国王が血縁の大公たちに高等法院への出席を許可した。――モルパがいなかったので、ミロメニルだけの意見に従って事が進められ、その合流が九日に行なわれた。それ以後高等法院は、コンチ大公を加えることによって、再びそれに必要なリーダーを得た。この大公は、集会への影響力も、策略の老獪さも何ひとつ失っていなかった。[*42] 彼は、「取り入りと懇請の両方をとるべきであって、要求や抵抗の方法は取るべきではない」と助言することによって、王弟殿下とアルトワ伯の意見を難なく退けさせ、特任官職[52]の任命を提案することによって、オルレアン公の意見までも退けさせた。

*42　われわれは、そのすぐあとに、別の問題でこの影響力の証拠を見ることになる。コンチ大公は、国王の介入も許可もなしに貴族を裁くための高等法院の資格について、自分の意見を押し通した（ヴェリ、第一巻、二七六―七七頁）。

彼は、高等法院が自ら近日中に裁定を下すことを要求し、承認されたが、その裁定は一二月三〇日に行なわれた。ヴェリ師は、このときとられた措置のなかに事態鎮静化の兆しを見るという誤りを犯したが、それはおそらく、まったく彼らしからぬことであった。

この件についての時間稼ぎ的解決法と思われたことは、特任官の任命であった。しかしコンチ大公は、その方法を退けさせることによって、逆に、ある程度外観的には穏健さを保ちながら一層てきぱきと仕事を片づけることに専念することができた。

「意見書」(représentations)——というのは、今度は「建言書」(remontrances)とは呼ばれなかった——が、一月八日に国王に提出された。人々は、その意見書は大公＝検事〔コンチ大公〕によって書かれたものと信じて疑わなかった。そこには、雑然とした形で、しかも何度も国王に忠誠を表明しながら、「本質的権利であり、重要かつ基本的な権利である」特権についての伝統的主張が再び取り上げられていたが、そこには「フランスの法廷」という新しい呼び方も見られた。ヴェリの表現によれば、高等法院は、この「滑稽な衣」をまとうことによって、列公会議が高等法院を裁くために召集されることに対して、そしてまた、大評定院が高等法院に取って代わるために召集されることに対して怒りを表わしていたのであり、結局のところ高等法院は、建言が法令の登録に先立って行なわれるよう要求していたのである。

高等法院は国民に対しては国王でありたいと願い、国王に対しては国民でありたいと願っているのだ、とヴェリは結論した。[*43]

＊43 ヴェリ、第一巻、二三三―二三五頁。

簡潔で否定的な国王の返事が、一七七五年一月二〇日に高等法院に届けられた。コンチ大公に対して国王はつぎのように警告した。「余は貴殿がこれまで高等法院の問題に口出ししてきたことを知っている。だが、今後はもはやその問題に一切口出ししないでいただければ幸いである」と。やがてわれわれは、この忠告がどんな成功を収めたかを知ることになるだろう。

その間に高等法院は、その機に乗じて、最初の問題、すなわち穀物の問題に取りかかった。高等法院の不在期間中に採択された裁決のあとに出された開封状を登録する権限は、再建された高等法院に属していた。今度は特任官が任命された。そのあと高等法院は一二月一九日に開封状の登録を承認したが、その際、その登録に非常に巧妙にできた告示をつけ加えた。その結果高等法院は、国王を全面的に信頼する形をとり、こうして基本的な点についてはかかわり合いになるのを避け、かつまた、成り行き次第では活動を再び活発化させる余地を残しておいた。まったく楽観的な性分であったヴェリ師は、その登録は「穀物取引の自由の原則に対する信念よりもむしろ大臣に対する個人的な信頼によって[*44]」承認されるだろうと言って、チュルゴーとその他の大臣たちに対して「おべっかを使った」。しかし、これはたぶん人を喜ばせるには快い言葉ではあっただろうが、非常に危険な言葉でもあっただろう。なぜならその言葉には、大臣たちの信頼を取り戻そうとする気持ちよりも、彼らの信念を変えさせようとする気持ちの方が強く現われているからである。

＊44　ヴェリ、第一巻、二二四頁。

かくしてわれわれは、再び財務総監のチュルゴーに相まみえることになる。この話の流れはわれわれをチュルゴーから遠ざけていたように見えるが、それでもこれらの出来事は、他のすべての出来事以上にチュルゴーにかかわっていたのである。最初のうちは用心深くはっきりしない形ではあったが、彼の内閣の間じゅう続く敵対関係が現われ始めるにはほとんど一カ月とかからなかった。それゆえわれわれは、高等法院の再建にまつわるこれらのさまざまな出来事の間における大臣チュルゴーの反応はどうであったか、なぜ彼は危機を見ていなかったのか、あるいは、危機を見ていたとすればなぜ彼はそれを避ける以上の努力をしなかったのかという、われわれの研究の一環としてのきわめて重要な問題を避けて通ることはできないのである。

チュルゴーの伝記作者[*45]のなかには、当初彼は高等法院復帰の決定に精一杯反対したが、もっとあとになって、高等法院の復帰そのものに抵抗する有効な手立てがまったくないことを悟って、この復帰を将来のために必要な用心に結びつけようと努力したのだ、と考えている者がいる。彼らは、最高諸法院の権利の濫用を防ぐとともに国家権力の権威を確実なものにするために実際に取られた措置までも彼の功績にしているが、このような主張はわれわれにはきわめて異論の余地があるように思われる。

*45 特に、フォンサンの主張（二二四頁）とジョベの主張（一七六頁）がそうである。逆にシェルは、チュルゴーは高等法院よりも全国三部会の方を一層恐れていたので、高等法院の復帰には必ずしも全面的に反対していたわけではない、と考えている。しかし、この解釈にはなんの根拠もない。

チュルゴーが提案した方針に反対があったという形跡は、何も見いだすことができない。もっとも、デュ・ミュイに関しては、そのような証拠があるにはある。[*46]国王の明らかな沈黙、内閣における意見の分裂、ヴェルジェンヌの強固な態度を考えると、高等法院の復帰に対する反対を一気に押し通すことはとても無駄なことだと思われたのだろうか。チュルゴーがわれわれの知る通りの人間であり、彼の活力が八月二四日の手紙の文面から察せられる通りのものであって、もし本当に高等法院の復帰に反対する気持ちを持っていたのであれば、彼が自分の態度をもっと強固なものにし、もっと派手なものにしなかったとどうして考えることができるだろうか。五番目の勅令と懲罰勅令に記載されている保証条項に関しては、確かにチュルゴーは、それに賛成しそれを支持しただけである。彼がこれについて特別な役割を演じたことを示す証拠は何もないし、またわれわれも知るように、彼がその後それらの問題について再び考えをめぐらすこともなかった。したがって、この時期のチュルゴーの態度は、われわれから見るとひとつの謎である。

＊46　われわれは、ジョルジェル師(53)のつぎのような情報、すなわち、チュルゴーは元の評定官たちの人気を確得するために高等法院の復帰を準備することでモルパと意見が一致していたようだ、という彼の情報（第一巻、四〇八―〇九頁）は、信用することができない。この著者は確実な情報に依拠していないし、彼には勝手な想像をめぐらす癖がある。

チュルゴーのこのときの態度は、おそらく、懐疑的精神によって説明することができるだろう。チュルゴーは、高等法院評定官たちを頭から軽蔑してはいたけれども、彼らの力量はよく知っていた。彼は彼らの復帰を予測していた。余計な苛立ちは避けた方がよいのではないか。彼はかつてデュ・ポンに、ある状況においては「バンデリヤ槍(54)」を節約するよう忠告したことがあったが、今度は、彼自身が慎重を促すこの同じ忠告から学んだのである。したがって、われわれはまだ「如才のないチュルゴー」の時期にいるのである。

それに、モルパの影響もあった。その影響については、二つの理由から考慮する必要がある。すなわち、まず第一にチュルゴーは、その地位を得るのに恩義のあった人に反対することにはためらいを感じたからであり、さらにチュルゴーは、モルパが彼の目的を達成するのに十分な国王の信任を得ていることを知っていたからである。だから、彼の賭の邪魔をしたとしてなんの役に立っただろうか。

しかしわれわれは、より一層決定的で互いにより一層緊密に結びついた二つの問題を、すなわち、マルゼルブの個人的影響と制度問題の根幹についてのチュルゴーの考えそのものを、特に考慮に入れなければならないと考える。チュルゴーは、租税法院長のマルゼルブに対しては常に厚い信頼と心からの敬愛の念を抱いていて、すでにそれまでも、その助言に従い、その支持を得てきた。チュルゴーは、マルゼルブのうちに理想的な大法官を見ていた。彼はショワズールについてつぎのように書いている。「マルゼルブ氏を閣僚に起用するもしないも、それはただ彼の胸の内次第でした。けれども彼は、何千年たってもそんなことは思いつかなかったでしょう」と。おそらくチュルゴーは、モルパがごく初めの頃に考えていたように、大法官モプーの辞任後の後任にマルゼルブが任命されることを望んでいたと思われる。彼は、自己の改革案と財政政策についての租税法院の協力を得るために、マルゼルブを当てにしていたのである。さらにつけ加えて言えば、一七七五年の有名な租税法院の建言の狙いもそこにあったのである。

したがっておそらく彼は、今となっては、国王の聖別式のあとに辞任が予想されるラ・ヴリイエール侯爵の代わりに、マルゼルブが将来宮内大臣に任命されるのを当てにしたのである。彼は、彼が大変心配していたマルゼルブのこの昇進のうちに、自己の行政運営の成功の重要な鍵を見ていたのだ。彼はこの男に大きな期待をかけたが、その期待は泡《あぶく》のように破裂するだろう。こうしたすべての理由から、チュルゴーは、最高諸法院の問題についてのマルゼルブの見方を最大限重視せざるをえなかったのである。

ところがマルゼルブは、自ら政治団体を任じていた高等法院の主張には断固反対していたけれども、その復帰については確固たる支持者であった。この態度は、彼にとっては、高等法院の機能を考慮したたんなる便宜的な配慮であっただけではない。マルゼルブは、モプーに対する反対行動の過程では、自分の個人的信念によって行動しないでむしろ仲間内〔百科全書派〕の言いなりになっているとか、彼らのスポークスマンにすぎないとしばしば噂された。[*47] しかし、一七七一年一月一八日にこの租税法院が提出した建言書の起草者は確かにマルゼルブであることが、オジャールの回想録によって確認されるのである。[*48] しかも、一七七四年一一月一二日に租税法院自体の権限が回復されたときに行なわれた演説では、「クーデタ」の首謀者たちについて彼が特別厳しい口調で意見を述べるのが見られる。彼は彼らのやり方を、誇張した言い回しで、最も唾棄すべき絶対主義的なやり方だと言って非難する。彼は、職務による連帯感、個人的な関係に由来する愛情、オルレアン侯爵との協調、ルイ一五世最後の内閣に対する嫌悪感のほかに、心理的傾向を伴った高等法院擁護論に傾いていたのである。コンドルセはその擁護論を、滑稽なほど誇張しながらではあったが、ことこまかに分析している。マルゼルブは生まれつき、すべての法定団体、既存のすべての集団に好意を寄せていたし、集まりをなすすべてのものに敬意を払っている。「彼は、団体などおよそ軽蔑すべきものであるにもかかわらず、オーストリア帝国の議会、ポーランドの議会、フランスの聖職者団体、イギリスの自治都市（コミューン）から、白と青の苦行会にいたるまで、団体が好きである」*49。(55)(56)

*47 シェル、第四巻、三三三頁。ガイヤール『マルゼルブの生涯』。
*48 「私が起草しました租税法院の建言書、それは四週間以内に公表されるでしょうが、それをあなたに読んで差し上げましょう。私は、少なくとも追放処分になるだろうと確信しています」（オジャール、四二頁）。
*49 コンドルセ、一七七五年（日付なし）。『書簡集』二五一頁。

マルゼルブの高等法院論は、さまざまな問題の核心に迫る精緻なものであり、きわめて興味深いものである。それは非常に自由主義的な論文であり、民主的とさえ言えるものである。

彼はつぎのように考えている。まず第一に、高等法院は不当に扱われてきたし、それを再建するのは当然である。第二に、国家は、公的な諸問題について国民的合意の確かな形態を与えるための道を開かねばならない、第三に、高等法院はこの合意を表明する特別の資格を持っているわけではない、また、それは政治団体ではない、したがって、司法行政に自らを限定しなければならない、第四に、国民がその意思を表明する手段はほかにまったく存在しないので、高等法院が国民の意思を表明する正統な資格がないのと同じように、国家権力もまたその手段なしですますことは許されない。かくして、深遠な彼の考えのうちには、国民の真の代表機関を、あるいは少なくとも国民の協議機関を、創設することの必要性が含まれているのである。それゆえ彼は、国王は、租税と借り入れについては、「知恵が命ずる最も確かな方法によって、その臣民に」意見を求めなければならないと考えるのである。一七七一年一月一八日の建言書のなかでは、「陛下がその声をお聞きになることができるのはもはや国民しかございませんので、国民の声をお聞き下さい」と、彼は書く。一一月一二日の演説では、彼は、当時としては非常に興味をそそる言葉で、国王が「大臣の人選にあたって国民に諮問し、公衆の投票に従ってその権力の受託者を任命することによって」、国民の願いに応えてきた事実を強調する。ここに是認されている諮問形態が提示している法的側面はごく限られたものにすぎないが、それは、国民自身のうちに政治権力を承認する道を開こうとするものであった。それゆえマルゼルブは、国王と高等法院との果てしない論争のなかにあって、ある意味でそのいずれにも加担しなかったことがよくわかる。高等法院が自己本来の機能でない機能を果たしているのは間違いであるが、高等法院がその機能を果たしているのは、現実にその機能が果たされていないからであり、その機能が欠けているからにほかならない。また、政府が高等法院の妨害について文句を言うのも間違いである。なぜなら高等法院は、政府がもともと行なう資格のないことを行なうのを――これまたなんの資格もなく――阻止しているのであるから。

このようなマルゼルブの見解は、われわれがチュルゴーのものとみなすことのできるあの自治体組織についての見解とかけ離れてはいない。チュルゴーは、自治体についての草案を作成することによって、まさしく国民代表制度についての草案を準備したのである。

それゆえ、チュルゴーがマルゼルブとの個人的関係と彼の全般的な考えの両面から同時に影響を受けたことは、十分考えうることであるように思われる。マルゼルブが保証制度――高等法院の背信行為があればこれを大評定院によって代替させるという保証制度――の発案者であったことはすでに見たが、この制度は、おそらく彼にとっては、最高諸法院の復帰を望む気持ちとそれらが以前に犯した越権行為に対する非難の気持ちとを、少なくとも一時的に、妥協させようとするものであったと思われる。

ヴェリ師によれば、チュルゴーもマルゼルブも――われわれはここではっきりとこの二人の考えの一致を認めることができる――、特に穀物取引取り締まり問題全般への介入に関して、高等法院に対してさらに別の制約を加えようと考えていたようである。[*50] チュルゴーは非常に都合のよい立場にいたので、特に穀物の分野については、その分野への高等法院のご都合主義的な口実による介入が、どのような権利の濫用とどのような支離滅裂な政策へと導く恐れがあるかを知っていたのである。

＊50　ヴェリ、第一巻、二一四頁。

彼らは、穀物取引取り締まり問題への介入要求については無理やり押し通すことをせず、それまで彼らに与えられていた権限で満足しなければならなかった。ところが新しい制度は、ひとつの点でしか有効性を発揮していなかった。それは、政府が一七七一年に実際に経験した高等法院の「脅し」がそのまま繰り返されることから政治権力を守っていただけであった。この追加的保証策は、基本的保証策の効力を回復させるために、すなわち、法令の登録のあとにしか行なわれない「毒にも薬にもならない建言」という保証策の効力を回復させるためにつけ加えられたのであるが、ルイ一四世およびルイ一五世時代の平穏を確実なものにするためならば、おそらく長い間その基本的保証策だけで十分であったと言えるだろう。しかし、こうした考え方は問題の不完全な見方から生じたものであり、そのような見方は、国家機構の機能障害という重大な危険を招く恐れがあった。法律問題に夢中になっていて、人間の生活を法律を通してしか見ないマルゼルブにとっては、そのような考えで十分であったことは理解できる。だがマルゼルブは、チュルゴーにとっては一層理解しにくい人物であった。チュルゴーは、世論の支持を必要とし一貫してそれを追求していたのであり、しかも彼は、「牛や虎」のような鈍重な人間や残忍な人間がこの世論の側について、改革が必要なときに絶えず騒ぎを起こしたり異議を申し立てたりして、彼に危害を及ぼす危険を無視するわけにはいかなかったのである。だから、彼にとって重要なことは、裁判のストライキや登録の物理的拒否を避けること、つまり、万一の場合に国家権力が高等法院の仕掛けた罠から逃れることができるようにしておくことだけではなかった。まさに重要であったことは、さまざまな特権を打破し偏見を克服できるような攻撃力を可及的速やかに国家権力のために確保することであり、それを常時国家権力のために維持しておくことであった。このような観点からすれば、高等法院の抵抗は国家権力に対するブレーキであり、たとえてみれば、船が危険を回避するときに捨てる砂嚢《バラスト》にすぎず、国家権力の弱体化と消耗の一因でしかありえないことが容易に予想できたのである。高等法院の反対はたまたまきわめて小さな事柄について行なわれたが、そんなことよりも、高等法院の復帰自体が「世論における国王の権威の低下」を公認することになるのである。なぜなら、ヴェリ師がはっきりと説明しているように、「たとえ現今の状況の変化をどのような色彩で糊塗することができたとしても、高等法院を再建せざるをえなかった以上、それを壊滅させることはとうてい不可能であるということが民衆と法曹界の人々の心のうちに漠然ととどまり続けるであろう」[*51]から。

＊51　ヴェリ、第一巻、二一二頁。

当時の最も洞察力に富んだ人たちは――彼らの洞察力は生まれつきのものであるか党派的精神から生じ

たものであった――、行動することの大切さと危機の切迫を例外なく重視していた。コンドルセはチュルゴーにやたらと忠告を行なったが、それは徒労に終わった。それらの忠告は、ショワズールとイエズス会修道士への言及と彼のうんざりするような反教権主義によって、いささか支離滅裂なものになっていた。彼はつぎのように忠告した。「わがままで横暴な裁判所を設立するくらいなら、もうしばらくの間堕落した裁判所を残しておいた方がよい」[*52]とか、「あなたはこの高等法院再建計画にだまされないようにして下さい」と。人々の伝えるところによれば、その問題については非常に偏った意見を持っていたモプーは、自分の失脚のまさにその日に、状況を完全に把握してつぎのような言葉を述べたという。すなわち、「わたしは、一五〇〇年この方続いてきた高等法院との係争に国王を勝たせてやった。もし彼が再びその争いに敗れることがあれば、彼こそその張本人だ」[*53]と。

＊52　コンドルセ『書簡集』二〇五頁。
シェルはこの言葉から、「コンドルセは高等法院の召還に絶対的に反対であったわけではない」と結論できる、と考えている。この解釈は、われわれから見れば、この著者が別のところで述べているマルゼルブの態度についての解釈と同様、異論の余地があるように思われる。おそらくコンドルセは、高等法院の復帰を永久に排除していたわけではないだろうが、彼は何よりもまず改革が行なわれることを要求していたのであって、このような見方こそ、完全に納得のいく見方である。しかし彼の考えは、財政改革や経済改革よりもむしろ、法制改革に向けられていた。

＊53　モプーのこの言葉については、いくつもの違った言葉があり、ここに言われている年数についても違いがあって、一五〇〇年とか二〇〇年とか三〇〇年というものまである。少なくとも、モプーがこの言葉を失脚のまさにその日に述べたというのは確かではない。この言葉は、言った人を名指しせずに、オルレアン公爵の『回想録』のなかに引用されている。

王弟殿下は、モプーのこの言葉に調子を合わせて、その『回想録』のなかで、「世間の噂どおり、前もって銃を用意しておかなければならないだろう」と、予言めいた芝居がかった警句をつけ加えた。親裁座の結果をまだ知らなかったマリア＝テレジアは、親裁座のちょうど前日に、メルシに宛てて、「国王やその配下の大臣たちがモプーの仕事を壊そうとしているのは理解しがたいことです*54」、と書き送った。これが、絶対主義的な女帝の、分別ある考え方であった。しかし、国際政治の広がりのもう一方の端では、自由なイギリス王国の大使ストーモント卿は、つぎのような慎重で先見の明のある判断を下しており、以下の英語の文章のなかにそのすべての真価が示されている。「若き国王は、彼が行なった調整〔高等法院の再建〕によって自分の権力が十分安泰になったと思っている。しかしおそらく彼は、彼の治世の終わりまでには、自分自身が騙されていたことに気づくだろう」。

*54　一二月一一日、『書簡集』第二巻、二五一頁。

チュルゴーは、洞察力を欠いていたのだろうか、それとも勇気を欠いていたのだろうか。おそらく、そのどちらでもなかっただろう。われわれはチュルゴーのなかに、普通言われていたような粗暴な人間や体系的精神を探り出さないようにしなければならない。あるいは少なくとも、最初の時期のチュルゴーにおいては、これらの傾向は自発的に抑えられていたことを認めなければならない。この時期のチュルゴーは、駆け引きに努力し、自制し、妥協し、人に気を配ることができた、すなわち、彼を抜擢してくれた大臣モルパに気を配り、彼を支持してくれている偉大な司法官マルゼルブに気を配り、彼が軽蔑していた高等法院評定官に気を配り、やがてわかるように、王妃にも気を配ることができたのである。おそらく彼は、彼のような気質の国務大臣にいつも見られる誤りを犯したのである。すなわち、状況の厳しさと状況の動きの早さをさほどの危険を冒すことなく利用できる有利な時期に自制し、逆に、最初の敗北と敵方の抵抗が一層こまやかな行動を要求している時期に強引なやり方をするという誤りを犯したのである。彼のような気質の大臣は、自分自身に暴行を加えたりあるいは他人に暴行を加えるという誤った行動の選択を場違いな形で行なうものである。*55

*55 親裁座が行なわれたのと同じ日に、アルクール公爵(57)はルーアンでノルマンディーの高等法院を再建した。一七七五年のあいだじゅうに、そのほかの地方の高等法院(58)も、もとの構成のまま、興奮した民衆の大々的なデモ行進のもとにあいついで再建された。

〔訳注〕

1 本章の理解のために、パリ高等法院(parlement de Paris)の小史を以下に記しておく。パリ高等法院の起源は、ユーグ・カペー(Hugues Capet 九八七―九九六年)の時代に始まった「国王裁判所」(curia-regis)に遡ることができる。当初それは、国王の意のままに構成され、開催の場所も定まっていなかったが、次第に構成も場所も定まっていった。一四世紀(一三一九年)に至って、それは高等法院(parlement)として独立の存在となり、「大法廷もしくは裁判部」(grand'chambre ou chambre aux plaids)、「審理部」(chambre des enquêtes)、「請願審理部」(chambre des requêtes)など多くの「部または法廷」(sections ou chambres)によって構成されるようになった。またその職員は、部長評定官、請願審理官、主席検事、次席検事、書記、公証人、執行官から成っていた。一四三六年、シャルル七世(Charles VII 一四二二―六一年)は、高等法院をポワチエからパリに移し、ここにパリ高等法院が発足し、それは、「最高法院」(cour souveraine)として、次第にフランス王国における裁判の中枢機関となっていった。このパリ高等法院は、封建的訴訟をも含めて、民事および刑事のすべての訴訟を最終審の形で裁き、また、地方の高等法院へ全権を持った代表団を派遣した(それは、「巡回裁判」(Grands Jours)、「最高法廷」(Echiquier ノルマンディ大公領の場合)等の名で呼ばれた)。それは、政治的な観点から、国王によって何度も諮問を受けた。また、勅令は、パリ高等法院によって登録されてはじめて効力を得た。そのため国王は、登録を命令する「登録命令書」(lettres de jussion)や、登録を強制する「親裁座」(lits de justice)によって反対や抵抗と闘わねばならなかった。さらに、パリ高等法院は、一般的効力を持つ「法規的判決」(Arrêt de règlement)の権利を持っていて、王国の一般行政に介入する権利を簒奪したばかりか、高度な政治問題へ積極的に介入し、摂政政治を行なおうとした。なお、一八世紀にパリ高等法院をめぐって生じた主な事件は、つぎのようである。ロー体制に対する抗議と建言およびそれに続くポントワーズへの追放（一七二〇年）。ウニゲニトゥス教書（一七一三年）に対するジャンセニストの立場からの反対。同教書を受け入れない者に秘蹟を拒否する聖職者との闘い（一七五二年）。ポントワーズへの新たな追放（一七五三年）。その間の幾度にもわたる親裁座の開催と高等法院に対する世論の強い支持。王権と高等法院との長期にわたる闘争の結果としての高等法院の追放・完全解体と「モプーの高等法院」（le parlement de Maupeou）の設立（一七七一年）および旧高等法院の召還（一七七四年）。チュルゴーおよびネッケルの政策に反対して王権と対立し、四度目の追放（一七七九年）。一七八八年に召集された全国三部会は、八九年憲法制定議会に発展し、この議会は、まず、高等法院の官職売買制度と世襲制度を廃止し、一七九一年九月七日に最終的にパリと一二の地方高等法院を廃止した。Cf. *Larousse*, T. V[e], pp. 383-84 および Marion, *op. cit.*, pp. 422-33.

2 アンリ四世（Henri IV）。フランスブルボン王朝の創始者。アントワーヌ・ドゥ・ブルボンとナヴァール女王ジャンヌ・ダルブレとの息子。旧ナヴァール王国の国王（一五六二－一六一〇年）でフランス王国の国王（一五八九－一六一〇年）。一五七二年、アンリ二世の娘マルグリート・ドゥ・ヴァロワと結婚。新教カルヴァン派の党首として、カトリック派からつけ狙われたが、一時新教誓絶を行なうことによって聖バルテルミーのユグノー大虐殺（同年八月二四日）を免れることができた。フランス王アンリ三世により正当王位継承者として認められ、一五八九年フランス国王アンリ四世となったが、王国統一の課題に迫られた。アルク（一五八九年）とイヴリ（一五九〇年）で旧教同盟派を破り、一五九三年、最終的に新教誓絶を行なった。ヴェルヴァンの条約により国内統一を果たし、ナントの勅令によって国内に宗教的和平をもたらした（一五九八年）。国民の厚い支持を得て王権の権威回復に努めるとともに、シュリー、オリヴィエ・ドゥ・セール、ラフマスらの協力により、財政、経済および産業の復興に努力した。ドイツ新教派と同盟してオーストリアとスペインに対して戦争を準備したが、その矢先に、狂信的なカトリック修道士のラヴァイヤックによって暗殺された。ラヴァイヤックは四つ裂きの刑に処せられた。

3 エストワール（Pierre Taisan de L'Estoire　一五四六－一六一一年）。年代記作者。オルレアンの裁判官の家系の出身。大法官府の廷吏となるためブールジュとパリで勉学。穏健で慎しいカトリック教徒であったため、ポリティーク派

(les Politiques　宗教戦争時代に過激派に対して宗教的寛容と国内統一を訴えたカトリック中間派グループ）とみなされ、一五八九年コンシエルジュリに投獄された。一六〇一年官職を売って、終生その『回想＝日記』（*Mémoires-Journaux*　一六二一年多くの削除を行なった版が出されたが、一八七五－七六年に一二巻からなる校訂版が出された）の執筆に没頭した。『日記』の部分はパリの風説を忠実に記録したもの。『回想録』の部分は、一五八四－一六一一年の時代を知るうえでの重要な資料となっている。*Larousse*, T. IIIe, pp. 293-94.

4　この数字についての著者の論拠は明確ではない。高等法院以外の最高諸法院、たとえば、租税法院や会計法院などをも加えているのかも知れない。高等法院だけならば、一七七五年の時点においては、一三である。

5　開封勅書（lettres patentes）。国王が発する命令書（令状）のひとつで、高等法院への登録を要する。第二部第一章の訳注30を見よ。

6　租税法院（Cours des Aides）。タイユ税（tailles）、間接物品税（aides　消費税）および塩税（gabelles）に関する訴訟を裁く裁判所。

7　ナントの勅令（l'édit de Nantes）。フランスにおける新教派教会の法的地位を決定するために一五九八年四月一三日にアンリ四世がナントで出した勅令。これにより、フランスの新教徒（ユグノー）は、宗教的には、すでに許されていた地域および二つの都市と村で礼拝が自由となり、政治的には、国家は新教徒をひとつの組織的団体として認め、彼らに法的、政治的ならびに軍事的保障を与えることとなった。しかしこの勅令は、一六八五年一〇月一八日、ルイ一四世によりフォンテーヌブローで撤回され、それまで新教徒に与えられていた恩典はすべて取り消され、新教派教会の破壊、集会の禁止、竜騎兵による迫害が行なわれた。そのため、二〇万人ないし三〇万人の新教徒がオランダ、スイス、ドイツなどに亡命した。

8　全国三部会（Etats généraux）。聖職者、貴族および第三身分の三つの身分（ordres）に属する代表によって構成され、緊急必要時に国王が召集した全国会議。タイユ税等の直接税についての票決の特権を持っていたため、しばしば王権と衝突した。一三四七年に初めてパリで開催され、フランス革命に先立つ最も重要な会議となった最後の全国三部会は、一七八九年にヴェルサイユで開催された。「政府直轄徴税区州」（pays d'élection）以外の「州三部会設置州」（pays d'États）には、「州（地方）三部会」（États provinciaux）が置かれていた。

9 カロリング王朝期（les Carolingiens 七五一－九八七年）。フランク王国後期の王朝。小ピピン（Pipin le Bref 七五一－七六八年）が創始し、彼の死後、その子カール大帝（Charlemagne 七六八－八一四年）がフランク王に即位、八〇〇年ローマ教皇より皇帝の称号を与えられて、西ローマ皇帝（八〇〇－八一四年）となり、西方キリスト教世界を統一した。のちに、王国は三つに分裂して、現在のドイツ、フランス、イタリアのもととなった。

10 国王借款（emprunts）。国王が通常の収入を補うために行なうさまざまな形の借り入れをいう。

11 「チュルゴーが推奨した自治体組織」。第三部第二章の「大計画」を見よ。

12 シャルル七世（Charles VII 一四〇三－六一年、フランス王在位一四二二－六一年）。カペー王家の断絶を契機に長年にわたってイギリスとフランスの間で争われた百年戦争（一三三八－一四五三年）を、ジャンヌ・ダルク（Jeanne d'Arc 一四一二－三一年）の活躍に力を得て勝利に導いた。

13 アンクル元帥夫人（maréchale d'Ancre）。アンクル元帥（maréchal d'Ancre. Concini (Concino) 一五七五？－一六一七年）は、イタリア出身の政治家、軍人。妻のレオノーラ・ガリガイ（Leonora Galigai）とともにルイ一三世の妃マリー・ドゥ・メディシスの寵愛を得て、アンクル侯爵となり元帥となったが、ルイ一三世は、リュイーヌ（Charles Luynes 一五七八－一六二一年。ルイ一三世の寵臣、ユグノーの敵）にそそのかされて彼を暗殺させた。彼の妻は、魔女に仕立られて、斬首され、火刑に処せられた。

14 宰相であった枢機卿（cardinal, premier Ministre）。ルイ一五世の信任を得て宰相と枢機卿を務めたフルーリ（Andie Hercule de Fleury 一六五三－一七四三年）のこと。

15 いずれも、フロンドの乱（La Fronde 一六四八－五三年）のときのパリ高等法院評定官（E. F.）。

16 フレスコ画（illustre fresque）。下地の漆喰が乾かないうちに、その上に水で溶いた顔料で描く方法、またはその技法で描かれた壁画。

17 ポントワーズ（Pontoise）。パリ北西方、オワーズ側右岸の町。高等法院追放の地。

18 懲罰勅令（édit (acte) de discipline）。ルイ一五世は、反抗的な高等法院に対して、一七五六年一二月と一七七〇年一二月の二度にわたってこれを発令した。

19 イエズス会修道士（les Jésuites）。イエズス会（Compagnie (ou Société) de Jésus 一五三九年イグナチウス・ロヨラによって創設され、一五四〇年ローマ教皇により承認された）に所属する保守的で王党派的なカトリック修道士。ジャンセニストが多数を占めていた高等法院の不倶戴天の敵。

20 エギヨン＝ラ・シャロテのブルターニュ事件（les affaires bretonnes d'Aiguillon, La Chalotais）。ブルターニュのレンヌ高等法院の主席検事であったラ・シャロテ（Louis René de Caradeuc de La Chalotais 一七〇一―八五年）は、その著作『イエズス会修道士の会憲についての説明』（*Comptes rendus des Constitutions*, 1761-62）および『国民教育論』（*Education nationale*, 1763）でイエズス会修道士を攻撃して、当時ブルターニュ州の軍総指令官であったエギヨン公爵と個人的にいざこざを引き起こしていた。さらに、イエズス会修道士の裁判のときに、彼らの敵としてレンヌ高等法院の先頭に立っていたラ・シャロテは、エギヨンと激しく争った。一七六七年、ルイ一五世から最初の警告が出されたが、ラ・シャロテはこれを無視した。レンヌ高等法院の追放のとき、彼は逮捕されて、サン・マロで、ついでレンヌで投獄された。獄中で彼は『意見書』（*Mémoires*）を書き、逮捕投獄の元凶としてイエズス会修道士を告発し、ヴォルテールから支持された。ブルターニュの高等法院はエギヨンを訴追しようとしたが、国王はこの事件をもみ消し、ラ・シャロテとその息子および四人の評定官をサントへ追放した。ルイ一六世は、一七七四年、彼を追放から呼び戻した。*Larousse*, T.IVe, p. 284.

21 類似治療法（homéopathie）。毒をもって毒を制すのたとえのごとく、生体の病的反応と同様の反応を引き起こす薬物の使用によって病気を治す方法。同毒療法とも言う。逆症療法（allopathie）の対。

22 大評定院（Grand Conseil）。一七七一―七四年のモプーによる司法改革のとき、パリ高等法院の代替機関として創設された最高法院。

23 登録命令書（lettre de jussion）。国王が高等法院などの最高諸法院に対して勅令の登録を強制する命令書。

24 封印状（lettre de cachet）。裁判抜きで逮捕・追放を命じる、国王の封印を押した令状。開封状（lettre patente）よりも強い強制力を持っていた。

25 高等評定院（Conseils supérieurs）。裁判官の人事および司法行政の権限を持つ評定院。

26 最高諸法院（cours souveraines）。アンシアン・レジーム下の高等法院（parlements）、租税法院（Cour des Aides）、会計法院（Cour des Comptes）、貨幣法院（Cour des Monnaies）、大評定院（Grand Conseil）の五つを指す。

27　フェリポー家（les Phélypeaux）。代々国王の側近として仕えた政治家の家系。モルパ（Jean Frédéric Phélypeaux, comte de Maurepas　一七〇一－八一年）の祖父ポンシャルトラン伯爵（Louis Phélypeaux, comte de Pontchartrain　一六四三－一七二七年）は財務総監（一六八九－九九年）、大法官（一六九九－一七二七年）などを務め、父のジェローム（Jérôme, comte de Pontchartrain　一六七四－一七一四年）は、パリ高等法院評定官（一六九一年）などを務めたのち（彼の行政手腕は惨憺たるものであったと言われている）、息子のモルパのためにその職を退いた。Cf. *Larousse*, T. V^{e}, p. 707.

28　オルレアン公爵（Louis Philippe, duc d'Orléans　一七二五－八五年）。ルイ公爵の息子。一七四九年大将となり、軍人として各地で活躍。しかし、七年戦争に参加したのちは、再び戦場にその姿を現わすことはなかった。一七四三年に結婚し、三人の子供をもうけた。そのひとりが、シャルトル公爵、すなわち、のちに「フィリップ公平公」の名で有名になるルイ・フィリップ・ジョゼフ・オルレアン公爵である（訳注41を見よ）。一七五九年寡夫となり、一七七三年モンテッソン侯爵夫人と密かに結婚し、晩年をバニュロの隠れ家で甘美な生活を送った。*Larousse*, T. V^{e}, p. 248.

29　モンテッソン侯爵夫人（Charlotte-Jeanne Béraud de la Haie de Riau, marquise de Montesson　一七三七－一八〇六年）。一六歳で老モンテッソン侯爵と結婚、三二歳で寡婦。三六歳の時、寡夫となったオルレアン公爵と密かに結婚。愛想の良さと優美さで人々の耳目を引き、華やかな祝宴や演劇を催した。恐怖政治のとき逮捕されたが、テルミドール九日ののち釈放された。総裁政府のとき面識を得たジョゼフィーヌ・ドゥ・ボアルネ（Joséphine de Beauharnais　ボナパルト将軍の妻）のおかげでナポレオン一世から一目置かれた。『雑纂』（*Mélanges*, 1782）、『匿名著作集』（*Œuvres anonymes*, 1782-85. 劇作集）がある。*Larousse*, T. IVe, p. 965.

30　ヴィレール・コットレ（Villers-Cotterêts）。北仏ソワッソン南西方の町。フランソワ一世（François Ier　在位一五一五－四七年）のとき、高等法院がボローニャの政教条約（concordat de Bologne　一五一六年）に反対したため、彼はこれをヴィレール・コットレに追放した。

31　聖墓（[saint] Sépulcre）。聖墓はエルサレムにあるキリストの墓、すなわち、聖墳墓のことであるが、ここでは、パリ裁判所（Palais de justice）内にある礼拝堂サント＝シャペル（la sainte chapelle）を指すものと思われる。

32 ドラ（Claude-Joseph Dorat　一七三四－八〇年）。弁護士、近衛騎兵を経て詩人となった。『詩神の暦』（*Almamach des Muses*）、『ハンガリーのアデライード』（*Adélaïde de Hongrie*）など多くの詩、劇作、小説がある。文体は優美で流麗であるが、往々にして凝りすぎや気取りが見られる。*Larousse*, T. IIe, p. 934.

33 不和の女神（la discorde）。ローマ神話によれば、不和の女神ディスコルディアは、黄金の不和のリンゴ（pomme de discorde　紛争の火種、不和の原因の意）を神々の間に投げて入れて、のちのトロイア戦争の原因を作った。

34 コンチ大公（Louis-François de Bourbon, prince de Conti　一七一七－七六年）。軍人として、バイエルン、ピエモンテで軍務についたのち、ドイツとフランドルで輝かしい戦績を残した。ルイ一五世の裏面政治に暗躍し、自ら高等法院の友、チュルゴーの敵と宣言した。*Larousse*, T. IIe, p. 439.

35 ビロン元帥（Louis-Antoine de Gontaut, duc de Biron　一七〇〇－八八年）。ラングドック州総監、元帥（一七五七年）。一七七五年の最初の民衆蜂起の鎮圧の際の総指揮官。『戦争論』（*Traité de la guerre*）を著した。

36 臨時法廷（la chambre des vacations）。高等法院の休廷期間中に緊急訴件の審理を行なう審問部。休廷（暇）部ともいう。

37 リシュリュー元帥（Louis François Armand de Vignerot du Plessis, duc de Richelieu　一六九六－一七八八年）。リシュリュー枢機卿の甥の息子。決闘や摂政の娘たちとの色恋沙汰などで三度バスチーユに投獄された。ウィーン大使（一七二五－二八年）を務めたのち、ポーランド継承戦争で頭角を現わし、オーストリア継承戦争のときの武功により元帥となった（一七四八年）。ヴォルテールの友人となり、一八世紀の自由思想家を自ら体現した。フランス・アカデミー会員（一七二〇年）および碑文・文学アカデミー名誉会員（一七三二年）。*Larousse*, T. V^{e}, p. 1085.

38 アリーグル（Etienne-François d'Aligre　一七二七－九八年）。大法官エチエンヌ・ダリーグル（Etienne d'Aligre　一五三〇－一六三五年）の後裔。パリ高等法院長、侯爵。一七九八年ブルンシュヴィックへ亡命し、そこで死亡した。*Larousse*, T. Ier, p. 144.

39 黒衣をまとう（draper）。もともとの意味は、喪のしるしに黒服を着ること。ここでは黒い法服を着ること。

40 内政評議会（conseil des Dépêches）。アンシアン・レジーム下の「国務会議」（Conseils du roi）のひとつで、一六六一年三月からは国王が主宰し、主に、王国内の地方問題について評議した。最初は毎週二回行なわれていたが、一七一五年からは月一回のペースになった。

41 シャルトル公爵(duc de Chartres 一七四七-九三年)。一七八五年、オルレアン公爵(Louis Philippe Joseph, duc d'Orléans)となる。新思想を受け入れ、全国三部会(一七八九年)および国民公会(一七九二年)への代表となり、「フィリップ公平公」(Philippe Egalité)の名でルイ一六世の処刑に賛成票を投じた。彼自身もまた断頭台の上に消えた。フランス最後の国王ルイ・フィリップ一世(Louis-Phihppe Ier 在位一八三〇-四八年)の父。

42 マスケット銃士隊(mousquetaires)。マスケット銃(大口径火縄銃)を携えた一七・一八世紀の近衛騎兵。

43 会談門(la porte de Conférence)。この門は、最初一五八三年頃、チュイルリー庭園の先端部に、「新門」(la Porte-Neuve)の名で建てられたが、一六二六年に、アンリ四世と旧教同盟派との間で幾度にもわたって行なわれたシュレーヌの会談――旧教同盟派はこの門を通ってその会談場に赴いていた――にちなんで、「会談門」の名がつけられた。一六三二年、ピドゥーによって非常に均整のとれた門に作り直されたが、一七三〇年の国務会議裁決によって取り壊された。コンコルド橋とアルマ橋との間の「会談河岸」(le quai de Conférence)が、その名残を今にとどめている。一八八九年にチュイルリー庭園のテラスの欄干に取りつけられた銘板が、その門のあった場所を示している。*Larousse*, T. IIe, p. 403.

44 称揚演説(harangue)。国王の都市訪問に際して市長が行なった歓迎の演説。

45 ルーヴル宮殿(le Palais du Louvre)。パリのセーヌ側右岸にあった王宮。その建物は一七九三年以降美術館・博物館となった。

46 サント=シャペル礼拝堂(la Sainte-Chapelle)。パリのシテ島のパリ裁判所(旧パリ高等法院)構内にある二階建の礼拝堂。一三世紀聖ルイのときに建てられ、一九世紀に改修された。レイヨナン様式(葉状、放射状、バラ形装飾のある中期ゴシック様式)の建築で、壮麗なステンドグラスで有名。

47 セギエ(Antoine-Louis Séguier 一七二六-九二年)。フランス高等法院評定官の家系セギエ家の出身。シャトレ裁判所弁護士(一七四八年)を経て、パリ高等法院次席検事(一七五五年)となった。啓蒙哲学者と重農学派に敵対し、『百科全書』とドルバックの『自然の体系』およびレナールの『両インドの哲学史』を告発。フランス教会独立強化の立場(ガリカニスム)を支持。教皇権至上主義に対しては、教皇の世上権の独立性を主張し、イエズス会修道士を攻撃した（一七六二年）。一七七一年の高等法院の閉鎖のときには、旧高等法院の支持者として、改組された新高等法院〔モプーの高等法院〕を辞職した。一七七四年の旧高等法院の復帰のとき復職して、チュルゴーの最も強硬な敵対者となった。大革命の勃発とともに亡命した。一七五九年以降フランス・アカデミー会員。*Larousse*, T. VI[e], p. 275.

48 忍びの間（une lanterne）。外の人間や出来事を誰にも気づかれることなく観察できる小部屋。

49 王弟殿下（Monsieur）。この呼称は、一六世紀末からフランス国王の次弟に与えられた。ここでは、プロヴァンス伯爵（comte de Provence　一七五五－一八二四年。のち、ルイ一八世（在位一八一四－二四年））のこと。

50 アルトワ伯爵（Charles Philippe de Bourbon, comte d'Artois　一七五七－一八三六年）。ルイ一六世の弟、のちのシャルル一〇世（在位一八二四－三〇年）。

51 赤ミサ（la messe rouge）。司祭が赤い服を着て、聖霊降臨の主日あるいは使徒や殉教者の記念日に行なうミサ。

52 特任官職（Commission）。限定された任期と権限の範囲内で、国王により特別に委任される官職。委任された者を特任官（commissaire）という。保有官職（office）の対。

53 ジョルジェル師（abbé Georgel）。元イエズス会修道士。ウィーンの宮廷でフランスを担当。ついで、ローアン枢機卿のもとでストラスプール司教区の司教総代理となり、「首飾り事件」（一七八五－八六年）に巻き込まれた。

54 バンデリヤ槍（banderilles）。闘牛で牛の首や肩に突き刺す、色紙やリボンの飾りの付いた槍。「バンデリヤ槍を節約する」（épargner les banderilles）とは、むやみに突飛な行動をしないこと、慎重に行動すること、を意味する。

55 最高諸法院を追放・解体したモプーら「三頭政治」の担い手たちを指す。

56 白と青の苦行会（corps des pénitents blancs et bleus）。贖罪のために苦行と慈善を行なう会。会によりきまった色の衣をまとうことからこう言われる。

57 アルクール公爵（François Henri, duc d'Harcourt　一七二六－一八〇二年）。ノルマンディー州の地方総監（一七八三年）、王太子師傅を務めた。大革命中イギリスに亡命し、そこで死亡した。フランス・アカデミー会員。詩形の戯曲、『庭園装飾論』（*Traité de la décoration des jardins*）などを著した。*Larousse*, T. IIIe, p. 956.

58 地方の高等法院（Parlements de province）。一四世紀以来、王権の拡大とともに、国王の名で裁判を行ない、しかも、控訴なしで確定判決を下す最高法院を地方にも設置する必要が生じ、つぎのように各地に高等法院が設置された。①トゥールーズ（一三〇二年設置決定、一四四三年完成）、②グルノーブル（一四五三年）、③ボルドー（一四六二年）、④ディジョン（一四七七年）、⑤ルーアン（旧ノルマンディー大公領最高法院、一四九九年）、⑥エクス（一五〇一年）、⑦ドンブまたはトレヴー（一五二三年設置、一七六二年閉鎖）、⑧レンヌ（一五五三年）、⑨ポー（一六二〇年）、⑩メッス（一六三三年）、⑪ブザンソン（一六七六年）、⑫ドゥエ（一六八六年）、⑬ナンシー（一七七五年）。*Larousse*, T. V^{e}, p. 384. Cf. M. Marion, *op. cit.*, pp. 428-29.

第七章　予算政策

大勢の廷臣、まったく軽薄な気まま暮らし、いろいろな買い物、さまざまな造作、宮廷の饗宴、寵姫とその取り巻きによるおおっぴらな浪費、大臣とその役人たちの驚くほど多額な俸給、特別の好意だけで与えられる贈与金、こうしたものが、きわめて厳しい生活を強いられていたすべての人々の上に容赦なく課されていた。このような対照的光景は、決して好ましいものではなかった。

ヴェリ師[*1]

*1　前掲書、第一巻、七〇頁。この文章は、ルイ一五世の治世末期に書かれたものである。ルイ一六世の治世については、寵姫を王妃と読み替えればそれで十分である。

テレー師の遺産

ある大蔵大臣がそれまで人気のなかった行政運営のあとを引き継ぐ場合、そこには常にいくらかの利点が見られる。だが、この利点が最も大きくそして最も確かであるのは、前任者の不人気が抜本的な財政の健全化とはまるで正反対の状況を作り出していた場合である。事実、テレーの行政運営を引き継いだ場合がそうであった。

マリオンを始めとして、財政史の専門家たちは、この大臣が行なった専門的行政運営の名誉回復を行なったが、おそらくこの大臣は、少なくとも彼がいた一八世紀においては、大蔵大臣のポストにあって最も長きにわたって憎まれていた大臣であったと思われる。[*2] チュルゴーが公財政を担当することになったときには、彼の手紙の劇的な調子や、国王との彼の会見の模様についての示唆に富んだ話から想像されることとは逆に、前途に財政の破綻はまったく予測されなかったし、しかも、彼の大臣在任期間中ずっと、地平線上に嵐の到来を告げるような雲行きは何も見られなかったのである。

＊2　しかし彼は、同時代者から必ずしも真価を認められていなかったわけではない。たとえばモロー(1)によれば、「もし彼の財務行政が信用されていたならば、われわれはその後全国三部会も大革命も経験しなかったであろう」(『思い出の記』第三巻、三四頁)と言っている。この言葉はマリオンの考えに近いものであり、それによれば、テレーの行政運営は、アンシアン・レジームの寿命を二〇年引き延ばしたのである(上記参照)。ヴェリ自身も彼の功績を認めているが、しかしそれは、「王室管理官」もしくは「徴税請負契約担当官」としての彼である。モプーの元の秘書官であったルブランは、憲法制定議会でテレーの大げさな称揚演説を行ない、彼をコルベールとシュリー(2)にたとえた(一七九〇年九月二二日)。マリオン『財政史』第一巻、第九章。ジョベ『ルイ一五世治下のフランス』第六巻。

一七七四年には、危機はわれわれの前途にはなかった。それはわれわれの過去にあった。今ここにその危機を解決しなければならないのは、チュルゴーではなく、約五年前の一七六九年一二月二三日にその危機に立ち向かったテレーである。

一七七四年には、予算(その概念は当時はまだはっきりしていなかった)の赤字(この概念も同様であった)は、我慢できる程度のものであった。国家財政は、比較的余裕のある状況を見せていた。われわれはその状況を知るために、一七七四年にテレーが作成したさまざまな収支計算書と、チュルゴーが財務総監としての仕事を始めたときに彼の指示で作られた詳細な収支計算書、ならびに一七七五年についてのチュルゴーの予算見通しを利用することにするが、[*3] これらの資料は当時の経験主義的な方法のゆえに当然行なわなければならない留保を必要としており、またそれらの資料からは、大まかな結論しか引き出すことができないのである。

＊3　われわれが利用する三つの収支計算書は、『財務報告書集成』に載っている。フォンサン、七八頁。シェル、第四巻、三〇八頁。

一七六九年末にテレー師がその職務についたとき、彼はまさに戦慄すべき状態と言ってもいいような状況に直面していた。六〇〇〇万リーヴル以上の予算の赤字、すでに支払い期限のすぎている一億リーヴル以上の延滞債務、さらに、一七七〇年の全収入と一七七一年の数カ月分の先取り支出、一七七〇年分の国庫金の皆無。その後、状況は大幅に改善した。われわれは、当時の資料のなかで常に錯綜したままになっていた予算問題と経理と経費問題とを可能な限り区別することによって、以下にその状況の概略を説明したいと思う。

テレー師は、一七七四年用に、ほんのわずかずつしか違わない三つの収支計算書をあいついで作成したが、われわれはそれを、端数を切り捨てて、二億三四〇〇万リーヴルの支出に対して、二七〇〇万リーヴルの赤字で表わすことができる（控除は重複して行なわれていない）。カロンヌは、その後見直し作業を行なった際に、この数字は、一二〇〇万リーヴル強増やして、四〇〇〇万リーヴルくらいにしなければならないと主張した。テレーは、一七七四年の五月か六月にルイ一六世に提出した報告書のなかでは、赤字額も総支出額も示さずに、収入額の方だけを強調した。しかし、数字を比較してみると、収入額は二億一〇〇〇万リーヴルであるのに対して、支出額は二億二五〇〇万リーヴル、すなわち、赤字は一五〇〇万リーヴルであることがわかる。何人かの論評家は、テレーの収支計算書に疑いを差しはさみ、それはチュルゴーの収支計算書と矛盾していると考えた。しかしそれらの収支計算書は、全体としては一致しているのである。

チュルゴーの最初の報告書は、収入は一一〇〇〇万リーヴル程度多く支出は三二〇〇万リーヴル程度多く見積りし直しており、そのことから、フォンサンのような著者は、テレーはひどい隠蔽を行なったと結論した。しかしチュルゴーの報告書は、もろもろの支出のなかに国王借款の一回分の償還額一五〇〇万リーヴルを含めているが、テレーはそれを除いていたことを考慮しなければならない。したがってこの一五〇〇万リーヴルを差し引くと、支出額は一七〇〇万リーヴルしか過小に見積られていない。その代わり、収入額の方も当然少なく見積らなければならないので、したがって、その差は全体で六〇〇万から七〇〇万リーヴル程度にすぎず、それは通常の誤差の範囲、ないしは、これらの二つの報告書が作成されたときの見積りの違いの程度を超えてはいないのである（そのうえ、この数字は不測の事態のための支出額にほぼ一致している）。もしチュルゴーの数字（償還前の数字）よりも多いテレーの一七七四年の最初の数字を最終的に採用するならば、その差は、執行された予算上の支出総額の一三％以下である。

一七七五年については、チュルゴーの予測額——彼はそこに彼の考えたさまざまな予測方法をとり入れている——は、二億三五〇〇万リーヴルの支出額に対して、一五〇〇万リーヴルの償還額を含めなければ赤字額は二一五〇万リーヴルで九％少なく、償還額を含めれば五％多い、と見積っている。ところが、ルイ一五世の治世開始時の赤字は五〇％程度であった。それに対して、一七八九年の赤字は二〇％程度にすぎなくなる。*4

＊4　しかし、カロンヌによれば、これらのさまざまな収支計算書は修正されねばならず、またそこには、一二四〇万リーヴルの追加赤字を、すなわち、全部で四〇二一万八四四三リーヴルの赤字を含めねばならないことに注意しなければならない。『財務報告書集成』一一一頁。

したがって、はっきり言っておくが、予算ならびに財政の観点だけからすれば、こうした状況には劇的なものは何も見られなかったのである。当時のフランスは、二〇〇〇万リーヴルの赤字に耐えることができた。当時の二〇〇〇万リーヴルは、われわれの換算指数によると、すべての条件が等しければ、今日の四〇〇億フランにしか相当しない。われわれはまた、この赤字を解消して完全な均衡予算に達することが絶対に必要であると判断されたならば、そのような努力もまた克服しがたいものではなかったことを認めることができるのである（のちに述べるように、この問題は実際には別の形で提起された）。しかも、この比較的好都合な印象は、近年における会計学の進歩によって大いに強められつつあるのである。財政問題において常に重要なことは、状況の動きを考えることであって、ある一定の時点で区切られた諸勘定の数字の一覧表を検討することではない。すなわち、線は点よりももっと重要なのである。ところで、二〇〇〇万ないしは三〇〇〇万リーヴル程度の赤字は、一億リーヴルを超える赤字の残り滓である。事実、「剃刀のように鋭利な」テレー師の行政は、（確定的なもしくは潜在的な）赤字のうちの八〇〇〇万リーヴルを、すなわち、そのうちの六〇〇〇万リーヴルを今日のわれわれならばスーパー税法（super-fiscalité）と呼ぶであろう収入の創出によって、そして二〇〇〇万リーヴルを、当時破産と呼ばれていた――その呼び方は、完全に不適切とも真の意味で正しいとも言えない――操作による国債の削減によって、「切り捨てる」ことができたのである。[＊5]

＊5　われわれは、テレーとともに一七六三年の赤字を七六〇〇万リーヴルとしたので、彼がルイ一六世への報告書(3)

のなかで示した八〇〇〇万リーヴルという数字は、人を驚かせるかもしれない。だがその数字は、現実には、新しい支出によって説明することができる。だから、一七七四年と一七六九年の赤字を単純に比較するならば、その差は五〇〇〇万リーヴルにすぎないことがわかる。それでも、それは三分の二の減少に相当するのである。

毎年継続して作られた収支計算書は若干の混乱を示しているが、八〇〇〇万リーヴルという数字、そしてその内訳としての収入の追加創出分六〇〇〇万リーヴルと国債の削減分二〇〇〇万リーヴルという数字は、ほぼ正確である。それについてはつぎのような形で説明することができる。一七七二年の勘定書では、テレーは三八六三万リーヴルを「国債の停止および抹消」という項目でまとめているが、彼はこの数字に償還の停止分一七〇〇万リーヴルを含め、しかも正当にも、それは真の節約ではないと指摘している。したがっておそらく彼は、それについて説明してはいないが、一七七四年の収支計算書をまとめるに当たって、償還額全額を減額し、そうすることによって、実際には二〇〇〇万リーヴルを少し上回る数字を除いたようである。この操作は、本来の意味の予算の観念がテレーによっていくぶん意識されていたことを示している。

一七七二年の同じ勘定書では、テレーは、「新税」の項目に二五一〇万リーヴルを、「増収分」の項目に――しかし彼はそのなかに租税収入と王領地収入を混在させている――一一三一万九〇〇〇リーヴルを、すなわち合計三六四一万九〇〇〇リーヴルをまとめているが、これらの算定のいくつかは若干過小に見積られている。しかし、この数字と収入の追加創出分六〇〇〇万リーヴルという数字との差はどう理解すべきであろうか。それは、それらの数字を少し小さく見積もることのほかに、幸いにも収入が増加したことと、徴税請負契約の新契約のときに得られた条件によって説明することができる。かくして、一七七五年の収入総額は、三億四八二七万九五七〇リーヴルに対して三億六六八七万九〇〇〇リーヴル、すなわち、一八六〇万リーヴルの増と算定することができる。そしてこれを一七七二年の数字〔三六四一万九〇〇〇リーヴル〕に加えると、〔六〇〇〇万リーヴルに近い〕約五五〇〇万リーヴルになる。予算の込み入った削減項目のなかに踏み込むことによってこれ以上はっきりさせようとしても、それは無駄な努力である。

したがって、テレーの収支計算書のデータ全体は、まったく恣意的なものとは思われないし、細部の点は別としても、チュルゴーの収支計算書によって否定されるものではない。だから、主として一七七二年の収支計算書にもとづいて判断している一部の著者のテレーに対する厳しさは、理解に苦しむところである。テレーは、これらの収支計算書においては、赤字を五〇〇〇万リーヴルに抑えようと考えていた。しかし彼は、新しい支出と軍事予算について予定していた節約を実行できなかったために、その考えを実現することができなかったのである。それは何も驚くべきことではない。しかしシェルは、「師は、その後の報告書のなかで、支出額が見積り額を超えたことを正直に告白した」と客観的に書いている（第四巻、一二頁）。だが、告白という言葉をここで使うのは的はずれのように思われる。同様に、この著者が「テレー師は、公財政を嘆かわしい状態のままに放置した」と書くとき（同、六五頁）、彼の判断はテレーに対して厳しすぎるように思われる。

それ以後のテレーに対する批判は一七七四年の「現状報告書」に依拠しているが、それらの批判は、予算と経理の概念を、また、財政運営と予算執行の概念を、どうしようもないほど混同している。たとえばボワトーは、租税先取り分によって埋め合わされた四八〇〇万リーヴルの赤字を問題にしているが、「国債の償還と臨時支払い」分は七五〇〇万リーヴルであったと書いている（『一七八九年のフランス』三九五頁）。フォンサンは、それに輪をかけて、テレーは収入について八〇〇〇万リーヴルの不足を、支出について一億二〇〇〇万リーヴルの超過を「隠蔽した」と考え、「我慢のならない数字だ」とつけ加えているが（七九頁）が、それはまったくばかげている。

テレーは、収入源の選択に関しては、間接税を優先させることによって近代的租税政策の先駆者であることを示した。この間接税は、経済の与件を混乱させることなく、しかも最小限の心理的苛立ちを引き起こすだけで、最も多額で最も迅速な租税収入をもたらすのである。この問題についての彼の分析は――それはモンテスキュー(4)のそれに近い――、論理明解な傑作であり、今日でも、それに手を加えるべきものはほとんど何もないであろう。

「支出に対する課税は痛みが最も少ない。……それは日々継続して行なわれ、いわば知らず知らずのうちに行なわれるからだ」。しかし彼は、この課税方法は、徴収費の点で最も金がかかることを指摘する。土地もしくは収入（当時は農業収入が最も重要なものであった）に対する課税は、低い税率での課税しか考えることができない。ところが現状では、二〇分の一八〔九〇%〕の税率が必要であろう。……他方、間接税はいくつかに区分しなければならない。絶対的必需品（穀物）は、免税にしなければならない。家畜の担税力は非常に小さく、ぶどう酒はそれよりも大きく、粗布《あらぬの》は非常に小さく、贅沢品は非常に大きい、など。非常な皮肉屋で有名であったこの男は、社会的な見方をまったく知らなかったわけではない。「最も人数が多く最も貧しい階級」として、「田舎の住民は、この種の課税においていくら慎重に扱われても慎重すぎることはない」。それにこの取り扱いは、非常に幸いなことに、純粋に技術的な立場からする実利的な考慮と合致しているのである。なぜなら、「田舎の住民からの税金の徴収は、費用がかかりすぎるし、ほとんど不可能である」(5)から。こうして彼は、奇妙にも間接的な形で、重農主義者とチュルゴー自身の都市住民に対する偏見を共有することになったのである。彼は言う、「都市の金持ちとブルジョワは、暇でものぐさだ。彼らが都市に集まるのは、気晴らしのためである」と。そしてここに、彼の皮肉が再び現われる。「もし彼らが都市の税金が重すぎると思うなら、田舎に住めば税金を払わずにすむだろう」。彼自身もまたイギリスの例を援用することによって（というのは、この国では直接税はもっぱら土地の収入に課税されていて、そのことは重農主義者たちを喜ばせているが、間接税もまた非常に発達しているからである）、人口主義的・労働力中心主義的理論(6)（ひとつの国の国力はその国の人口の多さと政府が彼らの腕から作り出すことができる職の多さにかかっているという理論）――この理論は、チュルゴーが高く評価していたタッカーやガリアーニの著作を思い起こさせる*6――に向かって一歩を進める。テレーのこの大胆さは、いつの時代においても、またどのような問題に直面しても、自在に活用することができるだろう。資本に対する課税も彼を恐れさせなかった。「この種の税は、財産を財布のなかに持っている個人に課すことができる唯一のものである」。そして彼は、われわれをびっくりさせるような仕方で、財政的実利主義という永遠の原則について、旧い税の優位性について（「ある税に慣れた民衆は、その税の他の税への転換を前よりも重い負担としかみなさないだろう」）、未知の税に対する恐怖について（「現に今行なわれている税の良さは人によく理解されるが、それにとって代わる税は、おそらく前の税ほどの良さをもたらさないだろう」）、そして、日々の収入に対する何ものにもまさる関心について（「そのような関心は、一日たりとも収入が途絶える危険を許さない」）、述べるのである。

＊6　われわれの研究、「チュルゴーの経済政策の経験的ならびに理論的基礎」を参照されたい。

テレーは支出に対する課税（間接税）を好んでいたが、直接税にかなり大きな財源を求めることを忘れていなかったし、この点については、税の実収率と公平性を結びつけて考えることに完全に成功していた。たとえば、パリのブルジョワに対する人頭税、これには多くの税の免除と特典が見られたが、それについて適切な調査を行なったおかげで、彼はそれから八五万から一四〇万リーヴルの税を徴収することができた。特に、二〇分の一税(7)の場合がそうであった。彼は一方でその実施の延長を保証し、高等法院が行なった信じられないような凍結措置を撤廃した。他方で彼は、課税基準の全面的な見直しを行なわせたが、彼によれば、この見直しは、九分の一（約一一・一％）の税の増収をもたらすはずであった。彼は、不平等を増大させるだけの比例配分率の安易な操作(8)によってこれと同じくらいの増収を得ようとする提案には、すべてねばり強く反対した。

この問題に当てられた一七七一年一一月の勅令とそれに続く訓令のなかに、人々が税の公平に向かっての前進を、さらには、地租に向かっての一歩を読み取ったとしても、それは正当である。実際テレー師は、あたかも立派な重農主義者のように、しかし独断的な学説的装置は一切持つことなく、「人民の幸福と安寧」のための「計り知れない利益」をはっきりと述べる。そして、あれほどこきおろされていたこの大臣は、やがて、「わたしは、二〇分の一税の完全な支払いよりも租税の割当の平等を追求する」と、ある地方長官宛の手紙に自らの手で注記する。税率よりも割当の公平によって税収を増大させようとするやり方は、痛みを伴わない税という考え方に忠実なやり方でもあった。しかしテレーは、これらの原則を適用するとき、やむをえず所期の目的に反する措置をとらなければならないことがあった。彼は何よりも、予期しない税の増収が好きであった。すなわち彼は、ほどほどの苦痛しか伴わない増収、あるいは、ある種の人々――少なくとも彼はそう考えていた――にだけ課税され、しかもその結果としての増収分が無視できないような税の増収が好きであった。ときには、計画中であった鎖の検印税や、澱粉、紙、ボール紙等に対する税のようなごく普通の税がとりあげられ、またときには、官職一分《ぶ》税、抵当権保全税、あるいは、地代支払い者の官職税の減税（これはきわめて不当に批判された）のような非常に賢明な改革がとりあげられた。別の場合には、テレーは、彼の全般的な考え方に反して、大衆の怒りや問題になっている利益にまったく不均合いな非難を引き起こす危険をあえて冒した。こうして、われわれがすでに述べたような私有地の徴税請負契約が、――あるいは、州が買い戻した官職の国による転売が問題にされた。こうした請負契約や転売は、卑しい、良俗に反する手口であって、それをめぐって、かつてラングドックの住民総代との間でつぎのような有名な問答が交わされたことがあった。

――けど、旦那さま、そりゃああっしらの懐から猫ばばするようなもんじゃねぇすか！

――じゃ一体、ほかのどこから巻き上げろと言うんだ？[*7]

*7　ヴェリ、第一巻、一八四頁。

国の債務の削減の問題については、テレーは大胆さと慎重さを驚くほどの形で交えながら仕事を進めた。

彼は、痛みを伴わない税としては、痛みのない破産を選び、そして、実際にそれを行なうのに成功した。彼は六〇〇リーヴル以上の年金を一五%ないし三〇%削減した。この年金の削減は、特に裕福な人たちやさまざまな悪弊で私腹を肥やしてきた者たちに打撃を与えたが、他方で、声高に不満の声を上げたり、なんらかの影響力を行使する連中を増やしたりすることはなかった。彼は、国債の償還分（一七〇〇万リーヴル）を減らすことにした。……そのうえ、まったく無条件的に永久年金を一五分の一〔約六・七%〕、終身年金を一〇分の一〔一〇%〕削減し、さらに、いくつかの借り入れの利率を有無をいわさず削減することによって、償還することにした。破産という方法は、言うなればそれは契約の信頼に背くことであった。しかしその措置は、ひとつの租税の範囲を超えることはほとんどなかったし、人々はもっとひどい事態になることを恐れていた。すなわち、「国の債権者たちは、恐ろしいテレー師にどんなにひどい目にあわされても、彼が失脚することを恐れていた」のである。ちなみに債権者の多くは、国債を額面価額をはるかに下回る価格で買っていたのである。[*8] テレーの最も荒っぽい決定は、国の資金繰りに関する決定であった。すなわち、相当数の政府発行の特殊な有価証券や収税吏への支払い命令書や徴税請負人への手形の支払い停止であり、それらは一億二〇〇〇万から一億三〇〇〇万リーヴルに上った。似たような措置はすでに一七五〇年にシルーエット[9]によって行なわれたことがあったが、それは彼のためにはならなかった。[*9] しかしテレーは、シルーエットよりも簡単にやってのけた。人々は、破滅だの、自殺だの、犠牲者名簿だのと騒ぎ立てたけれども、結局これらの手形の大半は、金融業者たちの手元にあって、貯蓄よりも投機の手段になった。だから、一般大衆はそんなことにはほとんど関係がなかった。テレーの回想録の著者は、パンの値段がたまたまうまい具合に下がったので、「この大臣のきわめてひどい圧政の影響が間接的な形でしか及んでいなかった民衆は、国民のそのほかの部分ほど彼から離反しなかった」と、記している。それに、テレーはきっとショワズール派の仕掛けた罠から逃れるためにあんなことをやったのだという噂が流れていて、ある者はこのときとばかりに彼に拍手を送った。「この背信的措置がどれほど人々を憤慨させるものであったとしても、世論のなかでは、彼が大きな間違いを犯しているとは考えられていなかった。なぜなら、テレーは、それを行なうことによってほとんど何も失わなかっただけでなく、彼はこの決定をやむにやまれず行なっただけであったからである」[*10]と、モンチヨンは書いている。

＊8　マリオン、前掲書、第一巻、二五五頁。ヴェリ、前掲書、第一巻、一一三頁。

＊9　「彼よりも輝かしい評判を獲得し、しかもその評判を彼よりも速やかに獲得し速やかに失った大蔵大臣は、彼をおいていない。彼は、無分別で不公平な政策のゆえに民衆からは称賛され深く愛されたが、公平で道義にあふれた政策のゆえに金持ちからは非難され憎まれた」（モンチヨン、一四四頁）。

＊10　テレーの回想録、二三頁。モンチヨン、一六四頁。この二人の著者は、全体としては一致した解釈を示している。モンチヨンによれば、テレーの敵たちは、いろいろな人に手紙を書くようテレーを仕向けたようで、それらの手紙で彼は、人々が手形の書き換えの保証を約束すれば、それと引き換えに名誉にかけてこれらの手形の支払いを停止しない、と約束したという。ところが、彼らがその約束を守らなかったので、テレーはなんのやましさも覚えず自らも約束を破ったのである。テレーの回想録によれば、宮廷の銀行家でショワズールの手の者であったラ・ボルド氏は、軍の俸給の支払いに必要な資金を用立ててやると約束しておきながら、その貸付金の約束を引っ込めたという。そのときテレーは、国務会議に諮らずに手形の支払い停止のための国王の同意を取りつけたが、その際彼は、軍の俸給のための資金を賄う必要があるという少しばかり茶目っ気のある理由を挙げたという。

テレーが、予算節約のために大いに努力することによって、自分の仕事を完全で確実なものにしようとしていたことは疑いない。この問題に対するこの男の死物狂いの努力が、どんな結果をもたらすことができたかを考えてみよう。われわれは、テレーがこの問題を提起するために新しい治世の開始を待たなかったことを、正当に評価してやらなければならない。なぜなら、新しい治世の方が状況はもっと容易であるように見えたが、しかし、それは間違いであったからである。彼は、すでにルイ一五世に、しかも一七七〇年の時点で、「もし陛下が宮廷費か国家予算のなかから数百万リーヴルを節約するようご命令いただけますならば、国にとってどれほど幸せなことでございましょうか！」[*11]と、書いていた。この幸先のよい出だしにもかかわらず、彼は宮廷の浪費を仕方のないことと諦めただけでなく、その浪費に迎合したようにさえ見える。だがわれわれは、そのことを厳しく咎め立てする気になるだろうか。

＊11 『財務報告書集成』六一頁。

彼はその代わり、軍事予算の圧縮でがまんしようと思った。彼は、一七七二年の報告書のなかで、陸軍について六〇〇万リーヴルの、海軍については五一〇万リーヴルの大幅な削減を行なうと述べた。しかし、これらの数字は実行されなかった。テレー師がルイ一六世の即位とともに節約の問題を急いで議論しようとしたとき、流行に従っていただけだと言って彼を非難することはできない。なぜなら、より都合のよい機会を利用するのは当然なことであったからである。「新しい国王は節約を望んでいるという考えが大衆の間にしみ込んでいたので、テレー師は節約の意志を示すための経済計画を作成した」[*12]。しかし、常に慧眼であったヴェリは、その少しあとの所で、「国王は、大衆が想像していたほど節約に急を要すると考えているようには見えなかった」と、つけ加えている。テレー師の節約計画がまじめなものであったことは、ヴェリがメルシと交わしたつぎのような会話によって確認することができる。ヴェリは、王妃に対するメルシの影響力をよく知っていたのである。「彼〔テレー師〕は、常に王太子妃様のご命令に従うことを私に確約しましたが、同時に彼は、国家財政が許さないようなあるいは金のかかりすぎるような庇護活動や催しはすべて、この王太子妃様に思い止まらせてほしいと私に懇請しました」[*13]。

*12 ヴェリ、第一巻、一一三頁および一一五頁。
*13 〔メルシ゠アルジャントー〕『書簡集』第二巻、八〇頁。

提出された時期ははっきりしないが、たぶん一七七四年六月に提出されたと思われるルイ一六世への報告書のなかで、大臣テレーは、陸軍と海軍の経費削減の考えを再び示し、さらに、宮廷費節減の問題に取り組んだ。「陛下は、宮廷費を抑制するために、このうえなく明確なお言葉でご命令をお出しになる必要がございます。大勢のさまざまな支払い命令者たちが、宮廷費を独断的に管理し、その使い道を勝手に決めているからであります。多くのしきたりを減らし、多くの悪弊を正し、多くの改革を行なわなければなりません……」。のちにチュルゴーが言うこともそれ以上のことではないし、最後的に彼が宮廷費について行なうこともそれ以上のことではないのである。

以上は本来の意味の予算問題についての所見であるが、つぎに、国家の資金調達はどんな状態であったか、また、公的信用について考えなければならないことはどんなことであったかを見てみよう。これらの資料は、その当時「財政問題」と言われていた問題を全体として考えるうえで明らかに不可欠な資料である。そこには、われわれがこれまで控えめな楽観主義と言わなければならないと考えてきたところのものと矛盾するものを見いだすことができるだろうか。そうは思えない。テレー師は、資金繰りの観点に立って、先取り財源を、すなわち、一億五四〇〇万から一億六〇〇〇万リーヴルの後続会計年度の（一七七二年は最小限三〇会計年度の）収入からの先取り分を持ってきたのである。かくして、一七七四年の資金は確保され、一七七五年についても聖職者会議のおかげで確保された。[10] この確保は非常に重要なことであった。実際、このような形による財政資金の確保は、現職の大臣やもっと長く現職にとどまりたいと思うような大臣によって行なわれるが、しかしその大臣は、その結果自己の責任を最も微妙な点に賭けることになるので、そうしたことは軽々しく行なうわけにはいかないのである。かくしてフランスは、少なくとも一八カ月間は、いかなる財政的危機にも見舞われないことがはっきりした。その後は、事態になんの変化もなければ収入は支出に近づくだろうが、もし十分でなければ、再び窮余の策に訴えねばならないだろう。しかし、ともかくもこうして、息の長い仕事を行なうための十分すぎるほどの時間的ゆとりが確保されたのである。

最後に、公的信用について言えば、それはもしかしたらわれわれが考えるようなフランス財政の欠点ではなく、非常に大きな長所でさえあったかも知れない。収奪と破産が好きであった大臣テレーの施策――それは、あたかもきわめて恐ろしいものであったかのように描かれている――は、いささかも公的信用を低下させなかった。公的信用は回復つつあったのである。それに、フランス財政の一世紀にわたる経験は、信用がおびえてたやすく逃げ出すものなら、それはまた苦もなく飼いならすことができるものであることをわれわれに教えていたのである。信用というものは、逃げ出すにしても飼いならすにしても、いずれの場合にも、ほんのわずかな兆候にも敏感に反応するものである。それは道徳的判断とか感情的親近感といったものには無関係である。それは純粋に専門的な予測によって決定されるのである。テレー師が非常に不愉快な人間であり、チュルゴーが非常に尊敬に値する行政官であることなどどうでもよいことであったのである。前者が信用に気に入られ、後者が信用にそっぽを向かれることは、大いにありうることであった。事実われわれは、政府に対する信頼の回復もそれと関連した公的信用の改善も、チュルゴーの入閣ばかりか、もっと驚くべきことにルイ一五世の死すらも待っていなかったことを確認することができるのである。これらの二つの出来事は、信用の動きに刺激を与えることができただけであった――しかも、その影響の程度はルイ一五世の死の方がチュルゴーの入閣よりもはるかに大きかった――が、しかしその動きは、その年〔一七七四年〕の初めからすでに始まっていたのである。「支払いを厳格に六カ月以内に行なわせたことと金をうまく運用して利益を生ませる工夫が、去年の一月に三〇〇万リーヴルを王室金庫に流入させた」と、ヴェリ師は記している。

これらの成功は、テレー師の敵のなかで最も激しく彼を非難していた連中の言を信ずるならば、彼らをびっくりさせ、さらには、大衆のなかの金融の専門家たちさえも――テレー師は彼らの間に多くの不満分子を作り出していた――驚愕させたのであった。「実業家たちは皆、……国が陥っていた全般的な信用失墜状態のなかで、また、度重なる信義違反のなかで、……どうして公的証券〔手形、小切手その他の有価証券〕が再び値上がりし、かなり以前から大して低くない水準に保たれていたか不思議に思っていた」[*14]。そしてコクロー(11)は、偏見が昂じるなかで、つぎのような驚くべき説明しか見いだせなかった。すなわち彼は、「大衆は、テレーが常に自分たちをいじめようとしているとはとても思えなかったので、彼はついに自分のやったことの償いをしだしたのだと思った」と、説明したのである。しかし議論好きな連中は、貯蓄家たちの意見は大衆の意見とも特権階級や金融専門家たちの意見とも異なっているとは見ていなかったし、また、この平均的な意見は、たとえそれが役回りとしてのテレー師にあまり好意的なものではなかったとしても、彼の行政運営の政策的結果を示しているとも、彼の行政運営から直接導き出されたものであるとも、考えていなかったのである。

＊14　テレー師の『回想録』一二三頁。

以上が第一の要点である。以下に第二の要点を述べる。「ルイ一五世が死んだとき、出費を節約するという一般的な噂が国に対する信用を大いに高めたので、金の貸し手が殺到してテレー師を当惑させた」と、ヴェリは続けて書いている。つぎに、この信用の回復の具体的な結果が実際にどのようなものであったかを見てみよう。もともとはオランダ人目当てに発行されたのでオランダ公債と呼ばれていた公債の発行が始まっていたが、それはあとになって、その利益をフランス人にも広げて、フランス人からも公募しようということになったようである。それは、アンシアン・レジーム下でしばしば行なわれていた終身年金形式の公債であって、しかも、あらゆる種類の弊害[15]を招いていた。ここでもヴェリの言によるが、ルイ一五世の死と公債の締切期日との間に、三〇〇〇万ないし三五〇〇万リーヴルの応募があった。すでに勅令で予定されていた募集総額の三倍以上に達していたので、テレーはあえてそれ以上の応募を受けつけなかった。

*15　ヴェリ師は、弊害を三つを挙げている。①勅令において予測されていた事態からの逸脱、②恩典（年金を装った恩典）を理由とした終身年金の授与、③公債の一部は、（四〇分の一九〔四七・五％〕の）国王保証付契約証書――これは焼却されるべきものであった――の形で支払うことができたので、人々は、実際にはこれらの証書を焼却しないで、他の人々に減価して転売するために手元に残しておいた。
　アンシアン・レジーム末年になって、窮地に陥った国庫は、次第にもっと有利な条件にすることに同意した。すなわち、他人に委譲できることに同意したので、終身年金は国庫にとってますます負担の重いものになっていった。一七八二年のジョリー・ドゥ・フルーリの公債のとき、スイスの金融業者たちは、「ジュネーヴのお嬢さん」(demoiselles de Genève) と呼ばれる一風変わった巧妙な手口を考え出した。すなわち彼らは、裕福な階級に属し、健康によい風土で暮らす女性の死亡率が特に低いことに着目して、七歳の少女三〇人の名義に変換でき、四五年間支払いが保証される終身年金の契約を始めたのである。J・ブシャリ『金融業者』の一九頁に引用されているクラヴィエールの書簡を見よ。

われわれは、これらの記述全体から、フランスの国家財政は、理想的な状態にはなかったとしても、少なくとも、アンシアン・レジームの歴史のなかで最も希望の持てる状態のひとつにあったと結論することができる。テレー師は、彼が五年間の行政運営の過程で成し遂げた数々の国家財政改善の重要性を若き国王に誇示することを忘れなかったし、またその一方で彼は、「それ（国家財政の赤字からの解放）が遠のくのを許してはなりません。許してしまえば、一七七〇年に国家財政が今にも陥りそうであった深淵がすぐにもまた口を開けるでしょう」と、警告的調子で結んだのであった。この論調の微妙なあやは、彼自身の個人的理由によって容易に説明することができる。すなわちテレー師は、国家財政という病人はまだ手当てを施す余地があることを、国王に理解させなければならなかったのである。そんな病人にも、端《はた》から見て、まだいくぶんの取り柄が認められる。つまり、たぶんその病人は助かるだろうが、完全に回復するというよりは、むしろ病後療養を施す必要があるだろう。しかもテレーは、感心なことに、その問題の二つの重要な点を強調した。第一点は、税の負担は最大限ぎりぎりのところまで推し進められたこと、すなわち、「税収のすべての部分は最大限可能なところにまで引き上げられた」ので、したがって、財政の赤字を解消するために、もうこれ以上正常で推奨可能な手段を用いることは不可能であるということ。第二点は、したがって当然税負担を緩和することが必要であること、すなわち、「人民を押しつぶそうとしている税の一部を人民から軽減すること」が必要であるということ。

テレーは、チュルゴーと違って、この税の緩和の必要性について経済学的な分析を行なうことはなかった。彼自身の筆になるもので、農業の振興や折半小作から定額小作への転換等について言及したものはひとつもない。けれども、基本的な考え方は同じであった。節約を行なわなければならなかったが、それは、一七六九年の危機的状況の再来を避けるためだけでなく、税負担の軽減を可能にするためであった。したがって、モンチヨンとともにこう言ってよければ、政権の委譲のときに、「テレー師とその後継者のチュルゴー氏[*16]ほど、自然が際立った対照を作り出した人物はいなかった」。けれどもわれわれは、多くの著者の考えとは逆に、この対照は両者の政策の間にはまったく存在しなかったことをここにおいてすでに確認することができるのである。

＊16　ゴメルはつぎのように言っている。「この〔チュルゴーの財政〕計画は、テレー師が追求した政策の正反対のものであり、したがって、その政策を断罪するものであった」（『フランス革命の財政的原因』、八一頁）。

これに反し、シェルの考えはつぎのようである。「チュルゴーが国王に提示した財政計画は、結局のところ、テレー師のそれとは異なっていなかった」（第四巻、二二頁）。

おそらくチュルゴーは、テレーが手をつけたすべての仕事を完成したわけではなかったが、しかしそのなかで彼が認めなかったのはきわめて取るに足らない仕事だけであって、彼は、テレーが実現した財政の再建全体から恩恵を受けたのである。確かにテレーは、借り入れを行ない、増税を行ない、破産を断行した。チュルゴーの信念は、逆に、これらの三つの解決策をきっぱりと退けた。だがそれは状況が変わったからであって、チュルゴーがここにいたって財政の赤字という悪魔を追い払うことができたのは、テレー師が必要なときにその悪魔に地獄払いの護摩供養[12]を行なったからであった。財政政策については、常に大蔵省にひとつの客観的な政策があって、それを有能な大臣が自らの課題とし、その結果彼は、善くも悪くも、多少の思いがけない成功を期待してその実現をめざさねばならない。しかし、それ以外の政策〔たとえば経済政策〕については、重要な問題に関しては財務総監として従うべき不易の理論〔重農主義理論〕が存在すると、チュルゴーは言うだろう[*17]。

＊17　第三部第四章の「六つの勅令」を見よ。

しかしチュルゴーは、内閣の職にいる間は、テレーの財政政策については批判せず、その大胆さを指摘しただけであった（「彼はきっと最後には矛盾に陥るだろう」）。それに反して彼は、テレーの経済政策（穀物取引の自由の撤廃）については常にこれを厳しく批判したし、その人物については、明らかに尊敬に値するようには見えなかった。チュルゴーは、失脚の苦渋を味わうなかでモルパがテレー師の内閣復帰を画策しているらしいとの噂が流れると――それは実に奇妙な話であったが――、彼は恩義のあったモルパまでもきわめて厳しく批判した。「新たな情勢の変化がテレー師を復帰させることがないよう願っています。彼は宮廷でひどく評判がよいからです。私はずっと以前から、デュ・バリ夫人との結婚がルイ一五世の名誉を損ないましたように、テレー師の復帰はモルパ氏の名誉を損なうだろうと言ってきました」[*18]。この辛辣な言葉には、若干の不当な見方が、それどころか、自分を抜擢してくれたモルパに対するいくらかの忘恩さえ見られる。もしかしたらチュルゴーは、メノン・ダンヴォーの後任に[(13)]〔つまり、テレーをさしおいて財務総監に〕なりたかったのだろうか？

＊18　アンヴィル公爵夫人宛の手紙、一七七七年八月一一日。

いずれにしてもチュルゴーは、行政運営に携わっている間は、あと戻りすることは考えなかった。「テレーがわれわれを痛い目に遭わせたというのに、どうしてその後釜のチュルゴーは、テレーがわれわれから奪ったものをわれわれに返してくれないのだろうか」[*19]と、サンブランセはセナック・ドゥ・メランの架空の会話のなかで言っている。

＊19　世間の信頼踏みにじり
　　わしの年金テレーに削られた
　　どうしてくれると言うのかね？
　　破産の嫌いなチュルゴーが
　　きっとわしに返してくれるだろう。
　　そーれ　歌えや歌え
　（当時の風刺詩、シェル、第五巻、一三三頁。）

チュルゴーの立場

テレー師の報告書は、その内容だけでなくその調子においても、チュルゴーと国王との会見および八月二四日の彼の書簡の一種の序言となっており、新財務総監の立場を正しく理解するための助けとなっている。他方チュルゴーは、節約の問題については、おそらく儀礼からと同時に去りゆく大臣に一層の重みを与えるためと思われるが、自分の立場と去りゆく大臣の立場を結びつけようと気を配った。「そのことにつきましては、おそらくテレー師がすでに陛下に申し上げたことと存じますが？——そのとおり、でも彼は、貴殿のようには言わなかったよ」[*20]。

*20　レピナス嬢による話。第一部第三章〔原注22〕を見よ。

チュルゴーが国王との会話と彼の書簡のなかで本来の意味での予算問題についてねばり強く論じていることは、二つの点で、われわれを誤った結論もしくは行きすぎた結論に導くかも知れない。

彼は、租税や借り入れや破産の問題には触れずに、直ちに予算問題と節約の問題に立ち戻っているので、われわれはともすれば、これらの問題がチュルゴーの新しい行政運営の主たる関心事であり、彼の改革計画の中心問題であったと思いたくなるかも知れない。ところがわれわれとしては、それらの問題の重要性を知らないわけではないが、チュルゴーは財政専門家である以上に経済学者であり、鍵となる問題は実際にそして常に穀物問題であった、と主張したいのである。歴史家たちもその認識を誤ることはなかった。「チュルゴーは、彼が行政の形で実現すべき当面の最も重要な問題と考える問題に取り組み始めている……」と、コックローは書いている。そして『歴史新聞』は、「チュルゴーは、彼の内閣の最も重要な課題に、すなわち民衆の生活の糧に心を配るという課題に、引き続いて取り組んでいる」[*21]と書いている。しかし、八月二四日朝の国王との会見の際に彼が小麦の問題に触れなかったのは、ちょうどその前日に、チュルゴーがその問題について長時間にわたって国王に話しておいたからであったことを指摘しておかなければならない。彼は、その日の書簡でもその問題に一文を充てた。彼がこの問題を予算の問題ほど詳しく述べたり繰り返し述べたりしなかったのは、国王にとっては、穀物問題に比べて予算問題の方がわかりやすかったからである。ルイ一六世は穀物についての新しい政策〔穀物取引の自由化政策〕にすでに賛意を表明していたが、それは、彼の個人的な考えからではなく、前任者の穀物行政について広がっていた汚職の噂をひどく気にしていたからであった。他方彼は、この問題については王妃やその取り巻きからの圧力をまったく受けなかった。なぜなら、彼らの気まぐれな言動は、この種の改革によって大きく左右されることはなかったからである。

＊21『歴史新聞』一〇月二一日。

われわれが八月二四日の警告から引き出すことができるもうひとつの別の印象は、財政状態が極度に深刻であるという印象である。われわれは、そのことについて考えるべきことを先に詳しく検討した。だが、それでもなお、チュルゴーは経費節約の問題をなぜこれほどまで重視したか、また、それについての彼の勧告の厳粛な口調はたんに戦術的なものではなかったか、という疑問は残る。それというのも、先に見たように、チュルゴーはこの問題についてはヴェリ師ならびにヴェルモン師とすでに協議済みであったからである。

先に述べた財政問題についてのいくつかの安心させる要素を考えるならば、われわれはここに三つの重要な論点を別々に論じることによって、チュルゴーの立場を分析することができ、同時にまた、彼がなぜあれほど熱心に節約の問題を強調していたかを説明することができると思われる。

第一に、チュルゴーは戦争が起きる可能性を常に恐れていたし、将来もまた常に恐れるだろう。彼は、国家財政を根底から破壊し経済の発展を妨げてきたものが、相つぐ戦争であったことを知らなかったわけではない。彼は平和の維持のために最善を尽くすつもりでいたが、そうしたことは、たとえ有力な大臣であっても、ひとりの大臣だけではどうすることもできないことを知っていた。チュルゴーは、現下の状況においては、そして平時には、危機は存在しないことを完全に知っていた。しかし彼は、すぐれた大蔵大臣として、安全路線を確保しておく必要があったのである。万一不幸な事態が起きた場合にはおそらく改革は中断しなければならないだろうが、その後再び改革を始めることができるだろう。この安全路線がなければ、「国家は大砲の最初の一撃で破産に追いやられるだろう」。

第二に、チュルゴーは、我慢のできるまあまあの財政赤字にも、たんなる財政の均衡にも、満足することができなかった。彼にとっては、税の軽減を行なうための自由に措置できる財政上のゆとりが必要であったのである。税の徴収における悪弊を廃止し、税の徴収においてより一層の公平を実現するならば、おそらくそれだけで税の軽減を実現できるだろう。しかし、彼にとってはそれ以上のことが必要であった。彼はここでその問題を深く究明しなかったが、われわれは、彼の個人的テーマが税の軽減と農業生産の拡大との相関関係[14]の問題であったことを知っている。[*22]

*22 われわれの研究、「チュルゴーの経済政策の経験的ならびに理論的基礎」を見よ。

第三に、最後になったけれども重要さの点では決して他に劣らない論点として、チュルゴーは、道徳観念に——それはしかし、純粋に哲学的なものではなく、社会に対するさまざまな直接的影響を内に含むものであった——、大きなそして正当な役割を認めていた。支出についで支出が行なわれる。すなわち、無駄で、背徳的で、人々の道徳心を低下させるような支出が社会的不満を作り出し、そこから暴動が発生するかも知れない。すべての支出が正当で必要なものであったならば、また、民衆の目の前で宮廷の浪費や金融業者たちのずるい策謀が行なわれなかったならば、民衆は、それと同じ額の税の負担に、そしてまたそれとまったく同じ程度の財政状態に、はるかに容易に耐えることができただろうことは、今日のわれわれには痛いほどわかるのである。こうした状況が続く限り、「政府は決して愛されることはないから、決して安泰ではないだろう」。

どんな制度のもとであれ、また、どんな状況のもとにあろうとも、いったん節約を行なおうと決意したときには、大蔵大臣は必ず二つの行動様式をとる。彼はまず、支出が彼の監視の目を逃れないようにするために一種の警報装置を設置する。他方、主要項目の予算額を算定し、予算を削ろうとその結果計画を中止しようとまったく差し障りのない部門を、切り離す。当然彼は、あれこれの予算項目の削除や特定の点に限られた利害や意見の対立よりも、一定した、次年度以降も継続可能な、そしてできれば漸増的に節約を行なうことができる仕組の実現に、一層重きを置くだろう。すでにわれわれが指摘したように、予算というものはひとつの〔政治〕力学なのだ。

まず第一に、予算の安全確保の問題があった。だから、チュルゴーが初めからその点に配慮しているのを見ても、すなわち、予算が「支払い命令者」たる大臣（今日のわれわれは冗談抜きに「金使いの荒い大臣」と言っている）によって流用されないように――今日のわれわれのくだけた言葉を使うならば、「短絡《ショート》させられないように」――用心しているのを見ても、われわれは少しも驚かない。「国王があらゆる分野の支払い命令者に大蔵大臣と協議するよう強く要求することが絶対に必要である」。必要な場合には、国王の調停が行なわれる。「支出への対応策」（今日の「最高限度法」（loi des maxima））について「協議」しないで、新たな支出を行なうことは許されないのだ。

チュルゴーは、その少しあとに、思いあまってひとつの追加的措置を要求した。すなわち、受領証もしくは現金支払い命令書の廃止を要求した。これは、国王が「余はこの金額の使用を認める」と自らの手で支払い許可証を書いて与えるか、あるいは、財務総監自身が支払い許可証を出すことであったが、その許可証には、使途の説明も金額の明細も記載されていなかったのである。

これらの支払い許可証は、会計法院の検査の目を逃れるために、赤いモロッコ革で綴じられた特別の帳簿に伝票の形でつづられていた。そのためそれは赤帳簿の名で呼ばれるようになり、一七九〇年に一躍有名になった。[*23] それは、しばしばとうてい容認できないような特別の恩典を与えるための手段として使われた。またそれは、必要な支出に秘密の支出の外観を与えるために利用されることもあった。「これらの持参人払いの支払い命令書のなかには、公表すれば巷間で大騒ぎになるかも知れないようなものもあって、どうしてそれほどひどいやり方が行なわれるようになったかは誰にもわからない」と、チュルゴーは一七七四年一〇月二三日の、国王によって称賛された報告書のなかで書いている。こうしたやり方は、チュルゴーの内閣のときには行なわれなかった――あるいは、ともかくも大幅に減少したように見える――が、ネッケルのときには行なわれたと言われており、カロンヌの登場とともに文字通り頂点に達したのであった。

＊23　ストゥルム『アンシアン・レジームおよび大革命時代の財政』第二巻、一五三頁。ゴメル、前掲書、九三頁。

しかしそのすぐあとに、ある特殊なケースが発生した。それは、かなりの額ではあるが決まった支出を継続して行なう必要のない特殊なケースであり、国王の聖別式の費用のことであった。それは七〇〇万リーヴル以上にもなるものであり、この種の前回の儀式よりもはるかに金のかかるものであった。その理由は、まず第一に、一七二二年以来物価が上がっていたからであり、さらに今回は、王家以外にいくつもの大公家がそこに加わるからであった。チュルゴーとしては、面目を保つための「最後の一戦」を行なうためには、この機会を逃すわけにはいかなかった。彼の提案では、聖別式の場所をランスからパリに変更することによって確実に大きな節約を行なうことができ、そのうえこの変更は、より多くの外国人をフランスに引き寄せることによって聖別式の行事（と間接的収入）をよりよくすることができ、さらに、財政緊縮の意志を示すこの明白な証拠によって民衆の想像力に強い印象を与えることができるという、一石三鳥の効果をもたらすはずであった。こうしたいくつかの立派な理由があったにもかかわらず、大臣チュルゴーは、このような月並みな理由によって高貴な伝統を断ち切ることができる可能性については、ほとんど幻想を抱いていなかったようである。けれども民衆は、もしそれが実現していたら、おそらく彼の成功を高く評価しただろうと思われる。[*24]

*24 『歴史新聞』九月二二日、一九三頁。国王の聖別式がパリで行なわれていたら、おそらく、徴税請負人たちは二〇〇万リーヴルもの大金を、そして商人組合は一〇〇万リーヴルを提供したであろう。メトラ『書簡集』一七七五年五月三日、第一巻、三四六頁。

彼は、聖別式の場所の変更を諦め、国王のランスへの旅行の際には、のちに見るように、彼は商業の自由という彼のお得意の信念を実行することによって、当初考えていたよりも少ない額の節約を確実に行なうだけにとどめた。

かくして彼は、デュ・ポンが「東洋的周到さ」と名づけたそれまでのやり方――それはいくつかの「行政命令書の発行」を準備することであった――をやめることにした。それとは逆に、商業については、彼は聖別式の前と後の八日間課税を一時停止するという刺激を与えることによって、自由に商売を行なわせることにした。[*25] 旧弊な人間や杓子定規の人間を心配させたとデュ・ポンがわれわれに伝えているこの実験は、すばらしい成功を収めた。われわれはこの挿話のうちに、チュルゴーの精神のなかで、慎重さを求める精神と現実的な精神とが結び合って自由主義の無謬性への確信にまで達しているのを見ることができるであろう。事実彼は、その決定を下す前に、一七二二年の先例からどのような結論を引き出すべきかをシャンパーニュの地方長官に確認した。彼がそこから引き出した結論は、「商売によって行なわれた物資や食糧の備蓄は、政府がそれまでに多額の費用をかけて行なわせた備蓄を無駄にした[*26]」というものであった。

＊25　シェル、第四巻、五四九頁。デュ・ポン・ドゥ・ヌムール『回想録』一二三頁。
＊26　一七七五年五月一二日、シェル、第五巻、七一四頁。

ここで費用削減の計画化の問題を取り上げるならば――しかしチュルゴーは、その組織だった説明は一度も行なわなかった――、われわれは、彼の指導理念を、すなわち、まず論理的に提示され、その後の現実の出来事によって検証された、そしてデュ・ポンのいくつかの記述によって裏づけられている指導理念を、容易に再構成することができる。当時のいくつかの公的収支報告書を検討すると、そこから、多額の一定した経費削減を行なうことができる三つの大きな予算群が現われてくる。すなわち、

財政運営費の全体
軍事費
宮廷費

の三つの予算群である。

これと同じくらい大幅な節減が可能な政府管理費目が、ほかにあったとは思えない。なぜなら、それ以外の費目は、小さいか圧縮不可能であり、概して小さくて同時に圧縮不可能であったからである。[*27] 反対に、削減どころか大幅な支出増を必要とする費目があった。この費目は、経済成長政策における重要整備費目であり、それは公共土木事業の費目であった。ところが、その額は約五〇〇万リーヴルにすぎなかった。われわれも知るように、チュルゴーはそれを非常に重視していたが、その点でもこの大臣は地方長官たちを失望させなかった。だが、われわれはまた、彼がその資金調達を特別な財源によって——それは、夫役にとって代わり、特権の廃止という利益をもたらす実験となるはずであった——確実なものにしようと考えていたことを知っている。それゆえ、われわれはつぎに、この大改革に関連させてその問題を論じたいと思う。

＊27　しかしヴェリは、外務省の予算を挙げている。その予算は五〇〇万リーヴルに制限されていたけれども、彼によれば、スイス人傭兵隊、ドイツの諸公、ならびにスウェーデン国王に支給されていたいくつかの援助金（一五〇〇万リーヴル）を廃止することができたという。しかし、これらを廃止することは政治全体の問題を提起することになる。外務大臣ヴェルジェンヌは、それらの減額よりもむしろ増額を考えていたからである。チュルゴーは、これらの廃止問題をめぐって議論することはまったく考えていなかったようである。それどころか彼は、スウェーデン国王に対するエコノミストや自由主義者たちの全般的な親愛感を、彼らと共有していたのである（ヴェリ、一六三頁）。

この夫役の廃止問題は、コンドルセの度重なる懇請にもかかわらず、長期にわたり、実際あまりにも長期にわたって、休眠状態に置かれていたことだけをここで指摘しておこう。二月一日付で作成されたけれども送付されなかった地方長官への通達は、国王は夫役の廃止に好意的であったことを示している。ヴェリ師は、三月六日に、きわめて今日的な問題としてそれに触れている。地方長官に宛てた最後の通達が出されたのは、五月六日のことにすぎなかった。チュルゴーは、夫役の廃止の正当性をはっきり確信していたけれども、念のために彼らの意見を聞いておくことが必要だと考えたのである。五月六日の通達に続いてさらに七月二八日に、国王声明の草案が彼らに送付された。多くの返事は、新設が予定されていた道路税に留保をつけていたが、その考えには賛成していた。はっきり反対の意思を表明していたのは、フランシュ゠コンテ州からのものだけであったが、その州ではすでに満足のゆく代替策が講じられていたのである。すなわち、夫役労働者の世話人が彼らに代わって自分の費用を支払うか、あるいは、世話人自身もしくは下男が夫役労働を行なうことができたのである。「田舎では、余っている金をはるかに上回る、何日分もの無駄な労働力が費されている」。

チュルゴーのこの対応の遅さは、おそらく、獣疫が原因の過剰な仕事の負担によって、さらには多忙のため身動きがならなかったことによって説明することができるだろう。たぶんそれはまた、財務総監が満腔の信頼を置いていた父のトリュデーヌがすでに述べていた反対論、そして、息子のトリュデーヌ・ドゥ・モンティニーが繰り返し強調していた反対論――道路税によるこの「道路資金」は将来国によって他の目的に流用される恐れがあるという反対論――に対する配慮によって説明することができるだろう。周知のようにチュルゴーは、無知な人間や政敵たちの反対論は簡単に無視したが、友人たちの意見には常に大きな信頼を置いていたのである。もっとも、彼が実際に無視したのは反対意見そのものではなく、多くの場合、反対者自身であった。

財政運営費

財政運営費は、なんと言っても、先に挙げた予算群のなかの最も重要な部分を構成している。他方、大蔵大臣が節減計画を立て実行するときに、最大限の裁量権をとは言わないまでも――というのは、それは状況次第だからである――、少なくとも最大限の独立性を行使するのはこの分野である。なぜなら、その権限は直接彼に属しているからであり、しかも彼は、「支払い命令者たる大臣」を説得したり動かしたりする必要はないからである。われわれは、財政運営費という言葉のなかに、広義には、一方で借り入れのコストを、他方で収入のコストを含めて考えている。国は、将来返済しなければならない他人の金を手に入れるためにコストを支払う。しかしそれだけではなく、国は、国に支払われるべきものを租税あるいは王領地収入の名目で取り立てるためにもコストを支払うのである。

予算に占める経費の額は大きい。一七七三年のチュルゴーの最初の報告書によれば、その経費には、まず永久年金と終身年金のための経費として九三〇〇万リーヴル以上が含まれており、さらに、「前払い資金ならびに徴税請負契約協力手当政府支出金」と呼ばれているもの全体の経費として、およそ二七〇〇万リーヴルが含まれている。これらの経費は、いろいろな費目、すなわち、一般徴税請負契約および一般収税のための前払い金、特殊徴税請負契約および特殊国営事業、全国三部会との契約による借入金、ならびに、さまざまな経費の全体（両インド会社の運営費、婚資支出金[15]としてオルレアン公爵およびコンデ大公へ支払われる支払い金など）のようないろいろな費目に充てることができるものである。したがって、これらの借り入れ経費ならびに経理用経費の総額は、予算全体の三〇％の一億二〇〇〇万リーヴル程度に当たる。[*28] しかし、この報告書とても、もちろん完全なものとは言えない。[*29]

＊28　予算に占める経費は、イギリス（二億フラン、すなわち予算の五分の三〔六〇％〕）および一九三六年のフランス（四六％）ではそれよりも多かったが、現在のフランスの予算ではそれよりも少ない。

＊29　たとえばそこには、海軍省再建促進のために同省財務官によって支払われた一五〇〇万リーヴルの前払金（これは、オランダ公債が問題になったときにヴェルジェンヌ宛に書かれたチュルゴーの覚書のなかに述べられている）の形跡は見られない。下記を見よ。

このような数字は、経費節減のかなりの可能性を許すはずであった。チュルゴーは、国家予算の観点よりもむしろ経済発展の観点に立って、常に金利の低下を重視していた。金利の低下と経済の発展という二つの観点を結びつけて、国家的次元でこの問題を再び取り上げるときがきたのである。彼はその機会を逃さなかった。われわれも知るように、この問題は、テレー師の技術的成功と投資の再開によって最初から積極的に追及されていた。金利低下政策は、当然息の長い政策であって、徐々にしかその結果を生み出すことができなかったし、さらにまたこの結果にしても、統合公債⑯に関する限られた範囲のものでしかなかった。なぜなら、永久公債は五％という最高の利率であり、また、金利負担の重い終身公債は償還することができなかったからである。同様に、徴税請負契約、収税ならびに大部分の国営事業関係の手形はほどほどの利率であった。これらの結果は、つぎの借り入れのときに全国三部会からの借入金の利率を五％から四％へ一ポイント下落させる形でしか現われてこなかった。

逆に、それよりももっと金利負担の重いさまざまな形の金融取引が存在した。それは、一時借入金や租税先取金⑰、あるいは正真正銘の融通手形のような短期の有価証券であった。プロの金融業者によって行なわれていたこれらの金融取引については、金利は比較的高めに保たれていた。しかし、一七七六年には金利はまだ六%ないし七%であって、チュルゴーがその後オランダで公債発行契約を結ぼうと考えたのはこの理由からであった。
その点についてはあとで再び触れるつもりである。

その間チュルゴーは、租税先取金の半額削減（七八〇〇万から三九〇〇万リーヴルへの削減）と金利の相対的低下を結びつけることによって、最も負担の重い経費についてかなり大幅な節減を確実に実行することができた。その結果、デュ・ポンによれば、経費はもはや三〇四万リーヴルにしかならず、彼は、過去一一年間のこれに相当する経費の平均と比較して五七五万リーヴルの節減になったと結論した。ヴェリもほぼそれに近い数字を挙げている。[*30] 公式の収支計算書に「もろもろの公的業務のための政府出資金および手数料」と書かれていた費目は、テレーの報告書の八〇〇万リーヴルから、一七七六年の予測額では六〇〇万リーヴルに、また、一七七七年の予測額では三〇〇万リーヴルに減少する。[*31]

＊30　デュ・ポン・ドゥ・ヌムール『覚書』第一巻、二七〇頁。過去一一年間の総額は九五五四万八〇〇〇リーヴルであり、その平均は八六八万六〇〇〇リーヴルである。

＊31　一七七二年の収支計算書では、その費目は三〇〇万リーヴルに減少した。テレーの報告書では、「銀行支払い分および四半期支払い分」なる項目のもとに、五〇〇万リーヴルの増加が示されている。

これらの本筋の仕事以外でも、チュルゴーとその部局の職員たちは、それまで大衆のなかに埋もれていたり、あるいはテレー師の周りにはびこっていた追従的儀礼のために隠蔽されていた、いくつかの小さな悪習や仲買手数料や手形の割引手数料を明るみに出そうと懸命に努力した。たとえば、ヴェリ師によれば、軍関係の業務で、経理官に不当に支払われていた四〇万から五〇万リーヴルの利息金を節減することができた。これらの経理官は、まるで金貸し業を行なっているかのように見えたのである（このように架空の貸し手が重複することは、金が極度に不足しているときによくあることであった）。チュルゴーの首席秘書官であったヴェーヌは、ある男が「兌換できる強い金だとか兌換できない弱い金だとか言った」あいまいな理由のもとに四万五〇〇〇リーヴルも請求していた仕事を、九〇〇〇リーヴルで誠実にやってくれるスイスの銀行家を見つけてきた。ヴェリはまた、〔経費節減のチュルゴーの功績として〕不要になった償還金庫の廃止を挙げている。[*32]

＊32　この償還金庫は、一〇分の一税を受け取ってそれを国庫に留保しておく役目をするものと考えられていたが、すでにずっと前からこの国庫仲介機関は利用されなくなっていた。その金庫の正規の責任者であり総裁でもあったデュビュ・ドゥ・ロンシャンは、彼の妻がルイ一五世の私生児たちを養育していたというだけの理由で、その地位に就いていた。テレーは別の理由から彼の罷免を要求していたが、チュルゴーはとうとう彼の罷免を勝ち取った。以下の記述を見よ。

この問題からわれわれは、あまりはっきりしない問題であったが、いわゆる宮廷銀行家廃止問題に迫ることができる。デュ・ポンはその問題について述べているが、しかしその問題は、一七七八年になってはじめて公式に生ずるのである。この人物〔ラ・ボルド〕は、初め国際資金移転の仕事に携っていたが、のちに、王室手形取引と貨幣用貴金属調達の二つの独占事業を不当に手に入れた。この二番目の独占事業については、最終的には取引が自由化されたようである（シェルは、一〇月一四日付の『ライデン新聞』に引用されているこの問題についての国務会議裁決に気づかなかった。シェル、第四巻、一四七頁）。

手形取引については、チュルゴーは、これ以上この人間の仕事に頼らないようにすることで満足したようである。この仕事は、それ以前にはこの人間に非常に大きな金儲けのチャンスを与えていたが、それについては、ラ・ボルドとテレー師との間でいざこざが起きた先例があった。

チュルゴーが勝利を収めたこれらの経費節減をめぐる前哨戦を契機として、ヴェリと（彼からそれについて知らされた）モルパ自らが、過度に謙虚なため残念にも自己宣伝を軽蔑していたチュルゴーを厳しく叱責した。「わたしはチュルゴー氏に、彼が実現した経費節減のリストを公表するよう勧めた。それに対して彼は、そんなことをすれば自分のやったことをひけらかすことになり、わたしはそんなやり方は好きではありません、と答えた」。

債務の処理にかかる経費よりも徴税にかかる経費の方が、はるかに算定が困難である。徴税が請負制度になっていたため、大部分の経費が国の会計のなかに入ってこないからである。国は純税額を受け取り、徴税請負人は経費込みの粗税額を取り立てるのである。ネッケルは、予算の大項目について根気よく経費の算定を行ない、五億八五〇〇万リーヴルの収入総額に対して、経費の総額を五八〇〇万リーヴル、すなわち一〇％と算定したが、その額は、一七七四年の数字では、三七〇〇万リーヴルになる。その率は、実際にはさらにずっと大きかったようである。だが、その数字そのものの方が、明らかに率よりももっと説得力のあるものであった。というのは、徴税額が増加しても徴税経費の相関的増加は見られなかったからであり、また、ネッケルは、すでに徴税請負制度についてある程度の改革を実現していたからである。

請負制になっていない租税に関しては、租税そのものを簡素化する改革が行なわれた場合にのみ、経費の節減をはっきりと予測することができた。また、チュルゴーの案は実際にそのようなものであった。彼はさし当たりこまごました措置で満足したが、これらの措置は非常に有益なものであった。彼はまずタイユ税収税吏の交替制を廃止した。それぞれの収税吏は、二年のうち一年仕事をしたが、そのために重複や二重雇いが生じていた。(18) 彼はつぎに、人頭税および二〇分の一税の一般収税吏や宮廷人頭税特別収税吏（それに代わって六人の一般収税吏が任命された）の事務所を廃止した。[*33] 彼はまた、運輸事業の改革と関(19)

連して、国の財務行政にたずさわる財務官および一般収税吏の廃止を準備していた。

＊33　一七七五年一月から八月にかけて段階的に行なわれたこれらの措置や他の同じようないくつかの措置については、シェル、第四巻、二八二頁以下を見よ。

けれども、請負奨約によって徴収される税収について、そして、すべての抜本的な改革にさらに加えて、きわめて重要な問題が提起される。すなわち、全国徴税請負制度そのもの――これは、ルイ一五世の治世の初め以来間接税と王領地収入（森林税を除く）の大部分を徴収していた――を廃止して、それを国営事業に切り替える必要があるのではないかという問題である。われわれは、チュルゴーがこの徴税業務の国営事業化政策を王領地、抵当税、火薬税など多くのケースに適用したことをすでに知っている〔第五章〕。われわれはもっとあとになってそれが運輸事業にも適用されるのを見るが、いずれの場合にも、国にとって利益があったのである。

徴税請負制度を廃止すれば、結局は前よりも費用のかからない国営事業に行きつくことは、一見して予想されるところである。確かに徴税請負人は、可能な限り多くの収益を確保しようとする。そして、逆にまさにそのことから、徴税請負人は、国営事業の管理者が示す以上の熱意と執念を燃やして納税者全体からより多くの税金を集めてきてくれると考えることができる。われわれが挙げたいくつかの事例は、国営事業の有利さをはっきり証明しているように見える。それに反して、ローの制度以後に試みられた国営事業の実験は期待はずれの結果しか示さなかったし、この実験の衝撃のあとの社会状況は、このうえなく好ましくないものであった。

今日のわれわれには、その問題の解決は、ひとつの客観的な要素に、すなわち、徴税請負制度の利益の大きさにかかっているように見える。もしこの利益が小さければ、その利益は、徴税請負制度ほど厳格でないやり方とそれほど金儲け主義的でない精神から生みだされるところの国営事業における儲け損ないを埋め合わせるには不十分かも知れない。反対に、もしその利益が大きければ、その利益は国と納税者とで分け合うことになると結論しても差し支えないだろう。すなわち、納税者は今までよりもいくらか少なく支払い、国は今までよりも多く受け取ることになるだろう。

では一体、徴税請負人が徴税請負制度から得ていた利益とは、実際にどのようなものであっただろうか。それは、世間の人々がともすれば何人かの徴税請負人たちの豪奢な生活から想像しがちであったほど莫大なものでも、ことに、世人の顰蹙を買うようなものでもなかったのである。[*34]

*34　たとえば、徴税請負人グリモン・ドゥ・ラ・レニエールは、仙境邸《エリゼー》を建て、銀で作った秣桶《かいばおけ》を馬に与えていた。ブレ(20)は、晩餐会の招待者のそれぞれに、二つのブーケを、ひとつは花のブーケを、もうひとつは宝石のブーケを用意していた、などなど。

実際、徴税請負契約の契約条項はいずれの面からもきわめて熱心に研究され、その評価については注意深く子細に検討されてきた。特に、一七七四年にテレーが締結したロラン＝ダヴィッド契約は、さまざまな皮相な批判を招いたにもかかわらず、契約締結の規則が不当に緩められたどんな証拠も示していないのである。[*35]

*35　ロラン＝ダヴィッド契約は、二〇〇〇万リーヴルの増収を予想していた。徴税権を認められた税金の増収額を五〇〇〇万リーヴルと見積もっていたヴェリ師の皮相と言ってもよい見解とは逆に、徴税請負人のラヴォワジエは、その数字を、増収の場合には二五〇〇万リーヴル、減収の場合には八〇〇万リーヴルと見積っている。それゆえ、その契約は、すべての条件が同じだとすれば、のちに明らかになるように、徴税請負人の利益がほとんど残らなかった前回の契約よりも若干有利な契約にすぎなかったのである。国務会議裁決は、契約の調印ののち、徴税請負人の利益の取り分をつぎのような割合に定めた。

四〇〇万リーヴルまで……一〇分の五
四〇〇万から八〇〇万リーヴルまで……一〇分の四
一二〇〇万リーヴル以上……一〇分の二
前回の契約には超過利益の配分も含まれていた。マリオン、第一巻、二七四頁以下。シェル、第四巻、一三頁。

まず、つぎのことを指摘しておかなければならない。すなわち徴税請負人は、いわゆる利益の全額を受け取るよりも前に、なによりもまず、彼らの資本の高い利息(六〇〇〇万リーヴルまで一〇%、それ以上は六%)を受け取り、一年につき二万六〇〇〇リーヴルの俸給(参加手当および心づけ)を受け取り、さらに、事務費および巡回費を受け取るのである。[*36] デュ・ポンが示している数字によれば、前回の契約(アラテール契約)(21)の利益は一〇五五万リーヴルに制限されていて、そのうち国の受け取り分は三一六万五〇〇〇リーヴルであり、徴税請負人の受け取り分は七三八万五〇〇〇リーヴルであった。これは六年間に分割して支払われたが、その額は大して大きい額ではなかった。逆に、ダヴィッド契約は、それが実施されていた間の良好な経済情勢のおかげで六〇〇〇万リーヴルをもたらし、そのうちの一四四〇万リーヴルを(かなり複雑な逓減配分方式により)国王が受け取り、四五六〇万リーヴルを徴税請負人が受け取った。この数字は、〔前回の数字七三八万五〇〇〇リーヴルに比べれば〕はるかに大きな数字であったけれども、一億五二〇〇万リーヴルの徴税総額に対しては八〇〇万リーヴル以下にしか相当しなかった。けれども、それは経済情勢の変化に伴う減価のリスクを埋め合わせるには十分であったと思われる。だがそのことから、チュルゴーが契約の末期に、しかも一七七四年の時点で、自分独自の考えを持つにいたったのは早すぎたとは言えないだろう。彼はあるとき、過剰損害報酬(22)の考えについて語っていた。[*37]

＊36　モリアン(23)の算定(『意見書』)によれば、徴税請負人の収入は、一年一人当たり約三〇万リーヴルであった。

*37 「過剰損害報酬の法的理由」。

しかし当時の人々は、まったくその問題の究明に取り組もうとしなかった。彼らは、経済発展の考えを持とうとしなかったばかりか、徴税請負制度がさまざまな悪弊をもたらしていたにもかかわらず、そのすぐれた収税効率を信じて疑わなかったのである。ヴェリでさえ、「徴税請負契約の収税吏がもたらす経済の拡大と彼らが与える恐怖」のうちに「生産物大増産の原動力」を見ていたし、その制度を変更した場合の国庫の減収を、一五〇〇万リーヴルもしくは二〇〇〇万リーヴルと見積っていたのである。改革をなかば実現したネッケルは、その反骨精神をさらにおしすすめて、「注意深く、細心な大蔵省の行政官」であれば個人的利益がなくても立派に仕事をすることができるが、後ろ盾がすべての時代には、公務員の人選に当たってはよくよく用心しなければならない、とまで言っていた。かくしてネッケルは、結局、彼が別の件で実施した財政補償と個々人への利益配分を伴った国家管理制度を推奨したのである。[38] チュルゴー自身は、彼が別の所で行なった〔民間請負業務の国営事業化の〕実験が成功していたにもかかわらず、国家管理制度の方が民間による請負制度よりも有利だとはどこにも明言していない。せいぜい彼は、税収額を引き続き維持できることを望んでいただけのようである。「国家管理制度における注意と節約の精神をもって臨めば、法律で決められた税額の徴収を間違いなく行ない、かつ、税の減収を埋め合わせることができるだろう」。けれども彼は、あえてその問題を考えないようにしていたのであって、まさにその点に、彼の最大の特徴である税収主義的な見方が存するのである。彼の考えは、結局のところ、つぎのような代替策に落ち着いた。すなわち、もし徴税請負人たちが法律通りに行動してくれるなら、われわれもまたうまくやることができるだろう。しかし、もし彼らが法律を無視して行動するなら、われわれはもはや彼らのやり方をかばうことはできない、というのである。「彼らが不法に行動することをやめてもなお税の減収が生ずるならば、われわれはそれに耐えて、それを埋め合わせるための合法的な手段を探さなければならない。わたしの仕事はまさにその点にあるのだ……」。それは、すでに述べたように、たんなる道学者的見方ではなかった。チュルゴーは、税の収奪と不公平に大きな嫌悪感を感じていただけでなく、それこそまさに経済の発展をくじきそれを妨げる要因であると堅く信じていたのである。

＊38　『財務行政論』第一巻、一三九頁。彼は徴税請負制の分野を三つの部門に分ける。すなわち、第一は、国家管理による一般徴税請負部門で、徴税請負人は俸給と配当金を受け取り、国王は最小限度の配当額を受け取る。第二は、有給の管理者と漸増的歩合制を伴った補助税一般国家管理部門。最後は、王領地税部門で、そこには、俸給を受け取るが一定額以上の利益をあげることに専念する行政官が置かれる。

われわれが右に引用したチュルゴーの会話は、一七七五年一一月の会話である。[*39] このとき、彼の計画は「まだ秘密に」されていたし、その年の末まで秘密にされるが、それは目新しいなどと言うものではなかった。チュルゴーは、入閣した当初から、そして政治的選択としての「予算問題」が初めて現われたときから、おそらく心のうちでは徴税請負制度そのものの廃止を考えていた、とわれわれには思われるのである。

＊39　これらの会話は、ヴェリによって一一月二五日付で書かれている。第一巻、三七一頁以下および三七八頁以下。

しかしチュルゴーは、この問題にはなお慎重に対処し、段階的に事を進めることにした。実際、抜本的な改革には大きな困難が伴うものであり、ためらいがあったとしても当然である。その際、この問題を、租税そのものの改革、とりわけ塩税の改革と関連させるべきではないかという疑問が生じたかも知れない。他方、税の減収の恐れは遠のいたとしても、それでもなお国に対する徴税請負人たちの債権が九〇〇〇万リーヴルあった。この債権を償還するにはどうすべきであるか、あるいは、どうしたら返さずに済むか？

ヴェリとの会談では、チュルゴーは、将来必ず起きるであろう抗議の声を無視して、平然とした態度で、一〇年間で段階的に償還を行なう考えを示したという。それに対してヴェリは、われわれをびっくりさせるような当時の心理状態のなかで、自らその抗議の代弁者となって、問題の債権があたかも私法にもとづく通常の取引であるかのように、誠実な解決策を——すなわち契約の公的保証を——説いたのである。他方チュルゴーは、その想像力豊かな文体によって——まさにこの文体が、彼の会話や書簡を公式の文書よりも数段すぐれたものにしているのである——、徴税請負制度を奴隷制度にたとえてつぎのように述べる。もし国王が植民地の黒人奴隷制度を廃止しようと決心し、しかも奴隷所有者に弁償するのに一〇年しかからないとしたら、この一〇年を待つ必要があるだろうか、と。また、つぎのように言う。「民衆はずっと前から屈辱に耐えている」。なのに、「徴税請負人が耐えるのは償還期限のうちだけである」。したがって、「最も公正を害しているのは、これら両者の訴えのはたしてどちらだろうか」と。

にもかかわらず、問題の本質に遡って考えるほど慎重さが必要となり、その問題を先延ばししたとしても無理からぬことであった。フランス国家のなかで徴税請負人の団体が象徴していたものは、その恐るべき権力であった。フルーリ枢機卿は、彼らを指して「国の柱」と呼ばなかっただろうか。しかも、ヴォルテールは「黄金の柱」と。

われわれは、「契約者たち」を（彼らは「徴税請負契約」を結ぶことからこうも呼ばれた）、過度にロマンチックな色合で想像してはならない。今問題なっているのは、もはや、一六世紀の彼らの先輩がそうであったような財務行政の傭兵ではない。かつてのこれらの傭兵は、今や大部分が財務行政官であり、官僚と言ってもよく、秘書を持ち、地方の監督のために「巡回徴税請負人」に任命されないときには、土曜日を除く週の毎日、集会や委員会に集まる。彼らの影響力は、もはや大して彼らの冒険の才に負うてはいない。「徴税請負人はほとんど皆教養に秀でていて、もはやかつての金融業者ではない」と、ネッケルは財政報告書のなかで書いている。

ところでわれわれは、彼らの影響力をいくつもの要素によって判断することができる。すなわち、第一に財産――彼らはそれぞれ一五〇万リーヴルの資金を動かしていた――、第二に業務――彼らは、一四〇〇の事務所と無数の事務員やガードマンや塩税警察吏を使って指揮し、国家のなかに国家を作り出し、皆武器を持つ訓練を受け、税を免除され、裁判上の特権を与えられていた――、第三に、彼らの役得で養われていた追従者や役人の仲間たち、そして第四に、手際よく全国津々浦々に張りめぐらされた共謀の網の目。さらに、彼らは社交界へ進出するための訓練を受け、その結果、一世紀も前から、とりわけ結婚という手段によって社会的地位を高めていった。モンバレ大公は、そのような状況のなかに、「昔の騎士道的生活信条の衰退」と「思想と国民の性格における大きな変化」の原因のひとつを見るのである。*40

*40 「ルイ一五世の輝かしい治世は、年とともに金銭に対する国の新たな必要を生み出し、それと比例する形で金融業者の重要性を増大させていった。これらの金融業者は、初めのうちはその肩書によってちやほやされていたが、ついには、ご大家が彼らと結んだ婚姻関係によって自尊心を奮い立たせるにいたった。ご大家は、その婚姻関係において、金融業者の娘を、最初は第二子以下の息子と、またときにはその長男と結婚させたが、その娘たちがもたらした持参金は、彼女たちを迎えたご大家の自堕落な家計を立て直してくれたのであった」(モンバレ、第三巻、一一六頁以下)。

言うまでもないことだが、現財務総監は、この最後の点でこの未来の陸軍大臣(24)と考えを共にしていなかったことを指摘しておかなければならない。チュルゴーは、ロラン゠ダヴィッドなる名貸人の陰に隠れて姿を現わしている六〇本の柱〔徴税請負人の六〇の有力ポスト〕のうちに、哲学の補佐役や新世界の魁を見るようなことは決してなかった。

徴税請負人については、〔いずれ廃止するつもりであるからそれだけに〕初めのうちは彼らを丁重に扱ってやることが必要であった。「チュルゴー氏は、たとえ徴税請負制度が即座に廃止されても大して驚きはしない」と、ボードーは書き留めている。

にもかかわらず、彼は直ちにこの問題に取り組んだ。しかし、それはきわめて限定された観点からであった。彼は、その問題が彼の内閣の最優先の課題のひとつであることを認めた。徴税請負人に関する国王への意見書の日付は、穀物に関する国務会議裁決の二日前の九月一一日であった。彼がとった方法は、賢明かつ巧妙であった。制度の現状に道理と有効性が認められるときには、それは現状のままにしておき、まず最初にそれを腐敗させている諸悪を攻撃すべきである。小さな悪弊は主たる悪弊の上に接ぎ木されている。だから、主たる悪弊を減らせば小さな悪弊も減らすことができる。それゆえ、手始めとしての「手直し的小改革」の対象となったのはつぎの二点であった。

第一、人間の問題。

徴税請負人の職務は、有能な人物（それぞれが国王によって承認される）に与えられなければならない。この非常に恵まれた職業には、特典が導入されており、「株」が与えられている。しかしこの株は、その正規の所持者が空きポストをめぐって競合する場合には取り消される。徴税請負人の息子は、二五歳になり、十分な専門的知識を習得して初めて、「助手身分に加えられる」。使用人は徴税請負人自身によって選ばれるが、ときには無理やり押しつけられることもある。彼らは、「すべてを売り買いの対象にする貪欲さによって、その職業にふさわしくないこともさんざん行なってきた」。

第二、利益の問題。

チュルゴーは、徴税請負人にその仕事を任せるに当たって与えるのが慣習となっていたさまざまな年金には手をつけないことにした。それらの年金は、たいていの場合、援助金または褒賞金の名目で与えられていたからである。確かにそれは非難さるべき種類のものではあったが、それを廃止したとしてもわずかな節約にしかならなかっただろう。「利益分与《クループ》」と呼ばれていた利益の分け前については、チェルゴーはその既得権を尊重したが、「新たな利益分与」はもう作らないこととし、その利益分与を受けるための分担資金を出さなかったクルーピエは、一〇月一日をもってその権利を失うものとした。

最も破廉恥な不正取引や悪弊が指摘されていたのは、この利益分与である。テレー師は、自分の専門の行政運営の分野ほどこの種の問題には関心を示さなかったが、しかしそれでも、利益分与の数をかなり増やした。テレーの『回想録』が書き写している年金と利益分与のリストには実にいろいろな人の名前が記されており、そこには、地方長官やデュ・バリ夫人の侍医、テレー師の家族や公証人、さらには、彼の私生児とみなされていたある婦人、ルイ一六世の「伯母さんたち」のお気に入りの者、何人かの財務官吏、多数の上流婦人、トリュデーヌのさる被保護者、王弟プロヴァンス伯爵夫妻（彼らは徴税請負人たちの手玉にとられていた）、そしてさらに、国王自身の名が見られる。その国王は、よき手本を示すようにチュルゴーに乞われて、自らの手で、「余がわが意のままに使ったのは四分の二である」と注釈をつけた。*41 同じ資料によると、徴税請負人の六〇のポストは、「契約による儲けも含めて」それぞれが一〇万リーヴル、すなわち、全部で六〇〇〇万リーヴルと見積られている。また、それらのポストにかかる費用は、一九八万リーヴルと見積られている。

＊41　シェル、第四巻、一五〇頁。テレーの『回想録』二二〇頁以下。

最後に、多くの著者によって繰り返し引用されているデュ・ポンの記述によれば、チュルゴーは、徴税請負事務所に対して、「これまでよりも高圧的でないやり方」を行なうよう強く要求したという。[*42]

＊42　彼は特に、徴税請負事務所に財政法のすべてのあいまいな点を自分の都合のいいように解釈することを許していた「拡大解釈」をやめさせたようである。デュ・ポンは、非常に驚くべきことに、徴税請負人たちの利益が契約毎に四倍に増えていったのはこのような法の自由な解釈によるものであった、とさえ言っている！　実際には、拡大解釈というのは、何人かの著者たちが考えているのとは違って、徴税請負契約法に従って疑わしいケースを自分の都合のいいように解釈することではなかった。そんなことは、アンシアン・レジーム下においてさえ考えられないことであっただろう。そうではなくて、拡大解釈というのは、ある特定のケースについて得られた法解釈上の利益を、同様なすべてのケースに拡大して適用させる可能性のことであった。シェル、第一巻、二二頁を見よ。このような拡大解釈は、必ず納税者を不利な立場に立たせたのである。なぜなら納税者は、前例を知らなかったし、税率さえ必ずしも知っていたわけではなかったからである。このような拡大解釈のやり方は、一七七五年五月六日の租税法院の建言のときにもまだ存在していたが、その建言は、「徴税請負人の横暴」を嘆き、地方長官に対する提訴権の乱用について苦情を述べ、そして、税率と法規の公表を要求していたのである。われわれは、この問題へのチュルゴーの介入を証拠立てる明確な資料は何も持っていない。彼の介入は、地方長官の決定に対する上訴の形で付託された国務会議の法解釈に対してしか、行なわれなかったようである。

チュルゴーのこれらの改革は、徴税請負人たちにとって有利であった。なぜならこれらの改革は、彼らの利益に対する税を軽減し、彼らの職業を刷新する方向に向かっていたからである。デュ・ポンによれば、これらの改革は、もし実現していたら、この徴税請負人の組合におけるチュルゴーの人気を高めたかも知れない。しかし、（ポールズ、ヴェルダン、ラヴォワジエのような若干の友人を除いて）全体としては、徴税請負人たちはチュルゴーを警戒していたし、その後の経過は彼らを誤らせなかった。特権団体というものは、自分たちの権益を守るための最善の方法について常にはっきりした見通しを持っているわけではないが、彼らが常に恐れている攻撃がいつ襲ってくるかわからない地点については、常に極端に鋭い洞察力を持っているのである。彼らを権力に結びつけていた恩典や共謀関係のすべての小さな絆を断つことによってチュルゴーが自由にし負担を軽減しようと考えているのは、権力の方であって彼ら自身ではないことを、彼らは本能的に――秘密の話でも聞かされない限り――知っていたのである。「あれは宗教を持たない人間だ。おまけに奴は、徴税請負制度を正しいものとは思っていない」[*43]と、彼らは言っていた。

＊43　われわれは、テレー師にいまいましい思いを込めて語らせた当時の小冊子から、この文章を――書き換えて――引用しておく。デトゥーシュ『テレーのチュルゴー宛の手紙』三八頁。フォンサン、九五頁の注2から引用。

軍事費

予算額の二五％に相当し、国民所得の四％に相当していた軍事費は、その当時から、予算の緊縮を求めていた大蔵大臣にとっては、常に手をつけたくなる対象であった。軍事費の削減は、債務部門の削減よりもはるかに容易であったに違いない。というのは、債務部門では、効果的に削減できたのはほとんど例外的な経費についてだけであったからである。しかしそれとは反対に、軍事費の削減も、もはや財務総監の独壇場ではなかった。たとえ万難を排して削減策を進めたとしても、それを決定し実施することは彼の権限には属していなかったからである。彼は、彼の同僚の支払い命令者に提案を行なう形でしか、事を進めることができなかったのだ。ところが、軍関係の大臣というのは、昔から金遣いの荒い大臣であって、大蔵大臣の影響力には常に最大限の抵抗を行なってきたのである。彼らは、難解な専門的知識と最高度の国益という不可侵のタブーを利用することによって、すべての節約の提案を――それが明らかにきわめて道理にかなったものであっても——、彼らの熱意に対する侵害もしくは彼らの信念に対する侮辱として、すなわち、そのいずれか、あるいはその両者として、受け取る傾向があった。彼らの勘定書は軍事機密の美名を利用し、彼らの誤りは愛国という名の罪の許しを利用してきたのである。人物について言えば、チュルゴーの面前には、〔海軍大臣の〕サルチーヌと〔陸軍大臣の〕デュ・ミュイがいた。政治的資質に富み国王夫妻の信任を得ていたサルチーヌは、いざとなれば議論できる人物であり、非常事態のためであったとはいえ、彼が浪費の才を存分に発揮したのはチュルゴーが辞任したあとのことにすぎなかった。しかし、当のチュルゴーには、今のところサルチーヌと議論すべきことは何もなかった。というのは、彼自身海軍省での実地研修をすでに経験していたから、その部局に資金が余分にあるはずはなく、資金不足に苦しんでいることをよく知っていたからである。「すでに海軍全体の状況を把握していたチュルゴー氏は、彼〔サルチーヌ〕に割り当てられる二七〇〇万リーヴルそこその資金では、どうしても行なわなければならない借り入れ金を返済し……、さらに、海軍の現状を維持するだけでも十分ではないことをはっきりと認めた」㉕。その結果、周知のように、大蔵省から一五〇〇万リーヴルの借り入れを行なわなければならなかった。テレーの報告書によれば、大蔵省は海軍省に、臨時的経費と一七七四年以降の借り入れ金として、年額三四〇〇万リーヴルを——正規の予算以外に——支給した。テレーの予算書の予算額は、総額で二七九〇万リーヴルであった。チュルゴーはそれを、一七七五年度については三三〇〇万リーヴルに引き上げ、一七七六年度については二九〇〇万リーヴルに戻した。デュ・ポンによれば、チュルゴーは、彼の最後の〔一七七七年度の〕予算書においては、八〇〇万リーヴルの減額を予定していたという。

陸軍大臣のデュ・ミュイについて言えば、彼には普段の仕事上の非妥協性に加えて非常に偏狭な性格という欠点が見られたうえに、ヴェリの言葉によれば、さらに「才能面の急速な衰え」[*44]が見られた。われわれはすでに民兵問題や獣疫問題における彼の非常識なまでの片意地を見てきたが、彼は大臣たちのなかでただひとり委員会を嫌っていた、とヴェリはさらに指摘している。そのうえ、「デュ・ミュイ氏は軍資金の追加を要求している」[*45]。その代わり彼は、報告が非常に丁寧であり、通達が非常に率直であったので、チュルゴーはのちに、彼の後任の人選の手続きを前にして、彼を病気で失ったことを非常に残念に思うのである。チュルゴーは、ごく初期の頃の手紙のやりとりのなかでは、何よりもまず経理を整えることを、すなわち、頻繁に行なわれているように見える俸給の二重あるいは三重の支払いの事例や、いろいろな方面から与えられるため幾重にも重複して与えられていた恩典などを避けることを勧告している。彼はいくつかの実際的な提案も行なっている。たとえば、彼はつぎのように言っている。支払いがもっと厳密に行なわれるならば、軍用の（馬糧）市場から調達する方がもう少し出費が少なくすむだろう、役に立たないという理由で「現在働いている教練指導士官」を辞めさせてはいけない、三六人の軍監察官の数と俸給を減らすべきである（彼らの俸給は、同じ仕事をしていながら、八〇〇〇フランから一万九〇〇〇フランとまちまちであった）、と。彼は、将官の激増というフランス陸軍の昔ながらの組織的特徴をずばりと指摘する。チュルゴーは、エオン勲功爵(26)がその『軍隊研究』のなかで、「現在のフランスほど多くの将官集団（一三七〇人）を持っている王国は、いまだかつてどこにもなかった」[*46]と書いているほどはっきり物を言わないけれども、その気になれば、この将官のポストで約三〇万フランを節約できるだろうと考えている。彼は、軍隊の俸給の増額に頑強に反対していたわけではないが、兵士たちはパンの値段が上がっても常に同じ量のパンを受け取っている、と言う。そして彼は、いくつかの軍職の売官制を目にして、軍隊という職場においては、奉職の誇りの方が金儲けの精神よりも優位に立つべきだと考えたし、また、この心理学的分析を彼の財政の基本テーマ〔節約〕の実践に応用して、ついには、今日のわれわれには滑稽としか思えない無給大佐（*colonels gratuits*）の考えを提案しながら、つぎのように述べるのである。「無給で軍隊に奉職するほどの者は、……〔不平等な俸給を与えられるよりも〕才能を平等に評価される方を望むだろうと思われます。……もし連隊に何事も起こらなければ、国王は絶対に大佐（連隊長）に不足をきたすことはないでしょう」[*47]と。

＊44　ヴェリ、第一巻、一七四頁。
＊45　ヴェリ、第一巻、一六二頁および一八九頁。
＊46　エオン勲功爵『回想録』一二頁および一四〇頁。
＊47　引用に際し引用文(27)を短縮し、順序を逆にした。シェル、第四巻、一三七頁〔正しくは一四一頁〕を見よ。

この最初の覚書以来、チュルゴーは、個々の細かな問題を越えて、陸軍省に対して大蔵省がとりうる政策についてつぎのようにきわめてはっきりと述べる。大蔵大臣は、陸軍省が行なう努力の意義について判断する必要はない。「国王陛下が保持しなければならない軍隊の数を決定するのは、わたしの権限ではない」[*48]。わたしにできることは、それに必要な費用を見積ることだけであり、――そのときとその後は――、他国と比較する形で行なうだけである、と。費用というものは、「一見してわかるように」、「それが生み出すものに」見合わないものである。外国の方法を参考にすることができる。軍隊の数と国の歳入の二つの観点から、スイスの場合とオーストリア王家の場合を考えてみよう。それらの国で「国民の能力は非常に優秀であるのに軍事力が非常に劣っている」のはなぜだろうか。要するに、もっと多くの金を使うか、あるいはもっと経費を少なくするかのどちらかだろう。ここでちょっと横にそれて外国の軍事政策を一瞥するならば、つぎのようである。ロシア、ドイツおよびオーストリアは、それぞれの国が七〇万人の軍隊を持っている。ところが、実際に戦争状態になって他の二国がわれわれと敵対するとき、〔これら三国は同盟関係にあるため〕残る一国もわれわれと戦わないわけにはいかないのである。
＊48　強調の傍点は原文〔シェル、第四巻、一三九頁〕による。

最初に以上のような説明を行なったのち、チュルゴーはしばらくのあいだ軍事予算にはかかわらなかったことが確認される。ほかの多くの仕事が、彼をどうしても必要としていたからである。その後は、もしかしたら人々は、デュ・ミュイの死または引退を予想して、その後任の人選についてあれこれと考えをめぐらしていたのではないだろうか。彼の能力が衰えたとはいえ、そんなことは定かではない。なぜなら、デュ・ミュイは外科手術中に突然死んだからである[＊49]。それはともかくとして、デュ・ミュイは廉直で慇懃であったとはいえ、このような大臣と一緒にやっていたのでは大した成果が得られないことはチュルゴーにはわかっていたはずである。だが、デュ・ミュイの死後にすべての問題が生じたのである。改革的な大臣から期待できないようなことと言ったら、どんなことがあるだろうか！　われわれはのちに、チュルゴーがそのような改革的な大臣を探し出し、そのような人間をぜひとも得ようといかに心を砕くか、そして、その結果彼がどのような失望を味わわねばならなかったかを見るだろう。これ以後われわれが注目しなければならない重要な点は、軍事予算というこの重要な支出部門においては、財政政策の成功は大臣の人選にしたがって内政の問題にかかっていた、という点である。

＊49　この結石手術は、有名な医師のフレール・コーム(28)によって行なわれた。手術を知らされていなかった彼の妻が偶然部屋に入ってきて、医者の手術を中断させるような大きな叫び声を上げげたと伝えられている（メトラ、一〇月一二日）。リヴィエールによれば、彼がこの病気に罹っていたことは誰も知らなかったという（リヴィエール、一〇月一三日）。

宮廷費

こうして、予算政策から内政へ、深層の歴史から表層の歴史へと目を移してみると、宮廷費問題の方が、軍事費問題よりもはるかに強い印象を与えるのである。宮廷費のもっていた政治的意味合いとその実際の財政的負担額——その絶対的数値はほどほどのものであった——との対照を考えてみると、われわれは唖然とさせられる。「この宮廷費は三〇〇〇万リーヴルを超えている。そこには、国王の兄弟の二人の大公、その伯母、その姉妹の家庭、建物、厩舎、猟場、食事および宮廷のそれぞれの居住域に仕える不必要なほど多くの従者たちの費用が含まれている[*50]」と、ヴェリは書いている。目を見張らせるというか、あるいはあいた口がふさがらないというか、(現代の観点からすれば) 概してそのどちらでもあるような、この勘定書の詳細な内容は、今日ではこの問題を論じたすべての書物によってよく知られている。

＊50　ヴェリ、第一巻、一六三頁。

唯一宮廷費を網羅的に挙げている『ヴェルサイユ年鑑』は、文官用六〇〇〇と武官用八〇〇〇の費目を含めて、一三七頁にわたっている[*51]。国王への奉公にふさわしいだけの華美を伴った宮廷生活が、いかに多くの使用人を必要としようとも、そのこと自体は驚くに当たらないだろう。けれども、これらのすべての使用人は、それだけ「金銭上の」負担となっていたのである。御寝《ぎょしん》の間《ま》の家令の費用は八万リーヴルにのぼったが、その八万リーヴルを手に入れるために高い犠牲を払ってきた者が、そのポストからできる限り多くの利益を得ようとしたのもまた無理からぬことであった[*52]。

＊51　一七八九年の数字。カレ、セニャックおよびラビッス『フランス史』第九巻、一四〇頁。

＊52　最も重要な記述のひとつは、王妃の世話についてのカンパン夫人の記述である。そのなかでも、特につぎのことが注目される。宮廷用の布地と衣服用に年に一〇万リーヴルを受け取っていた衣装係の女性は、仕立て直した衣服や衣装を売って自分の利益としていた（衣服は原則として各シーズンの終わりに仕立て直された）。また、俸給が一万二〇〇〇リーヴル（今日の二四〇〇万フラン）くらいであった「女中頭たち」は、余得として、毎日、「灯しても灯さなくても」、居間や小部屋や遊戯室の蠟燭を全部自分のものにする権利を持っていて、それによって、各人が五万リーヴル以上の利益を得ていた。ただし、「貴賓室」の大部屋の蠟燭は、下男の権利になっていた（憲法制定議会時代〔一七八九－九一年〕に考え出された主な節約のひとつは、毎日蠟燭を取り替えることをやめることであった）。王妃には、そのほかに、日常の世話をするお付きの女中が一二人、経理、領地および職務監督官一人、仕事がまったくないかほとんどない家令一人、男性読師[29]一人、ヴェルモン師と女性読師一人（男性読師は王妃に聖書を読み聞かせなかったので、女性読師の方がずっと役に立った）、「普段の」部屋係二人、「普段の」取次係一人、部屋取次係四人、小部屋取次係二人、控の間取次係二人、宮廷の居住区毎の部屋係八人、部屋下男六人、「普段の」衣装部屋係一人と居住区毎の衣装部屋係二人、普段の衣装部屋下男一人、普段の家具置場係一人とタペストリー装飾部屋係四人などが付いていた。すべてが、王妃相応のお付きであった。食事係については、司厨長一人、パン焼き係長一人、酌取り係長一人、肉切り役侍臣一人、給仕貴族数人と居住区共通のコップ置場、調理器具・食器置場、パン焼き場、御酒処ならびに果物購入・配膳処のための一一六人の下級食膳係。大厩舎および小厩舎には、一七四人の厩舎係がいた、等々（カンパン夫人の『回想録』第一巻、二八五頁以下）。さらにまた、ヴェルサイユにはかつて屋台店が並んでいた通りがあって、そこに国王の召使たちが国王の食事の下げ物を売りにきて、ヴェルサイユに下げ物を供給していた話が伝えられている。ブザンヴァールは、せいぜい五〇〇〇ないし六〇〇〇リーヴルしかしない幌付き四輪馬車のために国王が三万リーヴルも支払ったという、ルイ一五世とショワズールの間で交された会話を伝えている。

宮廷費の問題は、すべての問題の要《かなめ》であった。これこそ、改革計画がつまずくことが予想される問題であった。

ヴェリが書いているように、批判の余地はあろうがある程度は必要な、しかも白昼堂々と行なわれていた贅沢振る舞いの部分と、多くの召使たちによる不正利得の部分を見わけることは、大部分の大衆にとっては容易なことではなかった。「われわれの耳目を引く宮廷人たちの贅沢は、たぶん、非難されるべき彼らの悪行のうちの最も小さなものであろう。多くの召使たちが、絶えず夢中になって作り出そうとしている無数の金儲け仕事の方が、ずっと大きな害をもたらしているのである……」[*53]。宮廷で行なわれていた不正利得は、正確に言えば、「下僕のお追従」(valetage) と言われていたものだけに限らなかった。それは、莫大な賭金や高位顕官の人々の行為にまで及んでいて、しかもこのうえなく立派な外見のもとに行なわれていたのである。宮廷人たちの役得、公職に対する(正当なもしくは法外な)報酬、職務にもとづいた多かれ少なかれ内密な不正利得、金融業者たちと共謀して行なわれる投機といったものの間には、たえず公私混同が存在した。「金儲け仕事を作り出したり、自分の声望を利用して買収したり、徴税請負計画や食糧調達計画に手を出したり、……名を隠してひそかに国庫を蝕んだりしているのは、貴賤の別なく、国王の従僕たちである……」しかも、われわれの目にはさもしいもの、あるいは、恥ずべきものに見えるこの金銭上の公私混同は、それ自体、思想史上の混同と密接に結びついていた。つまり、国王の世襲の私有財産――国王がそれを勝手に処分することは法律によって許されていた――と国民が毎年新たに生み出す富から税金として天引きされる国家収入は、まだ明確に区別されていなかったのである。国王の「取り巻き」、すなわち王族としてのもしくは私人としての国王の取り巻き、およびさまざまな公職機関と財政と経済の有力者たちとの間には、金の流れる恒常的な水利網が作られていたのである。

ところで、これらのむだ使いは全部で、予算額にしてどれくらいの額に相当しただろうか。三〇〇〇万リーヴルとヴェリ師は概算で言っているが、八〇〇万リーヴルかかっていた武官職は計算に入っておらず、まったくの名声だけによる、なんの役にも立たない特典だけですでに三三〇〇万リーヴルに上っていた。[*53]しかも、彼のその数字はいくぶん間違っている。というのは、その数字には、いつでも公の治安維持のために使うことができる予備費が含まれているからである。アンシアン・レジーム下では、公的秩序のために使うことができる財源は非常にわずかであって、〔デュ・ミュイの後任の陸軍相〕サン・ジェルマンがのちに控えめながらそれについて行なった節約と改革が、フランス王政にどんなひどい結果をもたらしたかはやがて明らかになるだろう。文官職に限って言えば、これらの三三〇〇万リーヴルは、しかし、今日の六六〇億フランにしか当たらない。——それは、当時の予算の七％強であり、今日の予算では一％強である。こんな費用は全部削っても差し支えないと主張する者は、当時はまだ誰もいなかった。当のヴェリ師は、チュルゴーの失脚のかなりあとの一七七九年一一月二一日にこの問題を再び取り上げて、「この部分（費用部分）こそ、それを節約すれば、政府には一層の信用を、国内には一層の恩恵を、そしてヨーロッパの他の諸国からは一層の尊敬をもたらすだろう。……私は、人類を呻吟させることなく、しかも毎年二〇〇〇万リーヴルも節約することが可能であると信じている」[*54]と、書いている。この数字は、チュルゴーが彼自身の予算計画のなかに段階的に実現すべきものとして最終的にとり入れた一四〇〇万リーヴルという数字に近いものである。しかし、この一四〇〇万リーヴルの節約をもってしても、宮廷費を一七五九年のシルーエットの予算規模に、すなわち一七〇〇万リーヴルに戻すだけだろう（このときの軍事予算は、〔七年戦争の最中であったので〕まだ、一億六〇〇〇万リーヴルにも上っていた）。実際、宮廷費は増加の一途をたどった。テレー師は、一七七二年の財政報告書のなかでそれを二六〇〇万リーヴルに抑えようと試みた。彼はそれが増え続けるのを避けることができなかったが、そのことで彼を非難するのは酷だろう。彼は、プロヴァンス伯爵家とアルトワ伯爵家ならびに三人の大公の結婚のための追加費用を賄わなければならなかったからである。チュルゴー自身のときにも、宮廷費はほぼ同じように増え続けた。[*55] もしこの宮廷費だけでも抑えられ、たとえ年々わずかずつでも減少していたら、その効果はいちじるしいものであったただろう。ヴェリ師が、宮廷費の増加に気落ちしている大臣たちに対して、「あなたたちが言っているように、ヴェルサイユにいるすべての人間を苦しめても本当に二〇〇ないし三〇〇万リーヴルしか節約できないとすれば、それはたぶんあなたたちが悪いのではない」と言って譲歩するとき、われわれは彼の言い分を認めることはできない。なぜなら、数百万リーヴルの節約によってヴェルサイユという小さな世界全体を苦しめれば、世間というもっと大きな世界を心理的に非常にすぐれた効果によって喜ばせることができた、と思われるからである。とくに、一七七四年の決定的な転換のときにこの宮廷費節約の方向性を確認することができたら、きっとそうすることができただろう。だから、フランス王政は、その気になれば、数百万リーヴルというきわめてわずかな賭金に自らの運命を賭けることができたのである。

＊53　ヴェリ、第一巻、一七三頁。
＊54　ヴェリ、第二巻、一七〇頁。
＊55　一七七六年の収支計算書では、宮廷費の数字は、クロチルド夫人の持参金（一〇〇万リーヴル）のような一時的ないくつかの費用を計算に入れると、実際には三六〇〇万リーヴル以上になる。その後、この数字の増加傾向は鈍化する。というのは、その費目は一七八九年には約四〇〇〇万リーヴルになるからである。エリザベート夫人が一七七八年に一五歳に達すると、彼女にも「家」が与えられるが（ヴェリ、第二巻、一六六頁）、それは、テーヌ(30)のよく知られたつぎのような批評のきっかけとなる。「エリザベート夫人は、大変粗食に甘んじているが、一年間に、魚に三万フランを、家畜肉と狩猟肉に七万フランを、蠟燭に六万フランを費やしている」。

経済現象というものはきわめて多様な解釈を許すこと、[*56] また、とくに予算については、政治的宣伝の効果の程度と採り入れられた諸決定の政策的効果の程度はまったく不均衡であることは、[*57] 昔からのひとつの法則となっている。

＊56 だから、現代の経済学理論では、流動性選好(31)とかインフレ政策(32)とかいった言葉が用いられる。

＊57 当時よりもはるかに多くの情報を与えられていた世論を前にして、郡庁および郡裁判所の廃止を主眼として一九二九年のフランスで行なわれたポワンカレ(33)の財政緊縮政策は、ほとんど効果のない、結局のところ訳のわからない緊縮政策であったけれども、その内閣の成功のための強力な補助的手段となった。また、もっと最近では、相対的に非常に少ない額の退役軍人年金についてドゥ・ゴールとドゥプレ(34)の政府がとった態度は、世間の人々には厳しい緊縮政策の意志の証を示すことしかできなかった。

一八世紀においては、そもそも予算なるものは存在しなかったので（国の収支計算書が初めて公表されたのはネッケルの「財政報告書」(35)のときにすぎない）、世論は予算問題の実状についてはまったく知らなかったし、公費のさまざまな費目を識別することすらできなかったので、宮廷費問題については、明らかに偏った意見を持ち、敏感になっていた。民衆は、税の負担については自ら負担するものによって判断し、支出については自ら目にするものによって判断していたのである。他方、この宮廷費という費目の重要性――それはその数字に不均り合いなほど大きかった――は、予算上のいくつかの理由によって、すなわち、ひとつにはその費目のぎりぎりの数値（それは、ほぼ予算の赤字額そのものに相当していた）によって、もうひとつにはその費目の削減可能性によって説明することができるだろう。つまりその「削減」は、主人公たる国王の意志だけで十分できるのである。先の第一の理由は、予算が公表されなかったのでその時代の人々は知りえなかったが、第二の理由は、感覚でとらえることができた。だから、これらの費用は、最も目につくものであり、同時にまた最も不必要なものであり、それを廃止するには、主人公がちょっと指示するだけで十分であろう。さらに、この宮廷費は見た目に最も不愉快なものであるので、ここにおいては道徳的判断が前面に姿を現わしてくる。しかもその判断においては、余得を手にする階級と大衆全体との間で、考え方の乖離が明確に認められるのである。国王はその金銭上の恩典を勝手に行使し、国有財産についてまるでそれが私有財産であるかのごとく振る舞うことができるという考え方は、とうてい一般世論には受け容れられるものではなかった。宮廷費に対する道徳的非難は、ルイ一五世の晩年を通じてはっきりとした形で現われ、ますます険悪なものとなっていった。それは、宮廷費の増大そのものよりも、むしろ宮廷を取り巻く状況全体によるものであった（宮廷費の増大はその間にますます不愉快でこれ見よがしなものになる）。ところで、この宮廷を取り巻く状況全体については、まず第一に、一七四一年の彼の「暗殺事件」〔未遂〕のときにはまだ非常に愛されていた国王個人についての人心の離反を、第二に、デュ・バリ夫人の出現を、そして第三に、この出来事と関連して、ショワズールの罷免を挙げなくてはならない。ショワズールは、金遣いは荒いが（「ショワーズルはどんな人間かと言えば、彼はまったくの金食い虫だ」と、のちにルイ一六世はかなり奇抜な言い方をする）[*58]、人気があり、失脚後はそれ以前よりも一層名声を博す。そして、その隠棲地においては、取り巻き連とともに、その浪費癖にいたるまで、宮廷貴族の、すばらしい、尊敬すべき、ある種の理想を体現して名をあげる。他方、宮廷においては、彼の辞任は、軽蔑されていたルイ一五世の寵姫デュ・バリ夫人が自由勝手に振る舞うのを許し、ヴェルサイユ宮殿の自堕落な生活が野放図になるのを許す。以後、彼の隠棲地のシャントルーには、貴族の栄光の余韻がなおも一般大衆に抱かせうるすべてのものが漂うが、国王の周辺に見られるものは、国王への個人的愛着を口実にしてやってくる何人かの変節漢を除けば、もはや、デュ・バリ夫人のご機嫌取りだけである。このデュ・バリ夫人については、モンバレによって描かれた生彩に富んだ描写が残されている。[*59]

＊58　『歴史新聞』九月二四日、第六巻、一九七頁。

＊59　モンバレ、第二巻、二〇頁。「残った者は、……彼女が夫と称していた人の親類や、仲間と言われてしかるべき

だと思っていた人たち、リシュリュー元師やエギヨン公爵の男もしくは女の権利承継者たち、さらには、その他の陰謀の主謀者たち、大物や小物の野心家の集まり、ボルドーや王国の南部諸州から利益の餌に釣られて駅馬車でやってきた、……失うものも危険にさらすものも何ひとつ持たない、あらゆる新参者たちからなっていた……」。

大衆は、新しい若き君主夫妻を信頼する気持ちになっていた。大衆は、彼らが嫌っていたさまざまな悪弊に対する明確な反発を、あらゆる分野でこの夫妻から得られるものと期待していたからである。体制というものは、もし生きのびようと思うならば、道徳面とともに財政面において、夫婦の和合と予算節約の両面において、現実の悪しき制度から脱却しなければならないのだ。世論に最も強い印象を与え、世論の最も強い関心をひいた二つの問題のうちのひとつは、節約の問題——誤解がないように言っておくが、それは主として宮廷費の節約のこと——であり、もうひとつはパン（食糧）の値段の問題であった。この二つの問題は、実際には互いにまったく無関係であったが、民衆の感情のなかでは、きわめて不思議な形で、しかもきわめて強固な形で、結びついていたのである。彼らは、宮廷と内閣が、事もあろうに穀物の調達をめぐって、しかも貧しい人々の苦しみを犠牲にして、投機を行なっていると鉄のように固く信じていたのである。歴史家たちは、民衆よりももっと長きにわたってそう信じ続けるだろう。

ルイ一六世の即位以来、大衆は、彼に託した悪弊への反発と彼にひそかに期待した改革のほんのわずかな徴候をも見逃すまいともどかしげに待っていた。*60 五月一四日の『歴史新聞』には、国王は質素で節約家であると書かれているのを読むことができる。(37) そこには、国王は食事のとき、四品の前菜と四品のアントレ(36)と二皿の肉料理と六皿のアントルメしか注文しなかったと書かれている。なんと結構なニュースだろうか！　だから、彼らは間違っていなかったのだ。彼らはこう信じた、国王は本当に質素であり、倹約家である、と。国王は将来も質素で倹約家であり続けるだろう。だが彼は、自分の健康のためにそうしているだけなのだ。

＊60　別の出典の指示が行なわれていない引用は、『歴史新聞』からの引用である。

ルイ一六世の治世になって最初に国王の側から主導的に行なわれたことは、即位記念の恩賜をとりやめる勅令の発令であった。これも幸先がよいように見えた。テレー師は、「チモレオンとアリスチデス流」(38)をまねて、その勅令に、最も模範的な正統派教義から採った前文を付けさせた。この秀抜な一節は、扇子や嗅ぎタバコ入れや宝石箱に印刷され、さらにはロケットにして上流婦人の胸に下げられたという。[*61] しかしその勅令の人々の受け入れ方は、かなりよそよそしいものだったようである。なぜならその勅令は、いかなる節約も、いわんや、真の意味のいかなる税の軽減ももたらさなかったからである。[*62]

＊61　マリオン『財政史』第一巻、二八〇頁、注1。

＊62　「これらの税の一部は、今では一般の国民には要求できないものであった。ここ数年テレー師は、これらの税を、貴族叙任状の確証として、あるいはまた、都市および同職組合の特権の確証として、要求してきた。……他の一部は、叙任を更新しなければならないすべての官職に対するマール税(39)の形で国王の手に入るだろう。このマール税は、二―三年前から、最初に定められた税額を上回って、きわめて過大な額が徴収されていた」（ヴェリ、一一九頁）。このことは、マリオンの論評の説得力を弱めるものである。マリオンはそれについて、「国による免除が他のすべてに優先しなければならなかった」と述べて、そこに国の寛大さを見いだしているが、それは当を得ていない。この勅令の登録とそのときに述べられた論評については、第六章を見よ。

他方、節約について言えば、その実情はつぎのようであった。エギヨンの失脚に伴って、特別な事情[*63]のもとにではあったが、五〇万リーヴルの特別手当が彼に与えられ、同時にまた、元の陸軍大臣でこのエギヨン公爵のために犠牲になったモンテナールにも年金が与えられた。それに代わって行なわれたことと言えば、数頭の馬の、しかも退役した馬の、なかでも、ルイ一五世の戦闘馬――この馬は、閲兵の日にしか使われなかったし、四ルイ金貨[40]にしかならなかった――の廃用（六月二七日）以外に、なんの改革も行なわれなかったので、失望するにも幻滅するにも早い大衆は、すでにもう不満の声を漏らし始めていた。マリア＝テレジアも、こうした不満の声について、繰り返しマリー＝アントワネットに伝えた。[*64] 建造物管理官の職にあった者のひとりが死んだので、二つの事務所の統合が行なわれたのはよいとしても、そんなことは取るに足らない措置であった（八月三日）。ボワーヌへの年金の恵与（しかしそれは、すでに見たように、彼の要求額よりもずっと少ないものであった）と、もっとあとになって行なわれたテレーのいとこのルクレールへの年金の恵与が批判の的になった。『歴史新聞』は、これらの措置の論評に当たって、「こんなわけでフランスでは、人を罰することも、人に報いることもできないのだ」と、深みの感じられなくはない論評を行なった（九月一七日）。「節約はどうなっているのか。節約の結果どうなるのか。節約によって何をしようというのか。国王の内帑金[*65]はどうなったのか」と、人々は疑問に思った（七月二七日）。けれども人々は、何よりも不人気な大臣たちが辞めることを期待し、八月二四日以降は、仕事に就いたばかりの新財務総監のチュルゴーに期待し、その彼には、まさしく節約とパンの値段の引き下げを期待したのである。

＊63　国王ルイ一五世は、エギヨンに陸軍特別費として二〇〇万リーヴルの小切手を預け（人々は、それはたぶんデュ・パリ夫人の意向によるものだと思った）、エギヨンはこれを正直にルイ一六世に返した。彼への特別手当五〇万リーヴルが天引きされたのは、この二〇〇万リーヴルからであった（ヴェリ、第一巻、一〇五頁）。

＊64　一七七四年七月一六日。メトラ『書簡集』第二巻、二〇五頁。

＊65　〔故王ルイ一五世の〕伝説となっていた〔「シャトゥーイユ」と呼ばれていた〕あの小箱のこと。第一章の原注1を見よ。

かくしてチュルゴーは、自らの仕事にとりかかった。われわれは、彼が予算問題や節約全般の問題だけでなく、何よりも宮廷費の問題を重視していたことを彼の書簡によって知ることができる。彼は何をしようとしていたのだろうか。チュルゴーの就任と国王の聖別式の間の時期の宮廷の管理に注目してみると、われわれはそこに、彼の自己満足か、どちらかと言えば彼の意志の欠如、あるいはあえて言えば、彼の腑甲斐なさしか見いだすことができない。この態度には、それなりの理由《わけ》があったのだ。まず、事実を見てみよう。

最初に生じた問題は、王妃の内帑金の問題であった。チュルゴーはその問題を駆け引きを行ないながら処理したが、彼が間違っていたと言うのは正しくない。王家の特典は、絶えず増大していたにもかかわらず、王妃の年金はいちども調整されたことがなかった。王妃の年金は予算上は六〇万トゥール・リーヴル[41]に固定されていたので、二〇〇万リーヴルにものぼる「臨時費」によって補わねばならなかった。メルシ＝アルジャントーは、「臨時費」という姑息な手段はやめて、もっと高額な手当を要求するよう王妃に提案した。[*66] 彼は、その点ではヴェルモン師と同意見であり、「やり方」の点では財務総監と同意見であった。財務総監は、非常に理解のある態度を示した。王妃の内帑金は、九万六〇〇〇リーヴルから二〇〇万リーヴルに増やされた。王妃は、このちょっとしたいきさつについてはまったく知らなかった。国王は、王妃のためにこの小さな交渉を行なうことによって、非常に大きな手柄を立てたのであった。

＊66　メルシ、一七七四年七月三一日および一〇月二〇日。『書簡集』第二巻、二一一頁および二四九頁。

財務総監はそこには何も手をつけることができなかったし、実際に何も手をつけなかったけれども、つぎにわれわれは、一連の新規の経費もしくは一連の「経費の増加」、すなわち、国王自身のためではなくいくつかの突発的な出来事による、あるいは王家の日常生活のための、経費の増加の問題を取り上げてみたい。ルイ一六世の治世の開始以来、つまり、チュルゴーの財務総監就任以前からすでに、王弟のプロヴァンス伯とアルトワ伯は、ルイ一六世の軟弱さにつけ込んで国庫が彼らの年金を私的内帑金の形で支払うという約束を取りつけていた。[*67] 故王ルイ一五世の遺言により、伯母たちは二〇万リーヴルの年金を受け取っていた。彼女たちは、それによってその家とその収入を維持していた。国王の妹のクロチルド夫人をピエモンテ大公と結婚させる計画がもちあがった。彼女の夫の父のサルデニャ王は金を要求し、国庫はその金を支払った。「もし彼女が結婚しなければ、彼女のために家を作ってやらねばならないだろう。だからといって、国王とその妻、伯母、兄弟および姉妹たちからなる王家の出費が国庫の収入を上回る必要がどうしてあるだろうか」[*68]と、ヴェリは書いている。馬についてはすでに改革が行なわれていた。国王は、王妃の厩舎に常時二五〇頭の馬を持っていて、そのために二四人の馬丁や御者が別に必要であった。一二月二五日に国王は、兄弟のそれぞれにさらに三人の宮廷裁判所訴願審理官を付けた。彼らにはすでに六人の審理官が付けてあった。伯母のそれぞれに新たに三人の女官を、ヴィクトワール夫人とソフィ夫人にはさらに一人の部屋係を付けた。こんなことは確かに些細な事柄ではあるが、そこに厳格な節約の精神の証を探そうとしても無駄であろう。[*69]

＊67　メルシ『書簡集』第二巻、二二一頁。二万リーヴルを、それぞれに私的内帑金として支払うという約束。ジョベ『ルイ一六世治下のフランス』一五一頁以下。
＊68　ヴェリ、二二九―三〇頁。
＊69　ジョベ、一五一頁以下。

国王は、配下の大臣たちに相談せずに、カリニャン大公に、「外国並の水準で維持される国民歩兵連隊とともに」[*70]、年三万リーヴルの年金を与えた。

＊70　メルシ『書簡集』一七七五年一月一五日、第二巻、二八一頁。カリニャン大公は、ランバール大公妃(42)の父であった。

マリー＝アントワネットの親友であったコワニ公爵が、四万リーヴルの俸給をもらって侍従長に雇われた。直接的経費の引き出しとは別に、国庫金引き出し許可証（brevets de retenue）の交付が一斉に行なわれた。その結果官職の保有者たちは、自分の官職を金に換えてそれを相続人に与えることが可能となった。歴史家ジョベの計算によれば、一七七四年五月から一二月までの間に、二〇〇万リーヴル分の引き出し許可証が交付された。[＊71]

＊71　ルイ一六世の軟弱さは、似たような、ばかげた元帥の問題にも現われた。国王は、フイッツ＝ジェイムズ公爵(43)とデュ・ミュイ伯爵を元帥に任命することを約束し、デュ・ミュイ伯爵には最高功労章の受章候補者に立候補しないよう命じていたので、一挙に七人もの元帥を作り出すことによって問題を解決しなければならなかった。「七つの大罪」(44)とやがて人々は噂をするようになった。「おまけに、そのなかにはひとりだけ実際の戦場を見たことがない人が含まれているが、それは亡き国王である」（メトラ『書簡集』一七七五年四月三日、第一巻、二九八頁以下）。

一般的に言って、「国王の取り巻き」と王妃自身は、その生活習慣とこまごました生活様式にいたるまで、大衆が期待したような模範的な光景とはまったく逆の、くだらなさと浪費的気分を感じさせる光景を作り出していた。若き王子たちは、アンリ四世時代の流行を復活させようとしていた。「こんなばかげたことにうつつを抜かすくらいなら、あの時代を今に甦らせた方がましだろう」。男たちは、「キャノンズ(45)をつけ、マントを着、マフラーを頸に巻き付け、靴下止めにリボンを結び、女たちは、襞衿を付け、襞のついたドレスを着て」[＊72]舞踏会へ出かけた。こうしたことはすべて非常に金がかかったが、商人たちが反対したため、この流行は都市には広がらなかった。

＊72　メトラ『書簡集』一七七五年一月一九日、第一巻、一七三頁。三月九日、第一巻、二六一頁。アンリ四世は、依然としてフランス王政史上の人気のある大人物であった。ルイ一五世が死んだとき、この国王の彫像に、「甦りたまえ」(Resurrexit) と書いた貼り紙が貼られた。ルイ一六世に対する最初の不満の兆しが現われた一一月には、この貼り紙は、今度はルイ一五世の彫像に貼り替えられた（メトラ、一一月一七日、一一五頁）。

マリー＝アントワネットが夢中になってやっていた、非常に大きくて金のかかる髪型の流行が世人の批判の的になったので、国王が髪型をもっと簡素にするよう彼女に忠告しようとしたらしいとの噂が流れた。その逸話の伝えるところを信ずるならば、この忠告には実際に彼女に辛い思いをさせるようなものは何も含まれていなかったのである。「陛下は、その妻に豪華な冠毛状のダイヤの飾りを贈りましたが、そのとき彼は、《どうかこの楽しみだけにしてほしい。……この贈り物のためにわたしの出費が増えることはないので、それだけあなたにとっても楽しみが増えるはずだよ。この飾りは、わたしが王太子だったときに持っていたダイヤで作られているからね》と、彼女に言いました」[＊73]。気違いじみた装い、舞踏会の趣味、熱中し始めた賭け事のために、マリー＝アントワネットはその人気を危うくした。また一月には、彼女はグルック[(46)]の『〔オーリードの〕イフィジェニー』〔一七七四年作〕が演じられたオペラ座で拍手をもって迎えられたが、そのとき、真偽のほどはわからないが、「奥様、わたくしどもは自分の衣服の代金を支払うだけでは済みません。わたくしどもは奥様の衣服の代金をも支払わねばなりません」[＊74]という、非常に意味深長な返事が返ってきたと、ヴェリ師は三月一日の日記に記している。

＊73　メトラ、一七七五年一月九日、第一巻、一五九頁。
＊74　ヴェリ、二三二頁および二四三頁。

王妃の装いや王子たちのキャノンズが話題となっていたとき、さらには、前記の七つの大罪が話題になっていたとき、財務総監がそのことについて何も意見を述べなかったことは十分理解できる。けれども人々は、彼がそれについてなんらかの提案を行ない、なんらかの改革案を打ち出すことを期待していたかも知れなかった。だから、彼の傍観的な態度は、たとえ彼の計算を見抜けなかったにしても、おそらく世間の人々を驚かせたであろう。

宮内大臣がいた。彼の協力なしには実質的なことは何も計画できなかった。ところが、そのポストには正規にラ・ヴリイエール公爵が就いていたが、その評判たるやまったくひどいものであった。ヴェリによれば、彼にも取り柄がなくはなかった。[*75] その上彼は、辞職後王家の家庭生活の改革について非常に立派な意見書を書いたと言われているが、半世紀に及ぶ彼の在任期間中に彼はそんなことはついぞ気にかけたこともなかったのだ。

「ラ・ヴリイエールは、物事の迅速な処理能力に欠けていると言って非難されたことはない。彼の本当の欠点は、あらゆる物を売り渡してきた、悪党と呼んでもよいような連中が、愛人として、またこの愛人の友人や重要書記官として、彼を取り巻いていることである」[*76]。封印状を取り扱う人間にとってはこれは非常に残念なことであったが、彼はこの封印状を、特に上流婦人の利益のために、それどころか自分自身の愛人の都合のために、大して疾《やま》しさも覚えずに利用していたという。[*77]

＊75　メトラ『書簡集』八月一〇日、一〇八頁。

＊76　ヴェリ、第一巻、九九頁および三一〇頁。

＊77　デストレおよびガレ『エギヨン公爵夫人』二九六頁。彼の周りでは、自分の夫を厄介払いしたいと思っている女たちのために、封印状が不当に利用されているとまで言われていた。メトラ『書簡集』一七七五年八月七日、第二巻、一〇六頁および八月一二日、一〇九頁を見よ。

ルイ一五世の死のあとしばらくの間、この大臣が最も危惧された。しかし、彼は持ちこたえた。というのは、彼はモルパの義兄弟であったし、エギヨン〔モルパの義理の甥〕の失脚後からすでに「いとこ狩り」（あるいは馬鹿者狩り）というあだ名で呼ばれていたモルパであったが、おそらく彼には、彼と一緒に内閣を作っていた親類縁者のすべてをどうしても辞めさせようという気はなかったからである。だが、ラ・ヴリイエールは、国王の聖別式までしかその職に留まらないだろうと予想されていたし[*78]、また、彼の脆弱な健康と大臣としての彼の忍耐力からして、当然引退するだろうと予想されていた。

＊78　「今では、ラ・ヴリイエール公爵殿が国王の聖別式が終わるまでその職に留まられることは、既定の事実であるようだ」（一七七四年九月一〇日、『歴史新聞』第四巻、二二四頁）。

だからチュルゴーは、待っているだけでよかったたし、ラ・ヴリイエールの後任の人事を心配するだけでよかった。財政政策は、再び人間《ひと》の問題となり、その計画は挿話の対象となり、さらには、逸話の対象となった。

チュルゴーの人選の目は、最初からマルゼルブに向けられていたようである。

彼は、あるとき、われわれはこの人間の問題を越えてその先までもはっきりと大きな見通しを立てることはできないと結論した。

彼は、宮廷問題の核心は経費と官職の売買の問題にあることを知っていた。彼にとっては、常につぎつぎと形を変えて生じてくるさまざまな悪弊を解決したり、あるいは、ひとつひとつ減らしたり「駆除」したりすることは、空しく、ひどく骨の折れる仕事であったようである。

官職を買ったり自分の職に財を投じたりするあらゆる種類の役人や従僕がいる限り、これらの職の数を制限することは不可能であっただろう。しかも、これらの官職の保持者たちは、実にさまざま不正取引や金の浪費によって、投じた元手の利益を確実なものにしようとしていたのである。

だから、多くの官職を廃止することが必要であったし、たぶん、これらの官職の売官制を全面的に廃止することが必要であっただろう。チュルゴーは、それらの官職の買い戻しによる償還費用として、彼がオランダと交渉するつもりでいた公債の全額か少なくともその一部を充てようと考えていたのである。[*79]

＊79　第三部第三章「無用のカード」を見よ。

われわれは、もしこの改革が実現していたら、この改革が予算問題の展開やチュルゴーの大規模な財政改革に対してのみならず、さらには、宮廷のしきたりや倫理感、国家の威信、世論、あるいは君主制度の命運に対して、どんな影響を及ぼしたかを予想することができる。

したがってチュルゴーは、最初のうちは傍観的な態度を取っていたけれども、本当に宮廷費問題に取り組もうと心に決めていたのであって、それに取り組めば、彼はきっとその問題を解決できたと思われる。しかし彼には、彼のそばにあって彼を助けてくれる大臣が必要であった。そのうえ、時間が必要であった。

われわれはのちに、チュルゴーの第二の時期について、いかに人間の問題が彼の信頼を裏切ったか、また、いかに時間が足りなかったかを見るであろう。

今やわれわれは、彼の経済政策の中心問題の検討に移らなければならない。この問題はわれわれを、一七七五年四月末から五月初めにかけての時代転換的な試練の日々へと、すなわち、「小麦粉戦争[(47)]」へと導くであろう。

〔訳注〕

1　モロー（Jacob Nicolas Moreau　一七一七－一八〇三年）。ジャーナリストで歴史記録作者。啓蒙哲学者および重農主義者の敵対者で絶対主義者。プロヴァンス伯爵の顧問、マリー＝アントワネットの文庫司書を務めたのち、一七七四年歴史記録作者となった。一七五九年に、財務総監シルーエットから、財務行政に関するすべての資料を蒐集する仕事を任された。ルイ一六世の治世下で、彼は、シャルルマーニュ以降のフランスの法律制度を形成してきた古文書、歴史的建造物、勅令、国王宣言等の保管に携わり、数多くの史料研究を行なった。彼の『回想』(*Souvenirs*) は、一八九八－一九〇一年に出版された。*Larousse*, T.IVe, p. 983.

2 シュリー (Maximilien Béthume, baron de Rosny, duc-pair de Sully　一五五九－一六四一年)。長年アンリ四世の傍らで戦闘を共にしたのち、財務監督官となった（一五九八年）。節約に努め、農業を保護し、養蚕を奨励した。道路運河の整備を行ない、砲兵隊を創設。予算制度を創始した一六〇四年、ポーレット勅令 (l'édit de Paulette　官職税、売官制を公認した勅令) を官職保有者たちに受け容れさせた。アンリ四世の暗殺（一六一〇年）後は、『アンリ大王国家の賢明にして強大なる経済についての回想録』(*Mémoires des sages et royales économies d'État de Henry le Grand*) の執筆に生涯を捧げた。なお、重農主義者たちは、シュリーを自らの学祖と仰いだ。

3 テレーのルイ一六世への報告書。タイトルは、*Compte rendu au roi, par M. l'abbé Terray [sur l'état des finances en 1775]*. (s.l. n.d.) in-8°, 16p. et les errata. これは、収入をはるかに超える支出の縮減の必要を説いたものである。Cf. INED (éd.), *op. cit.*, PUF, 1958, p. 595.

4 モンテスキュー (Charles de Secondat, baron de la Brède et de Montesquieu　一六八九－一七五五年)。『ペルシャ人の手紙』(*Lettres Persanes*, 1721)、『ローマ人盛衰原因論』(*Considérations sur les causes de la grandeur des Romains et de leur décadence*, 1734) および『法の精神』(*De l'esprit des lois*, 1748) の著者。『法の精神』は、一七九一年憲法の想源となり、司法、行政、立法の三権の分立に基礎を置く自由主義的憲法理論の始原となった。フランス・アカデミー会員。なお、モンテスキューの租税論は、主として、『法の精神』の第二部第一三篇「租税の徴収と国家収入が自由に対して持つ関係」のなかで展開されており、租税に対する英知と配慮の必要（第一章）、租税の過大なることの誤謬（第二章）、「臣民に自由があればそれに比例して重い税を徴収できる」（第一二章）、人頭税よりも商品への課税の方が自由に対してより一層自然であること（第一四章）、直接徴税方式の推奨と徴税請負制度に対する痛烈な批判（第一九章）などの興味深い見解が述べられている。根岸国孝訳『法の精神』（「世界の大思想」一六）、河出書房、一九六六年、一九四―二〇四頁。

5 重農主義者もチュルゴーも、直接税中心の地租単一税論者であり、間接税はむしろ極力廃止すべきであると考えていたのであって、彼らが都市住民に対する偏見から間接税に重点を置いていたと言うのは当を得ていない。

6 人口主義的・労働力中心主義的理論。ここで具体的にどの理論を指しているかは明確でないが、おそらく、ミラボー（Victor Riquetti, marquis de Mirabeau　一七一五―八九年）の『人間の友――人口の理論』（*L'ami des hommes: Traité de la population*, 7 vols., Avignon, 1756-60）などの作品を指すものと思われる。しかしチュルゴーの経済理論は、ミラボーのような人口主義的理論（ただし、一七五七年の彼の重農学派への「改宗」後若干変わる）ではなく、資本と富（農業と手工業を中心とした現実的商品生産）に重点を置く理論である。

7 二〇分の一税（vingtièmes）。最初の二〇分の一税は、一七四九年に「一〇分の一税」（le dixième）の代替として導入された。それは「種目別所得税」で、第一種二〇分の一税としての「動産二〇分の一税」（vingtième mobilier）、第二種二〇分の一税としての「官職および諸手数料二〇分の一税」（vingtième des offices et des droits）、第三種二〇分の一税としての「産業〔商工業〕二〇分の一税」（vingtième de l'indistrie）、第四種二〇分の一税としての「不動産二〇分の一税」（vingtième des biens-fonds）の四種があったが、次第に廃止・整理されて最後のものだけが残った。マリオンは、これだけが「実際に最も現実的重要性があり、注目に値する」ものであったと言い、「二〇分の一税は、大革命に至るまでアンシアン・レジーム下の最も重要な租税制度のひとつであり、しかも、アンシアン・レジームのもろもろの租税のなかで、最も割当が正確で、最も悪弊の少ないものであった」と述べている。M. Marion, *op. cit.*, pp. 556-57.

8 比例配分率の安易な操作（le jeu facile du marc la livre）。たとえば土地収入二〇分の一税なら、増収を図るために土地収入に対する比例配分率を一九分の一、一八分の一……と引き上げること。ちなみに、二〇分の一税の実際の比例配分率は、二〇分の一以下であった。

9 シルーエット（Etienne Silhouette　一七〇九―六九年）。タイユ税徴税官の息子。メッス高等法院評定官、オルレアン侯爵の外務秘書官を経て、一七五九年ポンパドゥール侯爵夫人の支持を得て財務総監となり、徴税請負制度に見られる悪弊の改革と宮廷費の節約に努めて世論の支持を確得した。また、貴族の土地に土地献納金を要求し、特権者の年金を減らそうとして大きな抵抗に遭った。当時の人々は、彼の簡素で輪郭のはっきりしたスタイル（ポケットのない半ズボン、襞のない外套、冷淡でけちな精神など）を「シルーエット風」（à la silhouette）と呼んでからかった。『一七四七年一〇月におけるイギリスの財政、商業、および海上運輸に関する所見』（*Observations sur les finances, le commerce et la navigation d'Angleterre en octobre 1747*, manuscript, 38 fols.）のほかに多くの著書を残し、一七七〇年には、『一七二九年四月二二日から一七三〇年二月六日までのフランス、スペイン、ポルトガルおよびイタリアの旅行記』（*Voyage de France, d'Espagne, de Portugal et d'Italie du 22 avril 1729 au 6 février 1730*）が刊行された。*Larousse*, T. VIe, p. 355.

10 フランスの聖職者は、免税の特権を認められる代償として、国王からの要請に応じる形で（彼らは原則上は拒否することができたが、事実上は不可能であった）、聖職者会議（Assemblée du clergé）において、国庫に対して多額の（百万リーヴル単位の）「無償の贈与」（don gratuit）を行なっていた。Cf. M. Marion, *op. cit.*, pp. 186-87.

11 コクロー（Jean-Baptiste-Louis Coquereau）。弁護士。テレーの内閣の行政のまずさを批判した次の著作があるが、その著者については疑わしい。『財務総監テレー師の内閣のもとでの財務行政に関する意見書……』（*Mémoires concernant l'administration des finances sous le ministère de M. l'abbé Terrai [sic], contrôleur général des finances; avec une relation de l'émeute arrivée à Paris, en 1775 et suivie de 14 lettres d'un actionnaire de la compagnie des Indes*, Londres, 1776, in-12°, 427p.）

12 地獄払いの護摩供養（libations infernales）。古代ギリシアやローマで祭礼のときにぶどう酒、ミルク、油などを供物として神前に注いだ儀式。灌奠《かんてん》、献酒。

13 テレーは、メノン・ダンヴォー（Maynon d'Invault）の後任として一七六九年一二月二二日に財務総監に就任した。

14 地租単一税論を主張する重農主義租税論では、地租の軽減は、フランス農業の中心たるべき定額小作農（フェルミエ）により多くの収入を保証し、それは、農業への投資を増加させ、農業生産を拡大させ、そして、地主階級の地代収入を増加させ、それはまた消費の拡大を通じてフランス経済の発展をもたらす、という。

15 婚資（dot）。嫁資とも言う。夫婦財産制において、婚姻時に当事者の父母などから与えられる財産のこと。この財産制は、フランスにおいては、一九六五年に廃止された。

16 統合公債（dette consolidée）。各種の公債を整理統合し、借り換えて設けられる典型的な永久公債。

17 租税先取金（anticipations）。アンシアン・レジーム下で行なわれた、徴税請負人や収税吏からの徴税見込み額の前借り金。

18 人頭税（capitation）。一六九五年一月一八日の国王宣言によって戦時臨時税として創設され、一六九八年にいったん廃止されたが、一七〇一年に再び設けられ、それ以降恒常化されて大革命まで存続した。タイユ税四〇スー以下の貧者を除く一般人に課税される人頭税（二二等級に分けられていた）のほかに、貴族人頭税などがあった。Cf. M. Marion, *op. cit.*, pp. 69-71.

19 運輸事業の改革（la réforme des messageries）。「王立運輸会社」（Messageries royales）の改革のこと。第四章訳注16を見よ。

20 ブレ（Etenne-Michel Bouret 一七一〇－一七七年）。王室経理長（一七三八年）、徴税請負人（一七四三年）、郵便行政担当官、徴税請負職人監督官などを務め、セナールの森にクロワ・フォンテーヌ城を手に入れ、そこにルイ一五世を豪勢に招待した。穀物投機の疑いで糾弾され、「飢餓協約」事件を生む契機となった。四〇〇〇万リーヴル以上の富を手に入れたが、支払い不能に陥り、破産を逃れるために自殺したと考えられている。*Larousse*, T. Ier, p. 817.

21 アラテール契約（bail Alaterre）。一七六八年に財務総監ラヴェルディによって結ばれた徴税請負契約で、徴税総額は一億三二〇〇万リーヴル。Cf. M. Marion, *op. cit.*, p. 234.

22 過剰損害報酬（prix lésionnaire）。契約などで、一方の当事者が、他方の当事者よりもより大きな、契約を取り消すに足る損害を受けたことに対して支払われる報酬をいう。過剰損害（légion）とは、相手方の給付よりも多い給付をしたために受けた損害のこと。過大損害とも言う。

23 モリアン（Mollien）。財務総監付き首席秘書官で、徴税請負契約監督官（E. F.）。

24 モンバレは、一七七七年九月二七日から一七八〇年一二月一五日まで、陸軍大臣のポストに就く。

25 チュルゴーは、財務総監に就任する前に、一七七四年七月二〇日から同年八月二三日までの一カ月あまり、海軍大臣のポストにあった。

26 エオン勲功爵（Charles de Beaumont d'Éon, dit chevalier d'Éon 一七二八－一八一九年）。ルイ一五世の秘密工作員。若い頃フレロンの『文学年鑑』（*Année littéraire*）に協力、その後、ロシア宮廷とロンドンに派遣された。女装が巧みで、ロシア宮廷では、男性の大使秘書と瓜ふたつの女装をした兄弟とを使い分けた。また、フェンシングに長けていた。彼の一連の『回想録』は、『イギリス滞在中のさまざまな行政問題に関するエオン勲功爵の閑話』(*Loisirs du chevalier d'Éon sur divers sujets d'administation, pendant son séjour en Angleterre*, 1775) として出版された。

27　引用文 (citation)。「なすべき節約に関する陸軍大臣デュ・ミュイ元帥の書簡」(フォンテーヌブロー、一七七四年九月三〇日) に対する「チュルゴーの返書のための覚書」(シェル、第四巻、一三八–四六頁) のなかの文章。

28　フレール・コーム (Jean Baseilhac, dit le Frère Côme ou Cosme　一七〇三–八一年)。フランスの外科医ジャン・バゼラックの別名。外科医の家系に生まれ、パトロンのロレーヌ大公の死後、フイヤン修道士会に入り、同時に外科医を続けた。彼が発明した膀胱結石切石術 (lithotomie) は、その手術において多くの成功を収めて非常な名声を博し、サン＝トノレ門の近くに特殊病院を建設しようと考えた。また、専門に関する多くの著書を残した。なお、コーム兄弟 (Côme (ou Cosme) et Damien) は、二九五年頃ディオクレチアヌス帝の下で殉教死させられた兄弟のことで、医学および外科学の守護神とされている。*Larousse*, T. Ier, p. 581.

29　読師 (lecteur)。カトリックの祭式の際に福音書以外の聖書の読唱をする役割を持つ、下級聖品第二位の聖職者。

30　テーヌ (Hippolyte Taine　一八二三–九三年)。哲学者、歴史家、文芸評論家。歴史的事象と芸術・文学作品を、人種、環境ならびに時代の三つの影響力によって説明しようとした。『現代フランスの起源』(*Origines de la France contemporaine*, 1875-94)、『ラ・フォンテーヌ寓話試論』(*Essai sur les Fables de La Fontaine*, 1853)、『一九世紀のフランスの哲学者』(*Philosophes français du XIXe siècle*, 1857)、『イギリス文学史』(*Histoire de la littérature anglaise*, 1864)、『知性について』(*De l'intelligence*, 1870) などの著作がある。

31　流動性選好 (la préférence pour la liquidité, liquidity preference)。ケインズ (John Maynard Keynes　一八八三–一九四六年) が、『雇用、利子および貨幣の一般理論』(*The General Theory of Employment, Interest and Money*, 1936) で展開した貨幣的利子理論。貨幣または貨幣近似物を保持することによって、便宜性と安全性を獲得しようとする傾向をいう。

32　インフレ政策 (le comportement inflationniste)。健全均衡財政政策の対をなす積極的財政政策のひとつで、財政の積極的拡大 (インフレ) によって国民経済の発展を促進しようとする考え方。一九世紀のドイツ財政学に始まり、ケインズの財政学に受け継がれた。

33　ポワンカレ（Raymond Poincaré 一八六〇―一九三四年）。弁護士で政治家。一八九三年から一九〇六年にかけていくつかの大臣のポストに就いた。国民連合内閣（一九一二―一三年）の首班として外交を一手に掌握し、対ドイツ強硬策を展開した。一九一三―二〇年にかけては、共和国大統領として国家評議会議長となり、一九二二―二四年には外務大臣としてルール地方を占領させたが、ドーズ案（plan Dowes）の前に屈した。カステル左翼内閣（一九二六―二九年）の財政政策の失敗ののち再び権力の座に就き、フランの平価切り下げを断行した（一九二八年六月二五日）。フランス・アカデミー会員。

34　ドゥブレ（Michel Debré 一九一二―九六年）。ローベル・ドゥブレの息子で、政治家。一九五八年法務大臣となり、第五共和制憲法の準備のため中心的役割を果たした。ドゥ・ゴール、ポンピドゥー両大統領の下で、一九五九―六二年首相、一九六九―七三年国防大臣。フランス・アカデミー会員。

35　ネッケルの「財政報告書」（*Compte rendu*）。この有名な報告書は、一七八一年に大衆にフランスの財政状態を知らせる目的で公刊された。しかし、その目的にふさわしい誠意は見られず、彼は宮廷における年金支給の数字を挙げただけであった。首相格のモルパは、その機を捉えて、ネッケルが財政緊縮政策によって作り出した多数の宮廷の反ネッケル勢力を結集したため、ネッケルは同年五月一九日辞職に追いやられた。しかし、辞職後もネッケルの人気は高く、彼は、サン＝トゥーアンに引きこもり、四年の歳月をかけて『フランス財務行政論』（*Traité de l'administration des finances de la France*, 1784）を完成させた。

36　アントレ（entrées）。前菜やスープのあとに出され、肉料理との間をつなぐ料理。温かいアントレ（パイ料理、スフレ、卵料理など）と冷たいアントレ（パテ、ゼリ寄せ、サラダなど）がある。

37　アントルメ（entremets）。肉料理とデザートの間に出される軽い料理。

38　チモレオンとアリスチデス流（style de Timoléon et d'Aristide）。チモレオン（前四一〇頃―前三三六年頃）は、古代ギリシア、コリントの将軍。サラクサその他で僭主を追放して民主制の確立に努めた。アリスチデス（前五四〇頃―前四六七年頃）は廉直の士として有名なアテナイの将軍。ペルシア戦争で数々の戦功を立て、アテナイを中心とするデロス同盟を結成した（前四七七年）。彼らの流儀をまねてとは、凱旋将軍のように意気軒昂として、というような意味であろう。

39 マール税（droit de marc d'or）。新たに官職に任ぜられた者が支払う官職取得税。一マール（金貨）は、一定のリーヴル（フラン）に相当した。

40 ルイ金貨（louis）。ルイ一三世以降のルイ王の肖像入りの金貨。最初は一〇リーヴルに、のちには二四リーヴルに相当した。

41 トゥール・リーヴル（livre tournois）。リーヴル硬貨は一三世紀まではトゥール（Tours）で鋳造されていたが、それ以降はフランス国王の鋳造権独占によりパリで鋳造されるようになり、王国全域の流通貨となった。トゥール系リーヴルは二〇スーに相当し、パリ系リーヴル（livre parisis）は二五スーに相当した。

42 ランバール大公妃（Marie-Thérèse-Louise de Savoie-Carignan, princesse de Lamballe　一七四九－九二年）。一七歳でランバール大公パンチエーヴル侯爵と結婚したが、一年後侯爵の死去により義父のもとに戻った。のちにマリー＝アントワネットの友人となり、王妃に献身的に仕えた。非常に美しく、善良で、夫の啓豪思想の影響を受けていた。一七九二年、ラ・フォルス監獄に幽閉され、同年九月虐殺された。金槌で気絶させられ、胸から心臓が取り出され、その首はマリー＝アントワネットが幽閉されていたタンプル旧修道院の窓の下に置かれた。*Larousse*, T. IVe, p. 310. なお、ランバール大公妃の父カリニャン大公（prince de Carignan）は、トマ・フランソワ大公（prince de Thomas-François　一五九六－一六五六年）に発するサヴォワ大公家の末子の家系のひとつであるヴィラフランカ伯爵（comte de Villafranca）の家系に属していた。

43 フィッツ＝ジェイムズ公爵（Charles, duc de Fitz-James　一七一二－八七年）。バーヴィック元帥（イギリス国王ジェイムズ二世の私生児）の息子フランソワ・フィッツ＝ジェイムズ侯爵の弟。アイルランド騎兵連隊長としてライン野戦で活躍し（一七三四－四〇年）、さらに、オーストリア継承戦争、七年戦争などにも参加した。一七五五年、フランスの貴族に叙せられ、いくつかの州の地方総督を歴任した。*Larousse*, T. IIIe, p. 501.

44 七つの大罪（sept péchés capitaux）。キリスト教で言う、強欲（avarice）、高慢（orgueil）、嫉妬（envie）、憤怒（colère）、怠惰（paresse）、色欲（luxure）、貪食（gourmandise）の七つの罪。

45 キャノンズ（canons）。一七世紀に流行した、布やレースのフリルなどで装飾した男性の膝下の飾り。

46　グルック（Christoph Willibald, chevalier von Gluck　一七一四－八七年）。ドイツの作曲家。『オルフェ』（*Orphée*, 1762　フランス語版一七七四年）、『アルセスト』（*Alceste*, 1767　フランス語版一七七六年）、『イフィジェニー』（*Iphigénie*, 1774 および 1779）などのオペラを残した。イタリア的約束から離れてオペラをフランス風に改革し、自然、簡素、率直な感動を追求した。長年パリに滞在し、マリー＝アントワネットの庇護を受けた。

47　小麦粉戦争（la Guerre des Farines）。とりあえずは、「まえがき」の訳注1を見よ。

第二部　小麦粉戦争

第一章　テレーからチュルゴーまでの穀物政策

試しに法律でパンを作ったらどうなるだろうか？
ダヴネル(1)

食糧費と穀物部門の主導的役割

穀物の問題——その量は十分か、また、その値段はいくらかという問題——は、一八世紀の民衆の生活を大きく左右する問題である。

食糧費にいくら充てるかということは、[*1] 労働者とつつましい暮らしの家庭にとっては日常の悩みの種である。われわれは、いくつかの数字によってそれを推し測ることができる。四リーヴル（重量単位。一リーヴル＝三八〇ないし五五〇グラム）のパンの値段は、普通なら、八スーであるべきだろう。ところが実際には、時によって八スーから一六スーの間を変化する。だから、倍も違うことがあるのだ。

*1　一般的に見られたことは、つぎのようなことである。

a　その頃には当然、今日のパンのように、内容がほとんど一定した、小麦粉を基本にしたパンはない。いろいろな種類のパンがあって、それには、いろいろな穀物が、また、非常に多様な原料が、非常にさまざまな割合で混ぜ合わされている。

b　いろいろな地方で、基本食糧品として、そのほかのさまざまな生産物が用いられている（たとえば、リムーザン地方では栗の実と蕪が用いられる）。

c　多くの人が個人的に穀物を買って、自分でパンを焼いている。

ところで、田舎の日雇季節労働者や都市の非熟練労働者の賃金自体は、一〇スーから二〇スーの間で変化し（パリ地域）、彼らの一年間の労働日は、二〇〇日から二五〇日にしかならないと見られている。*2

＊2　「チュルゴーの経済政策の経験的ならびに理論的基礎」に関するわれわれの研究を見よ。

ラブルース氏(2)の研究は、家庭生活における消費を考察の対象とすることによって、通常期において、収入の少ない階級の購買力の半分強が穀物を主体にした食糧品の購入に当てられていることを明らかにしている。一七八九年の革命に先立つ時期には、この割合は、八八％にまで達する。

われわれは、この話とちょうど同じ時期について利用しうる無数の証言のなかから、ラ・シューズ(3)の王室公証人のボサン・デュ・ビニョンが四月二五日に書き送った手紙のつぎのような抜粋を取り上げることにする（公表を目的としていないこのような資料こそ、最も重要であるように思われる）。

「黒パン〔そば粉・ライ麦粉のパン〕一リーヴルの値段は二ソル〔貨幣単位スーの古形〕である。一日に一二ソルの収入しかない哀れな日雇労働者は、妻と六人の子供と一緒に生活できるだろうか。六リーヴルの白パン〔小麦粉パン〕は二四ソルする。しかるに彼の収入は、その半分の一二ソルである」。*3

＊3　国立図書館、ジョリー・ドウ・フルーリコレクション、〔手稿番号〕1159、〔手稿頁〕第一七七葉。

これらはおそらく極端な場合であろう。けれども、それらによって平均的な場合までも推し測ることが可能である。

だから、穀物とパンの不足とそれらの高騰は、厄介な状況をつくり出し、その状況が家計のやりくりをいっそう面倒なものにするだけではない。そうした状態は、人口のなかの最も不幸で最も多数を占める部分にとっては、多くの場合、悲劇的な結果になる非常事態なのだ。

われわれがいましがた指摘した状況は、安定した状況ではないだけに、それだけいっそう憂慮すべき状況でもある。

こうした状況は、決まって悪い方向へ進むのだ。

実際、長期的には労働者の購買力は低下し続ける。一七三五年から一七八九年までの間に、物価は全体の平均として五〇％以上上がったが、賃金は二〇％しか増えなかった。だから、購買力は五分の一削り取られたことになる。そのうえ、穀物価格は全体の平均値を非常に上回る比率で上昇した。小麦の値上がりは、比率にして二・五であった。

したがって、つつましい家庭の日常生活は、見えない平均軸を中心として凌ぎやすい生活と耐えがたい生活を繰り返しているだけではない。どうにか凌ぎうる状況は、ゆっくりとした、しかもあまりそれとわからない形をとりながらも、規則正しい進行に従って凌ぎやすさを減少させてゆき、そして、耐えがたい状況は、「いっそう耐えがたい」ものとなるのである。

この「傾向的歪み」こそ、革命的状況を生み出す主な原因なのだ。

おまけにこの重大な問題状況は、その当時は、民衆にも、最も事情に通じそして最も情報を求めていた人々にさえも、気づかれていなかった。専門家のなかには、こうした状況から生じる徴候のあれやこれやに漠然と気づいていた者はいたが、深く現象にまで立ち至って気づいていた者はいなかった。チュルゴーは、間違いなく、最も深く分析を押し進めた専門家であった。彼は、状況の悪さを正確に明らかにしなかったけれども、適切な治療法を導き出すいくつかの妙案を直感的に感じとっていたのである。

つぎに、われわれの視点を消費の観点だけでなく生産の観点にも置いてみると、われわれは、穀物部門の占める決定的役割（とはいえ、その程度は消費における穀物の重要性と同じではない）をいっそうはっきりと確認することができる。

農業生産活動が、国民経済全体のなかで圧倒的地位を占めていた。重農主義の理論と純生産物の理論がなぜ成功したかは、そのことによって説明することができる。これらの理論については、チュルゴーほどの批判的な精神の持ち主ですら常にその正しさを確信していたのだ。

工業は、徐々に発展していたとはいえ、まだかなり遅れていた。その工業ですら、原料を通してか、労働力を通してか、多くの場合その両者を通して、農業に密接に依存していた。紡織部門はすべてそうであった。

農業経済の範囲自体のなかで穀物の生産が占めるのは、全体の活動の一部分であって、われわれはそれを、一般的に見て、全体の活動の三分の一から五分の二の間と考えることができる。けれども穀物の生産は、そのうえ主導的部門を構成していて、その動きは農業経済全体の様相を決定し、そしてまさにそのことによって、国の経済全体の様相を決定するのである。

主導的部門のこの役割は、いくつもの理由によって説明することができる。〔第一に〕この部門は、消費生活に最も必要な食糧品を生産している。それは、伝統的には、貴族の教養に相当するものである。つまり穀物栽培者は、一種の身分的優越の恩恵に浴しているのである。〔第二に〕それはまた、まだ始まったばかりの農業資本主義が選びの地を見いだす部門である。穀物の栽培には、毎年特別な投資が、すなわち、種子用資本の準備が必要である。そこでの耕作方法の近代化や耕具の改良は、それ以外の大部分の作物栽培におけるよりも、より直接的でより目に見える効果を生み出してくれるのである。

これらの一連の経済活動の結果は、収入、とりわけ、賃金収入を安定させる形で現われる。穀物生産者によって支払われる賃金は、農業労働者全般の賃金に影響を及ぼし、また、商業と工業の賃金にも影響を及ぼす。一方では、伝染現象による影響が見られる。というのは、同一地域に生活し同一の社会層に属している非熟練労働者の賃金は同一化される傾向を示し、そのあと今度は、徐々に近隣諸地域に影響を及ぼすからである。他方では、はね返り作用のお蔭で、支払われた賃金総額の変動が、工業生産物に対する需要を決定し、したがってまた、これらの活動の拡大または後退を決定する。そして最後に、この賃金のうちの可処分部分自体は、これ以上減らすことのできない消費生活が要求する先取り分に、すなわち、穀物部門の生産水準と価格水準によって左右されるのである。

こうしたことはすべて、ひとつの経済活動のなかで互いに関連しあって行なわれる。チュルゴー自身は、「血液の循環が動物の肉体の生命を作り出しているのと同じように、継続的に行なわれる〔経済の〕循環が政治体の生命を作り出している」*4と、言っている。

＊4　穀物についての手紙、シェル、第三巻、二八六頁。

また、ボルドーの地方長官エスマンガールは、一七七一年一〇月一五日にテレーの質問書に対して、同様な趣旨で、「農業は光源のようなものであり、工業も学芸も商業もいわばそこから出ている光線にすぎない」と答えている。

この循環の原点に、すなわち光源の中心にあるものは、もちろん、《穀物》の生産である。二〇世紀の今日、南フランスのぶどう栽培地のように作物の特殊化された地域で、その収穫の結果がタバコの消費や若い娘たちの中学校への通学のようなさまざまな要因に対して決定的な影響を及ぼすことを考えると、一八世紀の経済活動のなかで占めていた穀物部門の主導的役割は、少しも不思議なものには見えないだろう。[*5]《消費者》の観点、《生産者》の観点、さらには経済全体の観点から見ると、穀物の問題は、確かに最大の問題なのだ。

*5 ミヨー『農業経済論』第二巻、二七八頁。

経済拡大に役立つ穀物取引の自由

穀物の問題が、チュルゴーの経済理論とともに、彼の大臣としての計画において最も重要な位置を占めていることを説明するには、以上の考察で十分である。

そして、つぎのことを理解するのを誤らないようにしよう。すなわち、予算節約の問題も、労働の自由や同職組合のような問題も、チュルゴーにとっては、彼が穀物の問題に認めていた比類のない重大性には及ばないということを。穀物政策こそ、彼の実験の要《かなめ》である。

彼は、どうしてもそれ以外の考え方をすることはできなかったのだ。

さらにまた、われわれが先に述べた一般的な考え方に、もしこういう表現が許されるならば、われわれが知的感傷性と呼ぶ要素を付け加えるべきである。

チュルゴーがその行政運営のなかで最も厳しい時期を過ごしたのは、リムーザン州の飢饉の時であった。食糧の極度の不足は、彼に、いくつかの最も大胆な提案や最も独創的な提案（回転クレジット制度、土地所有者の分益小作農扶養義務制）を、そして、最も実り豊かな提案（慈善作業場）を思いつかせたのである(4)。

彼が、その記念碑的作品『穀物取引に関する書簡』(5)――ならびにその他の作品――で経済現象の分析を最も深く推し進めたのもまた、この穀物問題がきっかけであった。彼はすでに、農業における収穫高非比例の法則(6)を発見していた（この法則は彼以前にある外国の経済学者*6によって気づかれていたが、チュルゴーはその著作は知らなかった）。彼は、第四の書簡で、農業収益の放物線現象を明確に説明した(7)（彼はキング(8)の法則といわれる命題について研究していたのであるが、そのキングの著作はまだ出版されていなかった）。

＊6　スペイン〔イタリアの誤り〕の経済学者アントニオ・セッラ(9)。

一七七〇－七一年の凶作の経験は、政府の穀物政策を一七六四年に始められた半自由主義的政策にあと戻りさせたけれど、その経験は、逆に彼を、全面的自由主義政策を支持するその確信のなかに前にも増して深く根をおろさせたのである。

彼の確信は、この問題に関しては、狂信にまで至る。

さらにその確信は、優越感にあふれた誇らしげな断言にまで至り、その断言の正しさは完全に証明されていたとはいえ、われわれはその表現の仕方にいささか驚かされるのである。

対立する二つの思想の流れ――自由派と統制派――が、シュリーとコルベールの時代に指摘されていた。普通にはシュリー派とコルベール派と言われていた。チュルゴーの友人たち、特にヴォルテールは、チュルゴーをシュリーにたとえることによって彼を喜ばせることができると思った。

ところがチュルゴー自身は、コルベールは――そしてシュリーも同様に――経験主義者にすぎないと考えていた。彼らのいずれも真の理論を知らなかった。その近くにいた者（シュリー）も、それとは遠く離れていた者（コルベール）も、同じく真の理論を知らなかったのだ。すなわち、「彼〔シュリー〕は、彼の時代の理論を大して超えていませんでしたし、コルベールを超えていたわけではありません。彼は、穀物取引を擁護することに〔コルベールよりも〕少しばかり多くの力を注ぎましたが、しかしこの点について、確固たる根拠に支えられた理論をまだ持っていませんでした。……彼は、完全に地主としての経験に導かれていました。……地主の利益が幸いにも国家の利益と一致していたのです」。コルベールはと言えば、「彼は、ブルジョワ的偏見をもった紋切り型の思考へ導かれるがままになっていました」[*7]。

*7　ダンヴィル夫人宛の手紙、一七七七年一二月四日（未刊）。

チュルゴーだけが理論を用いることができた。しかも自分の理論を。しかしわれわれは、そのように誇示する彼を誤りだと言って非難することはできないのである。

この理論とは、どのような理論だろうか。

それは、一言でいえば、穀物取引の自由は消費者にとってもまた同時に生産者にとっても有利だと考える考え方であり、また（ここがチュルゴーの考えの独創的な点であるが）、経済の拡大全般にとっても有利だとする考え方である。

すでに述べたように、穀物政策はチュルゴーの実験の要をなす問題であった。

この政策そのものは、穀物取引の自由の一語に尽きる。

一八世紀の中葉以降、この問題は十二分に議論されてきた。[*8] 論争のひとつは、自由主義者（重農主義者、エコノミスト）と統制主義者との間で続けられていた。穀物取引自由化の実験は、一七六四年と一七七一年の間で試みられたことがあった。だが、その実験は中止されていた。というのは、人々は最近の二年間に経験した深い失望をその実験のせいにしていたからである。ところが、チュルゴーにとって重要であったのは、その実験に戻ることであったのだ。

＊8 「一七五〇年頃、詩、悲劇、喜劇、オペラ、数奇な物語やそれ以上に奇異な遺徳的な説話に、さらには、恩寵や痙攣《けいれん》(10)についての神学論争に飽きあきしていた国民は、小麦について議論し始めた」（ヴォルテール）。

われわれは、ここではこの論争の細部に立ち入ることはできないが、それについては別の研究のなかで深く究明しようと努めた。

しかしながら、いくつかの重要な概念は示しておかなければならない。

自由主義者も統制主義者も、互いに正反対の主張を述べていたけれども、穀物問題への同じアプローチの仕方から着想を得ていたのであり、またどちらも、共通の初発の誤りから出発していたのである。

実際、世間一般の考えでは、ガリアーニ師や一七七一年以降のテレーやチュルゴー自身のような数少ない例外を除いて、フランスは非常に肥沃な土地であるから、生産は消費を十二分に保証してくれるに違いないと考えられていた。確かに、凶作の年や不作に見舞われた地域があった。けれども普通なら、平常の余剰がこれらの不足を十分満たしてくれるはずであった。

こうした状況のもとで、穀物価格の激しい変動や、六－七年ごとに時として飢饉にまで至る極度の不足となって現われていた周期的欠乏は、どのように説明すべきであろうか。

統制主義者によれば、すべての悪は投機的商人や買い占め人の仕業であった。だから、彼らが害を及ぼさないようにするために、すなわち、買い占めをしないようにするために、当局が措置を講じなければならないのだ。穀物取引のすべての規制措置は、穀物の出荷制限の防止と買い占めの防止に向けられねばならない。この主張は、この派の著者たちによって展開され、法律の条文の前文のなかにも取り入れられた。だがその主張は、そこでは、たんに政府の公式の主張であっただけでなく、世論一般の信念でもあったのだ。

われわれが先に引用したある私人の手紙は、この点についての民衆の考え方がどのようなものであったかを生き生きした形で述べている。「小麦の価格を騰貴させるのは、決して季節の示す吝嗇ではありません。それは、商人たちの貪欲と幾人かの金持ちたちの飽くことを知らない強欲です。彼らは、自分の財産さえ有り余るほどあれば、その窮状にいささかの悲しみも感じることなく、無数のラザロ[11]が死んでゆくのを眺めていることができるでしょう」*9。

＊9　〔ラ・シューズの公証人〕ボサン・デュ・ビニョン。国立図書館、ジョリー・ドゥ・フルーリコレクション、1159、第一七七葉。

これに対して、自由主義者たちはなんと答えるだろうか。

穀物の極度の不足の原因は……規制そのものにある、と。デュ・ポンは、都市のブルジョワたちはもともと穀物取引の独占を手に入れようとしていたし、公権力の相談役をつとめていた聖職者[12]たちは、ラテン語学者でローマ法に熱中していたので、理不尽にもローマ帝国の《穀物管理》規則を復活させようとした、と考えている。

かくしてアンシアン・レジームは、穀物は豊富にあるとの確信と同時[13]に、飢饉に見舞われるのではないかとの恐怖のなかで過ごしたのである。それは、われわれがエルベールの考えからヒントを得て《タンタ

ロスの逆説》と呼んだものである。(14)

両派とも事態の現状について等しく認識を誤っていた。すなわち、平均的な収穫というのは、決して有り余った収穫ではなく、ぎりぎり十分な収穫のことであったのである。

それらの計算は困難である。けれどもその証明は、当時用いられていた統計的方法（非常に欠陥の多いものだが）によって行なうことができる。当時人々は、収穫を、量によってではなく、彼らが平年と呼んでいたものに依拠して算定していた。すなわち、地方長官たちは、平年の二分の一、四分の三といった具合に計算していて、平年の分数または一カ月分の食糧を単位として、総量を算定していたのである。ところが、これらの算定を計算し直したある資料は、実際に平年に達したことは一度もなかったことを明らかにしている。

「平常年は、いわゆる平年の一二分の八・八に相当する」[*10]。

＊10　ラブルース『フランス経済の危機』八五頁。収量報告書：国立文書館、〔手稿分類番号〕F. 20-105.

テレー師だけが、問題の核心に気づき、それを解決しようと試みた。

彼は、一七七〇－七一年の飢饉にショックを受け、世間一般の先入見に疑問を感じていた。「良作が二年分の消費を保証するというのは、もはや本当とは言えないのではないか」[*11]と、彼は〔地方長官たちに〕尋ねる。

＊11　一七七三年九月二八日。地方長官への行政通達。

そして彼は、詳細な統計調査を指示し、その指針を作成した。

この仕事は、チュルゴーが財務総監に就任した時にはまだ終わっていなかった。

チュルゴーはそれを中止することを決定し、地方長官たちにその仕事を止めるようにとの通達を出した。[*12]

彼は、最初の調査結果は使い物にならないし、改めて調査してみても《民衆を悲嘆に暮れさせる》だけかも知れない、と考えたのである。

＊12　一七七四年九月二七日。フォンサン、証拠資料、第二番。

この決定は、ただただわれわれを驚かせるばかりである。このような計画に困難が伴っていたことは否定できないけれども、それとても、彼ほどに科学的方法に惚れ込んだ人間を尻込みさせるような種類のものではなかった。《心理的リスク》の議論に関して言えば、それはむしろ彼以外のすべての人に当てはまることであろう。同じ時期に彼は、市場規制措置を撤廃したり、民衆の最も抜きがたい偏見に敢然と立ち向かうことによって、あらゆる《心理的リスク》を冒していたのである。

この時われわれは、たった一度だけ例外的に、独断的精神による行為を目にすることになる。というのは、チュルゴーのこれまでの実験には、そういった評判があったにもかかわらず、独断的精神はほとんど見られなかったからである。

〔その独断的精神から見れば〕唾棄すべき前任者が決めた施策など、いかなる役にも立つはずはなかったのだ。

彼の理論は、彼にとってはきわめて確かなものに思われたので、それは、前もって専門家の査定を受けたり、統計に依拠したりする必要はまったくなかったのである。

他方チュルゴーは、平均的な収穫量は消費を上廻るという世間一般の先入見を、共有していなかったことを指摘しておかなければならない。

彼は、統計など気にせず、論理的判断だけに頼りながら、平均年は、すなわち《平年の生産量は、普段の消費を上回ることはないだろう》という推論を、原則としたのだ。さもなければ、耕作者は必ず播く種の量を減らすだろう。

だから、収穫が平年を上回る年は必然的に余り、それを下回る年は必然的に不足することになる。

この推論の唯一の欠点は、《普段の消費》そのものが過少消費になることがあるかも知れないという想定を考慮に入れていないことである。

穀物取引の自由についてのチュルゴーの考えは、実際には三つの主張によって明確に特徴づけることができる。第一の主張は良識による推論からなり、それはとりわけ《消費者》の視点に立つものである。第二の主張は、農業収益に関するものであって、《生産》の視点に立つものである。第三の主張は、賃金に関するものであり、《経済全般》の視点に立つものである。

まず良識による推論であるが、それは、どうしても欠かせないものである。

不作の年や不作の地域がある場合には、不足を補うために剰余分を他の場所へ振り向けることあるいは輸送することが問題となる。豊作の年は不作の年の代わりをしなければならない。肥沃な州は、土地の痩せた州――あるいは一時的に不作に見舞われた州――に食糧を供給しなければならないのだ。

だからチュルゴーの考えは、備蓄と輸送を奨励することにある。なのに、規制措置はその逆をめざす。

彼の考えは、《小麦のない場所へ送ること》、《小麦のない時に備えて確保しておくこと》、《そのために、小麦のある場所から手に入れてくること》である。彼は、ガリアーニ師の考えを断固拒否する。というのは、穀物取引の自由を禁止しようとするガリアーニ師の考えでは、重要なのは現にある小麦を取っておくことだとしているが、本当に重要なのはむしろ逆に、無い小麦をとりよせること[*13]だからである。

＊13　穀物〔取引〕に関する書簡、シェル、第四巻、三三三頁。また、五〇一頁をも見よ。

では、誰がそれを行なうことができるか。商人であり、商人だけである。国がそれを引き受けるわけにはいかない。なぜなら、一方では、国がそれに必要な財源を見つけることは容易ではないし、他方では、政府が行なう取引は常に疑いの目で見られるからである。

だから、商人たちを妨害するのではなく、彼らを奨励しなければならないのだ。

その時、小麦の値段は上がるだろうか。なるほど上がるだろう。チュルゴーはそのリスクを認める。けれども、そのあと小麦の値段は下がるだろう。なぜなら、商人たちは再び売り始めるからである。苦境を切り抜けるために、いくつかの慈善作業場が作られるだろう。それは困窮者の生活を可能にする。また、特に慈善作業場は、彼らに最小限の購買力を保証するので、商人たちは最後の投げ売りを恐れずに小麦を運んでくることができるだろう。

こうして、慈善作業場の制度と穀物取引の自由との間には、それまで必ずしも気づかれていなかったような関連が生まれる。だから、慈善作業場――それについてはあとで再び触れるつもりである――は、チュルゴーにとっては、それだけ別個に考えられた人道的救済の一形態であったのではなく、穀物政策に関する諸方策のひとつであったのである。だがそれは、彼の政策の最も異論の余地のある部分でもあった。

生産者の利益の分析

ここで取り上げるのは、チュルゴーの理論の最も独創的な部分である。彼はひとつの現実性のある経済法則を作り上げたが、われわれはそれをチュルゴーの放物線と呼んできた。その法則は、穀物に関する第四の書簡のなかで述べられていたが、不幸なことに、その原文は失われてしまった。われわれはそれを、デュ・ポンの要約（残念なことに彼は、元の数字を《新しい数字と入れ替え》てしまった）を介して知っている。おそらくこうした事情のためと思われるが、チュルゴーの作品のこの部分は、いまだにかなり広く誤解されているように見える。

チュルゴーは、平年を基準にとり収穫量に価格を乗ずることによって、一アルパン〔約二〇―二五アール〕当たりの生産者の総収益[*14]を計算する。それは基準値である。それは同時にまた、最大収益、すなわち、チュルゴーの放物線の頂点でもある。

＊14　放物線という表現は、著者の作品そのもののなかには現われない。

生産量は、平年の生産量を中心として増えたり減ったりする。つまり、不作や凶作の年があったり、良作や豊作の年があったりする。しかしいずれの場合にも、収益は加速度曲線状に減少する。実際は、つぎのようである。

生産量が減少すると価格は上昇するが、価格は、生産量の減少を埋め合わせるほどには上昇しない（いわゆるキングの法則の逆命題）。

逆に、生産量が増加すると価格は下落する。しかし生産量は、価格の下落を埋め合わせるほどには増加しない。

それは、チュルゴーがある巧みな言葉で、すなわち、豊富のなかの貧困（過剰生産の危機）という言葉で呼んでいるところのものである。

チュルゴーの法則は、ひとつの留保点を除いて、確かに妥当なものである。中心年は、必ずしも算術的な平均年ではない。それは、最適年であって、平均よりも上であったり下であったりする。

こう述べたのちチュルゴーは、小作型農業経済の恒常的な不安定さを見事に明らかにした。その不安定さこそ常に現実味を帯びていた〔農民たちの〕陳情書の元をなすものであったが、この不安定性は、農業経営者が前もって自分の耕作の予測を立てることが不可能なことから生じていたのである。

その結果生産者は、小麦の生産量と価格をできるだけ正常な状態に保つことに関心を払う。価格の安定の方が、高値よりもずっと重要だからである。

重農主義的著述家たちは、問題のこの側面を見誤らなかったが、彼らはその側面をチュルゴーほど明確には見ていなかった。彼らのうちには、《高値》と《適正価格》と《正常価格》の間の混同が常に見られるのである。

だから、生産者の利益は消費者の利益と一致しており、それはまた、生産量と価格の不釣り合いを埋め合わせるための備蓄と輸送を必要としているのだ。

この推論は、チュルゴーを輸出の自由の奨励にまで導く。

実際輸出は、補足的な販路を確保することによって、生産者が平均年〔の需要すなわち生産量〕を増やすことを可能にするはずである。

チュルゴーは、この問題については、国内市場の調節機構が国際市場に対しても同じように働くに違いないと考えていた。輸出をすれば値段が上がる。値段が上がれば、人々はもはや輸出に関心を持たなくなる、と。そこから彼は、輸出は国内市場の食糧供給にとって真の脅威とはならないと結論づけたのである。

彼のこの理論には、ひとつの論理的欠陥が見られる。なぜならその理論は、地理的条件と高い輸送費を考慮に入れていないからである。もっとも、国境地域の生産者たちは、たとえ国内価格が他の地域で非常に値上がりしても、輸出に関心を持つかも知れないが。チュルゴーはネッケルとガリアーニが行なったこの反論に一度も答えなかったけれども、ヴェルジェンヌについての覚書[*15]のなかに、われわれは彼の最も完全な説明を見いだすことができる。

*15 ラントゥーイユ邸文書、第三部第四章を見よ。

賃金と経済全体への影響

そしてチュルゴーはまた、賃金の決定に対する穀物価格の変動（それ自体は穀物生産量の変動の結果である）の影響を明らかにするという非常に大きな功績をなし遂げた。

彼は、賃金に対する穀物価格の影響は、決して単純でも一様でもないことを指摘した。事実、賃金相場の決定要因は、主として、穀物価格そのものではなく、穀物生産者の利潤なのだ。ところで穀物価格は、利潤が減少すると時を同じくして上昇することはすでに見た。耕作者の手に入る金が減少すれば、彼は労働者により多くの手間賃を支払うことができないからである。

だから、いくつかの場合を区別しなければならない。

穀物価格が下落する時、賃金はそれに同調する傾向を示す。すなわち、賃金もまた下落する。

穀物価格が上昇する時、その上昇が緩慢で、規則正しく、段階的で、経済全体の動きに対応する場合、それはたいていの場合繁栄のしるしであるが、賃金もまたその穀物価格の上昇に同調して上昇する傾向を示す。

逆に、穀物価格が生産の低下によって急激で不規則に上昇する時には、賃金は上昇しない。賃金は下落する。なぜなら、農業経営者自身が貧困化するからである。

賃金は、あとになって、徐々にしかその正常な水準を回復しないだろう。

こうした動きは、長期にわたる現実の賃金の恒常的な低下現象の、少なくとも一部分を説明している。またそれは、一八世紀の経済的無政府状態を説明するものである。しかしこの視点については、チュルゴーは気づいていなかった。というのは、その現象そのものが明らかにされたのは、ずっとあとのことにすぎなかったからである。

穀物価格の急激な変化の賃金に対する不都合な影響は、何人かの観察者によって指摘されていたが、彼らとても、それについてそれほど完全な研究を行なおうと考えていたわけではなかった。

たとえばモンチヨンは、彼なりにつぎのように書き留めている（このことは、彼がその時代の最も注目すべき経済学者の一人でありえたことを改めてわれわれに確認させるものである）。「貧しい人々の不平や不満を誘発し、手工業《マニュファクチュール》を台なしにし、国の秩序と経済を混乱させ、そしてまた、生計に対する賃金その他のすべての価値基準の均衡を破壊することによって、市民の生計のすべての連環を歪めるものは、急激な物価の上昇であり、政治的〔原文のママ〕急変である」[*16]。

*16 テレーの諮問への回答、一七七一年一二月七日。モンチヨンは当時プロヴァンスの地方長官であった。〔地方長官で、穀物調達取引監視委員会委員であった〕ラ・ガレジエールは、つぎのように述べている。「労働者の日々の賃金は、食糧品の値段とともに人々が期待していたような比率では上がりませんでした」と（一七七一年一〇月三〇日、同質問書）。国立文書館、分類番号 F. 11-223.

結論はつぎのようである。

穀物の量的な調整は、消費者にとって好ましいことである。

穀物価格の調整は、生産者にとって好ましいことである。

これらの調整は、いずれも、賃金労働者にとって好ましいことである。

これらの調整は、彼らに安定した購買力を保証する。その後の段階においては、（輸出の自由の結果生じる）平均的生産量の増大が、あるいは個々人の購買力を向上させる形で、あるいはまたより多くの労働者の生活を可能にすることによって、賃金の総量を増大させるのである。

この結論は、チュルゴーによってはっきりと認識され、明確に指摘された。

だから、穀物取引の自由というものは、ともすればわれわれが真っ先に考えがちなこととはまったく違うことなのである。それは、たんなる法律的な見解でもなければ、あるいは、時代おくれとなった紛争や無用の圧政を終わらせることによって実生活を容易ならしめようとする、たんなる良識の措置でもない。

それは、何にもまして経済拡大のための手段である。

それは、全般的繁栄の鍵なのだ。

九月一三日の勅令

われわれも知るように、チュルゴーは、財務総監に就任する前にルイ一六世と会見して自分の穀物計画について話し合った。

就任するとすぐ、彼はその考えを実行しその計画を実施することに心を砕いた。一七七四年九月一三日の勅令の発令は、彼がとった重要な行政行動の最初のものである。この勅令は、穀物の規制を完全に撤廃しているわけではない。それは第一段階をなしているにすぎない。この勅令の影響を正確に理解するには、非常に大まかに言って《統制経済》制度とはなんであるかを、改めて想起する必要がある。

伝統的な穀物制度は、つぎの三つの主要問題を実現しようとしていた。

I　州間取引
II　市場規制措置
III　輸出

I——われわれは、ミシュレ(15)の抒情的作品『小麦のラ・マルセイエーズ』(*La Marseillaise du Blé*)を読むと、一七七四年には、州から州への小麦と穀物の流通は王国内でさえ禁止されていたような印象を受け、しばしばそう思い込んでしまう。*17

*17 「フランスには小麦という哀れな囚人がいて、その囚人は自分が生まれたその同じ場所で腐るのを余儀なくされていた。それぞれの州には、自由を奪われたそれぞれの小麦が囚われの身となっていた。ボース(16)の穀物倉庫は穀物ではち切れそうであったが、誰もそれを隣の飢えた人々に開放しようとしなかった。……チュルゴーは、入閣するや間髪を入れず仕事を開始し、高尚で、明晰で、雄弁なあのすばらしい九月の勅令を準備し、それを書いた。それはまさに、小麦のラ・マルセイエーズ(凱旋歌)であった」(ミシュレ『フランス史』、ルイ一六世、二〇六–二〇七頁)。

それは正確ではない。

実際にはひとつの旧い統制令が行なわれていて、それによれば、穀物の流通は、禁止されていた場合を除けば、少なくとも大臣あるいは地方長官の特別の許可のもとに置かれていた。おまけにその統制令は、ここでその詳細に立ち入ることはできないが、内容の不明瞭な、どうにでも解釈できるものであった。だがこの統制令は、一七六四年以降はもはやその効力を失っていた。すなわち、それは七月の勅令によってすでに廃止されていて、最初の自由主義的実験が始められていたのである。そしてこの自由主義的実験は、確かにそれまで行なわれていた措置をたんに廃止するだけで一七七〇年に終わったが[*18]、その時この統制令は復活されなかった。テレー師は、穀物の州間流通に旧い制度を復活させることを断固として拒否したのである。そしてこの流通は、《外国》と言われていた州、あるいは《実際の外国に準じた》州でさえ、自由であったのだ。

＊18 〔一七六四年〕七月一四日の国務会議裁決。一二月二七日の国王宣言。

国王宣言は、逆に第三条で、《自由な流通を妨げることをすべての人間に》処罰をもって禁止するとまではっきり述べていた。

だから、テレーの穀物政策は、当時の人々がそう思いその後もそう思われていたほど、統制主義的なものでも、紋切り型のものでもなかったのである[*19]。

＊19 ジラール『テレー師と穀物取引の自由』。

チュルゴーにとっては、自由はすでに存在していたので、それを創設する必要はなかったのである。

II――その反面、常に国内取引のみを考慮した、われわれが市場規制措置と総称している、きわめて複雑で、同時にまた状況に応じてさまざまに変わる一群の規制措置が存在していた。これらの規制措置は、一七七〇年にテレーによって復活され、あるいは少なくとも廃止されなかったため、チュルゴーが財務総監に就任した時には実施されていた。だから、一七六四年の自由主義的実験は、実際には不完全なものであったのである[*20]。

＊20 この点は、ゴドゥメの著作『ガリアーニ師』のなかで明らかにされた。特に、一一八―一一九頁を見よ。

これらのすべての規制措置は、必ずしも常にそのような意図で行なわれたわけではないが、結果的には、穀物の取引、貯蔵および輸送を妨げていた。そしてこれらの活動はすべて、投機と買い占めを助長するものとして、疑いの目で見られていたのである。これらの規制措置の全体は、〔穀物を守る〕砦を――あるいは〔穀物を幽閉する〕牢獄を――作り上げていたので、チュルゴーはその砦を打ち壊そうと思ったのである。

これらの規制措置のなかには、さまざまな種類の人間に、とりわけすべての耕作者に、穀物取引を禁止することを目的としたものもあった。したがって生産者は、いかなる場合にも穀物の取引を行なうことはできなかった。

最も重要な規制措置は、市場警備隊という主要テーマを中心としてまとめることができる。市場《いちば》は常に〔略奪等に備えて〕警備されていなければならない。なぜなら、市場に穀物があるのを見れば民衆は安心するからである。

その結果は、つぎのようであった。

――穀物は公共の市場だけでしか売ることができない。

――生産者は、穀物を自分の穀物倉庫で売ることができないだけでなく、そこに保管することさえ一定の期間しかできない。

――市場そのものは厳しく規制される。穀物を市場へ持ってきた生産者は、それを持ち帰ることはできない。彼はそれを、どんな値段であれ、第三の市場へ売らなければならない。市場が開くと、まず個人に優先して売らなければならず、そのあとで初めて、商人とパン屋が買うことができる。等々。

さらに、パリおよびパリ地域ならびにいくつかの大都市向けの特別な規制措置が存在していた。

これらのさまざまな規制措置は、場所についても（というのは、地方ごとに多くの特殊事情があったから)、また時期についてさえも、決して一定不変のものではなかった。また、それらは必ずしも常に適用されたわけではなかった。それらはとりわけ、どんな小さな危機の兆候にも、行政が有無を言わさず介入できるようにすることを目的としていたのである。

チュルゴーが彼の書いた最初の勅令のなかで撤廃しようと決心したのは、まさにこれらの規制措置の全体であった。

Ⅲ——確かに彼は、さらに一歩を進めて外国貿易の問題にも取り組むつもりでいた。だが、彼はそれは行なわなかった。彼は、沿岸貿易の問題(それは、一七七五年一〇月の補足的措置の対象になるはずであった)にすら触れなかった。

穀物の輸出の自由は、[*21]すでに一七六四年にいくつかの制限付きで始められていた。それは、穀物価格がある水準に達すると自動的に停止されることになっていた。輸出の自由は大きな議論を呼んでいた。それは、民衆の不安と怒りをこのうえなく激しく駆りたてる措置であった。

*21 言うまでもなく、問題なのは特別の許可なく輸出する自由である。

万一フランスに穀物が不足するような事態になれば、外国から小麦が輸入されるはずだということを民衆にわからせることは、不可能であった。

だからそれは、一七七〇年に取りやめとなった。しかしテレーは、その問題に関心を持ち続けていて、おそらく部分的には自由主義派の批判を和らげるためであったと思われるが、この問題について大々的に地方長官たちの意見を聞こうと考えた。彼らはさまざまな意見を述べたが、テレーは、そこからなんの意見もとり上げなかった。

チュルゴーは、一時、国境を再び開こうと考えたのだろうか。シェルは、ラントゥーイユ邸文書のなかに保存されているひとつの草稿は、この措置を予定したものであったと述べている。しかし、われわれが見つけた唯一の文書には、彼が言うほど明確な表現は含まれていない。そこには、草稿とこの問題を論じている勅令の文章との差が見られるだけである。[*22] 要するにチュルゴーは、もはやその必要がなかったので州間の取引の問題に取り組まなかったのであり、

*22

ラントゥーイユ邸の草稿	勅令の原文
陛下は、時と状況が許すに至るまで、王国の穀物と小麦粉を外国へ売却する意向を述べるのを、延期することが賢明であると判断しておられる。	陛下には、現在も、また将来状況が一段と有利になるに至るまで、王国外への売却の自由に関して、裁定を下されるご意向なきによって。

その時期ではないと思われたので外国との取引の問題にも取り組まなかったのである。だから彼の勅令は、もっぱら、第二の種類の規制措置の廃止、すなわち、市場（ならびに個人取引）の規制措置全体の廃止に向けられた。

他方それは、パリ市についての特別規制措置については例外としている。ラントゥーイユ邸の草稿には、慈善作業場に関する一節が含まれていて、それが、チュルゴーが考えていたこの扶助制度と新しい穀物政策との関係を、はっきりと浮き彫りにしていることに注目しなければならない。しかしこの一節は、公式の文章では削除された。

実際、このような勅令のなかで貧困の亡霊を呼び出すことは――たとえそれを払いのけようとする思いやりのある気持ちからであったとしても――、非常に重大な、軽率な行為であったであろう。〔もしそのような文章が付け加えられていたら〕大衆は必ずや、食糧の極度の欠乏と穀物取引の自由とを関係づけて考えたであろう。

しかしチュルゴーは、勅令のなかではそれに触れなかったけれども、地方長官ならびに高等法院首席検事宛の通達のなかではそれに言及することを決して忘れなかったのである。[*23]

*23　九月一九日。シェル、第四巻、二一〇頁以下。

チュルゴーは、その勅令の本文の前に、長文できわめて説明的な前文を付け加えた。彼は、いくらか遅れるのも恐れずに、そして細心の注意を込めて、いつものようにその仕事に没頭した。[*24]

*24　「この前文は法律の公布を遅らせた。そこには、この問題に関する経済学者たちのすべての理論の要約が含まれていなければならなかったし、また、その作成者は、その理論を最も愚かな者にもわからせようと一生懸命になっている」と、九月二〇日付の『歴史新聞』は書いている。〔勅令の〕本文の日付が一三日であるにもかかわらず、それが二〇日になってようやく公布されたことは、おそらく、前文の作成のために時間が必要であったことによって説明できるであろう。しかし、ときとして人々は、この遅れは国務会議で出された反対意見、特に、デュ・ミュイ、サルチーヌおよびベルタンから出された反対意見のためかも知れない、と述べた（ボードーの新聞。アファナーシエフ、三六三頁）。われわれには、最初の説明の方がいっそう真実味があるように見える。それに、首席検事と地方長官への通達は、九月一九日以降に出されているのだ。ヴェリ師は、国務会議でなんらかの反対意見が出されたとは言っていないが、しかし彼は、チュルゴーは特に経済問題で彼を支持してくれるためにロメニ・ドゥ・プリエンヌの入閣を待とうとしていたようだ、と述べている（ヴェリ、第一巻、二〇〇頁）。また彼は、穀物問題は委員会に突然持ち出されたようだし、大臣のなかにはこの委員会に招かれなかったことに不満を抱いていた者もいたようだ、と述べている。だから、最後の段階で、実際に国務会議を招集してこれらの不満を鎮めようとしたことはありうることである。けれども、いわゆる反対意見はあまり出そうにはない。少なくともベルタンに関しては、彼とチュルゴーとの書簡によって彼の反対意見は否定される。というのは、ベルタンはその書簡で、彼に慎重さを促してはいるものの、基本的なところでは反対意見を述べていないからである。

彼は、この種の説明文に緩和剤的役割を与えようとする伝統的な考え方とは故意に縁を切っていた。「その国務会議裁決は、冗長で陳腐な文体に見えるだろう」と、ヴェリ師は書いている。チュルゴー自身は、「人はそれを、散漫で平板な文体に思うだろう」と言っていた。しかし彼は、「村のどの裁判官も農民たちにそれを理解させることができるくらい、わかりやすくしよう」と望んでいた。彼はまた、「前もって自分の答えを発表し」、「彼の後継者の誰もそれに反対できないほど、真実をありふれたものにしよう」と思っていたのだ。[*25]

＊25　ヴェリ、第一巻、二〇一頁。

彼は常に情報を与え、反論し、説得しなければならなかった。彼は大衆の意見を正当に重視していた——大衆の意見は「大いに役に立つ」——が、しかし彼は、リムーザン州でル・トローヌの小冊子を配布させていた時[17]と同じように、大衆の理解力について大きな幻想を抱いていたのである。

この前文は、基本的には何も新しいことをわれわれに示していない。それは、穀物の輸送と保管（備蓄）の重要性と、行政は商業活動に適していないことを強調しているだけである。最も重要な点は、通例の先入見を断ち切って、平年は〔生産量が消費を上回る〕過剰年ではないと断言している点にある。そこからチュルゴーは、不作の年は〔小麦の生産量が〕需要を下回るので、その時には小麦の値上がりは避けられない、と結論する。このような条件の下では小麦の値上がりを防ぐことはできないし、また、そうしようとすると、重大な誤りを犯すことになるだろう。結局、最もわかりやすく見えたのはこの部分であり、のちに、〔穀物取引自由化の〕その実験に対する批判が集中するのも、あるいは少なくともその説明に対する批判が集中するのも、この部分である。

その時の前文の成功は、あまり大きなものではなかった。「学術的注釈の寄せ集めだ。この文章ほど学を衒ったものはない。……〔チュルゴーは〕自分の学説を弁じるために無駄骨を折っている学説の信奉者だ」と、『歴史新聞』は書いている。メトラは逆に、「シュリーやコルベールやダルジャンソンのごとき人々を含めても、われわれの指導者の口からこれほど気高くこれほど心にしみる言葉を語らせた大臣は誰もいない。それは父の語り口である。……国民は、財産と自由についての言葉を夢中になって読んだ」と、評価している。

ボードーは、実際、つぎのように正確に書いている。「国民の両極端の人々、すなわち、宮廷人ならびに都市の最上層の人々と下層の人々は、少しもそれを理解しなかった。わたしがずっと以前から指摘してきたように、これらの両極端の人々の間には、性癖と意見の見事な一致が見られる」と。

大衆は、自分たちの方が商売が巧いと思っていただけに、チュルゴーがはっきり述べた、行政は商業活動に携わるべきではないという、あの長い説明に特に敏感であった。人々は、彼の説明のなかに、その当時規模の大きさと破廉恥な性格が誇張して語られていたさまざまな不正取引の終焉を見た。世論は一般に統制経済に強く反対していたが、それは、〔穀物取引の自由の〕《禁止》の側面からではなく、〔穀物取引への行政の〕《介入》の側面からであった。

『メルキュール・ドゥ・フランス』誌[18]に載った《ルイ一六世へのアンリ四世の説教》と題する詩が強調しているのも、この側面であった。その詩はつぎのように言っている。

王位に就かばすぐさまに、汝のすばやき裁きにて、
欲深き悪徳商人どもの強欲に、懲罰を加えるべし……

大衆がヴォルテールの言葉通りに「随喜の涙を流した」とすれば（この表現は誇張されているように見える）、それは確かにこれと同じ考えからであった。

小麦の国家管理とテレーの計画的介入政策

しかしながら、まさにその点に、本来の意味の規制措置とは別の、もうひとつの問題〔小麦の国家管理という問題〕があった。

それは、チュルゴーにとっては、九月一三日の勅令を公布した時に続けていた行動と並行してとるべき行動の目標であった。そのためにも、国が出資していた穀物備蓄特別勘定を清算して、過去ときっぱりと手を切る必要があった。

〔規制措置の廃止と小麦の国家管理という〕この二つの問題は、互いに独立した問題として考えることができたであろう。つまり、一方で市場の規制措置の廃止を考えながら、他方で公権力による最小限の安全用の穀物備蓄の継続を考えることは十分できたのである。事実、チュルゴー自身、地方長官時代にはこのようなやり方に訴えたのであり、一七七五年〔五月〕の〔民衆の反乱という〕失望を味わってからのちは、特別報酬と政府の保証を与えるというきわめて柔軟な方式（ルルー契約）を採用することによって、国家的規模で再びその方法を始めたのである。

しかし、現行方式の重点は本来の意味の国家管理に置かれていて、その管理は、国の名義とその損得で（実際には国は常に損をしていた）商取引を続けていたのである。

これほどの規模の国家的な管理は、たとえチュルゴーが自分の計画の成功について以前ほど楽観的でない考え方をもっていたとしても、彼の全般的な考えとは両立しないものであった。

たぶんあまりに単純化しすぎる考え方のせいであったと思われるが、彼は、部分的な国家管理などありえないと考えていた。なぜなら、損をして売る国に対抗できる者など誰もいなかったし、供給部門への国の介入は、自由取引による供給という考えと両立するものではなかったからである。[*26]

＊26　勅令の前文。

そのうえ、前任者の管理体制と同一視されるような仕組みを続けることは、しかも、あらゆる点で忌み嫌われていたこの管理体制全体において、大衆の疑惑と怒りの最も際立つ対象となっていたような仕組みを続けることは、チュルゴーにとっては問題になりえなかったのである。

小麦の国家管理という方式は、テレーが自ら考案したものではなかった。しかし、のちにわれわれはそれがどのような精神にもとづくものであったかを見るであろうが、彼はその方式に対して、それ以前のいくつかの実験がもたらしたよりもいっそう堅固な組織といっそう大きな発展をもたらしたのであった。さほど遠い昔の前例に遡らなくても、一七四六年以降は、財務官のミルルヴォー――彼は一七七四年までその職にとどまった――とともに、穀物取引のための特別資金が存在していた。この勘定は、特殊なしかも不定期な取引を記録していたけれども、国家管理の定義には入っていた。おまけに国王は、この勘定に属していた穀物倉庫をほしいままにしていたのである。[*27]

＊27　ビオレ、七七頁。このミルルヴォーはある重要な事件の中心人物であった。彼は、一八年間日陰の身にあったのち、一七七四年の王国名鑑のなかで、国王名義の穀物取引勘定担当財務官の正式の肩書をまとって世に出たいという欲望を感じた。その結果、ちょっとしたスキャンダルが起き、彼はそのポストを失った。大衆は、このような勘定は不正な企み以外のものにもとづいて存在しているとは思えなかった。そこで人々は、つぎのような有名な風刺詩を作った。

とても卑しいことだと言われていたことが、今では公然と行なわれているぞ
ケレスの恵み(19)で親方がぼろ儲けしているぞ

おまけにお人好しの国王は、それを隠すどころか、
世間のみんながわかるようにと、
自分の作ったでっかい王国名鑑で、無頓着にも
彼の幸運な手先の、住所も名前も俺たちに教えているぞ
（『歴史新聞』一七七四年二月一日）

名鑑は廃止されたが、勘定は廃止されなかった。ミルルヴォーの後任にはロランが任命された。

一七六五年には、財務総監のラヴェルディィは、《経済的な製粉》の近代的技術の専門家であったマリッセという名の製粉業者と契約を結んだが、この製粉業者は、すでに一七六二年に、安全用の備蓄小麦の保存を確実に行なう仕事を政府から委任されていたのである。この契約書の文言によれば、マリッセは、常時一定量（四万スチエ）の備蓄を維持しておくことを約束していた。この仕事のために彼は、固定報酬（二万四〇〇〇リーヴル）を受け取っていた。小麦が一定の価格（二一リーヴル）以下になると、彼は、備蓄量を元の量に戻しておくという条件で、自分の名義でその一部を売る権利を持っていた。小麦が一定の価格（二五リーヴル）以上になると、小麦の売却は、その入れ替え分を確保することになっていた国王の名義でしか行なうことができなかったが、マリッセはその際、二％の手数料を受け取った。だからそれは、きわめて部分的な国家管理にすぎなかった。なぜなら、国は一定の状況のもとでしか取引に責任を負わなかったし、またマリッセは、政府の委託の例外的な受託者にすぎなかったからである。

ル・プレヴォ・ドゥ・ボーモン[20]という一人の熱狂的な人物の頭のなかで「飢餓協約」の伝説が作り上げられたのは、この契約の時である（テレーがあとで結んだ契約の時ではない）。マリッセは会社を作っていた――それは世間のごく当たり前のことであった――ので、政府は買い占め操作から金銭的利益を引き出すためにこの商人とグルになっているのだ、と人々は主張した。「飢餓協約」なる作り話は、さまざま

な歴史家たちによって、とりわけ、ミシュレ、アンリ・マルタンおよびチュルゴーの伝記作者のフォンサンによって事実とされた。しかし、一九世紀の諸研究は、それがまったくの空虚な話であることを証明した。[*28]だからわれわれは、この問題にはもうこれ以上触れないつもりである。それに、この伝説が喧伝されたのは、フランス革命中のことにほかならないからである。

＊28　ギュスターヴ・ボール『飢餓協約』。ビオレ『飢餓協約』。一九三五年の『歴史評論』一七三頁以下のレオン・カーンの論文「飢餓協約」。

人々はまったく「飢餓協約」の話こそしなかったが、それにもかかわらず、権力を笠に着たマリッセの取引を批判し、それに疑いの目を向けた。そして、ルーアンの高等法院はこの問題について告発状を作成した。[*29]その頃マリッセは、政府の受託者から外されたが、それはおそらくこの理由からであったと思われる。しかしそれにもかかわらず、その制度は、〔マリッセの後任の〕ル・ロワ・ドゥ・ショーモンの指揮の下で、ペースダウンした形で機能し続けた。だからマリッセ契約は、一七六四―七〇年の自由主義的な取引体制と共存していたのだ。

＊29　一七六八年一〇月二九日の手紙。国立文書館、AD XI、第三九葉。ジラール、一六頁。

テレー師は、自由主義的な実験を[(21)]（部分的に）やめると同時に、別のやり方にもとづいて介入政策を再開した。彼は、マリッセがコルベイユに作らせていたいくつかの大規模な製粉所を国王に買い取らせ、そして、委員会[*30]という少なくとも理論的には管理機関に相当するものを置くことによって、今度は完全な国家管理の形で、ソラン・ドゥ・ボンヌとドゥメルクという二人の商人に小麦調達の取引を任せた。ソランとドゥメルクはコルベイユの製粉所とそのほかのいくつかの施設を使うことができたし、彼らには、多額の（一二〇〇万リーヴル程度の）[*31]予算が国によって保証されていた。また彼らは、小麦の購入と売却の際に、〔正規の〕二%の二倍の手数料が報酬として与えられた。一七七〇年六月から一七七四年九月まで続けられたこの管理制度は、一年に少なくとも二〇〇万リーヴル、全体として八〇〇万ないし一〇〇〇万リーヴル程度の損失を出す結果に終わったようである。

＊30 この委員会は、〔小麦調達取引監視委員会委員〕ラ・ガレジエール、〔パリ市長〕ラ・ミショディエール、ドゥ・フルクー(22)および〔警視総監〕サルチーヌが委員になり、〔通商監督官〕プロシェ・ドゥ・サン＝プレストが委員会報告者になっていた。

＊31 以下に引用した資料にチュルゴーによって示されている数字。ソランとドゥメルク自身は、一一五〇万リーヴル受け取ったことを認めている。しかし、政府出資金の総額は、チュルゴーの計算によると、一四三五万リーヴルに上るようである。そのうえ、ソランとドゥメルクは、自分自身の販売用運転資金によって利益を得ていたのである。損失額は、この全体の数字から備蓄分の清算額を差し引くことによって算出されるが、その清算額についてわれわれが持っているいくつかの情報は、包括的でしかも互いに一致しないものである。ビオレ、前掲書、二〇三頁以下および注を見よ。一年に二〇〇万リーヴルという損失の数字は、間違いない数字とみなされても無理はなかった。一七七七年二月一三日の国王へのタブロー(23)の報告書（国立図書館、Vp 2680）を見よ。

テレー師は、人々が非常に長い間疑ってきたように、この程度の規模の組織を作ることによって、自分自身のためにいくらかの不正な利益をあげようなどとはまったく考えていなかった。それのみか、この管理制度は、彼にとっては、決して不正取引の思いがけないチャンスであったのではなく、今日のわれわれには完全に首尾一貫し、十分注目すべきものにさえ見える、政策全体のいくつかの部分のひとつであったのである。

事実テレー師は、チュルゴーと同様、さまざまな考えや相反するいくつかの見方から示唆を受けることによって、ひとつの穀物政策を作り上げたのである。彼は、杓子定規な立場はとらなかったし、また、見通しもなく伝統的な統制主義的立場をとることもなかった。

テレー師が地方の縄張り主義を復活することを容認しなかったこと、逆に彼は流通の自由を保証しようと考えていたこと、そして他方で彼が非常に大規模な統計的調査の事業に深く関わっていたことは、すでに見た。彼のこのような気配りは、穀物調達計画化の一大構想と関連しているのであって、われわれは、一七七一年の収穫見通しに添えられた覚書によってその構想の全体像を推し測ることができる。[*32] この計画の特徴的な考えは、輸送費を最小限に減らすために調達物資を徐々に拡大していくことであった。

＊32　国立図書館、ジョリー・ドゥ・フルーリコレクション、〔手稿番号〕一七七一、〔手稿頁〕第七葉および第八葉。

国の全域に及ぶこれほど全般的な計画は、もしそれが実現可能であったと仮定すれば、公権力の介入を必要としたことは確かである。民間の取引では、たとえそれがその手段を持っていたとしても、そのような全国的調達にまでは達しえなかったからである。

われわれは、緑、赤、紫および黄色で彩りを施したいくつかの〔弁論の〕《段落》(24)を置いて、仮想の対話を試みることにする。

チュルゴー――商人たちに穀物取引を自由に行なわせなさい。リムーザンで小麦が足りなければ、ある者はポワトゥーで小麦を手に入れようとするでしょう。フランシュ＝コンテで小麦が足りなければ、ある者はイール＝ドゥ＝フランスで手に入れようとするでしょう。ほかもこういった具合です。商人は、いずれの場合にも、小麦の足りないある地域に最も近い余剰地域はどこかについて調査を行なって、その役目を果たすでしょう。小麦の値段は、輸送費と卸商人の利益に応じて高くなるでしょうから、最も不幸な人たちでも最小限の生活の資が買えるように、慈善作業場が作られるでしょう。

テレー――そんな幻想は捨ててしまいなさい。あなたのいう商人は、いろいろな地域のなかでどの地域が足りなくてどの地域が余っているかは、土壇場になってしか、いやむしろ、そうなっては遅すぎるでしょうが、土壇場のあとになってしか、知ることができないでしょう。あなたのいうリモージュの商人は、ポワトゥーの卸売商人をすぐに見つけることができるでしょうか。この商人は、むしろ少し待って、現地で売ったり、あるいはもっと高い値段で売ったりはしないでしょうか。国家であるわたしは、逆に、なるほど大ざっぱにですが、それぞれの州の供給量と需要量をあらかじめ決めることができるのです。わたしは、外国からの輸入による赤字残（不測の赤字残ですが）を補償しますが、あなたの商人は誰一人、その補償を、前もって、しかも全面的に行なうことはできないでしょう。わたしは、今のこの時点では、完全な均衡を確信することができるでしょう。だからわたしは、今年はアルザスで小麦が不足しているのを知っていますが、どんなことがあっても、わたしが輸入した外国産の小麦をマルセイユからアルザスに輸送するようなことはしないでしょう。マルセイユから輸入された小麦は、せめて陸路の輸送費だけでも減らすためにそこで粉にしますが、それはリヨン方面へローヌ川をゆっくと遡って行きます。ですからリヨンは、ソーヌ川の両岸地方から小麦を動員する必要はなく、その小麦は、フランシュ＝コンテの食糧補給に向けることができるでしょう。同じようにわたしは、ルーアンから（そこへはフランス産の小麦を州税を免税にして送るつもりです）パリの消費を（水路を使って）保証するでしょう。こうしてわたしは、シャンパーニュのためにソワソネを、また、ロレーヌのためにシャンパーニュを、利用することができるでしょう。ほかもこんな具合ですよ。

この大規模な穀物管理機構の完成を待ちながら、テレーは、その中心理念を一部実行に移した。この国家管理体制は、大量の穀物を外国から輸入させ、こうして地方間の過不足の埋め合わせを行なったのだ。

しかしテレーは、量的側面だけではなく、価格面にも直接働きかけようと考えた。それはたぶん彼の誤りであっただろう。なぜなら、量的作用が価格上昇の動きを制限するだけで十分であったと思われるからである。財務総監の指示は、それとは逆に、時価よりも少し安く（しかし、商人自身が買い占めるのを避けるために少しだけ安く）売ることであった。[*33]

*33　国立文書館、K. 908。ジラール、前掲書、七〇頁。

だから、この管理体制による取引は、そのたびに決まって損をすることだと解釈されてもそれほど驚くべきことではなかった。のちに多すぎることが明らかになった輸入取引についても、同様に損失があった。最初の数年の実験期間におけるこの制度の効果について、意見を述べることはかなり難しい。主としてプロヴァンス、ギュイエンヌおよびラングドックのフランス南部地域――これらの地域では、高等法院が自由主義的な体制を支持していて、〔統制主義的な〕一七七〇年の勅令の施行を妨害していた――に局地的に発生した飢饉と暴動は、その制度のせいにされている。[*34] こうした非難の原因が極度の穀物不足であったという説は、ほとんど根拠がないように見える。[*35] しかし、暴動がそうした非難の原因であったという説は、それよりも根拠があるかも知れない。この制度による取引についてのさまざまな噂は、民衆の過敏な神経を目覚めさせたとは言えないにしても、少なくともそれをいっそう過敏にしたかも知れない。ソランとドゥメルクの配下の者たちの活動は、穀物取引が全般的に麻痺すればするほど、また、人々がたとえば穀物倉庫での買い付けや河川による輸送などに対していっそう厳しい監視の目を向けるようになっていたまさにその時に、彼らの活動が法規の遵守を免除されればされるほど、ますます不愉快なものに見えたからである。[*36]

*34　報告書、国立文書館、K. 1022、第二五葉を見よ。

＊35　事実、露土戦争(25)によるレヴァント地方(26)からのマルセイユへの穀物供給の途絶、プロヴァンス地方での暴風雨など、一連の特殊な原因があった（アファナーシエフ）。だからわれわれには、ヴェリ師のつぎのような大ざっぱな評価は厳しすぎるように見える。「この失策の結果は、穀物の大幅な値上がりと……頻繁な暴動の発生であったが、それらはほとんど道理に適ったことであったとわたしは敢えて言いたい」（七五頁）。

＊36　これらの取引については、アファナーシエフ、三二九頁以下、ジラール、一〇三頁以下、ビオレ、一三七頁以下を見よ。

民衆はすぐにも蜂起しそうな、またときには、しかるべき理由もなく蜂起しそうな状態であったと言わなければならない。特に典型的な例は、一七七四年三月にトゥールで起きた小麦運搬船の略奪事件である。「それを引き起こしたのは決して小麦の値上がりではなく、民衆がロワール川を下って行くのを見ていた小麦の量に比例して、この食糧品が値上がりするのではないかという恐れであった……」と、『歴史新聞』は書いている。この件についてひとつの辛辣な言葉が書き残されているが、それは、われわれがもう少しあとになって小麦粉戦争のいくつかの意外な側面を理解するときの助けになるであろう。「あんたたちはこれから何をするつもりかね」と暴徒に尋ねたある人に、彼らは、「旦那、あっしらは暴動をやるつもりでさ！」と答えた。

いずれにしてもテレーは、なおも南フランスのこうした状況の中心人物であったが、そこに小麦が再び姿を現わしたので、南フランスの高等法院は敗北を認めた。暴動が首都に向かって集中することはなかったが、たとえ暴動がそのほかのほとんどすべての所で静まったとしても、暴徒が首都に向かうことは政府にとっては常に最悪の事態なのだ。だからこの穀物国家管理体制は、人々が一般に言うほど事実としてひどいものではなかったし、理念としても理不尽なものではなかったのである。[＊37]

＊37　シェルは、「経済的に非常識な試み」（第四巻、四三頁）と言っており、デイキンは、「彼の悪意のある思惑取引」

（一七七頁）と言っている。

しかし、テレー師はその考え方を変えていった。たとえば彼は、たぶん民衆の暴動事件を見てのことと思われるが、この管理体制による国内市場での穀物の買い付けを極端に減らして、ほとんど輸入だけに頼ろうと決意するに至ったが、それは、彼の最初の計画の最も特徴的な考え方と一致するものであった。それに、彼が作った委員会が一七七二年に述べた結論もこのようなものであった。[*38]

テレーは、彼がこのような新しい傾向を明確に打ち出したちょうどその時、流布していたさまざまな噂から政府を守るために、地方長官たちに宛てて一通の通達を出した。その通達は、政府の介入に対する世論の反対を強調していたが、それには、いくらかの理由がないわけではなかった。というのは、政府は、憎むべき独占によって儲けると同時に、損をして売ることによって穀物取引を妨害している、と非難されていたからである。だから政府は、《危険な岩礁がいっぱいある海峡のなかを》[*39]進まなければならなかったのだ。

＊38　一七七三−七四年の輸入計画は、七〇万スチエであった。

＊39　ヴェリは、この通達のなかでテレーは会社の存在を否定した、と言って彼を非難した。しかし実際には、一七七三年九月二八日の地方長官宛の手紙は、完全に否定してはいない。というのは、テレー師は、《独占》を否定しながらも、「政府が穀物をいろいろな地方に回したのは、それを損をして売らせるためであった」と、はっきり述べているからである。だから彼は、独占という言葉には商業的利益の追求という考えが含まれていると考えていたのである。いくつかの商業会議所に宛てた手紙のなかで、彼は、「あなた方の地方から穀物を入手することになるようなどんな命令も、わたしの方からは出さないでしょう。政府からそのような仕事を任されていると言うような者は、誰であれ、皆ペテン師です」と、明確に述べている（一七七三年九月一日。エノー文書館、C. 2915、ジラール、一八八頁に引用）。これは必ずしも見せかけだけの言葉ではない。なぜなら、事実ソランとドゥメルクは、もはや

この時期には、いずれにしてもこの地方では穀物取引を行なっていなかったように思われるからである。総じてテレーは、過去について説明しようとするよりもむしろ、将来に対する自分の考えを知らせようとしていたのである。ヴェリ、一一九頁。

大衆は、彼らが管理体制の《独占》を非難したとき、それを運用している商人たちや、彼らと直接接触していたため誠実さが疑われやすかった（それは必ずしも常に間違っていたわけではない）行政担当官たちに、疑いの目を向けていただけではなかった。彼らはさらに、不正取引とスキャンダルが大臣や寵姫や国王自身といった国の最上層部にまでも及んでいると思っていた。

ヴェリ師はこれらの噂を繰り返し伝えているが、しかし彼は、それらの噂を自ら責任を負う形で取り上げているわけではない。「民衆は、国王とデュ・バリが穀物からあがる利益の分け前に与っていると言っていた。しかしわたしは、その話を断言するつもりは少しもない」。にもかかわらずこの冷静な人物は、これらの穀物勘定がいくらかの支出を隠すのに役立っているかも知れないと考えていたのだ。

彼は、テレーを非難する形で広まっていたいわれなき中傷は取り上げない。「わたしは、世俗の疑念にもかかわらず、この点についての彼の意図は正しいと信じたい」。

問題の核心については、ヴェリ師は、統計にもとづいた統制制度という考え方を重要視していなかった。「この研究の目的は、……自分の事務室で各地方の需要と物資のつじつま合わせを行なうことである。学校の生徒なら、……こんな空想に耽ってもなんとか許されるだろう[*39]」。このような心配は、今日のわれわれにはまったく理不尽に見える[*40]。

〔*39　ヴェリ、一一九頁。〕
*40　ヴェリ、一一八頁。

チュルゴーの全面的自由主義を正当と認めない限り、テレーのよく研究された統制制度が最も賢明で最も効果を発揮しうる政策であったことは確かである。

彼の政策は一般に誤解されていたが、その理由は、まず第一に、その立案者がそれに最終的な形態を与えることができなかったことであり、つぎに、それについて自ら十二分に説明する才が彼になかったことである。[*41]

＊41　この政策を最も熱心に研究した著者はジラールである。しかしわれわれには、彼は、この計画のいろいろな部分の間に存在していた緊密な関連性を十分力説しなかったように見える。

これらの政策は、ある観点からすれば、相互に対立する可能性のあるものであったが、それらはまた、互いに組み合わせることのできるものでもあった。それらの政策は、共通の特徴点として、分析的であるとともに創造的な考え方を含んでいて、それは、《規制一点張り派》の狭隘な保守主義とは正反対のものであった。政府の介入による穀物管理制度は、もしかしたらチュルゴーに、彼の大胆な実験が必要としていた安全用の隠れ蓑を提供したかも知れない。それはまた、彼がアランソン地方長官のジュリアンやプロヴァンス地方長官のモンチヨンといった思慮深く創意に富んだ地方長官たちが推奨していた方法を必要に応じて利用することによって、対外貿易発展政策を良好な状態に近づけることを可能にしたかも知れないのだ。[*42]

＊42　アランソンの地方長官は、可変的な穀物輸出税を設けることを提案していたが、それは、改善された形で輸出《投機防止法》(27)に代わりうるものであった（テレーの質問書への回答、一七七二年一月二五日）。「経験豊かな商人」から着想を得たモンチヨンの方法は、それよりもずっとよく研究されたものであって、現代の補償政策に当たるものである。彼は、商業会議所によって管理運用され、輸入奨励金と輸出税が振り込まれる口

座を開設することを提案していた。商業会議所は、ある時には穀物の輸入を奨励し、ある時には穀物の輸出を奨励することを目的として、状況に応じてこれらの税を変更することができ、また、その口座の金を運転資金として利用することができた。

しかしチュルゴーは、ユークリッド(28)のような論理的確信にもとづいて、テレーの制度もジュリアンやモンチヨンの方法も、ましてやソラン・ドゥ・ボンヌやドゥメルクの仕事も、必要としないと考えたのである。

チュルゴーは、テレーの国家管理契約が別途正当な手続きを踏まずに結ばれたことを暴露した。われわれはこの契約の原本を知らないが、おそらくそれは、まったく作成されなかったように思われる。ところで、その備蓄穀物は国の純然たる財産であった。チュルゴーはそれを清算させてそれから四〇〇万リーヴルの利益を得た、とデュ・ポンは述べている。[*43] この簡単な情報を信用して、何人かの歴史家は、チュルゴーはその備蓄穀物を一度に売り払ったと思った。[*44] この見方はもちろん間違っている。ラントゥーイユ邸文書のなかにある覚書によれば、[*45] チュルゴーは、それとは逆に、パリ用に一〇万袋を取っておいて、それについては、自由取引を妨害しないような形で売ろうと予定していたのである。

*43 デュ・ポン、一八四頁。ランゲは、六四〇万リーヴルと言っており、チュルゴーは、一〇月一六日の彼の報告書のなかで、その清算額を一五〇万から二〇〇万リーヴルの間と見積もっている。
*44 セギュール『王政の黄昏に――ルイ一六世とチュルゴー』一五八頁。
*45 文書箱一九番。穀物取引の自由とパリ市との間の妥協計画（三万スチエの食糧が施療院用に取って置かれることになっていたが、それは輸入によって賄われるはずであった）。そして、その同じ覚書は、ナント、ボルドー、ラ・ロシェル、バイヨンヌなどの諸都市が、オランダ、バーバリ地方(29)、あるいはその他の所で食糧を確保するま

では、テレーの措置が続けられるとはっきり述べている。

ところで、全体の穀物備蓄量は、デュ・ポンによれば一七万七〇〇〇スチエであり、チュルゴーによれば一五万スチエであって、一部は地方に置かれていた。われわれが利用できるすべての証拠によれば、備蓄穀物の清算は、穀物倉庫がルルー兄弟に再び任された時期の一七七四年九月初めまでに、徐々にかつ一定の期間ごとに行なわれたのである。[*46]

＊46 第三部第四章を見よ。

チュルゴーが商業会議所宛の通達のなかではっきりと約束していたように、売却がおそらく非常に急いで行なわれたと思われるのは、地方だけのことであった。

チュルゴーはまた、ソランとドゥメルクの穀物勘定を検証することに決めた。一七七四年九月二三日に、これらの商人の家に封印が行なわれた。たぶんそれは、セーヌ川で書類が発見された事件――その状況は今日でも十分解明されていない――のあとのことであった。[*47] 封印の開封と書類リストの作成は、警察署長のスローの指揮のもとに何カ月もかかって行なわれたが、書類の調査は、ルルーの協力を得て〔食糧担当官の〕アルベールによって行なわれた。[*48] この事件の結果がどんなものであったかはもっとあとで見ることにしたい。

＊47 第一部第四章を見よ。『歴史新聞』一七七四年九月二九日、一〇月二日。事件の当事者たちの言によれば、彼らは、下級官吏のアルベール氏の方から仕掛けられた陰謀の犠牲者であったようである。『歴史新聞』一七七四年一一月三日。いずれにしても、事実は明々白々である。なぜなら、最終の穀物勘定は、セーヌ川から書類を再び釣り上げた漁師たちに一〇〇フランの報酬が与えられた形跡をとどめているからである。国立文書館、F. 12-1195 を見よ。

＊48 国立文書館、Y. 15-583.

チュルゴーは、この事件の予審の終結を待たずに、国王に、穀物国家管理体制による取引状況についての報告書を書いた。〔一七七四年〕一〇月一六日の日付をもつこの報告書は、商人たちのさまざまな不正行為を槍玉に挙げている。彼らは、政府から前貸金を受け取っていたにもかかわらず、大幅に信用貸しに頼り、その結果、《幾度にもわたるしかも法外な手数料》の負担を国に転嫁していた。他方で彼らは、国の資金を、管理目的とは無関係にみえるさまざまな取引に、たとえば、植民地を経由した《飼料用小麦《ミノー》》の輸出、〔家畜飼料用〕オート麦の買い付け、民間商人がすでに輸入した穀物のマルセイユでの買い付け取引——ソランとドゥメルクは、これらの穀物を、その場で同国人または外国人に転売していたらしい——に、用いていたようである。さらに彼らは、レヴァント地方での彼ら自身の名義による商取引（ピアストル貨[30]による砂糖その他の商品の取引）のための貸付金を手に入れるために、国王の穀物を抵当に入れるようなことまでしていたようである。

全体としてみると、彼らが残していた状況は嘆かわしいものであった。すなわち、「王国の主な場所は、彼らの穀物と借金で溢れている」ような状況であった。

最後に、彼らは、〔通商監督官の〕プロシェ・ドゥ・サン＝プレストに一〇万リーヴルを貸し付けていたが、彼は解任され、また、テレーの首席書記官のルクレールには二六万八〇〇〇リーヴルを貸し付けていたが、その彼も、チュルゴーによってすでにそのポストを追われていた。*49

＊49　第一部第四章を見よ。

〔チュルゴーの国王への〕あの取引状況報告書は、事件の予審が十分進展する以前に作成されたものであったが、その結論は、その後になっておおむね正しいことが確認されたように見える。管理者たちに向けられた不満の中心部分は、《国王の利益を犠牲にして際限なく繰り返される手形の割引手数料》であった。

けれども、一七七五年五月の不運な出来事〔小麦粉戦争〕のあと、彼らの穀物勘定は一七七六年五月についに正式に承認された。

これらの穀物管理政策がいかに腹立たしいものであったとしても、日頃テレー師に向けられていた不平不満の正当性を裏づけるものは何もなかった。

反対に、ビオレが適切に指摘しているように、仮に大臣〔テレー〕自身がこれらの小物の不正取引商人たちの共犯者であったとしても、この商人たちが彼の下っ端役人たちを金銭的なへつらいで買収する必要などまったくなかったと思われる。かつてテレーに対して指弾されたことは、ひとつの明白な事実だけであった。つまり彼は、田舎の自分の敷地内にあった自分の所有する倉庫を、穀物管理制度のために賃貸していたのである。このことは遺憾なことのように見えるかも知れないが、しかし、もぐりの形で行なわれていたわけではなかった。しかも、ラモートにあったこれらの倉庫の少なくともひとつは、テレーが財務総監に就任するずっと以前の一七六一年以来、国王の倉庫として賃貸しされていたのである。[*50] 二番目の、シサにあった製粉所は、一七七二年になって初めて賃貸契約が結ばれたようである。この契約は、彼の管理体制が終わったのちに解約され、そして、元の財務総監は、一七七五年三月一八日に、彼に当然支払われるべきであった総額二二五〇リーヴルを受け取ったのである。[*51]

＊50　一七六一年九月二日付の、七五〇リーヴル（六カ月分の賃貸料）の金額の受領証（ジラールの著書一一六頁における指摘）。この書類は国立文書館にある。F. 11-1194.

＊51　シェル、第四巻、三五頁および一九六頁。国立文書館、F. 11-1195.

以上のすべてのことは、「飢餓協約」事件がでっちあげられるそもそもの以前から大衆の間に広まっていた不満が、不当なものであったかあるいは信じがたい誇張であったことを裏づけている。だが、そうは言うものの、計画的統制経済の実験は、もしそれがもっと真剣でもっと厳格な取引管理体制に支えられていたならば、きっと成功を収めていただろうことは確かである。[*52]

*52 優秀な管理者を見つけることは、おそらく困難であったと思われる。人々は、マリッセがいたにもかかわらずすでに少なからぬ失望を味わっていたのだ。ルルー兄弟の運営は、最も公正であったように見える。それに、チュルゴーの契約のお蔭で、国のいくつかの契約は、ひとつの一括契約にまとめられた。第三部第四章を見よ。

開封状(31)

当時の法律的手続きによれば、国務会議裁決の諸条項は開封状の対象となるはずであった。まさにこの最終文書が、最高諸法院の登録に付されたのちに、それらの諸条項に強制力を付与していたのである。この開封状は、一七七四年一一月二日になってようやく作成された。それは、内容においても形式においても注目すべき特徴を示している。

形式について言えば、開封状には本文に先立って非常に短い前文が付けられているが、それは、勅令の前文に対する付記の形をなしている。事実この前文は、テレーの内閣のもとで続けられていた管理制度のやり方をはっきりと非難している。おそらくチュルゴーは、自分の情報調査の最初の結果として、財務管区という狭い範囲から一歩踏み出し、しかも、民衆の感覚に確実にいっそう近づくことのできる具体的な形で、《統制経済》にとどめの一撃を加えることができると判断したのである。「穀物取引に加えられていた不自由と制約のために、穀物の値段は、もともと自分の物ではない金で穀物を買い、しかもより多くの費用をかけそしてより遅く穀物を売る、受託業者たちの意向と気分に委ねられていた」と、彼ははっきり述べている。

これは、代々の大臣たちの間で決まって暗黙のうちに行なわれていた受託業者への手心にひどく反するものであったが、世論の観点から見れば、この暗黙の手心が非常に好ましいものであったかどうかは疑わしい。大衆はそこに、世間に最も広く流布していたさまざまな偏見――それが彼らから問題の真相を隠していたのだ――が国王の最高権力のもとに行なわれているのを、はっきりと見ていた。大衆は、食糧調達の経済体制全体を、公人あるいは民間人の不正事件と結びつけて考える性癖を、すでに十二分に身につけていた。すべての食糧危機の責任を、生産量の不足にではなく投機的業者もしくは行政のせいにするのにすっかり慣れていたので、大衆はついに、相場師たる国家、という願ってもない標的を見つけ出した。そして大衆は、そのしごく当然の結果として、一旦この疫病神を払い除けてしまえばすべては再び順調にゆくだろう、つまり、食糧は豊富になり値段も安くなるだろう、との結論を引き出そうとしていた。

こうして人々は、これまで以上に耐えがたい失望を抱き始めた。こうして人々はまた、過去に見られたよりもさらにもっと危険な反発を準備し始めたのである。

条項そのものについて言えば、そのなかには国務会議裁決に対する重大な違反が含まれていた。すなわち、輸出とともにパリ市向けの特別規制が、〔穀物取引自由化のための〕改革の視野から外されていた。しかるに、これらの規制には、首都の周辺半径四〇キロメートル以内の取引に対する特別の制限だけでなく、パリ市向けの特別令によって予定されていた市場規制措置の適用そのものが含まれていたのである。

さらに、開封状の日付そのものにも密かな意図が隠されていた。実際チュルゴーは、開封状をモプーの高等法院にではなく再建された高等法院に登録できるよう、その公布を故意に遅らせたのである。このことは、第一に、チュルゴーはこの再建を当てにしていたこと、そして彼は、九月一三日と一一月二日の間の時期にはその再建に反対することを考えていなかったことを証明している。したがって、われわれが前章で述べた解釈〔チュルゴーは新高等法院の再建に反対する考えを持っていなかったという解釈〕は正しかったことが確認される。かくして第二に、チュルゴーは、彼の元の同僚を出し抜く考えがないことを示すことによって、彼らに配慮を示そうとしたことがわかるのである。

この間の事情は、九月中にコンピエーニュでチュルゴーとこの問題について話し合ったイギリスの大使ストーモント卿によって明らかにされている。[*53]

*53　デイキン『チュルゴー〔とフランスのアンシアン・レジーム〕』一七九頁に引用されている九月二一日付の外交書簡。

高等法院は、チュルゴーのこの配慮におそらく感謝したであろう。また、彼は自分のまったく新たな門出を大きな紛争で始めようとは思っていなかったことがわかる。だから彼は、何人かの委員が、とりわけエスパニャック師[32]が反対意見を述べた[*54]にもかかわらず、開封状を〔新高等法院に〕登録することを一二月一九日に承諾したのである。それに、パリ市のために準備された除外規定は、何人かの評定官たちの事前の協議の結果であったかも知れないのだ。というのは、これもストーモントの証言によるが、最《強硬》派が不安を表明していたのは、首都の食糧調達の問題であったからである。開封状の登録に際しては、われわれがすでに指摘しておいたひとつの暗意条項[33]が挿入されたが、この暗意条項は、末尾に、「国王はその深慮により、公共の市場に日頃十分に食糧が供給されるための最適の方法を提案されるであろうことを、法廷〔高等法院〕もまた確信せしがゆえに」と、明確に述べていたのである。

*54　モロー、第二巻、一八七頁。

高等法院は、政府に対しては議事妨害の手間を省かせたが、しかし、自らに対する責任は回避した。それは、旧い制度の廃止をあっさりと認めるべき時に、旧い制度に空論的忠誠を表明したからである。高等法院は、〔政府の〕慎重さに対して慎重さをもって応えたのだ。だからそれは、遠からず自らの慎重さの成果を引き出すことができたはずである。パリの高等法院にならって地方の高等法院も協調的な態度を示したが、ミロメニルが常に声援を送っていたルーアンの高等法院は例外であった。この高等法院は、終始最も悪質な大衆煽動の先頭に立っていた。つまりそれは、反自由主義的であると同時に反国家主義的な態度を示していたのだ。

ルーアンの高等法院は、一七七五年一二月二一日になってようやく、問題を引き延ばしたうえに、とうてい容認しがたい修正文を付け加えることによって、開封状の登録を認めた。だが、その時の状況は非常に違ったものになっていた。*55

*55　この修正文には、「法廷とその管轄に属する治安判事は、従来通り、中央市場に小麦が十分供給されるよう監視を続けるべきである」と記されていた。これは、市場警備隊による規則措置を再開することであり、それまでのすべての改革を無にすることであった。国璽尚書ミロメニルは、かなりの困惑を示しているある覚書のなかで、ルーアン高等法院の裁決は法令破毀権の正当性を証明していることを認めたが、しかし、この措置は時宜を失しているように見えると主張した。この覚書そのものに、チュルゴーの手で欄外に書き込みが行なわれた（シェル、第四巻、二一七頁以下）。この〔ルーアン高等法院による〕破毀は、マルゼルブが意見を述べたのちに、一七七六年一月二七日の国務会議裁決によって宣告された（シェル、第五巻、二一五頁以下）。

パリ〔市〕について行なわれた譲歩ならびに〔パリ〕高等法院に対してとられた配慮は、チュルゴーがその穀物政策の最初の適用を行なっていた時の穏健な精神を裏づけ、それを際立たせている。

われわれは、再びここに——そのことを力説することは許されると思うが——慎重な改革者を、すなわち、彼についての伝説や《上昇期》の彼とは非常に異なった、穏健で外交手腕に富んだあのチュルゴーを、見いだすことができるのである。

このチュルゴーについて、フランス・アカデミーのソラン氏[34]は、一七七五年一月につぎのような韻文の頌詩を作った。

願わくば、自惚れも華美も好まぬ大臣よ……

……………

君の活動的にして節度ある情熱が
経験豊かなる目をもちて
時代は何を許すか、時代は何が先送りされることを求めているかを、
とくと観察せられんことを[*56]

＊56 『歴史新聞』一七七五年一月三一日。

〔訳注〕

1 ダヴネル（Georges, vicomte d'Avenel　一八五五－一九三九年）。フランスの著述家、経済史家。『パリの司教および大司教』（*Les Évêques et Archevêques de Paris*, 1878）、『リシュリューとフランスの王政』（*Richelieu et la Monarchie française*, 1884-90）、『一二〇〇年以降の所有権、賃金および食糧品の経済史』（*Histoire économique de la propriété, des salaires et des denrées depuis l'an 1200*, 1895）、『社会史の発見』（*Découvertes de l'histoire sociale*, 1910）、『物価史の教えるもの』（*Enseignements de l'histoire des prix*, 1925）など著書多数。

2 ラブルース（Ernest Labrouse　一八九五－一九八八年）。活動的な社会主義的闘士で、経済史家。フランスの経済史研究を大きく刷新した。『アンシアン・レジーム末期および大革命初期におけるフランス経済の危機』（*La Crise de l'*

économie française à la fin de l'Ancien Régime et au début de la Révolution, 1944）ほか著書、論文多数。

3　ラ・シューズ（La Suze）。フランス中西部、ル・マン南西近くの町。

4　回転クレジット制度（credits revolving）。回転信用制度、回転融資制度とも訳される。銀行が融資先に対して、一年かそれ以上の期間について、特定の金額まで、無条件で、繰り返し借り入れを認める制度。

5　『穀物取引に関する書簡』。これらの書簡は、七通の書簡（一七七〇年一〇月三〇日、一一月八日、一一月一〇日、一一月一一－一三日、一一月一四日、一一月二七日、一二月二日付）からなり、シェル版『チュルゴー著作集』第三巻二六六－三五四頁に、Lettres au Contrôleur Général (abbé Terray) sur le commerce des grains として収録されている（ただし、チュルゴーの存命中に失われた第二－第四の三通の書簡については、「梗概」（analyse）のみ。また、これらの書簡は、一七八八年に、*Lettres sur les grains, écrites à M. l'abbé Terray, contrôleur général, par M. Turgot, intendant de Limoges.* (s. l. n. d.) in-8º, 134p. の形で出版されたが、この版には、第五－第七の三通の書簡しか収録されなかった）。これら七通の書簡は、テレーが一七七〇年一〇月に、穀物取引の自由に足枷をはめようとして出した通達に応える形で、当時ひどい飢饉に見舞われていたリムーザン州の地方長官であったチュルゴーによって書かれたもので、彼はそこで、穀物取引の全面的自由が、土地所有者、耕作者および消費者のいずれにとっても利益になることを論証しようとしており、たんに穀物問題のみならず、経済政策全般についてのチュルゴーの基本理念を知るうえで、貴重な資料となっている。

なお、チュルゴーは、それ以前にも、テレー宛に、穀物取引問題および同州の飢饉の惨状や農民の救済問題等について七通の書簡を書いていた。その第二－第七の六通の書簡（一七七〇年一月九日、二月二七日、三月九日、三月一三日、五月一五日、一〇月二五日付）が、シェル版第三巻一三〇－五四頁に収録されている。

6　農業における収穫高非比例の法則（la loi des rendements non proportionnels en agriculture）。土地への資本と労働の追加的投下は、農業上の知識や技術水準が不変の場合、土地の生産力の制約性のために、一定点（最高収穫点）を越えると、逓減的割合でしか生産物を増加しないという法則。この法則は、チュルゴーによって定式化されたのち、ウエスト、マルサス、リカードウらの古典学派において、土地収穫逓減の法則という本来の形で提起された。連続的費用の生産性逓減の法則、比例可変の法則、収益性低下の法則などとも呼ばれている。大阪市立大学経済研究所編『経済学辞典』五七二頁。

7 農業収益の放物線現象（la parabole des profits agricoles）。農業生産の増加に伴う農業収益の増加が加速度曲線（放物線）状に推移する現象を指す。農業における収穫高非比例の法則の言い換えと思われる。なお、原注14を見よ。

8 キング（Gregory King 一六四八―一七一二年）。イングランドの政治算術家、経済学者。オックスフォードシャーに数学者・測量家の子として生まれ、長く紋章に関する官職につき、自らも測量に従事した。晩年、政治算術の技能によって、各種の官職を歴任した。「キングの法則」と言われるものは、穀物の供給量（収穫高）が、一〇分の一、一〇分の二、一〇分の三、一〇分の四……と絶対必要量より不足すれば、穀物の価格はそれぞれ、一〇分の三、一〇分の八、一〇分の一六、一〇分の二八……だけ、平均的な相場を上回って騰貴するというもの。この法則は、彼が『イングランドの現状の自然的・政治的観察と結論』（*Natural and political observations and conclusions upon the state and conditions of England* 原稿, 1969）で、政治算術的手法によって導出した最初の統計的経済法則であった。しかし、この原稿は彼の生存中には出版されず、ダヴェナント（Charles Davenant 一六五六―一七一四年）がこれを明示的に利用して、その著作『国民を貿易差額の利得者たらしめ得る方策についての試論』（*An Essay upon the probable methods of making a people gainers in the balance of trade*, 1699）でこの法則を初めて公表したことから、それは「ダヴェナントの法則」とも呼ばれている。なお、キングの原稿は、一八〇二年にチャーマーズ（George Chalmers）の『大ブリテンの相対的国力の推定』（*Estimate of the comparative strength of Great Britain*, 1803）の付録として初めて印刷され、一八一〇年に同人により独立の版として刊行された。前掲『経済学辞典』一九一頁。前掲『経済学小辞典』四四頁。

9 アントニオ・セッラ（Antonio Serra 一五八〇年―？）。イタリアの重商主義者。産業開発にもとづく貿易差額論を展開した。著書に、『鉱山なき国々に金銀を豊富ならしめ得る諸原因に関する短論』（*Breve trattato delle cause che possano fare abbandare li regni d'oro et d'argento, dove non sono miniere*. Napoli, 1613）がある。前掲『経済学小辞典』九四―九五頁。

10 痙攣（convulsions）。サン・メダール教会のフランソワ・ドゥ・パリス（François de Pâris 一六九〇―一七二七年。ヤンセン派の司祭で、同派を異端として一七一三年にローマ教皇クレメンス一一世が発したウニゲニトゥス教書（La Bulle Unigenitus）に反対し、彼の墓は熱狂的信者の集まりの場となった）の基の前で痙攣を伴った集団的狂躁を示した一八世紀の熱狂的ヤンセン派教徒＝痙攣派（convulsionnaires）の行動を指す。

11 ラザロ（Lazare）。キリストの友人。死後四日目にキリストによって甦ったとされ、マルセイユの初代司祭になったと伝えられる。

12 《穀物管理》規則（règles «annonaires»）。annonaire の原語の annone は、ラテン語の annona に由来しており、それは、穀物収穫高、穀物価格、穀物管理（配給、貯蔵）などを意味する。

13 エルベール（Charles-Jacques Herbert）。ボルドーの公営馬車支配人で、農業経済論者。農業こそ人間の雇用に最適の場であり、小麦取引の自由こそ農業の発展にとって最善の方法である、とする。『穀物の全面的取締りについての試論』（*Essai sur la police générale des grains. Londres*, 1753, in-8º, 53p.）、『穀物取引の自由についての所見』（*Observations sur la liberté du commerce des grains.* Amsterdam et Paris, Lambert, 1759, in-12º, 60p.）などの著書がある。Cf. INED, *op. cit.*, p. 301.

14 《タンタロスの逆説》（paradoxe de Tantale）。タンタロスは、ギリシア神話におけるリディアの王。クロノス（あるいはアトラス）の娘プルトとゼウスの子で、地獄に堕ちて、飲もうとする水も、摘もうとする木の実も退き、永劫の飢餓と渇きの罰を受けた。それゆえここでは、潤沢のなかの飢渇を指す。

15 ミシュレ（Jules Michelet　一七九八－一八七四年）。フランスの歴史家。国立文書館歴史部門主任（一八三一年）を経てコレージュ・ドゥ・フランス教授（一八三八年）となり、自己の教壇を、自由主義思想と反教権思想の教説の場とした。同時に、記念碑的な『フランス史』（*Histoire de France*, écrite en 1833-46, publiée en 1855-67）と『フランス革命史』（*Histoire de la Révolution française*, 1847-53）に着手した。これらの仕事は一八四八年一月に中断し、そしてまた彼は、一二月二日のクーデタのあとコレージュ・ドゥ・フランスの教職と国立文書館のポストを失ったが、これらの作品の完成に全力を傾注し、さらに、自然の神秘と人間の魂を扱った諸作品（『昆虫』（*Insecte*, 1857）、『魔女』（*La Sorcière*, 1862））を世に送った。

16 ボース（Beauce）。パリ南西、シャルトルとオルレアンの森の間の、パリ盆地のローム質の平野で、穀倉地帯。現在は、機械化された大農経営が行なわれている。

17 チュルゴーは、リムーザン州の地方長官をしていた時、重農主義思想をひろめるために、ル・トローヌの重農主義

18　的文献をリモージュから流布させた。また、パリに来てからは、モルレの文献を流布させた。
『メルキュール・ドゥ・フランス』誌（*Le Mercure de France*）。一六七二年にヴィゼ（Visé）によって創刊された週刊文芸誌。最初の誌名は『メルキュール・ギャラン』（*Mercure galant*）で、『フランス・ガゼット』誌（*Gazette de France*）以後に発刊されたフランスの文芸誌のなかで最も古いもののひとつ。この雑誌は、宮廷や都市で有名になったあらゆる出来事を書いたが、未刊の著書やマドリガル（恋などをテーマにした短詩）、艶笑詩なども掲載し、その新しい傾向で大きな成功を収めた。ヴィゼの死後、デュフレニ（Dufresny　一七一〇年）、ルフェーヴル（Lefèbvre　一七一四年）、ブリュシェ師（abbé Bruchet　一七一七年）、アントワーヌ・ドゥ・ラ・ローク（Antoine de la Roque　一七二一年）、ボワッシー（Boissy　一七五四年頃）、マルモンテル（Marmontel　一七五八年）らが相次いで国王の刊行允許を獲得した。ルフェーヴルの時『メルキュール・ドゥ・フランス』の新しい誌名がつけられた。一七八八年パンクック社（Panckoucke）が刊行允許を得た時、『歴史・政治日誌』（*Journal historique et politique*）なる標題を持った政治面の追加編を刊行するようになり、その編集が、マレ・デュ・パン（Mallet du Pan）に、ついで、ポンシェ（Ponchet）に委ねられた。一時ラアルプ（Laharpe）によって刊行された（一七九三年）が、一七九九年に廃刊された。一八一四年から一八二三年の間に再刊されたり中断されたりしたが、一八二五年に最終的に廃刊された。*Larousse*, T.IVe, p. 811.

19　ケレスの恵み（presents de Cérès）。ケレスは、ローマ神話における豊饒の女神。ギリシア神話におけるデメテール（Demeter）と同一視される。《ケレスの恵み》とは、小麦、穀物を指す。

20　ル・ブレヴォ・ドゥ・ボーモン（Le Prévost de Beaumont）。フランス聖職者協会の書記。のちに、「飢餓協約」を告発した廉で二二年間（一七六八－八九年）投獄された（E.F.）。

21　コルベイユ（Cobeil [-Esonnes]）。パリ南東エソンヌ川とセーヌ川の合流点にある町。

22　ドゥ・フルクー（Bouvard de Fourqueux）。国務評定官で、テレー師が創設した穀物調達取引監視委員会の委員。チュルゴー内閣下では、トリュデーヌ・ドゥ・モンティニー地方長官管区補佐官（E.F.）。

23　タブロー（Taboureau de Réaux）。エノー（Hainaut）およびカンブレジ（Cambrésis）の地方長官（E.F.）。

24　《段落》（divisions）。修辞用語で、ある弁論または作品をいくつかの部分に分けること、または、分けられた各部分を指す。

25 露土戦争（la guerre russo-turque）。この場合は、エカテリーナ二世（大帝。一七二六－九六年、在位一七六二－九六年）下で行なわれた一七六八－七四年の戦争のことと思われる。露土戦争は、一五六九年以降、黒海やボスポラス・ダーダネルス海峡の覇権などをめぐって、一八七八年までの間に、一〇回以上にわたって行なわれた。

26 レヴァント地方（Le Levant）。エジプトからギリシアを含む地中海東部沿岸地方。

27 《投機防止法》（[loi de] cadenas）。商品の関税の引き上げによって投機を防ごうとする法律。cadenas のもとの意味は、鎖、南京錠。

28 ユークリッド（Euclide）。エウクレイデス（Eukleidēs）の英語名。前四五〇年頃－前三八〇年頃にアレクサンドリアで活躍したギリシアの数学者。主著『原理』（ストイケイア）によって、幾何学を証明的学問として大成した。ユークリッド幾何学は、公理、公準、定義から定理を論理的に導く。

29 バーバリ地方（Barbarie）。リビア、チュニジア、アルジェリア、モロッコなどのアフリカ北西部沿岸地方。

30 ピアストル貨（piastre）。エジプト、レバノン、シリア、スーダンの通貨単位。

31 開封状（lettres patentes）。国王がその決定を最高諸法院に伝えた開封の書状で、大型の王璽の押印と、国務大臣の副署がある。裁判に関することはすべての者に公開されなければならないという発想から、それは、裏側への折り返しがあるだけで、密封状または封印状（lettres closes ou de cachet）よりもよりオープンな書状であった。この開封状は、高等法院に登録されて初めて効力を持ったことから、高等法院は、封印状に反対するとともに、常にこの開封状を要求した。Cf. M. Marion, *op. cit.*, p. 331.

32 エスパニャック師（Marc-René Sahuguet d'Amarzit d'Espagnac　一七五二－九四年）。フランスの聖職者、著述家。パリ高等法院評定官の時、カロンヌの援助の下にいかがわしい投機に従事し、彼の失脚後、追放された。一七八九年パリに戻り、国民議会に財政改革案を提出。アルプス軍御用商人となったが、詐欺行為の廉でカンボン（Cambon）によって糾弾され、一七九四年ギロチンに懸けられた。*Larousse*, T. IIIe, p. 270.

33 暗意条項（retentum）。古い法律における判決形式の一種で、判決文のなかでは明示的に示されないが、それにもかかわらず必ず執行されねばならない条項のこと。たとえば、罪人に車責めの刑を宣告する場合、その罪人を、一回目、二回目、三回目のいずれで絞殺するかについては、法廷はしばしば《暗意条項》とした、という。*Larousse*, T. V^{e}, p. 1044.

34　ソラン (Bernard-Joseph Saurin　一七〇六－八一年)。フランスの劇詩人。詩人になる前は弁護士として活動していた。一七六一年以降フランス・アカデミー会員。主な作品に、『三人のライバル』(*Trois rivaux*, 1719. 喜劇)、『スパルタクス』(*Spartacus*, 1760. 悲劇)、『時代の習俗』(*Mœurs du temps*, 1761. 喜劇)、『ビヴァリー』(*Beverley*, 1768. ブルジョワ劇)、『老いと真実についての書翰。偶詠〔エピグラム、マドリガル、シャンソンなどの短詩〕付き』(*Epîtres sur la vieillesse et la vérité, suivies de Poésies fugitives*, 1772) などがある。*Larousse*, T. VIe, p. 208.

第二章　前　兆

「私は、自由の原則をもっとゆっくりと拡大することによって、それをさらに揺るぎないものにしようと思った」。
ピカルディ地方長官宛チュルゴーの書簡（一七七四年一二月一日）[*1]

＊1　ソンム文書館、C. 87-18.

飢饉よりも高値の方がましだ

それにもかかわらずチュルゴーは、その行政運営の当初から用心に用心を重ねて自分の政策を実施しながら、きわめて大きな危険を冒していた。というのは、収穫は並み以下であると予想されていたし、彼もそれを知っていたからである。

このような状況下での彼の決意は、つぎのような言葉で要約することができる。すなわち、彼は高値をもって穀物不足に当たろうと心に決めていた、と。

事実彼にとって、穀物不足と高値の両者を同時に回避することは、豊作の年かせいぜい普通作の年には可能であったかも知れないが、〔収穫が並み以下の年には〕不可能であったのだ。

だから彼は、良心になんら恥じるところなく、逆運の賭に立ち向かったのである。

彼はすでに、ルイ一六世に宛てた八月二四日の手紙のなかで、「(公衆のなかに)広まっていた食糧についての不安」に、「行政担当者の方針の変更やいくつかの軽率な施策(穀物の国家管理)が原因で、とくに並み以下であるように見えた収穫が原因で強まっていた不安」に、言及していた。八月二四日と九月一三日の間に、彼はこの問題について、財務総監として利用しうる資料のお蔭で、より正確な情報を得ていたと思われる。けれども、これらの情報は、〔民衆の不安についての〕彼の最初の印象を確証するだけであったかも知れない。

ところで、彼が廃止しようとしていた市場規制措置は、それがどれほどに厳しい、どれほどひどい、また、どれほど経済的損失の大きいものであったとしても、所詮は、治安当局に《市場警備隊》を確実に配置させること以外の目的は持っていなかった。

そのうえ、リモージュの元地方長官として不作を目のあたりにしたことがあった財務総監は、公衆が、その眼前に、市場《いちば》に、そして中央市場に、穀物が現実にあることを極度に重視していることを、見過ごすわけにはいかなかった。

彼自身、リムーザン州の飢饉が始まった頃、町に穀物があるのを公衆に「見せる」ことができるように と、山間部にひそかに密使を送って、ライ麦を買いに行かせたことがなかっただろうか。

別の観点から言えば、穀物が極度に不足している年には自由取引を再開するための非常に好都合な条件を見つけることはできなかったのであって、そのことがすべての問題の核心であった。

チュルゴーは、他の人のいろいろな意見も受け容れた。

彼は、同僚のベルタンに、勅令の草案について相談した。このベルタンは、当時の内閣のなかではまったくめだたない存在であったが、一七六三年の国王宣言の起草者であり、農業自由主義の最初の提唱者であった。

この時ベルタンは、非常によく知られた一通の手紙を書いたが、彼はそこで、草案の起草を思いとどまらせることなく、チュルゴーに慎重な行動を促した。「私は、あなたがあなたのお仕事の手順を、慎重を期してできる限りゆっくり進められるようお勧めします」と、書いている。もしチュルゴーがその問題にあれほど深く関与していなかったら、ベルタンは彼に、「あなたが治め、癒さねばならない子供〔国民〕に対して」「自分の意図」と自分の見解を「包み隠す」よう勧めさえしたかも知れない。「あなたは、歯医者の役割を演じないわけにはいきません。すなわち……」という、有名な言葉が見られるのは、この手紙である。[*2]

＊2　シェル、第四巻、二〇〇頁。

ベルタンのこの手紙こそ、粗暴なチュルゴーという、当時はまだ根も葉もなかった伝説に信用を与えたいくつかの要因のひとつである。というのは、チュルゴーが粗暴であることは、ベルタンが粗暴であるのと同じくらい難しいことであったのである。結局のところベルタンは、問題の核心〔穀物の自由取引〕については、奥歯に物のはさまったような仄めかしの形でしか触れなかった。

ベルタンは、その手紙に添えた「所見」のなかで、勅令の草案を、まさにそこに見られる穏健さのゆえに賞賛さえしている。もっとも、これらの「所見」は、建設的精神に富んだ所見と言うよりも、歴史展望的な所見である。[*3]

＊3　所見の本文は、シェルによってもアファナーシエフによっても公表されなかった。それは国立文書館にある。F.

11-265.「市場問題は、法律にかかわることなので、われわれの必要としない余計な論争を引き起こしたかも知れない」。

チュルゴーは、同じ時期に一通の手紙を受け取ったが、その内容は、事件〔小麦粉戦争〕のあとから見ると、大きな知恵に富み、予言的な価値を持っていたように見える。彼がこの手紙を自分の書類のなかに保存しておいたのを見ると、彼はその手紙にかなりの関心を示したようである。その手紙には差出人の名前は書かれていないが、しかし、本当に重要なのはそのことではない。というのは、その手紙の主は高等法院評定官であって、しかも彼は、「裁判所が休廷期に入り次第」、大臣が利用できるように自分の覚書をまとめるつもりでいたからである（しかし、その時期では遅すぎたであろう）。

＊4　ラントゥーイユ邸文書、文書箱一九。

この不思議な手紙の主は、異論の余地なく、チュルゴーの崇拝者である。

「あなたは、フランスの救済者になるために生まれてこられました。あなたの慧眼、あなたの経験豊かな知識、深慮、二〇年にわたる経験、そして何にもまして、すべての人々に認められた誠実さと国を思う情熱は、フランスの幸福のために第二のシュリ、第二のコルベールが存在しうることを、すべての真の市民に納得させています」と、彼は書いている。

これは、チュルゴーの内閣の初めの頃に支配的であった印象と、さらには国民全般にゆきわたっていた幸福感までも、非常に巧みに要約している。

つぎにわれわれは、不運の図を描いてみよう。

「私は、あなたが今年の作況報告書をよくご存じかどうかは知りません。……今年の収穫は平年の半分もありません。ですから、当然穀物の値段がさらに上がるものと覚悟しなければなりません。その穀物の高値に、さらに恐怖心や民心の動揺がほんの少しでも加わったとしたら、あなたはそうした事態をどうすることもできないでしょう。……また、そうした事態が若き君主の心にどんな印象を与えるかを心配すべきではないでしょうか。この若き君主は、年とともに豊かになる経験をまだ積んでいませんし、しかも、王位に就いた時の彼の最初の願いは、パンの値段を下げることだったのです」。

凶作、改革、高値、不安、暴動、国王の心理。これら近来の出来事の一連の過程はすべて、すでにいくらかは描かれていた。だから、〔飢餓協約のような〕陰謀の小説的な筋立てを考える必要はなかったのである。

われわれは、こうした警告を、ガリアーニ師のつぎのような予想と対比することができるが、その予想は、チュルゴーに宛てて書かれたのではなく、デピネ夫人[(1)]宛の九月一七日付の手紙のなかで述べられていた。

「小麦の自由な輸出は、きっと彼に大きなけがをさせることになるでしょう。そのことをよく覚えておいて下さい」。

すでに述べたように、チュルゴーは輸出を再開しなかったので、おそらくこの予言は、字義通りには当てはまらないだろう。だがガリアーニのこの言葉は、彼がその著作で攻撃していた穀物自由取引の全体構想には暗に当てはまるのである。[*5]

＊5　『書簡集』第二巻、一三〇頁。「とうとう、チュルゴー氏が財務総監になりました。彼が自分の説を実行に移すには、その地位に留まる時間が少なすぎるでしょう。……彼は、何人かの馬鹿者たちを罰するでしょうし、彼は、罵り、腹を立て、善行をなそうとし、いたる所で苦しみや困難や馬鹿者たちに出会うでしょう。彼の信用は衰え、人々から嫌われ、彼が仕事に就いているのはよくないと言われるでしょう。彼の情熱は冷めるでしょう。彼は、自ら引退

するか、それとも解任されるでしょう。そして人々は、非常に有徳で非常に哲学的な人物に財務総監のような地位を与えようとした誤りから、今度こそ目を覚ますことでしょう」。

チュルゴーは、彼に好意的であった高等法院評定官の忠告と、彼のもとに送られてきた作況報告書の説得力を無視したが、その作況報告書は、この九月には、彼の事務机の上に山積みになっていた。穀物政策は、彼にとってはあまりにも重要であり、また彼はそれにあまりにも熱中していたので、予算や租税や徴税請負契約や夫役の問題で先延ばしできたようには、この問題で自分の計画を先延ばしすることはできなかった。

財務総監チュルゴーは、われわれが先に見たような譲歩を行ないはしたが、自分の政策に完全に見通しをつけていた。だが彼は、簡単に勝利できるとは思っていなかった。だから彼は、始めから、地方の当局者、地方長官、高等法院主席検事や商業会議所向けて一連の勧告を行なうことにした。[*6]

＊6　九月一九日の三通の行政通達。シェル、〔第四巻〕、二一〇頁以下。

地方長官たちには、つぎのことが要請された。

一、卸業者に、新しい管理制度を利用するよう督励すること。

二、民心の動向を十分把握しておき、万一民心が熱気を帯びてきた時には、……それを鎮め、「煽動者を見つけ出す」こと。

これと同じ趣旨の訓令が、首席検事たちに向けて出された。彼らは、特に、〔民衆の〕すべての運動とすべての「輸送妨害」を防がねばならなかった。というのは、民衆の興奮の不幸な事件として真先に危惧しなければならないのは、このような古典的な形のものであったからである。

「あなた方の監視の目が警戒していなければならないのは、とりわけ、民衆を煽動し、民衆を興奮させようとする連中です」。
それらの通達は、政府は、必要な場合にはつぎの二種類の措置を採り、それ以外の措置は考えていない、とはっきり述べている。すなわち、
——慈善作業場を設置すること
——輸入奨励金を与えること[*7]
の二つである。

*7 理論的な研究では、チュルゴーはこのような措置には反対であることを表明していたが、彼は、その場合には、正常な制度を仮定して議論を進めていたのである。

商業会議所の会頭たちに宛てた同じ日の通達においては、財務総監は、商人たちが政府の意向に応えるよう督励することを彼らに要請していた。商人たちは政府側からの競合の復活を恐れる必要はまったくない、と彼は断言していた。商人の優良マークと販売場所の割当に当たっては、彼らの〔政府への協力の〕熱意が考慮されるだろう、と彼は述べていた。もっと実際的な面については、彼はつぎのように指示していた。

——公的備蓄分の残りは売りに出すこと。

——輸入業者は、無税で再輸出することができること。

財務総監は、これらの一般的なレベルの文書のほかに個別的な手紙を書き、それによって、いくつかの州の特殊状況を考慮しながら、勧告を行なっていたようである。ペイ・デタ〔地方三部会設置州〕全般についてはそうであったと思われる。しかしここでは、ブルゴーニュ地方に関する文書をひとつだけ取り上

げることにする。この文書は、この地域に最も重大な困難が出現していることを示しているだけでなく、不十分な収穫状況を前にしたチュルゴーの考えを他の文書よりもはるかにはっきりと知ることができるので、われわれにとっては非常に重要であるように思われるからである。それは、われわれが先に行なった「飢饉よりも高値の方がましだ」（cherté contre disette）という戦術の定義付けを、はっきりと示しているのである。

われわれが今問題にしているのは、ブルゴーニュ州のエリュ(2)に宛てて九月二八日に書かれた手紙*8である。彼はこの手紙で、小麦の値上がりをはっきりと予測し、エリュたちにそれに備えさせ、そして彼らにこの状況に対処する方法を提案しようと考えていた。

*8　コート＝ドール文書館、C. 3355.

彼は、取引の自由は、「救済の必要があると思われるすべての州およびカントン（小郡）の救済を」確実にできるものでなければならない、とはっきり述べている。だから、極度の穀物不足（*pénurie*）はないだろうが、価格の値上がり（*cherté*）はあるだろう。普通なら因果関係によって密接に結びついているこれら二つの現象は、彼の考えのうちでは切り離すことができたのである。

けれども、とりわけ民衆の反発の観点から見れば、値上がりそれ自体はなんと言っても恐るべき現象である。

「穀物の値上がりは、穀物を民衆の手の届かぬ値段にまで押し上げることによって飢饉の時と同じ不平や不満を引き起こし、同じ結果を生み出すことになります」。

では、その解決策とはどのようなものか。それは、常に慈善作業場であって、ここにわれわれは、なぜチュルゴーがこの慈善作業場を、彼が勅令の本文そのもののなかで真先に問題にしようとした制度ときわめて緊密に結びつけて考えていたかを、よく理解することができる。
「慈善作業場は、それぞれの消費者に賃金を保証しますし、賃金をすべての年齢の人々に、子供たちにさえも、広く与えてくれます。それは、必要に応じて家族に援助を分け与えてくれます」。
慈善作業場は、消費者各人の購買力を高めることによって、同時に間接的な結果として、商業の通常の取引機構の機能を確かなものにする。なぜなら商業においては、すでに値段の高い商品については、〔売れないので〕輸送業務は行なわれないし、その業務に対する需要が確実に見いだされなければ、輸送費は高くなるからである。*9

*9　この部分の考えは、〔九月一三日の〕勅令の本文でははっきり述べられていないが、暗に述べられており、エリュたちに宛てたのちの〔九月二八日の〕手紙では、それが明確に述べられているのがわかる。本書、四一一頁を見よ。

最後にチュルゴーは、ほとんど露骨とも言える形で、危険の確実性と穀物を店や市場に並べることの緊急性を強調する。ここで強調されているのは、大通達〔本省通達〕に見られるような、行政担当者と責任者の判断に委ねられる漠然とした不測の事態ではない。本当に重要なのは、明日の現実であり、今日のためにとるべき方策である。すなわち、冬になる前に、穀物の値上がりのゆえに必要とされるすべての場所で作業場が開設されなければならないのだ。

以上のことだけでもすでに、このあとに続くいくつかの事件についてよく言われていた解釈を疑わせるに足る力をもっている。
チュルゴーは小麦粉戦争を正確に予測していたと言うのは、言いすぎであろう。しかし彼は、そうした結果を生み出しかねないすべての実状を前もって知っていた。だからこそ彼は、慈善作業場によって、〔そのような結果になるのを防ぐための〕防護柵を築こうと試みたのである。しかし、彼がこの防護柵は脆弱なものだということを知らなかったなどということがありえたであろうか。彼が大きな実験を始める時、われわれは、彼の理論的確信と同時に、事実についての彼の判断の確かさを賞賛しなければならない。だが、そのいずれにも、いちじるしい楽観主義がつきまとっていたのである。

ところがその実験は、最初から一種の砂漠のなかで行なわれたかのように見える。今問題にされているのと同じ時期についてのいくつかの話を読むと、穀物の問題は、九月の勅令が出されてから現実の問題となったのではなく、一七七五年四月末になって初めて、しかも爆発的な形で、再び姿を現わしたかのような印象を受けやすい。その時ディジョンの暴動が発生し、それに続いて、急速に、あたかも痙攣の発作のように連鎖的に、イール゠ドゥ゠フランス、ヴェルサイユおよびパリで暴動が発生する。小麦粉戦争は、まるで歴史のなかの嵐のような事件として突発的に起きるのである。日常の物事の正常な流れが偶然によって断ち切られる時、人々はすぐに個人的なものを考える。そして彼らは、救いの神(3)を探し求める。ある得体の知れない手が地上に雷を投げつけたのだと思う。だから人間は、その悪だくみについての公式の見解を、その陰謀についての安心できる説明を、すっかり満足して受け容れようとするのだ。

〔一七七四年九月一三日の勅令の発令と一七七五年四月末の暴動の発生の〕これら二つの時点の間に過ぎ去った期間は、われわれの主題の観点から見れば、実際には、一見そう見えるほど無意味な期間ではない。この間に政府側からの重要な提案も大衆生活の面でのとりわけ人目を引く出来事も見られないのは、この二つの側面が接合するにはまだ程遠い状況にあったことによって容易に説明がつくけれども、いくつかの特徴的な現象は、危機が地下で進行していたことを示していたのである。

開封状の公布前の一〇月に、カーンで小麦の値段が上がる。パンは、一リーヴル〔五〇〇グラム〕当たり三スーになる。ところで、輸出についての国務会議裁決を見ると、地方での食糧の調達は非常にうまくいっていたようである。「民衆は、市場に穀物がないのを見て、輸出の自由を非難している」と、チュルゴーは一〇月二七日にカーンの地方長官に書いている。小作農も地主もどうしてもっと自分自身の利益を理解できないのかと彼は驚きを表明しているが、その驚きには、子供じみた純真さが見られなくもない。市場に自発的に穀物を供給するよう彼らを促さねばならない。「こんな当たり前の考えが穀物の所有者にだからきっと、市場操作《マヌーバー》が行なわれているに違いない。その首謀者を見つけ出さねばならない。[*10]

*10 シェル、〔第四巻〕、二二九頁。一二月二三日にチュルゴーは、海軍の糧秣納入商人に、彼らの商売上の必要品として、ノルマンディーの港から穀物を輸出する許可を与えなければならないことをはっきり述べるために、改めてカーンの地方長官に手紙を書いている。「民衆の不満の声を考慮する必要はありません。逆に民衆の妨害や反対や暴力行為は、彼らを抑制するのに最も有効な措置を採らせるために役立つだけだということを理解しなければなりません」（シェル、第四巻、二三二頁）。

同じ時期にチュルゴーは、彼にとって大切な考えであったあるひとつの考えを懸命に実行しようとしていたが、それは、パンと穀物の間にいっそう良好な価格関係を確立することであった。彼はある種のパンを作らせたが、それは財務総監のパンと呼ばれ、しかも、値段は一一スーではなく、さらに一リアール(4)安い九スーでしかなかった。このパンは味はよかったが、ライ麦粉でできているのではないか、当時としては高すぎるのではないか、と疑問視されていた。[*11]

*11 『歴史新聞』一七七四年一〇月二一日、〔資料整理番号〕6-229。パンの目方は普通は四リーヴル〔二キログラム〕

である。だから、適当と考えられていた値段は八スーである。しかし食糧危機のときの値段は、倍に跳ね上がることがある。

一二月、パリの状況が悪化した。パンが不足していると思われた。〔パリ警察長官〕ルノワールは、コルベイユに臨時の馬車を派遣し、そこから小麦の輸送隊を連れてきた。『歴史新聞』はこのことについて、チュルゴーは自説を放棄しなければならないだろう、その「考え方は優れているが、しかし、実際の政策はなおも自説と矛盾している」、と考えている。[*12] この仕事のためにすべてのダンパー[(5)]が動員されたので道路を除雪することができなかった、とモローはその回想録のなかで書いている。テレー師の穀物倉庫が依然として健在であったことを人々は喜びすぎた、と彼は付け加えている。けれども、実際に問題であったのは、おそらく寒さによる交通の困難だけであったと思われる。

＊12 『歴史新聞』一七七四年一二月一二日。

一七七四年の末からの状況については、ジョリー・ドゥ・フルーリ高等法院首席検事宛の書簡による興味深い原資料[*13]を利用することにする。

＊13 国立図書館、ジョリー・ドゥ・フルーリコレクション、1159。

これらの資料は一様に、地方当局者たちはどうしてよいかわからず途方に暮れていたこと、食糧調達の困難がすでに生じつつあったこと、そして、その困難は悪化の気配を見せていたことを示している。彼らは、人心の不安が暴動に至らないかと心配していた。

かくして一七七四年一二月二日以降、ヌヴェールでは、商人たちが新しい穀物管理体制を利用して真っ先に穀物の買い付けを行なうが、市場規則のため最後にしか買い付けを行なうことができなかったので、そのため穀物を値上がりさせる現象が見られた。「このことが多くの不満を引き起こし、その結果反乱が起きる可能性がありました」[*14]。

*14　同、第一九八葉。

一月八日、ブロワの裁判官デュシェーヌは、開封状――彼はその公布ならびに登録の証明書を発行する仕事をしていた――を論評するために筆をとる。彼は、新管理体制の学者ぶった反対者であったようには見えない。「国内の穀物取引の自由に賛同する者など誰もいない」と、彼は書く。しかし彼は、製粉業者も小売商人もパン屋も小作農の小作地や農家の穀物倉庫で自由に穀物を買い、示し合わせて市場に姿を現わし、しかも値段を釣り上げるので、それ以降取締官はこの値段をパンの統制基準としなければならなくなるだろうと、地方裁判所の裁判官特有の非常に固着した心理にもとづいて心配する。

デュシェーヌの批判は慣行化した規制措置に対する月並みな批判ではあるが、しかし彼は、賢明な形で問題の核心を突いているのだ。このようにして生じた値上がりが、穀物を徐々に市場に引き寄せるだろうと人々は考えている、と彼は言う（まさにこれが、新しい理論が頼りにしている自由主義的メカニズムなのだ）。「このような議論は、事務所という隠れ家のなかでは人の心を引きつけるかも知れない」。けれども、必要なのは大量の穀物であって、その輸送費は高くつく、と彼は強調する。それは困難な仕事である。氷や雨氷《うひょう》のため毎日すべての交通路が遮断される。〔帆船で〕河川を使って輸送するためには、冬には風が吹かないことを心配しなくてはならないし、夏には水がないことを心配しなくてはならない。

地方の収穫は並み以下であった。穀物は絶えず値上がりしたし、「さらに値上がりするだろう」。「実験を行なうためには、豊作の年を選ぶ」べきであったし、「ひとつの政策からそれと反対の政策に転換する前に、これらの実験をつぎつぎと段階的に行なう」べきであったと、彼は考えている[*15]。

*15　同、第一四および一五葉。

人々が気がかりな交通状態の話を再びし始めたのは、三月の間のことであった。

三月一二日、〔マルヌ川に臨む町〕ラニの検事が、小麦の値上がりについて懸念を表明する。彼は、手紙を書くだけでなく、出かけて行って直接話をする必要があると考える。彼は、「わがブリ州がいま置かれている危機的な状況」を説明するために、アルベールに会いにパリに行った。実際、暴動が最も広く拡大する可能性があったのはこの州であった。三月一四日、〔パリ南郊の町〕モンレリの〔検事〕デロモンは、小麦が非常に値上がりし、民衆はその値上がりを国務会議裁決のせいにしていることを知らせた（彼は、個人的な意見は述べていない）。

三月一九日、ポン＝シュール＝セーヌで、「民衆は蜂起寸前である」。

三月二一日、〔パリの東、マルヌ川右岸の町〕モーで、民衆の動揺が報じられる。事件は市場で起きたが、それは、商人が買ったばかりの大量の小麦を、（二六リーヴルにつき三〇ソル）値上げしてその場で転売しようとしたことがきっかけであった。他方、「モーの裁判所から皆さんによくお知らせしておきます。パンが値引きされていない場合には、注意して下さい」という、奇妙な貼り紙が貼り出された。

三月二七日、メリ＝シュール＝セーヌで、バイイ裁判所の所長が、二袋ずつつながれたライ麦を積み込むのを妨害した「女性たちの不穏な集まりと民衆の騒擾」を知らせる。この地方では、一リーヴル〔五〇〇グラム〕のパンは、四リーヴル六ドゥニエに価格が定められていた。「値上がりを心配しなくてはなりません。そのような事態になれば、下層民は極度に悲惨な状態に追いやられますので、彼らを絶望させることになるでしょう」[*16]。

*16　第八一、一八六、二二二、一一三―一七、一六八葉。

話を財務総監に戻すと、三月一四日にチュルゴーは、カーンの地方長官に手紙を書いて、一二月に起きた小規模な暴動――それは、海軍用の穀物の積み込みが原因であった――の結果として、いっそう厳しい処罰を要求した。この事件は、新管理体制の適用とは無関係な事件であった。しかしこの事件は、民衆側の極度の敏感さとチュルゴーの断固たる態度と、……そしてまた行政側の意気地なさを、同時に示すものであった。というのは、三カ月も経ってからでは、はたして穀物が積み込まれたか否かを必ずしも確認することができなかったからである。[*17]

＊17 シェル、第四巻、三九五〔―八〕頁。本書、四〇〇―一頁を見よ。

四月の初め、シャンパーニュ地方における食糧調達状況は憂慮すべきものに見えた。四月七日付の『歴史新聞』によれば、ランスで暴動があったようであり、「そのため、自分の管轄州に戻ることを余儀なくされた〔シャンパーニュの地方長官〕オルフイユ氏は、何かまた事件が起きるのではないかと恐れて、そこに戻ることを大変嫌がっていた。とうとうチュルゴー氏は、そこを離れてかまわない、事態の様子は近日中に変わるだろう、と彼に断言した」。

事実、四月七日の手紙は、すでに検討されていた処置を、すなわち、隣接地域のロレーヌ州およびメッス地方から小麦を呼び入れることを可能にするために、シャンパーニュの商人たちに特別賞与を与えることをほのめかしていた。それは国内における輸入奨励金であったが、チュルゴーが地方の縄張り主義時代を復活させるのは理屈に合わないことであった。[*18] シャンパーニュの地方長官は、これらの奨励金の公表は、それによって救済できるはずの当の州に、食糧不足に対する恐れを引き起こす心配がある、と述べた。このような反発は、チュルゴーには理解できないことであったように見えるし、また純理論的に見ても、実際それは理不尽な反発であった。しかし、十中八九、シャンパーニュの地方長官は何事もでっちあげてはいなかったと思われる。というのは、これほど例外的な措置を公表することは、あれほど神経をとがらせていた住民のなかにパニック的精神状態を増大させる恐れがあったからである。

＊18　一〇月三一日にボルドーの市参事会員のベートマン宛に彼の穀物取引の増大を促す目的で書かれた手紙では、チュルゴーは、内々の輸入奨励金にはすべて反対であると言っていた。シェル、第四巻、二二七頁。

逆にチュルゴーは、穀物が持ち出される州が心配するのはもっと正当なことと認めている。だから彼は、〔穀物の持ち出しは〕公表せずに行なわなければならないと結論したのである。[＊19]

＊19　シェル、第四巻、三八三頁。シェル、第四巻、四九一頁の四月一七日の手紙をも見よ。チュルゴーは、小麦の値段に対するパンの値段の不釣り合いに驚いている。同じく四月七日付で、国務会議裁決は、外国から入ってきた穀物について家宅捜索を行なうべきだと主張していたラ・ロシェルの係官の行政命令を破毀している。シェル、第四巻、三九八頁。

ディジョンの暴動[＊20]

＊20　このテーマについては、『ブルゴーニュ評論』一九〇六年、第一六巻第四号所収のジローの論文「ブルゴーニュ地方における食糧問題」で、申し分のない研究が行なわれている。

四月の半ば頃、財務総監の注意はブルゴーニュ地域に向けられた。この地域は、普段は、その地域独自の需要を優に充たすだけの穀物生産を確保できていたが、ソーヌ川を利用した交通上の利便性そのもののなかに弱点を抱えていた。というのは、その交通の利便性のため、この地域は、リヨンや南フランス地方の穀物需要の対象になっていたからである。輸出が許可されていた間、この地域で生産される穀物は、スイスからも同様に引き合いがあった。

それゆえブルゴーニュ地方は、一七六八年と一七六九年に食糧不足に苦しめられた。この両年、この地方は、不作と大量の輸出を同時に経験したからである。ディジョンの高等法院は、そのとき輸出の自由に反対する態度をとっていたし、一七七〇年の動向〔穀物の国家管理的動向〕については、一致してそれを覆そうとしていた。続く年の、特に一七七三年の収穫は前年よりも良く値段も下がったので、チュルゴーの勅令はその地方で快く受け容れられ、ディジョンの高等法院も、一一月に異議を唱えずにそれを登録した。

しかし夏以降は、新たな収穫の不足が予想された。すでに見たように、九月末財務総監は、自分の状況認識とブルゴーニュ地方に対する彼の懸念を同時に表明した。*21 一一月一七日、エリュ〔直接徴税区州の税務担当役人〕たちは返書を書き、財務総監の配慮に感謝するとともに、「最も必要な」四カ所に慈善作業場を開設する予定であることを知らせたが、そのために使える金はわずかしかないとはっきり述べた。

＊21　先に引用した九月二八日の手紙〔原注8〕。

憂慮すべき兆候が一七七五年三月から現われてきたが、この現象は、われわれがパリ高等法院の管轄区についてつい先ほど指摘したのと同じように、ブルゴーニュ地方の全般的状況に対応したものであったようである。それ以降、穀物価格の上昇と穀物供給量の減少という二つの相反する動向が認められた。四月一二日に、ディジョンの市場で騒ぎがあり、一人の商人が暴行を受けたため、市の評議会が召集され、協議し、救援を要請した。四月一七日に、市の評議会は、耕作者と商人に市場に穀物を持ってくるよう促すことを決定し、「市場では彼らを最大限優遇する」こととした。

同日チュルゴーは、新任の〔ディジョン財務管区地方長官〕デュプレックス(6)の知らせを受けて(彼はまだそのポストに就いていなかった)、ブルゴーニュ州の地方総督補佐官ラ・トゥール・デュ・パン(7)に手紙を書き、そのなかで、市当局および州警察の時宜に適さないいくつかのやり方について不満を表明した。それと言うのも、彼らは、家宅捜索と命令〔行政命令および警察命令〕という旧弊なやり方をやめていなかったからである。*22 四月一八日に、彼はエリュ全員に対して手紙を書いた。この手紙は、穀物の価格が、ディジョンで三〇ないし三八リーヴルに、ボーヌで三二リーヴルに達したと述べている。だから、「大いに憂慮」すべき状況であった。財務総監は、二つの対策をとるよう強く勧めた。そのひとつは、彼がすでに地方長官に行政命令によって実施することを許可していた方策であって、穀物に対する市場税(8)を廃止することであった(これは国務会議裁決の対象となった)。彼はそれによって、税の廃止による価格の引き下げだけでなく、ディジョン市場への穀物の誘致をも期待したのである。

＊22　ジローの著書の四二頁に引用されている資料、コート＝ドール文書館、C. 3356、第六番。しかもこの手紙は、われわれが本書の本文でその概要を示しているエリュ宛の手紙における指示とほぼ同じ指示を与えている。

しかし中心となった政策は、常に、慈善作業場の設置である。(9) チュルゴーは、財源不足に関してすでに出されていた反対意見を思い出しながら、地方での慈善作業場の設置に対しては、パリから直接財政支援を行なうことはできないと改めて述べる。しかし彼は、資金は〔地方〕三部会によって確実に保証されるはずだから、その資金によって行なうようエリュたちに提案する。彼は同日、慈善作業場設置のための訓令のモデル(それはおそらくリムーザン州の時の訓令のモデルであったと思われる。なぜなら、大事なことは州内にたくさん道路を作ることだ、とそれは言っているからである)を彼らに送り、そしてさらに彼は、廃疾の貧窮者あるいは働くことのできない貧窮者のための醵出金制度を提案する。かくしてわれわれはここに、偉大な行政官チュルゴーの細心の政策の全容を再び見いだすのである。

われわれにとって、この手紙の最も重要な部分は、作業場の問題についての説明の部分にある。穀物政策の仕組み全体のなかでこの制度の占める役割がチュルゴーの作品のなかでこれほど明確に示されている部分は、他に見られないからである。

「本当に貧しい人たちにとって重要なこの救済制度では、もっぱら彼らにだけ救済の手が差し延べられますので、そうした状態にあっては手に入れることが困難なすべてのものを満たしてやることができますし、また、売り手が支払い手段のある買い手を確実に見つけることができる形で食糧調達を行なうことができるでしょう」[*23]。

＊23「そのうえ、この制度による食糧調達は、公（国）による穀物の買い付けよりもはるかに安くつくでしょう。なぜなら、公の行なう穀物の買い付けは、穀物を一段と値上がりさせたうえ、そのあと穀物は損をして再販売され、（供給者を）遠ざけ、さらには、金持ちにとってはまったく無用であるが納税者にとってはきわめて負担の重い利益をパンに加えて、金持たちに確実に得させることになるからです」（国立文書館、H. 1-187.）。

四月一八日に突然暴動が発生した時、ディジョンには、手紙も地方長官も来なかった。直ちにはっきり言っておこう、われわれの見るところ、この暴動は、この種の騒ぎがしょっちゅう起きていた時代のごく普通の暴動のひとつであったようだ、と。

四月一八日は、火曜日で、市の立つ日である。四月一五日土曜日の前回の市では、すでに穀物の市出しはあまり多くなく、おまけに値段も上がっていた。民衆は市庁舎の前でデモを行なっていたし、〔地方総督補佐官の〕ラ・トゥール・デュ・パンがそれ以前に述べた言葉も、不手際なものであった[*24]。四月一七日の月曜日には、〔ディジョンの穀物商人の〕ジャンチーなる男が、魚屋たちにしつこく責め立てられ、彼らは死んだ鯉で彼をひっぱたき、彼を井戸に投げこもうとした。

＊24　一枡《ます》の小麦の値段は、一月には五リーヴル九スーであったのに、六リーヴル一八スーにもなっていた。「小麦はまだ一二リーヴルになっていない」と、総督補佐官は言ったようである。

一八日の午後、群衆は、ウーシュ川にある製粉工場の所有者のカレという粉屋をこっぴどく非難した。それはよくある事件であった。大衆は、経済的な製粉工場や白すぎる小麦粉は常に信用していなかった。彼らは、白すぎる小麦粉はいんちきだと思っていたからだ[*25]。おまけにこの粉屋は、買い占めをやっていると言って非難されていた。彼は、女たちに追われて最初はある検事の屋敷に逃げ込んだが、屋根伝いに逃げたため、群衆は家を打ち壊した。暴徒の一部は、そのあと製粉工場の方へ行き、「重かったために助かった」挽臼のほかは、見つけたものすべてを破壊した。略奪者たちは小麦粉を奪ったが、その小麦粉は混ぜ物だと思ったので、かなりの量を川に捨ててしまった。

＊25　そら豆といんげん豆の粉の混ぜ物。

暴徒たちは誰かに指揮されてやっているかのように行動していたので、おそらくこの事件が（そしてまたたぶん、その後に他の地域で起きた暴動における同種の他の事件が）、彼らが小麦粉に関心を示したのはそれを台なしにするためにすぎなかった、という伝説を生み出したのだと思われる。

その間、暴徒の他の一隊は、高等法院評定官のフィスジャン・ドゥ・サント＝コロンブの家に行った。というのは、この評定官は、あの粉屋に出資していて、自前で小麦を買い占めているらしいと疑われていたからであり、要するに、モプー高等法院の一員であるとして嫌われていたからであった。この裁判官は、山積みされた堆肥の下に身を隠さねばならなかった。小麦が見つからなかったので、暴徒たちは、ブルゴーニュ地方では容易に予想できたように、ワイン蔵に入って行った[*26]。

＊26　メトラは、こうした状況を決定的に重視し、そこに暴動の始まりを見ている。「ドゥ・サント＝コロンブ氏の家には、一粒の小麦もなかったがワインの蓄えがたっぷりとあったので、彼らはそれを飲んだり、散らかしたりした。酔っ払ってすっかり頭のおかしくなった群衆は、恐ろしい暴力行為を行なったのち、製粉工場の方へ走って行った。云々」（四月二三日）。この製粉工場の事件は、今しがた見たように、実際にはワイン蔵の略奪事件とは無関係に引き起こされたのである。ジロー(10)が集めた情報は、暴徒たちのワイン蔵での酒盛り事件をごく内輪に評価している。「ドゥ・サント＝コロンブ氏のワイン蔵に彼氏のワインを味見しようと戻ってきたのは、三―四人の酔っ払いであった」（四八頁）。彼らは夜になってワイン蔵で逮捕されたが、同時に三〇人ないし四〇人の男女のリーダーがベッドのなかで逮捕されたのであった。

暴徒たちの疲れと痛飲、それと司教の勇気あるとりなしが、夜になって平静を取り戻させた。翌日とその後の数日、オクゾンヌ、ドールおよびブザンソンから暴徒の集団がやって来るのが見られたが、事件は新たな展開を見せなかった。

公権力は、この事件で大して知恵を見せなかったが、それを自慢もしなかった。地方総督補佐官のラ・トゥール・デュ・パンは、最初の暴動の現場にやって来たが、冷静さを失い、自ら何回も杖で殴りつけた。またこのとき彼は、「諸君、草が生え始めたぞ。行ってその草を食え」という言葉を吐いて、みんなから非難されたようである。この逸話が事実の通りであるかどうかはわからないが、いずれにしても、その逸話は本当らしく見えるし、すでに共有財産とみなされている。というのは、われわれは、メリ＝シュール＝セーヌの事件に関する報告書のなかにも、同じような気のきいた冗談を見つけることができたからである。たとえば、それはつぎのように言っている。「五月になるぞ。諸君は行って羊のように草を食え」と。この愛嬌のある言葉は、事件の解決にはなんの役にも立たなかったが、補佐官は脅されて、子爵の村長とまったく同じように、二人とも治安維持のための機動隊で私的警護隊を作っていたにもかかわらず、自分の家に逃げ込んで身を隠さなければならなかった。彼らは夜になってやっと、ベッドのなかにいたリーダーたちとドゥ・サント＝コロンブ評定官のワイン蔵に最後まで残っていた酔っ払いどもを逮捕しに行くために、騎馬憲兵隊を出動させたのであった。

＊27　四月二〇日のディジョンからの手紙。『歴史話』二三一頁、第一話。

ラ・トゥール・デュ・パンは、いくつかの報告書を書いたが、そこでは、彼が立派な役割を演じたことになっていた。彼は、暴動が人為的に引き起こされた可能性があることをほのめかしていた。この説明は、チュルゴーの心を惹きつけ、彼は、四月二〇日にヴェリに、「ディジョンの暴動はもう鎮圧されました。それは〔誰かの手で〕引き起こされた(11)のです[*28]」と書いた。ヴォルテールがこの話題を再び取り上げた。五月五日に彼は、サン＝ジュリアン夫人に、「もしあなたがディジョンにいらしたら、チュルゴー氏の敵たちの手で引き起こされた犯罪的な暴動を防ぐことがおできになったでしょう」と、紳士ぶって手紙を書いた。こうして、〔引き起こされた暴動という〕伝説が生まれた。

＊28　シェル、第四巻、四一三頁。

おまけに、ラ・トゥール・デュ・パンは、寛大にも子爵の村長の行動の証人となり、その行動は、自分の行動と同じように、まるで赫々たるものであったかのように仕立てられた。

ディジョンのこの事件は、チュルゴーにとってはひとつの試練であった。

彼は、さほどの驚きを感ずることもなく、多くの手紙を書いた。二〇日にはラ・トゥール・デュ・パンに、「デュ・パンさん、わたしはディジョンで発生した暴動に驚いていません。世間の人々が民衆の恐怖やとりわけ民衆の偏見を共にする時にはいつも、民衆は必ず羽目をはずすのです……」と書いた。彼は、訓令を発しながらも、自らの経済原則を思い出して、「商品は常に需要を探し求めています[*29]」と書いた。

この手紙の最も注目すべき特徴は、チュルゴーがこの手紙に国王の手で書き込みをさせなければならないと思ったことであって、実際に国王は、自らの手でつぎのように書いた。

＊29 彼は、小麦の不足よりは高値の方がましだという主張を堅持している。「小麦はさらに値上がりするでしょう。確かにそれは困ったことですが、小麦がないよりは、それに高い金を払う方がましです」と、彼は言っている。州総督補佐官は、小麦がひっきりなしに町を素通りして行くことを嘆いていたが、これに対してチュルゴーは、「それは、穀物取引がそこで妨げられ、卑しめられ、抑圧されたことの証拠です」と、言っている。

「余は、この手紙を見たが、その内容に賛成である。余は、余の民が幸福であるよう願っているが、それと同じくらい、民衆がなんの理由もなく行き過ぎに走るときには遺憾に思う」と。

チュルゴーは、自分のやり方が世間に受け容れられている考えに根底から反していることを、世間の人々は彼がそのやり方を断念するか最初の失望のために妥協するかのいずれかになるだろうと予想していることを、だから、国王の意志に頼り、国王の意志をはっきりした形で自分に結びつけておくことによってしか逆流に抗しえないことを、よく知っていた。

ラ・トゥール・デュ・パンへの二番目の手紙は、一二日付である。続いて〔ディジョンの〕首席検事ペラールへの手紙が書かれ、家が略奪された裁判官ポテルへの手紙が書かれる（家は補償されるだろう、と）。そして二四日には、子爵の村長の手紙への返事が書かれる。これは驚くべき手紙であって、丁寧な挨拶のあとに、「今後あなたに無視してほしくないと思うこれらの原則を、わたしはあなたに改めて言わなければなりません……」[＊30] と、容赦ない権威主義的口調が現われるのである。

＊30 「あなたは、ディジョンにパン屋からの食糧調達のほかに別の調達方法があることを認めていないと世間では言われています。あなたがこれまでと同じ規則を実行していること、あなたがその規則は存続しているものと勝手に

考えていることに、わたしは驚いています。あなたはわたしにつぎのように言っています。ディジョンの住民は穀物取引の自由が本件〔穀物〕の流通を促すことに納得せず、……逆に、この自由は小麦商人たちの貪欲のため極度の穀物不足しかもたらさないと思っている、と。また、住民は商人を嫌っていて（en horreur)、いつも彼らを、ディジョンでは最大の侮辱を表わす《ぼろ儲け者》(enarrheurs)（12）という言葉で呼んでいる、と。あなたの導き手とならなければならないのは、住民ではなく法律です。住民を規制し、住民を指導し、住民を抑制し、そして住民を法律に従わせなければならないのは、治安に責任のあるあなたなのです」。

この書簡でチュルゴーは、まるで繰り返すことで頑迷な頭に真理をたたき込もうとするかのように、疲れも知らず再び自由主義経済の概説的講義を始める。政府は決してその行政指導を変更しないだろう、と彼は断言する。さしあたって彼は、つぎのことを強く勧告する。

――まず第一に、個人契約によって耕作者と商人を市場に引き寄せるための説得力のある方法を身につけること（「あなたたちは各人それぞれ、いくつかの契約を熟知しなさい」[*31]）。

*31　同時に、四月二二日の国務会議裁決によってひとつの積極的な措置が講じられた。すなわち、ディジョン、ボーヌ、サン＝ジャン＝ドゥ＝ローヌおよびモンバールにおける小麦粉税の廃止である。シェル、第四巻、四〇四頁。地主とこれらの税の徴税請負人に対する補償が準備された。チュルゴーはこの問題について常に周到な法律的処理を指示したので、それ以上速やかにはできなかったし、また、それ以上のこともできなかった。

――断固たる処罰。すなわち、リーダーの捜索だけでなく、いかなる例外もない参加者全員の処罰。彼は、驚くほど確信に満ちた態度で、首席検事に向かってこう言っている。裁判所の役割は処罰することである。必要な場合に恩赦権を行使する権限を有する者は君主である、と。

――すべての被害者の補償。

あとの二つの点に関してチュルゴーは、一七七〇年にすでに暴動があったが、人々はその際制裁の仕方を誤ったことを指摘している。事件の再発を避けようと思うなら、その時の誤りを認め、損害を弁償しなければならない。

この文書[*32]には、全体に、気高く力強い国家観が表われている。この観点から見ると、この文書における彼の関心は、経済的側面以上に政治的側面にあったのである。

＊32　国立文書館、H.1-187.

彼の断固とした態度は人々に尊敬の念を起こさせた。エリュたちは賛意を示した。高等法院は反抗の色を示さなかった。〔市に出される〕穀物の量は増え、価格は下がった。一七七五年の豊作のあとブルゴーニュ州は、穀物取引の自由から大きな利益を得、一七七六年一月には輸出の許可さえも得た。大革命までのブルゴーニュ州における穀物問題の変遷を研究したジロー氏は、少なくともこの州にとって、最善の結果をもたらしたと思われるものはチュルゴーが確立した制度である、と結論している。

ディジョンの場合、煽動された暴動という作り話は、検討に耐えない。

暴動が爆発的に発生した数日前に、すでに、緊張が指摘されていた。〔ブルゴーニュ州における〕暴動の爆発的発生と展開は、チュルゴー自身がリモージュの行政に携わっていた時に見られたような、この種の暴動としては古くからあった特徴を示している。すなわち、製粉所の略奪（クレルモン）であり、何人かの人々に対する迫害である（リモージュ地方長官区補佐官であったボワブドゥーイユの命が助かったのは、何よりも彼が逃げたお蔭であった）。この事件には、一片のスローガンも、これっぽちの「共謀」もなかった。そこには民衆自身による穀物価格決定の考えすら見られない。

当然、暴徒を尋問しても何も判明しなかった。

何人かの貧しい日雇農民と可哀想な女たちに、有罪の判決を無理やり押しつけることができただけであった。死刑の執行もなかった。[*33]

＊33　ジロー、前掲書、五一頁。

その後まもなくして、パリで別の心配事が起きた。

しかし、陰謀全般の問題に最も精通した著者ですら、四月一八日の諸事件に関しては、黙して語らないか、否定的な態度を見せている。[*34]

＊34　アファナーシエフ、三七九頁。フォンサン、一八七頁。

われわれの前に明らかにされたすべての情報のうち、ただひとつだけが、いくらかの考察に値するかも知れない。

略奪によって破壊された家の隣に住んでいた司教座聖堂参事会員が、これらの話の一部始終を述べた手紙を兄に書いて送った。「それは、一七、八歳の若者とそれ以下の若者およびずっと年下の若者たちでした。彼らは見たところよい身形《みなり》をしていて、大部分の者はきちんと身形を整え、髪をカールし、顔には白粉《おしろい》をつけていました。彼らのどこにも貧しさを感じさせるような所は見えませんでした」。ジローは、まだ復活祭の最中だったので、暴徒たちは晴れ着を着ていたのかも知れないと言っている。処罰を受けたリーダーは、皆、財産も地位もない哀れな男たちであった。なおまた、〔暴徒のなかに〕比較的裕福な社会層に属する、「ばか騒ぎ」にとり惹かれた非常に若い者たちがいたが、そのことは、その事件の自然発生的な性格を変えるものではないだろう。この観察所見は、ほかの事件についても立証できる。

大臣チュルゴーは、ブルゴーニュ州だけを気遣っていたわけではない。ディジョンの暴動の爆発的発生は、ランスの先例やおそらく毎日新たに発生する暴動がそれを示していたように、もしかしたら全国に広がるかも知れない徴候を有していた。だから彼は、四月二四日に、新たに国務会議裁決を行なわせて、五月一五日から八月一日まで、小麦については一キンタール〔約五〇キログラム〕につき一八ソル、ライ麦については一二ソルの割合で、外国産の小麦の輸入に対して奨励金を与えることを決定した。[*35] その高い奨励金に釣られた商人たちは、所定の期日を待っていなかった。チュルゴー自身も、あれこれ口出しするのは気が進まなかったにもかかわらず、クロタンなる男と、そしておそらくはルルーにも、その内容はよくわかっていないが、一定の奨励金ないしは保証金を含んでいたと思われる条件で小麦の輸入を行なわせた。また噂では、彼はかなりの報酬を払って、こっそり市場警備隊に命令を出していたという。[*36]

＊35 パリ市およびディジョン市向け小麦に対する追加特別手当を含めて。地方長官宛行政通達、四月二八日。シェル、第四巻、四一一頁。

＊36 『テレーの回想録』につづけて二三二頁以下に書かれている「歴史話」。この「歴史話」は、しばしばピダンサ・ドゥ・メロベールの作だと言われる。

ネッケルの立場

同じ四月中に起きた事件のなかで、性質の非常に異なったひとつの事件が発生した。それは理論爆弾(une bombe doctrinale) の爆発といえば言える事件であった。ネッケルは、ちょうどこの時期に立法権と穀物取引に関する著書を公刊したが、それは、チュルゴーの主張に真っ向から反対するものであった。確かにその公刊は、偶然の一致にすぎなかった。というのは、その手書きの原稿は、すでに前の年の三月一二日来印刷に回されていたからである。自分はその会談の証人だと称しているモルレ師によれば、ネッケルはそれ以前にチュルゴーに、その原稿を読んで出版しても差し支えないか判断してほしいと申し出ていた。「ネッケル氏は、自分の原稿を持ってやってきた」。しかしチュルゴーは彼に、彼が出版したいと思っているものを印刷してもよいと、「ちょっと素っ気なく」、しかも、「横柄な言い回しで」答えたらしい。[*37]

＊37　バショーモンの伝える所によれば、チュルゴーは、それにもかかわらず、検閲によってその原稿を差し止めようとしたようである。王国検閲官のカデ・ドゥ・センヌヴィルは、文書による命令を強く要求したが、それが得られなかったので、出版の許可を与えたようである。この説明は、あまり本当らしく思えないし、それに、モルレによってはっきりと否定されている。モルレ、第一巻、二三一頁以下。バショーモン、一七七五年四月二八日。

チュルゴーが、危機の真只中にあって、原稿を慇懃な形で見せられたことにいくぶんの腹立ちを覚えたとしても、それは理解できることである。彼は四月二三日に、ネッケルに宛てて、おそらく彼に言ったと思われる言い方よりもさらに素っ気ない調子で手紙を書いた。「わたしにこの問題について意見を書く時間があり、そして、あなたが抱いておられる考えを擁護しなければならないと思うことができたなら、わたしはもっと心穏やかな時間を期待することができたでしょうに……」と。

ネッケルは、時期が時期であることを指摘し、もし自分にその要請があったならば、自分の方から進んでその出版を見合わせることに同意したでしょうと述べて、つぎのように返事を書いた。「抽象的で穏健な著作というものは、……情熱とはなんの関係もないように私には思われます[*38]」と。

＊38　チュルゴーの手紙とネッケルの返事（八月二四日）。シェル、第四巻、四二一頁。

この点ではネッケルが正しいことを認めよう。情熱的な文体ほどネッケルの本とかけ離れたものはない。

彼の本のなかに退屈な文体を見いだすことはもっと容易である。しかし彼はそこで、自由主義的な考えとは正反対の説を唱えているのではなく、すべての点において、中間的でどのようにも変更可能な、そして現実的なやり方を提案しているのである。

その第一部は、〔穀物の〕輸出の問題に当てられている。彼はそこで特に、重農主義者たちが一度も反論を試みたことのなかった輸送費と距離の議論を展開する。しかし、輸出は再開されていなかったので、その問題は現実性がなかった。

国内取引に関しては、ネッケルは、穀物の投機は空間と時間の繰り延べ（les reports dans l'espace et dans le temps）のために役に立つことはありうることを認める。しかし投機はまた、過度の値上がりを招くことによって社会に害を与える可能性があるのだ。

市場の規制措置に関しても、同じ論法である。それは、不都合な点を持っているが、一定の状況においては必要なこともあるのだ。行政による食糧の調達についても同様である。すべては、状況の問題である。「君主の近くに集い、毎日パン屋で食糧を手に入れる六〇万人の集合体」には、状況に応じた措置が必要かも知れないのだ。

最後にネッケルは、小麦が限界価格——彼はそれを一スチエ当たり三〇リーヴルと定めていた——に達した否かによって、二つの異なった制度を採用する必要があると結論した。それは、先に輸出に適用された「投機防止法」（cadenas）の考えをすべての問題に一般化することであった。小麦が上限価格以下の時には完全な自由を認め、それ以上の時にはさまざまな規制を行なうのだ。ミシュレの言う「囚われの小麦」[13]は、再び独房に入れられることなく、監視された自由の下に置かれるのである。[*39]

*39 ネッケルは、彼が権力の座にいた時この理論を適用しないよう十分気を配った、とモンティヨンは言っている。

その理論は、中心価格（priz pivot）については正しい。だが彼は、自分の行政運営においては、彼が賞賛していた現実主義《プラグマティズム》から着想を得たのである。類似の方法は、一七七四年九月にドゥメルクによって作成された報告書のなかで提案されていた。国立文書館、F. 265.

けれども、ネッケルの計画の最も重要なポイントは、それはネッケル自身である。彼の理論は、大幅に適用可能なものであるが、それはまた、閂《かんぬき》と栓《せん》のこの理論を常に確信をもって運用することができる有能な行政官を必要とする。すなわち、「その幅広い才能によってあらゆる状況を経験した人間、その柔らかく柔軟な精神によって自己の意図と意志をあらゆる状況に適合させることができ、……熱烈な心情と冷静な判断力とに恵まれた人間」を必要とするのである。それはもう明らかに、自ら買って出ることであった。ネッケルの本は、チュルゴーの敵を大いに喜ばせた。そのうえ、その本は世論に大きな影響を与えた。それは、ためらっている者に決断する口実を与え、疑っている者にその疑いを裏づける論拠を与えた。それは、〔穀物取引の自由という〕実験の失敗をはっきり示しているかに見えたさまざまな騒乱の理由を説明し、まるで、その騒乱の正当性を理論的に証明しているかのようであった。しかも、これらの騒乱そのものが、著者に、その本の空前の宣伝の機会を提供するとともに、当時の容易ならざる事態についての衝撃的な確証をもたらしたのである。

だからエコノミストたちは、ネッケルを論駁しようと躍起になった。ボードー、コンドルセ、モルレが競い合った。反論は四回をくだらなかったが、そのうちの二回はコンドルセひとりで行なわれた。夏、ヴォルテールは、自分の影響力にものを言わせてチュルゴーに有利な発言を行なった。*40

＊40　ヴォルテール『エフェメリードの編集者への誹謗文書』(14)。これの流布は、〔一七七五年の〕六月か七月から始まったようである（バショーモンは七月六日にこれを引用している）。

したがって、ネッケルの立場の重要性を過小評価することは誤りであるだけではなく、それをその現実の場で評価しなければならないのである。熱狂的なエコノミストたちが言っていたような、その本の流布が暴動そのものを誘発したという主張や、いわんやこの本の流布はコンチ大公と示し合わせて行なわれた計画の結果であったといった主張は、ばかげた作り話であったのだ。モルレは、これらの〔ネッケルへのいわれのない〕非難攻撃に対してつぶさに反駁を加えようと気を遣った。ネッケルに対する彼の同情のゆえに彼の公平さを疑う人がいるかも知れないが、今度は、彼の方に公平な判断力があったのである。「もしその本がパン屋を略奪した暴動を引き起こすのに一役買ったとすれば、その影響は非常に早かったに違いない。なぜなら、その本の最初の版が売り出されたのは、暴動が起きたちょうどその日であったからである」と、彼は意味深長な言い方をしている。[*41]

＊41　現在ラントゥーイユ邸文書のなかに保存されている、腹心の高等法院評定官がチュルゴーに宛てた内密の手紙には、高等法院で討論が行なわれた際の票決の詳しい数字が示されているが、それによれば、実際に政府側に賛成したのは五票だけであったようである。

「ネッケルの本の影響力のほうがまさった」と、その情報提供者ははっきり述べている。

開封状を撤回することに賛成……………一六票
二週間の審理延期に賛成（事実上の反対票）…………二二票
態度未決定……………………一二票
登録に賛成……………………五票

（ラントゥーイユ邸文書、文書箱一九）

この論争そのものは、今日のわれわれにはまったく滑稽に見える。モルレ自身やル・トローヌやコンドルセのパンフレットで意見を変えた暴徒を想像することができないのと同じように、ネッケルの本で理論武装した暴徒などほとんど考えることができないからである。

危機の兆し

ディジョンの暴動（四月一八日）と小麦粉戦争の真の始まり（四月二七日）とを隔てる幾日かの間に、パリとヴェルサイユで、危機の段階に入ったことを示す徴候がさまざまな側面から現われる。

小麦の価格は、長い間――前年の夏から三月初めまで――、最適価格ではないにしても我慢のできる価格と考えられていた四リーヴル当たり一一スーの水準で安定していた。三月になると、小麦の値上がりは、三月八日に一一スー半、三月一五日に一二スーと、半スー〔四〇分の一リーヴル〕刻みではっきりしてきた。四週間の一時的安定期があったのち、小麦は、四月一二日には一二スー半に達するが、ほとんどまもなく四月一五日には一三スー、そして二六日には、一三スー半の価格にまで達する。それはきわめて高い値段であったが、人々はさほど昔でない時期にもっと高い値段を経験していたのである。「テレー師の時に一六スーになったが、民衆は暴動を起こさなかった」[*42]と、メトラは述べている。

*42　一七七五年五月三日。

穀物の値段のこのような比較が、非常事態としての驚きと陰謀説を支持する議論を生み出すことになったのである。われわれはのちに機会を見てその問題に立ち戻るつもりである。

いちじるしい値上がり――繰り返して言うが異常な値上がりではない――が指摘されたのと同時に、最も思慮深い観察者たちは、民衆の反応のすばやさを指摘した。政治的な意味合いを帯びた不満が現われるのが見られた。値上がりのごく初期の三月一二日には、市場で「なんとf...な〔froid(冷酷な)?〕時代だ！」と人々が大声で叫ぶのが聞かれた。四月一二日、さらにもっといちじるしい値上がりが予想されていたちょうどそのとき、アルディ(15)は再び、「この同じ民衆を反政府行動に駆り立てなかった理由《わけ》」を書いた。そして、小麦の値上がりが最高に達した四月二六日に彼は、内容は取るに足らないが、パリの群衆の極度に敏感な心理*43（と小麦以外の食糧品の値段）を知るうえでは重要と思われるひとつの逸話を書いた。

＊43　ある〔ご大家の〕給仕頭が、小さなえんどう豆一リットルを七二リーヴルで買った時、誰かがそれを彼の鼻めがけて投げつけてこう言った。「おまえの主人のj...f...に、小さなえんどう豆一リットルにルイ金貨三枚も払うほどの財産があるのなら、俺たちにパンをくれさえすりゃいいのだ」と。するとその使用人は、一言の文句も言わずに、用心しながら退散した。

輸入奨励金に関する四月二四日の国務会議裁決は、不安を煽らずにはいなかった。その前文に対する評価は特によくなかった。しかしながらこの評価は、後世の批評家に見られる評価であって、そのことからしてそれは当然留保を必要とする。この前文でチュルゴーは、執拗に自説を強調した。穀物が不足しているよりもむしろそれが高い方がましだ、と。彼が量の問題で世論を安心させようと努力したことは明らかである。「昨年の収穫は地方の食糧を賄うのに十分なだけの穀物をもたらした」と彼は言う。しかし、並み以下の作柄ではとうてい余剰は生じないので、需要を充たすためにはあらゆる穀物が必要である（チュルゴーはきっと、自分の考えを統計的な観点から無理に展開していたのである。なぜなら、彼自身の理論によれば、もし去年の収穫が十分なものであったら、去年は平年作になっていただろうし、彼はそれほど心配しなくてもよかったと思われるからである）。彼は、そこから直ちにつぎのように結論する。「穀物の値段は、さらにいくぶんか上がるかも知れない」、ただし「外国からの穀物の競争が値上がりを抑えなければ」の話である、と。しかし、収穫はたまたま全ヨーロッパで並み以下であり、値段はほとんどすべてのところでフランスより高かった。だから、奨励金によって穀物取引に関与する必要があったのである。

この考え方は、誤解されたようである。それは、粗雑な頭の人間には簡単にわかるほど明瞭ではなかったからである。財務総監としては、きっと、値上がりを避けるためには輸入が必要であり、輸入するためには外国の値段との差額を補償しなければならない、と言いたかったのである。だから彼は、彼が推奨する方法によって値上がりは避けられるだろうと考える。しかしそのあとは、十分熟慮して努力しなければ、人々は「値段はさらに上がるだろう」というまったく素っ気ない言い方で平手打ちをくらうしかないのだ。『歴史話』の著者によれば、「大衆はその言葉を聞いてがっかりした」。そしてその著者は、チュルゴーの過去および現在のすべての著作を、「彼は国王の口を借りて、小麦は高かったし、高くなるだろうし、高くなるに違いないと言わせた……」という言い方で、要約した。[*44]

＊44　『歴史話』二六七頁および注。

ディジョンの暴動のあと、買い占めによる市場操作が噂になった。「さまざまな地方の多数の大小作農の間で画策された共謀」と、メトラは、四月二六日に国務会議裁決を説明しながら書いている。「二カ月も経つとパンの値段は一リーヴル当たり五ないし六ソルになるだろうと見込まれている」。当の消息紙〔『歴史話』〕は、ルーアン、リヨンなどいくつかの大都市における民心の動揺を伝えている。

値上がりと民心の動揺は、さまざまな政治的画策を助長していた。「宮廷は騒然としている。[16] 策略、陰謀、画策が目を覚ましつつある」と、さらにメトラは五月一日に書いている。ブリオンヌ夫人は王妃に一通の匿名の意見書を手渡したようだが、それは、内閣による市場操作を批判し、最後のところで暗に〔チュルゴーの政敵の〕ショワズールの召還に触れていた。しかし国王は、王妃からその意見書を受け取った時、「この男のことは二度とわたしに言わないでほしい！」と言ったようである。

ショワズール派のこのような〔計略の失敗による〕失望にもかかわらず、攻撃があらゆる方面から財務総監に集中していた。「反対派の怒りが、チュルゴー氏に対して示されたほどむき出しに示されたことはかつてなかった」。世間の人々は、彼こそ明らかに穀物市場の危機の責任者であると考えていた。「小麦の値段は毎日上がっており、大衆には常に、小麦はさらにもっと値上がりするだろうと言葉巧みに吹き込まれている」。常にチュルゴーに好意的であったメトラは、こうした世間の噂は、「私利私欲にもとづいて大臣をけなそうとしている金融業者やその他の連中」のせいであると言って非難する。にもかかわらず、財務総監自身がこうした攻撃のキャンペーンに武器を貸していたのであって、このキャンペーンがまったくの虚構によって行なわれていたとは言えない。メトラでさえ、問題の核心部分については、公式の理論を無条件に支持しようとせず、つぎのように述べている。すなわち、「わたしは、財務総監が穀物取引の自由の不都合な点をすべて予知していたわけでも、独占業者たちの策謀をすべて予測していたわけでもないことを認める」と。これらのすべての説の支持者にとっては、すべての事態を説明するものは常に「独占業者」なのである。メトラは、退却しつつあるチュルゴーの支持者たちの意見を代弁しつつ、輸入と来年の収穫が「現在の困難な状況を部分的に好転させてくれる」ことを願う。「あとは、天候と状況次第であろう」。

歴史上小麦粉戦争の名で知られている一連の挿話が始まったときの人々の一般的な心情は、このようなものであった。

〔訳注〕

1　デピネ夫人（Louise Tardieu des Clavelles, dame de La Live d'Epinay　一七二六―八三年）。一九歳で従兄弟のラ・リーヴ・ドゥ・ベルグラード侯爵と結婚したが、彼のために健康と財産を失った。色事師のフランクーイユや哲学者のグリムと恋愛し、パリやシュヴレット邸（château de la Chevrette）にサロンを開いた。このサロンには、デュクロ、ヴォルテール、ドルバック、グリム、ディドロ、ルソーらが訪れた。彼女は、特にルソーには、シュヴレット庭園の一隅あった小邸エルミタージュ（Hermitage）を提供し、一七五六年、彼はそこに居を構えた。しかし彼は、その強い猜疑心のため庇護者のデピネ夫人や啓蒙哲学者らと仲違いした。デピネ夫人は、文学者や哲学者の庇護者として大きな役割を果たすとともに、道徳的エッセー（『私の幸せな時』（*Mes moments heureux*, 1752））、教育書（『わが息子への手紙』（*Lettres à mon fils*, 1758）、『エミールの会話』（*Conversations d'Emile*, 1776））、『回想録』（*Mémoires*）および『書簡集』（*Correspondance*）を残した。*Larousse*, T. IIIe, p. 221.

2　エリュ（elus）。ペイ・デレクシオン（pays d'élections　地方三部会が設置されていない政府直轄州）におけるエレクシオン（élection　直接徴税区）で、王税の割当・徴収ならびに租税に関する裁判を担当する役人。

3　救いの神（デウス・エクス・マキナ deus ex machina）。原義は、機械仕掛けの神。行き詰まった悲劇的事態に、思いがけない解決をもたらす人物や出来事を指す。ギリシア悲劇の大詰で、筋と関係なく神が登場して紛糾した事態に結末をつけたことに由来する。

4　リアール（liard）。一五―一九世紀のフランスの古銅貨で、一リアールは、四分の一スー（三ドゥニエ）に相当。ここでは、ほんのわずかの金額の意味。

5　ダンパー（tombereaux）。後部を傾けて積荷を降ろす二輪車。放下車。

6　デュプレックスはチュルゴーによって任命された（E. F.）。

7　地方総督補佐官（lieutenant général de province）。地方総督（gouverneur de province）の代理を務める役人。地方総督は、大貴族のなかから任命され特に軍事権を握っていたが、一七世紀の地方長官（intendant）設置以降宮廷貴族の名目的な名誉職となっていたため、任地に赴かなかった。

8　市場税（droits de minages et de hallages）。minages も hallages も領主的賦課租の一種で、市場に運ばれる商品に課せ

られる税。

9 チュルゴーは、リモージュの地方長官時代も財務総監時代も、慈善作業場（Bureaux et ateliers de charité）を、貧民救済の有力な手段として常に重視していた。たとえば、Instruction lue à l'Assemblée de charité de Limoges (11 février 1770. Schelle, T. IIe, pp. 205-19), Lettre à l'Intendant de Champagne (Paris, 27 avril 1775. Schelle, T. IVe, pp. 449-500) などの資料を見よ。

10 ジロー（Girod）。フランスの経済学者。本章の原注20を見よ。

11 サン＝ジュリアン夫人（Mme de Saint-Jurien）。一七五六年にブルゴーニュ州の総督になったグヴェルネ侯爵の妹。才気煥発で有名。ヴォルテールがフェルネ村に居を構えるのを助け、その庇護者となり、しばしばそこを訪れた。自らは、ラ・グラシエール近くのラ・トゥール・デュ・パンに居を構え、そこにアトリエを作り、人々を歓待した。ヴォルテールとは、一七六六年から七八年まで文通を続けた。*Larousse*, T. VIe, p. 133.

12 enarrheurs. 原義は「取引のための手付金を支払う人」（qui donne des arrhes）であるが、ここでは、「ぼろ儲けをする者」の意味。enarrher は、かつて類比的に「金で人を籠絡《ろうらく》する」（gagner qn à prix d'argent）の意味に用いられた。*Larousse*, T. VIe, p. 146.

13 第二部第一章の原注17を見よ。

14 『エフェメリード』（*Éphémérides [du citoyen]*）は、エコノミスト（重農主義者）たちの機関誌で、その「編集者」とはボードー師（abbé Nicolas Baudeau　一七三〇－九二年）のこと。一七七五年八月一九日の国務会議裁決は、ヴォルテールのこの著書を、破廉恥で中傷的で、宗教と大臣たちを害するものとして非難し、その廃刊を命じた。

15 アルディ（Simon-Prospère Hardy）。出版業者。その『日記』（*Journal*）は一九一二年に出版された（E. F.）。

16 ブリオンヌ夫人（Mme de Brionne）。ローアン＝ロシュフォール生まれの伯爵夫人（E. F.）。

第三章　事件の続発

君主は時として人民の犯した過ちに責任を負わなければならないことがある。(1)

この章で問題にするのは、非常に早いテンポで相ついで連鎖的に起きた一連の暴動であって、それらの暴動は、四月二七日と五月一〇日の両日を境として、その間にパリの地域で、ヴェルサイユでは五月二日に、またパリでは五月三日に頂点に達するで形で起きた（ほとんど毎日、ときには同じ日に、違った場所で、いくつもの暴動が起きた）。(2)

イギリスの歴史家リューデは、それらの暴動の年表を作るのをやめて、暴動の地図を作成した。[*1] この地図を調べていると、まったく自然に、まるで軍事作戦行動を追いかけているかのような印象を受ける。

＊1　『フランス革命史年誌』(3)、〔第二八巻〕第一四三号（一九五六年四―六月号）、一三九頁以下。しかし、いくつかの挿話がこの歴史家によって見逃されており、それらについて研究するならば、この問題についての最も重要で最も綿密な研究となるだろう。

しかしながら、小麦粉戦争全体をどう呼ぶのが正しいかは、たんに、一定の空間と時間のなかで限定的に捉えられたあの暴徒集団だけで決定されるわけではない。これらのさまざまな挿話は、それに先立つ時期の多くの類似の事件と区別されるひとつの共通の特徴を、すなわち、民衆自身によるパンの公定価格の決定という特徴を持っている。ここでは、穀物輸送隊の阻止や暴力行為を受けた人間や略奪そのものは問題にされない（あるいは少なくとも、主たる問題とはならない）。民衆が要求するものは、支払う金に見合うだけのパンである。民衆は、ある価格を、すなわちたいていは、小麦一スチエ一二リーヴルに相当するパン一リーヴル当たり二スーの「適切な価格」を決めたいと望んでいるのである。

他方われわれは、暴徒集団そのものから断定的すぎる結論を引き出してはならない。同じ時期に、この地図からはずれた別の場所で、それほど知られていないいくつかのデモがあったのである。また、漸進的な運動とか、包囲作戦的な運動とかいった性急な印象を持つことも警戒しなければならない。最も重要な事件ではないにしても、最も多くの事件が起きるのは、五月二日と三日の前ではなく、その後である。暴動は、すべてがパリとヴェルサイユという王国上層部をめがけて集中したのではなく、それ以外の方面にも発散していったのである。

最初の事件は、四月二七日に、ボーモン゠シュール゠オワーズで起きた。その事件が注目に値するのは、それが一連の事件の最初のものであったからであり、ことにその場所はコンチ大公が支配していたリラダンに近かったため、この人物特有のものとみなされていたマキアヴェリ的行動に関するもろもろの噂を信用させるほどのものに見えたからである。その証拠はごく些細なことである。この事件は、事件そのものとしては大して重要なものではなかったが、政府はそれについての情報をすぐに入手できなかったようである。チュルゴーは、ディジョンの事件からポントワーズの事件へと話の穂を継いでいるヴェリ宛の手紙のなかでは、この事件については何も述べていない。[*2]

*2　デュ・ポンとバーデン辺境伯との書簡、シェル、第四巻、四六頁に引用。

にもかかわらずその事件は、民衆運動全体の出発点をなす事件であり、しかもそれは、パンの公定価格の民衆自身による決定の最初の試みを示すことによって、運動全体に特別な性格を与えているのである。だからそれは、少しばかりその概要を説明しておくだけの値うちがある。

ボーモン村は、偶然の事情から、ある種の公権力の欠如のために被害を蒙っていた。警察長官は死んだため、いなかった。その職務の代理を公証人のバイイが務めていたが、その能力あるいは熱意は、われわれがのちに見るように、かなり怪しげなものであったようである。王国検事代理のシェドゥーイユ自身は病気であった。彼は、事件の知らせを受けた時、それをバイイに知らせた。われわれは、目撃証人でないシェドゥーイユが作成した報告書と[*3]、のちに「バスチーユ監獄行き」の一人となったバイイ——彼自身はかろうじて目撃証人と呼べる——の尋問調書によって[*4]、事実の核心を再現することができる[(4)]。

*3　国立図書館、ジョリー・ドゥ・フルーリコレクション、1159、第一一葉。

*4　国立文書館、Y 11-441.

民心は、とりわけ小麦袋担ぎ人夫の階層において、すでに以前から熱気を帯びていたことが知られていた。前の週の土曜日の四月二二日に開かれた市のときに、一人の小麦卸商人（転売人）が自分の言う値段を強引に押しつけようとして、荷役人夫たちが「木曜日に見ていろよ」と言ったらしい。パン屋とお客の間で、そしてパン屋と警察の間でも、同じようにもめ事があったようである。〔木曜日の〕二七日に、最初の事件が起きた。興奮した一人の荷役人夫が、パン屋でパンが手に入らないと不平を言いながら、バイイの家に現われた[*5]。

*5　警察長官バイイのつぎのような返事を読む時、われわれは彼のその時の精神状態を容易に知ることができるだろう。「パン屋はいつものようにパンを作りながら、そのくせパンを売るのを断わったのだから、パン屋にパンがな

いはずはない」。荷役人夫たちにこう言ったあとバイイは、パン屋に、「わしも同僚たちも普段からパンに不足している、わしは同僚たちが内心何を望んでいるかよく知っている、それはパンがもっとたくさん作られることだし、そのように警察に指示してもらうことだ」と言った。

その少しあとに、下層民たちが、自分の小麦を三二リーヴルで売ろうとしていた小麦転売人の襟首をつかまえてバイイの家に乱入した。その男は、そこに来る前に泉の池に二回突っ込まれていた。デモ隊員は、「俺たちが正しいことを認めろ。……だから、市場に来て取り締まれ、そして、必ず小麦の値段を下げさせろ」と、バイイに言った。バイイが、言葉巧みに彼らに約束したので、家のなかは静かになった。彼が、何が起きているかを見るために窓が現場の方に面している部屋のひとつに行ったのは、何人かの不安気な来訪者たちが来るように求めたからにほかならなかった。バイイはその反乱を眺めがら笑っていたと彼らは語ったが、彼はそれを否定した。

王国検事代理の報告書によれば、「反乱は民衆のなかの何人かの女と荷役人夫によって引き起こされ、彼らは、自分たちで小麦の値段を決めて、商人たちのいないうちに、そこにいたすべての者にそれを売ってしまった。……騎馬憲兵隊の憲兵たちが、罵倒とひどい侮辱を受けた」。検事代理は、そのとき憲兵の剣を折った一人の暴徒を逮捕するのを彼らに許可した。

こうしてわれわれは、この事件の始まり——それは長い事件の連鎖の最初の事件であった——を再現することができる。群衆は、バイイの家の外に出ても、その場所には、当局者〔憲兵隊〕の姿も商人の姿も見かけなかった。というのは、憲兵隊はその部署を動かずにいたし、商人たちは、仲間が泉の池に突っ込まれてからは逃げてしまっていたからである。荷役人夫たちは、互いに交代しながら、自分たちで値段を決めて小麦を売った。この襲撃事件が、のちに捜査官たちが考えたように、予め準備されたものであったという証拠は何もない。われわれが今見ている事件は、民衆による小麦の公定価格決定の典型的な事件である。事実そこには、いかなる窃盗も略奪も伝えられていない。

翌日の四月二八日、ボヴェのバイイ裁判所管区でいくつかの事件が起きたことが記されており、それらの事件は二九日にも再び起きた。これらの事件は、小麦粉戦争を論じている著書によって取り上げられていないが、おそらくこの問題を直接地理的条件と結びつけることはできないだろう。にもかかわらずこれらの事件は、われわれの目には、ますます興味深い、特筆すべき事件に見えてくるのである。なぜならそれらの事件は、デモの自発性と独立性をはっきりと示しているからである。そこには民衆自身による小麦価格決定の現象を見いだすことはできないが、その現象は、われわれの話が進むにつれて、その現象に特有な「伝染的な」ものに見えてくるであろう。ルドゥー・ドゥ・ボメニールが五月二日にジョリー・ドゥ・フルーリに宛てた報告書によれば、金曜日（四月二八日）に、メリュの市場で大きな暴動があった。「非常に多くの暴徒が、ナイフを突き刺して小麦袋の一部を破ったり、何人もの小麦の所有者を虐待したりしたのち、一〇〇袋以上の小麦を略奪し、持ち去りました」。その翌日はボヴェで市の立つ日であったが、その日の騒ぎは大したことにならずに済んだ。しかし同じ日に、再びメリュの市場で四四〇袋が破られ、略奪され、持ち去られた。「一〇〇人以上の棍棒で武装した暴徒が、メリュかその近辺から出発して、そこから二リュー〔約八キロメートル〕離れたノアーイユにやって来ました」。市場に大して小麦がないのを見て、「彼ら」は、製粉所を略奪しに行った。暴徒のうち二人が逮捕された。ボメニールは訓令を要請した。「怯えた小作農たちは怖がって市場に小麦を持って来ませんので、世間の人たちはひどく心配しています」[*6]。

しかし、本来の形の小麦粉戦争が、四月二九日にボーモンから遠くないボントワーズで再び起きた。そ

＊6　ジョリー・ドゥ・フルーリコレクション、1159、第一三葉。

こでもまた、発生の理由は解釈の問題となる。発生するのは、常にリラダンの近くだからである。他方ポントワーズは、昔からパリの食糧供給にとって要衝であり、「しかもパリは、暴徒たちの標的であった」[*7]。

*7 アファナーシエフ、三八〇頁および注。

ポントワーズの事件は、近隣都市ボーモンの諸事件の伝染によって引き起こされたと考える方が理解がいっそう容易であるように思われる。

しかもこの伝染という現象は、五月三日付の国璽尚書宛の（遅まきの）バイイの報告書によってはっきり証明されている。それはつぎのように言っている。

「下層民たちにやりたい放題やらせたからといって、そのために流血事件が起きたわけではありません。彼らは翌日には、小麦商人や製粉業者や小麦粉販売業者の家やオワーズ川の港にまで押しかけて行き、港では船に積んであった小麦を奪って行きました……」[*8]。

*8 アルスナール図書館、バスチーユコレクション、12-447、第五七—五八葉。

ポントワーズでは、デモはボーモンのデモよりもずっと大きな規模を帯びる。このデモは、つぎに述べるようないくつかの主要な性格を示すが、われわれはそれらの性格を、その後あいついで発生する大衆運動のなかに再び見いだすであろう。

第一は、「余所者《よそもの》」と呼ばれるが実際には隣村の住民である民衆の参加——「周辺のすべての村がここに来ています」——であり、同じ日の四月二九日に民事代官のデモンチオン[(5)]によって作成された報告書は、このことをはっきりと指摘している[*9]。

*9 ジョリー・ドゥ・フルーリコレクション、1159、第二〇五—〇六葉。

第二は、略奪と民衆による小麦の公定価格決定の入り混じった現象である。「ポントワーズの町は朝の八時から略奪を受けています」と、同じ報告書は述べている。「民衆は、粉屋と小麦商人の家にいます。……彼らは、小麦を一五リーヴルで買っています。しかし、金を払う者はほとんどなく、皆、盗んで行きます」。しかしここでは、民事代官は自分自身の役割についてはさほど正確に説明していない。追伸には、「夜の八時、略奪は続いています」と書かれている。

最後に、第三は、それ以後のデモ作戦の準備である。「彼らは、ここから三リュー〔約一二キロメートル〕の所にあるマリーヌでも同じことをやると予告しています」。そして、公然たる警告。「パリでも同じくらいのデモをやるだろうと人々が言っていますので、そのことを貴殿にお知らせしておかなくてはならないと思います」。

われわれはここでも、ボーモンで目撃したと同じように、当局者たちの逡巡を目撃する。そのうえ彼らは、軟弱な手段しか用いることができない。騎馬憲兵隊の一部隊が、四人の騎馬憲兵と一緒にボヴェからやって来たが、彼らは、「箍《たが》の外れた群衆に対してまったく手も足も出ない状態です」。おまけに、一方の民事代官デモンチオン――彼は市の当局者を味方につけていた――と、他方の警察長官バラントンと彼直属の補佐官――そのうちの一人で〔下級審の〕次席検察官のサフレ・ドゥ・ボワラベは、監獄送りの一人となった――との間で、職権をめぐるかなり込み入った紛争があった。当局のこの逡巡のため、市門の閉鎖と武装市民軍の動員が翌日まで延期されたようである[*10]。

ボワラベのその後の尋問調書によれば、民事代官のデモチオンは、彼の言うところとは反対に、自分で小麦の公定価格を一スチエ当たり一二リーヴル一〇ソルに決めたようである[*11]。

翌日ボワラベ自身に対して、何人かの商人から、小麦一スチエを二〇フランで、また、小麦粉一袋を四

*10　警察署長シェノンによるバスチーユ監獄への一七七五年五月二二日の報告書。国立文書館、Y. 11-441.

〇フランで売るのを許可するよう要請があり、彼はそうしなければならないと思った。[*11] この不手際な決定のために、彼は小麦の公定価格の決定を行なったという非難を招くことになった。彼の陳述によれば、この措置は実際には実施されなかった。というのは、市門は閉められ市民軍が動員されたため、秩序が回復し、小麦の販売はすべて時価で行なわれたからである。

＊11　デモンチオンは、この事実に触れていないどころか、前述の報告書のなかでは、暴徒たちが決めた一五リーヴルの値段に触れ、それについてつぎのようにはっきりと述べている。「一〇〇人もの人間が同時にやって来て、小麦の公定価格を決めるよう、そして、商人たちが彼らに小麦をその値段で売るように命じるよう、私に強く求めました。私が彼らに、それはできないし、私にはその権限はないと言ったところ、彼らは、じゃあ、小麦を奪いに行こう、と言いました。彼らは皆ぐるになっているのです」。

だからわれわれは、群衆は自分たちで小麦の公定価格を決めるつもりであったし、彼らは少なくとも部分的には満足を得たとみなすことができる。略奪という現象は、たとえそれが実際に大きな展開を見せたとしても、あくまでも付随的な現象であった。ここでもボワラベの証言によるが、民事代官デモンチオンの公定価格令が出されたのちは、騎馬憲兵隊の一下士官の手に掌握された多くの暴徒が、先に奪っていった小麦の代金を支払いにやって来たのであった。

ポントワーズの暴動の翌四月三〇日以降、チュルゴーは、この地域の市場税を一時停止するための国務会議裁決を出させようと急いだ。この問題については、ポントワーズには特別の事情があった。すなわち、この税の取得者と彼らに代わってそれを徴収する徴税請負人たちは、市場以外の所でも、とりわけ港でも、徴収できる権利を要求していたからである。確かに、以前に出されたある国務会議裁決はこうした論争に言及していたが、しかしそれまでは、穀物取引はそこでは行なわれることなくその町を迂回していたので、もしかしたらそのことが、他の地域よりもいっそう敏感な値上がりを招いていたのかも知れないし、おそらくまた、通過する船にまで略奪が及んだ民衆の苛立ち現象を招いていたのかも知れない。

五月一日に、まるで川の流れに沿って発生したかのように、サン＝ジェルマンで暴動が突発した。そこでもまた、近くの村民が多数加わっているのが見られたが、何人かはセーヌ川の向こうのもっと遠くのトリール、エルブレなどの地域からもやって来ていたのであって、彼らはポワシー橋を通って来たことが記されている。仮に予めある計画が立てられていたとしても、暴動はそんな仮定とは無関係に少しずつ伝染していったと考える方が、説明としては非常に納得がいくのである。というのは、サン＝ジェルマンの暴動はその町の境界を大きくはみ出していったからである（それに、ジョリー・ドゥ・フルーリへの報告書は、そこから二リュー離れた所で船の略奪があったと述べている）。サン＝ジェルマンでもまた、略奪と民衆自身による穀物の価格決定（小麦粉一ボワッソー二〇ソル、小麦一スチエ一二ないし二〇リーヴル）の入り混じった現象が見られた。しかし、多くの者（大部分の者）は、「積んである小麦袋をひっくり返したり、ナイフを突き刺して袋を破ったり、略奪したり、金を払わずにこっそり小麦を持って行ったりした」。[*12]

＊12　セーヌ＝オワーズ県に関するこの話のいくつかの部分については、私は、この県の文書館に行って調査したリューデ氏の著作を利用している。私は、自分でその文書館に行って調べたわけではない。

同じ日に、民衆が小麦の値段を強制的に決めさせる事件が、ナンテール、ゴネッスおよびサン＝ドゥニで発生した。これらの位置は、それだけですでに、暴動がいつも起きる線に対して地理的にかなりのずれを示している。

しかしこの同じ五月一日には、その上さらにもっと奇妙な話が伝えられている。その話はわれわれの舞台をモーの町に移すが、リューデの地図によれば、暴動は五月六日になって初めてそこに達したようである。事実この日には、この町で「大々的な大衆運動《デモ》」が起きるのである。しかしモーの町は、以前から暴動が起きやすい地点であったのであって、われわれはすでにそのことを三月二一日の諸事件によって知っている。ジョリー・ドゥ・フルーリコレクションの資料は、年代的にも重要性の点でも中間程度の、あるひとつの事件をわれわれに伝えている。

五月一日に、刑事代官は、町の近くの製粉所で起きた民衆による小麦価格決定を伴った略奪事件について報告書を作成した。

「その事件の犯人はその地方の極貧者ではありませんので、もし行政が彼らの犯した過ちの原因、つまり小麦不足を取り除いてやらない限り、小麦に対する彼らの要求そのものは、彼らの罪を軽くするかも知れません」。デモ隊の遠征に用いられた馬や荷車から、彼らは裕福な農民であることがわかったし、「アルコリエ」(harquoliers) と呼ばれるあの小規模自作農(彼らのうちの何人かは幸いにも自分の土地を持っている) さえも加わっていたことがわかった。

彼らは、全部で二〇ミュイの小麦を奪い、残った小麦は七〇〇リーヴルにすぎなかった。デモ隊に加わったのは、およそ二〇〇人であった。隣村の多数の住民が加わっているのが認められた。カイヨールという名の製粉業者と、下男、水車小屋番、錠前師、かつら師、石工といった、つつましいさまざまな種類の職業に属する共犯者たちに対して、身柄拘束令が発せられた。[*13]

*13 ジョリー・ドゥ・フルーリコレクション、1159、第一二五葉以下。

五月二日、暴動はヴェルサイユに達した。メトラによれば、五月一日の木曜日からすでに女たちによる最初の不穏な動きがあったようである。〔六日の〕火曜日には、近隣地域の住民たちが、とりわけ、ピュトー、サルトルビル、ブジヴァール、カリエールの住民が駆けつけてきて、ヴェルサイユの住民の一部に仲間入りするのが見られた。そこでも最初は、ある時には住民自身によって小麦の値段を（小麦粉一ボワッソー当たり二〇ないし二四スーに）決めようとする試みが行なわれたり、またある時には、小麦粉倉庫や（そこでは王の度量衡使用税(7)が課せられていた）、パン屋や、路上や、小麦調達用荷車で、単純な略奪があったりした。

これらの事件の連鎖に対する最初の説明――それは主にメトラによって信用するに足るものとして流された――は、つぎのように述べていた。すなわち、群衆は宮殿近くにまで行ったとか、国王は群衆に話しかけようと望んでいたとか、国王の言うことはほとんど聞き取れなかったとか、あるいはまた、そのとき国王は、人心を鎮めるためにパンの値段を下げる命令を出し、パン屋にパン一リーヴル当たり二ソルで売るよう命令した、などと言っていた。*14

＊14　メトラ、一七七五年五月三日。『歴史話』の二三五頁に引用されているヴェルサイユからの手紙と言われているものも、同じ趣旨のことを述べている。「陛下は、今日ヴェルサイユにまで達した暴動にいたく心を痛められ、食事も喉に通らない様子でした。陛下は直ちに、パンの公定価格を二ソルにするよう命令を出されました」。ジョルジェルによれば、宮殿はパニック状態になり、（一万人の）部隊はすべての軍務を拒否し、警備隊長は、軍隊を再結集するためにショワジーかフォンテーヌブロー方面へ密かに逃げるよう提案した（第一巻、四二四頁）。しかし、この著者の言うことで信用に値するものはほんのわずかにすぎない。

しかしこの説明は、この事件についてわれわれが利用しうる最も確かな原資料によって、すなわち、国王自身がチュルゴーに宛てて書いた手紙によって否定される。

実はチュルゴーは、パリに暴動が起きるかも知れないとの噂があったために、ヴェルサイユを離れていたのだ。[*15] 彼は、パリから国王へ最初の短信を送った。その原文は残されていないが、この短信は、きっといくつかの安全策について説明を行なっていたと思われる。

*15　モルパもやはりパリにいたが、それは同じ理由からであったか、あるいは、何人もの歴史家がほかに証拠もなく想像しているように、まったく別の理由からであった。

ルイ一六世は、朝の一一時にチュルゴーの短信に返事を書き、その日に起こった最初の事件について詳しく彼に知らせている。

「ヴェルサイユが暴徒に襲われている。奴らは、サン＝ジェルマンを襲ったのと同じ連中だ。余は、これから採るべき措置について、〔陸軍相の〕デュ・ミュイ元帥殿と〔スイス人衛兵連隊長の〕アフリ氏(8)と協議するつもりである。余の断固たる決意を信頼して欲しい。たった今、警備隊を市場へ向かわせたところだ。余は、貴殿がパリのために採った予防措置に大変満足している……」。

この手紙によって、チュルゴーは組織的暴動が起きる可能性についての自分の確信を前もって国王に知らせていたことがわかる。逮捕者が出ることさえも予想されていた。「しかし、特に貴殿が余に話したこれらの者たち……が逮捕される場合には、少しも慌てる必要はないが、問題はたくさんある」。

午後の二時に、国王は二番目の手紙を書く。彼はこの手紙で、食糧調達の安全を確保するためにパリやセーヌ川沿いにさまざまな軍事的措置をとったことについて説明を行なう。[*16] 首都を兵糧攻めにするための協調行動が行なわれるのではないかと、人々は非常に心配していたのだ。この手紙の前置き部分は、国王周辺の雰囲気は動揺していなかったことを示している。続いてそれは、つぎのようにヴェルサイユについての情報を伝えている。

*16 「地方長官は、オート＝セーヌ県とマルヌ県については、そこからは小麦粉は来ないので心配していないと余に言ったが、それでもわれわれはそれらの県の警備を強化している」。

「われわれは完全に平静だ。暴動はかなり激しいものになり始めていた。そこにいた軍隊が暴徒を鎮圧した」。〔国王親衛隊長〕ボヴォー氏がデモ隊員たちの尋問を行なった。そこには二〇村以上が参加していた。彼らはパンの不足を訴えた。「奴らは非常に粗悪な大麦のパンを見せて、二ソルで買ったと言い、誰もこんなものしか売ろうとしないと言っていた」。「その時の最も大きな不手際は、市場《いちば》が開いていなかったことだ。市場を開けさせたら、すべてが大変順調に行った。まるで何事もなかったかのように売り買いが行なわれた。それがすむと彼らは帰って行った……」。

国王がこれらの文章を書いていたとき、彼はこの暴動の鎮静化がどのような状況の下で行なわれたか知らなかった。彼は手紙を書くのを一時中断させられたが、こう付け加えた。「ボヴォー氏は、余が手紙を書いているところを邪魔して、彼がやったばかなやり口をわたしに説明したが、そのやり口というのは、パンを二ソルで奴らに安売りすることだ。彼が言うには、奴らにそのように安売りするか、銃剣を使って無理やり奴らに時価でパンを買わせるか、その中間策はない、というのだ」。

この文面から、ルイ一六世は、この措置を承認しなかっただけでなく、直ちに憤然としてそれに反対したことがわかる。また、チュルゴーが最初のいくつかの事件を知って、この問題についてあらかじめ国王を然るべく教導していたことも容易に想像することができる。

これらの手紙はまた、〔事件に対する〕最初の説明が述べていたとおりに[*17]、民衆が小麦の値段を決定するまえにも、シェルが考えたようにそのあとにも、暴徒は宮殿に近づいたことがなかったことを示しており、また、国王はいかなる演説もしなかったことを示しているように見える。

＊17　「それは暴徒の言い分を認めることであった。暴徒は宮殿に向かった。宮殿では、ルイ一六世が群衆に向かって演説をしようと試みたが無駄であった」（シェル、第四巻、四七頁）。

〔先に述べた〕「最も大きな不手際」の張本人について言えば、それは、ヴェリによれば、親衛隊長のボヴォー自身か、モルレとモローによれば、ヴェルサイユの若き地方総督のポワ大公(9)であった。[＊18] その責任者が誰であれ、この誤りは重大な結果をもたらしたのである。なぜなら、暴動の煽動者たちはそれ以来、本気かそうでないかは別として、国王の決定を楯に取るようになったからである。

＊18　ヴェリはつぎのように言っている。「彼〔国王〕は、親衛隊長が暴動に対する恐怖のあまり出した軽はずみな命令に強く反対した。……」（二八九頁）。また、モルレはつぎのように言っている。「ムシー元帥(10)の息子で、元ノアーイユ伯爵であったポワ大公は、……命令することによって、ヴェルサイユ地方総督としてすばらしい成果を挙げることができると思った」（シェルバーン卿への手紙、五月一七日、七二頁）。

同じ五月二日に、重要度の異なるいくつかの事件が、ポワッシーで（スアールという製粉業者の家で民衆が力ずくで小麦粉の公定価格を決める）、ロモランタン（ヴェルサイユからおよそ一〇キロメートルの所）の製粉業者の家で、ブーローニュのパン屋の店で（被疑者の言うところによれば、脅しも暴力行為もなかった）、そして、エピネの路上で起きた。〔集団による行動のほかに〕個人による行動すらも挙げることができる。単独の数人がパン屋に現われ、パン一リーヴルを二ソルで売るよう要求した。すべてこうした場合には、リーダーか彼らのうちの何人かが逮捕されて尋問されたが、彼らは善意を楯にして抗弁した。だから、これらの参加者は、決して得体の知れない見知らぬ人間ではなかったし、また誰を調べてみても、みんなで共謀したという証拠はどんな小さな証拠も見つからならなかった。[*19]

＊19　リューデ、一四九―五〇頁。

同じ日にアルジャントゥーイユで発生した暴動は特筆すべきものであるが、それはつぎの二つの理由による。すなわち、一方ではそこに、当局者と群衆の間の妥協の新しい実例を見いだすことができ、他方では、民衆による公定価格の決定を伴い、しかも配給切符という形で具体化された配給制――それはわれわれがこれまで知る限り唯一の例である――を見ることができるのである。それはチケット制のひとつの歴史的先例である。

これらの事件は二つの報告書によって取り上げられた。ひとつは領主裁判所検事(11)からの報告書であり、もうひとつはアルジャントゥーイユのバイイ裁判所長ジャバン氏の報告書である。ここで問題になっているのは小麦粉であって、小麦ではない。民衆はこの小麦粉を一ボワッソー当たり三〇スーで買いたいと言っていた。当局者は、純白の小麦粉であるか色のくすんだ小麦粉であるかによって、一ボワッソー当たり四五スーと四〇スーで妥協案を用意し、商人たちもそれを受け入れた。裁判官たちはにわか仕立てのその協議機関をさらに進めて、配給量を、一人当たり、しかも最も貧しい者に対してのみ、三ボワッソーに限定することに決定した。彼らはそのための配給券を発行させた。[*20]

＊20　アルジャントゥーイユのこの事件は、これまでこの問題に関する研究からは見過ごされてきたように見える。おそらくその理由は、暴徒の逮捕がなかったことと犯罪調書がないことによって説明できるであろう。だからこの事件は、このような資料がないため、ジョリー・ドゥ・フルーリコレクションのなかにある一七七五年の第三番および第四番報告書によってしか知ることができない。

五月三日、暴動はついに首都に及んだが、そこでは、暴動のことは非常に丁寧に報じられた。

「見事と言おうか、信じがたいと言おうか、ならず者どもは、指定した日にポントワーズその他の民衆を蜂起させたのち、パリに来る日を指定し、その約束を守った。予告され、したがってあらかじめ警備の命令が出されていたにもかかわらず、……彼らは、武器といえば棍棒しか持たずに首都のさまざまな門からやって来て、パン屋というパン屋を、まるで落ち着きはらった様子で略奪した」と、『歴史話』は書いている。[*21]

＊21　『歴史話』二三三頁。

チュルゴーは、月曜日から火曜日にかけての夜に警察長官のルノワールと協議し、ついで火曜日の朝にはフランス人近衛連隊司令官のビロン元帥と協議した。

火曜日から水曜日にかけての夜には、国王直属の部隊が田野をパトロールし、何人かの宿無しを逮捕し、農民たちの動きを監視したと言われている。「一般民衆よりももっと上層の階級の何人もの人間が」バスチーユ監獄に連行された（メトラ）。

協議もそして予防策も（それについては国王は大いに満足の意を表明していた）、大して役には立たなかった。

水曜日は市の立つ日であった。そして、たまたま偶然の一致から、パン四リーヴル〔二キログラム〕の値段が一三スー半から一四スーに上がった。こうしてパンの値段はその時期の最高値になった。

メトラ、アルディ、『歴史話』およびヴェリの『日記』のような時評家たちの話は、〔暴動の〕の核心部分についてはほぼ一致している。

夜あるいは朝早く、パリ市以外のよそ者が、なかでも特に、サン＝マルタン門と会談門とヴォジラール門からやって来た。暴動を引き起こした者は彼らだけではなかったが、彼らは下層民たちを興奮させた。メトラによれば、暴動に新たに加わったのは荷役人夫とその他の一般庶民だけであった。「民衆のなかでとりわけ重要な部分をなしていた職人たちは、きわめて平静であった」。ヴェリもまた同じように述べており、民衆は暴動に加わらなかった。「民衆はもの珍しさから大挙して集まり、パン屋から盗み出されたパンのおこぼれに与った」。彼らは首尾よく好奇心を満足させた。「住民は皆戸口を閉めていたが窓は開けていたので、まるで行列が通るのを見るようにそこに集まって暴徒たちが通るのを眺めていた」。

では、どんな暴徒であったか。

治安当局者たちは、主として中央卸売市場を固めようと考えていた（ヴェリ）。その市場は、フランス人とスイス人の親衛隊の擲弾兵と国王直属の騎馬竜騎兵よって取り囲まれていた。下層民たちは、最初は、穀物中央市場を略奪したり小麦粉の入ったすべての袋をナイフで突き破ったりしようと計画していたが、中央市場に達することができず、それを諦めた（アルディ）。彼らは、そのとき急に方針を変更して、小売市場とパン屋を襲った。

アルディの話は、〔暴徒たちの間に〕つぎつぎに指令が出されたと言っているように見えるが、シャトレ裁判所尋問官の調書は、それらの動きは時を同じくして混乱した形で行なわれたこと、そしてまた、あらかじめ考えられた計画に従っていくつかの小隊を移動させたのではないことを示している。

ほとんどの事件はパン屋で起きた。パン屋の方では何の防備策もとられていなかった。

確かなことは、当局者は何も予想していなかったにしても、パン屋の方では何かが起こるかも知れないと予想していたことである。*22 彼らの多くは、近所の家にパンを預けたのち家を離れていた。その場しのぎの策をとったこのパン屋が略奪されたのだ（アルディ『歴史話』）。パン屋の店が閉まっているのを見た暴徒たちは、棍棒や竿でたたき、ペンチまで使って、無理やりこじ開けようとした（アルディ）。その場しのぎの最も傑作なやり方は、パンをすっかり取り除いたあとに、「この店貸します」という貼り紙を張っておいたパン屋のやり方であった（『歴史話』）。このパン屋は無傷ですんだ。別のパン屋は、暴徒たちが店の戸を打ち壊さないようにと、二階の窓からパンを投げてやった（ボルギャール通りのシャップ）。

＊22 『歴史話』によれば、パン屋は警察から、あとで彼らが弁償する場合は別として、暴徒が要求するすべてのパンを、彼らが買いたいと望む値段で売るよう勧告を受けていたらしい。しかしこのような指示は、〔パリ警察長官〕ルノワールの無能あるいは不誠実さがどのようなものであったにせよ、ほとんど信憑性がないように思われる。

パリの暴動の場合には、略奪の部分と民衆によるパンの公定価格の決定の部分を区別することは難しい。前者の部分が最も大きかったように見える。暴徒とパン屋との個々の駆け引きにおいて、少なくとも最も一般的な場合、誰か話しかける相手がいた時には、彼らはまず最初に金の支払いを申し出たようである。しかし、こうしたやり方に当然伴う混乱のため、パンを買う側の大半は一文も払わずにこっそり逃げ去ったのであった。[＊23] パンを手一杯抱え込んだ暴徒たちは、それを互いにくれてやったり、売ったりしていた（メトラ）。

＊23 ボデュリエ通りのパン屋の女主人で未亡人のシュイイールの場合。彼らは、彼女から四リーヴルのパン二〇〇個を買ったが、そのうち、四リーヴルのパン一個につき八ソルの金が支払われたのはほんのわずかであった。ラルブル＝セック通りのパン屋ラ・ローシュの場合には、パンは金を払わずに持ち逃げされた。サン＝ヴィクトール大修道院の修道女の所では、彼らは三窯分のパンを奪ったが、支払われたのは一二リーヴルであった。労働者と職人によってパン買い取りの取引が行なわれたサン＝ロラン街とサン＝マルタン街では、逆に、彼ら自身によってパンの公定価格が決められた。ヴェルサイユでの公定価格が参考にされた。サン＝ブノワ地区の警察署長ロランが尋問した二八人のパン屋は、全部で一万九六七七リーヴルの損害を届け出た（一人当たり平均七〇〇リーヴルで、それは、

相当な額のように見える)。リューデ、前掲書、参照。

こうした作戦行動の典型的な図式のひとつは(というのは、確かに地区によっていろいろな違いがあったからである)、サン＝プノワ地区警察署長のロランが作成したこのうえない完璧な調書によって再現することができる。[*24]

*24　国立文書館、Y. 12-791.

この報告書によると、まず、ひとつの小さなデモ隊が現われる。数に違いはあるが多数の群衆が、パン屋の店の前で待っている。率先行動隊がパンがどれくらいあるかを調べ、そこにあるすべてのパンを摑んで――乾いて固くなったパン屑も含めて、と原告たちははっきり述べている――、外にいる連中にそのパンを投げてやる。デモ隊員たちは、もう一度戻ってくるぞと予告し、おおむね実際に戻ってくる。これはおそらく彼らがもう一窯パンが新たに焼かれるのを期待しているからであるが、しかしたいていの場合、そこにはもう何も見つけることはできない。

同じ率先行動隊がいくつもの店に姿を現わすが、同じ地区のすべての店に姿を現わすとは限らない。多くの場合デモ隊員は、前掛けを掛けたり、皮の前掛けまで掛けたり、ボンネットをかぶったり、あるいは袋を携えている。ある者は棍棒で武装している。彼らの一人は、「先端に木の鉤の付いた太さ三プース〔約八センチメートル〕長さ六ピエ〔約一・九メートル〕の棒」さえ残していった。ある場合には、斧を持っていたことが報じられている。

何人もの証人は、彼らの所にやってきた者の外観から、彼らはプロの職人だとおよその見当をつけている。ある場合には、彼らはたんなる「浮浪者」に似ている(二証言)。しかし他の場合には、荷役労働者(三証言)や帽子職人(四証言)や小さな家屋敷を持った靴職人(二証言)に似ている。これらの職人を見分けることは、浮浪者を見分けるよりももっと正確にできるのだ。「彼はそのなかに屋敷持ちの靴職人がいると思った」、「その女房は、そのなかの若者と少年はサン＝ジャン・ドゥ・ラトランの所にいる若い靴職人だとわかった」。さらに、二つの場合には、名前と居所を含めて、個人の身元がはっきりわかっている。*25

＊25　パン屋のクザンは、一人は仲間のデュランという名の製本職人だとわかり、もう一人は仲間のマフェールという名の錠前職人だとわかった。しかしこれらの名前は、『勾留者リスト』には載っていない（下記原注32を見よ）。

われわれがこれまで描いてきたようなデモ作戦の図式は、何よりもまず、彼らはある地点から他の地点に移動しながら、大衆を巻き込んでいく「ならず者」だという主張を裏づけることができるように見える。しかし、こう結論するには正当な根拠がないように思われる。われわれが率先行動隊と呼んだグループは、おそらく、ある特定の暴徒のグループ、すなわち「リーダー」のグループに当たると思われるが、しかし彼らは、地区ごとに徴募された者であるように見える。すべてこの種のデモは、精力的に活動する少数の人間の介在を前提としている。しかしここには、全体の戦略と計画を示すものは何も見られない。リーダーたちが、いくつものパン屋を回りながらつぎつぎに襲うのは、あるいは、彼らが一度襲ったパン屋に再び戻ってくるのは、毎回、彼らが引き連れている者の全員に食糧を与えるのに十分なパンを見つけることができないからである。

ではその間、治安係は何をしていたのだろうか。

その点こそ、この種の事件の最も注目すべき点である。

その点でもまた、微妙な違いは別として、情報は一致している。治安部隊(12)は、まったく指令を持っていなかったか、漠然とした場当たり的な指令しか持っていなかったかのどちらかであった。

『歴史話』によれば、「人々は、何が原因で暴動が起きているのかまだ知らなかったし、厳しすぎる取り締まりによってかえって暴動が激化するのではないかと心配していた」。この時評家は、警察の手先が自ら無理やりパン屋に店を開けさせて、暴徒たちにパンを配らせているのが見られたと述べている。

これは、一見したところ、治安当局は無能であったとか、サボっていたとかいう主張を裏づけているように見える。しかしわれわれは、当時の治安係の一般的な戦術は、暴動に真正面から立ち向かうことではなかったことを忘れてはならない。彼らは、最初のうちは暴動が広がるままにさせておいた。彼らは暴動が少し息切れするのを待って介入した。そのとき警察のスパイが、群衆のなかの何人かのリーダーに目星をつけておいて、あとから逮捕しに行ったのだ。

治安当局のこのような逡巡は、田舎や地方の暴動の場合に非常によく見られることである。

パリの治安当局の逡巡は、確かに政府の命令に反するものであったが、常日頃の慣習というものは、悪意よりももっともらしい説明となるのである。

実情をもっと詳しく見てみよう。

待命中の部隊は、監視隊、通常の軍隊および国王直属の部隊であった。

監視隊は実員数のなかに入っていたが、堅実性も実効性もなく、倫理性と規律性に欠けていた。先のいくつかの暴動の際に、この監視隊員がデモ隊員と親密にしているのが見られた。この事件では、デモ隊が監視隊を刺激しないように気を使えば使うほど、監視隊員はますますやる気をなくしたのであった。監視隊の小グループが略奪されているパン屋の側を通ったが、棍棒しか武器を持たない略奪者たちを為すに任せているのが見られた、とヴェリは書いている。何人かの若くて元気のよいマスケット銃士隊員がこれらの暴徒を町の一隅に閉じ込めたが、監視隊が彼らを監獄に連れて行くのを拒否するのが見られた。その監視隊は、「われわれは逮捕する命令は受けていない」と答えた。[*26]

これらの証言と一致しない証言がひとつだけある。サン＝ロラン街では、暴徒たちが、パリの警備監視隊に、彼らは銃に弾をこめていたにもかかわらず、舗石の破片を彼らに見せながら敢然と立ち向かうのが見られたという（アルディ）。

*26　ヴェリ、二九〇頁。

もう一方の極端には、国王直属の部隊、すなわちこの場合には、灰色〔または白色〕銃士隊と黒色銃士隊が[*27](13)いたが、彼らこそ、数はあまり多くないが絶対的忠誠を誓った部隊であった。[*28]

*27　軽騎兵と近衛騎兵はムードンにいた。

*28　高等法院の追放によって引き起こされた暴動のときに、彼らにふさわしいものとしてこの呼称が彼らに与えられた。「われわれにそうせよとの命令が下りさえすれば、われわれは、このb... -là〔bêtes-là＝ばか者たち？〕に向かって銃をぶっ放すだろう」（リヴィエール、一七七五年一二月二三日）。

われわれはたった今、ヴェリが挙げた実例によって、彼らがなんらかの武力行使を行なったことを知った。しかし『歴史話』は、「マスケット銃士隊は、彼ら（暴徒たち）と楽しげに話をしていたし、もっと同情的な何人かの銃士隊員は、暴徒たちが奪ってきたパンを買うためにいくらかの金を彼らに投げてやっていた」、と書いている。たとえそうであったにしても、おそらくそれは、禁止令が出されていなかっただけであろうし、また、全般的に不確かな雰囲気のもとで行なわれただけであろう。

夜の七時頃、騎馬銃士隊がさらにずっと多くの群衆を追い散らそうと試みた（アルディ）。

この部隊——その実効性は、ほとんど無きに等しい監視隊と非常に信頼のおけるマスケット銃士隊の中間であった——がこのとき何もしなかった理由は、その指揮官の態度によって説明できるが、その態度は、のちに政治につながる問題を提起することになる。

「翌日、フランス人近衛部隊の下士官たちは、前の晩にやっていたのと同じように忍び笑いをしていた。……暴動が長引いたことの責任は、主として彼らの連隊司令官であるビロン元帥の無為無能に帰すべきである」と、ヴェリは書いている。

ヴェリは、ビロン元帥の無為無能の原因となった事情をわれわれに伝えている。朝の九時に、モルパは彼に、この日に予定されていた軍旗祝別式をやめるよう助言した。「最初彼はやめるつもりはなかったので、彼が分遣隊の大部隊を派遣したのはもっとあとになってからにすぎなかったし、……それも、彼らに必要な命令すら出していなかった。彼が出した命令は、暴徒を殺さないようにせよということだけであった」。

ヴェリは、この時のモルパの気力の欠如と、そしておそらくはまたある種の下心のことで、彼を非難した。国王の首相たる者が、このような状況のもとで、たんに助言を与えるだけでどうして満足できたのか？　また、事件の重大さが不確かであった時に、どうして彼は助言しか与えなかったのか？　では、彼はその後はどうしたか？　われわれは、ヴェリがわれわれに伝えているモルパとの会話によってその日の事態の展開を知ることができる。

「まさにあなたが、国王の名で命令し、事件の責任を負い、軍隊がとっている措置を理解し、その指揮官たちに通達を出さねばならなかったのです。……

――だけど、国王はチュルゴー氏に手紙を書いたのですよ。チュルゴー氏が命令を出していて、われわれは絶えずその命令を待っていました。彼が正午に帰宅したあと、わたしは彼の家へ行って協議しました。そして、彼がみんなに命令を出しているのを見て、わたしは帰宅しました、とモルパは答えた。

――おや、あなた、何をおっしゃるんですか、たぶん彼にとってはその役はふさわしくなかったでしょうが、あなたがご自分でやらなければならなかった役を彼がやったのですよ、とヴェリは反論する」。モルパのこのなげやりな態度は、おそらく複雑なさまざまな気持ちを、すなわち、彼にはほとんど理解することのできない民衆の反抗に対する臆病さ、暴力事件の責任の回避、チュルゴーが前面に出て最も重要な役割を引き受けていることへの不満、自らはこの感情を押し隠し、うわべだけの同意によってその越権行為を隠蔽しようとする気持ち、さらにおそらくは、チュルゴーにすべてのリスクを引き受けさせて、彼が「主人をないがしろにする」のを見ようとするもっと底意のある考えを表わしている。

このどうにでもとれる曖昧な態度は、すでに前の晩に、別の形の行動によって示されていた。モルパはオペラ座へ行ったのだ。それはまさにヴェルサイユの暴動の日であって、この軽々しい態度は、人々を憤慨させた。「パリ中がそのことで彼を非難した」。いずれにせよ、それを種にして一篇の風刺詩が作られた。[*29]

＊29

お願いしますよ、伯爵さま
あなたがお止めなさらねば
民衆は反乱を起こすでしょう。
反乱を止めてほしいと願う人たちに言いなさい
わたしはオペラ座へ行かなければならないと。

（『歴史話』二六六頁）

彼は、そのときは暴動のことを知らなかったとか、暴動を知ったのはちょうどオペラ座であったとか、「そこでは同時にすべてが鎮静化したことを知った」、と言い訳をした。しかし彼は、きっと何かを気づいていたに違いない。というのは、チュルゴーへの国王の最初の手紙が出されたのは朝の一一時であり、また、チュルゴーはその晩ヴェルサイユへ行ったが、それはおそらく、彼が国王から二番目の手紙を受け取った時であったと思われるからである。それに、公権力は警戒態勢に入っていたのだ。だからヴェリ師は、彼の友人〔モルパ〕の行為を「軽率」だと非難するのである。『歴史話』の著者は逆にモルパを擁護するが、その言葉は興味がなくはない。「この大臣は、政治論争には完全に中立であっただけに、また、彼はエコノミストたちの学説に関してはいかなる態度も決めていなかっただけに、……さらに、彼は旧い政治方針を密かに好んでいただけに、彼が何かのきっかけでこうした道化じみたことに首を突っ込む気にならなかったのももっともであった……」。

おそらくモルパは、人々がこのような批評を少なくともすぐに行なったことに対しては腹を立てなかっただろうし、また、国が破滅状態に陥ったときに治安対策の問題にも構造改革の問題にも知らぬ顔でいるように見えたことについても、遺憾に思わなかったであろう。事の成り行きからすれば、オペラ座での夜の観劇は、彼の超然たる態度を誇示するためのよい方法であったかも知れない。そこに見られるものは、駆け引き上の「軽率さ」なのである。

モルパがチュルゴーを意図的に破局に追いやろうとしていたと考えるのは、おそらく考えすぎであろう。けれども彼は、チュルゴーと一緒に破局への道をたどるつもりはなかったのだ。

それに、事実財務総監は、おそらくしばらくのあいだは敗北寸前であったのである。

われわれは今日では、彼の役割を再現して見せることができるし、この決定的な日々における彼の時間の使い方すら再現して見せることができる。

月曜日の夕方と火曜日の朝、彼はパリで会議を行なった。火曜日の午後遅く、彼は、民衆が自らパンの公定価格を決めるという間違ったやり方をひどく心配して、問題の場所がどこかを確かめるために——それは国王から依頼されたことであった——、再びヴェルサイユに出かけた。水曜日に彼はパリに戻ったが、それは、デュ・ポンによれば一〇時であり、ヴェリによれば正午であった。彼は、デモ隊がかびの生えたパンを見せびらかしながら財務総監府の建物の前で叫んでいるのに出会った。彼は現状の問題点をはっきり理解することができた。彼の留守の間、モルパは、国務会議――その経緯にはこれまで誰も注目しなかった――を行なったのち、静かに待っていた。ビロン元帥は、軍旗祝別式を行なっていた。ルノワールは、穀物中央卸売市場を警護させることで満足していた。そして、打つ手に困っていたパン屋を除いて、パリ全市が略奪の対象となるか、あるいは見物の対象となっていた。革命とはこんなふうにして始まるのかも知れない。

しかしチュルゴーは、荒々しい現実にでくわしただけでたじろぐような空論家ではなかった。彼は自分の権威を確立した。さらに彼は、ビロン元帥に自分の権威を認めさせるために、彼がすでに国王から受け取っていた自筆の手紙――それは国王の意向がどこにあるかを少しも疑わせなかった――を彼に見せなければならなかった。[*30] 彼は、ディジョンの時のやり方を別の形で再現して見せたのだ。つまり、ラ・トゥール・デュ・パン宛の手紙に国王自筆のサインをもらったあの方法をまねたのである。

＊30　デュ・ポン、バーデン辺境伯との書簡、シェル、第四巻、四八頁。

チュルゴーによるこの現状の再掌握――それはおそらく〔五月三日の〕午後の初め頃であった――は、ある程度の治安の回復――それは、いくつかの証言と最初に述べた調書[*31]によって午後の三時頃と確定することができる――をも意味していた。この時から、何人かの暴徒の逮捕が行なわれた。夜になってから、メトラが言っているように「こっそりと」、他の暴徒の逮捕も行なわれた。

＊31　リューデ、一五〇頁。

実際、警察は、この種の事件ではいつものやり方に従って行動したのである。警察は、激しい反発を避けるために、原則として現行犯で逮捕するのを差し控えた。警察のスパイが何人かの暴徒に目星をつけて尾行し、ディジョンで行なわれたように警察がのちに自宅にまで行って彼らを逮捕したのだ。

しかし、五月三日当日の逮捕者の数はほんの少数にすぎなかった。リューデが調べた警察の調書によれば、四〇人そこそこである。勾留者リストによると二五人を数えるだけであるが、[*32]おそらくそれは不完全な数であろう。

＊32 「パン、小麦および小麦粉の略奪に関して、パリその他のさまざまな監獄に勾留された者、ならびに同目的で逮捕命令が出された者のリスト」〔本書、付録Ⅳ〕。このリストは、レニングラード〔現サンクト゠ペテルブルク〕のサルトゥイコフ゠シチェドリン図書館のご厚意によって知ることができた。

五月四日にはもっと多くの逮捕者が出、さらにそれに続く数日にわたって別の逮捕者が出た。五月三日水曜日の夕方に、暴動は終わった。暴動はもはやパリでは再発しなかった。小麦粉戦争と呼ばれる大いなる戦闘は、かくして、権力者側の勝利に終わった。

〔訳注〕

1 原文はラテン語で、つぎの通り。Non nunquam poena principibus propter peccata plebis infertur. なお、このラテン文と第二部第四章冒頭のラテン文の解釈については、仙台アリアンス・フランセーズの元院長ロベール・ロドリゲス氏のお世話になった。

2 リューデ（George Redé or Rude　一九一〇年―　）。ノルウェーのオスロー生まれのイギリスの歴史家。一九一九年にイギリスに渡り、一九三一年に同国の国籍を得た。ケンブリッジのトリニティ・カレッジを卒業後、一九五〇年ロンドン大学で学位を取得。学位論文は、「パリの賃金労働者と一七八九―九一年の叛乱運動」（Parisian Wage-

Earning Population and the Insurrectionary Movement of 1789-91)。一九六〇年から南オーストラリアのアデレード大学で歴史学上級講師となり、六四－六七年同教授。一九七〇年からカナダのモントリオールのコンコルディア大学の歴史学教授（一九八二年現在）。専門の研究分野は、一八世紀のフランス・イギリスの社会史と民衆運動で、この分野に関する論文・著書は多数に上る。邦訳には、①前川他訳『リューデ　フランス革命と群衆』ミネルヴァ書房、一九六三年（George Rude, *The Crowd in the French Revolution.* Oxford University Press, 1959）と②古賀他訳『ジョージ゠リューデ　歴史における群衆――英仏民衆運動史一七三〇－一八四八』法律文化社、一九八二年（George Rudé, *The Crowd in History: A Study of Popular Disturbances in France and England 1730-1848.* New York, 1964, Rev. Ed, 1981）および③古賀他訳『ジョージ゠リューデ　イデオロギーと民衆抗議』法律文化社、一九八四年（George Rudé, *Ideology and Popular Protest.* London, 1980）がある。著者の名は、「初期の論文では Rede 最近のものは Rudé となって」いるという（前記邦訳①の「訳者あとがき」三四六頁）。フォールは Rude と書いているが、ここでは邦訳に従って「リューデ」とした。なお、ここにフォールが引用しているリューデの論文は、「一七七五年五月におけるパリおよびパリ地域での民衆による穀物公定価格の決定」(La Taxation populaire de mai 1775 à Paris et dans la region parisienne）である。

3 『フランス革命史年誌』(*Annales historiques de la Révolution française*)。フランス革命史研究者のマチエ（Albert Mathiez　一八七四－一九三二年）が、オラール（Alphonse Aulard　一八四九－一九二八年）の革命史研究方法（政治史と宗教問題中心、ダントン評価）に対抗して一九〇七年に作った「ロベスピエール研究学会」(Société des études robespierristes　「革命全体、その序曲と終局を含む一七七〇年からほぼ一八二五年までの全期間」を研究対象とする）の機関誌で、フランス革命史専門研究誌。この機関誌は、一九〇八年以来刊行され、当初の誌名は『革命年報』(*Annales révolutionnaires*）であったが、その後一九二四年に表記のように改められ、今日に至っている。前川貞二郎『フランス革命史研究――史学史的考察』創文社、一九五六年、二六九頁を見よ。

4 王国検事（procureur du roi）。下級審の主席検事。帝政時代には帝国検事（procureur impérial）と呼ばれ、現在では共和国検事（procureur de la République）と言う。なお、上級審である高等法院（Parlement）の主席検事は procureur général と言う。

5 民事代官（lieutenant général civil）。名誉職となっていたバイイ裁判所（baillage 北仏地方）のバイイ（bailli）またはセネシャル裁判所（sénéchaussée 南仏地方）のセネシャル（sénéchal）に代わって実際に民事に関する裁判を行なった代官。民事代官とは別に、刑事代官（lieutenant général criminel）がいた。

6 ボワッソー（boisseau）。昔の容量単位で、一ボワッソーは約一二・五リットル。

7 王の度量衡使用税（Poids le Roy）。領主がその領内で使用した度量衡とは別に国王が制定した度量衡、すなわち、「王の度量衡、別名、都市の度量衡」（Poids du roi ou Poids de ville）が存在し、商品が都市や港に持ち込まれる時、計量されるすべての商品に「王の度量衡使用税」（Poids le Roy ou Poids-le-roi）が課せられた。*Larousse*, T. V^{e}, p. 659.

8 アフリ氏（Louis-Augustin-Philippe, comte d'Affry 一七四三―一八一〇年）。スイスのフリブールで生まれベルンで死んだスイス人の軍人で行政官。一七九二年八月までオ＝ラン県のフランス軍を指揮したのち、スイス人傭兵部隊を指揮し、傭兵部隊解散後は、祖国スイスで軍司令官に任ぜられ、一八〇二年には、第一執政ボナパルト護衛のために派遣されたスイス人部隊の代表団に加わった。一八〇三年には、スイスの州知事（landammann）となり、その後、ナポレオンのかたわらでさまざまな任務を果たした。*Larousse*, T. Ier, p. 81.

9 ポワ大公（Philippe-Louis-Marc-Antoine, duc de Mouchy, prince de Poix 一七五二―一八一九年）ムシー元帥（つぎの訳注10を見よ）の息子で、フランスの軍人。一七六八年軍に入り、一七八八年少将。一七八九年、貴族代表として全国三部会に選出され、ヴェルサイユ市民軍の名で憲法制定国民議会名誉衛兵の創設を提案し、自らはヴェルサイユ国民衛兵の司令官となった。新思想を恐れてその司令官を辞しコブレンツに行った（一七九一年）が、まもなくフランスに戻り、ルイ一六世のかたわらで立法議会に参加した。革命の激化を見て亡命し、一八〇〇年フランスに帰国。一八一四年、ルイ一八世は彼を国王軍の副指令官と近衛隊長に任命した。*Larousse*, T. V^{e}, p. 672.

10 ムシー元帥（Philippe de Noailles, duc de Mouchy 一七一五―九四年）。非常に若くして、ヴェルサイユ、トリアノン、マルリの都市・城館・庭園総督に任命され、のち軍人となり、一七四八年国王軍の副指令官となった。七年戦争の時クレフェルトおよびミンデンで活躍、一七七五年元帥。一七九三年逮捕されて革命裁判所で死刑を宣告され、翌年処刑された。マリー＝レチンスカとマリー＝アントワネットの女官を務めた彼の妻（Anne-Louise d'Arpajon 一七一八―九四年）も夫と同じ日に処刑された。*Larousse*, T. IVe, p. 1009.

11 領主裁判所検事（procureur fiscal）。アンシアン・レジーム下で、領主裁判所のもとにあって領主の利益と領地全般の利益を擁護した司法官。略してたんに、le fiscal とも言う。*Larousse*, T. V^e^, p. 800.

12 治安部隊（forces d'ordres）。警察と憲兵隊とからなる治安維持のための機動隊。

13 灰色〔または白色〕銃士隊と黒色銃士隊（les mousquetaires gris [ou blancs] et les mousquetaires noirs）。いずれも、マスケット銃（mousquet）を持った近衛騎兵で、彼らの乗る馬の毛色（la robe）によって、この二つの部隊に分けられていた。Cf. *Larousse*, T. IVe, p. 1020.

第四章　政府の対策――最後の暴動

人民が反抗的である時にはその人民を教育しなければならない(1)。

財務総監は、依然として〔小麦粉戦争の〕戦場を制圧していた。けれども彼は、さらにその制圧を続ける必要があったし、そのうえ、暴動が攻勢に転ずるあらゆる機会を防がねばならなかった。〔暴動が終わった五月三日の〕水曜日の晩から、チュルゴーは、政府の対策計画の立案に本腰を入れて取りかかった。彼は、夜であったにもかかわらず、臨時閣議を召集した。モルパに事前に知らせずに、彼はパリ警視総監ルノワールの強制的辞任を要求し、その許可を得た。ルノワールの後任には、チュルゴーの腹心のアルベールが任命された（このアルベールは、その後まもなくファルジェス(2)と交代した）。

ルノワールの解任によって、チュルゴーはサルチーヌに決定的に離反された。というのは、ルノワールはサルチーヌの後釜に納まった男であり、彼のお気に入りであったからである。しかし今は、そんな細なことを気にしている時ではなかった。それにチュルゴーは、その二人はこの事態に臨んで公正に振る舞わなかったのではないかと疑っていたのだ[*1]。

＊1　この噂は、『身ぐるみ剝ぎ取られたスパイ』のなかに取り上げられた。ボードー師が反サルチーヌの噂を広めたので、チュルゴーは彼をこの〔海軍〕大臣の所に謝罪に行かせねばならなかった。サルチーヌは、大人《たいじん》らしく振る

舞い、処罰を要求しなかった。しかしこの出来事は、両者を折り合わせることにはならなかった（メトラ、一七七五年七月一日）。

「チュルゴー氏は、この激情的で無分別なエコノミストと絶縁した」（メトラ、一七七五年七月八日）。

『歴史話』は、サルチーヌはその後大臣として国務会議に出席することになったので、彼はこうしてこれらの中傷的な噂を晴らしたのだと述べている（二七一頁）。


「彼は、わたしが彼自身に任せた任務をわかっていないのです」と、チュルゴーはモルパのことに触れながら、五月一三日にヴェリに手紙を書いた。「もしルノワール氏がなおもその地位に留まっていましたら、わたしはどんな責任も負えませんでした」[*2]。

＊2　シェル、第四巻、四四五頁および四四六頁。

チュルゴーは、ルノワールに解任を通告する国王自筆の手紙を自分で持って行った。彼は、朝の七時に、その手紙に自分の言葉を一筆添えて相手に届けた[*3]。彼はどんな些細なことも疎かにしたくはなかった。なぜなら彼は、国王から〔ルノワール解任の〕方針変更の許可を得ようと思えば得られたし、あるいは、解任の伝達を先に延ばそうと思えば延ばせたからである。

＊3　この手紙は、《〔宮内大臣〕ラ・ヴリイエール公爵の書類束》のなかに入っていた。

「辞職者」宛のその手紙のなかで、チュルゴーは彼の個人的な信頼感を表明している。彼は、先の騒乱を防ぐために、パリの警視総監〔ルノワール〕はできる限りのことをしたと確信していたからである。「しかし、これらの不幸な事件が起きたことは事実だし、しかも、治安対策のために採られたその方法が、——私に言わせれば——前もって予告されていたのだから非常に容易に防げたと思えるような事件まで、簡単に起こさせてしまったことは疑えません」。いくつかの対策が決定されていたが、それらの対策は実行されなかったのだ。「あなたの部下のやり方があまりにもまずかったのです」。われわれは、何事も成り行きに任せてはいけないし、「この人のようにつぎの日に賭ける」ようなことをしてはいけない。「その時の状況が要求するものをもっと的確に推し測ることができる性格」を持った警視総監が必要なのだ。

これは、国家が語る冷静で仮借のない言葉である。

先の事件の際に、二人の無能な人物がいたが、一人を罷免し、別の一人を昇進させたことはよいやり方であった。ビロン元帥は、ルノワールとは違った人物であった。チュルゴーは、彼の場合には悪意があったとは思っていなかった。彼はビロン元帥が規律正しい人物であることを知っていた。だから彼は、軍隊の指揮を任されたのだ。ところがこの元帥は、混乱の責任を監視隊に転嫁し、自分でラブルールというこの監視隊の指揮官を取り替え、彼の後任にラ・バレルヌ(3)を任命したのだ。

この国務会議は、ディジョンの暴動の時にすでにチュルゴーが表明していた方針、すなわち、かなりの軍事力を動員するという方針に沿った軍事的措置を講じた。『歴史話』によれば、最初から二つの部隊が作られた。ひとつは、ビロンの直接の指揮のもとにパリとすぐ近くの郊外を守る部隊であり、もうひとつは、ポワヤンヌ侯爵(4)指揮のもとにイール゠ドゥ゠フランスを守る部隊であった。最も信頼できる部隊であった〔国王直属の〕廷臣たちの部隊は、水路の警備のために配置された。すなわち、「黒色銃士隊はマルヌ川沿岸地帯に、灰色銃士隊はセーヌ川下流の沿岸地帯に、憲兵隊と軽騎兵隊はセーヌ川上流の沿岸地帯に」配置された。首都を兵糧攻めにすることを狙った、なんらかの密かな計画があるのではないかとたえず恐れられていたからである。

フランス人近衛部隊とスイス人近衛部隊および退役兵部隊は、場末とパン屋の店の警備を続けることになっていた。

ビロン元帥に任された指令部隊の役割は、正規部隊の規律を確実に保つことであった。「翌日、正規部隊の連隊長がパリとその近郊に置かれていた総司令部からの手紙を受け取ったが、そのとき正規部隊は、今後は何の混乱も起こらないだろうとはっきりと答えた」と、ヴェリは書いている。*4

＊4　ヴェリ、二九一頁。

チュルゴーは、常にディジョンの暴動の時の方針に従って、迅速で模範的な鎮圧を要求した。なぜなら、普通法(5)の手続きに従っていたのでは時間が長くかかるように見えたし、それにたぶん、高等法院の介入が心配されたからだ。

したがって、暴動を起こした犯人は、戦時の慣習に従って「逮捕され、即決で直ちに裁かれる」ことが決定された。つまり、それは戒厳令であった。

国務会議の議論を経て裁決された王令（オルドナンス）(6)にこの措置が記載されているが、この措置はその王令の根幹部分をなしている。さらにそれは、群衆の蝟集《いしゅう》やパン屋への押し入り、パンや小麦粉を市価よりも安く売るよう強要する行為を禁止している。それはまた、暴力行為があった場合には軍隊は発砲するよう命令を受けた、とはっきり述べている。

さらに、おそらく国務会議の議論の過程か（あるいはそのすぐあとか）と思われるが、すべての指揮官と地方長官を地域のそれぞれの部署に帰還させることが決定された。*5

＊5　五月四日の国王の手紙。いくつかの情報によると、この命令は司教にも拡大して適用された（『歴史話』）。

国務会議の席を立つ時、国王はチュルゴーに、「少なくともわれわれには非難されるようなことは何もないよ」と言い、「〔暴動をまだ経験したことのない〕うぶな人間の感性に似つかわしい言葉」*6を述べたようである。

＊6　『歴史話』二三九頁および二四〇頁。

チュルゴーは全権を受け取り、さらに軍事力についての高度な指揮権を、すなわち、陸軍相の指揮権と暴動が起きた場合のパリ県の指揮権までも受け取った、と人々は言っていた。＊7 このような主張は、どんな資料からも結論することはできないし、また、まじめな主張であるようには見えない。しかし彼は、実際に権力を行使していた。つまり彼は、すでに権力を手に入れていたのだ。

＊7　ウェーベル『回想録』第二巻、八四頁。この同じ資料によれば、国王は、チュルゴーを抱擁し彼に全権を与えることを告げながら、「貴殿と余のように穢れなき良心を持っている者は、人を恐れる必要はまったくない」と言ったという。しかしこの権力委譲説は、先に引用した五月四日の国王の手紙によって否定されるように思われる。たとえば、国王はつぎのようにはっきり述べている。「〔陸軍相〕デュ・ミュイ氏は、貴殿が要求している通りに、取り急ぎビロン元帥に命令を発した」と。だから、命令伝達の平常の体制は廃止されていなかったのだ。

ビロン元帥は、その将軍の地位に安住し、自分を猛将と思いこみ、そのうえ、公衆の面前で道化役を演じた。彼は、首都周辺の完璧な非常線を形成していた〔二個師団並みの〕(7)二万五〇〇〇人の軍隊のトップに立ち、セーヌ上流域をポワヤンヌ侯爵に、セーヌ下流域をヴォー伯爵に任せ、自らは、大層な参謀本部の真中にあるビロン邸に陣取り、幕僚たちが行き来するなかで豪勢な食事をしていた。＊8 彼は自分をそのポストになくてはならぬ人物と思っていたので、五週あとの――そのときには暴動はもう完全に鎮静化していた――国王の聖別式(8)に欠席することは考えていなかった。

＊8　彼は、臨時費として四万リーヴル受け取り、そのほかに、月々二万リーヴル受け取ることになっていた（『歴史話』二七〇頁）。

パリっ子たちは、彼のことを、「あんたはただの小麦粉ばかだよ」(9)と歌っていた。彼はそれによって自尊心を傷つけられた。人々は、彼を担いで面白がった。彼は、暴徒がバスチーユ監獄とアルスナール兵器廠を奪取しようとしているとの知らせを受けて、大砲の照準をそちらに定めた。

「まるで敵の一隊がこれらの要塞を取り囲んで攻撃を始めたかのように、大げさな配備が行なわれた」。こんなことがあったにもかかわらず、パリに秩序が回復した。「夜になるずっと前からランプが明々と灯され、日中まで点けられたままであった。ランプの明かりは、暴動の時のように、人々が何か予期せぬ出来事に恐れを抱く時には暗くされていた」。


他方アルベールは、五月五日以降、暴動防止のための治安対策をとっていた。警官が朝の五時から一〇時の間にそれぞれの受け持ち地区の巡回を行ない、親方や雇い主に、使用人や職人を、特に鉄工職人を、自宅に引き留めておくよう通知することになっていた。騒乱が起きた時には、それぞれ帰宅して、戸を閉めることになっていた。よそ者や素性のわからぬ者に隠れ家を提供してはならなかった。武器や道具や棒を持ち歩くことは禁止されていた。[*9] アルベールは、抑圧的尋問も引き受け、自ら微に入り細にわたって尋問を行なった。

＊9　未公刊の行政通達。国立文書館、Y. 11-441.

五月四日以降、舞台は、かねて予想されていた通り、高等法院という劇場に移った。高等法院は、大衆煽動的性癖を持っていただけでなく、このような民衆の動揺に対して無関心でいることはできなかった。というのは、高等法院は裁判機能だけでなく治安機能までも負っていたので、したがって監視隊は、理屈のうえでは高等法院の命令下に置かれていたからである。

だから、高等法院の評定官たちは、五月二日と三日の出来事を無頓着に眺めていたわけではなかった。

チュルゴーは、暴動がパリに達する前の五月二日以来、用心のために高等法院長に会いに行き、「陛下の配下に属する高等法院は、この治安問題のいかなることにも口出ししないでほしい」との国王の希望を彼に伝えていた。それはおそらく、チュルゴーと国王との間で打ち合わせてあった対策のひとつであったと思われるが、チュルゴーはそれについて、五月二日の彼の短信（国王の最初の手紙に先立つもので、国王の手紙はそれへの返事となっている）のなかで説明を行なっている。

五月三日、高等法院長は国王の手紙を受け取ったが、その内容は、『歴史話』のなかにつぎのように要約されている。「彼（陛下）は、（暴動が）引き続き起きないようにする方法に取り組もうとしておられた。陛下は、何人かの悪意のある人間によって引き起こされた民心の動揺がどこに由来するかは、すでに部分的に気づいておられた。……陛下は、陛下の配下に属する高等法院が、危険で不見識な行動によって陛下のお考えを妨害しないよう望んでおられた」。

高等法院から、〔治安に関する〕権利を剝奪するためではなく、それを安心させるために高等法院に伝えられた弁明の元は、暴動発生源についての奇妙な情報のうちにあった。暴動陰謀説は、主要な事件が演じられる以前からすでに姿を現わしていたのだ。チュルゴーは、ディジョンの事件（ラ・トゥール・デュ・パン(10)の最初の報告書）以後、いずれにしてもボーモン、ポントワーズおよびヴェルサイユの事件以後、陰謀説の確信を深めていた。というのは、これらの事件は、彼には戦略的観点から生じているように見えたからである。

高等法院長は、協議するために集まった同僚の評定官たちに、チュルゴーの訪問を受けたことと、〔五月三日の〕国王の手紙のことを一緒に伝えた。そのとき彼は、高等法院の熱意と恭順の証拠を示すために、国王の前に出て引退を表明する役目を負わされた。*10

＊10　別の資料によれば、高等法院から委任された高等法院長は、五月四日の明け方にヴェルサイユに向かったらしい。だが彼は、途中で彼にこの手紙を届ける政府書簡配達人と出会ったので、そのとき彼は道を引き返したという（セギュール、一七八頁）。

五月四日、高等法院の諸法廷が再び招集された。幾人もの評定官たちが、自分たちがたまたま知った事件ことや「自分の領地のこと」やその他のことについて話した。

そののち、高等法院は――この高等法院は特別法廷を創設するために前日の晩に出された王令をまだ知らなかった――予審を開始するために裁決を行なった。この手続きはまったく正常な手続きであった。その時あるひとつの事件が起こったが、ヴェリはそれを、実務上のミスのせいにしている。

高等法院がその裁決を行なった時、それはまだ裁判所としての本来の権限内にいた。しかし、他方で高等法院は、自分のもつ治安全般に関する特権の観点に立って同時に特別裁決を行ない、国王に対して、「悪意のある人間に民心を動揺させる口実と機会を悪用させないために、穀物とパンの価格を民衆の要求に合った価格にまで引き下げるよう」要請した。

この裁決は、「裁判所内だけのものにすぎなかった」し、世間には公表しないで、国王に働きかけることを目的としたものであったはずである。ところがこの裁決は、「書記課の勘違い」によってその内容が公表され、しかも、最初の裁決に続けて公表されたのだ。[＊11]

＊11　ヴェリ、第一巻、二三九頁。この話し手に値する信用を考えると、彼の解釈は正しいとみなすことができるようだ。けれどもまた、誰かある「活動家」の故意の過ちという仮説も立てることができる。

しかもその裁決の全部が、公示を準備するために印刷業者の所に送られたのである。

同日政府は、ヴェルサイユから〔パリ高等法院へ〕一通の国王宣言を送ったが、それは、前日の王令に従って「即決裁判官委員会」を設置しようとするものであった。

この委員会は、トゥルネル法廷[11]によって作られることになっていた。こうして、リスクを極力減らしながら、高等法院から〔治安に関する〕権限を奪わないで済む気のきいた解決策が見つけ出された。ところが高等法院は、自分たちのイニシアチブが功を奏したことに気をよくして、この巧妙な逃げ道を受け入れなかった。高等法院は、国王宣言は高等法院がもともとすでに持っている権限を行使させるために高等法院に「それを与え」ようとしているのだと主張して、その登録を拒否した。*12 他方高等法院は、国王宣言は本来大法廷〔本章訳注11参照〕に送られるべきであったのに、トゥルネル法廷に狙いをつけて直接それに送られてきたとして、その形式上の瑕疵を問題にした。

＊12 『歴史話』によれば、〔五月〕四日の会議のきっかけとなったのはこの国王宣言の送付であった（二四三頁）。しかしこの説明は、その話の残りの部分と矛盾しているように見える。というのは、その部分では、この集まりに自発的な性格を認めているからである。逆にヴェリの記述によれば、王令は、高等法院の主導権に対する一種の反発であったようだ（八九三頁）。われわれには、われわれが行なった時系列的な説明が最も真実に近いように思われる。

したがって、政府は二重の失敗を経験した。すなわち裁判の面では、政府が考えていた手続きはそれ以上の進行を阻止された。また時機の面では、政府が回避したいと思っていた高等法院の主導権が発揮されることになった。

しかし活力というものは、自在な能力であると同時に、もろもろの事件の連鎖をも生み出す。政府は、まず緊急措置を講じた。印刷業者に、配布をやめるよう命令が出された。忠実な銃士たちが原版を壊しにやってきた。販売が中止された。何部かがすでに印刷業者の手を離れて、掲示されていた。それらは王令をその上に貼って覆い隠された。

同じ日の五月四日、国王はチュルゴーに新たに手紙を書き、高等法院が唱えている異議に言及した。しかし、現実に問題であったのはルーアンの高等法院であった。それはまだ穀物取引の自由に関する開封状の登録を行なっておらず、それを行なったのはずっとあとのことにすぎなかった。パリの高等法院で同時に進行していて、ルイ一六世がこの手紙を書いている時にはまだ気づいていなかった諸事件に、この〔国王宣言の〕法文を適用したのは、誤った解釈によるものであった。[*13] 国王がヴェルサイユ宮殿でその状況について知らされたのは、おそらくずっとあとのことにすぎなかったと思われる。チュルゴーは真夜中の一二時きっかりにヴェルサイユに着いて、国王にその状況を知らせ、さらに、国務会議の招集を促したとも言われている。[*14] 高等法院の判決の公布を中止することを決定したのはこの国務会議であったが、破毀の裁決を宣告しなかったために、結果として、高等法院に自己の判決を常に有効だと考えることを許してしまったようである。[*15]

*13 特にセギュールがこの誤りを犯した。だがわれわれの解釈は、この資料を公刊したデュボワ・ドゥ・レタンの解釈と一致しており、問題の文章の冒頭に書かれているルーアン高等法院長であったモントロン氏およびその主席検事であったベルブッフ氏の言葉によって、その正しさがはっきりと証明されている。国璽尚書〔ミロメニル〕が「彼の知る高等法院の最も実力のある頭目たち」に内々に手紙を書いたという事実は、ミロメニルがかつてこの裁判所に所属していた (12) だけに、理解できることである。

*14 シェル、第四巻、四二三頁。『歴史話』二四四頁。

*15 デイキン、一八六頁。

問題の核心部分については、五月五日からヴェルサイユで親裁座を開催することが決定された。問題追及の方法に関してはさまざまなやり方があった。まず最初に、高等法院の登録簿から裁決を抹消し、高等法院が穀物に関する問題に口出しすることを一切禁止することが検討された。しかし、この親裁座が行なわれる直前の朝の九時に、〔首相格の〕モルパがある状況のもとでこの計画を変更したが、この状況がどのようなものであったかはわかっていない。[*16]

＊16　ヴェリがこれについて説明を行なっているが、その話はつぎのような言葉で中断されている。「もし国王が昨日のわれわれの計画を推し進めれば、高等法院も、……正当だと主張するだろう」（二九三頁）。

その結果、即決裁判所を設置することを謳った国王宣言を登録させることだけが決定されたが、その宣言の文章は、先に高等法院の登録拒否に遭って作り直されたものであった。この最終文章では、もはやトゥルネル裁判所のことは問題にされていなかった。結局、元帥裁判権を持つ裁判長たちに権限が与えられ、彼らは、上席裁判所[(13)]の吏員か、あるいは彼らがいない場合には別の陪席判事が呼ばれて、彼らによって補佐されることになった。[(14)]高等法院の諸法廷ならびにその他の判事には、これらの事件についての裁判権を持つことが禁じられた。

国王宣言が出された動機は、五月三日とその前後の数日に起きた暴動に関係があった。これらの暴動は、「徒党を組んだならず者たち」のせいにされていたし、しかも、彼らのさまざまな悪事、すなわち、製粉所や農家の略奪、パン卸売市場の略奪、小麦や小麦粉やパンの窃盗、路上での小麦輸送荷車の襲撃、小麦袋の切り裂き、荷馬車の御者に対する虐待、小麦を積んだ船の略奪、挑発的な暴言などは、あたかもたったひとつの同じ集団の仕業であるかのように考えられていた。

五月五日の金曜日の朝、儀典長が高等法院に封印状を持参した。それは、高等法院の評定官たちに、「黒衣を着て」直ちにヴェルサイユに行くよう命ずるものであった。彼らは、協議し、いくつかの新しい話を聞いた。しかし何も決まらず、彼らは国王の命令に応えるためにヴェルサイユに向けて出発した。[*17]

＊17　いくつかの記述によれば、高等法院はそのとき対抗策として、パンの値段を一リーヴル当たり二スーに決定する

ことを要求したようである（デイキン、一八八頁）が、しかしこの説明は、『歴史話』における記述と食い違っている。

かくして六カ月足らずののちの一一月一一日に、国王は、折悪しく最初の親裁座の時に再び作り出した反対勢力を抑え込むために、二度目の親裁座を開催しなければならなかった。

これらの評定官は「大いに歓迎された」と、『歴史話』ははっきり述べている。彼らは儀式の間で夕食をとることが許され、親裁座は三時半になってようやく始まった。出版された親裁座の議事録は、列席者と儀式の模様をわれわれに詳しく伝えている。

国王は、暗記してきたいくつかの言葉しか述べなかった。「余は、反乱と化そうとしている略奪行為の流れをくい止めねばならぬし、くい止めたいと思う」と、彼は力説する。国王は心地よく響く喉を持っていなかったにもかかわらず、その語調にはこの欠点を補うだけの気品と力強さが備わっていた、と『歴史話』は書いている。

主要な役目と主要な演説は、もっぱら国璽尚書のアルマン・トマ・ヒュー・ドゥ・ミロメニルによって行なわれたが、その様子は、つぎのように描かれている。彼は、「深紅のサテンの裏地を付けた紫色のビロードの法服を纏って」、「肘掛け椅子に座っていたが、その椅子には、国王の足敷布用の、金の百合の花が散りばめられた、紫色のビロードの絨緞の端切れが掛けられていた[*18]」。

＊18　親裁座議事録、王立印刷所(15)、一七七五年。

彼は、この厳粛で決定的な状況のもとでチュルゴーの見解を説明し、彼の政策の補助者となるべきであったにもかかわらず、運命の皮肉により、彼の閣内の主要な敵となったのである。

われわれは国璽尚書の演説のなかに、たんに「ならず者」という考えだけでなく、「陰謀」という主張が公式に表明されているのを見ることができる。

「田舎の人々を悲嘆のどん底に陥れ、小麦を積んだ船の運行を遮断し、小麦の輸送を妨害せんとして仕組まれた計画があったように思われる。……その狙いはなんであったか。それは、大都市を、とりわけパリの町を、兵糧攻めにすることであった」。

例外措置は、極度に危険なこの状況のゆえに許される。再び平静が取り戻されたときには裁判所は常態に復するであろう、と国璽尚書は告げる。当面は、「暴動の伝染」をくい止めねばならない。

生来あまり雄弁ではなく、しかも現下の情勢に困惑していた高等法院長のアリーグルは、一言も言わなかった[*19]。次席検事のセギエは、それほど簡単に慌てふためく人物ではなかったけれども、〔国王宣言の〕登録を要求するだけにとどめた。

＊19　噂では、彼は自分の演説を、『カルトジオ修道会の門番』の著者で弁護士のジェルヴェーズ(16)に用意してもらうつもりでいたという（フォンサン、五〇七頁引用のドゥ・リール宛ヴォルテール書簡、一七七六年三月一四日）。たぶん彼は、彼の助けを求める時間がなかったのだろう。

ミロメニル氏が慣例に従って投票に移った時、コンチ大公とフェルトーのいう名の評定官だけが議論を始めたのが人々の注目を引いた。ミロメニルは、国王に説明するために一五分間その膝下にひれ伏していた[*20]。

＊20　『歴史話』二四六頁。

国王は、もう一度、「余は諸君にいかなる建言をも禁ずる」と、力強く宣言した。

パリに戻ると、これらの評定官は再び議論を始めたが、政府関係者は翌日まで議論を先送りした。この新しい会議の席では皆冷静になっていたので、彼らはおおっぴらに苦情を述べることは差し控えた。彼らは最大限穏健な言葉で書かれた新しい布告を採択しただけであった。それは国王に対して、「国民に対する彼の愛情がこれまで国民に示してきた配慮を、穀物の問題について確実に続けたまうこと」を求めていた。高等法院は、「その懸念と熱意の証拠をはっきり示すために、……全然派手ではないが、しかし同時に確実な方法」を選んだのだ。そのあと高等法院は、五月四日の先の布告を再び出した。「高等法院のこの弱腰な態度は許されるべきものではなかった」と、「愛国的」活動家の代弁者を自認する『歴史話』の著者は書いている。

高等法院は、この最初の闘いにおいて、権力側の確固たる態度のために、そしておそらくはまた状況の重大さのために、動揺したのである。

なるほど、高等法院は民衆を愛していた。――だが、烈々たる義憤にかられてというほどではなかった。

聖職者へのアピールとさまざまな決定

国王はすっかり自分に満足していた。彼は五月五日に、自信に満ちた調子で、「余が最初に発言した時、余はあやうく言い間違いをするところであった。けれども、慌てずにあのように巧く言葉を補うことができた」と、チュルゴーに書いた。そして五月六日には、「実を言えば、余は五〇人の人間よりもたった一人の人間にずっと手を焼いている」と書いた。

国王と大臣チュルゴーは、陰謀について疑念を深めていた。五月六日の手紙は、チュルゴーがかねて要求していた二通の白紙の命令書の送付に言及し、「われわれが以前から抱いていた疑念とわれわれが行なわなければならない決断は、とても恐ろしいものだ。けれども残念なことに、そのこと〔陰謀〕について同じことを言ったのは彼らだけではない。余は、余の名に代えて、彼らがたんに中傷者にすぎないことを願っている」と、国王は付け加えている。

この件《くだり》は、当時一身に告発を受けていたコンチ大公を指すものと考えられている。たとえば、「〔余の〕名に代えて」という言葉に込められた暗示は、血縁の大公を指していると解釈されている。

われわれはまた、この件によって、幾人かの人間がコンチの名前を挙げていたこと、名指ししていたのは彼らだけではなかったこと、しかし、それでもなお人々はそれはゆえなき誹謗だろうとの推測を捨てきれないでいたこと、そしてまた、国王は好んでそうした推測に固執していたこと、を知ることができる。

数日後、陰謀説は政治的な性格をもった新しい動きのなかで再び確固たるものになりつつあった。

チュルゴーは、秩序維持のための協力を得るために、聖職者への要請文を作成しようと決心した。

この要請文が作成されたのは、聖職者のうちに不穏な動きに加わる者が何人かいるかも知れないと懸念されたからだ、と時には噂された。何人かの聖職者が心配されたことは確かである[*21]。しかし、それ以外の聖職者たちは、反対に、秩序維持のために力を貸したのだ[*22]。だから、聖職者たちの一般的態度を云々することはまったくの見当違いであろう。司祭たちはどうであったかと言えば、彼らは教区の信者たちの近くに住み彼らの貧しさをよく知っていたので、ときには彼らの無知蒙昧さを共有することもあったが、彼らの反発に共感することができたのである。

＊21　下記、五一五―一八頁〔第五章の「司祭たち」〕を見よ。

＊22　メリの主任司祭は、叛徒に秘蹟を行なうことを拒否していた。彼は、二〇〇リーヴルの年金を受け取ったうえ、

聖職禄を与える約束を受けた（シェル引用の『ライデン新聞』、第四巻、四二二頁、注）。別の主任司祭は、彼に向かって棍棒を振り上げた暴徒からその武器を取り上げたようである。しかしたぶんこの主任司祭は、メリの主任司祭と同じ人だったのではないだろうか（メトラ、第一巻、三五八頁）。

チュルゴーの積極的行動の十分な説明の根拠は、他の場合と同様この場合にも、彼自身の過去の実験のなかに見いだすことができる。彼は、聖職者たちがとりわけ田舎で行なうことができる組織化と情報提供の役割を常に非常に重視していたのだ。彼は、リモージュの地方長官をしていた時に、彼らの協力をすでに何度も利用したことがあった。この実験を再び全国的規模で行なうことは、彼にとってはまったく当然のことと思われたのである。

司教を介して主任司祭たちに伝えられた五月九日付の長文の指示書のなかには、このような文書に必ず含まれる宛先人に対する称賛と励ましの言葉とともに、非常に手短に述べられてはいるが、有益な経済原則を思い出させずにはおかない言葉が見いだされる。その指示書の執筆者は、実際には小麦の品不足はなかったことを（市場には、とりわけ略奪を受けた地方には、常に十分な量の小麦があった）、また、過度の困窮もなかったことを、すなわち、過去にはもっとひどい値上りが見られたことを、強調している。おまけに、慈善作業場が開設されていたのだ。

反乱の責任はならず者の集団にあるのであって、われわれはこの指示書のなかに、準備中であった公式の見解の要点が、いくつも明確に述べられているのを見ることができる。

——ならず者たちは、いずれの場合にも、聖堂区とは無関係のよそ者である。

——彼らは金銭的手段を用いる。なぜなら、彼らは捨て値で買う時でさえ大量に買う。だから彼らは困窮に追いやられることはない。

――彼らは食糧を台なしにする。
――彼らは穀物倉庫や農家に放火する。その狙いはパリを兵糧攻めにすることである。
――彼らは国王の決定を恣意的に利用する。

ならず者の集団による略奪の話のあとには、陰謀の話である。その話が述べられているのはたった一カ所であるが、そこではつぎのようにはっきりと述べられている。「民衆は、略奪の張本人が誰であるかを知れば、彼らを信頼するどころか、彼らを恐怖心をもって見るだろう。民衆がその結果を知れば、彼らはその結果を、食糧の極度の欠乏そのものよりももっと恐れるだろう」。だからその非難は、まさしく体制破壊的な政治的陰謀に対する非難なのである。

デュ・ポンによれば、この一節は、ロメニ・ドゥ・ブリエンヌによってその指示書のなかに挿入されたという。デュ・ポン本人は、それは慎重さを欠く行為であったと考えている。というのは、こうして、一般の人にはわからないようないくつかの新しい事実を世間に知らせることになったからである。

聖職者たちに要請文を出すという考え方そのものは、異論の余地のあるものであった。批評家（チュルゴーに敵対的な傾向を持った批評家）のある者は、そこにひとつの不手際を見た。「聖職者たちは、こうして陛下の権利を侵害したとか、ある意味で説教壇から指示を出す権利を与えられたのだと言って[17]、顰蹙を買った」と、『歴史話』[*23]は述べている。司教たちのなかには、チュルゴーのうちにガリカニスムの底意を疑った者さえいたようである。

＊23 『歴史話』二六四頁および二六五頁。

おそらくチュルゴーは、聖職者たちが考えていたことについては、その要請文が世論に与えた効果ほどには気にかけていなかったと思われる。そのとき得られた結果から速断せずとも、教会組織が当時としてはそれに匹敵するものがないほどの情報網と宣伝網を持っていたことは確かである。だから、それに頼ることは政治家として当然の考えであったのだ。

暴動の「政治的」結果についての話でこの話を終わるために、われわれは最後に二種類の政府の対策についで述べておかなければならない。

五月八日、以前から実施されていたが海上ルートの輸入だけに限定されていた〔小麦の〕輸入奨励金の恩典制度を、陸路のいくつかの取引（アルザス、ロレーヌと三つの司教区での取引）に拡大するために、国務会議の裁決が採択された。六月二日には、パリとマルセーユを除く全市で徴収されていた小麦、小麦粉およびパンに対する入市税が、二つの国務会議裁決によって停止された。人々は、これらの税の軽減によって食糧品の値段が下がるものと期待していた。というのは、その徴収にまつわるさまざまな悪弊が、その額を過度に負担の重いものにしていたからである。停止の理由についての説明を読むと、自治体自身がこの措置に乗り気になっていたことがわかる。自治体は、入市税の停止による収入の減少分を、可能な限り「節約と支出の削減」によって埋め合わせるか、それができない場合には、最も必要な食糧品に影響を及ぼさない方法によって埋め合わせるよう求められた。

他方、「ディジョンの」やり方を踏襲しようとするチュルゴーは、暴動の被害者に対する補償をなんとしても確実に実行したいと思った。デュ・ポンは、その被害額を六一万リーヴルと見積もっている。船が略奪され、「そのうえ小麦が川に投げ捨てられた」プランテールという商人には、直ちに五万リーヴルが支払われた。補償に必要な資金は、テレーの国家管理備蓄穀物精算勘定から支払われたようである。[*24]

＊24　デュ・ポンによる記述はこのようである。しかし、別の充当資金から支払われた形跡も見られる（一七七五年五月八日のソワッソン地方長官宛チュルゴーの書簡、オワーズ県文書館、C.318を見よ）。

処罰

見せしめのための絞首刑

五月五日の親裁座は、処罰のための例外的な法的手続きをとることを認めた。五月四日と八日の間に、警察は、暴動に参加した廉で告発された相当数の人間を逮捕した。リュブリンスキーの研究によれば、一六二人が「穀物罪」で起訴された（別に一二二人が、同じ期間に、さまざまな行為の廉で、しかしたいていの場合一般的騒擾行為との関連で、投獄された）。

これらの逮捕者のうちの少数の者は、同じ五月三日もしくはそれに続く数日の間に田舎で起きた暴動との関連で逮捕されたのであった。リューデ氏は、ブリ地方およびイール＝ドゥ＝フランス地方で逮捕された者は全部で二六〇人を数え、「パリの」諸事件では一四五人を数えたと言っている。[*25]

＊25 〔レニングラード、サルトゥイコフ＝シチェドリン図書館所蔵〕『勾留者リスト』〔本書、付録Ⅳ〕およびリュブリンスキーの論文（下記五一三頁、原注＊5）を見よ。

暴徒の逮捕と、さまざまな重要人物に関してとられた「投獄」措置とを混同してはならない。だから、臨時即決裁判所がその職務を果たし、非常に正確に投獄者の選定を行なわねばならなかったのは、普通の監獄に小物を投獄する場合であった。この裁判所は、あるいは少なくともその裁判長であり元帥裁判権を持つ裁判長であったパピヨンは、当初は大してやる気があるようには見えなかった。だから『歴史話』によれば、〔宮内大臣〕ラ・ヴリイエール公爵は、パピヨンがその刑事部――それは彼のほかに「シャトレ裁判所の一一人の評定官」から成っていた――の招集を決断するように、国王の命令だと言って彼に手紙を書かねばならなかった。その招集宣言は、五月八日にシャトレ裁判所に登録された。五月一一日、即決裁判官会議は、二人の暴徒に絞首刑の判決を言い渡した。その判決は同じ日の午後三時に執行された、とアルディは明言している。この処刑のために、グレーヴ広場に、高さ一八ピエ〔約五・八メートル〕の絞首台が二基据え付けられた[18]。広場は人払いされ、兵隊が二列、一列は内側を向き別の一列は外側を向いて配置された。処刑された暴徒たちは、民衆に助けてくれと哀願し、自分たちは民衆の身代わりになって死ぬのだと叫んだ[*26]。

＊26 『歴史話』二五五頁および二五六頁。

この二人の暴徒の人物と彼らが行なった悪行については、年代記作者たちの提供している情報は乏しく、歴史家たちの示している関心も薄い。前者のなかではアルディが、また後者のなかではセギュールが、かろうじて彼らの名前を挙げているにすぎない。即決裁判官会議の判決[*27]によれば、この二人は、かつら職人で元兵士（彼はまた、マットレスの毛梳工であり、中央市場の荷役人夫でもあった）のジャン゠ドゥニ・デポルトと、見習いのガーゼ職人のジャン゠クロード・レギエであった。判決文の要点について言えば、デポルトは、最初あるパン屋の店に現われて、「店を閉めるな、これからおまえの店を略奪する。パンはどれだけある？　五窯分？　よし、わかった」と、パン屋に言った。彼に続いて三〇〇人の群衆がやってきたようである。彼はまた、別のパン屋の襲撃にも加わったらしい。そのパン屋には三個のパンしか見つからなかった。レギエについては、ある店を足で蹴って、そこに押し入るよう群衆を唆したことが有罪とされた。このような状況から、被疑者たちがリーダーであったとみなすことができるかも知れないが、しかしそのような状況はとりたてて重大ではない。この二人は、似たような手口で、しかも、もっとひどい暴力行為で容易に有罪とされたかも知れないすべての人間のなかにたまたま混じっていて逮捕されたのだ。

彼らは見せしめのために絞首刑にされたのである。

＊27　この判決文の印刷原本は、国立文書館の K. 1022 の第二五番にあり、また、秘密会議の登録簿の〈細字で書かれた〉判決正本は、Y. 10-525 にある。被告たちの供述を再録すると、つぎのような文言になる。

ジャン＝ドゥニ・デポルトは、

仕事を終えたのち、妻とともにムフタール通りのジャルダンなるパン屋に入り、妻は四リーヴルのパン三個を買い、その代金三六ソルを支払った、と述べた。

ジャルダンにパンはどれだけあるかと尋ねなかったし、また、彼になぜ店を閉めないかとも、前記ジャルダンの娘が強制されて八リーヴルのパン一個を彼に与えたとも、言わなかった。ジャルダンの店でいかなる暴力も振るわなかったし、また、前記ジャルダンの店においてもフォレの店においても、なんぴとにも略奪を煽動しなかった。パン屋でパンを略奪したいかなる者とも面識はなかった。パンを盗むために誰とも共謀しなかった。

ジャン＝クロード・レキエは、

パン屋でパンを盗むよう煽動したことはない、店を開けさせるためパン屋の戸を足蹴にしたのは事実である、多くの人がいた、前記の戸を足蹴にしたのは自分自身の衝動によるものである、俺が仕事場を離れて仕事場の外に出たことは申し訳ない、俺は非常に冷静で堅実な人間であり、それは俺の親方が証明できる、と述べた。

〈回想録作者〉モローは、その委細に触れて――もしそれが事実ならば、それは、判決の厳しさと見せしめのための死刑囚の選定を説明する証拠となっていたのかも知れない――、「その二人のうちの一人は以前から目をつけられていたし、鞭打ちの刑を受けたことがあった。また、別の一人は名の知れた泥棒であった」[＊28]と言っている。しかしこの回想録作者は、噂にもとづいて言っているのであり、死刑囚たちの名前すら挙げていない。裁判官会議の判決にも、アルディの覚書にも、それどころか『勾留者リスト』にも（ただしこの資料には、ほかのいくつもの事件について「名の知れた泥棒」という注記が見られる）、この種の詳しい説明はまったく書かれていない。おまけに、被疑者の少なくとも一人については、その年齢が、刑事再犯もしくはプロの犯罪とは両立しないように見える。これまで奇妙にも黙って見過ごされてきた、痛ましい細かな事実が実際にわれわれの前に姿を現わすのは、まさにここである。判決の印刷原本には、死刑囚の住所と職業は書かれているが、彼らの年齢は書かれていない。その代わり、手書きの判決正本には年齢が書かれている。デポルトは二八歳、レギエは一六歳、と。戸を足蹴にしたとして絞首刑になり、処刑台で普段の善行を持ち出して助けを求めたこの不運な若者の極端な若さに、われわれはただただ胸を打たれるのみである。政府の敵たちが、彼らの政府批判のなかでこの事実を指摘したことはただの一度もなかった。おそらく彼らは、概してこの事実を知らなかったのであろう。[*29]

＊28　モロー、第二巻、一九四頁。

＊29　アルディはその覚書のなかで三二歳と一八歳と述べているが、それは、彼が受刑者の年齢を少し水増ししていたことを示しているように思われる。なぜなら、判決原本の詳細な記述は確かに承認しうるものであり、それにその記述は、『勾留者リスト』によって裏づけることができるからである。アルディの別の覚書によれば、この不運な若者の母親は、彼女と面識がありあの暴動の日々に不在であったある神父に、あとになって、「もしあなた様がそこにいて下さったら、私の息子はきっと死なずにすんだでしょう」と、言ったという。その神父は、これを聞いて大きな感動を覚えたという。

即決裁判所は、これらの事件と同時に、ジャン・ドゥリーヴとイニャス・ドゥリーブという二人の水運び人夫の事件についての審理を行なった。しかし裁判所は、彼らについては、最初の判決の執行が終わるまで裁定を下すのを延期することを決定した。[*30]

＊30　この二人の名前は、『勾留者リスト』には載っていない。
裁判官会議の議事録によれば、彼らの供述の要点はつぎのようである。

水運び人夫シャン・ドゥリーヴ。チール＝シャップ通りのパン屋でパンを盗んだ。翌日その代金を返した。

イニャス・ドゥリーヴ。あるパン屋にいただけであり、そのパン屋は、自分で彼に小さなパン一個をくれた。誰をも煽動しなかったし、パンを盗んだいかなる者とも面識がなかった。

彼は、ただ好奇心に駆られてパン屋の店に行っただけであり、皆と同じように見に行っただけである。

『歴史話』によれば、シャトレ裁判所の判事たちは、判決文に署名するとき泣いていたというし、また、アルディによれば、彼らは判決文の末尾に自分の名前を書くのを慎重に差し控えたという。これが、印刷された判決原本と手書きの判決正本との間に見られる第二の違いである。

カレという名のもう一人別の被疑者が、ヴェルサイユで同じく死刑の判決を受けた。しかしこの被疑者は、アルトワ伯の管轄に属していたので、恩赦を与えられた。この不公平さは人々を非常に驚かせた。というのは、世間の人々は、彼の場合の方が他の被疑者の場合よりもっと「絞首刑に値する」と思っていたからである。事実この男は、あそこには「震え上がっている連中」がいるぞと言って、暴徒たちを宮殿へ行くよう煽動したようである。

高さ一八ピエ〔約五・八メートル〕のあの二基の絞首台のために、チュルゴーは、彼の内閣の末期の頃に、特に風刺詩の形で、長期にわたって、しかも手厳しく非難された。

この非難を再び取り上げたスラヴィ師は、たぶん人々の想像力にもっと強いショックを与えるためであったと思われるが、それらの絞首台は四〇ピエ〔約一三メートル〕もあったと誇張して書いた。*31

*31　当時の公式の報告書は、逆に、一五ピエ〔約四・九メートル〕であったと言っている。国立文書館、K. 1022-25.

このような処罰の厳しさは、今日受け取られるのと同じような考えで当時の人々に受け取られていたわけではないことを指摘しておかなければならない。アンシアン・レジーム下においては、窃盗はしばしば死刑になった。暴動を極刑をもって処罰するのは、当たり前のことと考えられていたのである。そして、そのような例は数多く存在している。

同じ五月三日にメトラは、「警察は人目につかぬようこっそりと暴徒を逮捕した。そしておそらく明日かあさってには、その一部を絞首台に吊るすだろう」と書いて、達観したようにその時評を結んだ。

あの歴史的な五月一一日が終わる前に、ルイ一六世は、彼の一連の手紙の最後のものとなる新たな手紙をチュルゴーに書いた。彼はそこで、「ラ・ヴリイエール氏が、今夕行なわれた二人の処刑を余に知らせてきた」という簡単な言葉で、その日の出来事に触れている。判決と処刑の間に恩赦の問題が提起されたかどうかはわからない。国王の感性は、彼が国家理性⑲によって受け入れたこの刑罰の厳しさに堪えなければならなかった。彼は同じ手紙のなかで、「もし貴殿がたんに暴動に引きずり込まれただけの連中を許してやることができれば、それは大変よいことだと思う」と、書いている。

この願いは異常な早さでかなえられた。事実、早くも五月一一日付の政府命令は、直ちに自分の聖堂区に帰る者と、不法に持ち去った物を現物または現金で返却する者すべてに対して特赦を与えている。「リーダーと煽動者」は除外された。[*32]

＊32　蝟集を続ける者は、死刑の危険に身をさらすだろう。なんぴとも、住民総代および主任司祭の署名入りの品行証明書を携行することなく聖堂区を離れてはならない。それに違反する者は、放浪罪で処罰されるだろう（シェル、第四巻、四四三頁）。

こうして二四時間の間に、極端に厳格な処罰ときわめて広範な特赦があいついで行なわれたのである。個々のケースに適用された人道的観点を捨象して考えるならば、五月四日から一一日までの期間は、公的秩序のいちじるしい危機が解消したその迅速性と「経済性」と効率性の、非常にすばらしい手本であったと考えることができる。[*33]

＊33　最終的な大赦は一七七五年一一月二四日に決定された。同時に、五月五日の国王宣言によって定められた例外的な訴訟手続きは廃止された。

最後のいくつかの事件

われわれは今から再び、五月三日からの諸事件の過程をたどらねばならない。

小麦粉戦争は、この日に終わったとはとても言えず、実際にはその過程の半ばにも達していなかった。その後の事件は、政治行動の観点から見れば、明らかに最初の事件ほど重要ではない。しかし、政治哲学の観点から見れば、それとまったく同じ程度に重要であり、たぶんそれ以上に重要であろう。いずれにしても、それらの事件をよく知ることは、この運動の特徴全体を明らかにするうえで欠かすことができないのである。

パリの暴動が失敗に終わり事態が再び掌握されてからは、もはや小麦粉戦争には、政府にとって直接危険となるものは何も見られなかった。しかしそれは、結局のところ、体制にとっては危険を孕んでいたのである。最初の危機が去っても、人々はその教訓に気づかなかった。

この第二の時期に相ついで起きる暴動は、初期に起きた暴動と同様、二つの種類に分類することができる。しかしこの二つの種類は、その後分化する方向に向かう。

まず、集団運動、すなわち、われわれがアゴラ的[20]と呼ぶ大衆運動である。それは参加者の人数そのものに関係なく行なわれ、またそれは、市の立つときに町や小さな村で行なわれる。さらに、農家、住宅、製粉所のような特定の地点に向けて行なわれる遠征行動である。その遠征行動は、初めは市場《いちば》の暴動と結びつく形で行なわれ、その後は、その暴動の時間と空間における直接の延長として姿を現わす。熱気を帯びた群衆は、中央市場で略奪したり、自分たちで勝手に買い値を決めたりしたのち、近くの貯蔵穀物がありそうな場所に行ってそれを同じやり方で手に入れようとするが、彼らがそうするのは、彼らが最初に奪った穀物の量では不十分だと思うからであり、あるいは、漠然とした正義感、すなわち、さまざまな穀物略奪者の立場を平等にしようとする正義感、もしくは、ほとんどスポーツにも似た暴動の訓練のためであり、さもなければ、まったく別の理由からである。しかしつぎの機会には、一定の場所に局限されていた特定の行動が、暴動が最初に発生した場所から離れて、さらに遠くの場所で、あるいは、さらに時間をおいて姿を現わすことがある。集団のなかには、直接隣接する近郊よりももっと遠くへ行くものもある。また、これらの運動のなかには、最初の事件の噂を聞いて、翌日あるいは翌々日に、少しずつ伝染するように拡がっていくものもある。にもかかわらず、これらの遠征行動は、参加者の数の点において、依然として集団的性格を保っている。けれども、それが市場の暴動から遠ざかれば遠ざかるほど、人数は少なくなり、戦闘的性格も減少するのが常である。それぞれが非常に異なった重要性をもつ「アゴラ的」事件と特殊的な遠征行動のこの混じり合いが、日毎に、時々刻々、村から村へ、あるいは農家から農家へと連鎖的に継起する諸事件をフォローすることを困難にする。しかしわれわれは、リューデ氏が作成した地図にもとづいて、事件の伝染の跡を概略明らかにすることができる。われわれはまた、この最後の時期を、大ざっぱに三日から六日までと六日から一〇日までの二つに区分することができる。われわれはそれについて詳しく述べるつもりはないので、全般的な特徴を明らかにし、いくつかの特徴的事件を挙げるだけにとどめたいと思う。

五月三日から六日まで。――五月三日、暴動がパリに拡がる間に、田舎でもさまざまな事件が発生するが、発生するのは「遠征」タイプの事件だけで、「アゴラ的」暴動は指摘されていない。五月四日、ビエーヴル〔パリ南西郊ビエーヴル河畔の町〕、ガニー〔パリ東郊の町〕およびラニー〔パリの東方、マルヌ川左岸の町〕近郊の農家で、市場とは直接関係なく、遠征行動が続く。そしてそこから、一方ではモー〔パリの東、マルヌ川右岸の都市〕の方面へ、他方では本来のブリ地方〔セーヌ川とマルヌ川に挟まれたパリ盆地東部地方〕へと、伝染が拡大していく。

　これらの運動は、最初の事件の衝撃から切り離されているので、いくつかの細かな事実によって、それらの運動の無害な性格や「お人好し的な」性格さえも立証することができる。

たとえば、ブラン＝メニールという自作農は、隣村（グレレ村およびサラ村）の住民に公定価格で売るよう命令された時、皆が困っているので、その余禄を当然自分の村の住民にも利用させるべきだと考えた。だから彼は、自ら公平な割当を行なった。[*34]

＊34　それ以降、よその村の住民は、自分たちのやったことが悪かったことを悟って、自分たちが持っているものを彼の所へ返しにきたり、時価で代金を払いにきたりした。彼らの例にならって、その地方の何人かの住民も同じように返しにやって来た。……わずか数日のうちに、彼はそれまでの損失が完全に弁償されることが期待できた。リュード、一五七頁を見よ。

　しかし、最も注目すべき事件であり、しかもわれわれがある重要な訴訟記録によって詳しく知っている事件は、ヴィルモンブル〔パリの北東郊、ボビニー南東方の町〕の農民たちが、五月四日に、シャルルマーニュという名でミサ答えを行なう[21]ボビニー〔パリ北東郊の町〕のある農民の家へ（そして、そこから何軒かの別の農家へ）遠征を行なった事件である。

その事件は、まず何よりも、農村における民衆連動伝染の典型的な例である。前日か前々日に、ガニーの校長をしているロリネという名の男が、小麦が安い値段で売られていて（彼はその場所についてははっきり述べていない）、翌日には今度はシャルルマーニュの家で行なわれるだろうという噂を聞いた。その翌日（水曜日）、ヴィルモンブルの農民たちは四時に遠征に出発したが、このシャルルマーニュの家では、わずかな小麦（四スチエ）しか見つけることができなかった。しかし、彼らはそこで二〇〇人の一隊と出会い、見つけたものを皆で分け合った。六人ないし八人からなる別の遠征隊が、ルノーという名の男に率いられて、同じ目的でボンディ〔大きな森で知られたパリ北東郊の都市〕を出発したが、最後にやって来たためさらに少ない小麦しか見つけることができなかったので、別の農家を略奪しに行った。[*35]

*35　このルノーは、「もし先に来た奴らが俺たちの遠征隊と同じように一〇人だけであったら、奴らは小麦も金も周辺のすべての農民の命までも手に入れただろう」と言ったとして、咎めを受けた。ルノーの尋問調書。

ガニーの小隊は、石工で居酒屋の主人をしているドゥレピーヌの家で酒を飲むためにヴィルモンブルに立ち寄ったので、そこの人々は、その遠征隊のことをいろいろと話題にした。この村の住民たちも、彼らと同じように略奪をすることに決めた。物語がよりいっそう面白くなるのは、彼らが、職業は錠前師で領主代官をしていたブレゾンを彼らの頭にしようと考えた時である。この男は、小麦の投機的売買の合法性を確信していたし、おそらくその物語の語り手たち自身もそれを信じていたと思われる。国王は、聖別式を行なうに当たって度量の大きさを示す必要があるので、小麦の値段を引き下げることによって国民に贈り物をしたいと考えている、との憶測が流れた。つまり、農民たちは値下げ分についてタイユ税の減税によって補償を受けるはずであった。ブレゾンが役人のギヨーに相談したところ、ギヨーはブレゾンに、お前はほかの連中と同じようにするだけでよいと言った。「お前が奴らの頭になって、ここの村の善良な奴らが飲みに行かないよう、そして略奪が行なわれないか見張っておれ」と、彼は領主代官に助言した。[*36]
ガニーの小隊は、シャルルマーニュの家にやってきたが、そこには何も見つけることができなかった。彼らは部屋を物色し、挽臼を叩き壊そうと話し合ったが、それは思い止まった。シャルルマーニュは、ブレゾンを「一杯やりに」連れて行った。ブレゾンはこの誘いを、「彼が奢ってくれる酒を飲むよりも彼に詫びるために」承諾したのだ。略奪者たちは、帰る途中ある農婦の家に足を止め、積み藁のなかから大麦を見つけ出してそれを分け合ったが、そのあと、「それはわたしが自分の名前をつけた小さな畑に播くためのものだよという抗議の言葉に従って」、その大麦を農婦に返してやった。

*36　ブレゾンの尋問調書。

事件の細部についてのこれらの話は、略奪者たちの行動における純朴な心情と暴力行為の、合法的行為と違法行為の混じり合いをよく示しているが、この混じり合いこそ、小麦粉戦争を特徴づけているものである。民衆は、ある種の規則性といくつかの原則を尊重しながら、不規則な形で行動しようとする。そのうえ彼らは、こうしたことはすべて、国王の、……あるいは神の摂理の、何か不可思議な理法によって目に見えぬ形で支配されている、と多かれ少なかれ信じているのである。

いずれにしても、ここでは彼らは見知らぬ者同士ではない。デモ隊員たちはすべて、お互いに知り合いか、あるいは容易に見分けがつくのだ。

田舎でのこれらの遠征行動は、デモ参加者の徴募の仕方に関しても、行動の手口に関しても、パリの民衆暴動とははっきり異なっている。ボビニーでは、参加者のなかに領主代官や学校の校長が一人ずつ見られるのに対し、ダンマルタン〔パリの北東、モーの北西の町〕では、逮捕者のなかに村の助役と元助役がそれぞれ一人見られるのだ。

しかしアゴラ的運動は、五月三日の中断ののちに再び起きた。この中断は、首都パリが近郊の農民たちに及ぼしていた吸引力を考えれば、容易に説明のつくものであった。

五月四日、市場の暴動がリムール〔パリ南西方、ランブイエ近くの町〕とショワジ゠ル゠ロワ〔パリ南郊の町〕で再び発生した。あとの事件については、われわれはひとつの未刊の資料を、すなわち、弁護士のデュモルトゥーの報告書を利用することにする。なぜならこの報告書は、民衆による小麦の公定価格決定作戦の仕組みをはっきりとした形で示しており、また、いつものやり方とはちょっと違った状況を示しているからである。

公定価格は一八リーヴルという普通より高い値段で成立し、しかもそれは、一部の者だけによる合意という性格を持っていた。

下層民たちは一二リーヴルにするよう要求したが、売り手はその値段では安すぎると言って反対した。騎馬警察隊長のヴァンフレは、その場に分遣隊が一隊しか居合わせなかったため、つい気弱になって、何人かの商人に、下層民たちが要求している値段で売ってやれないかと尋ねた。その時、彼らの一人が一八リーヴルの値段なら売ってもよいと言い、別の商人たちも彼にならってそう言った。そこに居合わせた群衆は、皆急いで買った。それに続いて大混乱が起こり、その最中に一部の小麦が台なしにされたり、盗まれたりした。だから、この場合の略奪は、売り手の商人と買い手の群衆との間で結ばれた合意から発生した、偶発的で、しかもほとんど不可避的な結果であったのである。

騎馬警察隊は、「こっそりと誰にも気づかれずに」夫婦の泥棒を逮捕した。

「そこにはいかなる暴動もなかった」と、その報告書を書いたバイイ裁判所長のデュモルトゥーははっきり述べている。市《いち》に店を出していた二人のパン屋は、この騒動の間じゅう、平然と自分のパンを四リーヴル〔二キログラム〕につき一二ソルから一三ソルで売り続けていた。[*37]

＊37 ジョリー・ドゥ・フルーリコレクション、1159、第四七葉。

五月五日には、市場での動きはいくつも見られるが、その代わり、単独の遠征行動はほとんどまったく見られない。潜在的な暴徒は、おそらく皆市場の方に気を取られていたのであろう。いろいろな場所で、ときにはかなり離れたアルパジョン〔パリ南郊の町〕、モンレリー〔同〕（ここでは、並みはずれて高い二五リーヴルという公定価格が記録されている）、ラニー〔パリの東方、マルヌ川左岸の町〕（われわれが思い出すのは、三月以来行なわれていたこの小邑《ゆう》に対する予告行動である）で、公定価格の決定と略奪行為の入り混じった行動が見られた。これらの動きに参加した農民の数は、四〇〇〇人から五〇〇〇人に上ったと記されている。事件はラニーのベネディクト会大修道院と隣のクレシーの市場にまで及んだ。小麦運搬船と何軒かの農家の略奪も記録されている。三人の騎馬警官しか動員できなかったナントゥーイユ＝ル＝オドゥアン〔パリの北東、モーの北方の町〕では、公定価格の決定と略奪と個人宅への押し入りが記録されている。[*38] 同じ日に、フォンテーヌブロー〔パリ南東方の町で、歴代のフランス国王の離宮がある〕でもそのような記録がある。国王はそこについてはとても神経質になっていた。そこには廷臣たちが住んでいたからである。「フォンテーヌブローが略奪されている」と、彼は五月六日のチュルゴー宛の手紙のなかで書いている。

＊38 同コレクション、第一九〇葉。

同じく五月五日にブリ＝コント＝ロベール〔パリ東南東の町〕で起きたいくつかの事件に目を向けることにする。というのは、われわれはそれらの事件についても、未刊の資料――その細部は非常に興味深いものである——を利用できるからである。
　領主裁判所検事で筆頭市参事官であったデュフレーヌの報告書[*39]によれば、事件は彼の家の前で行なわれた約四〇〇人からなる集会で始まったが、彼らは、「前記のブリ近郊の村の職人たちであるように見えた」。約四〇〇人が彼の家に入ってきて、「怒った調子で」、ショワジ＝ル＝ロワで行なわれたように彼らに小麦を一二リーヴルで売るよう要求した。彼らはこのやりとりのなかで、俺たちは、たとえ吊るし首にされても、いい、い、い、い、い、い、い、い、い、い、い、い、飢え死にするまでくたばらないぞ、と言った。

＊39　同コレクション、第二三葉。

　おそらく彼らの決意は、検事デュフレーヌの心を強く動かしたであろう。当局者のその後の態度は、そう解することによって説明することができる。デュフレーヌは、騎馬警察隊と一緒に市場の現場に行き、そこに「下層民たちが集まっている」のを見つけた。群衆は、「一スチエ一二リーヴルだ」と叫んで、その場に出されていたおよそ二〇ミュイの小麦に殺到し、量も目方も計らずに持ち去った。大部分の小麦は部屋と貯蔵庫に置いてあったので、群衆は戸口を壊し始めた。

　検事とその相棒は、その場で身内同士で相談し、下層民たちが要求した値段を受け入れることに決めたが、それは、一方では暴力行為と「もしかしたら起きるかもしれない殺人行為」を回避し、他方では少なくとも一二リーヴルの値段を守り通し、さらに、よそ者と同じくその場にいた大多数のその町の住民たちとの間で公平な分配を確実に行なうためであった。それに続いて行なわれたやり方は、きわめて珍しいやり方であった。事実、治安の代理人たちは、「分散して行動し」、「分配を確実に行なうために、めいめいが別個に、暴徒が押し入った部屋に行くことに」した。ところが、危険にさらされたすべての部屋に備えるには彼らの人数が足りないことがわかった。いくつかの部屋には見張りがいなかったので、そこでは少なくとも「大半の小麦」が金を払わずに持ち去られたが、それはべつに驚くべきことではなかったかも知れない。

この事実は、ひどく興奮した群衆がいても、ある特定の場所で整然と確実に分配を行ない、そして、先に持ち去った分の代金を支払わせるためには、たった一人の見張りがいるだけで十分であったことを示している。見張りの者が誰もいなかった所では本能がまさっていたので、大部分のデモ隊員が、量も計らず金も支払わずに小麦を持ち去ったのだ。

つぎにわれわれは、個々の遠征行動がどのようにして〔都市の中央広場での〕アゴラ的運動につながっていったかを見てみよう。一部の群衆が、ブリの町や郊外の農家という農家に押しかけた。領主裁判所検事のところに、この事件について自作農や商人一六人から訴えが集中した。

農家へ押しかけた者の数については、いくつもの場合を合わせて二〇〇人と算定されているが、同じ集団がつぎつぎに隣り合った何軒もの農家に押しかけた可能性がある。ある場合には、四〇人からなる群衆と書かれており、また別の場合には、「あらゆる種類の人間」とか、「非常に多くの人間」とか、「煽動された下層民」と書かれている。証人の幾人かは、群衆の態度を、すなわち、群衆の脅迫行為や暴力行為を嘆いている（証人の一人は、「命を脅かされた」と言っている）。農家へ押しかけた者のなかには、戸口を壊すために舗石を持って行った者も何人かいた。しかし、群衆自身による小麦の公定価格決定という肝心な点については、すべての場合にその代金が支払われたことを、すなわち、大部分の場合については完全に代金が支払われ、おおよその代金しか支払われなかったのはほんの一部分の二件だけであったことを、指摘しておかなければならない。

このことはまた、公定価格の決定が民衆の精神のなかで誠実に行なわれたことをはっきりと示している。

混乱した状況のなかでは、何人かの人間が代金の支払いを逃れようとしたことはむろん避けられないことであった。証人の一人は、市場の現場にそこから持ち去られた小麦の袋を再び発見することができたので、その袋の所持者に首尾よく代金を支払わせることができた、とはっきり述べている。

この報告書には、ただひとつの例外を除いて、代金を支払う前に小麦を無理やり持ち去った者の名前は記されていない。しかし、そのうちの何人かの名前を特定することは可能である。というのは、〔ブリの〕バイイ裁判所長ドーヴェルニュの手になる翌日の日付のある二番目の報告書は、一〇人ほどの家で家宅捜索が行なわれたことを認めているからである。それによれば、彼らは皆持ち去った小麦を見せて、それはもう支払い済みだと主張したのだ。そのバイイ裁判所長は、「われわれは、それらの袋入りの粒小麦を、それが発見された者の所有物のままにしておいた」*40とはっきり述べているのである。

*40　この事件の被疑者のタントンという女の尋問調書によれば、小麦は、通常一五〇ミュイ〔一ミュイ＝約一八七〇リットル〕あった市場に（バイイ[22]の報告書は二〇ミュイと言っている）、二ミュイしかなかったようである。ドーヴェルニュ（二番目の報告書を書いたバイイ裁判所長）が小麦の価格を一二リーヴルに決めたという噂が流れた。彼は穀物倉庫を開けさせて、小麦の配給を行なわせた。小麦がすべての者に行きわたらなかったので、群衆は、「下級審首席検事が決めた値段で」買うために、小作農の所へ行った。リューデ、前掲書を見よ。ドーヴェルニュの最初の報告書は非常に簡潔に書かれている。それはおそらく彼が、自分の決定が時機を得ていたことに大いに確信をもっていたためではないだろうか。

五月六日にモーでまた集団運動があったことを確認することができる（五月一日以降そこでいくつかのきわめて憂慮すべき暴動があったことは、すでに述べた）。アルディによれば、四〇〇〇人に上る集団運動であった。かなり多数の竜騎兵による「武力介入」があったにもかかわらず、市場や製粉所や相当数の家が略奪された。たとえば、司教座聖堂参事会員の家では、一八〇スチエ〔一スチエ＝約一六〇リットル〕の小麦が略奪され、そのうちの三分の一だけ彼に代金が支払われた。さらにパン屋でも、群衆自身によるパンの公定価格の決定が行なわれた。ヌムール〔パリ南東方、フォンテーヌブロー南方の町〕では、特に女性からなる大規模な一隊が略奪を行ない、自ら値段を決めた。五月八日の報告書には、「民衆を席捲した流行病」[*41]が話題にされている。それに対して、ムラン〔Melun　パリ南東方、セーヌ川沿いの町〕では同じ日に、警察長官が、フォンテーヌブローおよびブリ〔パリ盆地東部〕での都市暴動の知らせを受けて、騎馬警察隊と武装した市民軍を使った。だから、群衆による市場の略奪は避けられたが、いくつかの単発的事件が小作農の家で発生した。[*42]

＊41　セーヌ＝エ＝マルヌ県文書館、B. 3957 およびジョリー・ドゥ・フルーリコレクション、1159、第一九六葉。

＊42　リューデ、一六二頁。

五月六日から一〇日まで。――五月六日以降、小麦粉戦争は最終的なゲリラ戦の形をとる。[*43] モーでのそれのあとは、大規模な「アゴラ的」運動はもはやほとんど見られなくなる。[*44] とはいえこのゲリラ戦は、激しい反復運動の形をとって、しかし主としてブリ地域に局地化する形で、展開した。これらの事件は、およそ五〇ものさまざまな市町村に影響を与えた。

＊43　メトラは、五月九日付で、前週の土曜日つまり五月六日に起きたひとつの非常に重大な事件に注意を促している。何人かの暴徒が一人のマスケット銃士隊員を捕虜にしたので、彼を救出するために近衛隊が駆けつけ、「別の暴徒を追い散らすために二三人の暴徒を」殺してしまったらしい。われわれは、これほど厳しい弾圧の証拠は何ひとつ確認することができなかった。だからこの話は、想像上のものであるか、あるいは極度に誇張されている可能性があるが、いずれにしても、この噂は意義深い噂である。

＊44　しかしアルディは、五月七日にコルベイユの市場で行なわれた群衆自身による公定価格の決定を話題にしている。

しかしながら、この全般的な動向にはいくつかの例外が見られる。たとえば、五月七日のドゥールダン〔パリ南西方の町〕の事件がそうである。*45

*45　ジョリー・ドゥ・フルーリコレクション、1159、第六八葉。ラントゥーイユ邸文書のなかのあるノートは、ほかのいくつかの事件のなかからドゥールダンでのひとつの事件をとり上げて、それについて遠回しに触れている。それによると、赤い着物を着た小男が、わしは小麦を一五リーヴルで売らせるための王様の命令を持っているので、もしお前がそれに逆らえばお前は吊るし首になるぞと言って、騎馬警察隊の指揮官代理を務める下士官を脅した。この出来事が七日の暴動と関係があるかどうかはわからない。

その事件があった一〇日間の最後の数日のあいだに、市場に多数の暴徒の集団が押しかけたが、そこには小麦はほとんどなかった。また、村民たちがいくつもの箇所に大挙して集まっていたことが報告されている。一般に、群衆と治安部隊の規模は、無防備な中央市場の周りに注がれる視線の程度によって決まると考えられていた。数日のあいだに、おそらくは数時間のあいだに、騒乱か鎮静かの帰趨が決した。不安がまさった。

五月七日のムーラン〔Meulan　パリの北西、セーヌ川右岸の町〕には、群衆の異常な集まりしか記録されていない。五月一一日には、五月四日の蜂起の記憶がまだ生々しかったショワジー＝ル＝ロワに、コワニー公爵(23)が二五人の灰色マスケット銃士隊と五〇人の擲弾兵を引き連れて現われた。群衆は相当な数であったにもかかわらず、平穏なままであった。*46 八日、モンレリー〔パリ南郊の町〕では軍隊のお蔭で市場は平穏であったが、地方長官補佐は群衆の数を一万五〇〇〇人と見積っていた。たとえこの数字を四〇〇〇人か五〇〇〇人に減らしたとしてもなお依然として危険である、とチュルゴーは書いている。ドルー〔パリ西方、ウール川沿いの町〕では、騎馬警察隊が下層民を抑えた。ムランでは、すべてが平穏であったし、略奪者たちは奪ったものを返した。[*47]

＊46　ジョリー・ドゥ・フルーリコレクション、1159、第四九葉。

＊47　ラントゥーイユ、五月一二日、シェル、第四巻、四四四頁以下。

五月一〇日には、[*48] コルベイユ〔パリ南郊、セーヌ川とエソンヌ川の合流点の町〕の近くのメヌシーとプロヴァン〔ムラン東方の町〕近郊の農家で最後のいくつかの事件があったことが報告されている。

＊48　竜騎兵は、自らの行動を暴力行為を防ぐだけに限定し、小麦の値段をめぐって自作農たちに加えられた強要行為は防がなかった。「竜騎兵はその義務を果たさなかったので、彼らを指揮している上官は罰せられねばならない」（ラントゥーイユ邸文書、シェル、第四巻、四四四頁以下）。

町の中心からはずれた所で起きた暴動

最後に、同じ期間内に起きたが、町の中心からはずれた地点で、しかも異なったいくつかの方向に向かって起きた運動について説明しておく必要がある。これらの、町の中心からはずれた所で起きた暴動について我々が知っている情報は、非常に少ない。なぜなら当局者の関心は、ほとんどもっぱらパリ地域に向けられていたからである。つまり、新しい事態が発生し、――しかも心配されたのは、その地域であった。パリから遠く離れた地域の暴動は、普段の行政活動に属することであった。というのは、アンシアン・レジーム下では、そうした暴動は日常茶飯事であったからである。おまけに、そのような暴動は政府の公式の見解に反するものであった。こうした事件は、現実の制度に適っていないので、常に間違っていたのだ。伝説が形成されつつあった時はそのような事件は受け入れられなかったし、伝説が形作られたのちも歴史はそれらをほとんど認めようとしなかったのである。

チュルゴー自身は、ラントゥーイユ邸文書のなかにあり彼の『著作集』のなかにも収録されているノートのなかで、ペロンヌ〔北仏、アミアン東方の町〕、ロワ〔アミアン南東、モンディディエ北東の町〕およびシャルトル〔パリ南西、ボース地方の中心都市〕地域で起きた諸事件に言及している。しかしこのノートでは、未知の人々によって広められた「噂」と「合言葉」しか取り上げられていないようである。

われわれは、今日では、異論の余地のないいくつかの資料の助けを借りて、「遠征運動」の伝統的な概念図をはるかに越える幾何学的図形のいくつかの「尖端」を確定することができる。西の方では、ドルーにまで、さらにはヴェルノン〔北仏、エヴルーの東方、セーヌ川沿いの町〕にまで暴動を指摘することができる。[*49] 北北東の方向では、モンディディエ[*50]〔北仏、アミアン南東方の町〕、ショニー〔北仏、オワーズ川とサン＝カンタン運河との合流点の町〕およびフェール〔ソワッソン南東、ランス西方、ウルク河畔の町〕にまで遡ることができる。

*49 下記の事件、特に、ドゥ・ラ・リュ師およびル・シュヴァリエ師の事件を見よ。

*50 ソンム県文書館、c.88 (12).

ショニーについては、われわれは、ジョリー・ドゥ・フルーリに宛てた五月一〇日の歴史的事件に関する報告書によって情報を与えられている。

何日も前から、いくつかの通報がもたらされていたので、砲兵隊の派遣が考えられていた。その報告書は、よそ者は多くなかったとはっきり述べている。混乱は「もっぱらわが村の住民と隣村の住民によって」引き起こされた、と報告書の署名者は明確に述べている。しかし彼は、その事件に対しては、暴徒はならず者という作り話にひかれて注目していたのかも知れない。

地方の当局者と軍隊は、メヌシー〔Mennecy　不詳〕の場合と同様、いくらかの弱腰を示していたように見える。彼らは、群衆による公定価格の決定そのものよりも、むしろ暴力行為を防ぐことに気を遣っていた。この公定価格は、「さまざまな集団の頑固さの程度によって」、一五リーヴル、一八リーヴルとかなりまちまちであった。

五〇〇〇—六〇〇〇人の群衆が分署の所長を取り囲んだので、「民衆が彼に敵意を燃やす理由」を知るために所長自らわたしの所に聞きにきた、と報告書の作成者は述べている。この行為は、地方の職員たちの心理状態を知るうえで非常に重要である。何人かを逮捕することができたかも知れないが、危険があった。彼は、「もっと大きな被害を避けるためにおとなしく譲歩すること」を選んだ。

同じ報告書は、ノワヨン〔パリ北東方、オワーズ川とノール運河の合流点の町〕とソワッソン〔パリ北東方、エーヌ河畔の都市〕で起きたいくつかの事件にも触れている。

暴力行為——と弾圧——が頂点に達したのは、同じ地域のフェール〔Fère　パリ北東方、ヴェール川（エーヌ川の支流）沿いの町 Fère-en-Tardenois のことか〕においてであった。当時の原資料がないので（ソワッソンのバイイ裁判所の古文書は一八一四年に破棄されてしまったので）、われわれは、一九世紀に出版されたゴシップ集しか利用できない。クラパールという名の小麦商人の家を襲った結果、一四人の暴徒に即決裁判所の判決で有罪が宣告されたが、絞首刑にされたのは、二人だけであったようである。[*51]

＊51　「最も罪状の重い、あるいはそう判断された一四人に、絞首刑の判決が下された。
　死刑囚たちが処刑場に連れて行かれた時、複数の死刑執行人がそのうちの一人を摑み出し、彼は直ちに絞首台に吊るされた。……少したってから、彼らは二番目の死刑囚を摑み出し、彼を引っ張り上げ、それから綱を緩める。すると、体が再び落ちる。……綱が締められる。……恐ろしい痙攣のなかで息も絶えだえな死刑囚の体を見て、群

衆は恐怖で凍りつく。……このとき伝令が到着し、ほかの死刑囚の赦免を伝えたので、彼らは投獄された……」(ヴェルチュ師著『コワンシー、フェール、ウルシーの歴史』(ラン、一八六四年)のなかの「一七三三年にコワンシーに生まれたヴェルチュ師の思い出」、二八九―九四頁)。

「主だった四人のリーダーだけが逮捕されて、ソワッソンに連れて行かれ、騎馬警察隊長によって略式で裁かれ、そして、二人に絞首刑が、三人目には晒刑が、四人目には追放刑が言い渡された」(アンリ・マルタンおよびポール・L・ヤコブ著『大昔から今日までのソワッソンの歴史』、ソワッソン、一八三七年、六五五―五七頁)。同じく、ペシュール師著『ソワッソン司教区年代記』、ソワッソン、一八八八年(第七巻、四四七―四九頁)をも見よ。

さらに、東の方では、サンス〔シャンパーニュ地方東南部、ヨンヌ川沿いの町〕で暴動があった形跡を見いだすことができる。——そこには、四月七日に慈善事務所が作られていた。また、チュルゴーは、そこのサンドリエ検事の行為の正当性を認めた(最初、彼の態度は正しく評価されていなかった)〔本書、付録Ⅲを見よ〕。

さらに遠くのジョワニー〔シャンパーニュ地方南部、ヨンヌ川沿いの町〕では、五月一〇日に、領主裁判所検事が、さほど重要ではないが人目をひくひとつの事件について報告を行ない、その事件の結末をわれわれにつぎのように伝えている。一人の石工が、赤い蠟で封印され、馬の絵が描かれた一通の手紙を拾った。その手紙には、つぎのように書かれていた。「わしら二〇〇〇万の人間は飢え死にしようとしとるんじゃ。じゃから、暴動に立ちあがろうぜ[*52]」、と。

*52 ジョリー・ドゥ・フルーリコレクション、1159、第七八葉。六月にもいくつかの事件がチュルゴーの書簡で報じられているが、それらの事件を小麦粉戦争と関連づけることができるいかなる証拠もない。そこでは、一方で、放火された一軒の農家とマント〔Mantes パリ北西郊、セーヌ川左岸の町 Mantes-la-Jolie のことか〕近くでの純粋な略奪行為と見られる行為が取り上げられている(六月一一日の手紙、シェル、〔第四巻〕、四六七頁)かと思うと、

他方では、素行不良な人間として名を知られていたあるパン屋についての、まったくとるに足りない事件が取り上げられている。このパン屋は、ボーモン〔Beaumont　パリ北方、オワーズ川に臨む町 Beaumont-sur-Oise のことか〕の市場で、「農民諸君、君たちはこの日まで民衆を踏みにじってきた。今度こそ君たちが踏みにじられる番だ」と言った。その男は拳銃を所持していた。そいつは「武装アマ」だ（七月一三日の手紙、シェル、第四巻、四六八頁）。

〔訳注〕

1 原文は、Docendus est populus non secundus.

2 ファルジェス（Fargès）。ボルドーの地方長官を務めていたが、テレー師によって解任された。チュルゴーにより造幣局長官に任命され、のち、小麦粉戦争の時、チュルゴーによって解任されたパリ警視総監ルノワールの後任に任命された。

3 ラ・バレルヌ（La Balerne）。小麦粉戦争の時の監視隊の指揮官（E. F.）。

4 ポワヤンヌ侯爵（marquis de Poyannes）。一七七五年五月の民衆蜂起のとき、イール＝ドゥ＝フランスの秩序維持に当たった軍隊の司令官（E. F.）。

5 普通法（droit commun）。一般法（droit général）と同じ。適用領域が時・地域・人・事項によって限定されない法をいう。特殊法との関係では適用領域がより広い。ここでは、特殊法たる戒厳令（l'état de siège）に対して言われている。

6 王令（ordonnance [du roi]）。王国全体に共通する多くの問題、たとえば、裁判、教会、財政、治安、大学等に関する一般的な規則としての性格を持った法で、国王が公布するもの（M. Marion, *op. cit.*, p. 409）。オルドナンスは、政府命令を指す場合もある。

7 ヴォー伯爵（Noël de Jourda, comte de Vaux　一七〇五－八八年）。軍人として、プラハ、フォントノワの防衛戦やトゥルネおよびブルッセルの攻囲戦で活躍。一七五九年、王国軍総司令官。一七六九年、コルシカ島の反乱を鎮圧。一七七五年五月の暴動の時、セーヌ下流域鎮圧軍の指揮官。一七八三年、元帥。*Larousse*, T. VIe. p. 925.

8 聖別式（sacre）。教会が国王を聖別するために行なう戴冠式。成聖式とも言う。

9 小麦粉ばか（un Jean Farine）。大文字の Jean は男の子の名前であるが、小文字の jean には、ばか、卑怯者、意気地なしの意味がある。ここでは、大文字で使われているが、明らかに当てこすりである。

10 ラ・トゥール・デュ・パン（La Tour du Pin）。ブルゴーニュ州地方総督補佐官（E. F.）。

11 トゥルネル法廷（la chambre de la Tournelle）。パリ高等法院刑事部のこと。公判がトゥルネルと呼ばれる宮殿で行なわれたことからこう言われた。フランソワ一世の頃から恒久的で独立した裁判所となり、聖職者は参加できず（Ecclesia abhorret a sanguine. 教会は血を忌み嫌う）、常に俗人の評定官のみで裁判が行なわれた。この法廷では、貴族や高位顕官の者の刑事訴訟や犯罪を裁き、その結果は常に主法廷たる大法廷（la Grande Chambre ou Grand' Chambre）に報告された。*Larousse*, T. VIe, p. 752.

12 ミロメニルは、一七五七年にルーアン高等法院長になったが、一七七一年、大法官モプーの司法改革により彼の主宰する高等法院とともに追放された。

13 元帥裁判権をもつ裁判長（Prévôts généraux de maréchaussée）。元帥裁判権（maréchaussée）は、connétablie とも言う。それは、大元帥（connétable　大法官（chancelier）と並ぶ国王の最高補佐官）が主宰した裁判権であったが、一六二七年の大元帥の廃止後は、元帥（maréchal de France）が主宰した。なお、元帥は、都市以外の農村部、特に公道の治安維持に当たった騎馬警察隊を統轄した。

14 上席裁判所（Présidiaux）。簡易上告裁判所とも言う。一五五二－一七九二年に主要なバイイ裁判所に設けられ、あまり重大でない事件の最終審を行なった。

15 王立印刷所（Imprimerie royale）。一五八〇年のフランソワ一世による《国王印刷官》（imprimeur du Roy）の指名と、一六二〇年のルイ一三世によるルーヴル宮殿内への小規模な印刷作業場（atelier typographique）の設置に始まる。この作業場は、一六四八年、リシュリューのもとで《王立印刷所》となり、クラモワジーによって管理された。一七九一年《国立印刷所》（Imprimerie nationale）、一七九五年《共和国印刷所》（Imprimerie de la République）と名称が変更され、また場所は、一八〇九年にヴィエイユ＝デュ＝タンプル通りのオテル・ドゥ・ロアンに、そして、一九一〇年にコンヴァンシオン通りに移された。その間、政治体制の変化とともに、名称は《帝国印刷所》（Imprimerie

impériale）となったり《王立印刷所》となったりしたが、一八七〇年に《国立印刷所》となって現在に及んでいる。今日では、法務大臣の管轄のもとに、《官報》（Journal officiel）や政府の中央行政のための文書等を独占的に印刷している。*Larousse*, T.IVe, p.34.

16　ジェルヴェーズ（Jean-Charles Gervaise de Latouche）。雇われ作家。この本のタイトルは、*Histoire de dom B. ..., portier des Chartreux, écrite par lui-meme.* 一七四五年頃に書かれたと推定されている（E.F.）。

17　ガリカニスム（gallicanisme）。フランス教会独立強化説、すなわち、ローマ教皇の絶対権からフランス・カトリック教会を独立強化させようとする考え方あるいは運動を言う。これは、フィリップ四世（端麗王。在位一二八五―一三一四年）のもとでの教皇権との深刻な対立から発生し、一六世紀における教会会議（conciles）の理論によって強化され、シャルル七世（在位一四二二―六一年）のもとでのブールジュ国事詔書（la pragmatique sanction　一四三八年）によって法的な形態をとるに至った。この政治的ガリカニスムは、一五一六年の政教条約（concordat）ならびにルイ一四世の絶対主義により、高等法院のガリカニスム（gallicanisme parlementaire）と聖職者界のガリカニスム（ボシュエの『四カ条の宣言』（Déclaration des quatre articles　一六八二年））を支えとして、絶対王政の政治政策の重要なひとつの柱となった。一七九〇年七月一二日の『聖職者世俗法』（Constitution civile du clergé）および一八〇一年のナポレオン一世によるピオ七世との『政教条約』（Concordat）は、それと同一の系列に立つものである。一九世紀末から二〇世紀にかけては、一八七〇年の教皇無謬説の宣言と一九〇五年の教会・国家分離宣言によって、逆に、教皇至上主義（ultramontanisme）が優勢となった。

18　グレーヴ広場（la [place de] Grève）。一八〇六年に《市庁舎広場》（la place de l'hôtel-de-ville）と改称された。セーヌ川に臨むこの広場は、労働者が職を探しにやってくる場所であったことから、faire (la) grève（仕事がなくぶらぶらしている、ストライキを打つ）という言葉が生まれた。一三一〇年から大革命まで、この広場は公衆の面前で処刑を行なう場所であった。

19　国家理性（raison d'état）。国家的理由、国是とも訳される。一国の政治は何よりもまず自国の利益によって規定され、他のすべての動機はこれに従属せしめられるべきだとする国家行動の基本準則を言う。この考え方は、近代主権国家の発達に伴ってヨーロッパに普及した。

20 アゴラ的大衆運動（mouvements de masse agoréens）。agoréens はギリシア語の agora のフランス語形容詞。アゴラは、古代ギリシアにおいては、広場、すなわち、神殿や裁判所や商店の立ち並ぶ都市の中心地で、民衆の集会が行なわれる場所を指した。したがって、アゴラ的大衆運動とは、市が立つ広場や中央市場のような多くの群衆が集まる場所で行なわれるさまざまな形の大衆運動（行動）を指す。

21 ミサ答えを行なう（repondant [la messe]）。侍者として、ミサで司祭に答唱を行なうこと。

22 バイイ（Bailly）。ボーモンの公証人で、小麦粉戦争のとき臨時にこの町の警察長官を務めた（E. F.）。

23 コワニー公爵（duc de Coigny）。国王の筆頭廷臣で、マリー＝アントワネットの親友（E. F.）。元帥となった Marie-François-Henri Franquetot de Coigny（一七三九－一八二一年）のことか。

第五章　陰謀の証拠書類と革命的事実

材料さえ揃えば、どんな火花でも火事を引き起こすことができる。

ヴェリ師

解釈の問題

いかなる観点から見ても、五月一一日という日が反乱の「清算」の日となっていると考えることができる。田舎での暴動鎮圧作戦はすでに終わっていたし、パリでも、見せしめのための何人かの絞首刑と全員の特赦が行なわれたことによって、鎮圧は事実上終了した。

しかしながら、特赦は煽動者を除外していた。

ルイ一六世は、五月一一日の手紙のなかで、相変わらずチュルゴーにつぎのように書いていた。「余は、この憎むべき陰謀の首謀者が首尾よく見つけ出されることを心から願っている」、と。

また、翌五月一二日には、内閣がミロメニルを仲介者として高等法院に示した考えや、主任司祭宛の行政通達のなかで述べた考えの要点を、『ガゼット・ドゥ・フランス』紙(1)が再び取り上げた。いつも問題になるのは「同じならず者」だ……。彼らはパンも金も持っていないわけではない……。彼らは、自分たちで小麦の値段を市価以下に決めて、その場に金貨までも置いて行く。「彼らは、食糧を投げ捨てたり散らかしたりする」[*1]。

＊1 『チュルゴーの生涯についての回想録』やバーデン辺境伯(2)との書簡集のなかでこの情報について最も詳しい説明を行なったのは、デュ・ポンである。ヴォルテールは、『エフェメリード酷評』のなかで、この情報について、それを反教権主義のこのうえない強烈な色彩で飾り立てながら、完全に小説風に、しかも歴史的批判をまったく抜きにした形で、詳しく述べた(リュブリンスキー『ヴォルテールと小麦粉戦争』を見よ)。モルレとヴェリは、この情報には、非常にひかえ目な形でそれとなく言及しているだけであるが、その控え目な態度は、懐疑心にまで達しているように見える。概してチュルゴーに好意的であったが独立的精神を持っていたジャーナリストのメトラは、この情報のいわゆる「証拠」をいくつも効果的に使って、「財務総監の評判を失墜させようと望んでいる意地の悪い執拗な陰謀」について語っている(第一巻、三四六頁)。〔書籍商でジャーナリストの〕アルディは、このうえなくばかげたいくつかの噂(マリー・レチンスカの非合法の子供(enfant noir)のための陰謀など)を広めているが、それを自分自身の考えで取り上げているわけではない。それに対して、『歴史話』の著者(おそらくはピダンサ・ドゥ・ミロベール)は、その面白い前書きのなかで、「政治的考察に値する」(なぜなら、歴史はいまだかつて一度もこの種の暴動に言及したことがなかったから)この事件の奇妙な性格を指摘しつつも、事件の核心については意見を述べることを差し控えながら、いくつかのセンセーショナルな憶説を皮肉まじりに取り上げている。「人々はこれらの暴動をつぎつぎに、大法官、テレー師、イギリス人、イエズス会修道士、聖職者あるいは金融業者のせいにした」と彼は言っている。彼はむしろ、別の説明を求めようとしているように見える。すなわち、「よけいな詮索をしない人たちは、たんに、政府による新しい制度やエコノミストたちの著作や国務会議の裁決のなかにその原因を見いだしていた」と述べている(二六七頁)。スラヴィは、前に指摘しておいたように、国王が破毀した機密文書のことを繰り返し伝えており、また、シュヴァリエ・チュルゴー(3)の言葉と言われるものを引用している。彼は、陰謀説についての詳細な説明をすべて自分の考えにもとづいて取り上げているが、しかし、「賢明で慎重な歴史家なら、この反乱を描いても、軽率に党派や個人を非難することは差し控えるだろう」とつけ加えている(第

二巻、三〇〇頁)。モローは、事実を非常に客観的に語っているが、自分の意見は述べていない。われわれは、ウェーベル(4)が言っていること(国王の慈悲)についてはすでに述べておいた。ガリアーニ自身は、陰謀説を採り入れている。すなわち彼は、「この恥ずべき不可解な陰謀は、おそらく民衆の愚かさを証明する最大の証拠であろうが、それは当然予想されるべきことであっただろう」と述べている。彼は、マドリッドの民衆暴動から類推して、「修道士ども(monacaille)と坊主ども(prêtraille)」に罪を着せているように見える(第一巻、一七六頁)。チュルゴーの敵対者たちでさえ、思いつきのよい、うまく組織された暴動の存在を信じていなかったわけではない。だからわれわれは、デュ・デファン夫人のかなり謎めいた手紙のなかに、「きっと首謀者がいるに違いありません、彼らはどんな人物でしょうか、彼らは一体何者でしょうか。彼らのやり方は大変無用心です。彼らは自分たちが倒そうと望んでいるものを強固にしています」、と書かれているのを見ることができるのだ(ショワズール夫人への五月一三日の手紙、『書簡集』第三巻、一六八頁。この手紙は、フォンサンの著書の二一三頁に論評付きで引用されている)。

多くの同時代者が、チュルゴーの友人だけでなく政治的「同調者」も含めて、この陰謀説を少なくともありそうなこととして受け入れていた。しかし彼らとは別に、懐疑的な態度を示していた人たちもいた。世論の多数派の動向がどの方向に傾いていたかははっきり言えないにしても、物を書いていた人たちの大多数が、ガリアーニからデュ・デファン夫人にいたるまで、前者に属していたことは確かである。

こうした同時代者たちの意見を信じたがゆえに、そしてまた、後世はチュルゴーの実験に好意を与えたがゆえに、すべての歴史家が、ごく最近にいたるまで、程度の差はあれ、小説風の解釈を好んで受け入れてきた。大部分の歴史家は、「陰謀」そのものについては慎重に意見を述べているが、すべての歴史家が、よく組織された徒党を組んだ「ならず者」という解釈の元となった主要な資料を採り入れているのだ。*2 イギリスの歴史家のリューデと〔旧〕ソ連の歴史家のリュブリンスキーの仕事が、直接源泉資料を研究することによってその問題の新しい見方を提起したのは、ここ数年のことにすぎない。

＊2　ラヴィッスはつぎのように書いている。「彼ら（暴徒たち）は、明らかに首都を兵糧攻めにしようと思っている」（三二一頁）。「この事件の責任の所在を明確に述べることは不可能である。なぜなら、国王が訴訟記録を破毀してしまったからだ」（三四頁）。レオン・セイは、「運動の首謀者たちの期待は見事に裏切られた」と書いている。シェルは、コンチ大公の容疑を捨てきれなかった。彼は、「ある血縁の大公が、たとえ暴動を引き起こさせなかったとしても、少なくともそれを持続させたことは、まったくありえないことではない」と言っている。けれども彼は、モルレの穏健な見方を受け入れて、「このすべてに、その元となったひとつの共通の原因やひとつの陰謀があったと考えないにしても……、最初の運動が一旦始められてからは、それが入念に維持されてきたことは誰も認めないわけにはいかない」と述べている。ゴメルは、「財務総監の敵どもに責めを帰すべきであるように見える策謀」と言い、フォンサン、ノイマルク、ジョベ、デイキンらは、程度の差はあるものの、チュルゴーの友人たちの説を採り入れている。アファナーシエフ（彼はディジョンの暴動については小説風の解釈を退けている）は、「それにしても、陰謀があったことは疑えないであろう」（三八二頁）と言っている。セギュールと同じくらい保守的な別の著者は、「確かにすべてが陰謀の存在を示している」、しかし、「〔暴動が〕請負仕事だということは明らかだとしても、それを行なわせたそもそもの張本人については疑問が残る」と書いている（一八七頁）。

われわれは、同じ方法を用い、さらに補足的資料に頼ることによって、もろもろの事件についてのわれわれの話のなかに、それ自体としては伝統的な説明基準に反するようないくつかの資料を採り入れることができた。

われわれのその動機は、〔これまでの諸研究の〕綜合の努力を行ないたいという気持ちと、歴史のこの点を、すなわち、どんなことがあっても逸話風に考えてはならないこの点〔民衆運動の核心〕を、解明したいという気持ちから来ているように思われる。

小麦粉戦争は、非常に長いあいだ浅薄な方法によって研究対象にされてきたにもかかわらず、等しくすべての研究者から、歴史的ならびに社会学的意義に富んだ事件として考えられている。その事件には、アンシアン・レジーム下で頻発した飢えによる民衆暴動を、革命期の政治運動に結びつける鎖の環を見いだすことができる。またこの小麦粉戦争は、自分の主題に合わせて選ぶ見方に従って、〔アンシアン・レジームの〕末期的事件あるいは〔フランス革命の〕先駆的事件として好みの形で捉えることができるが、これらの二つの性格は、小麦粉戦争にある程度共通に見られる性格なのである。それはまだ一七八九年の〔革命の〕イデオロギー的内容こそ示していないが、一七七〇年の組織的反発を凌駕しているのである。

それは、チュルゴーの大臣としての実験の展開においても、また、その世紀の最終部分を占める体制の大転換においても、決定的な時期を画しているのだ。

旧来の偏った見方は、これらの局面を隠蔽するのに成功したのではなく、それらの局面を確実に曖昧にしたのだ。だからそのような見方は、事件の重要性を正確に評価することをますます困難にしているだけでなく、社会現象の科学的解釈の観点から事件の教訓を引き出すことをますます困難にしているのである。

したがってわれわれにとっては、一五日間のこの歴史的複合現象のなかで、人為的に事実として作り上げられた部分、すなわちもはや時代遅れの事実となった部分と、本来の意味で革命的な事実の部分とを、正確に確定することが必要であるように思われる。

われわれは最初に、人為的事実の問題、すなわち、「陰謀」もしくは「ならず者」という互いに密接に絡み合った問題を取り上げるが、まず実際に行なわれた調査の順序に従って検討し、ついで、提示された構造物をさまざまな要素に分解することによって検討したいと思う。

証拠書類

国王が持っていた証拠書類

『ガゼット・ドゥ・フランス』紙の記事が出たあと、陰謀問題についての多少なりとも公式の報告はまったく行なわれなかった。実際に何もなかったにせよ、あるいは何も発見されなかったにせよ、一切行なわれなかったのだ。仮に何かを発見したとしても、人々は断固として沈黙を守ったであろう。これが、何人かの回想録著者たちの考えであった。しかし、一般に彼らは陰謀を捏造する傾向にあった[*3]。スラヴィによれば、国王は自分の持っていたメモや書類を自分で焼き捨てたようである。ウエーベルによれば、「国王は、慈悲でこの反乱の煽動者たちを黙らせようと思った[*4]」。

*3　スラヴィ、第二巻、二九八頁および二九九頁。

*4　ウエーベル『回想録』第二巻、八四頁。

この陰謀説には証拠の端緒となるものが何も存在しないだけでなく――なぜなら、前述の著者たちの根拠薄弱な見解には証拠としての性格を認めることはできないからである――、彼らのこの話は、たんなる作り話とみなしうるとわれわれは考えている。

確かに、国王の証拠書類と言われるものは、事実そのものや場所や人物とも関係のない、また、実際に試みられた調査ともまったく関係のない、不自然と言ってもいい情報から成り立っていたわけではないかも知れない。ところが、これらの調査からは、のちに見るように、仮にも一定の時点で区切ることができるような導きの糸は何ひとつ見つけることができないのである。

バスチーユ監獄の刑事調書

事実、権力側は、暴動のあとに提起されたさまざまな刑事訴訟のなかに、陰謀の痕跡を見つけ出そうと試みた。しかし、ごく普通の軽犯罪者や小物については、間接的な証拠や手がかりしか探し出せなかった。われわれは、公式に発表されたさまざまな項目を以下で検討することによって、これらの調査の否定的な性格を検証したいと思う。

リュブリンスキー氏は、逮捕者リストの詳細な研究を行ない、また、年齢、職業および出身別の分類を行なって、そこから、この「歴史的な事件」[*5]の自然発生的で「プロレタリア的な」性格を立証するいくつかの結論を引き出している。

*5 『歴史の諸問題』(*Voprosy istorii*)、第一一号、一九五五年、一一三−一一七頁所載の「一七七五年五月のパリ暴動に関する新資料」。また、『フランス革命史年誌』第一五六号、一九五九年四−六月、一二七頁以下の同じ著者の論文「ヴォルテールと小麦粉戦争」をも見よ。リュブリンスキー氏の見解は正しい判断にもとづくものであるが、それ自体は論証的なもののようには見えない。暴徒の安手当による駆り出しそのものは、なんら驚くべきことではなく、それ自体としては、全面的煽動説を覆すほどのものではない。とはいえわれわれは、この全面的煽動説は、著者と同様断固退けるものである。

リュブリンスキー氏は、デモ隊員のなかに手工業労働者が見当たらないことを強調している。しかし実際には、そこには多くの職人労働者が見られるのであり、手工業は当時はまだあまり発達していなかったのだ。

リュブリンスキー氏はまた、パリ事件で逮捕された田舎の住民の数が少ないことを指摘している。確かにこの指摘は、農民が非常にたくさんいたというメトラやアルディの情報に反しているように見える。しかし、その証拠は絶対的なものではない。なぜなら警察は、明らかにパリの住民の方が見分けやすく、したがって、あとから逮捕しやすかったからである。

一般的に言って、『勾留者リスト』に記載されている情報も、文書館に保存されている警察の書類のこれと一致する情報も、「下層民」と民衆を区別して考えるならば、メトラやヴェリの情報の正しさを無条件に裏づけているのである。

　暴徒は、最下層民の出、あるいは賤民の出でさえある。職業欄を見れば、それはほとんど疑いの余地がない。そこにはつぎのような職業が記されている。釘製造工、屑物商、靴職人見習、籐椅子職人見習、女古物商、ガーゼ職人見習[5]、パリ中央市場の荷役人夫、「流し筏で働く」職業軍人、港で働く日傭取り、絹糸製糸工、定職も決まった住まいもない革製品製造職人見習、宿なしの女日雇人夫、廃牛馬屠殺解体業者、定職のない革鞣工、石工、土方、風呂屋見習、労務者、金めっき工徒弟（一四歳）、職なし宿なしのパン職人見習、野菜売り女、貝売り、石切職人、家具職人見習の兵隊、居酒屋で逮捕された帽子職人見習仲間、男女の辻馬車用水運搬人、かなりの数の非常に若い失業者（そのうちの一人は一〇歳の子供）、ピチエ施療院[6]で育てられそこの衣服を着たまま脱走した一人の浮浪者、何人かの名の知れた泥棒。エリート層の代表は、錠前職人の一人の親方と靴直し職人の一人の親方である。[*6]

＊6　かなりの数の名前には職業の記載がない。ここでは、他の理由で逮捕された者、たとえば、ゴネッスで無理やり値段を押しつけて小麦を買ったとして告発された何人かのぶどう栽培業者、ヴィルモンブルの領主裁判所検事、ポントワーズの下級審次席検事、二人の聖堂区主任司祭のことについては触れない。『勾留者リスト』には、バスチーユ監獄に連行された被疑者の名前は、例外的にしか書かれていない。

　それに反して、通常の監獄にではなく、（まさに彼らの役割についての嫌疑のため）バスチーユ監獄に投獄されたかなりの数の被疑者に対して行なわれた刑事調書のなかには、情報の直接の要因を探し出すことができた。実際、これらの何人もの被疑者は、警察が彼らに取り調べを受けさせようとしたその場所に彼らを連行できると判断したまさしくその事実によるのでなければ、最も取るに足らない小物とも区別することができなかったのである。

〔パリ警察長官〕アルベールは、何度も繰り返して自らこれらの訴訟手続きについて口をはさみ、ときには執拗に、かつまた緊急性を主張しながら口出ししたが、その執拗さと緊急性の主張は、彼の役回りのくだらなさとその手口の凡庸さと比べてみると、滑稽とも言えるような対照を見せている。[*7]

*7　われわれは、バスチーユ監獄に勾留された者については二つのリストを利用している。ひとつはフンク＝ブレンターノによって刊行されたものであり、もうひとつは国立文書館にあり明らかにアルベールの手に成るものであるが、後者は、「小麦事件」〔小麦粉戦争〕によって引き起こされた「衝撃」をはっきりと裏づけている。われわれが原則として依拠するのはこのリストである。なぜなら、前者には、別の理由で逮捕された被疑者が含まれており、逆に、警察の最初の捜査のときに勾留された幾人かの名前が含まれていないからである。

アルベールのリストに載っている二六人の名前のうち二五人が、訴訟記録全体の記述または訴訟記録の基本部分の記述と一致している。唯一カンテの名前だけが、いかなる書類にも記載されていない。

以下の叙述で利用された資料は、国立文書館にあるY. 11-441とアルスナール図書館にあるバスチーユコレクションの12-447である。

司祭たち

モンペリエ〔南仏、ラングドック地方の中心都市〕の哲学教授ソラン師は、聖職者仲間のなかでも特別な地位を占めていた。彼は、『小麦取引についての一市民の考察』という本を出版していた。

その本に対する告発は、彼はこの本を人心を興奮させるために書き、その本を売るために人心の興奮の高まる時を待ち、しかも、特に暴動に関する一節で最近のいくつかの情勢の変化を伝えたとして、彼に非難を浴びせていた。

こうなると、われわれはもう陰謀の真っ只中にいることになるだろう。なぜなら、仮にソラン師が自分の本を出版する好機を待っていたとすれば、彼は、暴動が準備されつつあると考えるなんらかの理由を示す必要があったからである。

彼は、この非難に対して十分に身の証を立てることができたように見える。特に検閲の証印をもらってからは、出版允許[7]のために払う允許料を安くしてもらうことを期待していたからである。

ほかの聖職者たちは、取るに足らないことでしか非難されなかった。しかし彼らは、ある時には事実そのものにもとづき、ある時には解釈にもとづいて自己を弁護し、さらには、自分たちは悪意に満ちた告発の犠牲者だと主張した。

たとえば、グルネー〔ノルマンディ産の牛乳から作るチーズで有名な、セーヌ＝エ＝マルヌ県の町グルネー＝アン＝ブレ〕の主任司祭ドゥールダン師は、自ら見ず知らずの連中に、デュフレーヌなる人物の家——彼らはそこに小麦を見つけた——を教えたと言って非難され、また、ある日（五月七日）の説教で、国王はまだ若いため、大臣たちが彼に正道を踏みはずさせたり彼を駄目にしており、また、大臣どもが小麦の高値を維持している、と言ったとして非難された。

サン＝ヴァンサンの主任司祭チレ・ドゥ・ラ・マルチニエール師は、（五月二二―二五日の）事件のあとで行なった説教のことで非難された。彼はその説教で、小麦を一二リーヴルで手に入れた者は得をしたのだと言ったらしい。彼は、ベラールなる男の込み入った事件を引き合いに出して弁明した。この男は、「寄進の」つもりで小麦を渡したものの、その小麦には埃と有害な草がいっぱい混じっていたらしい。

ラ・シャリテ・ドゥ・ギャランシエール＝アン＝ドルーエの礼拝堂付き司祭ドゥ・ラ・リュ師は、五月八日に非常に興奮した一人の親方見習と一緒にドルーへ行ったといって非難された。彼は、そこに五〇人の竜騎兵がいたので、好奇心にかられて行ったのだと主張した。

ヴェルノン〔北仏、エヴルーの東方、セーヌ川沿いの町〕の近くのパネユーズの主任司祭ル・カヴァリエ師は、ヴェルノンでの略奪事件のあとで言った言葉で非難された。[*8]

＊8　この出来事は、暴動が主要地帯から非常に離れた所でも起きたことをはっきりさせるうえで役立っている。

シュヴリの主任司祭パスキエ師とスロールの主任司祭ジュフロワ師は、聖堂区の信者たちに金を貸した廉で非難された。[*9] パスキエ師は、デモ隊員は自分たちが希望する値段で小麦を買うことを認める許可証を持った「役場の職員」が俺たちにはついているぞと主張していた、と語った！　この職員は、実際に来たわけではなかったが、あとになって、「ヴァルローシュ氏の猟場番のシュヴァリエ」という人物と同一人物であることが判明した。

＊9　本書、五三二―三三頁を見よ。

もっと興味深いのは、オンドゥヴィリエ＝アン＝ブリの主任司祭プロスト師の場合である。師は、〔暴徒に金を渡したと疑われて〕どうしても行なわなければならない取引があったので、支払った金はやむをえず手付金として支払っただけだと考えて、その金の受取人のリストを作ってその取引を帳簿につけた、と述べている。

最後に、ラ・クーの主任司祭ボン師は、小麦の値段を勝手に〔一スチエ当たり〕一五リーヴルに決めたうえ、自ら大量に買って行ったとして、小作農のシャルパンチエから告発された。

以上のことから、『酷評』のなかのヴォルテールのつぎのような作り話はまったく信用できないことがわかる。「小柄な神父は、皆さん、神さまの思し召しです、全部かっさらって行きましょう、と彼らに大音声でそそのかしていた。……この聖職者は、頭を冷やすよう促されて、われらが旅人たちに向かって、自分も同僚もこの群衆の首領の一人だと説明し、《わたしたちはこのうまい仕事のために金をもらったのだ……》、と言った」。

女たち

トルクビオー生まれのブレットという女の場合が人々から注目された。彼女は、ヴェルサイユの乗合馬車事務所近くで、男装をして石のベンチで寝ていて、おまけに酔っ払った状態で逮捕されたのだ。この不幸な女は、夫婦喧嘩のあげく飲んだくれて家出したにすぎなかった。メトラの小説風の物語の元となったのは、おそらくこの事件だと思われる。[*10]

＊10　あるやきもち焼きの亭主の妻が、男装をして亭主の恋人に会いに行った。……ところがその恋人は、バスチーユ監獄から不貞の過ちを罰する刑務所のサント＝ペラジー監獄に移されていた（五月九日、第一巻、三五五頁）。

タントンという女は、かつて非常に熱心にブリ地方〔パリ盆地東部、セーヌ川とマルヌ川に挟まれた肥沃な地方。小麦、甜菜《てんさい》、チーズの産地〕の暴動に加わったことがあった。彼女は、自分を良家の娘として認めさせようとしていると言って非難された。たまたま知り合った彼女の仲間たちは、彼女を一緒に連れて歩いて、彼女を「俺たちのお姫さま」と呼んでいたからであった。……

また、ボーモンの暴動の際に逮捕されたデ・カルトという女がいた。彼女はそこで際立った働きをしたが、そこへは、一〇歳になる小さな娘と一緒に、二リーヴル〔約一キログラム〕のバターを売りに行っただけであった！

これらの女たちは、われわれには、「女騎兵隊員エルサ」の小型判のように見える。

ドランシー〔パリ北東郊の町〕の織物職人のジャン・ルノーなる人物は、「一〇〇人あまりのごろつきや悪《わる》と徒党を組んで、市場や小作農の家へ行って小麦を略奪しようと企てたり、教会でミサが始まる前に彼の仲間に加わりそうな者を募ろうとした」として告発された。しかし彼は、自分は大麦のパンしか食べないし、その日はミサに出なかったので、「そのことについて神さまにお許しを乞うた」と断言した。

エチエンヌ・ル・モワーヌは、五月九日にボーモン＝アン＝ガチネ〔パリ南方、ロアン川沿いの農業地帯〕の暴動に加わったとして告発されたが、否定している。彼は、外国人が通るのを見なかったか、彼らが粗悪なパンを見せ、ビラを貼り、金を約束するのを見なかったかと尋問され、見なかったと答えた。

ヴィリエ＝ル＝ベル〔パリ北東郊、モンモランシー北東の町〕での暴動と略奪の犯人として、ガラス職人のペトリとエクアン〔パリ北郊の町〕のモントラボン氏の馬車馬調教師バドランを取り調べよとの命令が出されたが、エクアン在住のコンデ大公の出納長アントーム氏の証言によれば、彼らは、「俺たちを略奪に向かわせ、俺たちに金をくれたのは何人かの金持ちだった」と言ったようである。ここには、陰謀の気配が少しばかり感じられる。また、〔パリ警視総監の〕アルベールは、「貴殿らは一刻も猶予せずこいつらを尋問し、奴らを動かしたと思われる金持ちたちを白状させて、それについて直ちにわたしに報告されたい」と書いている。しかし、警察署長のシュノンは、現場に行ったものの、その事件は立証できなかった、と結論した。

王妃の楽譜商ニコラ・ジョリヴェが投獄された。彼のかつら師が、以前彼に、「国王は暗殺されるだろう」と言ったからだ。また、かつら師見習職人のアトーがバスチーユに投獄されたが、彼はある軍人について、この種の情報を握っていると言い張ったが、彼は当然のことながら秘密を守り、こうした秘密はなじみの客にしか漏らさなかった。

五月一三日にムランで言った言葉のために、デュボワなる男に対する予審が開始された。その時暴動はほとんど終わっていたが、彼は、「こりゃえらいことになった。二週間のうちにパリのパンが一リーヴルにつき二ソルにならないと、王さまは殺《や》られるぞ。あそこには四〇〇〇人の暴徒がいて、四方から火を掛けるだろうからな」、と言ったようである。

いろいろな不正取引や値段の強制の廉で、カンドレとシャトランという商人が起訴されたが、彼らは、興味を引くようなことは何ひとつ話していない。最後に、クレマン・クローヴィルは不可解な物語のヒーローであるが、その話を適切な形で要約することはとうてい不可能である。[*11]

＊11　偽の国務会議裁決を配布した廉で逮捕されたユレルの事件（フンク＝ブレンターノの逮捕者リスト）については、本書の五三〇頁を見よ。

検察官たち

石工で居酒屋の主人であったレピーヌと時を同じくして、錠前屋でヴィルモンブル〔パリ東郊、ボビニー南東方の町〕の領主裁判所検事であったブレゾンがバスチーユに投獄され、彼の証拠書類にわれわれが前に話したシャルルマーニュ事件の調書がつけ加えられた。ボーモンの無能な公証人バイイとポントワーズのへまなボワラベの場合も同様であった。その件については、われわれはもうこれ以上考える必要はない。

政治的訴追（ラングロワ、ソラン、ドゥメルクの場合）

モプーの子分で〔モプーの司法改革によって創設された〕ルーアン高等評定院の元裁判長であったラングロワの逮捕を、この項目に入れることができる。モプーが彼の首を絞首台に懸けるのはすでにわかっていた、とメトラはこの件について書いている。「だが彼（ラングロワ）は、（バスチーユ監獄から）出てきたところであった。このことは、彼に対する有罪の証拠があまり根拠のないものであったことを証明している」[*12]。

＊12　メトラ、七月一三日、第二巻、三八頁。

われわれは、彼の証拠書類のなかには、押収された書類の照合書類しか発見できなかった。彼の証拠書類としては、ボルディエという署名のある四月五日付のルーアンからの一通の手紙しか取り上げられなかったが、その手紙では、パンの値上がりと穀物取引の自由の廃止、ならびにこの二つの問題がルーアンの住民に与えている印象が、話題として取り上げられている[*13]。

＊13　照合書類、一七七五年七月五日。

だからこの証拠書類は、われわれには価値が小さいように見えるし、また、おそらく実際にもそう見えたであろう[*14]。

＊14　フンク＝ブレンターノの逮捕者リストによると、ラングロワの使用人のトレルが彼と一緒に勾留された。

もし誰かがラングロワを通してモプーに打撃を与えようと考えたとすれば、たぶんその人間は、小麦の元の管理者であったソランとドゥメルクを通してテレーにも打撃を与えようと考えたであろう。ソランとドゥメルクに関しては九月以降証拠調べが続けられていたし、〔穀物倉庫の〕封印小麦は一月の末以降完全に目録化されていた。古い事件が状況の偶然の一致によって彼らの突然の逮捕を正当化するようなことは、ほとんどありえないことであった。確かに新しく小麦の封印が行なわれたが、有罪の証拠となるものは何も見つからなかったので、二人の共犯者は六月にバスチーユから釈放された。人々は本当に、彼らからなんらかの陰謀の筋道を発見できると思ったのだろうか。アルベール自身の指揮によって作成された尋問調書は、有罪の証拠は何ひとつ明らかにしていないし、取り調べがその方向に向けて行なわれたふしさえ見られない。[*15] 彼らの〔穀物管理の〕仕事は好意的には評価されなかった。[*16] 彼らの仕事は、民衆の心のうちに好奇心と恨みを呼び起こしていたからである。だが彼らの仕事に対しては、陰謀の証拠を明らかにするような新たな事実を付け加えることも、したがって制裁を加えることもできないのである。それは、大きな陰謀の画策にもこの特殊ケースにも当てはまることである。

＊15　アルスナール図書館のバスチーユコレクション、12-447、第一一一、一二九、一三四葉およびレオン・カーン『歴史評論』一九三五年、第一七三巻を見よ。

＊16　モンティヨンは彼らの仕事をきわめて厳格に評価しているが、日付を間違えている。

直接接的非難——コンチ大公の場合[*17]

＊17　先に引用した五月一一日付の国王の手紙を見よ。

デュ・ポンは、バーデン辺境伯への手紙のなかで、陰謀の「首謀者」として三人を、すなわち、コンティ大公、〔ランス大司教〕ラ・ロッシュ＝エモン枢機卿ならびに宮廷裁判長を非難した。これらの人物は、チュルゴーの同職組合廃止計画を恐れていたようである。この計画は、当時はまだ秘密にされていたが、彼らはそれを、ボードーとモルレの不用意な言葉から嗅ぎ付けていたようであった。ところでこの計画は、彼らの金銭的利益を損なうものであった。特にコンチ大公は、彼の所有地であったタンプル地区(8)の屋敷に作っていた賃貸家屋から五万リーヴルの収入を得ていて、商業と家内工業を自由に行なう特権の利益に与っていたのである。

だから、将来いくらかの収入を失うのではないかという、当時はまだ非常に漠然としていた不安にかられて、コンチ大公とその手下がならず者たちに手当を払って突然小麦粉戦争を始めた、と言われていた。だが、きわめて不確かな動機にもとづいたこれほど巨大な――同時にまた金のかかる――陰謀は、まったくまゆつば物のように思われる。人々は、最初のいくつかの暴動が〔パリ北方のコンチ大公の所領の〕リラダン(9)に近い場所のボーモンとポトワーズで発生したことを、その状況証拠として挙げている。しかし、そんなことはまったく何物も意味していない。すでにディジョンで、実際に暴動が起きていたからだ！

さらに、リューデが決定的とも思われる詳しい事実を発見したのだ。それは、暴動の際に農民がコンチ大公の所有地を荒らしたらしいという事実である。[*18]

＊18　アルスナール図書館、手稿 12-727、第三二四および三二五葉。ルイ・マレの尋問調書。リューデ、一六九頁、注128a。

金で雇った自分の仲間の行為を自分自身に向けたと考えるには、自らの利益に汲々としていた御仁にしては、きわめて異常なマキアヴェリズムを想定しなければならないだろう。

この著者は、この地域が特に大革命前夜にしばしば民衆運動の出発点になったことを指摘している。

ヴェリ師は、コンチ大公に関するこうした非難については、常に非常に慎重な態度を示していた。デモはひとつも起きていない、と彼は注意を促している。「始まった火事に油を注ぐ者と策略を案じて火事を起こす者とを混同してはならない」[*19]と。

＊19　ヴェリ、第一巻、三八六頁。

さらにつけ加えれば、この作り話の事実無根の証拠は、計画的略奪に関するいろいろな話の構図が非現実的なことである。[*20]

＊20　ある資料すなわち公証人バイイの尋問調書のなかに、コンチ大公の元の警備隊長について述べた箇所がある。だがこの人物は、バイイの注意を暴動に引きつけるために他の仲間と一緒にちょうど彼の所へやって来たところであった。だから、彼は暴動を煽り立てる意図など持っていなかったのであり、反対に彼は、暴動をくい止めるためにバイイの介入を促そうとしていたのである。

トマの資料

われわれは、完全を期するために、ウルジーヌ通りの「ビール醸造業者の向かい側に」住んでいたトマという男の手になる四月二五日と五月二五日付の意見書が、ラントゥーイユ邸文書のなかに存在していることを指摘しておかなければならない。これらの資料から、トマが陰謀画策の噂が流れていることをチュルゴーに「知らせ」、チュルゴーは彼と会ったらしいことがわかる。トマは、共謀者の会議がテレーの家でコンチ大公を前にして開かれたようだと主張している。他方で、この同じトマは、パンの値段を決める方法を自ら提案したらしいことを繰り返し述べている。

そのうえ彼は、自分自身の利益のための要望書を提出している。この文書は、誰か作り話の巧い人間によって書かれたものであるように見える。チュルゴーは、これらの意見書を取っておいたが、一度もそれに言及したことはなかった。

間接的証拠

そもそも初めから直接的証拠などはありはしないので、陰謀説は、公式あるいは非公式に書かれたもののなかに述べられている一連の間接的証拠にもとづいているのである。人々はかなりの数の陰謀の動機を挙げたが、どの動機もひとつひとつを見るとあまり決定的なものには見えないが、全体として見るとわれわれの強い関心を引くのである。

証拠としてのそれ自身の価値は別として、挙げられているいろいろな種類の事実は、現実に明確に証明されたものではなく、たいていの場合捏造されたものでさえある。このことは、われわれが典型的な挿話について行なった分析からすでに明らかである。にもかかわらずわれわれは、いろいろな項目について、以下にその要点をまとめておくことにする。

いんちきパン

陰謀のひとつの証拠として、デュ・ポンは、暴徒たちに配られたらしいいんちきパンを挙げている。「人々は、暴動が起きた時のために、少しのライ麦粉に麩《ふすま》と灰を半々に混ぜたパンをあらかじめ作り、それに黴を生やしておいた。彼らはこのパンを、田舎やパリや、特に宮廷のあるヴェルサイユで配った」。この信じられないような事件の資料的証拠はどこにもないが、デュ・ポンの話を、つぎの二つの似たような話と比べてみるとよい。

一、五月二日のルイ一六世の手紙によると、ヴェルサイユの暴徒たちは、二ソルで買ったという非常に粗悪な大麦パンを見せびらかしていた。しかし、それが本当に粗悪な大麦パンでなかったという証拠は何もない。

二、翌日、ヴェルサイユから戻ったチュルゴーが、デュ・ポンが待っていた財務総監府に行った時、デモ隊員たちは同じように黴の生えたパンを見せびらかしていた。ヴェリはこの話を詳しく語っているが、その際彼は、デュ・ポンの話と一致はするが部分的にしか一致しない話をつぎのように伝えている。

「このパンのいくつかが専門家によって調べられたが、そのパンはその日に作られたものであり、ある成分によって緑黒色にされていたことがわかった」[*21]。

＊21　ヴェリ、第一巻、二九〇頁。

だからこのパンは、デュ・ポンによると、あらかじめずっと前に準備されたもののように思われたのであり、ヴェリによると、それは同じ日に作られて同じ日に〔化学的に〕処理されたのだ。しかしこの話は、あまり信用できる話のようには思えない。

当時は、見場の悪いパンを作るために化学的処理を施す必要などまったくなかった。わざわざ人々を挑発するために作られたと想定する必要はまったくなく、そのようなものは常日頃見られたのであって、そうした例はたくさん見いだすことができたのである。

リムーザン州の飢饉の際に、チュルゴー自身が二度にわたって当時の財務総監に、彼の感情をかきたてるのにふさわしいパンの見本を送ったことを思い出してみよう。

「閣下、このようなおぞましい食べ物を食べなくてはならない人々の境遇に同情することなく、それをご覧にならないでいただきたい」[*22]と、彼は書いている。財務総監にこのような見場の悪いパンを見せるために特別に準備する必要などなかったのである。

＊22　一七七〇年一〇月二五日、シェル、第三巻、一四三頁。

アルディの覚書によれば、一年前の一七七四年六月一三日に、ヴェルサイユで非常に粗悪な小麦が売られていたので、市場の女商人たちがその見本を国王の所へ持って行った。六月一六日には、ショワジー〔パリ南郊の町、ショワジー＝ル＝ロワ〕で、傷んだ小麦が川に捨てられた。

一七七五年のフルーリ首席検事宛の手紙では、かなりの教養を示している「バール〔南仏、アルプ＝マリチーム県の郡庁所在地、グラッスの近く〕の一市民」が、「現在売られているパンはせいぜい犬のえさにしかならないので」[*23]、人間の食糧になるようなパンを供給する措置がとられるよう要求している。

＊23　ジョリー・ドゥ・フルーリコレクション、1159 の 7-8（日付はひとつも入っていない）。

クルトネ〔ロワレ県の郡庁所在地、モンタルジの近く〕の領主裁判所検事は検事で、「まるで犬にやるような麩のパンだ」[*24]と言っている。

＊24　同、第六二葉。

グランヴィリエ〔アミアン南西方の町〕では、われわれは、袋入りの粒小麦を売っていたヴァスールという男に罰金が科せられるのを見る。彼は、「芽の出た小麦とまだ穂の出ない青い麦を一杯詰め込んで」、袋の上の方にましな粒小麦を入れ、その下に「芽の出た真っ黒な小麦を」[*25]入れておいたのだ。

＊25　同、第七六葉。

この種のやり方をもってすれば、分析をすればすぐにばれるような非常にあやしげな〔化学的〕成分を含んだパンを作ることは、いとも簡単にできたのである。

先に述べた諸事件の場所と日時のごく近くにわが身を近づけてみると、われわれは、つぎのような情景を目にすることができる。五月二日にヴェルサイユ近郊で起きた略奪事件の際に逮捕されたシャボーという女性は、「この小麦粉はとても質の悪い小麦粉ですから、それを使いますと欠点だらけの苦いパンができます。もしわたしが即座にこの小麦粉の質を見分けることができましたら、たとえただでやると言われてももらう気はしなかったでしょう」[*26]、と供述した。

＊26　セーヌ＝エ＝オワーズ県文書館、シリーズB。ヴェルサイユ、宮廷裁判所審問官(10)。リューデ、一四九頁、注29に引用されている訴訟一七七五年。

もし陰謀のリーダーがいて、彼らが化学的に処理したパンを作ったとしたら、彼らはよほどの愚か者であっただろう。しかし、そのようなパンが世間に流れたためにひとつの問題が起きた。すなわち、パン屋が共謀してやったに違いないと思われたのだ。食糧が極度に不足していたこの時代の、かなりの地方のごく普通の生産状況においては、彼らは、目を背けたくなるような外観をもったパンを簡単に手に入れることができたからである。

だがそのうえ、この種のことが自然のパンを使って計画的に行なわれたことを明確に証拠立てるものは何もなかった。だから、この点について捜査官たちが提起したいくつかの問題は、否定的な答えに終わっただけであった。[*27]

＊27　たとえば、一七七五年五月九日に警察署長のボーモンによって作成されたデ・カルトという女の尋問調書を見よ。そこにはつぎのように書かれている。「彼女に粗悪なパンを見せたり、近くの市場で暴動を起こした者に金を約束したりするような、悪意を持った者たちにそそのかされなかったかと聞かれて、彼女は、《いいえわたしは、粗悪なパンを見せたり、金を約束したりするような人は誰も見ませんでした》と答えた」。

「人々を略奪に駆り立てることを目的とした偽の国務会議裁決が印刷されていた」。まず第一に、この記事の方がしっかりした根拠を持っているように見える。事実、小麦の価格を一二リーヴルに定めるという偽の国務会議裁決が流布していたようである。国王は、五月一一日の手紙のなかでそれについて暗につぎのように述べている。「大臣よ、貴殿が余に届けてくれた国務会議裁決をここに返送する。それを書いたのは、きっと法律家ではないだろう。なぜなら、その男は常識を欠いているからだ」。『歴史話』によれば、「偽裁決」がいくつかの村に貼り出されていたようである。[*28]

*28 『歴史話』二五四頁。

これらの偽国務会議裁決や食糧品〔小麦や小麦粉〕の公定価格に関する偽の命令書が作成された形跡は、原資料のなかにはまったく見いだすことができない。もちろん上からの指示に従ってのことではあったが、かなりの数の容疑者に拷問がかけられた。そこから得られたすべての結果は、「命令書を持っている」と主張している人の話を聞いたと何人かの容疑者が供述しただけであった。シュヴリの主任司祭に関してわれわれが先に述べた狩猟番のシュヴァリエなる男は、自分は「命令を委任されており、許可証を持っている」と言っていたようである。しかし、実際にはいかなる文書も作成されなかった。[*29] だから先の言葉は、明らかに、何人かの暴徒が偉ぶって言ったか、あるいは欺瞞のために述べた言葉である。

*29 リューデ、一七〇頁および一七一頁。

偽裁決と言われるものについては、われわれはつぎのような仮説を立てることができるように思う。その仮説に立つと、事件の鍵は、五月一三日に配布された一通の調査報告書にあるように思われるが、その報告書は、その報告書の重要性を強調した〔宮内大臣〕ラ・ヴリイエール公爵の手紙とともに地方長官たちに宛てて送られたのである。

その報告書にはつぎのように書かれていた。「ムーランとヌヴェールの間のサン゠タンヴェールという馬継場に、五ピエ六プース〔約一・七八メートル〕の一人の男がいて、その男が、ラッパの音を合図にたくさんの人を集めたのち、国王の国務会議裁決という表題をもった四頁の印刷物を売りさばいていた。その印刷物の最初の二頁には、国務会議裁決の代わりに、小麦産地の民心を動揺させたとして起訴され有罪と認められた者に対するセット会計法院の判決文と称するものなどが載せられており、それに続いて、この判決を追認するトゥールーズ高等法院の判決と称するもうひとつ別の判決が載っており、そして三頁目と四頁目には、詩形式の国王の星占いが載っていて、紙面全体の最後に、マランの偽の承認署名とル・ノワールという偽の許可署名が載っていた。この報告書を作成した連中が、その印刷物を一部買って持ってきた。それを売りさばいていた男は、ノルマンディーからやってきたと言い、生活のためにこの文書を売っているのだと言っていた[*30]」。

＊30　アルディの五月一五日付の新聞にこの報告書の写しを見ることができる。われわれは、ラ・ヴリイエール公爵の手紙付きの報告書を一部、ソンム県の文書館で見つけることができた。C.89-8 および 89-2。

ところでわれわれは、フンク゠ブレンターノが公表した逮捕者リストに、「五月三〇日から九月二七日にかけて（デュ・ミュイの指示により）小麦に関する偽の裁決を売りさばいた廉で」、ルーアン市の元トランペット奏者のユレルの名が載っているのを見ることができる。アルディが触れている男はちょうどノルマンディーから来たところであったので、この二人は同一人物である可能性が非常に高い。だから偽裁決事件は、結局のところ、一人の惨めな行商人の意地悪な発案というよりも、金儲けのための発案であったようである。

食糧投げ捨て事件

この事件の場合、デュ・ポンの記事の論調は、主任司祭への訓令ならびに『ガゼット・ドゥ・フランス』紙のなかで述べられた公式の論調と一致している。この事件は、すべての論告求刑のなかで最も説得的でかつ最も衝撃的な部分をなしている。ここに登場する人間は、腹一杯食べたいと願う飢えた人間でもなければ、盗みをしようと思う普通の悪人ですらない。彼らは、食糧を台なしにしようとする本当の悪魔なのである。

この事件の元はおそらくディジョンの暴動にあると考えない限り、この事件にはいかなる根拠も見いだすことができない。この暴動では、ウルク川に面した製粉場のカレという男の家で略奪された小麦粉の一部が、腐っていると暴徒たちが考えたため、川に投げ捨てられたのだ。[*31]

＊31　アルディ、一七七四年六月一六日の記事を見よ。ショワジー＝ル＝ロワでは、七リーヴルも値上げして売られていた傷んだ小麦を、群衆が川へ捨てに行った。

ほかにこの種の行為が行なわれたことを示す証拠は、最も小さなものでさえどこにも見つからない。反対に、われわれがすでに見たように、農家の「訪問者たち」は、小麦の入った袋を自宅へ持って帰ったのである。

金配り事件

「彼らのうちの中心人物はポケットに一二リーヴルを持っていたし、何人かの者は金貨〔ルイ金貨＝二四リーヴル〕を持っていた」と、デュ・ポンは言っている。同じ趣旨のことが、『ガゼット・ドゥ・フランス』紙にもかいつまんで述べられている。

主任司祭への訓令は、暴徒は捨値で買うとはいえ大量に買うだけの金を十分持っているので、彼らは決して貧乏にうちひしがれているわけではない、とだけ述べている。デモ隊員たちは、「金貨や銀貨」（アルディ）を使い、「半ルイ金貨」〔一二リーヴル〕（メトラ）を使っていたとかなり一般に信じられていたが、これは、彼らの生活条件からすれば驚くべきことに思われた。だから人々は、彼らは雇われて、決まった報酬を受け取っているのだと結論した。

この件については、きわめて特殊的で個別的な事実しか見当たらない。非常に多くの容疑者のなかに、多額の金額を——と言っても、せいぜい買い物をするために持っていた比較的わずかな金額であるが——を使うことができた者が何人かいたとしても別に驚くべきことではない。リューデの研究は、この新奇な記事の誤りを正して、調書のなかにはいくつかの例外的な箇所を除いて金に言及した所はひとつもない、と述べている。そして彼は、すべての容疑者について調べた結果つぎのように言っている。「おまけに、もし小作農やその他の者が本当に半ルイ金貨で支払いを受けていたとしたら、金の出入りを丹念に帳簿につけていた多くのパン屋のうちの誰もそのことに触れなかったことは、驚くべきことではないだろうか」[*32]と。

＊32　リューデ、一七一—七三頁および注。

聖堂区の信者たちが〔暴徒が決めた食糧の〕公定価格を利用できるように彼らに金を貸したと言って、何人かの主任司祭が非難を受けたが、こうしたいわれない非難はもはやその効力を失いつつあったようである。しかしこれは、その元をただせば、取るに足らないいくつかの小さな事実にあったのだ。ブリの近くのスロールの主任司祭ジュフロワは、数件のわずかな額の貸付金を帳簿につけていた。けれども彼は、これらの貸付金は暴動が起きる以前のものであることを立証することができた。シュヴリの主任司祭パスキエは、聖堂区の信者の一人に、彼も自分のための一スチエの小麦を買えるように一二フランを貸したことを認めている。デモ隊員によって包囲された農婦は、その場に居合わせた住民たちに、「みんな、あんたたちの小麦袋を探しに行きなさい」[*33]と、自分から言ったようである。

＊33　国立文書館、Y. 11-441 のこれらの尋問調書を見よ。

この件について話すことは、『歴史話』が伝えている高等法院評定官ドゥ・ポムーズの語る逸話ぐらいしかもう残っていない。この「激怒した女」は、ある女がほかの女たちよりもかっかとしているのを見て、彼女が少しばかりのパンを買えるように彼女に六リーヴルを与えてやり、彼女が差し出したエキュ貨〔三ないし六リーヴル相当の銀貨〕は受け取らないで、自分のポケットをじゃらじゃら鳴らしながら、「さあ、さあ、わたしたちはあんたのお金なんか要らないわよ。わたしたちはあんたよりお金をたくさん持っているからさ」と、その女に向かって言ったという。

この逸話は、おそらくその通りであろう。なぜなら、高等法院評定官のなかに熱狂的な「チュルゴー贔《ひい》屓《き》」がいるはずはないからだ。けれども、この逸話からどんな結論を引き出すべきかはよくわからない。それはおそらく、民衆の自尊心の問題であろう。貧しい人たちは、きっとパンを安い値段で買いたいと思うだろうが、施しを拒否したいとも思うだろう。逆に言えば、金で雇われた略奪者たちは、どうしてもう六リーヴル余計に〔あの女のために〕盗《と》ってやらなかったのだろうか。

デモ隊員の陽気さ

ここで、デモ隊員たちの心理を描いた記事をひとつ取り上げることにする。「暴徒の間には、いかなる強情さも、いかなる暴力も、いかなる敵意も見られなかった。彼らは歌いながら行進していた」と、デュ

・ポンは書いている。
このような言い方は、それが与える全般的な影響力に関して言えば、人を脅したり、棒を振り回したり、敷石を投げたりしていると資料に描かれている下層民たちの「激昂」とひどく矛盾しているように見える。けれども、多くのデモ隊員の気分が陽気であったことは大いにありうることである。暴徒たちは必ず陰鬱な気分でいると考えるのは大きな誤りである。
われわれはすでに、テレー師の時代にブレスト〔ブルターニュ半島先端の港湾都市〕で起きた暴動に関して述べた箇所で、このことについてひとつの特徴的な事実を挙げておいた。[*34]

*34 本書〔第一部第一章〕、四一頁を見よ。

よそ者
人が暴徒について語る時、必ず、彼らはあたかもどこかわからぬ所からやって来て、そのあと雲を霞と姿をくらまし、野戦軍のように宿営しながら移動する、見ず知らずのならず者の集団であるかのように語る。
主任司祭への訓令は、「聖堂区とは関係のない人間」によって民心の興奮状態が引き起こされた事実をひたすら強調している。
われわれは資料によって本当のことを知ることができる。どの事件にも、ある割合の「よそ者」とある割合の「原住民」がいる。けれども、よそ者と呼ばれるのは、近隣地域の住民のことである。市の日に従って、それぞれの村の役割が順ぐりに代わる。暴動がある地点から別の地点に移る時、昨日の原住民は今日のよそ者となり、また、昨日のよそ者は逆に今日の原住民となる。原住民は、少なくとも個人の家に行っている間は、一般により控え目な態度を見せる。この反応は、人間として至極もっともな反応である。この反応こそ、われわれがあちこちで指摘した、暴徒に強制された売り手たちの自発的行動、それは彼らの同郷人たちを食糧の分配に与らせることになったのだが、その自発的行動を説明するものである。

　しかも資料は、いずれの場合にも、かなりの数のデモ隊員の身元がきわめて簡単に見分けられたことをはっきりと示している。ボヴェ〔パリ盆地北部のテラン川沿いにある古い都市〕でのいくつかの事件では、六月に、一五七人が自分の奪ったものを返し、別の二六人に対して——したがって彼らも同様に身元が割れていたのだが——訴訟が提起されたことが確認される[*35]。

*35　七月にはモンディディエで、奪われた小麦の三分の二の返還を確認することができる（チュルゴーが要求した報告書）。六三六スチエの小麦が奪われ、四四五スチエ二分の一が返還された（ソンム県文書館、C. 88. 12）。

おそらくこう想像することができるだろう。略奪者、または「公定価格の決定者」の大部分は、原住民または近隣の住民のなかから集められたが、誰ともわからぬ煽動者が暴動を煽動しにやってきてそのあと姿をくらましたのだと。

　こう説明すると、それだけでもうデュ・ポンの考えと矛盾することになるだろう。なぜなら、もしそうだとすると、ならず者たちは自分では手を下さなかったことになるからだ。

けれども、さらに言えば、もしそうだったとすると、似たようなよそ者の介入のなんらかの痕跡を調書のなかに実際に見つけることができるはずである。なぜなら、逮捕された不幸な村人たちは、必ずや外部からの煽動を口実にして自分たちの責任を免れようとしたと思われるからである。

　警察署長たちは、〔よそ者による煽動という〕公式の説明をすっかり信じ込んでいたので、しばしば自らこの問題を提起した。だが、その答えは常に否《ノン》であった[*36]。

＊36　見せしめのために絞首刑にされたデポルトとレギエと危うく絞首刑にされそうになったドゥリーヴ兄弟は、誰にも煽動されなかったと断言した。

リューデ、一六七頁のタントンという女の尋問調書には、つぎのように書かれている。彼女は、誰からであれまったく煽動されなかったと答えた。この暴動を行なうようそそのかされて本当に金を受け取らなかったかと聞かれ、彼女は否と答えた、と。先に引用したデ・カルトという女の尋問調書等を見よ。

戦略的デモ

最後に、われわれの強い関心を引く議論がひとつ残っている。すなわち、計画的な戦略的デモ、パリ兵糧攻め計画という議論である。けれどもすでに見たように、暴動の進行は自然的な伝染現象によって説明することができるのだ。

そのうえこの暴動の進行は、人が言うほど規則的なものでも計画的なものでもない。主要な都市や町から遠くはなれたところで行なわれたいくつかの動きがあった。ノワヨン、ソワッソン、サンリス、コンピエーニュ、シャトー＝チエーリ、サンス、ドルー、ヴェルノン＝シュール＝ルール……といった非常に多様な地点にまで暴動や騒乱が見いだされるのだ。

要するに、〔一七七五年五月の〕パリの大事件はすでに失敗に終わっていたので、小麦粉戦争の後半部分をこの〔パリ兵糧攻め計画という〕仮説のもとに説明する必要など、もはやないのである。

このようなわけで、陰謀説とならず者説にはいかなる証拠もない。これらの説は、反証に耐えない。事前計画も、遠征計画も、煽動者の徴募も、暴動煽動のための資金の供与も、有毒パンの製造も、食糧の投げ捨てもなかったのだ。

それとは逆に、あらゆる所で観察されるものは、自然発生的で同時に連鎖的な民衆デモの一致した徴候であって、それぞれのデモは、言ってみれば、前のデモにならって自己を正当化しつつ、つぎなるデモの日と場所に向かって移動して行ったのだ。典型的なデモは、二つの性格を持っている。すなわち、爆発的であると同時に理性的であるという性格である。爆発的というのは、抑えられていた怒りと反抗精神の突発的出現のことであって、それは、幾人もの観察者が事前に察知することができた。また、なぜ理性的かというと、騒然たる部分も、略奪も、破壊も、脅しも、他方から見れば、不可避的な付随現象にすぎないからである。デモそのものは、その参加者たちが公正で合法的と考える成果を手に入れることをめざす。すなわち、デモは秩序をめざしているのであって、無秩序をめざしているのではない。民衆の偽りのない気持ちが思い描くこの秩序とは、納得のいく値段での商品〔小麦や小麦粉〕の販売なのだ。

たいていの場合、商品の代金は、少なくともその一部は支払われた。取引が正規な取引として行なわれなかったと知った時、多くの者が持ち去った商品を返したり、残金を支払った。小麦の定価がほとんど常に一二リーヴルであったのは、この価格が最も公正とみなされていたからであり、ボーモンとポントワーズ〔パリ北西郊、オワーズ川右岸の町〕で最初の事件が起きた時にその価格が適用されたからであり、さらには、ポワ大公によるひどい価格操作があったあとに、その価格が国王自らの権限によって承認を受けたようであったからである。けれども、住民たちがそれ以外の価格も受け入れる気でいたことはきわめて確かである。というのは、暴徒と行政当局との間で、あるいは暴徒と商人との間で、しかしたいていは、群衆と売り手と地方の行政官との三者間で一種の妥協が成立する場合には、いずれの場合にも、そのような住民の気持ちがうかがわれるからである。だからこそ、ポントワーズではボワラベによって二〇リーヴルの小麦価格の決定が行なわれ、ショワジーでは一八リーヴルの決定が行なわれ、アルジャントゥーイユ〔パリ北西郊、セーヌ川沿いにある郡庁所在地〕では小麦粉の値段について一五ないし一八リーヴルの妥協が行なわれ、さらに、ショニー〔北仏、オワーズ川とサン＝カンタン運河の合流点にある町〕などでは二四リーヴルの妥協すら行なわれたのだ。

それに、逆説的ではあるが、同時代の人たちに強いショックを与えたのは、運動の持っていたこのような比較的理性的で良心的な性格であった。無秩序のなかの秩序のこの微妙なあやが、予備的謀議や大々的組織化のしるしとして、したがって犯罪性のしるしとして、人々の目に映ったのである。

古風な出来事

陰謀という安易な説明は退けるとしても、五月の諸事件に普通のかたちの民衆騒擾的性格を認め、それらの事件を「古風な出来事」として片づけることができるだろうか。

すでに指摘しておいたように、食糧事情は、最近の数世紀だけを考えるならば、それまで世に知られていた最悪の状態ではなかった。小麦は不足していなかったし、値段についても、上がっていたとはいえ、テレー師の時代の方がもっと高かったのであって、〔チュルゴーの時代とテレー師の時代では〕それぞれ一四スーと一六スーであった。

こうした状況は、チュルゴーの支持者だけでなく敵対者の注意をも引いた。しかし両者は、その状況からそれぞれ異なった結論を引き出したのである。われわれは、この状況についての考えを、チュルゴーの筆になる主任司祭宛の訓令だけでなく、ピダンサ・ドゥ・メロベールの筆になる『歴史話』のなかにも見いだすことができる。

同時人のなかでも、チュルゴー派的な考えを受け入れなかっただけでなく、その慧眼をもってしても革命的事実に思い当たるほどの高みに達することができなかった者は（ここでは仮に保守的な分子としておく）、まったく従来通りの説明を用いていた。

彼らは、諸事件の原因を、法律上の方針転換、すなわち、一七七四年九月一一月の法律によって実施された自由主義体制の復活のせいにするだけでこと足れりとした。「コレノ後ニ、故ニコレガタメニ」（*Post hoc, ergo propter hoc*）(12)である。

法律作成者の無分別自体が、暴動発生の原因であったと言えるかも知れない。これらの暴動は、〔穀物取引規制体制と自由主義体制の〕接点の微妙な時期に至ってから発生したと思われるからである。

この考えは、その微妙な時期のある時、パリ市の特別規制措置廃止令に関する一七七六年三月四日のパリ高等法院の建言書のなかで、つぎのような形で表明された。「〔パリ市の〕規制措置がとられていた時には、民衆は自分たちの不幸をもっぱら気候のせいにしていた。それ以後は、彼らは自分たちの不幸を政府の新しい政策のせいにしている」[*37]。

＊37　一七七六年三月四日の建言書。国立文書館、X1, B 8967.

「法律に起因した」暴動というこの考えは、まったく無意味というわけではない。しかしわれわれは、この考えをもっと子細に検討する必要がある。

新しい法律が現実に穀物市場に混乱を招いたことは、疑問の余地がない。しかし、われわれが実際に確認したように、一七七五年の食糧事情は、それに先立つ数年の食糧事情ほど悪くはなかったのだ。このことが、まさに問題の出発点である。[*38]

*38　さらに付言すれば、一一月六日の開封状は、最も衝撃的な暴動の舞台となったパリ地域およびパリ市自体における穀物買付特別規制措置については変更しなかったので、市場規制措置は常に効力を保っていたのである。

したがって、問題は心理的影響だけであったが、それはすでに建言書の文章のなかに述べられていたのである。

それにしても、この心理的影響なるものは、さまざまなふうに解釈することができる。建言書の最初に書かれている文言、すなわち、高等法院の主張からして当然な文言によれば、大衆は、彼らをなんとなく安心させていた古い規制措置を好意的に見ていて、それがもはや守られなくなったのを見て苛立ちを感じたというのである。

もうひとつ別の推測によれば、民衆は逆に、問題をさらに深く究明もしないで、新しい体制に大きな期待を寄せていたという。人々がテレー師の忌まわしいやり方と決別したときから、すべてが最善に向かうはずであった。しかし、事態は以前と同じくらい悪くなりつつあることが明らかとなり、民衆はそのためにより深い失望を味わった、というのである。

この二番目の推測は、前の推測よりも一見妥当であるように見える。にもかかわらず、そのような推測は、チュルゴーが倦むことを知らず行なっていた警告に反している。というのは、チュルゴーの警告によれば、〔小麦の収穫が〕並みの年にパンの値段が高くならないはずはなかったからである。すなわち、彼が警告を行なったのは、〔小麦の〕極度の不足対〔パンの〕高値という単純な図式に対してであったのである。

三番目の解釈はつぎのようなものであった。『歴史話』の著者によれば、民衆の間に一斉に怒りの反発を爆発させたと思われるものは、まさに、チュルゴーが力説したパンの高値は不可避だとするこの主張であった。
これらの解釈はどれも、事実関係と資料のなかにどんな小さな証拠も見いだすことができない。逮捕されて尋問を受けたデモ参加者のなかには、元の統制制度の利点について述べたり、あるいは、政府の新しい自由主義的措置が採られたのちに抱かれたかも知れない過大な期待について述べたりした者は、ひとりもいないのである。

大論争は、これらの単純素朴な人々の頭越しに行なわれていたのである。普通の大衆は、自由主義制度と彼ら自身による公定価格の決定ないしは農家の家宅捜索の方法との間に、矛盾すら感じていなかったのだ。たとえば、バールの一市民がジョリー・ドゥ・フルーリ首席検事に宛てた手紙〔五二七頁を見よ〕は、穀物の自由な流通にはっきり賛成しながら、同時に、民衆がすべての価格を決定し、民衆が穀物倉庫を家宅捜索することを望んでいるのである。[*39]

＊39 ジョリー・ドゥ・フルーリ〔コレクション〕、1159、第七八葉。

しかし、こう言ったからといってわれわれは、法律が原因でトラブルが起きたという仮説を全面的に退けなければならないとは思わない。この仮説は、つぎの二つの視点から立てることができたが、それらの視点はいずれも、地方当局の態度を問題視しているのである。

一、民衆の視点から

民衆は、古い法律に心残りを感じてもいなかったし、新しい法律を評価してもいなかった。しかし彼らは、行政官も職員も、以前ならあれこれとしかも多少とも好ましい形で主導権を発揮してくれたのに、今回は消極的な態度でいるのを見てショックを受けていた。われわれが調査研究したすべての事例で、下層民たちは行政の介入を強く求めていた。

民衆は、新しい自由主義的法律が実際にもたらした結果に、すなわち、市場の開放後に現われたプロの存在に、また、市場の開放の結果市場を舞台に策動する小麦商人によって生じたと思われる悪習や悪弊に、ことのほか敏感になっていた。つまり、市場取引の過程で行なわれるプレミアム付きの転売が、初期のいくつもの事件の発端にあったのである。

二、第二に、そしてとりわけ、地方当局自身の視点から

行政官も職員も、長年の慣習から手を切ることを余儀なくされて方向を見失い、また、民衆の動揺の最初の兆しがあってからは戦意を失っていたことは確かであった。

彼らはもはや、市場通過穀物に指示を出し、それを厳重に取り締まり、それを封鎖し、穀物倉庫を開け、家宅捜索を行なうことはできなかった。

彼らは、自分たちの方に規律無視の精神があるとも思っていなかったし、また仕事を怠けようという気持ちもさらさらなかったが、以前には彼らに与えられていた任務を民衆が自ら果たすのを、当然と思っていた。

だからわれわれは、民衆に取り囲まれている者に向かって、どうして民衆が彼に怒りを爆発させたのかと尋ねたり、あるいは、別の者に穀物倉庫を開けさせたりする行政官を目にするのである。

一般的に言って、行政当局は暴徒との間で妥協を求めた。われわれはこれまでに、そのような妥協が、とりわけポントワーズではデモンチヨンならびにボワラベとの間で、アルジャントゥーイユではジャヴァンとの間で、ヴェルサイユではポワ大公との間で行なわれ、そして、その後ブリなどで行なわれるのを見た。

民衆と行政当局のそれぞれに見られるこのような妥協的態度は、それ自体法制上の方針転換の結果とし

て生じたものであるが、この態度こそ、民衆運動の暴力性と普遍性の理由を部分的に説明するものであり、特に、民衆自身による小麦の公定価格決定というやり方の伝染的成功の理由を説明するものである。しかしこの説明は、それ自体ではわれわれにとって満足のゆくものには見えないが、仮にそれが満足のゆくものだとしても、それは、革命的事実を認めないものではないだろう。ディジョンの古風な事件とアルジャントゥーイユやプリの事件との間には、一種の暴動の格上げが見られる。われわれは、免れ難い混乱と個々人のゆき過ぎた行動を通して、群衆の態度のなかにつぎのような新しい微妙な違いを感じ取ることができるのである。

――反乱の知性的要素、すなわち、公正な価格の追求。

――大衆の連帯性。これは、諸事件の継起と準備のなかに示されている。

――さらに、行政権力に取って代わり、それに指令を出し、あるいは、少なくともそれと交渉しようとする大それた望み。

大衆は自己を、もはやたんに力としてだけでなく、権威としてとらえている。計り知れない曖昧模糊としたその集団的潜在意識のなかには、〔君主の〕至上権に対する差し押さえにも似た何かがすでに見られるのである。

革命的事実

端的に言うならば、「行政当局の地方における活動」という要因の役割がどのようなものであったにせよ、まさにこの革命的性格が、同時代の観察者たちの関心を大いに引いた主要な問題に対して、大筋において解答を与えてくれるように見える。

民衆は、一六スーのパンとテレーに対して反乱を起こさなかったのに、一四スーのパンとチュルゴーに対してなぜ反乱を起こしたのだろうか。

ただし、当時の民衆の精神状態をこのような言葉で表現したのでは、問題状況は曲解されることになる。第一にその表現は、確かに〔どこまで上がったかという〕パンの値上がり先は考慮に入れているが、価格の平均値は考慮に入れていない。ところが消費者は、自分の蓄え分がすでに尽きたか否かによって、程度の差はあれ値上がりに敏感になるのである。

チュルゴーの年がテレーの年よりもひどかったのは事実である。一七七四年の〔小麦の〕収穫は特に少なかった。われわれが用いている一七七四―八九年の期間の概略価格表では、一七七四年の収穫は最低であり、その算定値は〔平年の〕一二分の七であって、それが回復するのはまさに一七八九年のことにすぎない。この周期性によれば、一七七四年に先立つ数年の収穫は、おそらく、少なくともそれよりはやや良かったと思われる。

価格に関しては、パリ徴税管区の一七七五年の〔小麦の〕平均価格は〔一スチエ当たり〕二七・一〔リーヴル〕であり、それに対して、それに先立つ年は以下のような数値を示している。

一七七四年……………二三
一七七三年……………二四・一二
一七七二年……………二二・一六*40

*40 価格表、国立文書館、F294. これらの数値は、ラプルース『〔アンシアン・レジーム末期およびフランス革命初期

における〕フランス経済の危機』I〔第一部第一篇〕、一一二頁(13)の数値とほぼ一致している。

第二に、値上がり額そのものは、それが、困窮価格と呼ぶことができ、そしてやがて暴動価格となるかも知れない一定の許容価格を超えた瞬間から、限られた重要性しか持たなくなる。ところで、一四スーでは、この〔パンの〕価格はすでにもう限界を越えているのだ。実際この価格では、慎ましい労働者は、すでに、家族がぎりぎり生きてゆくだけの最低限の消費にまで切り詰めざるをえない。そしてこの瞬間から、人間はその有機的生命を脅かされるのだ。

当時の数字は、このことをはっきりと示している。現実の数値で表わしてみると、さらに強い衝撃を受ける。今日概数で年間四〇万フランの給料を得ている労務者が、パンを買うために、絶対値で三八万三〇〇〇フランを（そして相対値で前年よりも一六万四〇〇〇フラン多く）支出しなければならないと単純に仮定してみよう。すると彼は、パンが値上がりしてその購入に四三万八〇〇〇フランを支出しなければならなくなるのを待つまでもなく、確実に暴徒と化すだろう。*41

＊41　われわれは、一七七五年に年間二〇〇日間働き、一日に二〇スー稼ぎ、したがって年間二〇〇リーヴルを稼ぎ、そして、家族全体で三リーヴル〔一・五キログラム〕のパン（そのうちの二分の三ないし四分の七は彼一人用。数字は軍人とパリの住民についてのもの）を必要とする日雇労働者を例にとって考えることにする。すると、パンの購入のための彼の年間支出額は、つぎの数字によって表わされるだろう。

四リーヴル〔二キログラム〕につき　八スーの場合……………一〇八リーヴルと二分の一
〃　一四……………およそ一九二リーヴル
〃　一六……………二一九リーヴル

同じ労働者は、われわれの準拠指数＝二〇〇〇によると、今日では、年間四〇万フランの給料を手にすることになるだろう。

これらの数字は、特にモーの地域について最近行なわれた研究例によると、いろいろ変わることに注意する必要がある。一七八九年に年間二〇〇リーヴルを手にする職種の人間は、今日では、四〇万九〇〇〇フランを手にする（アンドレ、第八三回学会報告、一九五八年、二一九頁を見よ）。すると、数字はつぎのようになるだろう。

給料四〇万フランのうち

パンが　四リーヴルにつき　八スーの場合（一七七五年の数値）……二一万九〇〇〇フラン
〃　　　一四　……………………三八万三七五〇フラン
〃　　　一六　……………………四三万八〇〇〇フラン

これらの数字は、われわれが先にいくつかの例を挙げて示した言葉、すなわち、「今やわれわれ二〇〇〇万の人間が飢え死にしようとしている」とか、「われわれは飢えで死ぬよりも絞首刑にされることを選ぶ」といった言葉で表わされる精神状態を説明している。

われわれは、裕福な人間が暴動に参加するというような表面的な事柄のために、このようなきわめて重要な考察を怠ってはならない。そうした事柄は、場当たり的な泥棒や略奪者の場合と同様、突飛な現象である。もともと自分とは関わりのない混乱状態を利用したがる人間は、常にいるものである。

だから、一七七五年の反乱は確かに困窮にもとづく反乱であった。

したがって、われわれが最後にたどり着く問題は、民衆は同じ状況に直面しながら、なぜほかの時期よりもむしろその時期に反乱を起こしたかを知ることだけである。

しかしそれは、明らかに見当はずれの問題である。

なぜなら、革命現象というものは、その定義上、一定の人間的要素がそれまで耐えてきた事態に耐えるのをやめる時に発生するからである。

このような現象は、深い必然性と直接の因果関係という二つの側面を示す。そのような現象は、長期にわたる運動に由来し、そして、一瞬の爆発によって姿を現わす。それは、発生したあとではもともと予見可能であったように見えるが、すぐに必ず、予想外の現象となるのである。

だから、同時代の人たちが自分たちの目の前でくり広げられている事件を理解できなかったのも、また彼らがもっぱら状況的な原因だけをそれに当てはめようとしたのも、まったく当然なことであった。

これらの状況的原因は、やがて一七八九年にそのことがわかるように、ここでは自由主義的改革とは関係なしに、その原因が存在した程度に応じていずれは生じたであろう〔革命的事実の〕成熟を、早めたにすぎないのである。

一般的に言って、もし世論が革命的状況をそれと認めることができるならば、革命は決して起こらないだろう。なぜなら、（革命が何の前兆運動もなしに一気に勃発しないことがわかれば）人々はそれを避けるために必要なことを必ず行なうであろうから。

したがって革命現象のうちには、それが直接そこから生ずる経済的歪みだけでなく、心理的歪みもまた存在している。われわれの事例では、これらの歪みが一緒に出現し、並行してくっきりと姿を現わしているのである。

もし収入曲線を描くように集団的心理のグラフを描くことができるならば、おそらく、低所得階級の購買力曲線が国民全体の上昇的所得曲線から逸れるのと同じ形で、民衆部門の世論曲線〔集団的心理曲線〕が世論全体（これは、自分の意見を表明することができる人たちの意見の総和に依存している）の曲線から一様に逸れるのを見ることができるであろう。

世論には、あるいは少なくとも人々からそう呼ばれているものには、もはや一般大衆〔*masse* エリートとは別の大衆〕の心理的変動は含まれないのだ。

だから小麦粉戦争は、ひとつの例外的な観察対象の誕生を、すなわち、革命的観念複合体《コンプレックス》の誕生を、われわれに呈示しているのである。[*42] われわれは、まさにこの誕生が、アンシアン・レジームの限界＝境界を画していると考えることができるのである。

＊42　チュルゴーが小麦粉戦争の民衆蜂起的性格とその性格から当然引き出すべき諸結果を理解していなかったことは、いささか意外の感がある。彼は、とりわけ既存の状態を維持することに伴う危険についての評価に関しては、同時代の世論にはるかに先んじた考えを持っていた。しかし、小麦粉戦争の民衆蜂起的性格とその結果を理解できなかったことは、おそらく、政府当局者としての彼の自負心と、かくもタイミングの悪い民衆の反発がまさしく一般大衆の利益にとって最も有利な彼の政策を危うくするのを見て感じた苛立ちとによって、彼の普段の明晰さが弱められたためであろうと思われる。

〔訳注〕

1　『ガゼット・ドゥ・フランス』紙（*La Gazette de France*）。ルイ一三世の侍医テオフラスト・ルノドーがイタリアの小新聞をまねて始めた小定期刊行物で、もともとは患者たちに配られる短信のようなものであった。最初の紙名は『ラ・ガゼット』で、その第一号は、一六三一年五月三〇日に発行された。リシュリューはこれを政府の正式の機関紙とし、そこに軍事、外交その他の記事を載せた。テオフラストの死後、『ラ・ガゼット』は、王太子の最初の侍医を務めた息子イサックに受け継がれ、その死後はウゼーブ・ルノドーに受け継がれた。一七六二年一月一日から紙名は標記のものとなり、同時に週二回の刊行となった。一七八七年、政府は出版業者のパンクックに本紙の刊行特権を与えたが、この特権は一七九二年に廃止された。一七八九年八月一〇日以降、紙名は『ガゼット・ナシオナール・ドゥ・フランス』となり、日刊紙となった。帝政下、紙名は再び『ガゼット・ドゥ・フランス』に戻され、すべての新聞に科せられていた拘束を受けることになった。王政復古時代、本紙は王党派陣営の主要機関紙となった。七月革命後は、ジュヌード師が本紙を穏健な政府批判紙として利用し、その後も、オルレアン家支持派に対抗するブルボン家支持派の機関紙として機能したが、一九一四年に刊行されなくなった。*Larousse*, T. IIIᵉ, p. 738.

2　バーデン辺境伯（margrave de Bade）。margrave はドイツ語の Markgraf（辺境の伯爵）のフランス語訳。神聖ローマ帝国時代に辺境地方（marche = Mark）あるいは辺境伯の領地（margraviat）で軍事権および民事権を行使していた首長に与えられた名称。バーデン辺境伯フリードリヒは、重農主義者たちと深い交流があった。

3　シュヴァリエ・チュルゴー（chevalier Turgot）。財務総監チュルゴーの長兄で侯爵のエチエンヌ＝フランソワ・チュルゴー（Etienne-François Turgot　一七二一－八九年）のこと。彼は、国王軍の旅団長を務めたのち、ショワズールが植民を始めた南米北東部のギアナの総督となったが、その試みは失敗に終わり、フランスに戻ってから短期間拘留された。王立農業協会の創立者の一人となり（一七六〇年）、科学アカデミーの自由準会員となった（一七六五年）。マルタ騎士団員（chevalier de Malthe）であったため、こう呼ばれた。*Larousse*, T. VIe, p. 844.

4　ウェーベル（Weber）。マリー＝アントワネットの乳母の息子で、回想録の作者（E. F.）。

5　ガーゼ職人見習（compagnon gazier）。コンパニョン（見習）は、徒弟期間を終えて親方になる前の同職組合の職人を言う。パトロン（patron）の対。

6　ピチエ施療院（[hôpital de] la Pitié）。ノートル＝ダーム＝ドゥ＝ラ＝ピチエという名称で、一六一二年にパリ市により王室庭園（現在の植物園）脇の球技場跡に建てられた。初めは孤児と年老いた婦人の慈善救護施設と更生した売春婦や警察に逮捕された女性の保護施設の両者を兼ねていて、一六五六年に救貧院が併設された。女性の保護施設はのちにサント＝ペラジー（Sainte-Pélagie）に移され、その結果、ラ＝ピチエは孤児の収容施設となった。大革命中、その子供は「祖国の子供」（Elèves de la patrie）と呼ばれ、のちに、「サン＝ヴィクトール街の孤児」（Orphelins du faubourg Saint-Victor）と呼ばれた。一七九二年から一八〇二年にかけて建物の大部分が建て直された。一八〇九年、孤児は「みなし児収容所」（Enfants trouvés）に送られ、以来、ラ＝ピチエは本来の意味の施療院となった。一九一二年に取り壊され、サルペトリエール病院（la Salpêtrière）脇に同じ名称で近代的建物に建て替えられた。*Larousse*, T. Ve, p. 610.

7　出版允許（証）（le privilège）。アンシアン・レジーム下にあった国王が与える無数の特権（特典）のひとつ。これは、結果的にそうなったとはいえ、もともとは、過度の出版の自由を抑制する検閲のための措置ではなく、出版業者を不当な競争あるいは出版権の侵害から守るための措置であった。一七七〇年八月三〇日の国務会議裁決は、そのことをはっきり謳っていた。またこの裁決は、新出版物に与えられる允許期限を一〇年と定めていたが、その出版物についての著者の利益は、允許期限が切れても、著者が生存している限り終生延長されるとしていた。しかし、出版允許の授与と更新に関して激しい論争があったため、一七七〇年の規定は、この論争に終止符を打つために、少なくとも四分の一以上の増頁がない限り、一〇年を経過した後の出版允許の延長は行なわないとした。M. Marion, *op. cit.*, pp. 458-59.

8 タンプル地区（le Temple）。現在のパリ第三区のタンプル地区。かつて、テンプル騎士団（chevalerie du Temple ou ordre des Templiers）の本拠地があった。

9 リラダン（L'Isle = Adam）。パリ北方オワーズ川沿いの町（ヴァール = ドワーズ県）。古いサン = マルタン教会（一五世紀頃）がある。

10 宮廷裁判所審問官（Prévôt de l'Hôtel du Roy）。宮廷内およびその周囲一〇キロメートル以内の犯罪と宮内府（maison du roi 一四—一五世紀に作られたときには王室侍従部（Hôtel du Roy）と呼ばれた。文官部門と武官部門からなる）の役人にかかわる民事訴訟を扱った。

11 記事（articulat）。article よりも一層法律的な用語。リトレの『フランス語辞典』には、「法律用語。事実を逐条的に陳述し項目毎に述べる時のそれぞれの事実・項目を指す」とある。Emile Littré, *Dictionnaire de la langue française*. T. Ier, 1956, p. 610.

12 「コレノ後ニ、故ニコレガタメニ」。「まえがき」の訳注7を見よ。

13 この頁にはこれに該当する数字は見当たらない。ラブルースは、第一部第一篇第二章第I—V節（六二一—九六頁）で、一七七〇年前後の収穫状況や穀物価格についての分析を行なっているが、彼は、徴税管区や地方長官補佐官が作成した資料には概して批判的である。

《叢書・ウニベルシタス 870》
チュルゴーの失脚・上
—— 1776年 5 月12日のドラマ

2007年 9 月15日　初版第 1 刷発行

エドガール・フォール
渡辺恭彦訳
発行所　財団法人　法政大学出版局
〒102-0073 東京都千代田区九段北3-2-7
電話03(5214)5540 振替00160-6-95814
組版：緑営舎　印刷：平文社　製本：鈴木製本所

Printed in Japan

ISBN978-4-588-00870-2

著　者

(ジャン＝) エドガール・フォール

(Jean-) Edgar Faure, 1908–88

フランスの政治家で学者．南仏モンペリエ南西方の小都市ベジエ（Béziers）の生まれ．パリで法律を学んで弁護士となり，第二次大戦中はアルジェのドゥ・ゴール将軍下でレジスタンス運動に参加．戦後1946年，ジュラ県から急進社会党員として国民議会に当選，1952年に満41歳でフランス最年少の首相となり，1955–56年に再び首相となった．また，1950年代には財政・経済相を数回務め，60年代には農業相（1966年），文相（1968年），労働社会問題相（1969年）を，70年代には国民議会議長（1973–78年），ヨーロッパ議会議員（1979年から）を務めた．一方，50年代から60年代にかけて，本書やローマ皇帝ディオクレティアヌスに関する論文を発表して大学教授の資格を取り，ディジョン大学法学部でローマ法及び法制史の教鞭を執った．フォールは，ドゥ・ゴールとはレジスタンス時代から個人的親交があったが，ドゥ・ゴール政権については必ずしも全面的に支持していたわけではなかった．他方ドゥ・ゴールは，フォールの1957年の中国への旅を記した『蛇と亀』*Serpent et Tortue* を高く評価し，1963年にはフォールを中国に派遣して中仏国交回復交渉に当たらせ，その結果は1964年の中国正式承認に繋がった．68年の文相の時には，「五月革命」の発端となった大学制度の改革に着手し，ドゥ・ゴールの強力な支援を得て，大学構成員の自治と参加を基本理念とした「大学教育基本法」を成立させた．1965年４月と1970年１月の二度来日した．フォールはエドガール・サンデイ Edgar Sanday の筆名で数篇の推理小説を発表したことがあり，彼の妻リュシー・フォール Lucy Faure も著名な小説家で，総合文芸誌『ラ・ネフ』*La Nef*〔＝船（詩語）〕の主筆として活躍した．フォールの著書の邦訳には『疎外からの脱出――私の政治哲学』*L'Âme du combat — Pour un nouveau contrat social*（弥永康夫訳，読売新聞社，1970年）がある．フランス・アカデミー会員．

訳　者

渡辺恭彦（わたなべ やすひこ）

1931年６月	岐阜県岐阜市生まれ
1955年３月	一橋大学経済学部卒業
1957年３月	一橋大学大学院社会学研究科修士課程修了
1960年３月	一橋大学大学院社会学研究科博士課程単位取得退学
1964年４月	千葉商科大学経済学部勤務（～67年３月）
1967年４月	福島大学経済学部勤務 (90年４月～92年３月，行政社会学部へ移籍）
1975年10月	国立人口問題研究所（パリ）留学（～77年９月）
1997年３月	福島大学経済学部定年退職，現在に至る． フランスユマニスムの系譜のなかでフランス啓蒙思想の社会経済思想史的研究に従事し，関連する論文，翻訳，書評等を発表してきた．著書に『18世紀フランスにおけるアンシアン・レジーム　批判と変革の試み――エコノミストたちの試み』（八朔社，2006年）がある．